CHANGYANG YEARBOOK 2018

长阳年鉴

（2018）

《长阳年鉴》编纂委员会 编

方志出版社
Publishing House of Local Records

图书在版编目（CIP）数据

长阳年鉴. 2018 /《长阳年鉴》编纂委员会编. --
北京：方志出版社，2019.6

ISBN 978-7-5144-3787-4

Ⅰ. ①长… Ⅱ. ①长… Ⅲ. ①长阳土家族自治县—
2018—年鉴 Ⅳ. ① Z526.34

中国版本图书馆 CIP 数据核字（2019）第 143434 号

长阳年鉴（2018）

编　　者：《长阳年鉴》编纂委员会
责任编辑：黄　彦

出 版 者：方志出版社
地址　北京市朝阳区潘家园东里 9 号（国家方志馆 4 层）
邮编　100021
网址　http://www.fzph.org
发　　行：方志出版社图书经销中心
电话　（010）67110500
经　　销：各地新华书店
排　　版：北京中文天地文化艺术有限公司
印　　刷：北京中科印刷有限公司

开　　本：889 × 1194　　1/16
印　　张：25
字　　数：631 千字
版　　次：2019 年 6 月第 1 版　2019 年 6 月第 1 次印刷

ISBN 978-7-5144-3787-4　　**定价**：300.00 元

序

贫困问题一直是困扰人类社会发展的重大问题。中国作为世界上最大的发展中国家，为解决贫困问题进行了长期不懈的努力。改革开放以来，特别是党的十八大以来，以习近平同志为核心的党中央把脱贫攻坚作为全面建成小康社会的底线任务和标志性指标，纳入“五位一体”总体布局和“四个全面”战略布局，以前所未有的力度推进精准扶贫、精准脱贫，扶贫开发成就举世瞩目，显著改善了贫困地区和贫困群众生产生活条件，具有重大的现实意义和深远的历史意义。身处中华民族几千年发展历史上将首次整体消除绝对贫困现象的伟大时代，如何更好地发挥地方志的存史、育人、资政的作用，是新时代全国地方志系统必须深入研究和着力解决的重大课题。

党的十八大以来，在党中央国务院的正确领导下，全国地方志系统深入学习贯彻习近平新时代中国特色社会主义思想，紧紧围绕党和国家事业发展需要，深入推进地方志改革创新发展，凝心聚力，稳扎稳打，勇于担当，主动作为，全国地方志形势和地方志工作者的精神面貌发生了深刻变化，取得了优异成绩。其中，为贯彻落实《全国地方志事业发展规划纲要（2015—2020年）》，经中国地方志指导小组领导批准，中国地方志指导小组办公室于2015年、2017年先后启动民族地区与贫困地区志书、年鉴出版资助工程（以下简称“志鉴出版资助工程”），对国家级贫困县（区、旗、县级市），中西部地区、少数民族边疆地区面临出版经费困难的志书和综合年鉴给予出版资助。实施志鉴出版资助工程是紧扣时代脉搏、坚持创新发展、传承弘扬中华优秀传统文化的一项创举，不仅有力推动了“两全目标”的实现，而且数十部资助出版的志书、年鉴及时记述了民族地区与贫困地区在全面建成小康社会伟大征程中取得的新成绩和新经验、出现的新情况和新问题、涌现的优秀人物和典型事迹，留住地方文化的“根”和“魂”，为这些地区的经济社会发展、地域文化传播、爱国主义教育、精神文明建设等提供了历史借鉴和智力支持，对全面提升民族地区与贫困地区文化建设水平、确保民族地区与贫困地区和全国其他地区同步全面建成小康社会具有重要意义。

尤为可喜的是，志鉴出版资助工程促成了一批扶贫志书的编纂出版，在文化脱贫攻坚中发挥了独特的作用。例如，《贵州省减贫志》全面系统客观记述了从1978

年至2015年贵州省扶贫、减贫工作的历程及取得的经验，为贵州省实施大扶贫战略提供了有力的资政辅治参考，集中体现了地方志工作因时而动、顺势而为的新作为。前不久，由福建省地方志编委会和人民网共同编纂的《闽宁扶贫协作图志》，是全国首部扶贫协作图志，图文并茂、直观立体、全方位地展现闽宁扶贫协作波澜壮阔的历程，弘扬“闽宁一家亲”“携手奔小康”的深厚情谊和滴水穿石、久久为功的精神，是贯彻落实习近平总书记扶贫工作重要论述精神，服务国家精准扶贫、精准脱贫战略的有力举措。希望各地以此为鉴，编纂出版更多、更好的扶贫志书、年鉴，助力国家精准扶贫、精准脱贫战略的实施，充分展现地方志的独特价值和作用。

当前，我国脱贫攻坚已进入全面决战决胜的关键时期，尚未脱贫的贫困地区集中分布在中西部深山区、极端干旱山区、高寒阴湿地区等，文化建设还比较薄弱，文化产品还不够丰富，文化精品更是少之甚少。同时，这些地区往往是民族文化、历史文化、红色文化、生态文化富集区，具有发展文化旅游、推进文化扶贫的巨大潜在优势，也是繁荣发展地方志事业的巨大文化宝库。要发挥好文化扶贫凝聚人心的优势，善于利用方志文化优势为贫困地区“赋能”，在脱贫攻坚中做出方志人应有的贡献。要发挥好中国名镇志文化工程、中国名村志文化工程的引领作用，大力加强乡镇村志编纂，让百姓记得起乡情、记得住乡愁，凝聚贫困乡镇村庄的强大民心，补齐贫困乡镇村庄的文化短板，以“扶智”的方式“扶志”，践行习近平总书记强调的“扶贫先扶智，扶贫必扶志”的重要理念。

求木之长者，必固其根本；欲流之远者，必浚其泉源。扶贫扶起的是志气骨气，传承的是家国情怀，守护的是绿水青山。扶贫既要富口袋，也要富脑袋。必须坚持文化脱贫和物质脱贫两手抓，筑牢贫困地区文化之基，补足信仰精神之钙，引领脱贫发展之舵。全国地方志系统要围绕中心、服务大局，坚决投入脱贫攻坚这场必须打赢的硬仗，积极参与脱贫攻坚战，发挥优势和特长，深入挖掘文化资源，着力补齐文化短板，努力帮助民族地区与贫困地区的文化建设实现较大的发展提升，在全面建成小康社会、实现中华民族伟大复兴中国梦的征程中贡献方志人的力量。

是为序。

中国社会科学院院长
中国地方志指导小组组长　谢伏瞻

民族地区与贫困地区年鉴出版资助工程领导小组

组　　　长：高　翔

常务副组长：冀祥德

副　组　长：高京斋　邱新立

民族地区与贫困地区年鉴出版资助工程领导小组办公室

主　　　任：冀祥德

副　主　任：邱新立

成　　　员：于伟平　刘永强　冷晓玲　李　静

《长阳年鉴》（2018）编纂委员会

顾　　问：	赵吉雄	县委书记、县人武部党委第一书记、县委党校第一校长
	李　军	县委副书记、县政府党组书记、县长
主　　任：	覃宏明	县委常委、县委办公室主任、县直机关工委书记
副 主 任：	裴新颜（女）	县政府党组成员、副县长
	许　冰	县政协副主席、县财政局党组书记、局长，县国有资产管理局局长
	陈仁全	县委办公室常务副主任
	姜自民	县政府党组成员、县政府机关党组书记、办公室主任
	谢远洲	县档案局党组书记、局长，县委党史办、县地方志办主任
成　　员：	章玉莲（女）	县委组织部常务副部长
	杜　强	县委宣传部常务副部长
	蔡金波	县委政法委常务副书记
	高　雄	县政府研究室副主任
	汤清林	县交运局党组书记、局长
	程　刚	县农业局党组书记、局长
	皮厚超	县林业局党组书记、局长
	李　靖	县文体新闻出版广播电视局党组书记、局长
	吴晓晴（女）	县卫计局党组书记、局长
	覃迎蓝（女）	县统计局党组书记、局长
	葛启文	县委机要保密局、县密码管理局长
	向兴华	龙舟坪镇党委书记、人大主席
	杨钰林	磨市镇党委书记、人大主席

熊少博	大堰乡党委书记、人大主席
王　锐	都镇湾镇党委书记、人大主席
胡　宇	鸭子口乡党委书记、人大主席
许　昌	资丘镇党委书记、人大主席
王元奎	渔峡口镇党委书记、人大主席
李德兵	火烧坪乡党委书记、人大主席
覃立胜	榔坪镇党委书记、人大主席
许志明	贺家坪镇党委书记、人大主席
饶会群（女）	高家堰镇党委书记、人大主席
林必胜	县档案局党组成员、副局长，县委党史办、县地方志办副主任
李武元	县档案局党组成员、副局长，县委党史办、县地方志办副主任

《长阳年鉴》编辑部

主　　编：谢远洲

副 主 编：林必胜　李武元

执行副主编：田祥英（女）　向家舟

编　　辑：田祥英（女）　向家舟　苏美嫩（女）

特约编辑（以姓氏笔画为序）

丁开红　丁书海　刁文洪　王　政　王世勤　方自治　邓福周
石春喜　田卫众　田　进　田念东　付春娥（女）　皮厚超
吕　丽（女）　任卫东　向　青　向　斌　向方红　向伟华
向培勇　刘　昊　刘　潇　刘军华　刘宗玉　刘建国　刘辉亚
许凤丽（女）　杜　冰　杜　强　杜鹏林　李　庆（女）
李　莉（女）　李　莹（女）　李小强　李书盛　李玉华（女）
李东伍　李玖玖　李作海　李武元　李昌海　李彦妮（女）
李铁坚　李静平　杨　胜　杨开彩　杨家练　杨楚桥　闵雪翔

汪金衔　张　红　张　勇　张玉军　张财兵　张建华　张德平
陈仁全　陈芳梅（女）　邵长源　林茂荣　易发俊　周　刚
周平星　周红桂（女）　周泽涛　宗　青　赵江涛　胡　冰（女）
胡世春（女）　胡东宁　胡绍雄　钟　剑　秦道见　皋　香（女）
郭红梅（女）　黄　刚　黄　琼　章一英　章玉莲（女）　章富高
葛启文　覃迎蓝（女）　覃峥嵘　覃爱萍（女）　傅建斌　曾　璐
曾爱民　游顺林　鲍玉娥（女）蔡金波　漆昌锦　谭　静　谭黎明
熊　伟　熊东华　戴兴文　魏　涛　魏新明

编 辑 说 明

一、以马克思列宁主义、毛泽东思想、邓小平理论、“三个代表”重要思想、科学发展观、习近平新时代中国特色社会主义思想为指导，坚持辩论唯物主义和历史唯物主义的立场、观点和方法。

二、《长阳年鉴》是长阳土家族自治县地方志办公室承编的综合性公报年刊。从2009年首次编纂，以后每年一册，逐年记载长阳各方面的大事、要事、新事，真实反映长阳社会主义物质文明、精神文明、政治文明、生态文明建设的基本面貌和发展状况，是一部资料、信息、知识高度密集的综合性资料工具书，为各级领导决策提供可靠依据，对人们认识长阳、了解长阳、建设长阳提供资料。

三、本年鉴采取分类编辑法，以部类为单元，单元中按事业、行业设分目，部分分目设子目，分目或子目下按一事一条的原则设条目。全书的条目标题用黑体字加“【 】”表示。

四、《长阳年鉴（2018）》的框架结构本着突出县域特点和民族特点，设置29个部类。即：特载、大事记、民生工程、长阳概貌、民族区域自治、农业和农村经济、工业、交通·物流·通信、城乡建设·环境保护、商贸、旅游、财政·金融、经济管理、中共长阳土家族自治县委员会、长阳土家族自治县人大常务委员会、长阳土家族自治县人民政府、政协长阳土家族自治县委员会、中共长阳土家族自治县纪律检查委员会、群众团体、军事、法治、科技、教育、文化体育、医疗卫生计生、社会民生、乡镇概览、人物、文献选辑。

五、本年鉴框架结构保持基本稳定，对部分内容进行适当调整。

六、本年鉴所用数据均使用法定计量单位，资料由各部门撰稿人提供，经各级领导审核。自治县地方志办公室在核实数据时，采用县统计局数据。

七、本年鉴收录内容以2017年1月1日至12月31日为限，特载除外。表彰收录的范围为县委、县政府及上一级业务部门的综合表彰；市厅级以上的各项表彰；以表彰文件或牌匾为依据。年鉴随文图片由相关单位提供。

八、为方便和简略，文中所称“省”“市”“自治县”“县”，除特别注明外，一律指“湖北省”“宜昌市”“长阳土家族自治县”。

长阳土家族自治县行政区划图

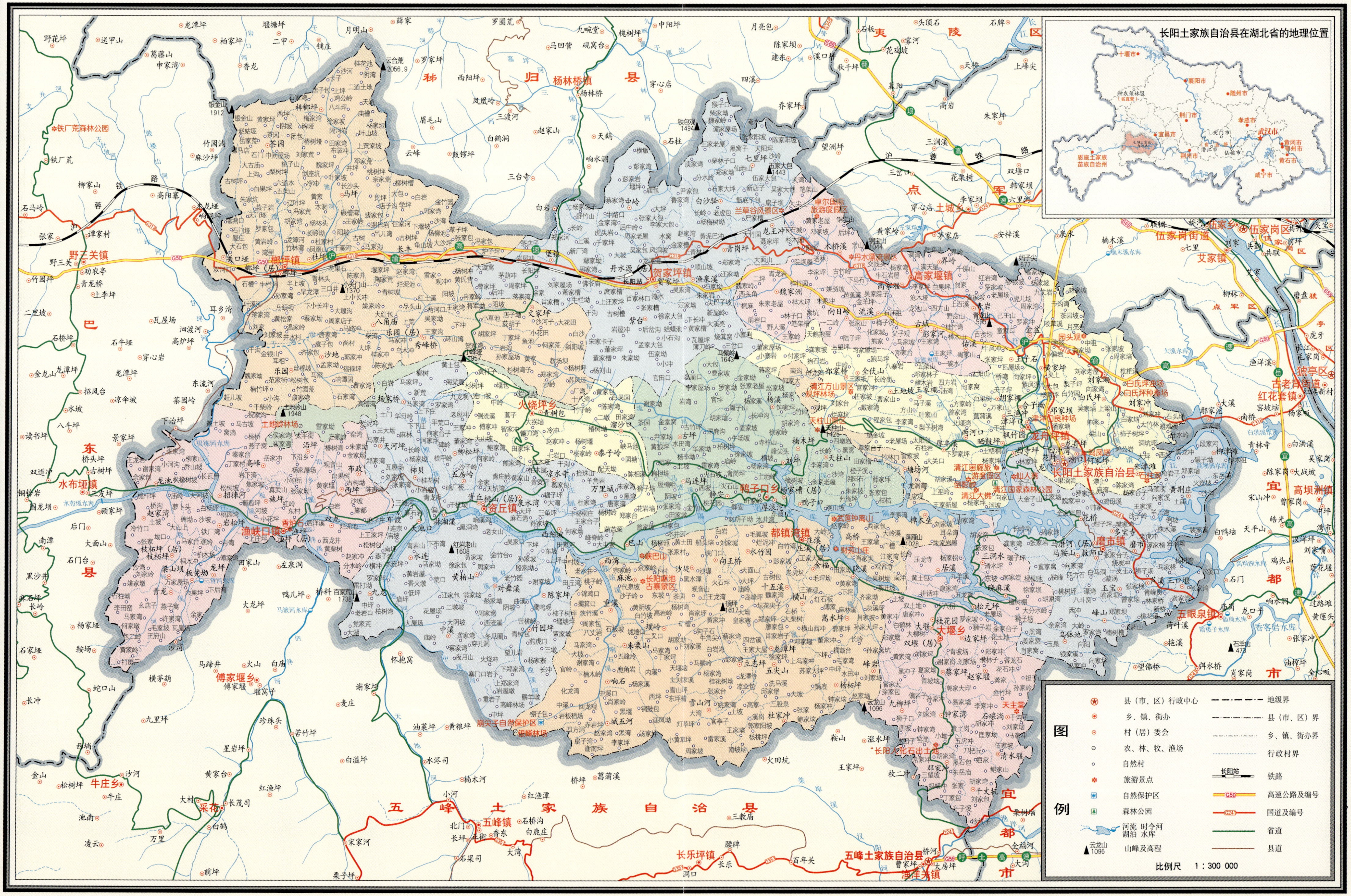

审图号：宜昌市S（2019）005号

中国地图出版社编制

长阳县城龙舟坪鸟瞰图

县城建档案馆　提供

长阳县城清江亲水平台一隅

县政府办　提供

长阳游客接待中心　　县政府办　提供

长阳清江画廊旅游度假区　　县政府办　提供

2017 年 12 月 26 日，清江画廊倒影峡旅游景区项目开工仪式在长阳清江画廊景区举行。图为倒影峡天然佛像及清江画廊旅游码头入口

县政府办　提供

长阳清江画廊旅游船

县旅游委办公室　提供

长阳天柱山旅游度假区　　县旅游委办公室　提供

2017 年 7 月，长阳崩尖子晋升为国家级自然保护区　　湖北长阳崩尖子国家自然保护区办公室　提供

2017 年 9 月 26 日，湖北长阳清江国家地质公园获国土资源部命名。图为湖北长阳清江国家地质公园局部

县政府办　提供

2017 年 10 月 10 日，长阳清江方山景区龙潭冲索道建成运营　　县政府办　提供

长阳清江方山云雾　　县旅游委办公室　提供

长阳麻池古寨码头　　田凤鸣　摄

位于长阳龙舟坪镇朱津滩村的石柱观寺庙（图中红亭子），江北为清江画廊度假村

县政府办　提供

位于长阳渔峡口龙池村的盐池温泉　徐芹芹　摄

长阳湿地公园一部分——花桥百岛图

李东红　摄

长阳渔峡口椪柑基地　　县农业局办公室　提供

长阳大堰乡千丈坑茶园　　大堰乡党政办　提供

长阳都镇湾栀果园　　田凤鸣　摄

成熟后的栀果（“长阳金栀”）　　县政府办　提供

长阳资丘天河坪白肋烟生产示范基地，覃守盈烟叶种植家庭农场　　许　蓉　摄

湖北长阳经济开发区（白氏坪）全景图　　开发区办公室　提供

位于长阳津洋口的创新产业园航拍图片　　龙舟坪镇党政办　提供

2017 年建成的长阳都镇湾镇峰岩村异地扶贫搬迁集中安置点　　县政府办　提供

沪渝高速长阳榔坪龙潭河特大桥，墩高 179 米　　县政府办　提供

长阳方清路项目东起清江，西至方山景区，途经沿头溪流域 6 个村。规划设计总长度 19.43 公里，设计路基宽 11 米，为国家二级公路建设标准，项目建设总投资约 1.8 亿元，其中清河路 2017 年 4 月底正式通车　　李兴海　摄

2017 年 12 月，长阳清江方山景区举办第三届万人年猪宴　　龙舟坪镇党政办　提供

国家级非物质文化遗产土家族撒叶儿嗬表演　　县政府办　提供

土家人围坐火垅边（火炕正在熏土家腊肉）弹唱省级非物质文化遗产——长阳南曲　　县政府办　提供

目录

特载

大事记

民生工程

民族民间文化保护工程

城乡贫困救助工程

助学启智工程

长阳概貌

行政建置

地质地貌

自然资源

气候特征

自然灾害

民族区域自治

民族成分

民族政策

武陵山试验区建设工程、“616”对口支援工程

农业和农村经济

概　述

特色产业

林 业

水 利

畜牧业

水产业

水土保持

农业机械

农村合作经济经营管理

工 业

工业概述

电力工业

煤炭工业

建材工业

农产品加工业

交通　物流　通信

交　通

公　路

港　航

交通管理

物　流

通　信

城乡建设　环境保护

建筑业管理

城乡规划

市政建设

村镇建设

勘察设计　测绘

城市建设档案管理

房地产管理

旅游规划和旅游设施建设

旅游商品

旅游线路

旅游宣传

旅游行业管理

财政 金融

财政工作

国家税务

地方税务

金融管理

银行业务

保险业务

经济管理

宏观经济管理

国土资源管理

工商行政管理

县委、县政府发文表彰

组织工作

宣传工作

精神文明建设

统战工作

机构编制工作

老干部工作

机关党务工作

机要保密工作

信访工作

军 事

法 治

文化体育

概 述

群众文化与文化市场管理

新闻出版与广播电影电视

文物图书

体育事业

医疗卫生计生

概 述

医疗服务与管理

疾病防控与卫生计生监督

计划生育

社会民生

劳动就业

社会保障

文献选辑

索　引

特　载

中共长阳土家族自治县委常委会向县委十四届四次全体（扩大）会议的工作报告

（2018年2月5日）

中共长阳土家族自治县委书记　赵吉雄

2017年，县委常委会深入学习贯彻党的十九大和习近平总书记系列重要讲话精神，以脱贫攻坚统揽经济社会发展全局，加快建设都市后花园。全县实现地方公共财政预算收入7.13亿元，固定资产投资92.3亿元，规模工业增加值增长4.1%，社会消费品零售总额52.86亿元，外贸出口5008万美元，金融机构存贷款余额分别增长16.6%和34%，城乡居民人均可支配收入分别增长8.3%和9.6%。现将2017年工作报告如下：

一、深入学习宣传贯彻党的十九大精神

坚持把深入学习贯彻落实党的十九大精神作为头等大事、重中之重、要中之要，县四大家领导班子、县委理论学习中心组成员坚持先学一步、深学一层，在学懂、弄通、做实上下功夫，进一步增强“四个意识”，坚决在思想上政治上行动上同以习近平为核心的党中央保持高度一致。开设学习习近平新时代中国特色社会主义思想县级领导干部读书班，创立麻池古寨、峰岩村两个新时代的长阳讲习所，常委带头深入到乡镇和村开展宣讲活动。积极推进“两学一做”学习教育常态化、制度化，开办了5期学习习近平系列重要讲话精神县级领导干部读书班，县委中心组全年集中学习研讨13次。全县组织宣讲团、宣讲小分队，开展全覆盖的宣讲活动，做到家喻户晓、深入人心。省委宣传部推介了“长阳土家传统文化+”宣讲党的十九大精神案例。

二、全力打好脱贫攻坚战

始终坚持“十个必须”，大力推广“1156”模式，脱贫攻坚取得新成效。2017年全县贫困人口脱贫“销号”5529户16450人，贫困村出列8个，易地扶贫搬迁6299人。产业扶贫“五张网”在全国产业扶贫现场会上交流。残疾人扶贫工作经验在全国深度贫困残疾人脱贫攻坚座谈会上交流发言。

抓好贫困人口动态管理工作。严格实行“两公示一比对一公告”程序，运用大数据监督检查成果，全县共清退“硬伤”1529户4536人，新增1092户2582人，自然减员3828人，家庭成员补录2600人，贫困人口建档立卡总规模为31233户89701人，易地扶贫搬迁对象相应调整为5979户16586人。探索推广贺家坪镇龙王冲村精准扶贫档案“四化”管理模式，做到基础资料规范

化、工作流程清单化、扶贫网络信息化、“六证合一”一体化，154 个村按“一村一册、一户一档、一家一袋”模式规范档案资料。

抓好产业扶贫。按照“稳菜扩茶兴果药、稳猪扩羊兴鱼禽、稳农强企兴商旅”的发展思路，出台了产业扶持到户政策，进一步筑牢产业扶贫“五张网”，实行每个产业一名县级领导牵头、一个班子抓、一系列帮扶措施、一个以上的龙头企业带动，每个村落实一个市场主体，带动建档立卡贫困户发展产业，进一步提升了贫困户参与的温度、政策到户的力度、群众组织化的程度。全年新建茶叶、柑橘、木瓜、高山蔬菜等特色产业基地 5.88 万亩，29382 户落实产业扶贫措施，特色产业带动贫困户比率达 94.04%。开展技术培训 300 多场，近 2.5 万人次参加。54 个贫困村光伏扶贫电站全部建成并网发电，每村每年集体经济收入 10 万元以上。金融扶贫风险补偿金总规模达 3200 万元，贫困户覆盖率达到 31.4%。全县扶贫小额信贷总规模达 2.47 亿元。

抓好易地扶贫搬迁。牢牢把握政策底线，全面落实勘察、设计、施工、监理等主体责任、安全生产责任和痕迹管理。紧紧围绕群众生产生活实际需求，确保基础设施“四通一配套”，即通水、通电、通路、通基础电信网络，配套垃圾和污水处理设施；每户就近落实一分园田、一个养殖栏圈，4000 户集中安置贫困户每户供应一台省柴灶、省柴炉。

抓好健康扶贫。积极创建全国健康扶贫示范县，出台《健康扶贫医疗保障实施办法》《健康扶贫工程实施方案》，整合资金 2000 万元，实现贫困人口新农合覆盖率、健康档案建档率、家庭医生签约服务率三个 100%。贫困人口住院及门诊慢性病目录内医疗费用补偿比例达 90% 以上，个人年度累计自负目录内费用 5000 元以内。新建、改扩建和提档升级 65 个村级卫生室。5 家乡镇卫生院通过“全国群众满意乡镇卫生院”验收，县乡医疗机构实现一站式结算。大病关爱“壹佰基金”资助贫困群众 12739 人次 1933 万元。启动修订《长阳土家族自治县人口与计划生育条例》，全面落实计划生育惠民政策，发放奖特扶资金 1329 万元。通过为特殊家庭成员开设就医“绿色通道”、提供再生育服务、发放“计划生育家庭成员医疗优诊证”，构建完整的计生特殊家庭帮扶体系。

抓好教育扶贫。强化基本教育保障，对孤儿、单亲、残疾人、双大学生、大病和因灾致贫户，实行政策叠加扶持政策，不让一个学生因贫困而失学，不让一个家庭因学生上学而陷入绝对贫困。“助学启智”工程累计资助学生 10.43 万人次。英子姐姐助学启智募集爱心资金 180 多万元，一对一资助贫困生 900 多人次。全面落实“雨露计划”政策补助补贴到人，1283 人享受春季“雨露计划”政策补助。切实加强“两后生”培训，624 人参加就业技能培训。民族教育园高中部基本建成，2017 年高考一本上线人数 670 人，高考综合评估稳居省市同类县前列。

加强农村基础设施建设。在 108 个项目村建设供水设施 346 处，安全饮水巩固提升 32747 人。完成农网改造投资 1.7 亿元，新建和改造配电台区 300 个，新建及改造输电线路 846 公里。完成农村公路硬化 680 公里，生命安防工程治理 700 公里。

抓好省市反馈问题整改和扶贫领域监督执纪问责。对省委第七巡视组巡视反馈的问题和市、县发现的扶贫领域存在的突出问题，由县委常委牵头负责，实行清单式管理，限期整改销号。实行县委巡查、重大事项督查和专项巡察等制度，分两轮对全县乡镇和部门进驻巡察，建立了扶贫领域问题线索台账，发现面上问题线索 24 条，移交问题线索 21 条。

三、打牢县域经济发展硬支撑

强力推进“双提双抓”工程，深入开展“百

名干部进百企解百难”活动，狠抓招商引资和重点项目建设，县级领导每周深入项目建设一线调研督办一次，部门负责人每周到企业工作一天，现场解决项目建设难题。全年新签约投资5000万元以上项目66个，其中亿元以上项目33个；新开工5000万元以上项目43个，新投产项目17个。

抓好对上争取。紧紧抓住省“616”工程、宜昌对口支援等重大机遇，积极争取国家、省市政策支持，全县已争取落实各类扶持资金39亿元。继续坚持春节上班后的第一天，县委主要领导带队到省直部门衔接争取项目。省“616”对口支援办公会、宜昌市对口支援长阳专题办公会成功召开，呼南铁路、清江国家地质公园、国开行支持扶贫开发等实现重大突破，呼南铁路基本确定在长阳设站。

做大做强支柱产业。大力扶持工业支柱产业发展，全县新增中国驰名商标1个、国家高新技术企业2家、省级龙头企业1家。建设国家农产品质量安全县，争创国家现代农业可持续发展实验区。大力支持一致魔芋、丰润生物等龙头企业发展，加强茶叶、高山蔬菜、魔芋、柑橘等特色基地建设，不断优化区域布局，提升配套水平，进一步做响清江健康食品品牌。坚持“重点景区＋乡村旅游”发展模式，卓尔大溪旅游、清江画廊转型升级、清江方山二期等骨干项目建设加快推进，沿头溪流域、丹水流域等乡村旅游资源加快开发；抢抓清江康养产业国家实验区建设机遇，加快探索旅游＋康养产业发展，新引进生态文化旅游康养项目9个。全年接待旅游者800万人次，实现旅游总收入75亿元，同比分别增长17%和16%。

加快建设全国新型城镇化试点县。大力实施向宜昌靠拢战略，丹水新区建设加快推进，宜长快速通道正式启动，清江特大桥开工建设，教育园、新中医院、法院等即将投入使用，土家源广场、七里湾综合整治、重要城市道路综合改造、污水管网燃气管道建设等加快推进，新客运站即将全面开工，城市功能逐步提升。全面加强城市管理，扎实开展“五非”专项整治，坚决控违拆违治违，城区环境更加优美，再次荣获省级文明县城称号。

四、切实保护好绿水青山

牢固树立社会主义生态文明观，深入贯彻落实“以共抓大保护、不搞大开发为导向推动长江经济带发展”的战略部署，坚决守护好环保红线、山体绿线和水系蓝线。

破解农村生活能源替代难题。坚持“管住源头、放下斧头、护住山头、铭记心头”，加强立法，管护森林资源；加强执法，严厉打击破坏森林资源行为。做好加减法，增加蓄积量，减少用材量，增加森林覆盖率，提高林分质量。大力实施三年行动计划，推广节柴炉10000台、节柴灶5000台，同比节省柴火40%以上。清江国家地质公园顺利通过国家验收，崩尖子成功晋升国家级自然保护区。

加强清江环境保护。持续开展“9·12清江保护日”活动，建立三级“河长制”，严格依法加强水环境保护，清江整体水质达到国家Ⅱ类水质标准以上。高坝洲库区、隔河岩库区清理取缔工作按时完成。坚决拒绝污染企业，积极引导化工企业转型升级，创建无化工企业生产县。加强大气污染防控，全面禁止城区燃放烟花爆竹，开展工业堆场、工程车辆、黄标车等专项整治，强化重点领域工业扬尘管控，全县空气质量优良率达到81.7%。

大力实施生态家园工程。加快实施水土保持、小农水建设、中小河流治理、新一轮退耕还林还草工程等项目，加强农村生态环境保护和农村环境建设。实施化肥农药“零增长”行动，积极推广使用生物农药、生物有机肥和物理杀虫技术，严禁使用高毒、剧毒、高残留农药，禁止使用化学除草剂。创新开展以洁净、绿色、致富、文化等为主题的美丽家园创建活动，大力发展庭园经济，激发“自己家园自己建”的全民意识，努力实现“生态美、村容美、庭院美、生活美、乡风美”。

五、积极防范化解各类风险

牢固树立“百姓平安，我方心安”的理念，以维护八大安全为重点，扎实抓好风险防范化解工作，确保社会和谐稳定。

创新加强社会治理。出台《首信首访首办责任制暂行办法》《公职人员参与违纪违法信访问责暂行办法》，完善抓稳定促发展的长效机制。深入开展矛盾大排查、安全大整治、治安大整顿、开门大接访、维稳大督查“五大行动”，主要领导带头落实领导包案、带案下访、开门接访等制度，全县非访、赴省进京访大幅下降，连续10个月进京非访为零。加强社会治安综合治理，在全省103个县市区安全感测评中，长阳群众安全感排名第1、治安满意度排名第2、执法满意度排名第6。榔坪派出所科技兴警经验在全省推广。

坚决抓好安全生产。严格落实安全生产“党政同责、一岗双责”，全面落实主体责任、主管责任、属地责任、包保责任，坚持全员上阵，强化应急值守，严格落实24小时值班、领导干部到岗带班、事故信息报告及每日会商报告“四项制度”，全县安全生产形势总体稳定。全面贯彻落实《湖北省食品安全条例》，集中开展“小作坊、小餐饮、小摊贩”隐患排查整治；加大食品药品违法行为查处力度，全年立案查处各类食品药品违法案件232起，全年没有发生食品药品安全事件。

六、全面推进深化改革工作

深化供给侧结构性改革。加大金融支持力度，通过政府平台担保帮助企业贷款5.96亿元，通过银政合作应急周转28家次企业1.48亿元，财政贴息1310万元，扶持实体经济发展。

抓好“放管服”改革。全面清理非行政许可审批，减少审批事项，强化事中事后监管，建立纵横协管机制。下放行政审批事项13项和管理服务事项26项，公布69项村级代办事项编制服务流程。

探索推广农村公路安全管理“路长制”。扎实推进农村公路生命安全防护工程建设，建立完善公路交通、公安交警、路长和村级“三员”等部门联动机制，大力推广“路长制”，全面加强农村道路安全。公安部发内参推介，《湖北日报》两次跟踪报道。

深化党的建设改革。坚持以党建为龙头，牢固树立“一切工作到支部”的鲜明导向，以“一亮三创”为底色，“三在”为载体，“四双”为内容，三个分不开为落脚点，建立了“三在四主”抓党建促脱贫模式，《湖北日报》头版头条宣传报道。按照上级统一部署要求和时间节点，扎实有序推进国家监察体制改革试点，12月底县监委完成组建工作并挂牌运行。完成了党的群团改革任务。

七、加强民主法治建设

进一步加强对县人大常委会、县政府、县政协、县人民法院、县人民检察院工作的领导。按照上级党委要求，配备到位县人大常委会专职主任、乡镇专职人大主席、副主席。积极支持县人大依法加强对“一府两院”的监督和开展“聚力脱贫攻坚，人大代表在行动”活动。大力推进社会主义协商民主建设，统筹推进多种形式的协商，支持政协开展重要协商活动。成功承办湘鄂黔渝边区县（市、区）政协工作联系会第34次会议。

全面加强法治长阳建设。将法治长阳建设纳入县委常委会全年工作要点，县委常委会先后8次研究决策法治长阳建设中的重大问题。建立领导班子领导干部述法、任前考试、人大任命干部宪法宣誓、国家工作人员学法用法考试考核、党内规范性文件备案审查等系列制度。全年共备案审查了党内规范性文件18份，县人大对11名符合条件的受任人员组织了法律考试，33名受任人员参加了向宪法宣誓仪式。积极开展“七五”普法工作，印发《关于在全县公民中开展法治宣传教育的第七个五年规划》。

坚持党管武装原则，全面加强人民武装和国防后备力量建设。进一步提高农村低保、五保标准，民政社会救助资金总量突破亿元关口，着力保障退役军人权益，发放各类优抚资金2000余万元。扎实抓好质监、物价、工商、民族宗教和老干部、工会、共青团、妇联、残联、编制、科协、工商联等工作。

八、始终坚持全面从严治党

坚持把党的政治建设摆在首位。全面落实《关于新形势下党内政治生活的若干准则》，进一步严肃党内政治生活。认真落实管党治党责任，县委常委会一月一次研究部署“两个责任”落实，出台全面从严治党主体责任考核办法，层层签订党风廉政建设责任书，分类制定党委主体责任、政府监管责任和纪委监督责任清单，构建全覆盖责任体系。

始终保持执纪监督的高压态势。严明政治纪律和政治规矩，查处违反政治纪律和组织纪律问题1件、处分1人。加大“四风”问题监督，查处违规操办婚丧喜庆事宜9起10人。受理公检法移送线索37件、审计移送线索10件，向市纪委移送3件。继续保持案件查处的高压态势，全年共立案124件，结案142件，处分137人，挽回经济损失157.79万元。全面启动党委巡察工作，成立县委巡察办和3个巡察组常设机构，对3个乡镇和12个县直部门开展政治巡察。顺利迎接省委第七巡视组对我县扶贫领域专项巡视。

全面加强基层组织和干部队伍建设。大力实施“三在三培养”工程，出台《促进干部履职尽责干事创业的正向激励办法（试行）》《县管干部积分制管理实施细则》《干部“十不准”》，深入推进“转作风抓落实”。注重在脱贫攻坚、招商引资、信访维稳等一线培养、发现和选拔“工匠+猛将”型干部，县委向从县直单位抽调11名科级干部挂职乡镇党委副书记，驻乡镇专职负责扶贫攻坚工作。充分运用履职尽责考核结果，调整交流干部15名、免除不胜任不适宜担任现职干部2名。启动34个党员群众服务中心新建改扩建工程。实施“领头雁”素质提升工程，两次全员培训村党组织书记和驻村第一书记，分批组织外出参观学习，调整5名“不履职不胜任”村党组织书记。

着力抓好意识形态和宣传工作。牢牢掌握意识形态工作领导权管理权话语权，着力压实各级党委意识形态工作责任，“五纳入、三报告、两督查”常态长效。切实加强正面宣传，央视《新闻联播》聚焦光伏扶贫“长阳样本”，中央和省、市主要媒体集中报道我县首创的农村交通安全“路长制”、火烧坪乡家风建设“521”模式、抓党建促脱贫“峰岩实践”，网络助学的“英子姐姐”刘发英荣获第六届全国道德模范提名奖、全国教书育人十大楷模。“一县一品”特色文化品牌成效显著，首部土家族红色民俗电影《哭嫁》成功首映，长阳传统技艺专著《九佬十八匠》出版并荣获全国民间文艺最高奖“山花奖”，大型民族舞蹈史诗《姐郎河》公演获好评，成功举办第六届全县农村文艺会演。广播电视“户户通”工程、农村智能广播“村村响”二期工程和县广播电视台制播能力建设项目等相继完成。

切实抓好统战工作。深入贯彻落实习近平总书记“3·4”重要讲话精神，按照“抢机遇，抓特色，稳大局，建机制，争一流”的要求，全面加强统战工作。抢抓省直统一战线参与长阳精准扶贫精准脱贫工作重大机遇，争取省委统战部210万元解决易迁户基本生活设施，省直统一战线成员单位和社会工商人士公益捐助600余万元，45家民营企业及商会与39个建档立卡贫困村结对帮扶。深入开展民族团结进步创建活动，精心培育一批民族团结进步先进典型。认真学习贯彻全国、全省宗教工作会议精神，加强爱国宗教团体自身建设，积极引导宗教与社会主义社会相适应。

（县委办公室）

长阳土家族自治县人大常委会向自治县九届人大四次会议的工作报告

（2018年3月6日在长阳土家族自治县第九届人民代表大会第四次会议上）

长阳土家族自治县人大常委会主任　田大甲

2017年的主要工作

2017年，是自治县九届人大及其常委会依法履职的第一年。在自治县委的坚强领导下，自治县人大常委会深入学习贯彻党的十九大精神，以习近平新时代中国特色社会主义思想为指导，坚持党的领导、人民当家做主和依法治国有机统一，紧紧围绕县委中心工作和全县工作大局，认真行使法定职权，努力发挥地方国家权力机关的作用。一年来，召集自治县人民代表大会2次、召开常委会会议10次、主任会议21次，听取和审议“一府两院”工作报告13个，作出决议决定8项，对4部法律法规实施情况进行检查，组织视察、调研12次，对9个方面审议意见进行跟踪督办，圆满完成了自治县九届人大二次会议确定的各项工作任务。

一、坚持依靠党的领导，把握人大工作正确政治方向

常委会把坚持党的领导作为做好人大工作的基本前提和根本保证，坚定正确政治方向，认真履行政治领导责任，加强人大常委会党的建设，毫不动摇坚持党的领导。自觉把党的领导贯穿人大工作全过程。县委召开的重要会议、下发的重要文件，主任会议都及时传达学习，研究落实措施，增强常委会组成人员和机关干部政治意识、大局意识，围绕县委的中心工作凝心聚力，做到思想上同心、工作上合力、部署上合拍。紧紧围绕县委的决策部署，统筹安排立法、监督、重大事项决定、代表等各项工作和重要活动，确保县委重大决策部署的贯彻落实。根据县委关于加强森林资源保护，“管住源头、放下斧头、护住山头、铭记心头”的决策部署，及时调整立法规划，优先将《长阳土家族自治县森林资源保护条例》列入当年的立法计划。坚持服务中心。根据县委年初工作安排，积极参与“双提双抓”、精准扶贫、信访维稳等重点工作，主任会议成员不定期到联系贫困村、部分重点项目和企业调研，协调解决实际困难和问题。根据县委工作安排，常委会三位负责人分别担任全县农村危房改造指挥部、农网改造指挥部和清江网箱清理取缔指挥部指挥长或副指挥长，一名副主任兼任自治县扶贫攻坚领导小组办公室主任，两名副主任担任县委精准扶贫工作督查组组长，定期赴乡镇、村督导脱贫攻坚工作。此外，还组织常委会组成人员和部分省市县人大代表对全县精准扶贫精准脱贫工作、清江库区网箱清理取缔工作进行了专项视察。坚持重大事项向县委请示报告制度。常委会召开的重要会议、作出的决议、决定和立法、监督工作中的重大问题及其他重要工作安排，常委会及时向县委请示报告，依照法定程序做好相关工作。

二、坚持民主科学立法，推进法治长阳建设进程

常委会紧紧围绕自治县改革发展稳定大局，主动适应形势发展需要，充分发挥民族自治优势，严守法定权限和程序，加强调研论证评估审查，科学制定立法规划，精心组织制定和修改单行条例。

精心编制五年立法规划。常委会经过反复调研论证，制定了五年立法工作规划和2017年度立法工作计划，并经县委同意后上报省人大常委会。五年立法规划突出保护生态环境、转变经济发展方式、保障和改善民生等方面的立法，确定“计划立法项目”7件，筛选“预备立法项目”4件，

体现了规划的引导性和前瞻性。

加强重点领域立法。立法调研组在深入调研的基础上，学习借鉴外地森林资源保护立法经验，完成了《长阳土家族自治县森林资源保护条例（草案）》的起草工作，为贯彻中央关于实施全面两孩政策的决策部署，及时修改《长阳土家族自治县人口与计划生育条例》。目前，省人民政府原则批复同意这两个条例（草案），已提请本次大会审议。

扎实推进科学立法。健全党委领导、人大主导、政府协同、各方配合、公众参与的立法工作体制，完善立法起草、论证、协调、审议机制，充分发挥人大及其常委会在立法工作中的主导作用，对政府及有关部门起草的条例草案，坚持提前介入，严格审核把关，维护法制统一。坚持立法为民、开门立法，开展立法协商，把主动征求人大代表意见作为立法的必经程序，重视听取政协委员、社会各界人士、立法咨询专家和广大人民群众意见，提高立法水平。

三、坚持突出重点，注重实效，加强监督工作

常委会依法开展法律监督和工作监督，推动县委重大决策部署贯彻落实，促进依法行政和公正司法，维护人民的根本利益。

强化计划预算审查监督。依法听取和审议自治县人民政府计划执行、县级决算、审计工作、预算执行、审计查出问题整改等报告，审查批准2016年县级财政决算、2017年部门预算，提出了要优化支出结构，加大财政监管力度，保障和改善民生等意见和建议。为更好地贯彻新发展理念，加快转变发展方式，推动经济高质量发展，作出了2017年计划和预算调整的决议。

聚焦民生保障监督。组织常委会组成人员和部分人大代表调研视察全县精准扶贫、县城区停车场建设、五保户供养、农村安全饮水、农村公路、特殊教育、健康扶贫等，听取和审议自治县人民政府相关工作报告，督促政府及其工作部门限时办理整改清单和常委会审议意见，推动解决了一批民生问题。

加强环境保护监督。听取和审议2016年度环境状况和环境保护目标完成情况的报告；对《长阳土家族自治县河流保护条例》开展执法检查；听取和审议自治县人民政府关于全县森林资源保护工作情况的报告，并开展森林资源保护工作专题询问；按照省人大常委会统一部署，组织开展“环保世纪行”活动，听取和审议自治县人民政府关于贯彻落实《湖北省人民代表大会关于大力推进长江经济带生态保护和绿色发展的决定》的报告；组织开展清江水产养殖网箱清理取缔及产业转型发展视察，推动了全县生态环境保护工作，促进全社会牢固树立绿色发展理念。

推进公正司法监督。听取和审议自治县人民法院、自治县人民检察院工作情况的报告，组织部分自治县人大代表旁听重要案件庭审、见证执行，不断创新司法监督方式方法，监督和支持司法机关不断深化司法改革，提高司法公信力。完善规范性文件备案审查工作程序，修改完善《长阳土家族自治县人大常委会备案审查规范性文件办法》。严格规范程序，对群众来信来访，及时接待及时处理，加强对信访情况的综合分析，掌握社情民意，化解社会矛盾。一年来，共受理人民群众来信、来访90多件次，有效推动了一批群众合理诉求的解决。

此外，常委会还积极配合全国、省、市人大常委会，对脱贫攻坚、立法、民族宗教、生态环境保护、《中华人民共和国种子法》贯彻实施情况等进行了视察、调研或执法检查。

四、坚持民主决策，依法行使重大事项决定权和人事任免权

围绕全县经济社会发展中的重大问题，严格按照法定程序，作出决议、决定。常委会分别对“七五”普法、龙五一级公路项目政府购买服务支出资金纳入财政中长期支出计划等作出决议。始终坚持党管干部与人大依法任免有机统一，严格执行任前法律知识考试、拟任职发言、颁发任命书、宪法宣誓等制度。一年来，常委会任免干部99人次，其中任命87人次、免职12人次，依法实现县委人事安排意图。为切实加强对自治县人大常委会任命的国家机关工作人员任后监督工作，常委会出台了《关于对政府工作部门主要负责人述职测评暂行办法》，依法对自治县民政局、环保局、卫计局、林业局、质监局等5个政府工作部门主要负责人进行年度述职测评，进一步强化了被任命人员的法治意识、责任意识和公仆意识。

五、坚持代表主体地位，充分发挥代表作用

充分尊重人大代表的主体地位，不断加强和改进代表工作。

服务代表依法履职。建立常委会组成人员联系人大代表、人大代表联系选民制度。成立59个代表小组、建立59个代表活动室和156个“人大代表联系选民工作室”。全面推广应用人大代表履职服务平台，提高了代表工作信息化水平。多层次多形式对代表进行履职培训，坚持邀请代表参加视察调研执法检查等各项活动，常委会的重要工作安排、重大活动和“一府两院”的重大决策及重大案件办理情况，通过公报、网站、电视、短信等多种形式向代表通报。组织市人大代表开展会前视察和调研。组织开展人大代表回选区向选民述职活动，听取并反映人民群众的意见，接受人民群众的监督。

扎实开展代表活动。根据省市人大常委会统一部署，扎实开展“聚力脱贫攻坚、人大代表在行动”活动，将979名五级人大代表混合编组，划分成59个代表小组。先后两次统一组织五级人大代表参加代表小组活动，代表参加活动报到率100%，参与率97.6%，以监督已出台政策和“绣花”功夫落实情况为主要内容，以代表小组活动为基本形式，活动中代表们收集各类意见建议316件，分层级进行了交办督办，上交省级办理1件，上交市级3件。这一活动中，特别是市、县领导同志中的代表以代表身份带头参加，有力推动了活动的深入开展，促进了精准扶贫政策的落实，推动了人大职能作用的发挥。

强化意见建议督办。自治县九届人大一次、二次会议收到代表建议238件，常委会会同自治县人民政府及时召开代表建议交办会，明确办理目标和责任，对提高代表建议办理质量提出严格要求。主任会议成员领衔督办了重点议案建议20件，各位副县长带头办理重点建议，促进办理工作顺利开展，产生了良好的示范效应。扎实开展“建议督办月活动”，采取主任会议成员牵头督办、各工委对口督办、代工委全面督办、人大代表跟踪督办等多种形式，使一批关系全县发展大局的重点难点问题和人民群众关心的民生问题得到解决。

六、坚持加强自身建设，不断提高履职能力

常委会围绕新时代新任务的要求，坚持以增强履职能力、提高工作质效为重点，加强自身建设，提升人大工作科学化、规范化水平。

加强政治理论学习。认真学习习近平新时代中国特色社会主义思想和党的十九大精神，坚决维护以习近平为核心的党中央权威，始终在思想上政治上行动上与以习近平为核心的党中央保持高度一致。扎实开展“两学一做”学习教育活动，常委会负责人积极参加县委中心组集中学习，自觉参加支部主题党日活动。坚持常委会组成人员集中学习制度，扎实抓好意识形态工作，加强人大干部理想信念教育。不断加强对人民代表大会制度、人大工作、人大代表的宣传，一批重头稿件分别在国家、省级和市级网站、刊物上刊发。

加强作风建设。认真贯彻全面从严治党要求和中央“八项规定”精神，严守政治纪律和政治规矩。贯彻落实市委、县委深入推进转作风、抓落实决策部署，推进常委会及机关作风更加“严紧硬实”，切实转变工作作风。先后组织开展了“人大干部话作风”“人大干部谈廉政”“精准扶贫大家谈”等作风建设专题学习讨论活动，主任会议成员及机关干部更加积极主动深入到所联系的乡镇、村、企业和项目开展工作，推动和支持全县经济社会发展。

推动县乡人大建设。认真贯彻落实中央、省市县委关于加强县乡人大工作和建设的决定，进一步完善规范县乡人大组织机构和工作机制。依法设立自治县人大法制、财政经济两个专门委员会。常委会组成人员结构进一步优化。11个乡镇配齐了专职人大主席。

拓展人大工作联系和对外交往。积极争取全国、省、市人大对自治县人大工作的指导和支持。加强与外地人大的联系和学习交流，先后派员参加全国部分少数民族自治县（旗）人大工作联席会，接待多批全国各地人大到长阳学习考察。加强对乡镇人大主席团的工作联系和指导，先后2次召开乡镇人大负责人座谈会，总结交流人大工作。坚持主任会议成员联系指导乡镇人大工作，邀请乡镇人大主席、副主席列席人大常委会会议、参加常委会开展的检查、视察和调研，推动了全县乡镇人大工作扎实开展。

过去一年人大常委会工作取得的成绩，归功于自治县委坚强领导，归功于自治县人大代表、常委会组成人员共同努力，归功于自治县“一府两院”和社会各方面的协同配合。在此，我代表自治县人大常委会，向各位代表、各有关方面表示衷心的感谢并致以崇高的敬意！

回顾一年来的工作，我们也清醒地认识到，常委会的工作与自治县委的要求和人民的期待还存在一些差距，主要是：立法的针对性实效性还需要进一步增强，监督工作力度有待进一步加大，讨论决定重大事项的制度有待进一步完善，代表建议办理工作实效有待进一步提升，常委会自身能力建设和整体工作水平还有待进一步提高。我们将虚心听取代表意见，采取有力措施，切实加以改进。

2018年的主要任务

2018年是全面贯彻落实党的十九大精神的开局之年，是贯彻落实自治县委十四届四次全会精神、决胜全面建成小康社会、实施“十三五”规划承上启下的关键一年。人大常委会将认真学习贯彻党的十九大精神，以习近平新时代中国特色社会主义思想为指导，在自治县委的坚强领导下，紧紧围绕全县工作大局，依法行使各项职权，不忘初心、牢记使命，努力做好新时代人大工作。

一、深入学习贯彻党的十九大精神

常委会要把学习贯彻习近平新时代中国特色社会主义思想和党的十九大精神作为当前和今后一个时期的首要政治任务，自觉用习近平新时代中国特色社会主义思想武装头脑、指导实践、推动工作，切实增强“四个意识”，坚定“四个自信”，落实新时代人大工作的新部署，更好地发挥好人大代表作用，使人大及其常委会成为全面担负起法律赋予的各项职责的工作机关，成为同人民群众保持密切联系的代表机关。

二、服务全县工作大局，增强监督实效

今年拟听取和审议自治县人民政府关于2018年上半年计划、预算执行、2017年县级预算执行和其他财政收支的审计工作、县级决算、审计整改、依法行政、环境保护、审计移交问题线索处理情况以及代表议案建议办理等法定报告。对《湖北省物业服务和管理条例》贯彻落实情况开展执法检查，听取和审议自治县人民政府关于健康扶贫、农村安全饮水、自治县人民检察院关于公益诉讼、自治县人民法院关于执行工作情况等专项工作报告。对自治县人民政府关于产业扶贫情况开展专题询问。对全县重大交通项目建设情况进行视察。全面启动预算监督联网工作。对“法检”两院深化司法改革情况进行视察，支持促进司法改革和公正司法。加强规范性文件备案审查。召开“一府两院”联席会，进一步加强人大常委会与“一府两院”的联系与沟通。

三、加强立法工作，提高立法质量

认真落实五年立法规划，把立法决策与改革决策有机结合。2018年完成《长阳土家族自治县崩尖子国家级自然保护区条例》的立法调研和起草工作，对《长阳土家族自治县河流保护条例》《长阳土家族自治县清江库区管理条例》涉及生态文明和环境保护方面的内容打包修改，做好省、市人大常委会有关法规草案征求意见及反馈工作。

四、履行法定职能，做好重大事项决定和人事任免工作

坚持党的领导和人大依法行使重大事项决定权相统一，围绕全县中心工作和改革发展大局，深入开展调查研究，依法作出决议、决定。贯彻县委意图，依法行使人事任免权。加强对人大选举和常委会任命干部的监督，继续开展政府工作部门主要负责人年度述职测评工作。

五、强化服务保障，发挥代表作用

密切同人大代表、人民群众的联系，进一步完善和落实常委会组成人员联系代表、代表联系选民制度。深入开展“走访代表月”活动，创新代表活动机制，完善代表履职平台，支持和保障代表依法履行职责。继续开展“聚力脱贫攻坚、人大代表在行动”活动，引导代表为打赢脱贫攻坚战献智出力。继续开展代表向选区选民述职活动，接受选民监督。扩大代表对常委会工作的参与，支持和保障代表依法执行代表职务。加强建议办理督办工作，继续实行代表建议办理“双测评”制度，促进提高建议办理落实率。深入推进应用代表履职服务平台，提高代表工作信息化水平。

六、加强自身建设，提高履职能力

要全面加强新时代人大常委会党的建设，更好地发挥人大常委会党组在人大工作中的核心领导作用，坚持把政治建设放在首位，落实用习近平新时代中国特色社会主义思想武装头脑、指导实践、推动工作的要求，按照县委部署，认真开展“不忘初心、牢记使命”主题教育，推进“两学一做”学习教育常态化制度化，推进全面从严治党，严明纪律规矩，持之以恒抓好作风建设和党风廉政建设，严格实行目标管理责任制，加强团结协作，确保机关各项工作有序进行，进一步抓好人大理论研究宣传工作，做好意识形态工作。加强与上级和外地人大的联系交流，加强对乡镇人大的指导，增强人大工作整体合力。

时代赋予历史重任，人民寄予殷切希望。让我们高举中国特色社会主义伟大旗帜，在县委的坚强领导下，依法履职、积极作为，团结凝聚全县人民的智慧和力量，充分发挥人民代表大会制度优势，为打赢脱贫攻坚战、建设都市后花园、全面建成小康社会而不懈奋斗！

（县人大常委会办公室）

长阳土家族自治县人民政府向自治县九届人大四次会议的工作报告

（2018年3月6日在自治县九届人大四次会议上）

自治县人民政府县长　李　军

一、2017年工作回顾

刚刚过去的2017年，是全县上下积极应对和成功经受多方面困难问题考验、极不平凡极不寻常的一年。在县委正确领导下，在县人大、县政协监督支持下，我们以习近平新时代中国特色社会主义思想为指导，坚定不移贯彻落实新发展理念和自治县第十四次党代会决策部署，紧紧围绕精准扶贫、项目建设、产业培育、城镇发展等，谋长远、想全局，抓大事、上项目，县域经济社会发展呈现出项目更多、基础更牢、位次提升、进中向好的强劲态势。全县实现生产总值135.3亿元，地方公共财政预算收入7.13亿元，固定资产投资92.3亿元，社会消费品零售总额52.86亿元，外贸出口5008万美元，城乡居民人均可支配收入分别增长8.3%和9.6%，金融机构存贷款余额分别增长16.6%和34%。生产总值、规模以上工业增加值、固定资产投资3项主要经济指标增幅位居全市9个县市区第2位，地方公共财政预算收入、社会消费品零售总额2项主要经济指标增幅位居全市第3位，连续7个月位居全市县域经济分类考核山区县第1位。

（一）精准扶贫基层基础更加扎实。统筹产业、易迁、交通、农网改造等八大指挥部精准扶贫工作，全年整合项目资金13.06亿元，新增8个贫困村出列、6299人易地扶贫搬迁、1.6万建档立卡贫困人口销号。积极推进健康扶贫，从10月1日起，全县贫困人口住院及门诊慢性病目录内医疗费用报销比例达到91.8%，个人年度自付目录内费用不超过5000元。进一步织密产业扶贫“五张网”，户均落实产业发展奖补资金4000元以上，整治高标准农田5.5万亩，新增特色产业基地5.88万亩。大力推广贫困户小额信贷，贫困户覆盖率达到31.4%，高出全省平均水平8.6个百分点，总规模达到2.47亿元。全面落实生态公益林补偿政策，优先从建档立卡贫困人口中选聘875名生态护林员。强力夯实基层基础，新完成农村公路硬化680公里、生命安防工程治理700公里，新建集中供水设施346处，安全饮水巩固提升32747人，新建和改造配电台区300个、输电线路846公里，实施农村危房改造3437户。加快推进国网公司光伏扶贫，54个贫困村光伏扶贫电站全部建成并网发电，扶贫村集体收入目标提前实现。中直单位驻鄂定点帮扶工作座谈会在我县召开，我县成为全国光伏扶贫观摩会议参观现场。

（二）招商引资项目建设势头强劲。始终坚持经济建设决定一切、项目企业高于一切、投资财政体现一切，强力推进招商引资和项目建设，创新招商引资和项目建设体制机制，新增、加强全县招商服务中心、重点项目办、重点产业办机构和力量，形成项目招商、开工、投产“一条龙”服务机制。全年新签约5000万元以上项目66个，其中亿元以上33个，分别是上一年的8.2倍和4.7倍。强力推进对上争取，充分发挥“北京一个专班、省616和市对口支援两大平台、年头年中年尾三个时段和全领域全时段多个环节”作用，不断健全对上争取工作体系，全年争取落实各类扶持资金39亿元。强力推进项目建设，充分发挥“双提双抓”“百名干部进百企解百难”重要平台作用，干部群众期盼多年的清江特大桥顺利开工，宜长快速通道、呼南铁路、抽水蓄能电站等即将开工或实现重大进展，新开工5000万元以上产业项目43个，新投产17个。全年新签约、新开工、新投产项目均创历史新高。

（三）特色支柱产业做强做大。着力壮大健康食品、新型建材、绿色能源、生态矿山4大工业支柱，做强做大健康食品产业，一致魔芋、丰润生物、康农种业进一步加快发展，新增中国驰名商标1个，新增省级龙头企业1家；做强做大新型建材产业，华新建材产业园项目成功签约，沛函装配式建筑科技园被确定为全国首批装配式建筑示范基地，垚美软瓷、红业五龙等快速发展，资质以上建筑企业达到16家；做强做大绿色能源产业，国网公司57座光伏扶贫电站并网发电，国电投云台荒风电项目正式开工；做强做大生态矿山产业，中锰、铠榕、登城等安全环保水平和税收贡献显著提升，富饶新材料项目竣工投产。加快发展特色农业，茶叶、高山蔬菜、魔芋、柑橘、木瓜等基地巩固提升，油牡丹、桃李、瓜蒌等小特新产业达到1万亩，全年出栏生猪70.1万头、山羊61.9万只；加快培育新型农村合作经济组织，全县农民专业合作社达到1283家，家庭农场85家，其中国家级示范社4家，省级示范社12家。突破性发展以旅游为龙头的现代服务业，卓尔旅游、清江画廊转型升级等步伐加快，清江方山索道投入运营并成功创建国家AAAA级景区，高家堰镇荣获全省“旅游名镇”，乡村民宿快速发展，香花岭成为全省首批10家“金宿级”民宿。全年接待游客800万人次，实现旅游总收入75亿元，分别增长14%和28%；加快现代物流业发展，邮政、供销、快递、电商服务企业达到88家，全年物流托运1000万件以上，巴国汇智创业园入选国家级“星创天地”，我县成功进入全国电子商务进农村综合示范县创建行列。积极推进银政企合作共赢，财政贴息1310万元，应急周转34家次企业2.46亿元，支持企业担保贷款6.2亿元；全县贷款余额首次突破百亿元大关，银行业综合税收达到6000万元，我县再次荣获全省“最佳金融信用县”。积极推进创新驱动，新增国家发明专利15件，万人发明专利拥有量达到1.4件，新增2家国家高新技术企业，高新技术产业增加值增长17.6%。

（四）城乡统筹发展步伐加快。深入实施向宜昌靠拢战略。宜长快速通道辅助工程全面完工，主体工程招标结束，即将全面铺开；民族教育园高中部、县法院审判法庭、新中医院一期主体工程完工，新客运站成功签约，丹水新区供水、供电、供气等基础设施不断加强，长阳城镇的发展方向和总体格局正在从过去东西延伸向现在北接宜昌、南跨清江转变。着力推进“五非”专项整治，依法立案查处非法建设行为，深入开展城区客运市场规范，加快推进七里湾、黄龙路综合整治，四冲湾路综合改造完成，宗家湾停车场投入使用，成功创建省级文明县城。加强交通基础设施建设，全年投资10.9亿元，沿头溪流域生态绿道4.2公里建成通车，火烧坪至鸭子口、鸭子口至渔峡口二级公路改造、清江画廊旅游码头建设全面开工，天池口大桥完成初步设计，318国道孙家湾至偏岩改线工程工可取得批复。深入推进特色村镇建设，贺家坪、高家堰荣获省级文明乡镇，大堰荣获省级生态乡镇，火烧坪荣获省级产业融合示范乡镇，2个村荣获省级文明村，1个村荣获省级民族团结进步示范村，新增省级生态村8个，市级生态村24个。强力推进清江生态保护攻坚战，坚定不移清理取缔清江库区长阳水域网箱养殖，拆迁养殖网箱1070户140.3万平方米、拦网71处、抬网1196个，全面建立61条河流县、乡镇、村三级“河长制”，城区污水处理厂实现一级A提标改造，乡镇污水处理厂全面开工，清江长阳段面整体水质始终保持国家Ⅱ类标准。

（五）群众幸福指数持续提升。社会事业稳步发展。投资7200万元推进教育“全面改薄”，新建校舍3.6万平方米；“助学启智”工程累计资助学生10.43万人次；我县高考一本上线670人，再创历史新高。持续提升基本公共卫生服务水平，妇幼保健院业务综合楼投入使用，10个乡镇卫生院达到“四化”标准，154个村中心卫生室达到“五化”标准；大病关爱“壹佰基金”资助贫困群众12739人次1933万元。加快推进国家公共文化服务体系示范区建设，村级文化活动室实现全覆盖，农村智能广播“村村响”和广播电视“户户通”工程全面完成，红色民俗电影《哭嫁》成功上映，《长阳传统技艺 · 九佬十八匠》入围中国民间文艺山花奖，我县优秀运动员田涛荣获全运会金牌。加大就业服务力度，新增城镇就业人员8939人，城镇失业人员再就业4928人；加强社会保障体系建设，城镇登记失业率1.46%，社会保险参保基本实现全覆盖。加大弱势困难群众救助力度，投入500万元对2192名留守儿童、2946名留守老人、930名留守妇女实施关爱保护，进一步提高农村低保、五保标准，民政社会救助资金总量突破亿元关口。扎实推进国家级水库移民避险解困试点，241户918人实施搬迁。棚户区改造开工400套，竣工800套，多形式为2600户住房困难家庭提供实物住房或者货币补贴。食品药品安全监管、粮食安全进一步加强。深入推进大气污染防控，空气质量优良率达到81.7%，比上年提高2.6个百分点。强化生态综合治理，“管住斧头、守住山头”意识不断增强；清江国家地质公园顺利通过国家验收，崩尖子成功晋升国家级自然保护区。加强社会治理，破获各类案件162起；积极探索农村交管“路长制”，强力推进道路安全生命防护工程，全年农村道路交通事故总量、伤亡人数比上年下降46.1%和32.6%，农村交管“路长制”经验被公安部、省公安厅在全国、全省推广。扎实开展“信访稳定基层基础建设年”，扎实推进矛盾纠纷多元化解，全县信访批次同比下降19.2%，人次下降19.5%，其中进京非访批次下降90%，人次下降88.9%。大力推进“雪亮工程”建设，建成视频监控联网云平台县级分中心1个、乡镇中心11个。安全生产形势总体稳定，安全生产事故起数、受伤人数、死亡人数分别比上年下降23.1%、28.6%、10%。地质灾害防治“四位一体、网格化管理”初见成效。“七五”普法及法治长阳建设全面推进。

（六）政府自身建设不断加强。严格落实全面从严治党主体责任，认真贯彻中央“八项规定”精神和省市县委有关意见，常态化开展“两学一做”学习教育。坚持在县委正确领导下开展工作，认真执行县委决议决定。主动接受县人大法律监督、工作监督和县政协民主监督，全年办理人大代表议案建议217件，办理政协委员提案132件，办结率、见面率、满意（基本满意）率均达到100%。不断深化“放管服”改革，建立县、乡政府权力清单，取消54项行政处罚、行政审批事项，公布第一批60项“一次办好”行政许可和公共服务事项清单，规范59项行政审批中介服务。探索政务中心不能说“不”试点，推进政府系统“无纸化”办公，行政效能不断提升。积极畅通民意渠道，受理中国长阳网“县长信箱”网民来信173件，“市长热线”转办市民诉求1544件，网上群众举报投诉咨询529件。加强行政监察和审计监督，扎实开展作风建设突出问题专项治理、部门履职尽责督查，工作作风不断改进。

同时，国防动员、双拥创建、人防、工会、共青团、工商联、老龄、外事侨务、机构编制、宗教、保密、统计、物价、保险、盐务、气象、防震减灾、应急管理、档案、地方志等各项工作都取得新的成绩。

总体来讲，在宏观经济下行压力持续的大背景下，能够取得上述成绩、保持稳中求进的基本态势，实属来之不易。这些成绩的取得，得益于县委正确领导下“四大家”、各级各方面的共同努力，得益于以经济建设为中心的指导思想牢固树立，得益于全县上下扎实践行以伟大心态抓小、抓细、抓具体、抓到位，得益于各级各部门持之以恒的韧劲、钻劲和干劲。在此，我谨代表自治县人民政府，向奋斗在各条战线的广大干部群众，向全体人大代表、政协委员、离退休老同志，向工商联、各人民团体、社会各界人士，向武警官兵、政法干警，向所有关心和支持长阳发展的朋友们，表示衷心的感谢并致以崇高的敬意！

同时我们也清醒地认识到，当前全县经济社会发展中还存在不少差距和不足：精准扶贫任务艰巨，项目建设永无止境，城市规划建设管理亟待加强，部分企业生产经营仍面临很多困难，安全生产、信访维稳等还有很多工作要做，新常态下真正用市场经济的思维、发展的思维、政府治理现代化的思维去研究问题、解决问题的能力还有待于进一步提高。对此，我们一定高度重视，以更强的定力、更大的担当、更大的作为，把长阳改革发展的各项工作不断推向前进。

二、2018年工作安排

今年是全面贯彻党的十九大精神的开局之年，是改革开放40周年，是决胜全面建成小康社会、实施“十三五”规划承上启下的关键之年。做好今年各项工作，意义重大而深远。

今年政府工作的主要思路是：认真贯彻落实党的十九大和中央、省、市重大会议精神，以习近平新时代中国特色社会主义思想为指导，坚持稳中求进工作总基调，坚持新发展理念，按照高质量发展要求，统筹推进“五位一体”总体布局和协调推进“四个全面”战略布局，扎实做好稳增长、促改革、调结构、惠民生、防风险各项工作，在打好防范化解重大风险、精准脱贫、污染防治攻坚战方面取得扎实进展，促进经济社会持续健康发展，进一步加快长阳“脱贫、领先、进位、厚积”进程。

主要预期目标是：生产总值增长8%左右，规模以上工业增加值、外贸出口总额增长8%以上，地方公共财政预算收入增长10%以上，固定资产投资、社会消费品零售总额增长11%以上，城乡居民收入增长高于经济增速，万元生产总值能耗下降3.7%、地耗下降5.32%、水耗下降7%，空气质量优良天数比例达到82%，全面完成市政府下达的污染减排和环境保护任务。

必须指出的是，这些目标是我们的预期目标、保底目标，在实际工作中，我们将自我加压，积极进取，奋发有为，确保实际工作成果高于这些目标。重点抓好八个方面的工作：

（一）深入扎实推进精准扶贫。始终坚持把脱贫攻坚作为全县工作的重中之重，深入开展“双建双包双带双促”，不断深化“1156”模式，确保全年新增10个村出列、1.8万人脱贫销号。统筹整合政策项目，加快推进14个深度贫困村脱贫攻坚步伐。

一是狠抓易地扶贫搬迁。围绕全年搬迁3369户、9414人的年度任务，严守搬迁对象精准“界线”、住房面积标准“标线”、不因搬迁举债“底线”、项目资金管理“红线”，加快项目立项、选址、勘察设计等前期工作，确保4月底前完成工程招投标、全面开工建设，9月底交钥匙入住，坚决完成全县总共6616户17011人的易地扶贫搬迁总任务，打赢脱贫攻坚第一仗。

二是狠抓产业扶贫。深入推进产业扶贫“五张网”，全年整合资金2.25亿元，开展技术培训2万户，结合实际支持贫困村支柱产业发展，力争实现有发展能力和发展意愿的贫困户特色产业全覆盖。积极引导建档立卡贫困户发展多年生林果业和当年收种植业、养殖业，长短结合，稳定增收。大力支持各类农业经营主体发展，多种形式带动贫困户发展产业。加大金融扶贫力度，继续推进小额扶贫贷款发放，争取小额贷款覆盖率达到45%以上。积极争取落实光伏扶贫电站国家、省配套补贴政策，加强光伏扶贫电站管理，力求村集体经济收入稳定，让更多建档立卡贫困户从中受益。

三是狠抓危房改造。以改善和保障贫困户基本居住功能为重点，精准锁定“4类对象”，全年改造农村危房3200户，全面完成存量危房改造任务。大力推行“消危减土”工程，将“消危减土”同易地搬迁、美丽乡村、“厕所革命”相结合，扎实开展垃圾处理、污水处理、卫生厕所建设等环境卫生整治，不断改善农村生产生活环境。

四是狠抓农村安全饮水。按“水量充足、水质合格、管网入户”的标准，以4月份完成项目前期、5月份开工建设、11月底全面完工为时间节点，以贺家坪、榔坪、渔峡口3个乡镇13个重点贫困村和全县14个深度贫困村为重点，兼顾抓好插花村查缺补漏，解决好13个贫困村8000人贫困人口饮水安全，实现5.17万农村人口饮水安全巩固提升，全面解决贫困村、贫困户饮水安全问题。

五是狠抓社会帮扶。加大政策资金争取力度，力争民政、教育、卫计等社会帮扶资金总额达到1.5亿元，比上年再提高10%。聚焦贫困户，对低保家庭中的老年人、未成年人、重度残疾人、重病患者等特殊困难对象，采取多种措施提高救助水平。整合资金4400万元以上，对孤儿、单亲、残疾人、双大学生、大病和因灾致贫户等实行教育扶贫政策叠加，不让一个家庭因学生上学而陷入贫困，不让一个学生因贫困而失学。坚持扶智扶志相结合，大力推进文化扶贫，进一步强化贫困群众自立自强、自力更生、不等不靠的信心和决心。积极争取和鼓励各类社会组织、爱心人士参与扶贫帮困，营造全民参与、全社会关注的浓厚氛围。

六是狠抓农村电网改造。投入4283万元加快农网升级改造，新建变电台区48个，改造输电线路78.6公里，着力解决贫困村供电用户低电压、供电卡口及木电杆安全隐患问题。加大54个重点贫困村倾斜力度，力争3月底前完成54个村项目前期相关工作，4月份全面开工，11月30日前完成年度农村电网改造任务。

七是狠抓农村公路建设。以2018年脱贫出列的10个贫困村、全县14个深度贫困村和撤并村等为重点，进一步加大农村公路建设投入力度，全年硬化村级公路400公里，实施安防工程800公里。加快项目建设进度，强化工程质量、安全监管，力争5月初完成项目招投标，6月底前全面开工，11月底前完成年度任务。

八是狠抓健康扶贫。整合资金3000万元，深入开展健康扶贫“三个一批”行动计划，确保全县贫困人口居民医保覆盖率、健康档案建档率、家庭医生签约率达到100%、体检率80%、大病集中救治比例80%以上；贫困群众看病住院实行先诊疗后付费，综合报销比例稳定在90%、自付费用确保不超过5000元，巩固国家健康扶贫示范县创建成果。完善人口健康信息平台，实现省市县人口健康信息互联互通；充分发挥市县乡远程医疗会诊中心作用，让群众在家门口享受三级医院优质服务。

（二）持之以恒壮大支柱产业。坚定不移推动创新驱动发展，坚持不懈把产业培育作为经济发展的根本，实行现有企业做强做大与招商引资扩大增量并举，逐步培育形成具有长阳特色和较强综合实力、竞争力的现代产业体系。

一是进一步壮大以文化旅游产业为龙头的现代服务业。紧紧抓住全域旅游示范区建设机遇，全力以赴支持清江画廊、清江方山、卓尔旅游等龙头企业发展。强力推动清江画廊转型升级，加快完成新旅游码头建设和南岸码头并购整合，加快游客集散服务中心、旅游码头至清江大佛步游道项目实施；大力支持卓尔木桥溪生态旅游度假区建设，确保“五一”前正式对外营业；积极谋划清江画廊、清江方山、天柱山、卓尔旅游等资源整合，积极开发长阳多日游旅游产品；抢抓国家“十三五”时期文化旅游提升工程实施方案出台机遇，着力推进全县文旅深度融合，力争全年接待游客880万人次，综合收入85亿元。

二是进一步壮大健康食品产业。大力支持一致魔芋、丰润生物、康农种业、任森农业、三品源等龙头企业新上产业项目，延伸产业链条，加快上市步伐。全力支持丰润生物科技产业园建设，力争年内建成投产；全力支持康农生物科技产业园建设，加快一致魔芋冻干绵生产线建设，确保聿津生物正式投产，不断做强做响清江健康食品品牌。

三是进一步壮大新型建材产业。依托现有产业基础和资源优势，突出新型装配式建筑、新型墙体材料、钢结构等重点，大力支持华新水泥、沛函集团、垚美软瓷、钟宜钢构等企业加快发展，力争投资4亿元的华新建材产业园一期项目年内建成。加快磨市新材料产业园建设步伐，力争3月份完成园区规划，启动核心区域征地，全年新引进2至3家投资亿元以上的企业落户。

四是进一步壮大绿色能源产业。加快推进国电投云台荒风电项目、湖北能源火烧坪风电项目以及抽水蓄能项目等清洁能源，力争云台荒风电2019年年初投产运营，湖北能源火烧坪风电今年能够顺利开工，抽水蓄能电站项目争取能够挤进规划。做好中电建文家坪、堡镇风电和国电投渔峡口风电项目跟踪服务，促进项目早日核准。以光伏扶贫电站和户用分布式屋顶光伏电站为重点，有序推进光伏产业发展。

五是进一步壮大生态矿山产业。依托富饶新材料、登城生化、昌源矿业等骨干企业，推进方解石、重晶石等矿产品资源合理开发利用，不断提升精深加工能力和附加值。积极支持长阳中锰、铠榕锰业等稳步发展。引导督促矿山企业增加环保投入，完善环保设施，发展循环经济，严格控制废渣废水排放，加快向绿色矿山方向发展。

高度重视电子信息产业发展，围绕清江电气、安品源电子、源度科技等电子元器件加工企业，进一步加大招商引资力度，延长产业链条。高度重视生物医药产业发展，支持人福展康、景杰医药等项目加快建设，大力引进同济等其他生物医药新项目。高度重视工业技术改造，积极帮助企业抢抓政策机遇，科学谋划技改项目，力争全年实行技改项目20个以上，投资6亿元以上。紧紧抓住全国产业转移契机，以清江创业园为载体，积极承接服装加工等劳动密集型产业转移，力争培育形成新的支柱产业。

（三）全力推进招商引资、对上争取和项目建设。紧紧围绕提高投资质量和效益这个中心，大力推行全员抓招商、全员抓争取、全员抓项目。

一是狠抓招商引资。围绕“文化旅游、健康食品、新型建材、回归工程”等重点领域，深入研究长三角、珠三角、京津冀等发达地区产业转移趋势，积极收集长阳籍在外人才返乡创业意愿，把市场主体需要和长阳优势对接，主动出击、上门招商。高度重视和切实抓好以商招商，支持现有的重点企业增加投资、盘活存量、新上项目、加快发展。充分用好开发区、创新产业园近千亩存量土地资源，探索盘活资源资产。力争全年新招商项目50个，其中工业项目20个以上，招商引资实际到位资金35亿元。

二是积极对上争取。深入研究国家政策，围绕长江经济带、新型城镇化、低碳示范区、精准扶贫、可持续发展试验区、全域旅游等重点方面积极主动谋划项目，确保当年全县项目库在库项目总投资达到200亿元以上。进一步完善“北京专班、省616和市对口支援两大平台、年头年中年尾三个时段和多个环节”对上争取工作体系，敏锐捕捉政策机遇，积极主动跑部进省，跟进对接清江抽水蓄能、呼南铁路途经长阳并在长阳设站、页岩气开发、长阳通用机场建设等重大项目，力争全年对上政策争取40亿元以上。

三是加快项目建设。继续开展“双提双抓”和“百名干部进百企解百难”活动，确保每个重点建设项目和重点推进项目都有一个县级领导牵头、一个局长负责、一套专班跟进，进一步实现干部力量向招商引资和项目建设倾斜。积极践行“一线工作法”，真正按照“三个三分之一”要求，加强对重点行业、重点企业的运行分析和监测，开展项目资金存量清理，及时解决项目建设过程中的具体问题，力争全年新开工5000万元以上产业项目35个，新投产20个。严格奖惩兑现，对全年投资达不到预期考核目标90%的乡镇和单位，集体考核评先一律“一票否决”；对每月不扎实开展“双提双抓”和“百名干部进百企解百难”活动的单位，一律全县通报。

（四）加快实施乡村振兴战略。按照产业兴旺、生态宜居、乡风文明、治理有效、生活富裕的总要求，抢抓乡村振兴机遇，全面推进美丽乡村建设。

一是深化农业供给侧改革，推动农业向绿色化、优质化、特色化、品牌化方向发展。突出茶叶、魔芋、蔬菜、水果、栀果、木瓜、中药材、盆景等重点，持续深入抓好特色农业基地建设，新发展无性系标准茶叶基地1万亩、以优质清江椪柑为主的柑橘产业基地1万亩、中药材基地1万亩。大力推广健康生态养殖，力争全年出栏生猪75万头，山羊65万只，家禽100万羽，畜牧业总产值达到32亿元。抓好“三品一标”创建，推进清江鱼、火烧坪高山蔬菜、清江椪柑等标准化和可追溯体系建设，进一步打响“清江鱼”“清江椪柑”“火烧坪高山蔬菜”等公共品牌。不断强化农产品质量安全监管，推广绿色健康生态种养模式，严控点源面源污染。

二是加快电商示范县建设。以国家电子商务进农村示范县建设为依托，吸引、鼓励和引导各类市场主体建立电商平台，发展电子商务，力争电子商务交易额达到10亿元，增长20%以上，全县规上企业、限上企业、农业龙头企业、重点旅游企业电商应用率争取达到80%以上，真正把更多长阳产品卖出去，把更多外地好产品买进来。加快县级电子商务公共服务中心和农村电子商务运营中心建设，确保乡镇和村级电商服务站覆盖率达到60%以上；加快县级电商物流分拨中心及县乡村三级物流体系建设，实现乡镇全覆盖、60%行政村有物流网点；加大各类电子商务人才培训力度，鼓励贫困户依托电商就业创业，力争新增电商市场主体50个；对于已经具备一定基础和较强市场竞争能力的电商企业，积极探索在政策引导、政务服务、金融促进等方面给予大力支持，力争新增2家企业电商交易额过1000万元。

三是进一步统筹城乡发展。坚持用旅游思维谋划、定位和推进长阳城乡建设，突出山水特色和巴土文化特色，探索旅游+康养产业发展，积极推进卓尔国际旅游小镇、火烧坪度假小镇、渔峡口温泉小镇、榔坪白酒小镇等建设，积极创建全国全域旅游示范区。加快沿头溪流域、丹水流域、清江湿地等乡村旅游资源开发，推进城乡建设与土家文化、田园风光、旅游产业协调融合发展，打造一批精品乡村民宿、休闲产业和乡村旅游示范点。进一步加快方清路、丹水路等6条生态景观廊道建设，持续推进清江旅游通道绿化美化亮化。

（五）强力推进向宜昌靠拢战略。强化交通重大项目引领，进一步加快新区建设和旧城发展，在向宜昌靠拢战略实施上取得重大进展。

一是坚持以交通引领靠拢。强力推动宜长快速通道、清江特大桥等关键项目和重点交通项目建设，进一步加快宜长快速通道前期工作，力争隧道早日开工；加快龙五一级路清江特大桥建设，完成北岸与324省道连接线路基挖填施工、特大桥下部构造及现浇箱梁施工、缆索吊安装等主要工程，整体形象进度达到45%；加快方清路15.43公里建设，力争12月底全线建成通车；力争年内开工天池口清江特大桥，鸭子口至资丘、火烧坪至鸭子口等级公路改造完成60%工程量；完成318国道孙家湾至偏岩改线、清江航道提升等项目前期工作。

二是加快推进丹水新区重大基础设施。加快民族教育园、新中医院、法院审判法庭等项目配套设施建设，确保8月份高中整体搬迁，完成全县高中教育布局调整，启动教育园初中部、小学部建设，力争新中医院、法院审判法庭年内投入使用。加快新客运站项目征地、报批等前期工作，确保6月份主体工程开工，力争2019年春运前投入使用。大力发展总部经济、现代物流，加快华瑞新能源总部、农村电商物流产业园项目建设，力争年内完成主体工程。

三是强力推进城市整理和城镇管理。坚持规划引领。突出针对性和可操作性，启动城乡总体规划修改，进一步深化细化清江新区控规和丹水新区控规，迅速编制旧城改造规划，力求把规划要求具体到区域、到地块、到样式层高颜色等技术性规定。完善承载功能。加快推进七里湾综合改造、土家源广场项目，完成习家湾水气跨越清江管桥，做好城区棚户区改造及市政配套设施建设，完成黄龙路、宗家湾路综合改造。推进城市立体停车场建设，新增停车位600个，扶持并鼓励新开发楼盘对外开放停车。加强城市精细化管理。强化综合执法，严厉打击在县城及乡镇集镇规划区内乱搭乱建、未批先建、超面积建设和擅自加层建设等违法行为。扎实推进“厕所革命”，城区新改扩建10所公厕。深入开展城市综合整治，新建2处口袋公园，探索推行垃圾分类减量处理，着力整治车辆乱停乱放、违规户外广告招牌等乱象，实行路面、水面、立面全覆盖保洁，加快建设全国山区最干净的县城。

（六）着力夯实生态环保和安全生产底线。认真贯彻落实长江经济带“共抓大保护、不搞大开发”要求，坚定不移走生产发展、生活富裕、生态良好的文明发展道路，扎实抓好安全生产等各项工作，打造低碳示范区。

一是巩固提升清江生态保护成果。深入推进生态文明示范县创建工作，制定创建实施方案，明确部门工作职责。编制完成清江流域长阳段保护规划，进一步明确保护重点，留足发展空间。持续开展“9·12清江保护日”等活动，强化“一河一策”方案编制，开展第二次全国污染源普查，对工业污染、生活污染、农村面源污染、畜禽养殖污染等各类污染源分类登记，清单管理，督促整改到位。加快推进清江防洪治理项目，加大涉河项目资金资源整合，统筹开展水资源保护、水污染防治、水环境保护、水生态修复、水域岸线管理、河道管理保护等工作，建立长效、稳定的河道管护投入机制。推行库区网格化管理，落实乡镇主体责任、部门执法责任，坚决打击非法渔业设施，巩固网箱清理取缔成果。积极引导渔业转型发展，支持绿源渔业、清江鹏搏、清江鲟龙等企业建设设施渔业基地，守护好、发展好清江鱼品牌。按照“四季挖窝、三季栽树、绿满清江”的要求，大力实施水土保持重点工程、石漠化综合治理、清江岸线增绿增彩、生态公益林、新一轮退耕还林还草等项目，推进精准灭荒工程，新增退耕还林6000亩、退耕还草17000亩。开展第三次全国土地大调查，严格落实耕地保护制度，确保全县耕地保有量49740公顷、永久基本农田40157公顷数量不减少，质量有提高。进一步加强森林资源管护，坚决管住斧头、守住山头、护好源头。

二是强化大气污染防治。认真总结以往经验，完善七个监控方案，压实部门和乡镇职责，特别是细化重污染天气应对措施，形成常态化机制。加大对污染源日常巡查和督办力度，重点抓好机动车管控、县城区和建制镇集镇区域禁鞭、“散乱污”整治、挥发性有机物治理、工业企业稳定达标等工作；严格落实扬尘治理、秸秆垃圾露天禁烧、水泥行业错峰生产、冬季大气污染防治等措施，坚决打赢蓝天保卫战。

三是稳步推进化工产业转型和煤矿行业有序退出。采取“一企一策”稳步推进化工企业“关停并转搬”。督促鸿亿肥业通过工艺提升、产品升级、技术创新，12月底前实现安全环保达标和清洁生产；督促清江化工完善转产改造方案，年内退出化工产业；帮助天长化工2019年前按期完成退出任务。坚决贯彻省政府部署，确保如期有序退出煤炭行业。

四是加快推进污水治理。围绕2018年乡镇污水处理设施全部建成这个目标，投入1.66亿元，新建乡镇生活污水处理厂10座，新建配套污水管网100公里。积极推进高家堰镇城乡供排水一体化试点。加快城区污水处理厂扩容提标及污水收集管网建设力度，新建丹水片区污水管网17公里，完成开发区西部片区新增污水管网工程，确保城区污水收集处理覆盖率达到90%以上。

五是狠抓安全生产。牢固树立安全发展理念，严格落实“三同步”责任区建设，进一步织密织紧安全生产责任网，确保全年无较大安全生产责任事故，一般安全生产责任事故总量持续下降。以安全生产“打非治违”专项行动为抓手，突出煤矿、非煤矿山、地灾防治、道路和水上交通、危险化学品、烟花爆竹、公众聚集场所、消防等重点领域、重点场所、重点部位，以铁心、铁面、铁腕、铁纪、铁痕开展地毯式、拉网式安全生产大检查，坚决消灭存量、遏制增量。

（七）持续提升人民群众幸福指数。始终坚持以人民为中心，从人民群众关心的事情做起，从让人民满意的事情做起，不断增强人民群众的获得感、幸福感、安全感。

一是不断提升人民群众收入水平。进一步健全职工工资正常增长机制，拓宽居民劳动收入和财产性收入渠道，力争城乡居民人均可支配收入分别突破2.8万元和1万元。实施更加积极的就业政策，鼓励返乡创业带动就业，加大就业困难人员帮扶，确保开展职业技能培训2000人次以上，全年新增城镇就业4500人以上，转移农村劳动力11万人以上，城镇登记失业率控制在4.2%以内。加强社会保险费用征缴管理，落实各类人群社会保险待遇。加大社会救助力度，将农村低保保障线提高到4680元/年，整户纳入率达到90%以上；农村特困供养经费增加至7200元/年，不断提高护理水平。稳步实施新一轮乡镇财政预算管理体制改革，坚决压缩一般性支出，确保工资及时足额发放。

二是积极办好各项社会事业。投入3000万元进一步加快教育“全面改薄”力度，创建11所现代化先进学校，2所寄宿保育示范学校，1所市级示范幼儿园，推动义务教育优质均衡发展。深化健康长阳建设，完善计划生育管理服务，加快人民医院急诊医技楼项目建设。深入实施食品安全战略，建立健全食品溯源体系；落实粮食安全行政首长负责制，加强放心粮油体系建设。繁荣文化体育事业。深入实施公共文化服务体系建设，完善“三馆一站”免费开放、文化信息资源共享工作，鼓励创作具有地方特色的文艺作品，推动土家特色文化繁荣发展。办好土家发源地·湖北长阳第三届廪君文化旅游节、第四届全县职工运动会等活动。推进湖北（长阳）举重学校“省校县办”项目落地。大力推进移民避险解困搬迁试点，完成板桥铺、橘子溪集中安置点建设，实现1183户4435人搬迁目标。同时，继续抓好住房保障、物价、统计、气象、人防、保密、档案、地方志、残联、老龄、民族宗教、外事侨务等各项工作。加强国防动员和后备力量建设，推动“双拥”工作再上新台阶。

三是全面加强社会治理。进一步压实主体责任，加强矛盾纠纷排查调处化解，强化重点项目社会稳定风险评估，不断巩固矛盾纠纷社会联动化解、多元化解工作成果。坚决打击违法信访行为，着力营造全民学法、守法、用法浓厚氛围。以“雪亮工程”建设为载体，建立完善立体化、智能化社会治安防控体系，严厉打击黑恶势力、盗抢骗、电信网络新型犯罪等违法犯罪行为，加大对阻工阻路、抢栽抢插等违法行为打击力度，着力营造良好发展环境，持续提升群众安全感和满意率。深化城乡精神文明创建，持续推进“六进家”“好家风好家规进万家”、移风易俗弘扬时代新风行动等“精神文明进万家”活动，进一步提升群众素养和社会文明程度，建设更高水准的省级文明县城。

（八）进一步加快政府治理现代化步伐。坚定不移做“不忘初心、牢记使命”的践行者，以“严紧硬实”的工作作风推进各项工作更到位、更精准、更高效。

一是全面提升政府工作政治站位。坚持用习近平新时代中国特色社会主义思想武装头脑，牢固树立“四个意识”，切实强化“四个自信”，自觉同以习近平为核心的党中央保持高度一致。坚决贯彻党中央国务院的大政方针，省委、省政府和市委、市政府的决策部署。始终坚持在县委统一领导下开展政府各项工作，自觉接受县人大及其常委会的法律监督、工作监督和县政协民主监督，认真执行县人大及其常委会的各项决定决议，主动听取并协商县政协的意见和建议，切实办理好人大代表建议和政协委员提案。

二是积极推进银政企更加紧密合作。坚持

在发展中防范和化解金融风险，更大力度优化金融生态环境，加强银政企互动和社会信用体系建设，大力支持实体经济发展，严厉打击非法集资等金融乱象，坚决守住不发生区域性金融风险的底线。旗帜鲜明地褒奖纳税大户、扶持纳税骨干，充分运用财政产业资金、调度资金、各类专项扶持资金和其他政府资源，推动扶持资金与企业的税收贡献挂钩。积极引导经济服务部门强化市场管理，提升市场能力，着力用好“楚农贷”、清江创新基金、民族特色产业发展基金、“助保贷”等平台，积极推进产业发展、科技创新、工业技改。充分发挥担保公司、应急周转制度等平台作用，更好服务企业和金融机构发展。

三是务实推进“放管服”改革。认真学习借鉴外地先进经验，积极探索投资项目“一窗受理”工作运行模式，以瑞展新材料、县人民医院急诊医技楼、华瑞天然气总部等项目为试点，全县拟新招商、新开工、新投产的140个项目全部参照试点项目管理，全过程纪实，全过程留痕，倒逼“放管服”进程。围绕项目企业推进过程中的痛点、堵点、难点，大力实施“四多合一”，加快探索“多规合一”，以更大力度、更实举措优化营商环境，释放新的动能。

四是加强勤政廉政建设。巩固拓展作风建设成果，落实中央“八项规定”精神及省市县委实施办法，严格执行转作风抓落实“六个坚持、六个严禁”，坚决纠正形式主义、官僚主义问题，着力解决表态多调门高、行动少落实差，门好进、脸好看、事难办等突出问题，严厉整肃问题上交责任下推、担心出错不干事、遇到矛盾推绕拖等懒政怠政行为，推动政府系统干部作风由“宽松软虚”转向“严紧硬实”。进一步健全容错纠错机制，旗帜鲜明地为敢于担当、踏实做事、不谋私利的干部撑腰鼓劲，全力营造想干事、敢干事、干成事的良好环境，个个争当“工匠＋猛将”型的干部。以项目化、事项化清单大力推动各项工作落地落实，打造决策、执行、监督、考评、奖惩“闭环链条”。认真落实全面从严治党政府党组主体责任，扎实推进政府系统党风廉政建设，严格遵守廉洁从政各项规定，知敬畏、存戒惧、守底线，真正做到干部清正、政府清廉、政治清明。

让我们更加紧密地团结在以习近平为核心的党中央周围，在县委正确领导下，在县人大、县政协和社会各界的监督支持下，不忘初心、牢记使命，潜心静气、埋头苦干，为打赢脱贫攻坚战，建设都市后花园，全面建成小康社会做出新的更大贡献！

（县政府办公室）

政协长阳土家族自治县常委会向自治县九届人大四次会议的工作报告

（2018年3月4日在政协长阳土家族自治县第九届委员会第三次会议上）

县政协主席　李云达

2017年工作回顾

2017年是中共十九大胜利召开之年，是九届政协工作的开局之年。一年来，在县委正确领导下，自治县政协常委会深入贯彻中央、省、市、县委重大决策部署，团结社会各界各族人士，紧紧围绕加快建设都市后花园、全面建成小康社会目标，突出团结民主主题，认真履行政治协商、民主监督、参政议政职能，在围绕中心、服务大局中，充分彰显了委员作用，展现了政协作为。

一、强化思想武装，共同奋斗基础更加坚实

常委会以思想政治建设为引领，把加强委员

理论学习放在重要位置，不断丰富学习内容、创新学习方式，引导广大委员增强中国特色社会主义道路自信、理论自信、制度自信、文化自信。

不忘初心、牢记使命。充分发挥政协党组领导核心作用，带头遵守党的政治纪律和政治规矩，自觉在思想上政治上行动上同以习近平为核心的中共中央保持高度一致；自觉坚持在县委领导下履行职能，及时报告重点工作、反映重要事项、报送履职成果、邀请县领导参加政协活动，夯实了讲政治、讲大局的思想政治基础；引导广大委员增强政治意识、大局意识、核心意识、看齐意识，围绕全县既定目标，同心同德、同心同向、同心同行。

加强学习、提高本领。坚持理论中心组、常委会议、主席会议、党组会议等专题学习制度。加强委员业务培训；参加全国政协和省、市、县委党校举办的委员培训、专题讲座、学习报告会等活动；扎实开展“两学一做”学习教育；开启宣讲学、调研学等“九学”模式，深入学习贯彻习近平新时代中国特色社会主义思想和中共十九大精神，学习贯彻中央、省委、市委、县委重大会议文件精神以及新时代人民政协工作的新论述、新任务，进一步落实“懂政协、会协商、善议政”的要求，着力提升履职能力。

二、服务改革发展，协商民主更加广泛多层

常委会充分发挥政协协商机构作用，围绕全县经济社会发展的重点和难点问题，深入调查研究，有序开展广泛多层的协商民主议政活动。

全局问题全面协商。政协九届一次、二次会议期间，委员们列席自治县九届人大一次、二次会议，听取协商讨论《政府工作报告》及其他工作报告。委员们围绕事关全局重大问题、重大决策部署和重大民生项目协商议政。全会期间，委员们围绕低碳城市建设、康养产业发展、产业扶贫工作、生态环境保护等全局性议题，进行大会发言，提出的意见建议得到县委领导充分肯定。

重大问题专题协商。一年来，常委会议听取了县人民政府《关于全县经济运行情况的通报》《关于政协九届一次、二次会议以来提案办理情况的通报》、县纪委《关于2017年党风廉政建设情况的通报》；协商讨论了《关于我县创建国家低碳城市的调研报告》《关于加快推进武陵山片区生态文化旅游一体化的调研报告》。常委会组成人员围绕低碳城市建设、武陵山片区生态文化旅游一体化建设，与相关部门负责人广泛深入协商交流。围绕全域乡村旅游发展，开展县内县外调研，与县旅游委等9个部门进行深度协商，聚焦主题、各抒己见、达成共识、形成了发展合力。

重点问题多种协商。主席会议成员通过列席县委常委会议、政府常务会和其他专题会议，对“两学一做”学习教育、招商引资、园区建设、精准扶贫和维稳工作等进行深入协商，许多意见建议被县委、县政府应用于科学决策。专委会、界别活动组和乡镇活动组，聚焦电商产业、文物保护与利用、物业管理、农村垃圾治理、非公党建、重点提案办理和城区停车场建设等议题，与县政法委、发改局、财政局、公安局、经信局、供销社、文体新广局、住建局、房管局等40多个部门交流交融，广开言路、集思广益、求同存异、反复协商，提出了真知灼见。县委、县政府高度重视协商成果，积极采纳委员建议，县直相关部门加大落实力度：全县农村电商产业发展进一步加快，荣获“全国电子商务进农村示范县”称号；文物保护与利用工作得到加强；住宅小区物业管理不断规范；农村垃圾治理和提案办理等工作，都取得较好成效。

三、发挥独特优势，民主监督更加有力有序

常委会组织委员认真学习中共中央《关于加强和改进人民政协民主监督工作的意见》，发挥政协优势，不断推进民主监督创新实践。在全市县市区政协主席座谈会上，自治县政协民主监督工作，先后两次作经验交流。

加强提案督办工作。常委会制定出台《政协提案督办暂行办法》，执行主席、副主席领衔督办重点提案制度，建立常委会督办、主席会督办、专委会督办、委员视察督办、人大和政协联合督办等工作机制，坚持重点提案办理部门报告制度和常委会民主测评制度。九届一次、二次会议以来，委员们撰写提交立案的提案141件，提案办复率100%，委员满意或基本满意率98%。委员提出的《关于加快推进装配式建筑产业发展的建议》，办理部门组建专班，在专项基金优惠、绿色审批、评先评优等方面，大力开展协调服务，长阳沛函装配式建筑科技园建成投产，省市县各级领导多次到丹水新区视察，学习长阳经验。委员提出的《关于提升我县茶叶品质的建议》，县委、县政府多次召开会议，推进茶产业提档升级，2017年全县茶叶生产出现茶农增收、茶企增效、茶叶增产的三增局面。委员们提出的《关于进一步加强清江水域保护的建议》《关于加强产业扶贫工作的建议》等提案，办理工作都取得显著成效。

加大社情民意信息力度。一年来，县政协办公室向县委县政府编报《社情民意》31期，向全国、省、市政协报送社情民意信息100多篇，全国政协采用1篇，省政协采用44篇，市政协采用9篇。其中,《关于将社会主义协商民主和人民政协协商民主载入政协章程的建议》，被全国政协采用。《清江网箱拆除需为1200万公斤清江鱼找好销路》的社情民意，副市长刘洪福作出批示，要求市工商联及相关媒体加强促销，并到我县督办助销工作。《私家车长期占用沿街公共停车位的问题亟须解决》的社情民意，县委书记赵吉雄、县长李军等领导都作出批示，要求相关部门认真研究，加快治理和解决。《在我县建设研学旅行基地的建议》等社情民意，县领导相继作出批示，通过办理都取得明显成效。县政协社情民意信息工作，蝉联省市“十连冠”，荣获全省全市“2017年政协信息工作先进单位”称号。

创新开展专项民主监督。常委会积极创新民主监督形式，成立监督小组，把打击“五非”专项整治行动、政协意见建议领导批示件落实情况，纳入专项民主监督内容，跟踪监督。按照《开展政协意见、建议领导批示件和提案办理督办工作实施意见》要求，逐一梳理督办，提高落实率和办理实效。为配合清江库区水域养殖网箱清理取缔工作，监督小组深入库区养殖现场走访调研，宣传政策、化解矛盾，提出了一系列加强清江水域生态环境保护、促进绿色发展的意见建议。

四、深入调研视察，参政议政更加精准到位

常委会围绕县委决策部署和民生重要问题，深入开展调查研究、建言献策。为促进全县经济转型发展，常委会调研组就创建“国家低碳城市”进行专题调研。调研组深入龙舟坪、高家堰、经济开发区、创新产业园等地调研走访企业和项目，召开有关部门负责人会议，广泛听取各方面意见建议。调研组还到浙江、福建等省市考察学习，形成了《关于我县低碳城市建设的调研报告》，报告通过对全县比较优势的深刻分析，提出了建设低碳城市的总体目标和基本思路，从科学规划、科技创新、生态补偿、宣传教育和抓好启动等方面提出建议。县委书记赵吉雄作出批示，要求采纳有关建议，适时发布《关于加快低碳发展的决定》。为推进武陵山片区生态文化旅游发展，调研组调研形成的《关于推进武陵山片区生态文化旅游一体化的共同建议》，武陵山边区政协联系会第34次会议给予高度评价，省市政协充分肯定调研成果，县委、县政府专门发文部署成果转化工作。调研组参加在湖南永定区召开的武陵山边区县市区政协联系会第35次会议之后，进一步对全县全域旅游深度调研，从发展理念、发展要素、发展机遇、政策措施和重大项目等方面，提出了意见建议，得到了县委领导的肯定。

常委会坚持围绕重点领域、重点项目、民生问题开展视察活动。产业扶贫是精准扶贫的重点，主席、副主席带领6个视察组分赴11个乡镇，对50多个项目进行视察，召开视察座谈会，听取县扶贫办和县农业局等相关部门的情况汇报，委员们就产业扶贫工作中存在的政策宣传不够、贫困户缺乏内生动力、产业选择不够精准、扶持政策范围窄、产业技术力量薄弱、基地管理不到位、产业市场主体少且带动作用不够等问题，提出了30多条意见建议。视察报告呈送县委后，县委要求再次召开专题协商会，县委书记赵吉雄、县委副书记危爱民等领导参加会议，听取委员的发言和建议，14个相关部门与委员交锋交融、求同存异、形成共识。县政府根据建议进一步细化和完善了“五个一”工程奖补政策，为促进扶贫政策到户、推动产业发展起到了积极作用。为加快推进平安长阳建设，常委会对全县立体化社会治安防控体系建设，进行了视察。委员们围绕全县在维稳风险防控、综治基层基础工作、农村网格员队伍建设中存在的一些薄弱环节，提出了系列建议。视察报告呈送县委后，县委领导给予高度肯定，许多意见建议得到重视，为建设平安长阳、提高全县社会治安综合治理的现代化水平，产生了积极影响。同时，配合省市政协开展了清江网箱拆除、残疾人扶贫工作，康养产业发展等十多项调研活动。

五、服务中心大局，社会合力更加广泛云集

常委会把推动项目建设、决胜全面小康作为工作主线，围绕全县工作大局，突出团结民主主题，着力营造社会合力广泛云集的发展环境。

助力重点项目建设。一年来，常委会按照县委部署，把服务重点项目建设，作为应对新常态、促进新发展的重要抓手，主席会成员带领广大政协委员，深入项目建设一线，开展“双提双抓”和“满园工程”建设，多次主动上北京、下武汉、去西安、赴沿海，开展政策争取和招商引资工作，积极联系新中医院建设、华瑞天然气、教育园区、长阳卓尔生态旅游度假区、清江画廊升级改造、七里湾综合改造、土家源广场、长阳沛函装配式建筑等重点项目和康养产业建设；广大委员积极围绕重点项目调研视察、建言献策，作出了积极努力。

助力精准扶贫工作。常委会把精准扶贫作为政协重点工作安排部署，调整充实驻村力量，坚持围绕“六个精准”“五个一批”要求，充分利用协商会议、调研视察、提案督办等方式，致力推动贫困村产业发展；县政协机关干部职工和广大委员与贫困户结对帮扶1000多户；按照一季度一走访、一月一联系要求，坚持经常性联系，宣传扶贫政策。委员们主动到多宝寺、五尖山、塘坊河、石磙淌、长丰和白沙驿等村，帮助贫困户制定发展措施、解决上学就医难题。同时，配合县委精准扶贫督察和大数据核查工作，县政协抽调骨干力量组建工作专班，深入实地进行督查核查工作，较好地完成了全县精准扶贫工作督查和大数据核查及联村帮扶工作任务。

助力营造发展环境。一是成功举办了湘鄂黔渝边区政协联系会第34次会议。湘鄂黔渝边区政协联系会是交流联谊的平台，会议成员单位39个、观摩单位5个，参会270多人。这次会议以“推进武陵山片区生态文化旅游一体化建设、促进区域经济社会共同发展”为主题，形成了“关于推进武陵山片区生态文化旅游一体化共同建议”。同时，这次会议在深化联谊、广交朋友，提高长阳知名度、优化长阳发展环境上，产生了积极影响。二是广泛开展联谊活动。参加在湖南永定区召开的湘鄂黔渝边区政协联系会第35次会议；加强与工商联、台胞侨属和宗教界委员的联系，积极参与相关联谊活动，引导社会新经济组织和各界人士，参与到全县改革发展大局和精准扶贫中来。三是深入开展“走基层、访民情”暨“八个一”主题实践活动。广大委员深入乡村、社区走访各界群众，宣传党的政策，化解社会矛盾，听取群众呼声，反映社情民意，开展助学启智和“大病关爱一佰基金”等扶贫济困及慈善捐赠活动，帮扶金额达500多万元，营造了稳定和谐局面。

六、加强自身建设，政协履职更加务实高效

常委会主动适应新时代新要求，把加强自身建设摆在突出位置，加强制度建设、搭建履职平台；创新工作机制，推进经常性工作；打造“五型”机关，提升机关工作水平，为政协履行职能提供了重要保障。

推进“三化两平台”建设。常委会坚持把人民政协工作制度化、规范化、程序化，作为履行职能的重要保障。修订完善了《常委会议工作规则》《主席会议工作规则》《政协专题协商、协商座谈会暂行办法》等20多项制度，将人民政协的履职，全面置于制度的规范中运行，提升了“三化”水平。根据政协界别特点和委员居住区域，创建“活动室＋委员”线下履职平台，建立11个委员乡镇工作室、5个县直委员活动室；充分利用互联网技术，建立“互联网＋政协”线上履职平台，创建委员网上议事厅，将政协网站、QQ、微博、微信、邮箱、论坛、政协委员网上议事厅等深度链接，建立委员常态化的履职窗口。一年来，委员们利用线上线下两大平台，围绕各级党委政府中心工作，开展调研视察、征集提案和社情民意、深化团结联谊等活动50多次，贡献了委员智慧和力量。

推进常态工作机制创新。常委会不断深化机制创新，激发政协工作内生动力。根据政协职能确定了12大机制创新课题，以机制创新推动政协工作不断取得新成效。提案工作以精准选题、领导领衔、强化督办、民主测评“四步”工作法，提升了提案工作质量；建立“社会协作”机制开展文史资料工作，《长阳文化简史》《守望长阳》正式出版；创建信息平台、活动日、协商机制，开展联络、联谊、联动“三建三联”工作机制，营造民族团结新格局；建立“一贯制”监督机制，紧扣“生态立县”战略，应用提案、调研视察、社情民意等形式，政协民主监督更加有力；坚持加强“媒体合作”，持续在“短、快、特、准”上发力，政协新闻宣传和反映社情民意工作，在省、市始终走在县市区前列。

推进“五型机关”建设。坚持以习近平总书记系列重要讲话精神为指导，不断强化政治意识、大局意识、核心意识、看齐意识，提升机关服务水平，营造干实事、真干事的机关氛围，坚持用制度管人管事，完善了《政协机关学习制度》《政协机关考勤值班制度》《政协机关财务财产管理制度》等制度；始终坚持把纪律规矩挺在前面，认真落实中央“八项规定”和省市县委相关规定，坚持以“学习型、创新型、服务型、效率型、廉洁型”机关建设为引领，积极参与文明城市创建和信访维稳工作，以作风建设为抓手，不断改进会风文风，全面提升政协机关服务水平。

过去一年成绩的取得，是县委正确领导的结果，是县人民政府及各职能部门各乡镇大力支持的结果，是广大政协委员辛勤工作、共同努力的结果。在此，我谨代表政协常委会向大家表示衷心感谢！

同时我们也清醒地认识到工作中存在的问题和不足，主要是基层政协协商民主机制有待进一步完善；协商议政的实效性还有待加强；界别作用发挥还不够充分；发挥委员整体作用的水平有待提高，一些制度规定监督落实不到位等。这些问题和不足，需要我们在今后的工作中不断加以改进和克服。

2018年工作任务

2018年，是全面贯彻中共十九大精神的开局之年，是改革开放40周年，是决胜全面建成小康社会、实施“十三五”规划承上启下的关键之年。站在新的历史起点，自治县政协要高举中国特色社会主义伟大旗帜，全面贯彻习近平新时代中国特色社会主义思想和中共十九大精神，在县委正确领导下，紧紧围绕县第十四次党代会和县委十四届四次全会确定的目标任务，认真履行政治协商、民主监督、参政议政职能，发挥思想引领、协调关系、汇聚力量、建言献策、服务大局的作用，为加快建设都市后花园、全面建成小康社会做出新的更大贡献。

一、深入学习贯彻中共十九大精神，夯实共同思想政治基础

深入学习贯彻中共十九大精神，准确把握和深刻领会习近平新时代中国特色社会主义思想，是当前和今后一个时期首要政治任务。要按照学懂弄通做实的要求，结合人民政协的特点，采取多种学习方式，全面准确把握习近平新时代中国特色社会主义思想的时代背景、科学体系、精神实质和实践要求；自觉地引导广大委员和各界人士牢固树立“四个意识”，更加自觉地接受县委的领导，重大问题及时向县委请示报告，切实把党的领导贯穿于履职全过程，确保政协工作正确政治方向；要深刻理解中共十九大对新时代人民政协工作的新论述、新要求，准确把握人民政协性质定位，更好地发挥政协作为协商民主重要渠道和专门协商机构作用，全面提高政协工作科学化水平。

二、聚焦全县中心工作建言献策，着力助推改革发展

中共十九大描绘了美好蓝图，赋予了人民政协重大的责任使命。我们要对标中共十九大战略部署，聚焦新时代统筹推进“五位一体”总体布局、协调推进“四个全面”战略布局，围绕绿色发展、转型发展，决胜全面小康，按照抓重点、补短板、强弱项的要求，紧扣打好防范化解重大风险、精准脱贫、污染防治三大攻坚战，开展常态化履职。聚焦向宜昌靠拢、加快建设都市后花园、决胜全面建成小康社会目标，就建设中武当天柱山旅游大格局、特色小镇建设、清江康养产业、中药材产业发展等议题，开展协商和调研；对接乡村振兴战略，聚焦精准扶贫政策到户、全县安全生产以及落实民族政策、低碳城市建设、生态环境保护等议题开展调研视察。坚持“以人民为中心”的发展思想，在深化供给侧结构性改革，推动新型工业化、信息化、城镇化、农业现代化同步发展、创新文明城市管理长效机制、农村环境治理、加快推进“河长制”管理、创新殡葬管理建设生态公墓等事关人民群众衣、食、住、行、业、教、保、医等切身利益问题，开展调查研究、协商议政和民主监督，不断增进人民群众的获得感、幸福感。

三、完善工作机制，扎实推进政协工作创新发展

全面加强工作创新，充分发挥政协协商民主重要渠道和专门协商机构作用。创新议政方式。坚持协商于决策之前和决策之中，丰富协商形式和内容，积极推进政协协商民主广泛多层制度化发展。加强民主监督。聚焦全县中心工作，着力对县委、县政府重大决策部署贯彻落实情况，开展扎实有效的民主监督，努力从全局上、根本上、长远上提出管用建议。注重调查研究。加强政协智库建设，发挥政协智力密集优势，精心选题，精心谋划，真正把问题找准，把原因理清，把建议提实。突出机制创新。完善“三化两平台”等12项工作创新，适时总结提升为制度规范；运用线上平台和互联网思维，拓展协商议政、民主监督渠道。坚持不懈转作风抓落实。切实做好提案、文史资料、理论研究、反映社情民意信息、政协宣传等工作，提升政协经常性工作水平。

四、广泛增进团结，汇聚新时代长阳科学发展正能量

充分发挥人民政协代表性强、包容性大的组

织优势，不断扩大团结面、增强包容性，努力把各界各族人民紧紧团结在中国共产党的周围。深入基层，广泛听取社会各界人士的意见建议，形成团结奋斗的大格局。广泛深入地开展协商民主，凝聚共识，巩固社会各界各族人民共同思想政治基础。充分发挥政协各参加单位作用，营造协商议政的合作平台；加强与民族、宗教代表、侨界人士、长阳籍在外工作人士的联系和交往，增进民族团结，促进宗教和睦。做好市政协在长阳联村帮扶的协调服务；持续开展“走基层、访民情”暨“八个一”主题实践活动，联系群众，体察民情，积极开展扶贫帮困、扶危助残和慈善捐赠活动，努力为群众排忧解难，促进社会和谐稳定。

五、加强自身建设，不断提升履职能力

认真落实全面从严治党要求，全面提高政治把握能力、调查研究能力、联系群众能力和合作共事能力。发挥政协党组领导核心作用，着力增强常委会的引领能力。创新专委会、界别活动组和乡镇活动组工作的方式方法，发挥专委会在政协工作中的基础作用，在联系委员中的渠道作用，在团结各界中的纽带作用。不断深化“转作风、抓落实”，推进作风建设从“宽松软虚”走向“严紧硬实”，扎实开展“不忘初心、牢记使命”主题教育，打造忠诚干净担当的干部队伍。持续开展“五型机关”建设，进一步改进学风、会风、文风和经常性工作，努力增强服务政协工作、服务委员工作的能力和水平。

新时代我们豪情满怀，新目标我们信心百倍，新使命我们责任在肩。让我们更加紧密地团结在以习近平为核心的中共中央周围，在县委的坚强领导下，高举中国特色社会主义伟大旗帜，以习近平新时代中国特色社会主义思想为指引，不忘初心，牢记使命，务实重行，携手前进，为加快建设都市后花园、决胜全面建成小康社会贡献政协力量！

（县政协办公室）

责任编辑：田祥英

大事记

1月

1月3日 长阳卓尔旅游投资有限公司与长阳农商行达成“精准扶贫”全面战略合作协议，获得授信额度5亿元。

1月4日 宜昌市副市长宋文豹带领市直相关部门和单位负责人到联系点资丘镇五房岭村调研精准扶贫、精准脱贫工作。

1月4日 湖北省公安交管局局长姚俊一行，到长阳检查道路隐患整治，调研农村交通管理工作。宜昌市公安局交警支队政委汪家发，副县长、县公安局局长镇国庆陪同检查调研。

1月6日 中国共产党长阳土家族自治县第十四届委员会第二次全体（扩大）会议在龙舟坪召开。

1月6日 长阳经济工作会议召开。自治县委书记、人大常委会主任赵吉雄出席会议并讲话，县委副书记、县长李军部署2017年全县经济工作。

1月7日 湖北省粮食局检查组到长阳检查津洋口危仓老库功能升级项目建设。

1月11日 长阳举行2017年水生生物资源增殖放流活动，在清江平洛码头、鸭子口码头投放鱼苗200万尾。

1月12日—2月28日 长阳城建档案馆闭馆，从原办公地点清江大道1号搬迁到龙舟大道土家风情园长阳档案馆大楼九楼，3月1日重新开放。

1月14日 长阳农业普查办公室召开乡镇农普办主任和业务负责人会议，安排部署农业普查重点工作。

1月15—17日 安徽省扶贫办副主任陈先德率国务院扶贫考核组，到长阳开展2016年扶贫成效考核。县委书记、县人大常委会主任赵吉雄汇报长阳2016年脱贫攻坚工作情况，湖北省扶贫办副巡视员陈敦林、宜昌市副市长刘洪福参加汇报会，县委副书记、县长李军主持汇报会。考核组抽选大堰、鸭子口两个乡镇5个村开展为期三天的入户调查。

1月17日 长阳召开全县卫生计生工作会议，总结2016年工作，安排部署2017年工作，表彰2016年度卫生计生工作优胜单位。

1月19日 中共宜昌市委常委、副市长袁卫东到长阳，慰问龙舟坪镇福利院供养对象和长阳困难群众。县委书记赵吉雄，县委副书记、县长李军，副县长覃高轩陪同。

1月21日 长阳人民法院审判法庭建设项目封顶。

1月22日 长阳龙舟坪龙门街6—1风尚国际美发店北侧巷道西10米处发生天然气泄漏，引发火灾。后经过迅速抢险救灾，未造成损失。

1月22日 长阳土家族自治县人民政府斥

资18万元购置的乡镇专用消防车“落户”渔峡口镇，这是长阳第一辆由政府出资购置的乡镇专用消防车。

1月22日 “守望山水思源行远”2017年迎新春“百姓春晚”在清江古城剧院举办。

1月23日 长阳县委常委、县委组织部部长杨五一主持召开老干部形势通报会，传达学习习近平总书记关于老干部工作的指示，通报全县经济社会发展情况。县委书记、县人大常委会主任赵吉雄出席会议并讲话。县委、县人大、县政府、县政协主要领导，住长阳城区的离休干部和副县级以上退休干部，县直各单位分管老干部工作负责人152人参加会议。

1月23日 长阳人才工作座谈会召开。自治县委书记、自治县人大常委会主任赵吉雄出席会议并讲话。各领域优秀人才代表及县委人才工作领导小组成员单位负责人交流发言，就如何进一步做好人才工作提出意见建议和对策措施。

1月24日 中共宜昌市委常委、常务副市长袁卫东带领考核组成员到长阳，召开全市有关重要工作考核意见反馈会，反馈检查考核情况，对长阳今后的工作提出意见建议。县委、县人大、县政府、县政协领导班子成员，县纪委监察局领导班子成员，落实党风廉政建设责任制领导小组成员单位主要负责人参加会议。

1月24日 长阳县委书记赵吉雄主持召开2016年度县委常委班子专题民主生活会，代表县委常委班子作对照检查并做表态发言。中共宜昌市委常委、常务副市长袁卫东到会指导。

1月24日 宜昌民间企业家协会到长阳为壹佰基金捐赠100万元。

2月

2月3日 宜昌市召开脱贫攻坚工作会，长阳吕方武被表彰为十大扶贫功臣，他代表沛函集团交流扶贫经验。

2月5日 中国共产党长阳土家族自治县第十四届委员会第四次全体会议在龙舟坪举行。

2月6日 长阳2017年首场招聘会在县人力资源市场启动，省内外68家企业提供就业岗位5400个，进场3100人，1900名劳动者达成用工意向。

2月8日 湖北省统计局局长李克勤、省调查监测局局长崔永红、宜昌市统计局局长吴辉庆等一行5人到长阳调研农业普查督查。

2月9日 长阳新的看守所、拘留所动工兴建。

2月9日 全国妇联“贫困母亲两癌救助”中央专项彩票公益金发放仪式在长阳举行，现场为来自全市的207位宫颈癌、乳腺癌贫困患者发放救助金207万元，并且各赠送爱心棉被1床，长阳46人获救助。湖北省妇联副巡视员程朝蓉，中共宜昌市委常委、统战部部长王均成，宜昌市妇联党组书记、主席周赟鸿，县委副书记危爱民等领导出席。

2月10日 长阳工矿企业安全生产会议召开，部署2017年工矿企业安全生产工作。

2月13日 中共长阳土家族自治县第十四届纪律检查委员会第二次全体（扩大）会议在县公安局二楼会议室召开。

2月13日 长阳汽车客运站、隔河岩客运码头分别举行春运首班仪式。

2月13—17日 长阳自治县委组织部组织154个行政村党组织书记、驻村第一书记314人进行专题培训，内容是脱贫攻坚、农业农村、基层组织建设、党风廉政建设、精神文明建设等。

2月14日 长阳土地整治项目引水工程在都镇湾镇五尖山村试水，从雪山河村引山泉水到五尖山、杜家冲、丰岩等3个村，解决600多户2000多名群众生产生活用水困难。

2月14日 湖北省残工委、省残联率黄冈、十堰等地残联参观长阳榔坪镇梓榔坪晨光家园。

2月15日　长阳农村工作暨脱贫攻坚工作会议召开。

2月16日　上午“土家音乐文化数字化保护与展示关键技术研究及示范”基地在长阳博物馆挂牌。

2月17—18日　湖北省政协副主席张柏青、中共湖北省直机关工委常务副书记郭俊苹一行到长阳贺家坪镇青岗坪村、磨市镇救师口村，开展脱贫攻坚调研。长阳从2月10日至3月31日实施精准扶贫“春季攻势”行动，开展推进特色产业扶持行动、生态致富行动、基础设施攻坚行动、党员帮扶行动、春风行动和精神文明进万家六大行动。

2月20日　长阳清江古城市政、环卫、园林工作交由县城市管理局市场化管理。

2月20日　宜昌市卫计委副主任丁新珍一行到长阳督查H7N9禽流感防控，到乡镇卫生院检查人感染H7N9禽流感疫情防控工作。

2月20—21日　长阳安监局、公安局、工商局、龙舟坪镇和长阳吉利烟花爆竹有限公司，组成联合工作专班，对龙舟坪主城区烟花爆竹禁放区域内18家零售店进行烟花爆竹召回，烟花爆竹产品全部下架，吉利公司按原价清收，安监部门收回长阳烟花爆竹专卖店匾牌。龙舟坪主城区烟花爆竹禁放区域全面实现禁放禁卖。

2月21日　自治县委常委、常务副县长唐祖红主持召开全县农村危房改造专题办公会，会议听取县住建局关于全县农村危房改造工作情况汇报，专题研究长阳推进农村危改工作相关问题。

2月22—23日　湖北省教育厅教师管理处副处长伍艳一行6人到长阳开展国培项目实施情况调研。

2月24日　宜昌市人大常委会副主任吴康年到榔坪镇茶园村调研督办精准扶贫。

2月24日　长江三峡集团公司党组成员、副总经理、三峡集团公益基金会理事长沙先华率集团相关部门负责人就对口支援到长阳调研，先后在龙舟坪镇郑家榜村查看民居改造项目、清江方山智慧景区建设。

2月24日　湖北省种子管理局局长卢开阳、副局长饶荣华一行调研长阳种业发展情况。

2月25日　中国关心下一代工作委员会主管、主办的中国火炬杂志社副社长许巍一行到长阳参观考察“英子姐姐”网络助学情况。

2月25日　凌晨2点，榔坪镇沙地村4组栗树坳安置点突发山体滑坡，造成5栋在建房屋不同程度受损，直接经济损失40多万元，无人员伤亡。

2月28日　中共宜昌市委常委、副市长袁卫东带领市经信委、供销社、扶贫办等部门负责人到长阳土家族自治县就精准扶贫工作开展督办调研，深入龙舟坪镇晒鼓坪村巫岭山田间地头、贫困户家中，同当地群众交谈，详细询问生产生活情况。县领导赵吉雄、危爱民、杨五一等陪同。

2月28日　武汉市劳动就业管理局在长阳举办“就业扶贫—情系汉企直通车”大型招聘会，提供就业岗位4500余个，转移贫困劳动力1076人。

2月28日　长阳“重大项目开工月”活动暨中国·长阳卓尔国际旅游度假区奠基开工典礼在高家堰镇木桥溪村举行。

2月28日　长阳渔峡口镇枝柘河流域抢险治理工程正式启动。

3月

3月2—3日　湖北省扶贫办副主任项克强率省健康扶贫考核组到长阳进行健康扶贫考核，先后到县人民医院、县中医院、高家堰镇卫生院、青岩村卫生室进行实地检查，到贫困户家中走访了解贫困人口就医、医药费用报销结算及健康服务等情况，查阅相关资料。

3月2日 宜昌市水利水电局工作专班到大堰乡检查小型水利工程管理体制改革。

3月2日 长阳发改局、住建局以长发改〔2017〕16号文向宜昌市发展和改革委员会上报长阳土家族自治县“十三五”城镇生活污水处理及再生利用设施建设规划项目的请示。申报长阳城区污水处理厂改扩建及提档工程，长阳龙舟坪镇沿头溪污水管网工程，沿头溪污水处理厂共3个项目，投资估算约1.65亿元。

3月3日 长阳农村土地确权工作推进会议在自治县人社大楼12楼会议室召开，自治县委常委、副县长覃高轩出席，会议对全县土地确权进行再督办、再部署。

3月3日 宜昌市易地扶贫搬迁检查组到长阳大堰乡检查易地扶贫搬迁。

3月6日 长阳土家族自治县第七次妇女代表大会在龙舟坪召开。

3月6日 长阳土家族自治县委老干部局在自治县休干所门球场举办“三八”女子门球比赛，5个代表队85人参赛。

3月6日 湖北省文明办、财政厅、教育厅联合调研组到长阳督导调研2016年乡村少年宫建设项目。

3月7日 长阳召开“三八”国际妇女节107周年纪念暨表彰大会，表彰2016年度先进集体、个人和家庭，湖北省家庭教育讲师团首席讲师夏征老师作家庭教育辅导讲座。

3月7日 长阳土家族自治县人民政府与英大证券股份有限公司签署战略合作协议，深化金融扶贫、产业扶贫、教育扶贫、消费扶贫、公益扶贫合作。

3月7日 中共长阳土家族自治县委副书记危爱民主持召开县委专题办公会议。会议传达学习《省委、省人民政府关于进一步加强新时期民政工作的意见》（鄂发〔2010〕7号）和省政府常务会议精神，听取全县民政工作汇报，就进一步做好新时期民政工作进行专题研究。

3月7—9日，政协长阳土家族自治县九届二次会议举行第一次大会。

3月9—10日 自治县第九届人民代表大会第二次会议在龙舟坪召开。

3月10日 长阳公共资源交易中心组织举办“市县一体化公共资源交易平台”新系统操作培训，国土、交通、水利、住建、财政及十家中介服务机构的40多名代表参训。

3月10日 湖北省人大常委会副主任王玲一行到宜昌调研清江流域环境保护立法工作。

3月11—13日 国土资源部地质环境司副司长柳源一行，到湖北长阳清江国家地质公园调研保护和资源开发利用工作。省国土资源厅地质环境处副处长曹微，市国土资源局副局长唐作友，县委书记、县人大常委会主任赵吉雄，县委副书记、县长李军，县委常委、副县长覃高轩等陪同。

3月12日 武汉卓尔文旅集团、南京丰盛集团、上海景域集团等大型投资企业组成考察团到火烧坪乡考察旅游项目。

3月13日 长阳全县机关事业单位养老保险信息系统上线运行。

3月13日 中共长阳土家族自治县委召开政法综治维稳信访工作会议。自治县委副书记、县长李军主持。会议传达中央、省委、市委政法工作会议精神，总结2016年工作，表彰先进单位和个人，安排部署2017年全县政法综治维稳法治工作。县委书记、县人大常委会主任赵吉雄，县委副书记、县长李军与乡镇签订《2017年度综治维稳工作目标管理责任书》。与会人员观看《依法信访·违法必究》专题片。

3月13—14日 湖北省人民政府残疾人工作委员会副主任周平一行19人到长阳考察残疾人

精准扶贫。

3月14日　长阳人民法院都镇湾人民法庭对一起离婚案件采用手机微信多人视频聊天模式进行审理。《人民法院报》等媒体报道这起微信庭审。

3月15日　长阳召开打击欺诈老年消费者违法行为专项整治行动督办会。会议组织学习《县委办公室县政府办公室关于印发打击欺诈老年消费者违法行为专项整治行动实施方案的通知》《市打击欺诈老年消费者违法行为专项整治简报》精神，县直相关单位负责人汇报前期专项整治行动情况。县委副书记危爱民出席会议并讲话。

3月15日　长阳工商局、县消费者委员会以“网络诚信消费无忧”为主题，在长阳广场举办第35个国际消费者权益日纪念活动。

3月15日　宜昌海关关长余洪川到长阳调研外贸出口工作。

3月16日　湖北省公安厅党委副书记、副厅长夏志斌到贺家坪镇调研农村交管“路长”体制与生命防护工程建设。湖北省交管局局长姚俊，宜昌市公安局常务副局长李秀华，县委副书记、县长李军，宜昌市局党委委员、交警支队长刘威，副县长、公安局局长镇国庆，副局长吴建平等陪同。

3月16日　湖北能源集团公司党委书记张泽玉一行到都镇湾镇高桥村调研精准扶贫。

3月17日　自治县委党建工作会议召开，研究部署2017年党建、组织、宣传思想、统战工作。县委书记赵吉雄出席大会并讲话。

3月17日　长阳土家族自治县科技工作会议在清江古城召开，表彰奖励2016年度长阳区域内科技创造发明奖96件，奖金11.7万元（发明专利奖励标准5000元/件、实用新型奖励标准2000元/件）。

3月17日　湖北省水产局副局长林伟华一行调研清江特色水产业发展情况和清江库区养殖网箱清理。宜昌市水产局局长谈辛钧、县人大常委会副主任周宏伟等陪同。

3月18日　澳大利亚魏基成“慈善列车”中国区总负责人、湖北师范大学教授饶坚一行到长阳渔峡口镇开展爱心活动。

3月20—24日　长阳县政协副主席赵久芹带队到秭归县、宣恩县、咸丰县、黔江区、酉阳土家族苗族自治县，调研武陵山片区生态文化旅游一体化建设，就召开湘鄂黔渝边区县（市、区）政协工作联系会第34次会议协商对接。

3月21日　县委政法委、县委法治办牵头，在龙舟坪城区长阳广场开展“法治宣传进乡村（社区）”暨全县信访问题法治宣传下乡活动启动仪式。

3月21—22日　湖北省山洪灾害防治工作研讨培训会在长阳召开。全省各县市区防办相关负责人140多人参加会议，省防办副总工江炎生出席会议，县人民政府副县长裴新颜致欢迎辞。

3月22日　宜昌市副市长黄黎明、市供销社主任向红云一行到长阳考察调研综合改革。

3月22日　由专业人员押运的借展文物安全返回长阳博物馆。此前，历时三个月的“寻巴——消失的古代巴国”专题展览在陕西秦始皇帝陵博物院圆满落幕。该展览是“巴文化”专题展览，由秦始皇帝陵博物院、四川省文物考古研究院、长阳博物馆等12家文博单位联合举办，历时一年多时间准备，展览历时3个月，接待观众约200万人次。长阳博物馆选送参展的21件文物，是早期“巴文化”文物珍品。

3月22—25日　长阳龙舟坪镇白氏坪村卫生室医生王良俊受河北预防医学会邀请，赴石家庄参加“十佳最美接种医生先进事迹河北行”活动，作先进事迹巡讲。

3月22日　电影故事片《哭嫁》开机仪式在长阳民俗文化村举行。《哭嫁》在长阳都镇湾镇麻池村等地拍摄，主要反映长阳民风民俗和土地革命战争时期长阳的革命故事。

3月23日 国家电网公司到长阳专题调研“国网阳光扶贫行动”项目进展情况。

3月24日 长阳榔坪镇第11届木瓜花文化旅游节在马坪村渠安头开幕。

3月24日 长阳县政协在峡州清江假日酒店召开“推进城乡一体化协商座谈会”。副主席周近群、秘书长李靖参加协商座谈会。与会委员就加快龙津星城项目建设，推进城乡一体化，建设都市后花园，为长阳向宜昌靠拢及新型城镇化发展建言献策。

3月24日 中共当阳市委政法委一行到长阳调研依法打击信访活动中的违法犯罪行为工作情况及经验。

3月24日 湖北省水利厅总工程师王万林、副市长刘洪福等到长阳检查高坝洲、隔河岩水库防汛抗旱及安全隐患检查工作。

3月24日 长阳安全生产暨县安委会第二次全体（扩大）会议召开。会议传达学习全市安全生产会议精神，通报2016年安全生产责任制落实情况，部署2017年工作，县委副书记、县长李军代表县人民政府与各乡镇、安委会重点成员单位签订2017年安全生产目标管理责任状并讲话。

3月27日 根据长阳土家族自治县人民法院司法救助案例拍摄的《温情救助》专题片在央视法制频道《法治天下》栏目中播出。

3月27日 中共宜昌市委副书记、政法委书记吴海涛，市政法委常务副书记邹志坚一行4人到县人民法院调研审判执行、机关建设等工作，县委副书记危爱民，县政法委书记李晓鸣陪同调研。

3月28—31日 省市工作组到长阳就煤炭企业关闭事项信访维稳开展专题调研。

3月29日 革命英烈陈寿山之孙陈金玉在全国文明家庭“杨群康家庭”家长杨群康陪同下，从湖南省石门县到长阳征集其祖父在长阳战斗、牺牲的史料，县委党史办公室为其提供一系列佐证资料。

3月29日 国家调查队湖北省总队处长李骏到长阳资丘镇凉水寺村检查贫困户手机记账情况。

3月30日 长阳工商联（总商会）第七次会员代表大会召开。进行换届选举。县政协副主席赵久芹当选为县工商联（总商会）主席、会长。

3月30日 湖北省测绘地理信息局局长陈文海一行8人到高家堰镇流溪村，调研精准扶贫。

3月31日 宜昌市脱贫攻坚现场推进会在长阳召开。中共宜昌市委副书记、市长马旭明出席会议并讲话。县委书记、县人大常委会主任赵吉雄代表长阳作典型发言。与会人员实地考察一致魔芋、夷农电商、高家堰盆景根艺产业园、龙舟坪郑家榜村旅游扶贫示范区及易地扶贫搬迁安置点等建设情况。

3月 湖北红业建材科技开发有限公司将本公司授权的发明专利（专利号为201210209480.3）《制备掺杂压痕钢线的混凝土结构的方法》获批2017年度宜昌市专利产业化项目，获补助资金10万元。

3月 长阳龙舟坪镇白氏雄关桥处环卫中转码头开工建设，7月完工验收。

4月

4月1日 政协长阳县委以“农村电商产业发展”为议题，召开2017年首季协商座谈会。听取县经信局、供销社等部门负责人情况通报。以问题为导向，从认识、规划、政策、投入、物流园区建设、农村物流“最后一公里”、特色产业、电商网络平台以及市场主体和电商人才方面，与有关部门负责人协商议政，形成共识。

4月1日 龙舟坪镇朱津滩村突发大面积死鱼，县水产局技术推广站技术人员紧急出动、科学施救，成功化解一起鱼病危机。

4月1—15日　长阳教育系统开展“大病关爱壹佰基金”捐赠，筹款27.7万余元。

4月5日　磨市镇多宝寺村光伏电站并网发电。

4月6日　吉林省前郭尔罗斯蒙古族自治县人大常委会副主任穆海一行到长阳考察少数民族非物质文化遗产保护和相关立法情况。

4月7日　中共长阳土家族自治县委常委、县人民政府常务副县长唐祖红主持召开关于开展PPP模式推进城乡供排水一体化建设试点工作专题办公会。听取县发改局刘汉军关于省市开展运用PPP模式推进城乡供排水一体化建设试点工作的要求，听取县住建局、县水利局关于全县供排水项目基本情况汇报。会议议定，原则同意开展运用PPP模式推进城乡供排水一体化建设试点。

4月7日　长阳煤矿安全专题会议召开，研究部署煤矿安全生产工作。

4月9日　“笔墨·心境”杨小强中国画作品全国巡展在北京民族文化宫开幕。展出长阳土家族书画家杨小强山水花鸟画近百幅。

4月9—15日　长阳县政协主席李云达率调研组到湖北建始，重庆石柱、武隆，贵州正安、务川、湄潭、思南等地就推进武陵山片区生态文化旅游一体化建设开展调研，就召开湘鄂黔渝边区政协联系会第34次会议作对接协商。

4月10日　“长阳皱皮木瓜产业技术集成综合示范”项目通过湖北省科技惠民计划专家评审并公示。

4月10日　宜昌市人大常委会副主任尚葵到长阳调研公共就业服务信息化建设及就业创业工作。

4月10日　龙五一级路长阳清江特大桥征地兑付在长阳龙舟坪镇何家坪村二组启动。

4月10—11日　湖北省人大常委会委员、民宗侨外事委主任委员谭徽在带领调研组一行到长阳，调研乡村旅游助推精准扶贫情况。

4月11日　龙舟坪镇合子坳村光伏发电扶贫项目建成并网发电。

4月11—12日　湖北省公安厅副厅级巡视员周家柱、许昌奇，省公安交管局秩序处副处长刘洪涛到长阳调研交管“路长制”和“生命防护工程”建设。宜昌市公安局党委委员、交警支队长刘威，县人民政府副县长、公安局局长镇国庆陪同。

4月12日　中国地质调查局武汉地质调查中心研究员汪啸风率专家组一行到长阳检查验收湖北长阳清江国家地质公园建设情况。专家组一行实地参观、听取介绍、查阅资料等，对湖北长阳清江国家地质公园规划与地质遗迹保护、地质公园解说与标志系统、科学研究与科普活动开展、管理与信息化建设等情况进行全面检查和验收。县委副书记危爱民参加座谈会。

4月12日　湖北省人大常委会委员、法制委员会主任委员乔余堂带领调研组一行到长阳，开展《湖北省公路路政管理条例（修订草案）》立法调研。

4月12日　甘肃省发改委党组成员、以工代赈易地扶贫搬迁办公室主任贾永安一行到龙舟坪镇郑家榜湾河集中安置点考察易地扶贫搬迁工作。县委常委、副县长覃高轩等陪同。

4月12日　台胞李孝铭到长阳土家族自治县台办赠送锦旗，感谢县台办为他找到失去联系二十多年的亲人。

4月12日　湖北省交通运输厅公路管理局副巡视员刘畅到长阳调研，督查宜长快速通道、龙五一级公路、五高线“455”安全生命防护工程等交通重点项目建设情况。

4月12日—5月12日　长阳县委党校承办第29期科级干部培训班。学员46人。县委常委、组织部部长、党校校长杨五一对全体学员进行学前谈话。

4月14日　长阳白氏坪经济开发区举办第

一期园区论坛，由康农种业正高级农艺师、享受国务院特殊津贴专家彭绪冰就企业创新专题讲课。园区37家企业负责人、开发区二级机构代表及管委会全体干部职工60多人参加论坛活动。

4月17日 中共宜昌市委第四巡察组进驻长阳开展扶贫工作专项巡察。

4月17日 “江郎山杯”2017年全国男子举重竞标赛暨第13届全运会预赛男子举重85公斤级的比赛中，长阳籍举重运动员田涛以抓举164公斤，挺举221公斤，总成绩385公斤获得三项冠军。

4月20日 中共长阳土家族自治县委、县政府组织2017年招商引资工作会议暨项目集中签约仪式，签约12个项目投资17.11亿元。

4月20—22日 中国残疾人杂志社副总编辑欧阳明、中国人民大学教授杨立雄一行到长阳调研。

4月20日 长阳供销社召开全县系统综合改革推进会暨依法治社培训会。全县电子商务龙头企业、示范农民合作社、家庭农场、基层社、农资配送中心、村级综合服务社等为农服务组织负责人40人参加会议。

4月20—23日 长阳国土资源局、地质公园管理局开展纪念第48个世界地球日暨地学科普活动。4月20日，中国地质调查局油气资源调查中心页岩气室主任、教授级高级工程师包书景教授到县职教中心讲课；4月21日，在清江画廊景区发放宣传海报；4月22日，在长阳广场集中开展科普活动；4月23日，在龙舟坪镇城区发放宣传海报。

4月21日 国务院扶贫办开发指导司副司长许建民一行到龙舟坪镇合子坳村调研村级光伏电站建设情况。

4月21—22日 中国残联调研组到长阳调研残疾人精准扶贫工作，实地考察榔坪镇梓榔坪村晨光自强互助服务社、鸭子口乡马连坪村晨光自强互助社、鸭子口乡杨溪村晨光家园。

4月21—27日 长阳县委统战部组织县侨联代表团一行7人，应邀回访澳门缅华互助会和香港惩教署。

4月24日 长阳康农种业、一致魔芋、后皇真空3家“省知识产权示范建设企业”负责人参加宜昌市知识产权局在宜昌市桃花岭饭店举办的企业知识产权高级研修班培训。

4月25日 湖北清江水电开发有限责任公司以鄂清函〔2017〕8号文复函长阳土家族自治县住房和城乡建设局，原则同意按《关于请求支持长阳刁家湾（原铁索桥）水气管道跨越清江建设工程的请示》中的施工方案组织施工。

4月27日 宜昌市人民政府第三考核组到长阳，对长阳2016年度实行最严格水资源管理制度工作情况进行考核。

4月28日 长阳农机局和长阳农机专业合作社在渔峡口镇枝柘坪村联合举办“水稻机械直播技术培训暨现场演示会”，讲解并示范水稻机械直播的关键技术环节。

4月 湖北一致魔芋生物科技股份有限公司成功申报并通过专家评审获湖北省知识产权海外护航工程项目，省知识产权局补助其项目资金5万元。

4—5月 长阳食品药品监督管理局在全县11个乡镇开展《湖北省食品安全条例》宣贯暨食品生产加工小作坊、小餐饮经营行政许可标准培训，启动“三小”许可工作。

4—6月 长阳围绕“清理乱堆乱放、清拆乱搭乱建、清运废旧轮胎、清除野广告”等，全域开展“清洁家园，美丽长阳”创建省级文明县城“百日攻坚战”行动。

5月

5月2日 长阳经济形势分析会召开。会议传达全市经济形势分析会精神，通报全县2017年1—4月经济运行、财政收支等方面的情况，表彰2016年度纳税先进单位。

5月3日 长阳土家族自治县青年周末学院成立并开班。

5月4日 江苏江阴《留河桥刘氏宗谱》主编刘燕江带领刘氏后裔17人到长阳，向县档案馆捐赠《留河桥刘氏宗谱》（七修），县档案馆接受捐赠并向刘燕江颁发捐赠证书。

5月4日 长阳鸭子口乡红岩溪滑坡治理工程全面启动。

5月5日 长阳组织收听收看全省全市防汛抗旱暨推行河湖长制工作电视电话会议后，召开会议贯彻落实全省全市电视电话会议精神。随后，长阳全面推进“河长制”，由党政领导兼任河长。

5月5日 长阳全县打击欺诈老年人专项整治行动督办会召开。

5月8日 长阳民宗局召开履职尽责点题督查工作会。各乡镇统战委员、宗教活动场所负责人、民宗局全体干部职工参会，传达学习省、市民宗系统2017年度加强履职尽责点题督查工作会议精神，对全县“落实宗教政策加强佛道教活动场所管理专项督查”安排部署。

5月8—9日 中共宜昌市委第四巡察组进驻长阳开展扶贫领域专项巡察，分别召开汇报会、专题座谈会。

5月8—16日 湖北煤监局全面安全“体检”专项工作组一行13人进驻长阳，对8家煤矿逐矿开展全面安全“体检”。

5月9日 宜昌市人大常委会副主任尚葵一行到长阳开展依法管理宗教事务情况调研。

5月9—11日 湖北省著名茶叶专家、省农业厅原副巡视员、省茶叶学会名誉会长李传友到长阳调研茶产业，对长阳茶产业发展提出意见和建议。

5月10日 中国社会科学院农村发展研究所贫困与福祉研究室主任檀学文、研究员李静一行到高家堰镇调研精准扶贫。

5月10日 湖北省交通运输厅副厅长谢强带领财务处、重点办负责人到长阳调研，督查沪渝高速贺家坪互通灾后重建项目、G318贺家坪绕城公路及龙五一级公路等交通重点项目。宜昌市交通运输局副局长程家振，县人民政府副县长覃红，县交运局局长汤清林陪同。

5月11日 长阳政务服务中心召开拒绝说“不”誓师大会，签订服务承诺书，为群众提供更好的服务，提升政府效能。

5月11日 长阳与武汉蓝星软件公司协商，开通城乡居民医疗保险现场结算，现场结算的医疗机构有宜昌市级、长阳县级、长阳乡镇定点医疗机构，实行城乡居民门诊、住院医疗费和大病保险“一站式”结算。

5月11日 中共长阳自治县委中心组（扩大）集中学习暨警示教育大会召开，自治县委书记赵吉雄作辅导报告。

5月11日 长阳茶产业发展座谈会召开。县委书记、县人大常委会主任赵吉雄强调，要用工匠精神，“绣花”的功夫抓好茶产业发展，高位推动，实现茶产业基地20万亩、产值20亿元，进入全省前十的目标。

5月11—15日 第十三届中国（深圳）国际文化产业博览交易会在深圳会展中心举办，长阳清江画廊公司参加文化产业招商项目现场推介会。

5月12日 长阳防震减灾大型宣传活动演练及科技活动周启动仪式在长阳广场举行。

5月12日 长阳环保局和饮用水源地规划编制单位组成调查组，到各乡镇进行实地饮用水源地环境保护规划基础情况调查。

5月15日 长阳人民检察院诉自治县林业局怠于履行职责一案开庭审理并胜诉，该案是长阳首例行政公益诉讼案。

5月15日—6月14日 长阳县委党校承办第24期党政干部轮训班。学员48名，来自11个乡镇和县直单位。

5月17—19日 长阳县政协主席李云达、副主席周近群带领县政协民族宗教和经济委员会、县旅游局、县交运局、县住建局等单位负责人到襄阳、钟祥、夷陵区调研考察乡村旅游建设。

5月17—19日 长阳质监局在榔坪、贺家坪开展“5·20世界计量日”活动。

5月18日 长阳职教中心举办第三届“职业教育活动月”。自治县教育局决定，将每年的5月中旬至6月中旬定为“职业教育宣传月”。

5月18日 武汉市就业局“情系汉企直通车”到长阳进行专场招聘，103人进入武汉市就业。

5月18日 长阳县直机关党建工作推进会议召开，县水利水电局、县人社局、县畜牧兽医局等6个县直单位机关党组织书记作机关党建述职发言。

5月19日 长阳自治县人民政府组织召开全县畜禽养殖废弃物综合利用暨污染防治现场推进会，与会代表在磨市现场参观。

5月19日 清江高坝洲库区长阳水域养殖网箱清理取缔履职尽责督促检查工作推进会召开。

5月21—23日 长阳县政协主席李云达、副主席姜华率县政协办公室、县城投公司、县住建局有关负责人到西安考察停车库项目及静态交通建设情况。

5月22—26日 长阳人社局对2015年、2016年机关事业单位新招录265名工作人员进行初任培训。

5月23日 湖北省住建厅副巡视员李斌一行到长阳调研装配式建筑产业。调研组先后到湖北沛函装配式建筑科技园、长丹红木业，沛函集团承建的长阳人民法院审判庭建设项目等地，全面了解装配式建设的工艺流程、市场销售以及目前遇到的困难和问题。

5月23日 长江宜昌航道工程局与长阳土家族自治县住房和城乡建设局签订何家坪亲水平台及景观栈道工程援建协议书。援建金额420万元，建设内容包括亲水平台、景观栈道、景观桥、公厕及码头。

5月23日 长阳残疾人工作会议召开，会议传达中央、省、市残疾人工作会议精神，安排部署2017年工作，启动27个全国助残日和全县助残月系列活动。

5月23—26日 湖北省“国培计划”项目县培训管理者高级研修班在长阳举行，来自全省28个县市区和中国教育电台、中国教师研修网等6家机构108名代表参训。

5月25日 长阳人民检察院以“防治校园欺凌，护航未成年人成长”为主题，在龙舟坪中学开展法治宣传进校园活动，部分人大代表、政协委员和人民监督员受邀参加活动。

5月25—27日 长阳县政协主席李云达率领常委会调研组到浙江鄞州区就低碳城市建设进行调研考察，形成《关于我县低碳城市建设的调研报告》。

5月26—27日 长阳县政协副主席姜华带领县国税局、县地税局、县财政局、县政务服务中心有关负责人赴荆州市、石首市和枝江市考察学习国地税共建治税、综合治税经验。

5月26日 全国光伏扶贫现场观摩会在湖北宜昌召开，国家扶贫办主任刘永富率与会代表现场观摩磨市镇多宝寺村光伏扶贫示范电站、龙舟坪镇合子坳村光伏扶贫电站。

5月26日 湖北省档案局在长阳清江古城瓴悦酒店举办《档案记忆》杂志通联组稿座谈会。省档案局法规标准宣传处处长罗忆主持会议。鄂西片区各市、州、林区档案局和长阳档案局分管宣传工作的领导和工作人员，全国部分知名“记忆”作家,《档案记忆》杂志编辑部全体工作人员 35 人参加座谈。县人民政府副县长裴新颜出席会议并致辞。

5 月 27 日 长阳自治县人民政府组织召开全县水库移民工作会议。库区乡镇分管领导、县直相关部门负责人、朱津滩村党支部书记、移民工作站负责人和移民局机关全体干部职工参加会议。会议安排部署 2017 年全县水库移民暨避险帮扶解困工作。

5 月 27 上午 长阳运用大数据对精准扶贫政策落实情况进行监督检查工作会议召开。会议安排部署全县运用大数据对精准扶贫政策落实情况进行监督检查工作。会议由县委常委、纪委书记范绪忠主持。县委副书记危爱民出席会议并讲话，县委常委、副县长覃高轩组织学习监督检查工作方案。

5 月 27 日 长阳自治县市政园林绿化管理局全体干部职工组成的“绿色卫士”志愿服务队在长阳职教中心开展“下单位、入社区、进学校”志愿服务活动及园林技能比赛。

5 月 27 日 长阳农产品质量安全暨柑橘大实蝇防控工作推进会召开，安排部署抓好农产品质量安全暨柑橘大实蝇防控工作。

5 月 28 日 新疆木垒哈萨克自治县人大常委会主任吐尔逊一行 7 人到长阳考察生态环境保护立法工作情况。

5 月 31 日 长阳县政协就“文物保护与利用”在渔峡口召开专题协商座谈会。与会人员到省级文物保护单位盐井寺、香炉石巴文化遗址进行视察，听取县文体新广局负责人关于全县“文物保护与利用”工作情况汇报，并从深化认识、宣传推介以及推进文旅融合等方面提出意见建议。

5 月 31 日 长阳自治县人民政府召开全县环保工作会议。

5 月 31 日—6 月 23 日 长阳环保局开展中高考期间区域噪声集中治理。

5 月 宜昌市知识产权局对长阳 2016 年度授权的 8 项发明专利的企业和个人进行奖励，奖励金额 2.4 万元，奖励标准 3000 元 / 件。

6 月

6 月 5 日 长阳环保局开展“六五”世界环境日志愿者宣传活动。

6 月 6 日 全国农技推广服务中心研究员李萍、湖北省植保总站调研员罗汉钢和周国珍、宜昌市植保站副站长杨家祥一行，赴长阳贺家坪镇紫台村、榔坪镇文家坪村和火烧坪乡青树包村调研，实地察看蔬菜病虫害全程绿色防控试点的基地建设情况。

6 月 6 日 长阳都镇湾镇农村生活垃圾治理现场会在峰岩村召开，拉开全县农村生活垃圾治理序幕。

6 月 7 日 宜昌市政协副主席陈和春带队到长阳就安全饮水进行专题民主监督，县政协主席李云达、副主席姜华陪同。

6 月 7 日 长阳自治县委书记、自治县人大常委会主任赵吉雄主持召开全县脱贫攻坚工作推进会。会议通报全县精准扶贫、精准脱贫工作中存在的问题，对今后一个时期脱贫攻坚工作进行安排部署，危房改造、安全饮水、道路交通等 8 个指挥部和县财政局作表态发言。

6 月 7 日 宜昌市知识产权局与长阳知识产权局联合开展专利执法活动，对长阳商贸流通领域部分经营单位开展专利执法检查，对发现的 6 个涉嫌假冒专利的案件进行立案调查和处理。

6 月 7 日 长阳地名普查验收会召开，湖北省民政厅调研员杨林、宜昌市民政局副局长董菊、副县长鲍剑飞参加会议。长阳地名普查工作以99.3分的成绩通过省检。

6月8日 农业部在宜昌召开全国地理标志品牌创建培训班。全国30个省市自治区150名地理标志管理和证书持有人参加培训。长阳柑橘产业协会应邀在大会作经验交流，介绍长阳在应用地理标志创建公共品牌方面的成果和经验。

6月8日 中共长阳自治县委召开常委（扩大）会议，传达学习中央环境保护督察反馈意见整改工作推进会暨湖北省环境保护委员会2017年全会电视电话会议精神。

6月10日 全国人大常委会委员、全国人大民族委员会副主任委员王万宾率调研组到长阳就脱贫攻坚工作和经济社会发展情况进行专题调研。

6月11—12日 湖北省果茶办副主任、茶学会会长宗庆波到长阳调研检查2017年度茶叶绿色生产示范项目实施情况。

6月12日 宜昌市大数据第七巡查督导组组长刘幼昆一行到长阳督导运用大数据开展惠农政策落实情况监督检查。7月18日，市纪委大数据办胡刚、张子龙到长阳暗访。7月19日、8月28日、9月4日多轮次督导检查。

6月12日 长阳方清公路征地工作启动。项目起于龙舟坪镇两河口村方家湾，止于清江方山旅游大通道，全长12.85公里，总投资1.75亿元。

6月12—13日 中共长阳自治县委组织部举办2017年入党积极分子培训班，县直单位及龙舟坪镇152名入党积极分子参训。

6月13日 第五届中国诗歌节之诗人采风活动走进长阳清江画廊。

6月13日 湖北省供销总社茶叶集团副总经理陈云华一行到长阳，考察茶产业基地建设。

6月13—15日 国土资源部地质环境司委派专家组到长阳，对湖北长阳清江国家地质公园进行实地考察验收。专家组由广西壮族自治区国土资源厅教授级高工汪海、中国地质大学（武汉）教授周爱国、湖北省国土资源厅调研员曹微、中国地质大学（武汉）博士韩非组成。市国土资源局领导、县党政主要领导等陪同。

6月15日 全国产业扶贫（重庆石柱）现场观摩会在重庆市石柱土家族自治县召开。县委副书记危爱民围绕长阳高山蔬菜产业扶贫，以《织就产业扶贫“五张网”兜住农民致富“金饭碗”》为题在会上作经验交流。

6月15日 中共湖北省委常委、宜昌市委书记周霁深入火烧坪乡、贺家坪镇、高家堰镇，就脱贫攻坚、基层党建、生态保护等进行调研。

6月15日 湖北省大数据督导组组长冯其云一行到长阳督导运用大数据开展惠农政策落实情况监督检查。

6月15日 2017年宜昌市建筑业管理暨推进装配式建筑发展和工程质量安全提升行动工作会在丹水新区沛函集团科技园举行。工作会由宜昌市住房和城乡建设委员会、长阳土家族自治县人民政府主办，长阳土家族自治县住房和城乡建设局承办。

6月16日 长阳白氏坪开发区召开创建省级文明县城工作推进会，园区30家企业、二级单位及群英家政公司、刘家冲、白氏坪村负责人参会。

6月19日 长阳“城乡客运市场秩序专项整治行动暨文明安全出行从我做起”志愿者启动仪式在长阳广场举行。

6月20日 湖北省大数据暗访组组长刘跃武一行到长阳督查运用大数据开展惠农政策落实情况监督检查工作。

6月20—21日 湖北省卫计委疾控处处长张效武一行对长阳县、乡、村三级精神卫生管理网络管理情况进行全面评估考核。

6月21日 长阳国税局与县地税局联合举办银税企“纳税信用贷”推进会，推动落实“银税互动”工作，帮助企业获得银行信贷支持，持续推动解决辖区内小微企业“贷款难”问题。

6月22日 长阳召开三颗贡黑茶发展座谈会，听取湖北黑小妹茶业有限公司总经理徐丽关于三颗贡黑茶产业发展情况汇报。公司与长阳县内县外多家茶企签约订单，与梁山坝村签订“带动脱贫协议书”。

6月23日 湖北省科技厅公布湖北省“星创天地”名单，长阳“巴国汇智兴创天地”在列。

6月26日 长阳自治县人大常委会召开“聚力脱贫攻坚、五级代表在行动”活动推进会，全县全国、省、市、县、乡五级代表989人参加活动。

6月27日 长阳自治县人民政府办公室组织召开优化生态保护红线划定工作会议。长阳生态保护红线划定范围：长阳土家族自治县隔河岩水库、长阳土家族自治县罗马溪水库、长阳崩尖子省级自然保护区、湖北长阳清江地质公园、长阳清江风景名胜区、高坝洲水库、招徕河电站水库、清江白甲鱼国家级水产种质资源保护区、湖北清江国家森林公园、湖北长阳清江国家湿地公园、二磴岩自然保护小区等。

6月27日 龙舟坪镇举办招商项目集中签约仪式，签约项目5个，总投资4.3亿元。

6月28日 湖北省科技厅、省统计局公布2017年度第一批高新技术产品登记备案结果，长阳本地企业湖北鸿亿肥业有限公司申请登记备案的2项产品在列。

6月28日 富饶重质碳酸钙粉体项目竣工投产暨产业招商宣传推介会在长阳磨市镇举行。

6月28日 湖北省供销总社电子商务总公司董事长、总经理黄发礼一行到长阳农村电子商务中心、夷农电商公司调研指导。

6月28—29日 教育部“国培计划”专家组王文静一行4人，对长阳“国培计划”实施情况进行专项调研。

6月28—30日 自治县总工会、文体新广局联合举办全县羽毛球锦标赛。

6月29日 长阳白氏坪经济开发区举办第二期园区论坛，龙舟坪镇国税分局副局长覃兵就税务法、湖北沛函集团总经理助理沈俊玲就企业发展进行讲课，园区各企业负责人、开发区二级机构代表及管委会全体干部职工60多人参加论坛活动。

6月29日—7月1日 湘鄂黔渝边区县（市、区）政协工作联系会第34次会议在长阳举行。湖北、湖南、贵州、重庆四省（直辖市）39个成员单位200余人参会，围绕“推进武陵山片区生态文化旅游一体化建设，助推区域经济社会共同发展”主题，共商发展大计，形成《关于推进武陵山片区生态文化旅游一体化的共同建议》。

6月30日 中共长阳土家族自治县委召开纪念中国共产党成立96周年座谈会，传达学习省第十一次党代会精神和省委常委、市委书记周霁在长阳调研时的讲话精神，动员和激励全县各级党组织和广大党员干部团结奋进、务实重行、担当作为、真抓实干，强力推进脱贫攻坚、决胜全面小康，奋力实现“脱贫、领先、进位、厚积”奋斗目标。

6月30日 长阳关心下一代工作委员会与县教育局、新华书店等单位在龙舟坪中学联合举办全县青少年以“诚信友善伴我成长”和“辉煌与梦想”为主题的《中华魂》读书演讲比赛。

6月30日 清江高坝洲库区长阳水域养殖网箱清理取缔任务全面完成。2016年以来，长阳组织县、镇、村干部142人扎实开展清江高坝洲库区长阳水域养殖网箱清理取缔，经过艰苦细致的工作，安置清江高坝洲库区长阳水域退渔养殖户351户，拆除清江高坝洲库区长阳水域养殖网箱640194平方米（约3.2万只网箱），拆除网箱养殖工作用房275个4983平方米，取缔养殖用机动渔船45艘，非机动渔船143艘。

6月30日 湖北省烟草专卖局（公司）党组成员、副总经理黄树立到长阳“白转烤”青岗坪烟区，调研指导烟叶生产。

6月 湖北红业建材科技开发有限公司成功

申报并通过专家评审，被列为湖北省第四批“知识产权示范建设企业”，省知识产权局补助其知识产权转化引导与发展资金3万元。

6月 长阳住房保障中心、自治县房产监察大队、县白蚁防治所、县房屋安全鉴定所、县房屋征收与补偿管理办公室整体搬迁至清江商务大厦（四冲湾）六楼集中办公。

6—10月 长阳人民法院妥善审理覃某彪、杨某清、田某文寻衅滋事案，在人民群众中树立依法信访，违法必究的信访观念。

7月

7月1日 河北省人大常委会副主任、人大法制委员会主任委员马兰翠等一行到长阳考察清江流域保护立法情况。

7月1日 长阳土家族自治县拘留所被拘留人矛盾纠纷人民调解委员会成立。

7月2日 长阳总工会、旅游局、文体新广局、环保局联合主办“清江画廊杯”2017长阳地标·城市定向挑战系列赛。

7月3日 中国烟叶公司总经理、国家烟草专卖局水源办主任陈江华、副总经理关博谦等到长阳调研烟叶生产和烟农增收情况。县委书记、县人大常委会主任赵吉雄，县领导覃宏明、覃高轩陪同。

7月4日 国务院办公厅下发国办发〔2017〕64号文件，通知长阳新建“长阳崩尖子国家级自然保护区”。

7月7日 中共湖北省委常委、省委统战部部长尔肯江·吐拉洪在武汉组织召开省“616”工程对口支援长阳办公会议，专题研究部署2017年对口支援长阳深度推进省“616”工程相关事宜。

7月9日 长阳供销大堰三农服务中心投入运营，大堰供销社与誉福农电商公司、百誉电商公司合作建成大堰电商物流快递一条街。

7月10日 中共长阳土家族自治县委书记赵吉雄主持召开十四届县委党建和组织工作专题常委会议。会议决定：由常务副县长唐祖红负责，协调将县委编办、县人防办等常设机构迁出县委党校教学楼，确保独立办学要求。

7月10日 长阳土家族自治县启动实施“我选湖北爱上宜昌”计划，旨在贯彻落实湖北省人才“二十条”和“我选湖北”计划，吸引更多大学生到长阳实习实训和就业创业。

7月10日 三峡大学对口长阳教育精准扶贫推进会在三峡大学召开。

7月13日 中共宜昌市委常委、常务副市长袁卫东，县委书记、县人大常委会主任赵吉雄到龙舟坪镇，以普通人大代表的身份，参加镇人大代表第四代表小组“聚力脱贫攻坚五级代表在行动”活动，实地察看沿头溪流域旅游扶贫基础设施建设、光伏发电等精准扶贫项目。

7月13日 中共长阳自治县委常委、常务副县长唐祖红召集县直相关单位，到丹水新区沛函装配式科技园调研。主持召开专题办公会，就进一步落实县委《关于进一步加快推进长阳建筑科技产业园发展的专题办公会议纪要》精神，加快推进湖北沛函集团建设，助推长阳装配式产业发展进行专题研究。会议议定：由县住建局牵头，研究制定相关政策，出台相关文件，在本县推广运用装配式建筑，政府投资的公建项目应优先使用装配式技术进行建设。由住建局牵头，政府相关部门支持沛函集团建设房屋、钢构资质升级及业绩录入。

7月13日 长阳全县危险化学品泄漏事故应急救援演练在长阳蒙特锰业有限公司举行。自治县政府办、公安局、环保局、卫计局、安监局、质监局、气象局、各乡镇和涉危企业200余人参加演练。

7月14日 中共长阳自治县委组织部召开

全县党组织和党员信息采集录入培训会议，启动全国党员管理信息系统录入。

7月14—17日 长阳住房和城乡建设局机关及局属县建设工程质量安全（监督）站、县建设工程造价管理站由清江大道1号整体搬迁到土家风情园长阳档案馆大楼10至11楼办公。

7月17—18日 北京大学国家治理研究院与中央党校党建部组成联合调研组，到长阳就农村党员“一亮三创”（亮党员身份，创党员文明户、中心户、示范户）进行专题调研。调研组先后到贺家坪、高家堰、龙舟坪、都镇湾等乡镇，进村入户，走访党员群众，召开座谈会，调研农村党员“一亮三创”开展情况，与基层党员干部围绕怎样激发党员先进性、发挥先锋模范作用等问题进行交流和探讨。

7月17—18日 湖北省国土资源厅督查组总工吴鹏一行，到长阳督导检查土地整治项目建设损害群众利益突出问题专项整治工作。宜昌市国土资源局党组成员、国土整治局局长杜宏会，县委、县政府主要领导陪同。

7月19日 宜昌市政协副主席王仁俊到长阳中武当天柱山和观音寺，调研视察宗教工作。县政协主席李云达陪同。

7月19—20日 宜昌市第七巡查督导组、市纪委暗访组相继到长阳督查扶贫领域大数据监督检查工作，召开反馈会对相关情况进行反馈。

7月20日 长阳住建局以长住建发〔2017〕36号文印发《长阳县城镇燃气“三防一严”专项整治工作方案》，决定从7月20日至11月31日对全县燃气行业违章指挥、违章作业、违反特殊作业规范行为进行专项整治。

7月24—27日 长阳动物防疫员培训大会在龙舟坪中学召开。全县229名防疫员参训。内容是基础兽医理论、临床诊疗和疫病防治、畜牧兽医法律法规和兽医职业道德行为规范和畜牧精准扶贫政策解读。

7月25日 中共宜昌市委副书记、市长张家胜主持召开对口支援长阳专题办公会。参会的市直单位和企业负责人考察宜昌至长阳快速通道项目、沛函装配式建筑科技园、长阳民族教育园项目，县委书记、县人大常委会主任赵吉雄就长阳经济社会发展相关情况汇报，39个对口支援单位主要负责人表态发言。市领导袁卫东、王均成、张鹏、马宏彦，县领导李军、危爱民、李云达、田大甲、唐祖红、李晓鸣、覃高轩等参会。

7月25日 宜昌市副市长周正英带领市旅游委、市商务局等单位，到长阳督查乐龄养老服务公司、方清路生态景观旅游廊道、卓尔大溪房车自驾车营地项目等重点旅游项目及长阳夷农电子商务公司项目情况。县委副书记、县长李军，副县长鲍剑飞、政协副主席林爱和等陪同。

7月26日 《长阳土家族自治县大学生实习实训派遣管理暂行办法》实施。

7月26日 长阳自治县人民政府组织召开全县统计工作会议。

7月26日20时25分 长阳高家堰镇（110.95E，30.65N）发生M 2.8级地震，震源深度5公里。高家堰镇木桥溪、魏家洲，贺家坪镇白沙驿有震感，无破坏性损失。7月27日19时43分，高家堰镇（110.94E，30.71N）发生M 1.8级地震，震源深度7公里，伴发多次余震。

7月27日 长阳人民检察院被评为全国检察机关“文明接待室”。

7月28日 长阳自治县委书记赵吉雄、县长李军带队开展“八一”慰问驻县部队。

7月31日 农行长阳支行发放宜昌区域首笔楚农贷，长阳化肥经营大户张玉兰提款用信80万元。

8月

8月1日 长阳启动实施“多证合一”登记

制度改革。

8月1日 长阳火烧坪乡入选湖北省农村产业融合发展试点示范乡（镇）名单。

8月2—4日 中共长阳自治县委书记、县人大常委会主任赵吉雄率党政代表团赴孝感市大悟县，荆门市京山县、钟祥市考察学习精准扶贫、精准脱贫工作。

8月3—4日 中国中医科学院中药资源中心副主任李军德一行就长阳皱皮木瓜等药材资源的创新开发利用进行考察。

8月4日 全国政协副主任委员岳福洪到榔坪调研木瓜产业。县政协主席李云达等陪同。

8月5日 国家林业局昆明勘察设计院主任李云（女）带领国家林业局核查组到长阳开展2016年度天然林资源保护工程实施情况核查，主要核查森林管护、培育、社保和资金使用管理。县委副书记、县长李军代表县委、县政府汇报2016年度天保工程实施情况。核查组肯定长阳对天然林保护工作所作出的成绩，要求进一步完善天然林保护措施，加强天然林保护工程管理和保护，加强补助资金的管理和使用，最大限度发挥天然林保护工程的生态效益和社会效益。

8月7日 长阳脱贫攻坚工作推进会议召开。会议期间，全县县级领导、县直部门和乡镇相关人员到贺家坪镇龙王冲村参观精准扶贫档案“四化”（基础资料规范化、工作流程清单化、扶贫网络信息化、“六证合一”一体化）管理模式。

8月9日 湖北省人大常委会副秘书长、研究室主任王润涛一行到长阳督导“聚力脱贫攻坚、人大代表在行动”活动。

8月9日 湖北省发改委交叉检查组到长阳，检查督办2014年以来中央预算内投资保障性安居工程配套基础设施项目。

8月10日 湖北省质监局党组书记、局长邹贤启率局属特设处、监督处、稽查局、湖北特检院等单位主要负责人和有关专家到长阳开展特种设备安全生产大检查和危化品专项督查。检查组分别到长阳液化石油气公司、长阳蒙特锰业有限公司、长阳宏发纸业有限公司等地现场检查。宜昌市副市长张鹏、县长李军等参加。

8月15日 湖北省文化厅副厅长陶宏家，文化产业处副处长胡双喜，宜昌市文体新广局党组书记、局长李进新一行到高家堰镇佑溪村检查指导村级文化阵地建设和文旅融合情况。副县长裴新颜、县公安局政委宋方军陪同。

8月16日 湖北省高新技术产业投资有限公司董事长周爱清到长阳部分高新企业调研。

8月16日 湖北省政协副主席、省科技厅厅长郭跃进到长阳调研科技创新工作，先后到任森农业科技发展有限公司、湖北康农种业有限公司、湖北一致魔芋生物科技公司，深入生产车间，查看企业创新产品，了解企业科技创新及生产经营情况，听取长阳创新驱动发展工作情况。副市长王应华、市政协副主席陈和春，县领导赵吉雄、李军、李云达、鲍剑飞陪同。

8月18日 全国道德模范吴天祥和甘金华“慈善圈”一行，到长阳为85名贫困学子送上20万元助学款，举行甘金华“慈善圈”长阳扶贫助学十六周年座谈会暨捐赠仪式。县委书记、人大常委会主任赵吉雄为甘金华“慈善圈”企业家代表甘金华授锦旗，对“慈善圈”的善举表示感谢。

8月19日 中共湖北省直机关工委常务副书记郭俊苹带队实地考察高家堰镇木桥溪村“空中红旗渠”教育基地，赴磨市镇救师口村开展精准扶贫调研。

8月20日晚23:30 发布长阳2017年首个暴雨红色预警，20日20时至21日6时龙王冲降雨232.3毫米，天柱山141.1毫米。丹水河水暴涨，魏家洲灾情较大。

8月20日 长阳以长阳夷农电子商务公司农村电商中心为基地申报“全国电子商务进农村

综合示范县”取得成功。

8月中旬 长阳妇幼保健院副院长李金波赴北京参加国家卫生计生委妇幼司举办的贫困地区儿童营养改善项目监测评估培训班，代表长阳在大会上进行先进典型发言。

8月21日 中共长阳土家族自治县委常委第18次会议审议通过《长阳土家族自治县信访工作责任制实施暂行办法》。

8月21日 《长阳土家族自治县创建国家生态文明建设示范县规划（2017—2023年）》通过专家评审。

8月22日 科技部“根在基层”县域创新驱动发展调研组到长阳调研，先后到湖北一致魔芋生物科技股份有限公司、湖北任森农业科技发展股份有限公司、湖北康农种业股份有限公司、宜昌清江电气有限责任公司等走访了解企业生产经营情况，召开座谈会听取长阳实施创新驱动发展战略情况。县领导危爱民等陪同。

8月23日 中共湖南省张家界市永定区委常委、统战部部长、政协党组副书记向鑫一行到长阳考察。县政协主席李云达、副主席姜华陪同。

8月23日 县委书记赵吉雄主持召开专题会听取十四届县委首轮第一批巡察工作情况汇报，研究巡察成果运用，要求充分发挥巡察监督利剑震慑作用。

8月23日 宜昌市政协副主席望蓉一行到渔峡口镇调研民族文化工作。县政协副主席林爱和陪同。

8月23日 五峰县委政法委一行到长阳调研“路长制”。

8月23—24日 国土资源部地质环境司处长李晓春一行到长阳检查地质灾害防治。

8月24日 湖北省农业产业扶贫现场推进会在恩施土家族苗族自治州宣恩县召开。长阳县委副书记、县长李军围绕高山蔬菜产业扶贫，以《织密产业扶贫“五张网”打造群众脱贫“金饭碗”》为题作经验交流。

8月25日 长阳知识产权局组织5家企业13人参加宜昌市知识产权局在宜昌峡州宾馆举办的“企业专利挖掘与布局培训”。长阳的湖北和远气体股份有限公司、湖北一致魔芋股份有限公司、湖北沛函建设有限公司、宜昌清江电气有限公司、湖北垚美软瓷有限公司参训。

8月25日 自治县人民政府印发《长阳土家族自治县农村集体三资管理办法（试行）》（长政发〔2017〕15号）。

8月25日 自治县人民检察院与县国土局、县林业局、县安监局召开环保联席会议。

8月28日 宜昌市政协副主席、市交通运输局党组书记、局长马宏彦带领市交通运输局、市公路管理局相关人员赴255省道天小线督办“455”安全生命防护工程［湖北省用4年时间，建立省、市、县、乡（镇）、村等5级联动机制及责任体系，省级财政投入45亿元，基本完成全省国省道、县道、乡道及通客运班车村道的公路安全生命防护工程］建设情况。县委书记赵吉雄、县人民政府副县长鲍剑飞、县政协副主席姜华陪同。

8月28日 政协长阳县委常委会召开产业扶贫视察座谈会，听取县扶贫办、县农业局对全县产业扶贫工作情况汇报，听取各视察组的视察情况汇报。委员们围绕如何进一步加强产业扶贫，针对存在的困难和问题，提出意见建议。

8月28日 长阳土家族自治县电子商务工作管理办公室设立，在县中小企业服务中心挂牌。

8月28日 长阳国土资源局向长阳向王寨旅游开发有限公司下达《行政处罚决定书》（长土资罚〔2017〕6号）。经县国土资源局4月19日立案调查查实，向王寨旅游公司2014年未经批准占用龙舟坪镇何家坪村五组51967.16平方米集体土地兴建生态农业观光园，其土地类型原为耕地、林地、建设用地，不符合土地利用总体规划。

8月29日 广东省清远市人大常委会副主任徐建文等一行到长阳考察水资源保护及乡村旅游工作情况。

8月29日 宜昌市检察机关环境保护专项工作推进片会在长阳县电影院召开。宜昌市人民检察院党组成员、副检察长吴银桥出席会议并讲话，西陵、点军、葛洲坝、三峡坝区、长阳5个基层院分管副检察长及环保专项工作人员参会。

8月30日 长阳白氏坪开发区举办第三期园区论坛，邀请县安监局副局长刘琼、县环保局总工程师郑永红就安全生产及新环评法进行专题培训，园区各企业负责人、开发区二级机构代表及管委会全体干部职工60多人参加论坛活动。

8月31日—9月1日 湖北省农业科学院在火烧坪召开湖北省高山蔬菜减施增效现场观摩交流会。

9月

9月1日 长阳举办全县农业经营主体产业扶贫招商集中签约大会。和远气体总部、华瑞新能源等12个重点产业招商项目集中签约。11个乡镇154个行政村与200多家企业、合作社和家庭农场现场达成意向协议。赵吉雄、李军、危爱民、田大甲、范绪忠、杨五一等县领导出席签约仪式。招商项目涉及种养殖业、深加工、休闲农业观光等产业，可带动全县8200多户、近2万人脱贫。

9月1日下午 长阳全县三级干部大会在县电影院召开。县委书记、县人大常委会主任赵吉雄出席会议，传达学习8月31日省委书记蒋超良到长阳经济开发区、高家堰、龙舟坪等地调研作出的指示精神，并就抓好当前扶贫各项工作作讲话。大会由县委副书记危爱民主持。一致魔芋、长丹红木业、巴楚蔬菜、永兴生态农庄、廪君茶叶专业合作社5家企业负责人在大会作交流发言。县委常委，在职县级干部，各乡镇党委书记、乡镇长，各村党组织书记，县直一级单位、垂管部门和有驻村任务的二级单位主要负责人，产业扶贫招商签约的市场主体负责人参加会议。

9月1日 中共湖北省委第七巡视组进驻长阳，开展为期两个月的扶贫领域专项巡视。9月3日，召开巡视动员会；9月8日，听取纪委专项汇报；12月25日，反馈意见，移交问题线索。

9月3日 中共湖北省委第七巡视组在长阳召开扶贫领域专项巡视工作动员会。省委第七巡视组组长张正新作动员讲话，对专项巡视工作具体安排部署。

9月4日 中共长阳自治县委书记、县人大常委会主任赵吉雄率队调研清江生态保护及河岸治理工作，先后实地查看下渔口供水、天然气过江管道施工现场、清江桥水域水华治理情况、白氏雄关段清江干流防洪治理工程，听取清江保护及“河长制”实施、城区污水处理厂二期规划和乡镇污水处理厂建设规划情况汇报。

9月4日 长阳籍运动员田涛代表湖北参加第十三届全国运动会，以抓举170公斤、挺举205公斤，总成绩375公斤，摘得男子85公斤级举重比赛冠军。

9月5日 湖北省移民局局长陈树林、副局长荣以红、省纪委驻民政厅纪检组主任陈元柏、省移民局后扶处处长王庆、省移民局规划发展处处长吴剑山、省移民局就业培训处处长许腾芳一行8人到长阳督办水库移民工作，听取县移民局局长林茂荣关于省纪委驻民政厅纪检组督查组指出长阳水库移民后扶持资金管理中存在工程建设审批不严格、危房改造实施不规范、移民培训监管不到位等问题整改情况的汇报，县长李军到会发言。

9月5日 长阳花坪小学副校长、党的十八大代表、网络助学公益名人刘发英被教育部表彰为全国第八届教书育人楷模。

9月7日 中共宜昌市委常委、常务副市长袁卫东率督导组到长阳调研督导全面从严治党主体责任落实情况和法治政府建设，先后赴长阳一中、龙舟坪镇财政所、晒鼓坪村集中安置点、梧桐山危房改造项目现场实地查看，检查全面从严治党主体责任延伸情况以及扶贫领域专项清理情况，听取长阳落实全面从严治党主体责任以及法治政府建设工作情况。

9月7日 海南省白沙黎族自治县人大常委会主任王桂厅一行到自治县考察立法工作。

9月8日 经长阳自治县侨联争取，中华慈善总会医疗阳光救助工程办公室向长阳人民医院、自治县中医院、渔峡口镇卫生院等单位，捐赠价值600多万元的奥林巴斯胃镜3台、救护车1辆。

9月9日 长阳召开庆祝第33个教师节暨教育工作座谈会。自治县委书记、人大常委会主任赵吉雄出席会议并讲话。县委副书记、县长李军主持，全县优秀教师代表交流发言。

9月9日 长阳城市管理局机关和监察大队机关由县城中心区搬迁至永和坪长阳档案馆13楼、12楼办公；自治县城市管理监察大队规划监察中队及市容执法中队搬迁至锦绣清江2号楼1单元301室。

9月11日 长阳人民法院召开“执行百日会战”动员会，院党组书记、院长王赞雄对开展“执行百日会战”活动动员部署。活动从2017年9月12日至12月21日，全院分成五个执行团队，院领导带头，分片区开展执行。

9月11—12日 民革中央与湖北省政协在宜昌市联合主办“健康中国与促进三峡康养产业发展座谈会”。11日下午，与会代表到长阳考察康养产业，自治县人民政府县长李军、副县长裴新颜、自治县政协副主席林爱和陪同考察。

9月11日—12月29日 中共长阳自治县委举办2017年中青年干部培训班。县委书记、县委党校第一校长赵吉雄参加开学典礼并讲话。学员44名，来自11个乡镇和县直单位。培训内容为军事训练、党性教育、理论教育、县情教育、能力提升与知识更新、党性锻炼、省外考察、周边县市调研、行动学习等。

9月12日 长阳与华新水泥股份公司正式签约，总投资4亿元的华新长阳新型建材产业园项目落户长阳。

9月12日 湖北省卫生计生委妇幼处副处长王丹带领评审专家到长阳开展全省妇幼健康优质服务示范县评审，评审组到第一幼儿园、县人民医院、妇幼保健院等现场查看，观看创建专题片，听取长阳创建工作汇报。

9月12日 长阳召开第三届“清江保护日”活动暨全县“河长制”工作推进会。县委书记、县人大常委会主任、第一总河长赵吉雄出席会议并讲话。会议由县委副书记、县长李军主持，市水利水电局局长、市河长办主任靳鹏就推进“河长制”提出意见和建议，县水电局、龙舟坪镇等单位和乡镇交流发言。

9月12日 自治县人民政府审批出台《长阳土家族自治县清江创新基金管理办法》（长政办发〔2017〕83号）。

9月12日 长阳参加健康中国与促进三峡康养产业发展座谈会，签约文化康养产业项目3个。

9月12日 宜昌市质监局对长阳环境保护监测站进行检验检测机构“双随机一公开”监督检查。

9月13日 长阳土家族自治县公安局环境保护警察大队成立大会召开。

9月14日 长阳召开全县公务员职务与职级并行制度试点工作动员暨培训会。

9月14日 湖北省煤矿安全监察局印发《湖北煤矿安全监察局关于将长阳调出煤矿安全重点县的通知》（鄂煤监察函〔2017〕15号），同意将长阳县从第二批煤矿安全重点县名单中调出。

9月14—15日 水利部发展研究中心工会主席党晓军一行14人到长阳开展基层水利改革发展情况调研。

9月18日 长阳全县农村土地确权验收工作会在清江花园酒店二楼会议室召开，安排部署土地确权工作迎接检查验收。

9月18日 自治县人民政府印发《县人民政府关于关闭长阳土家族自治县赵姑垭煤炭有限责任公司赵姑垭煤矿等4家煤矿的决定》（长政发〔2017〕16号），关闭长阳土家族自治县赵姑垭煤炭有限责任公司赵姑垭煤矿、宜昌桐鑫矿业集团长阳陈家坪有限责任公司、宜昌桐鑫矿业集团长阳黄柏山煤炭有限责任公司、长阳锁凤湾煤矿有限责任公司。

9月18—19日 宜昌市政协副主席陈和春一行12人到长阳调研残疾人政策落实情况。县政协主席李云达、副主席赵久芹陪同。

9月19日 中共湖北省委常委、市委书记、市人大常委会主任周霁到长阳龙舟坪镇下访信访群众吕志成、方自香。长阳领导赵吉雄、覃宏明参加下访。

9月20日 中共湖北省委常委、统战部部长尔肯江·吐拉洪，省委常委、宜昌市委书记周霁一行调研长阳卓尔国际旅游度假区建设项目。

9月20日 长阳土家族自治县人民政府、宜昌市地方海事局在清江画廊旅游码头举行水上快速救生演习。

9月20日 湖北省供销总社在荆州市召开基层组织体系建设及农村电商发展研讨会。长阳作为综合改革试点县，在会上作经验交流。

9月21日 宜昌市委组织部副部长、市委党联办主任王道模到长阳调研建档立卡贫困村党组织书记队伍建设情况。

9月22日 长阳县政协常委会召开全域乡村旅游发展专题协商座谈会。听取县旅游局负责人专题汇报。委员们围绕加快推进全域乡村旅游进一步发展，就发展战略与保障机制、全域旅游示范区、全域旅游宣传等，提出意见建议。县政协主席李云达，副主席姜华、赵久芹、林爱和、饶树声、周近群，副县长裴新颜以及县旅游局、交运局、农业局、经信局等部门负责人参加会议。

9月22日 党的十九大维稳安保暨全县综治维稳信访工作现场会在长阳资丘镇召开。会议由自治县委政法委书记李晓鸣主持，县委副书记危爱民出席会议并讲话。与会人员参观资丘镇法制信访宣传示范点和千里眼“雪亮”工程视频监控室，观看资丘镇和县第二部法制信访专题片、法制信访宣传专项督查片和法制小品，听取经验交流，学习市“9·18”信访维稳视频会议精神。

9月23日 省委督查组到长阳检查社会稳定、意识形态、国家安全和反邪教工作。

9月24日 长阳乡镇协理员补录笔试在县人社局举行，43人参加考试；9月27日，乡镇协理员补录面试在民政局举行；10月9日，补招的8名乡镇协理员正式上岗。

9月24—28日 中共长阳自治县委老干部局组织全县离休干部在清江古城健康疗养。

9月25日 长阳人民检察院联合县公安局、食品药品监督管理局、疾控中心，对看守所被执行人的安全监管、饮食卫生、疾病防控以及药品安全情况进行清查。

9月25日 第二届宜昌艺术节“宜昌文华奖”展演剧目——大型土家族舞蹈诗《姐郎河》在长阳清江古城剧院首演。

9月26日《国土资源部关于同意命名湖北长阳清江国家地质公园的批复》（国土资函〔2017〕624号），同意命名湖北长阳清江国家地质公园。

9月26日 中共长阳自治县委办公室、政府办公室组织参加湖北省长江经济带“共抓大保护、不搞大开发”暨中央环保督察反馈意见整改

图 1　2017 年 9 月 25 日，第二届宜昌艺术节“宜昌文华奖”展演剧目——大型土家族舞蹈诗《姐郎河》在长阳清江古城剧院首演（县文化体育局提供）

工作电视电话会议。

9 月 26 日　中央网信办和文化部联合主办的“喜迎十九大·文脉颂中华”非物质文化遗产大型网络传播活动到长阳，中央网信办网络新闻信息传播局国际传播处处长程义峰带领湖北行采访团，对长阳的非物质文化遗产进行采访调研，县领导杨五一、裴新颜等陪同。

9 月 26 日　车辆购置税自助缴纳终端在长阳交警大队服务厅投入使用。

9 月 28 日　长阳政协党组到高家堰镇木桥溪卓尔国际旅游度假区项目建设工地，调研项目建设情况。党组成员听取项目建设情况汇报，表示要针对项目建设中拆迁安置、人员和资金保障以及部门配合等瓶颈问题，呼吁建言，推动项目发展。

9 月 28 日　长阳客运站全面执行实名售票制度。

9 月 28 日　长阳火烧坪乡青树包村、溜沙口村、黍子岭村分别召开“会改联”第一次妇女代表大会，成为长阳第一个完成村妇女组织“会改联”工作的乡镇。

9 月 28 日　长阳资丘镇举办第 42 届文化节暨非遗文化展演活动。

9 月 29 日　长阳白氏坪开发区举办第四期园区论坛，邀请三峡大学副教授汪静就企业电商业务授课，园区各企业负责人、开发区二级机构代表及管委会全体干部职工 60 多人参加论坛活动。

9 月 29 日—10 月 8 日　三峡区间经历 3 次强降雨过程，强度以中到大雨、局地暴雨为主。宜昌市平均降雨 206.6 毫米，比上年同期偏多 78.3%。10 月 1 日 21 时至 6 日 8 时，长阳普降大到暴雨，最大降雨为马鞍山站 188.7 毫米。大于 100 毫米的站点 27 个，50 至 100 毫米的站点共 14 个，其他站点为 30—50 毫米。

9 月 30 日　长阳民族宗教事务局被湖北省民宗委（鄂民宗发〔2017〕38 号）表彰为“全省民族团结进步创建活动示范单位”，资丘民族文化馆被表彰为“湖北省民族团结进步教育基地”。

9 月 30 日　长阳人社局、农业局、安监局在自治县民族体育馆联合举办首届职工趣味运动会，11 个代表队 247 人参加 11 个大项、16 个小项比赛。

9 月 30 日　全自动垃圾打捞船（城管 1 号）在清江河道长阳自治县城区段（东起白氏雄关，西至何家坪村委会）投入运行。

10 月

10 月 1 日　长阳土家族自治县健康扶贫医疗保障方案出炉：3 家县直医疗机构、11 个乡镇卫生院启动健康扶贫先诊疗后付费。健康扶贫对象在县域内住院后实行基本医疗保险、大病保险、民政医疗救助、健康扶贫兜底保障“一站式”结算服务。

10 月 1 日　长阳执行新的工会经费分成政策，基层工会留成比例由 50% 增为 60%。

10 月 4 日　宜昌市第五届运动会闭幕。长阳代表团有 241 名运动员和工作人员，获得 17 个大项 32 金 22 银 19 铜。

10 月 9 日　长阳“七五”普法推进会及骨干培训会召开。

10 月 9 日　长阳龙舟坪至磨市镇五眼泉

一级公路清江特大桥龙舟坪第一合同标段开工建设。

10月9日 长阳榔坪镇梓榔坪残疾人晨光互助社工作经验在全国深度贫困残疾人脱贫攻坚座谈会上交流发言。

10月11日 长阳自治县人民政府召开政府常务会议，集中学习解读中共中央办公厅、国务院办公厅印发的《关于划定并严守生态保护红线的若干意见》(厅字〔2017〕2号)，研究《长阳土家族自治县清江保护九大行动方案》。

10月11—13日 政协长阳自治县主席李云达、副主席周近群带队参加湖南省永定区举办的湘鄂黔渝边区县（市、区）政协工作联系会第35次会议。

10月12日 中共湖北省委第七巡视组副组长万忠鑫率巡视组到长阳火烧坪乡、贺家坪镇就产业扶贫工作进行巡视调研。

10月12日 长阳通过政府审批成立清江创新基金管理委员会（县人民政府办公室关于成立清江创新基金管理委员会的通知，长政办文〔2017〕48号）。

10月15日 中共宜昌市委副书记、宜昌市市长张家胜前往贺家坪镇，查看农业灾情。

10月16日 长阳全县安全生产工作紧急会议暨安委会第四次全体（扩大）会议召开，会议通报1—9月全县安全生产情况，对安全生产工作进行部署。

10月17日 宜昌市安全生产视频调度会议召开。长阳自治县委书记、人大常委会主任赵吉雄汇报长阳矿山、景区关停情况，涉水、地质灾害预防治理及市政府第一批挂牌督办的安全隐患整改情况。县委副书记、县长李军，副县长覃红参加会议。

10月17日 长阳白氏坪开发区举办第五期园区论坛，亮程商学院院长、北大/清华EMBA总裁班特聘教授毛翌祥就企业薪酬激励等专题授课。园区各企业负责人、企业协会会员单位代表、开发区二级机构代表及管委会全体干部职工80多人参加。

10月17日 长阳住建局以长住建发〔2017〕48号文件，向各建设、施工、监理单位和商混企业下发关于在党的十九大期间全县房屋建筑和市政工程停止施工的紧急通知。要求10月18日—31日期间停止全县房屋建筑、市政工程施工作业，商混企业停止生产、销售。期间被巡查发现或群众举报存在施工行为的，对相关责任单位一律依法依规从严从重行政处罚。

10月17—18日 湖北省国土资源厅督查组到长阳督导检查地质灾害防治。

10月19日 中共宜昌市委常委、常务副市长袁卫东到长阳龙舟坪镇下访信访群众刘希春，对长阳信访、维稳、安全、环保工作进行督办督查。县领导赵吉雄、李军等陪同。

10月21日 宜昌市人大常委会副主任吴康年一行6人到长阳大堰乡督导检查安全生产、综治信访维稳等工作，到大堰中学、文曲星小学、桂花园矿山实地检查。

10月23—24日 湖北省人大常委会副主任王玲率执法检查组到长阳检查《中华人民共和国种子法》贯彻实施情况。县委书记、县人大常委会主任赵吉雄等陪同。

10月26日 宜昌市第一人民医院与长阳自治县人民医院在长阳举行医疗联合体签约仪式，市第一人民医院院长崔向军与长阳人民医院院长张元奎签署医疗联合体合作协议。副县长裴新颜出席签约仪式。

10月26—27日 湖北省卫生和计划生育委员会胡忠凯监察专员一行到长阳，就健康扶贫和项目建设情况督导检查。

10月27—28日 中共长阳县委老干部局联合自治县老年体协、文体局、人力资源和社会保障局、总工会等单位举办第十九届“夕阳红杯”门球比赛，县直各单位 11 支代表队参赛。

10 月 30 日 长阳公共资源交易监督管理局举办招投标“开放日”活动，邀请部分代表和群众走进县公共资源交易开标大厅，零距离参与、体验、监督招投标。

10 月 30 日 长阳举行县委中心组集中学习研讨会暨学习习近平新时代中国特色社会主义思想县级领导干部读书班。

10 月 31 日 长阳全县脱贫攻坚“大战四季度、全年结硬仗”培训会召开。会议通报省、市明察暗访情况，县委常委、副县长覃高轩安排部署下一阶段工作，县扶贫攻坚领导小组下设的 8 个指挥部及资金整合平台办公室负责人对参会人员进行政策业务培训。各乡镇分管领导、各行政村驻村第一书记、2017 年出列村党组织书记参加培训。

10 月 31 日 长阳全县政法系统在县公安局召开“严纪律、强作风、促工作、优服务”教育整顿活动动员大会。

10 月 31 日 《湖北电视台》垄上行频道到长阳采访隔河岩网箱清理取缔情况。

11 月

11 月 1 日 长阳自治县人民政府在龙舟坪镇板桥铺移民避险解困安置点举行摇号建房开工仪式，大堰、都镇湾、鸭子口 3 个乡镇第一批 81 个移民避险解困搬迁户参加摇号抽签选择宅基地分配。

图 2 2017 年 11 月 1 日，板桥铺安置点建房开工仪式

（龙舟坪镇党政办提供）

11 月 1 日 长阳最低工资标准调整为 1250 元 / 月，非全日制就业劳动者的小时最低工资标准调整为 13 元。

11 月 1 日 政协长阳自治县委开展政协意见建议领导批示件落实情况民主监督活动。听取县农业局、住建局关于《重视夏秋茶叶生产助推农村扶贫攻坚》《建议积极应对县城区停车难问题》社情民意的落实情况；与两个部门就办理情况沟通交流。

11 月 3 日上午 宜昌市旅游生态景观廊道和自驾车旅居车营地建设现场推进会在长阳高家堰镇召开。

11 月 3 日 长阳自治县人民政府在瓴悦酒店一楼会议室召开全县农村土地确权成果核查意见反馈会。宜昌市土地确权核查组反馈意见认为，长阳土地确权工作基本达到省确权办验收标准。县委副书记危爱民到会听取市土地确权核查组核查，提出要求。

11 月 3 日 长阳人民法院执行干警对榔坪镇秀峰桥村丁氏兄弟养鹅堵路、交恶相邻案进行强制执行，邀请人大代表、政协委员现场观摩指导，央视法制频道也派出记者进行现场报道。

11 月 4 日 三峡大学教授一行 11 人到长阳磨市镇进行三国文化调研。

11 月 6 日 中共湖北省委常委、宜昌市委书记周霁到鸭子口乡天柱山村、都镇湾镇峰岩村、大堰乡钟家湾村宣讲党的十九大精神，调研脱贫攻坚、基层党建。

11 月 7 日 宜昌市农机安全监理所（农机推广站）和长阳农机局在龙舟坪镇两河口村联合举办宜昌市农机安全生产暨茶叶机械化技术培训班，90 余人参加培训。

11 月 7 日 《湖北日报》政治新闻中心主任周芳到长阳采访都镇湾镇峰岩村“抓党建促脱

贫”工作经验。

11月7—8日 国家大宗淡水鱼产业技术体系武汉综合试验站2017年工作交流会在长阳土家族自治县示范区召开。中科院水生所、华中农业大学、水科院长江水产研究所、武汉综合试验站的专家及6个示范区代表50余人参加会议。县委常委、副县长覃高轩参加会议并致辞。

11月9日 湖北省以视频会议形式，听取中央宣讲团成员、中宣部副部长、国务院新闻办公室主任蒋建国作党的十九大精神宣讲报告。县领导李军、危爱民、李云达、田大甲等，各乡镇、各部门主要负责人在长阳分会场集中收看报告会。

11月9日 中共长阳自治县委书记、人大常委会主任赵吉雄带领全县领导干部学习贯彻党的十九大精神第一期轮训班成员抵达苏区麻池，瞻仰红六军军部旧址、大沙坝练兵场，长阳县委会旧址、县苏维埃政府旧址，集体重温入党誓词，上党课宣讲党的十九大精神。

11月9日 刘发英荣膺全国道德模范提名奖。

11月10日 在湖北省水利厅、湖北省旅游委、湖北广播电视台联合组织的“水润荆楚寻找湖北最美水利风景区”评选活动中，“长阳清江国家水利风景区”以其精美的图片展示水生态魅力和水利工程美景，从全省68家水利风景区中脱颖而出，获湖北最美水利风景区第一名。

11月10日 四川省攀枝花市政协副主席雷雨一行到长阳考察康养产业。

11月10日 长阳自治县九届人民政府第12次常务会议讨论通过《长阳土家族自治县安全生产约谈制度（试行）》及《长阳土家族自治县安全生产专业委员会工作规范（试行）》。

11月11日 长阳水利水电局到湖北省水利厅对接饮水安全、中小河流治理、水利补短板、磨市中型灌区等项目，参与2018年高效节水灌溉项目竞争性分配。通过认真准备佐证资料、科学编制实施方案，在全省84个县参与竞争的情况下，长阳取得第13名的好成绩。预计中央补助资金1500万元。

11月13日 湖北清江鱼产销对接会议在隔河岩酒店召开。会议面向全国宣传和推介优质清江鱼系列产品，解决清江库区网箱存鱼急销难题。会议得到中国水产流通与加工协会及国内广大水产品营销企业的大力支持。

11月13—14日 中共湖北省委、省政府抗灾救灾工作组组长、省民政厅副厅长刘四海一行到长阳督查抗灾救灾，听取中共长阳县委、县政府抗灾救灾工作和宜昌市抗灾救灾长阳工作组情况汇报，深入大堰乡晓麻溪村查看倒房重建和灾后公路、水利设施恢复情况。县委书记、县人大常委会主任赵吉雄，副县长鲍剑飞、谢海红参加汇报会或陪同督查。

11月14日 长阳职业教育中心被省民宗委、省教育厅命名为湖北省首届“民族文化进校园”十佳示范学校（鄂民宗发〔2017〕46号）。

11月14日 县人民政府在县国税局召开组建自治县税收共治办公专题会议，会议议定税收共治方案等事宜。县委常委、县长李军，县委常委、常务副县长唐祖红出席会议。

11月14—15日 由新华社、中新社、《湖北日报》、湖北广播电视台、《三峡日报》、三峡广电总台等12家中央、省、市主要新闻单位组成的采访团对都镇湾镇峰岩村“抓党建促脱贫”集中采访。

11月16日 湖北省综治委委员，省新闻出版广电局党组书记、局长张良成率队到长阳检查指导综治及新闻出版广电公共服务，先后到龙舟坪镇厚丰溪村、丹水新区、鸡公山发射台等实地查看平安法治建设，“村村响”“农家书屋”“雪亮工程”中心机房建设以及发射台运行维护情况，召开座谈会听取长阳有关工作情况汇报。市文新广局局长李进新，县领导赵吉雄、范绪忠陪同检查。

11月17日 第一届“长阳卓尔杯”青年创业大赛决赛在长阳瓴悦酒店举行。

11月19日 长阳总工会、共青团长阳自治县委、妇联、旅游委、文新广局、湖北清江画廊旅游开发有限公司在清江画廊景区武落钟离山联合举办“爱在清江画廊——2017相约长阳·情定清江”万人相亲暨土家风情集体婚礼文化活动。

11月22日 经长阳县委机构编制委员会审核，县委批准，县委办发文明确县归国华侨联合会（简称县侨联）与县委统战部合署办公（长办发〔2017〕27号）。

11月22日 湖北省公安厅研究室副主任杨华堂一行4人，到长阳调研生命防护工程建设和农村道路交通安全“路长制”。副县长、县公安局局长镇国庆，县公安局政委宋方军等陪同。

11月22日 湖北省文化厅在来凤县召开全省文化生态保护试验区工作培训会议。长阳副县长裴新颜代表县委、县政府在大会作典型经验交流，介绍长阳非遗保护模式。

11月23日 中共宜昌市委组织部下发《关于学习推广峰岩村经验深化抓党建促脱贫攻坚工作的通知》（宜组文〔2017〕168号），“峰岩经验”在全市推介。

11月23日 长阳公安局卓尔木桥溪警务服务站揭牌仪式在高家堰镇举行。

11月23日 中共宜昌市委常委、常务副市长袁卫东到龙舟坪镇晒鼓坪村调研易地扶贫搬迁、危房改造工作。

11月24日 科技部办公厅公布第二批国家级星创天地名单，“长阳巴国汇智星创天地”名列其中。

11月24—25日 中共湖北省委常委、组织部部长于绍良到长阳调研抓党建促脱贫攻坚工作，先后到沛函集团、龙舟坪镇土地坡村、都镇湾镇峰岩村等地调研中共十九大精神进农村、抓党建促脱贫攻坚情况，深入贫困户家中详细了解其家庭现状和结对帮扶责任人工作落实情况，听取长阳抓党建促脱贫攻坚工作情况。

11月25日 长阳供销综合改革试点县工作通过省供销总社验收。

11月25—26日 长阳自治县委书记、人大常委会主任赵吉雄对2017年出列村易地扶贫搬迁工程进展情况逐户现场检查督办。

11月26日 中共宜昌市委副秘书长、办公室主任郑兴国一行到长阳榔坪镇，就关口垭村药用木瓜示范基地、张三坡公路建设、深度贫困村脱贫攻坚等现场调研，详细了解镇村产业发展、基础设施建设以及部分贫困户产业脱贫现状。县委常委、县委办公室主任覃宏明，县财政、卫计、扶贫等有关部门负责人陪同调研。

11月27日 长阳全县松材线虫除治现场会召开。会议通报全县松材线虫除治进展情况，安排部署下一步工作。

11月27—30日 长阳第六届全县农村文艺会演在清江古城剧院举行。

11月28日 长阳就业扶贫工程培训班开班，培训7期203人次。

11月28日 长阳人民法院组织干警对肖某违法侵占国有资产进行强制执行。肖某违法占用长阳国税局原贺家坪国税分局房屋一栋长达十余年，县人民法院依法采取措施，责令返还房屋。2018年2月8日，侵占房屋交还县国税局，案件执行完毕。

11月28日 长阳县人民政府办公室印发《长阳土家族自治县税收共治实施方案》。

11月28日 由长阳电子商务协会主办的“2017年清江椪柑电商首发仪式”在岩松坪村清江椪柑电商服务中心举行。

11月29日 长阳土家族自治县人民政府在古城剧院召开大会命名表彰15名“土家工匠”和10名“土家工匠提名奖”。

11月29日 长阳全县深入推进转作风抓落

实视频会议召开。县委书记、县人大常委会主任赵吉雄出席会议并讲话，要求以刀刃向内、开刀问斩的勇气推动作风更严、更紧、更硬、更实。县委副书记、县长李军主持会议并宣读全县《关于深入推进转作风、抓落实的通知》。县委副书记危爱民通报当前全县干部作风方面存在的突出问题和一批作风不严不实的负面典型。全体在县域的县级领导，乡镇班子成员，各村党组织书记和县直单位主要负责人参加会议。

11月30日 长阳住建局联合县委法治办、普法办、司法局，在扶贫联系村塘坊河举办送政策、送法治、送文艺、送温暖、送健康、送科技活动，组织16家建筑企业为村捐赠24.2万元建设资金。

12月

12月1—3日 中共长阳自治县委书记、人大常委会主任赵吉雄一行到板桥铺集中安置点，资丘镇泉水湾村、柿贝村，渔峡口镇沿坪村、龙池村检查督办脱贫攻坚工作。

12月1—9日 长阳龙舟坪镇郑家榜村举办第三届“万人年猪宴”活动。吸引1万余名游客，创旅游综合收入400万元。

12月4日 长阳土家族自治县人民政府任命国家工作人员首次集中宪法宣誓。

12月4日 长阳人民检察院主办“保护生态环境、促进绿色发展”新闻发布会暨公众开放日活动，听取社会各界对检察机关履行检察职能保护生态环境的意见和建议。县人大代表、政协委员、人民监督员以及县国土局、林业局、司法局、安监局、长阳广播电视台、中国长阳网和群众代表等30余人参加活动。

12月5日 长阳县委法治办推荐的长阳设立“清江保护日”被市委法治办、市普法办评为宜昌市第二届“十大法治事件”。钟晓春获“十大法治人物”提名奖。

12月6日 武汉吉安商会会长巫世峰带领商会部分会员企业负责人到长阳高家堰镇流溪村进行考察调研。

12月6日 湖北省军区副政治委员李尚林少将到长阳，对县人武部机关正规化建设、停止有偿服务和兵要地志编纂等进行检查调研。

12月7日 长阳全县农村土坯房和危房基本信息统计工作会召开。

12月7日 湖北省旅游委党组成员、副主任李开寿一行到长阳，调研国家全域旅游示范区创建工作及清江方山创建国家AAAA级景区终评，先后察看龙舟坪镇方清路旅游生态景观廊道建设、清江方山景区综合管理等情况，听取长阳全域旅游示范区创建工作汇报。宜昌市旅游委副主任柏松，县委书记、县人大常委会主任赵吉雄，县委副书记危爱民等陪同调研。

12月7日 政协长阳土家族自治县委常委会视察全县立体化社会治安防控体系建设，实地视察县交警大队“路长制”“雪亮工程”长阳分中心、公安局特勤大队训练基地、县精神卫生中心和县汽车客运站实名制购票窗口。县政协主席李云达，副主席姜华、赵久芹、林爱和、饶树声、周近群，县委常委、政法委书记李晓鸣，副县长镇国庆，公安局政委宋方军参加视察。

12月8日 电影故事片《哭嫁》在拍摄地长阳首映。《哭嫁》剧组总制片人张一品、总监制张宗益。

12月8—9日 湖北省政协副主席何勇、中共湖北省直机关工委副书记项水伦到磨市镇救师口等地开展精准扶贫走访调研及捐赠活动。县政协副主席姜华参加活动。

12月9日 湖北省副省长、省公安厅厅长曾欣在省公安厅党委委员、副厅长、政治部主任张启波，宜昌市委常委、政法委第一副书记、公安局局长程建宏等陪同下，到长阳调研考察公路生命防护工程建设和农村道路交管“路长制”。县委书记、县人大常委会主任赵吉雄，县委副书记、县长李军，宜昌市公安局党委副书记、常务副局长李秀华，市公安局党委委员、交警支队长刘威，市公安局警令部主任黄勇，副县长、县公安局局长镇国庆，县公安局政委宋方军等参加调研活动。

12月11日 宜昌市公安机关农村道路交通安全“路长制”推进会议在长阳召开，市委常委、政法委第一副书记、公安局长程建宏，市人民政府副市长张鹏出席会议并讲话。县委书记、县人大常委会主任赵吉雄，县委常委、政法委书记李晓鸣，市公安局党委委员、交警支队长刘威以及市公安局部分局属单位负责人、各县市区公安局长、交警大队长参加会议。

12月11日 中共长阳自治县委副书记、县长李军，副县长鲍剑飞及金融办负责人到农行三峡分行对接银政合作。农行三峡分行党委书记、行长邹卫兵表示，三峡农行将进一步加大对长阳县重点项目、骨干企业支持力度，进一步向精准扶贫领域倾斜资源，进一步支持长阳县建设金融信用县市。

12月12日 湖北长阳第十二届清江椪柑产业高峰论坛暨开园仪式在渔峡口镇招徕河村举办。

12月13日 宜昌市政协主席宋文豹率主席会议成员到高家堰镇视察六届一次全会《关于创建国家级三峡康养试验区的建议案》办理情况。

12月13日 农行长阳支行新建清江分理处装修竣工验收。网点位于县城中心书香国际商住楼一楼，营业面积350平方米。

12月14日 宜昌市人社局去产能验收小组对长阳化解煤炭行业过剩产能职工安置工作进行验收，长阳通过验收。

12月15日 中共长阳自治县委书记赵吉雄主持召开十四届县委第25次常委会，听取全年信访工作汇报，学习传达《中央办公厅国务院办公厅关于进一步加强信访法制化建设的意见》(中办发〔2017〕51号)，县委常委、县人大、县政协主要负责人及有关部门负责人参加会议。

12月15日 长阳土家族自治县个体劳动者私营企业协会组织召开全县个体私营企业第七次代表大会，选举产生第七届理事会。

12月17日 全国首届“寻找最美家乡河”大型主题活动揭晓仪式在西安举行。前期经过大众网络投票，专家推荐，湖北省水利厅推荐长阳申送的清江入选全国19条河流候选名单，最终认定清江列居首届“寻找最美家乡河”第11名，湖北省水利厅、长阳水利水电局获“最佳组织奖”。

图3 湖北长阳清江河段 （县政府办提供）

12月18日 中共宜昌市委常委、市委统战部部长王均成到长阳，走访一致魔芋生物科技有限公司、沛涵集团装配式建筑工业园、长丹木业以及统战扶贫联系点两河口村精准扶贫集中安置点和高家堰村杨家湾精准扶贫集中安置点，就如何助推地方旅游经济和扶贫事业发展，以及基层商会参与精准扶贫工作情况进行调研。县委书记、县人大常委会主任赵吉雄，县委常委、组织部部长、统战部部长杨五一陪同。

12月18日 宜昌市财政监察办副主任张平一行4人组成的深化医改督查组，对长阳2017年医改工作进行全面督查。副县长镇国庆向督查组汇报全县深化医药卫生体制改革进展情况。督查组认真听取情况汇报，与卫计、发改、财政、人社、编办、民政、食药监、县人民医院、县中医院等部门负责人进行座谈，深入了解长阳医改进展情况、特色亮点、困难问题及工作建议。

12月18—22日 中共湖北省委统战部为80名长阳扶贫干部及民营企业家在省社会主义学院开办专题培训班。

12月20日 长阳县城获省级文明县城（鄂文〔2017〕97号）。

12月25日 清江库区长阳水域养殖网箱清理取缔任务全面完成。2016年以来，长阳组织县、镇、村干部500多人开展清江库区长阳水域养殖网箱清理取缔，经过艰苦细致的工作，清理取缔清江库区长阳水域养殖网箱1070户2107亩（140.3万平方米），清理取缔养殖栏网71处2753亩（1833498平方米），拆除养殖网箱工作用房865个18165平方米，取缔养殖用机动渔船128艘，非机动渔船376艘。

12月25日 中共湖北省委第七巡视组完成扶贫专项巡视（8月31日至10月24日），向长阳反馈巡视发现的3个方面29个具体问题。

12月26日 清江画廊倒影峡旅游景区项目开工仪式在长阳清江画廊景区举行。鄂旅投董事长刘俊刚，宜昌市副市长周正英等市领导以及市直相关部门负责人，县委、县人大、县政府、县政协主要领导及县直相关部门负责人出席开工仪式。清江画廊公司与长阳尚达公司签订夷龙公司收购协议，鄂旅投公司和长阳县政府签订清江画廊旅游集散中心投资开发框架协议；与会领导嘉宾考察清江画廊景区游客中心售票大厅、智慧大厅、地质公园博物馆、生态停车场、通用航空旅游停机坪、AAA生态旅游厕所等，观看非物质文化遗产展演。

12月26日 长阳残疾人联合会召开第四次代表大会。会议听取、审议县残联第三届主席团工作报告，选举产生县残联第四届主席团委员。

12月27日 中共湖北省委常委、宜昌市委书记周霁深入长阳深度贫困村榔坪镇关口垭村，看望慰问困难群众，就调研中发现的用电、网络、危房改造、产业培植、光伏发电等方面问题进行现场办公，研究脱贫对策。

12月27日 湖北省公安交管局局长姚俊带领秩序处副处长刘洪涛突访检查长阳农村道路交通管理“路长制”，与副县长、公安局局长镇国庆、副局长吴建平以及大（中）队负责人就农村道路推行“路长制”与“两站两员”的关系，深化农村交通管理基础工作进行交流。

12月28日 湖北省国土资源厅地质勘查处处长曾沂、矿产资源储量评审中心主任徐江嫵一行到长阳实地核查都镇湾镇张家村重晶石矿储量。

12月28—29日 长阳自治县第九届人民代表大会第三次会议在隔河岩酒店召开。会议应到代表219名，实到代表211名，符合法定人数。县委书记赵吉雄出席会议并讲话。会议选举田大甲为自治县人大常委会主任，补选林爱和为人大常委会副主任，选举范绪忠为自治县监察委员会主任。

12月29日下午 长阳自治县人大常委会任命章富高、王凤兰为监委副主任，胡爱农、郑红、陈守兵、覃忠东为监委委员。县委书记赵吉雄、县人大常委会主任田大甲，县委副书记、县长李军，县政协主席李云达等县领导出席县监察委员会挂牌仪式。

12月31日 长阳县、乡、村三级城乡居民医疗保险结算系统运行调试完毕。

（各单位供稿）

责任编辑：田祥英　向家舟　苏美嫩

民生工程

民族民间文化保护工程

【概　况】 2017年，长阳非物质文化遗产保护中心向上争取非遗项目保护、传承人保护等专项资金114.6万元。完成2018年度非遗展示馆200万元项目资金申报。《长阳九佬十八匠》《西兰卡普编织技艺》《土家杀年猪习俗》3个项目被公示为第六批市级非遗项目保护名录。2个传承基地被公示为县级非遗传承示范基地，20名传承人被公示为第五批县级民族民间传统文化优秀传承人。出版《长阳传统手工技艺·九佬十八匠》一书。13幅非遗摄影作品在国家、省、市获奖，刘影的摄影作品《愿景》入选第26届全国摄影艺术展。完成武陵山区（鄂西南）土家族苗族文化生态保护实验区规划纲要长阳片区总体规划编制。完成16名省级一、二批非遗传承人照片160余幅《传承人图典》资料整理。举办第四届家庭故事会。开展长阳南曲资源深度普查，对高龄艺人实施抢救性保护。

【组织申报县级非遗传承示范基地和项目代表性传承人】 2017年，长阳非物质文化遗产保护中心组织申报县级第三批非遗传承示范基地和第五批非遗项目代表性传承人。至7月底申报传承人135名，示范基地2个。8月份开始由非遗保护中心用两个多月时间和各乡镇申报的传承人见面，掌握传承人的传承工作情况，对其展示的才艺进行拍摄。通过县非遗保护委员会专家评审，进行公示。

【对南曲项目传承人进行抢救性保护拍摄】 2017年，长阳非物质文化遗产保护中心普查长阳南曲资源，按照国家标准制定长阳省级南曲项目传承人抢救性保护拍摄计划，对田卜栋本人、熟悉他的文化人和他的弟子覃好群、覃远新、谢克富、覃守胜、汪荣超等进行专访。年底进入素材后期编辑制作。

【争取非遗专项资金】 2017年，长阳非遗保护中心向上争取项目保护、传承人保护等非遗专项资金114.6万元。其中国家非遗保护资金28万元；省级项目保护资金21万元；省级传承人传承补贴资金9万元；市级传承示范基地补助资金24万元；市级传承人传承补贴资金8.6万元；向县民宗局争取非遗保护资金24万元，其中民族文化进校园经费22万元。完成2018年度非遗展示馆200万元项目资金申报。

【申报第六批市级非遗项目】 2017年，根据宜昌市文新广电局申报第六批市级非遗项目文件精神，长阳非遗保护中心组成工作专班，结合县域经济发展，筛选项目申报。长阳第六批市级非遗项目申报传统技艺《长阳九佬十八匠》《西兰卡普编织技艺》及民俗《土家杀年猪习俗》三个项目，全部通过市级专家评审。

【《长阳传统手工技艺·九佬十八匠》出版发行】 2017年，长阳非遗保护中心自2013年开始，历时四年多时间，经过田野调查，编撰成反映长阳传统手工技艺《九佬十八匠》一书，由崇文书局、长江出版传媒出版社公开出版发行，湖北省三峡文化研究会副会长、省民间文艺家协会副主席王作栋作序，称《长阳传统手工技艺·九佬十八匠》是县域工匠调查的重要成果，资料翔实全面。就针对当代民间工匠的专项调查而言，本书具有独特的开拓意义。

【《愿景》等十三幅摄影作品获国家、省、市奖项】 2017年，长阳非遗保护中心组织职工参加市、省、国家级非遗摄影大赛。在第26届全国摄影艺术展览评选中，刘影的作品《愿景》入围参加第26届全国摄影艺术展。湖北省文化厅举办的非遗摄影大展，张颖辉、刘影、覃庆华的摄影作品获优秀奖。刘影的《土家"撒叶儿嗬"》获市级银奖，张颖辉、覃庆华、习春年的作品荣市级铜奖，付祖波等六位作者的作品获市级优秀奖。

【国家级文化生态保护实验区长阳片区总体规划编制完成】 2017年，长阳完成国家级文化生态保护实验区长阳片区总体规划编制。2014年，文化部批准长阳为国家级文化生态保护实验区之一，成为湖北省第一个，全国第16个同类实验区。县民族文化保护中心根据武陵山区（鄂西南）土家族苗族文化生态保护实验区规划纲要，从2016年开始长阳片区的规划编制，通过细致的田野调查完成《国家级文化生态保护实验区长阳片区总体规划》初稿，组织县域内的专家多次评审，集思广益，经过反复修改后，请武汉大学社会学系教授、博士生导师、社会文化研究中心主任桂胜把关，最后通过湖北省文化厅评审。

【南曲和撒叶儿嗬等非遗项目进校园】 2017年，长阳非遗保护中心通过健全完善"民间文化进校园，民间艺人上讲台"工作长效机制，先后有

图4 《愿景》组照 （刘 影 摄）

榔坪的山歌、都镇湾的故事、资丘的南曲和撒叶儿嗬、渔峡口的廪君传说故事、贺家坪的薅草锣鼓等重点非遗项目纳入其中，实现民族民间传统文化进校园。争取民族政策，从县民宗局解决民族文化进校园经费22万元，对全县近20名县级以上优秀传承人走上学校讲台为学生授课传承土家文化进行适当补贴，以落实交通和生活补贴的形式落实传承人进校园经费。在资丘镇探索试行《民间艺人进校园管理制度》，推进民族民间传统文化的宣传与传承。与县人社局联合在县职业教育中心建立非遗生产性保护传承示范基地，从培养非遗传承人扩大为培养非遗传承人群。依托本地企业，传承清江绿茶制作技艺，建立西兰卡普培训车间，聘请湖北省西兰卡普制作教师，手把手现场培训。

【十五溪村第四届家庭故事会】 2017年10月25日，长阳都镇湾镇十五溪村第四届家庭故事会在省级传承人刘泽刚家中举行。由刘泽刚牵头举办。参加家庭故事会的有都镇湾故事传承人、镇里的相关领导、庄溪小学的师生、家庭故事会的爱好者，及近百名村民。在中共十九大闭幕和重阳节期间举办忠孝家庭故事会，旨在通过讲述助人为乐的故事、善良的故事、孝道的故事、勤奋的故事，使正能量在孩子们的心里发芽，在邻里乡村中流传，滋养心灵，和谐社会。

（覃庆华）

图5 长阳都镇湾第四届家庭故事会 （刘 影 摄）

城乡贫困救助工程

【城镇和农村低保】 2017年，长阳借助审计和大数据进行入户调查，全面开展低保核查，与精准扶贫建档立卡有效对接，使低保对象更精准，同时做好低保经办人近亲属享受低保备案和城乡低保公开公示，全面推进“一门受理”，城乡低保全面实现“按标施保”和“动态管理”，打破“指标”限制，实现保障线范围内的“应保尽保”。至2017年12月，有城市低保972户1288人；农村低保8875户15704人。不断提高保障标准和补助水平。城市低保保障标准由400元/月调整为580元/月，农村低保保障标准由4200元/年调整为4680元/年。从2017年4月起，全县城乡低保普调55元/人/月，城市低保每人月平均补助334元，农村低保人月均补助219元。全年发放城市低保金7563599元，发放农村低保金46543519元。

【特困供养】 2017年，长阳进一步加强特困供养。全面开展特困对象护理类型评估，根据全护理、半护理、全自理发放供养金。增加城市特困供养项目，发放城市特困供养金。两次提高特困供养标准，农村特困供养标准全护理20711元/年、半护理8400元/年、全自理（分散供养）7200元/年；城市特困供养标准全护理23675元/

图6 2017年11月建成的鸭子口乡农村福利院

（鸭子口乡党政办提供）

年、半护理 15120 元 / 年、全自理 13920 元 / 年。农村特困全年发放供养金 17707337 元，城市特困发放特困供养金 324235 元。通过招投标购置 4300 床棉被发放给农村特困对象；下拨 148 万元到乡镇用于购置农村特困对象棉衣棉裤棉鞋；下拨 88 万元农村特困老人丧葬费到乡镇统筹使用。

【农村福利院建设与管理】 2017 年，县民政局进一步加强农村福利院建设与管理。组织农村福利院养老服务质量提升培训，出台农村福利院县乡共担方案，配齐农村福利院运转经费 158.1 万元，督促乡镇配齐福利院工作人员。9 月，组织各乡镇民政办主任、福利院院长和服务人员进行业务培训，到宜都五眼泉农村福利院学习，根据入院、安全、护理、值班、其他等方面服务制定详细规章制度，统一配备相应制度牌，开展两轮服务质量检查与指导。进行项目建设。8 月底，都镇湾镇农村福利院项目筹备完成；有序进行“平安工程”项目，10 月所有福利院完成烟雾报警器、视频监控器和应急呼叫系统安装；11 月，完成“冬暖工程”项目，通过省厅验收；12 月 24 日，渔峡口镇农村福利院附属楼建设开工；12 月 27 日，鸭子口乡农村福利院搬入新院；高家堰镇农村福利院新院建设有序进行。

鸭子口乡农村福利院搬入新院 2017 年 11 月，鸭子口乡农村福利院竣工通过验收；12月，46 名农村特困老人搬进新家，入住标准间。该福利院在马连坪村原福利院旧址修建，可容纳 90 人入住。

12 家农村福利院完成“冬暖工程” 2017 年 11 月，县民政局统一组织，完成 12 家农村福利院的“冬暖工程”，通过省民政厅验收。设置集中供暖房 39 间，统一招投标配备 48 台品牌立式空调，配置电视机 39 台，设置饮水机、棋牌桌椅若干，让老年人温暖越冬。

【城乡贫困群众医疗救助】 2017 年，长阳进一步优化医疗救助政策。全年全县城乡贫困群众享受医疗救助 9692 人次 7576431 元，资助 19674 人缴纳农村合作医疗费 177.066 万元，资助 23577 人缴纳城镇居民医保费 3536550 元，发放五保户门诊费用 2192 人次 219.2 万元。合计救助 35461 人次，救助金额 13304981 元。拨付 1200 万元医疗救助资金到健康扶贫，完成医疗救助和健康扶贫对接。将临时救助审批权限下放到乡镇，下拨 620 万元临时救助资金；全年救助 5400 余人，人均救助 1000 元以上。“爱民直通车”活动中对全县所有城乡低保家庭中当年考上高等院校的子女资助入学路费共 53 人 10.6 万元。做好传统救济人员的资金代发和安抚，伤残民工和精简退职提高补助标准，全年发放资金 1187020 元。

壹佰基金促进会继续开展慈善募捐和资助。4 月 18 日集中捐赠活动，现场接收现金捐赠 63250 元，企业认捐 3406300 元；开展常态化慈善募捐，2017 年接收社会捐赠 642 批次，484 万元；全年资助大病贫困患者 490 人，发放关爱资金 404 万元。

（何理花）

【实施健康扶贫】 2017 年，长阳全面落实新型农村合作医疗参保要求。全县参加 2017 年度城镇居民基本医疗保险和新型农村合作医疗 324787 人，其中，精准扶贫建档立卡贫困人口 80142 人。根据 2017 年度全县参保政策，民政救助对象（低保户）由财政全额补贴，其他精准扶贫对象个人缴费 120 元，其余 60 元由财政补贴。全县所有精准扶贫对象实现应保尽保。全面落实医疗补偿政策。继续执行《长阳土家族自治县 2016 年新型农村合作医疗统筹补偿方案》，提高精准扶贫对象在一、二级医疗机构的住院补偿标准，落实《省人社厅、省卫计委、省扶贫办关于做好医疗保险精准扶贫工作的通知》要求，确保贫困人口住院医疗费用政策范围内平均报销比例 2019 年较 2015 年新农合提高 20%。2017 年，全县城乡居民住院 69518 人次，其中，精准扶贫建档立卡人员 17573 人次（12341 人）。通过现场结算、二次补偿，全年精准扶贫建档立卡人员住院基本医疗报销5495.66万元，大病保险报销321.28万元；享受门诊慢性病待遇1385人次，补偿108.57万元。全县精准扶贫建档立卡人员住院政策范围内费用补偿比例88.72%。通过分期分批发放“医疗保险住院补偿明白卡”等形式，落实对精准扶贫对象的告知责任。

（胡　琴）

助学启智工程

【概　况】 2017年全县落实学生资助款49408542.81元，资助学生10.43万人。全年落实学前教育资助资金53.7万元，资助幼儿1074人。其中：春季资金27.2万元，资助幼儿544人；秋季资金26.5万元，资助幼儿530人。落实农村义务教育阶段资助资金20677549.81元，资助学生84578人。其中：落实中央免费教科书2208529.81元，42684套；“一补”资金472万元，资助学生8347人；“营养改善计划”1374.902万元，受助学生33547人。落实普通高中国家资助319.192万元，资助学生3435人。其中：“普通高中国家助学金”225万元，资助学生2100人；免建档立卡学生学费94.192万元，受助学生1335人。落实“中职国家助学金”及“中职免学费”两项国家政策1036.4万元，受助学生10364人。其中：中等职业国家助学金423.9万元，资助学生4239人；中职免学费612.5万元，受助学生6125人。办理国家生源地信用助学贷款资金7895748元，扶持困难大学生1046人；地方政府筹集资金353125元，资助义务教育阶段“建档立卡”走读生691人；筹集爱心资助款638.92万元，资助学生3112人。其中：长阳县“助学启智工程”成员单位联系爱心资金567.5万元，资助学生2250人次；社会其他爱心人士和团队资助爱心资金71.42万元，资助学生862人。

（王妮娟）

【喻友旺和魏东琴为长阳贫困学子捐款40万元】 2017年8月21日，武汉新八建设集团党委副书记、副总经理喻友旺到长阳为170名贫困学子送上助学款。喻友旺和魏东琴每人捐赠助学金20万元，奖励4名考取清华北大的优秀学生，资助166名贫困学生。喻友旺鼓励长阳的贫困学生们不忘初心，继续前进，把暂时的困难、贫困当作一种财富，勇敢面对挫折和磨难，始终感恩自己，感恩别人，感恩社会。

（卢莹灿）

责任编辑：田祥英　苏美嫩

图7　2017年8月21日，喻友旺（第二排左八）和长阳部分受助学生合影　　（团县委办提供）

长阳概貌

行政建置

【地理位置】 长阳土家族自治县地处鄂西南清江中下游，云贵高原东延尾部，武陵山余脉。位于北纬 30° 12′—30° 46′，东经 110° 20′—111° 22′。东西长 94.5 公里，南北宽 63 公里。总面积 3420 平方公里。境内山峦起伏，沟壑纵横，东低西高。境内最高峰崩尖子位于都镇湾镇麻池西南银峰嘴村，海拔 2259.1 米，最低点为高坝洲水库正常蓄水位 80 米。东邻宜都市，南连五峰土家族自治县，西接恩施土家族苗族自治州巴东县，北及东北交秭归县、宜昌市夷陵区和点军区。

【历史沿革】 长阳在旧石器时代中期，有距今 18.5 万年的“长阳人”穴居洞中。新石器时代晚期，有巴人著名首领廪君成为部落联盟首领。夏商时期，巴族势力范围已经跨越清江流域，直逼中原，以致周武王姬发翦灭殷商还借助巴人的力量。在颠覆商纣的牧野之战中，“巴师勇锐，歌舞以凌，殷人前徙倒戈，故后世称之曰‘武王伐纣，前歌后舞’”。周武王对巴人的勇武大加赞赏，“武王既克殷，以其宗姬封于巴，爵之以子”，这是巴人建国的最早记录。春秋战国时期，巴人与东边强大的楚国争斗达数百年之久，后因内乱，加之秦楚夹击，势力日渐削弱，直至公元前 316 年为秦惠文王所灭。公元前 221 年，秦始皇统一六国，推行郡县制，分天下为 36 郡，长阳之地属黔中郡。刘邦夺取天下后建立汉朝，置佷山县，县治州衙坪，为长阳建县之始。公元前 202 年刘邦改黔中为武陵，佷山县隶属武陵郡，从此，佷山作为县级行政建制长期处于封建中央集权政府的管辖之下。东汉时期，佷山县隶属江陵南郡。建安年间，曹操尽得荆州之地，分南郡枝江以西立临江郡，佷山县又属临江郡。公元 208 年，赤壁大战曹操败于孙刘联盟，退出江南，于是南郡、零陵、武陵以西为蜀，蜀分南郡立宜都郡，佷山县又属宜都郡。之后，吴蜀争夺荆、湘多年，佷山时而归蜀汉，时而归东吴。两晋时期，晋太康元年，改为兴山，后复旧。南北朝时期，县域建制随王朝更迭而屡有变化。在此期间，县域内先后有宜昌县、盐水县、巴山县等建制，或一县单置，或数县并立。佷山改为方山县，寻废，复佷山县（乾隆本）。盐水，后周置县，并置资田郡，巴山，梁置宜都郡宜昌县，后周置江州，县治也一度迁至资丘等地。

隋朝统一全国后，于开皇八年（588 年）置长杨县，隶属南郡，县治迁至龙舟坪。唐武德四年（621 年），以县置睦州，并置巴山、盐水二县。武德八年（625 年）州废，省盐水，以长阳、巴山隶东松州，贞观八年（634 年），废东松州，长阳改隶峡州夷陵郡。天宝八载（749 年）省巴山入长阳。长阳作为县名见于唐朝史书，沿用至今。五代时，藩镇割据，高季兴父子建立荆南

（南平），长阳隶属江陵府峡州。宋朝，长阳隶属荆湖北路。元朝，长阳隶属河南行省峡州路。明朝，长阳隶属湖广布政使司荆州府夷陵州。清朝，雍正六年（1728 年），长阳属湖北布政使司直隶之归州，雍正十三年（1735 年），宜昌升为府，辖长阳、兴山、巴东等。

民国初，废除府州建制，湖北分设江汉、襄阳、荆南 3 道，辖 69 县，长阳属荆南道。后分全省为 11 个和 8 个行政督察区，长阳先后属第九、第六督察区。土地革命时期，先后建立四届县委、三届县苏维埃政府（包括长巴县苏维埃政府），苏区面积一度达到 3300 平方公里（现属长阳的 2300 平方公里），占当时全县总面积的 80%。1949 年 6 月，中共长阳县委、县人民政府在荆门组建。7 月 18 日，龙舟坪解放，县委、县人民政府随即迁于此。1958 年 12 月，宜昌地区行政公署撤销，建立宜都工业区行政公署，长阳隶宜都工业区行政公署。1961 年 5 月，重设宜昌地区行政公署，长阳改隶宜昌地区行政公署。1984 年 7 月 13 日，国务院以国函字 115 号文件批准撤销长阳县，建立长阳土家族自治县，仍隶属宜昌地区行政公署。1992 年宜昌地区和宜昌市合并后，长阳土家族自治县隶属宜昌市管辖。

【行政区划】 2017 年，长阳辖龙舟坪镇、磨市镇、大堰乡、都镇湾镇、鸭子口乡、资丘镇、渔峡口镇、火烧坪乡、榔坪镇、贺家坪镇、高家堰镇 8 镇 3 乡，154 个村、16 个居委会、966 个村民小组。

2017 年长阳土家族自治县辖乡镇、村（组数）一览表

表 1　　单位：平方公里、人、个

乡镇名称	面积	总人口	其中非农人口	所辖村（居）委会名称及各村组数
龙舟坪镇	338.6	92647	49156	刘家冲村（9）、白氏坪村（8）、刘家坳村（8）、朱津滩村（8）、何家坪村（8）、龙舟坪村（6）、津洋口村（10）、邓家坝村（6）、黄家坪村（9）、王子石村（7）、合子坳村（7）、胡家棚村（7）、三渔冲村（6）、晒鼓坪村（5）、厚丰溪村（7）、两河口村（12）、王家棚村（8）、土地坡村（7）、全伏山村（7）、郑家榜村（10）、西寺坪村（2）、湖口社区居民委员会、龙门社区居民委员会、四冲湾社区居民委员会、花坪社区居民委员会、枫竹园社区居民委员会
磨市镇	219.68	30283	419	芦溪村（4）、三口堰村（5）、磨市村（6）、黄荆庄村（7）、柳津滩村（5）、多宝寺村（7）、花桥村（11）、马鞍山村（5）、乌钵池村（6）、峰山村（6）、玉宝村（7）、救师口村（2）、马磨河社区居民委员会
大堰乡	249.43	32469	0	三洞水村（3）、居溪村村（3）、晓麻溪村（3）、松元坪村（3）、桂花园村（5）、大堰村（4）、边家坪村（4）、赵家堰村（5）、石磙淌村（5）、蔡家坪村（4）、九柳坪村（4）、清水堰村（4）、钟家湾村（4）、邓家冲村（5）、千丈坑村（4）、双堰社区居民委员会
都镇湾镇	517.27	49722	4759	塘坊河村（6）、樟木垒村（4）、高桥村（7）、晓溪村（6）、金福村（8）、庄溪村（8）、十五溪村（8）、横山村（5）、龙潭坪村（6）、立志坪村（8）、雪山河村（6）、杜家冲村（6）、五尖山村（8）、杨柘坪村（5）、嵩水坪村（8）、峰岩村（6）、水竹园村（8）、向王桥村（8）、沙堤村（8）、麻池村（7）、璞岭村（8）、响石村（6）、城伍河村（8）、重溪村（4）、朱栗山村（5）、西湾村（3）、庄溪社区居民委员会、麻池社区居民委员会
鸭子口乡	220.87	20476	23	厚浪沱村（5）、鸭子口村（5）、刘坪村村（8）、楠木坪村（6）、天柱山村（4）、杨溪村（6）、古坪村（7）、马连坪村（7）、静安村（6）、巴山村（5）、杨家槽社区居民委员会
资丘镇	384.18	37275	4678	资丘村（5）、九龙村（5）、天池口村（5）、柿贝村（6）、天河坪村（8）、杨家桥村（7）、柳松坪村（6）、五房岭村（5）、凉水寺村（5）、万里城村（5）、泉水湾村（6）、西阳坡村（6）、水连村（5）、淋湘溪村（6）、陈家坪村（9）、竹园坪村（8）、对舞溪村（8）、黄柏山村（8）、中溪村（10）、桃山社区居民委员会

续表 1

乡镇名称	面积	总人口	其中非农人口	所辖村（居）委会名称及各村组数
渔峡口镇	281.5	35145	3479	渔坪村（6）、施坪村（7）、高峰村（5）、沿坪村（6）、布政村（6）、西坪村（7）、双龙村（6）、招徕河村（7）、龙池村（7）、赵家湾村（7）、枝柘坪村（9）、梁山坝村（6）、青龙村（9）、板凳坳村（6）、龙坪村（7）、岩松坪村（5）、渔坪社区居民委员会、枝柘坪社区居民委员会
火烧坪乡	112.17	7641	0	青树包村（6）、溜沙口村（6）、黍子岭村（6）
榔坪镇	531.8	38868	4885	榔坪村（7）、茶园村（8）、关口垭村（7）、社坪村（7）、梓榔坪村（7）、马坪村（7）、长丰村（9）、八角庙村（8）、文家坪村（7）、沙地村（7）、秀峰桥村（8）、乐园村（6）、榔坪社区居民委员会、乐园社区居民委员会
贺家坪镇	351.4	27481	4842	贺家坪村（4）、渔泉溪村（4）、紫台村（6）、堡镇村（5）、中岭村（5）、青岗坪村（4）、七里坪村（5）、白沙驿村（4）、龙王冲村（4）、丹水源社区居民委员会
高家堰镇	212.87	20449	3584	魏家洲村（10）、木桥溪村（6）、佑溪村（7）、向日岭村（6）、流溪村（7）、高家堰村（8）、界岭村（3）、古城村（6）、彭家河村（8）、青岩村（7）、金盆村（5）
县市区合计	3419.81	392456	75825	村委会 154 个，居委会 16 个，村民小组 966 个

（李海波）

【辖区面积】 长阳土家族自治县辖区面积 3420 平方公里（341981.18 公顷）。其中耕地 53945.53 公顷（水田 3816.9 公顷，水浇地 17.77 公顷，旱地 50110.86 公顷），林地 247830.89 公顷，园地 8793.02 公顷，草地 4399.76 公顷，城镇村及工矿用地 7667.31 公顷，交通运输用地 3375.80 公顷，水域及水利设施用地 10160.72 公顷，其他土地 5808.15 公顷。

（杨圣平）

地质地貌

【地　质】 长阳土家族自治县地处新生代以来强烈隆起的云贵高原东延尾部向江汉平原过渡地带。境内震旦系、寒武系、石炭系、奥陶系、志留系、泥盆系、三叠系、二叠系、白垩系、下第三系及第四系地层均有出露。地质构造隶属于扬子江下游东西向构造带西延部分，即“长阳东西向构造带”。背斜呈近东西向伸展，核部为震旦系地层，两翼为寒武系至二叠系地层。上部为海相碳酸岩构造，下部为陆相碎屑岩建造，表现为地台型沉积盖层的特征。地层在长期的构造运动中，各地质构造形成一系列复式褶皱及其相配套的断裂，而且古老岩层强烈变质。

【地　貌】 长阳地势西高东低，且高低悬殊，地形复杂。境东多浅丘河谷，地形起伏缓和，高坝洲水库正常蓄水位 80 米，为县域最低海拔。自东向西，地势逐渐升高，西部多为高山峻岭，陡峭深切，都镇湾镇麻池崩尖子海拔 2259.1 米，为县域之巅。

立体地貌突出，重峦叠嶂，绵延起伏，沟壑纵横，高低错落。可划为若干级层状地貌面。按海拔高度分，有低山区（海拔 800 米以下，相对高差 100 至 300 米）、半高山区（海拔 800 至 1200 米，相对高差 400 米）、高山区（海拔 1200 米以上，相对高差 500 至 1000 米）等。除清江及其支流的河谷地带地势较平坦外，其余均在海拔 600—2300 米之间。低山占总面积 30.6%，半高山占 46.1%，高山占 23.3%。地貌形态复杂，河谷溪流深入到山地中心，造成深山峡谷的自然景观。除高山、半高山、低山、丘陵外，还包括河谷、台地、山间平坝、沟槽、冲积锥、岩深地貌及其溶蚀洼地、溶洞等中小地貌单元。

（杨圣平）

自然资源

【土地资源】 按照新的土地分类办法，全县土地总面积341981.18公顷，农用地、建设用地、未利用地分别占93.36%、2.60%、4.04%。全县农用地319269.17公顷，其中耕地53945.53公顷，园地8793.02公顷，林地247830.89公顷，牧草地53.25公顷，坑塘水面85.48公顷，农村道路2236.93公顷，设施农用地18.74公顷，田坎5020.32公顷，沟渠1285.01公顷。建设用地8881.90公顷，其中建制镇858.37公顷，村庄6189.26公顷，采矿用地511.14公顷，风景名胜及特殊用地108.54公顷，铁路用地54.83公顷，公路用地1080.51公顷，港口码头用地2.95公顷，管道运输用地0.58公顷，水库水面26.84公顷，水工建筑用地48.88公顷。未利用地13830.11公顷，其中其他草地4346.51公顷，河流水面8639.34公顷，内陆滩涂75.17公顷，沙地0.33公顷，裸地768.76公顷。

【生物资源】 根据2017年林地变更调查统计，全县林地面积265540.2公顷，其中：有林地面积203561.1公顷，疏林地面积112.96公顷，灌木林地面积59830.51公顷，未成林地面积1433.03公顷，苗圃地面积92.91公顷，无立木林地面积362.37公顷，宜林地面积145.21公顷。有林地面积中，乔木林地面积203542.31公顷，竹林面积为18.79公顷。灌木林地面积中，国家特别规定灌木林地面积为23330.51公顷，其他灌木林地面积为36500公顷。全县森林覆盖率66.37%。

根据第四次中药资源普查，长阳有药用植物855种。其中，木瓜、银杏、独活、贝母、重楼、瓜蒌、乌梢蛇等中药材经济价值高、市场行情好，老百姓种植积极性较高。

【矿产资源】 截至2017年年底，长阳土家族自治县境内已发现的矿产有煤、铁、锰、铅、锌、钼、金、银、铜、磷、汞、铝土、硒、碲、地热、钒、硫铁、硅灰石、方解石、重晶石、冰洲石、电气石、石灰岩、白云岩、陶瓷土、膨润土、芒硝、页岩气等36种，其中已探明储量的矿产17种。以上矿种中，煤炭地质储量13700万吨，主矿区面积250平方公里，适宜中小规模开采；硅灰石地质储量18200万吨，储量面积340平方公里，埋藏浅，可露天开采；石灰石地质储量10亿吨；重晶石地质储量350万吨，硫酸钡含量在95%以上；锰矿储量3700万吨；铁矿储量34849万吨，预计可达10亿吨。

长阳矿产资源具有四大特点：种类较丰富，在全省已发现的136种矿产中，长阳有36种；分布较广，矿产资源分布在全县11个乡镇188处矿产地；产地相对集中，有利于开发，已探明储量的17种矿产集中分布在51个矿产地；勘探程度低，查找潜力巨大。

县境内主要矿种有煤矿、锰矿、铁矿、石灰岩矿、页岩矿、铅锌矿、重晶石、硅灰石、汞矿、白云岩矿、方解石、矿泉水、钒矿、地热、页岩气。

煤矿探明储量1亿吨以上，主要产地有马鞍山、落雁山、巴山、青岗坪、刘家坪、火烧坪、杨木溪、黄柏山、双龙、赵姑垭等20余处。受地质构造影响，煤矿储存条件复杂，适宜中小规模开采。

锰矿探明储量1000多万吨，主要产地在古城，为大型矿区，是全国八大锰田之一。矿石主要为碳酸锰，含锰15%—24.76%，正在开发。另有杨树坳、铜宝山两处氧化锰产地。

铁矿探明储量3.5万吨，主要产地在青岗坪、火烧坪、田家坪、石板坡、马鞍山等地，火烧坪属大型矿区，矿体厚度一般1—4米，最厚达8.99米。

石灰岩矿探明储量约10亿吨，全县各地都有分布。水泥用石灰岩主要产地在白氏坪、胡家棚等地，电石用石灰岩主要产地在王家棚等地，溶剂用石灰岩主要产地在马鞍山。

页岩矿俗称“麻果石”，据测算，储量在15亿吨以上，分布范围极广。

铅锌矿探明储量约7万吨，主要产地在何家坪、王家湾，矿层厚2—4米，何家坪矿区正在开发。

重晶石探明储量约350万吨，主要产地在土院子、竹园、巴山、龙潭坪等地。

硅灰石探明储量2亿吨，主要产地在太平街、白氏坪，矿区岩层不渍水，硅石层埋藏浅，可露天开采。

汞矿探明含量约1500万吨，主要产地在钟鼓湾、杨溪，前者属大型矿床，矿石含汞0.1%—0.4%。

白云岩矿探明储量约10亿吨，主要产地在太平街、火烧坪、马鞍山。

方解石探明储量约70万吨，主要产地在龙潭坪、黄家埫、向阳等地。

矿泉水主要产地有资丘葫芦洞等地，葫芦洞矿泉水日出水量74.3—100立方米，富含锶、偏硅酸、氟、硼、锌、硒等多种微量元素。

钒矿探明储量约600万吨，主要产地在流溪、向日岭。

2017年年底，长阳有合法矿山企业60家。由于政策和市场原因，正常开采的不足30%，其中铅锌、硫铁、硅灰石、页岩4个矿种已停止开发，正在开发利用的有煤炭、锰、铁、石灰岩、重晶石、方解石、矿泉水、钒、地热、高岭土、泥炭等11个矿种。页岩气普查已完成，属三峡地区页岩气富集的主要区域，有进一步详查的价值。

【水资源】 长阳水资源丰富。境内大小河流属长江水系，除清江干流外，全县有河流436条，其中清江支流428条（一级支流60条，二级支流173条，三级支流141条，四级支流54条）。全县地表水资源多年平均径流量31.26亿立方米，折合径流深916毫米，年均径流量427立方米/秒。县域内水能理论储量176万千瓦。根据2011年省水利普查办公室编制印发的100平方公里及以上河流名录，长阳流域面积100平方公里及以上的河流18条，其中清江一级支流9条。境内河流受地势地貌影响，坡降大而水能富集，小水电开发潜力巨大。清江梯级开发形成的隔河岩、高坝洲两大水库有近40亿立方米的库容，已成为长阳得天独厚的资源优势，为交通运输、文化旅游创造了极为有利的条件。

2017年，全县平均降水1552.2毫米，折合降水总量53.2048亿立方米，与上年偏少6.8%，与多年比较偏多17.4%。全县水资源总量150.1455亿立方米，比上年偏少9.2%，比多年平均偏多9.3%。其中，地表水资源量34.1367亿立方米，地下水资源量9.7260亿立方米，地表水与地下重复计算量9.7260亿立方米。全县人均水资源量为9048立方米，亩均水资源量为11149立方米，全县入境水量112.8亿立方米，出境水量142.0亿立方米。

（杨圣平　骆胜东　李光波）

气候特征

【概　况】 2017年长阳天气气候情况总体属正常年份。年平均气温16.9℃，较历史同期偏高0.4℃，期间冷暖多变，出现4次气温明显偏低阶段和2段集中高温天气，年内日极端最高气温≥35.0℃高温日数19天，其中≥37.0℃17天；年降水量1459.4毫米，较历史同期偏多近1成，时空分布不均，具有强降水出现早，降水过程累计雨量大，秋汛明显，涝旱急转的特点。

2017年，长阳出现4场暴雨过程和多次局地强对流天气，其中8月20—21日县部分乡镇出现大暴雨，是最强降水过程。9月18日—10月19日，长达一个月的低温连阴雨天气，城区总雨量247.7毫米，较历史同期偏多近2倍，造成53879人受灾，秋季作物严重霉变，地质灾害频发，经济损失达1亿多。

2017年6月9日入梅，7月20日出梅，入梅偏早，梅雨期偏长，梅雨量244.8毫米，较常年偏少。出梅后入盛夏，出现两段晴热高温天气。10月19日秋汛结束后，降水再次持续偏少，10月19日—12月31日出现轻度到中度气象干旱。

雾霾天气日数88天，比历史同期偏多20多天，全年无霜期299天。

【气　温】 2017年气温总体偏高，期间冷暖多变，出现4次气温明显偏低阶段和2段集中高温。全年月平均气温除6、9、10月比历史同期偏低外，其余月份均比历年偏高，尤其是1月比历史同期偏高2.0℃，由于2016年12月气温偏高，2017年2月气温虽然起伏多变，但月平均依然高出历史0.9℃，2016/2017年冬季达到暖冬标准。年内4次低温阶段和2段高温天气分别出现在：2月20—21日，受地面冷空气和高空低槽影响，出现明显雨雪天气，日平均气温从12.2℃降至3.6℃，降幅8.6℃；3月13—17日受冷空气影响，连续5天日平均气温低于10℃，极端最低5.5℃，达到寒潮标准；4月9—10日受地面冷空气和高空低槽影响，大部乡镇出现连续降水，日平均气温从17.5℃降至10.5℃，降幅7.0℃；10月9—11日受较强冷空气侵袭，日平均气温由9日22.2℃下降至11日13.7℃，过程降幅8.5℃。

高温天气：7月下旬平均气温30.2℃，比历年同期平均高2.7℃，21—28日日最高气温持续超35℃，其中22—28日连续7天在37℃以上，27日日最高气温38.5℃为月极值；8月上旬平均气温29.1℃，比历年同期平均高1.2℃，2至7日日最高气温持续≥35.0℃，6日日最高气温39.3℃为月极值，也是2017年度极端最高气温。

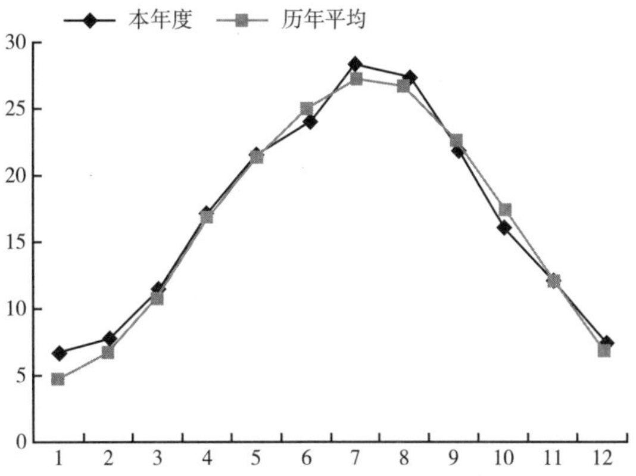

2017年月平均气温对比图（单位：℃）

【降　水】 全年出现4次暴雨天气过程：4月25日、5月3日、6月4日和10月2日，其中6月4日为年度日最大降水量（日降水量69.4毫米），年内雨日191天，其中日降水量≥0.1毫米的降水日数148天，雪日4天。本年度降水时空分布十分不均，具有强降水出现早，累积雨量大，秋汛明显，旱涝急转的特点。连续最长降水出现在10月10—19日，连续9天降水累积量99.2毫米，连续无降水日数17天，出现在10月26日—11月11日。全年过程雨量较大和持续时间较长的天气过程分别为：2月20—24日连续5天，累积雨量45.3毫米，对缓解土壤墒情十分有利；3月12—13日连续两天累积雨量58.6毫米，特别是13日城区降水量达到大到暴雨级别，雨量达40毫米，位居历史同期第一；4月3—11日连续9天累积雨量80.6毫米；6月9—16日连续8天累积雨量106.5毫米，其中秀峰桥10日2—7点累积雨量68.1毫米；8月21—26日连续6天累积雨量23.1毫米，全县累积雨量超过50毫米的31个站点，超过100毫米有16个站点，超过200毫米的4个站点，最大累积降水量出现在贺家坪的龙王冲340.2毫米；9月23—30日连续8天累积雨量96.1毫米，全县累积雨量超过50毫米的40

个站点，超过100毫米的20个站点，最大累积降水量出现在天柱山142.5毫米；10月10—19日连续10天累积雨量99.2毫米，全县累积雨量超过50毫米的41个站点，超过100毫米的19个站点，最大累积降水量出现在天柱山190.6毫米。

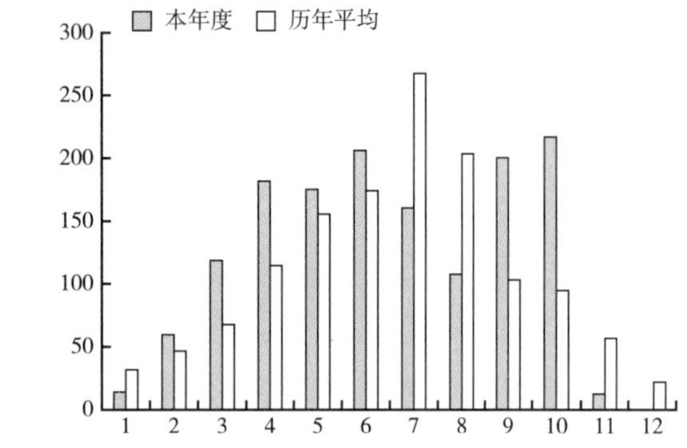

2017年月降水对比图（单位：毫米）

【日　照】 全年总日照时数1345.5小时，比往年偏少174.4小时。年内8—11月连续4个月日照持续偏少，尤其是9—10月比历年同期偏少一半以上，持续阴雨天气给农作物生长及收获带来十分不利影响。

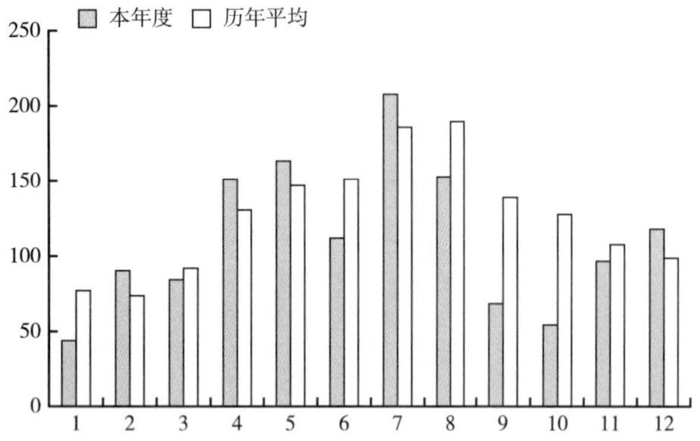

2017年日照时数与历年对比图（单位：小时）

【气候对农业的影响】 2016年12月中旬至2017年2月，气候对农业的影响有利有弊。气温持续明显偏高，少低温冰冻，降水大部偏少，阴雨日数较多，有利于油菜、小麦、大棚蔬菜等农作物生长发育，也有利于柑橘采摘销售。但田间湿度大，有利于小麦锈病冬季繁殖扩散。

3月、4月冷暖空气活跃，阴雨日数较多，气温高低多变，日照不足，加重作物病虫害危害，降低药物防治效果，使春耕春播进度缓慢，给油菜、小麦、蔬菜等造成湿渍灾害。4月下旬的强降水过程对开花期柑橘有一定不利影响。5月晴雨相间，气温高低变化幅度较大，出现3次区域性较强降水过程。月内气温偏高，降水大部偏少，日照时数偏多，土壤墒情整体适宜，有利于夏收夏种及春播作物生长发育，月内3次较强降水过程对油菜、小麦收割晾晒和中稻移栽进度有一些影响，对播种在低洼地区的部分玉米幼苗造成渍涝灾害。

6月前半月阴雨天气较多，后半月天气晴好，月内出现2次区域性强降水过程和1段连阴雨天气，6月上旬强降水过程造成部分农田进水受淹、农业基础设施被毁等，随后9—16日出现连阴雨天气，高温高湿环境不仅会给田间作物造成湿渍灾害、引起病虫害发展蔓延等，还影响病虫害药

2017年长阳土家族自治县温度、降水、日照资料表

表2

	温度（0.1℃）			降水量（0.1毫米）			日照（0.1小时）		
月份	本年度	历年平均	距平	本年度	历年平均	距平	本年度	历年平均	距平
1	6.8	4.8	2	14.7	33.1	-18.4	44.6	77	-32.4
2	7.7	6.8	0.9	59.9	47.6	12.3	90.9	74.3	16.6
3	11.4	10.8	0.6	119.2	67.7	51.5	84.2	91.8	-7.6
4	17.3	16.8	0.5	182.1	115.3	66.8	151.2	130.5	20.7
5	21.7	21.3	0.4	175.8	155.4	20.4	163.8	146.9	16.9
6	24	24.8	-0.8	205.9	174	31.9	112.2	151.2	-39

续表 2

月份	温度（0.1℃）			降水量（0.1 毫米）			日照（0.1 小时）		
	本年度	历年平均	距平	本年度	历年平均	距平	本年度	历年平均	距平
7	28.3	27.2	1.1	161.3	267.6	–106.3	207.3	185.6	21.7
8	27.4	26.7	0.7	108	202.9	–94.9	152.3	189.5	–37.2
9	22.3	22.7	–0.4	200.4	104	96.4	68.9	138.8	–69.9
10	16.1	17.4	–0.7	217.8	95.4	122.4	55.1	127.9	–72.8
11	12.2	12.1	0.1	14	57.7	–43.7	96.6	107.7	–11.1
12	7.5	6.9	0.6	0.3	22.3	–22	118.4	98.7	19.7
年合计 / 平均	16.9	16.5	0.4	1459.4	1343	116.4	1345.5	1519.9	–174.4

物防治时效，降低药物防治效果。7 月有 2 次区域性强降水过程，下旬出现持续高温天气，对果实的膨大及农作物的生长不利。8 月上中旬，以晴热高温天气为主，午后至夜间多分散性雷阵雨天气，一方面天气晴好，气温高，日照充足，既有利于在田作物生长发育，又有利于打药、除草、农田补种、改种等农事活动开展；自 7 月下旬至 8 月上旬，出现两段高温天气，加之降水持续偏少，对抽穗扬花期的中稻、乳熟期夏玉米、抽雄吐丝期的夏玉米有不利影响，影响终产量形成。

8 月下旬开始雨水增多，气温偏低，尤其是 8 月 28 日至 9 月 6 日连阴雨天气，使中稻、玉米等秋收作物成熟期有所推迟，增加农田渍涝灾害、病虫害加重发生的风险，9 月 18 日—10 月 19 日长达一个月的连阴雨天气，雨势强，累计雨量大，阴雨渍涝灾害严重，主要表现在：不利于秋收秋播的开展，使其进度缓慢，部分没能及时收获的中稻、玉米等出现倒伏、穗上发芽等；不利于秋播苗期作物生长及壮苗培育，部分已经播种油菜、蔬菜等出现大片死苗，加重病虫害发展；已经收获的中稻、玉米等因缺少晴天，无法晾晒而出现严重霉变。10 月下旬连阴雨天气结束，天气转好，日照充足，有利于前期收获的中稻、玉

图 8　被洪水淹没的农田和倒伏的玉米　　（邓丽熳 摄）

米等充分晾晒归仓。

11月、12月整体气温偏高，降水偏少，特别是12月降水量仅0.3毫米，长时间无明显降水发生，土壤墒情下降，有利于柑橘果实成熟、采摘、销售，对秋播油菜、小麦、蔬菜等生长发育无不利影响，形成一定程度的气象干旱。

（邓丽熳）

自然灾害

【暴雨洪涝】 2017年，长阳受高空低槽和中低层切变线的影响，6月10日2时至7时，长阳出现分散性雷雨天气，局部出现短时强降水。最大雨量出现在秀峰桥，2—7时累积雨量68.1毫米。由于降雨时间集中，并伴有雷电、大风，灾害造成农作物部分水淹，部分农田被冲毁，村级公路受损。榔坪镇、火烧坪乡受灾较重。全县有4个乡镇12个村2706人受灾，农作物受灾面积199公顷，其中成灾面积93公顷，绝收面积41公顷；村级公路受损101公里，倒房5户6间，损房4户5间。紧急转移安置40人，直接经济损失257万元，其中农业直接经济损失135万元，基础设施损失87万元，家庭财产损失35万元。受副高外围暖湿气流影响，7月14日14时起出现分散性雷雨天气。据雨量网站统计，7月14日21时至15日11时全县大于20毫米的站42个，其中大于40毫米的站14个，大于50毫米的站5个，杨柘坪92.8毫米、钟家湾81.7毫米、大堰68.8毫米、高家岭55.6毫米、峰山55.2毫米。全县8个乡镇33个村7810人受灾，农作物受灾面积661公顷，其中成灾面积398公顷，绝收面积181.3公顷；倒房17户37间，严重损房12户19间，一般损房11户19间。紧急转移安置71人，公路受损23公里。直接经济损失715万元，其中农业直接经济损失499万元，基础设施损失65万元，家庭财产损失151万元。

受切变云系影响，8月20日午后到夜间，部分乡镇遭受强对流天气影响。20日20时至21日6时全县雨量大于20毫米的站点24个，其中大于50毫米的站14个，大于100毫米的站贺家坪龙王冲232.3毫米、天柱山141.1毫米、贺家坪130.5毫米、天齐125.4毫米、磨市马鞍山112.8毫米、刘坪105.7毫米、杨柘坪104.6毫米、中岭103.8毫米。8个乡镇15186人受灾，农作物受灾面积833公顷，其中成灾面积375公顷，绝收面积128公顷，水毁面积3公顷；农房倒塌18户37间，严重受损17户50间，一般损房21户47间。260户农房进水。紧急转移安置204人，公路受损187公里，人行桥受损22处。直接经济损失1533万元，其中农业直接经济损失588万元，基础设施损失730万元，家庭财产损失215万元。

“十一”期间，长阳三峡区间遭遇多轮历史少见的秋汛，受此影响，清江高坝洲、隔河岩、水布垭水库分别于10月2日11时30分、18时、22时30分先后开闸泄洪。高坝洲水库最大泄洪流量（含发电）6370立方米/秒出现在3日10时；隔河岩水库最大泄洪流量（含发电）5930立方米/秒出现在3日10时；水布垭水库最大泄洪流量（含发电）3580立方米/秒出现在3日4时。全县部分公路、水利等基础设施出现塌方险情，部分山体出现局部滑坡，多条河流水位暴涨，险情加剧。特别是渔峡口镇枝柘坪村，数百亩农田、部分房屋被洪水淹没。

【连阴雨】 受暖湿气流和地面冷空气的共同影响，县域出现秋汛和连阴雨。由于降雨时间集中，同时华西秋雨连绵不绝，灾害造成秋季作物无法收获霉变，部分农房受损，公路受损。1日22时—17日8时累积降水量超过200毫米的23个站点，超过300米的3个：大堰、马鞍山、天柱山。此次连阴雨造成11个乡镇53879人受灾，农作物受灾面积2974公顷，其中成灾面积1615公顷，绝收面积1077公顷；农房倒塌39户81

间，严重损房66户121间，一般损房26户54间。150多户农房进水。紧急转移安置298人，公路受灾里程356.35公里，塌方165117立方米，路面损毁22846平方米，桥梁损失7座，挡墙损毁10976立方米。灾害造成直接经济损失10044万元，其中农业直接经济损失6503万元，基础设施损失3010万元，公益设施损失50万元，家庭财产损失461万元。

【雷雨大风】 2017年7月29日18时—7月30日8时，县域局部乡镇出现分散性雷雨天气和短时强降水、大风等袭击。据自动雨量站网统计，29日14时至20时，累积雨量超过30毫米的3个站点，超过50毫米的1个，最大雨量青岩村站：18至19时1小时雨量42.8毫米。全县榔坪等4个乡镇5460人受灾，农作物受灾面积383公顷，其中成灾面积280公顷，绝收面积115公顷；农房严重受损6户17间，一般损房12户26间。紧急转移安置19人，公路受损23公里。灾害造成直接经济损失554万元，其中农业直接经济损失473万元，基础设施损失50万元，家庭财产损失31万元。

【干　旱】 2017年10月21日至12月31日，长阳累积降水量14.5毫米，比历年同期偏少近9成，在历史同期累积雨量排名倒数第一，其中日降水量≥0.1毫米的降水日数12天，日最大降水量仅8.9毫米，雨日17天，主要降水过程发生在：10月25日、11月12—13日、11月16—19日、11月28—30日、12月13—15日。10月26日至11月11日连续17天无降水、12月1日至12日连续12天无降水，特别是12月降水量仅0.3毫米，降水持续偏少，空气相对湿度低（最小相对湿度18%），土壤蒸发大，对县域工农业生产极为不利。

【雾　霾】 受北方污染气团及本地排放影响，在扩散条件不利的气象环流形势下，县域雾霾天气日数88天，比历年偏多20多天，特别是1月和12月，雾霾天气频发，造成空气质量极差。重污染天气及霾天气对交通、市民正常的生活及身体健康都极为不利。

2017年各雾霾日数与历年对比表

表3

月份	1	2	3	4	5	6	7	8	9	10	11	12	合计
雾日	7	2	5	3	3	2	4		3	5	2	3	39
历年平均	4.6	2.6	3.4	3	3.4	3	3.5	3.3	3.5	3.8	5.7	4.3	44.1
霾日	14	5	4			1				3	5	17	49
历年平均	5.1	2	1.8	1.1	0.8	0.3	0.1	0.2	0.2	0.6	1.5	4.9	18.6

（邓丽熳）

【地质灾害】 长阳山高坡陡、山势险峻、河谷深切、新构造运动活动频繁，地质灾害发育，且分布广泛。随着社会经济发展和城乡、道路、水利等建设，近年来发生的地质灾害次数明显增多，灾害所造成的直接经济损失明显增加。截至2017年年底，发现各类地质灾害点351处，分布在全县11个乡镇，总方量21143万立方米。其中滑坡232处，崩塌107处，地面塌陷6处，泥石流6处。年内，受地质灾害威胁的居民10475人，受威胁财产达3亿多元。有25处属县级以上重点监测的地质灾害点，主要分布在清江沿岸、城镇人口集中的资丘、鸭子口、渔峡口、都镇湾等乡镇，灾害类型以滑坡、崩塌为主。年内受县级以上重点监测地质灾害点威胁人口3058人，受威胁财产约20600万元。

（杨圣平）

责任编辑：田祥英　向家舟

民族区域自治

民族成分

【少数民族数量】 据2010年全国第六次人口普查统计，长阳全县有土家、蒙古、回、藏、苗、彝、壮、布依、满、侗、瑶、白、哈伲、傣、黎、傈僳、瓦、畲、拉祜、水、仫佬、毛南、仡佬、独龙、基诺25个少数民族，占65.1%；汉族占34.9%。少数民族中，超过万人的只有土家族，252516人，占65.04%；其余少数民族最多的是苗族56人，最少的是藏、瓦、独龙、基诺族，各1人，所占比例在0.01%以下。

（县统计局）

【个人民族成分更改】 长阳土家族自治县民族宗教事务局认真执行民族成分管理相关规定，按照新颁布的《中国公民民族成分登记管理办法》（以下简称《办法》），全年办理公民个人民族成分更改21人，完成应届高中毕业生民族成分审核1506人、应届初中毕业生民族成分审核55人。

（杨茂华）

【民族团结进步表彰】 2017年9月30日，长阳土家族自治县民族宗教事务局、资丘民族文化馆被湖北省民族宗教委员会（鄂民宗发〔2017〕38号）分别表彰为“全省民族团结进步创建活动示范单位”和“湖北省民族团结进步教育基地”。

2017年11月20日，长阳土家族自治县湖口湾社区被宜昌市民族宗教事务局（宜民宗发〔2017〕22号）命名为“首批宜昌市民族团结进步示范社区”。

【民族文化进校园示范学校】 2017年11月14日，长阳职业教育中心被湖北省民族宗教事务委员会、湖北省教育厅（鄂民宗发〔2017〕46号）表彰为湖北省首届“民族文化进校园”十佳示范学校。

（王小艳）

责任编辑：田祥英

民族政策

【概　况】 2017年，长阳土家族自治县认真贯

图9　资丘民族文化馆内景之一　（县民宗局提供）

图 10　县职业教育中心西兰卡普实训室　（县民宗局提供）

彻落实《中共湖北省委、省人民政府关于进一步加强民族工作加快少数民族和民族地区经济社会发展的若干意见》等文件精神，积极对上争取政策、项目和资金，争取中央、省级少数民族发展资金1106万元；省级民族贸易企业网点建设和民族特需商品定点生产企业技术改造专项资金20万元；争取民贸民品优惠政策，协调县财政、县人行为长阳县47家民贸企业落实2016年度民贸贴息955万元。

【少数民族发展资金管理培训会】 2017年9月1日，长阳土家族自治县民族宗教事务局组织召开2017年度少数民族发展资金管理培训会议。各乡镇扶贫办主任或直接从事项目资金管理人员、县民宗局有关人员参加培训。学习《长阳土家族自治县农村集体“三资”管理办法（试行）》《市委第四巡察组对长阳扶贫专项巡察反馈问题整改方案》；就《长阳土家族自治县财政支农资金报账制管理实施办法（试行）》开展业务培训，针对报账过程中的细节问题进行详细说明；梳理项目从申报到资金拨付的整个流程，以及各环节具体要求，安排部署2017年少数民族发展资金项目相关工作，强调扶贫资金管理的相关规定。乡镇与会人员就2015—2017年度项目实施情况以及项目实施过程中的困惑现场交流，探讨解决问题的方法。

（王小艳）

武陵山试验区建设工程、“616”对口支援工程

【概　况】 2017年，长阳土家族自治县紧紧抓住武陵山试验区建设工程、省“616”工程、宜昌市对口支援项目等机遇，组织县直相关部门积极向上争取武陵山试验区建设工程、“616”对口支援工程、宜昌市对口支援长阳项目。湖北省对口支援单位30个，其中：7个对口支援单位是省农业厅、省发改委（省三峡办）、省移民局、工行省分行、中南民族大学、长江三峡集团公司、宜昌市一医院；牵头单位是省农业厅；23个支持单位是省教育厅、省科技厅、省民政厅、省财政厅、省人社厅、省民宗委、省国土资源厅、省环保厅、省住建厅、省交通运输厅、省水利厅、省林业厅、省商务厅、省文化厅、省卫生计生委、省旅游委、省残联、省新闻出版广电局、省体育局、省食品药品监管局、省扶贫办、鄂旅投公司、省经信委。宜昌市对口支援单位38个，其中，26个市直单位：市发改委、市经信委、市教育局、市科技局、市民政局、市财政局、市国土资源局、市住建委、市环保局、市交通运输局、市农业局、市水利水电局、市商务局、市文广局、市卫生计生委、市规划局、市林业局、市旅游委、市安监局、市移民局、市国资委、市扶贫办、市金融办、市体育局、市畜牧兽医局、团市委；2个县级行政

图 11　2017年9月20日，省委常委、省委统战部部长尔肯江·吐拉洪（右二）在长阳考察　（县民宗局办提供）

区：西陵区、伍家区；1个开发区：宜昌高新区；9家市属重点企业：宜昌城建控股集团、宜昌国投控股集团、宜昌交旅发展集团、宜昌物资集团、安琪集团、宜化集团、峡州集团、宜昌供电公司、工行三峡分行。2017年“616”工程支援长阳项目122个、资金100926万元；宜昌市委、市政府落实对口支援资金2875万元，各支援单位支持长阳项目51个、落实项目资金2490万元。

（王小艳）

【“616”工程对口支援工作办公会】 2017年7月7日，省委常委、省委统战部部长尔肯江·吐拉洪在武汉组织召开省“616”工程对口支援长阳办公会议，专题研究部署2017年对口支援长阳深度推进省“616”工程相关事宜。会议由省委副秘书长杨邦国主持，省农业厅、省改革委、省移民局等7家对口支援单位，省发改委、省财政厅、省国土厅等23家省直单位和部门负责人，宜昌市委常委、市委统战部长王均成，长阳县领导赵吉雄、李军、范绪忠、覃宏明、鲍剑飞等参加会议。

会议深入学习贯彻习近平总书记系列重要讲话精神，特别是习总书记2017年6月23日在山西召开深度贫困地区脱贫攻坚座谈会上的讲话精神，传达省第十一次党代会精神和蒋超良书记7月4日在省委常委会议上关于深入学习贯彻习近平总书记扶贫开发战略思想的部署要求，听取长阳县委书记赵吉雄对长阳经济社会发展情况汇报以及省直有关单位对口支援工作汇报，对今后一段时期的帮扶工作进行安排部署。省直各支援单位对长阳提请的122个请求事项照单全收，支持资金逾10亿元，从政策扶持、资金安排、项目实施等方面，对长阳真情关心、真心帮扶、真力支持，助推长阳经济社会发展。

（王小艳　覃新勤）

【对口支援专题办公会】 2017年7月25日，宜昌市对口支援长阳专题办公会在长阳召开。市领导张家胜、袁卫东、王均成、张鹏、马宏彦出席会议。县委书记赵吉雄汇报工作，张家胜充分肯定长阳干部群众精神面貌好、工作措施实，各级各部门帮扶力度大，助推长阳取得较好的发展成效。会议议定，宜昌市将一如既往地落实好《省委办公厅省政府办公厅关于建立省内部分市对口支援民族县市工作机制的通知》精神，进一步加大对口支援长阳的工作力度。2017年宜昌市继续以2014年宜昌市公共财政预算收入为基数，按照0.2%的标准落实对口支援长阳资金；继续实行市属重点企业和宜昌城区对口支援长阳11个乡镇和1个开发区工作机制，在项目上予以帮扶；继续实行市直部门对口支援长阳部门和重点项目机制，在政策、项目申报等方面加强指导，在争取国家和省级政策、项目等方面提供帮助和支持。39个对口支援单位主要负责人表态发言。会前，参会人员考察宜昌至长阳快速通道项目、沛函装配式建筑科技园、民族教育园区。

（李贞祥）

农业和农村经济

概 述

2017年长阳土家族自治县农林牧渔业总产值697974万元，同比增长5.81%。其中：农业产值339516万元，同比增长9.62%；林业产值3787万元，同比增长2.46%；牧业产值282847万元，同比增长3.11%；渔业产值49012万元，同比减少12.36%；农林牧渔服务业产值22812万元，同比增长42.65%。农村常住居民人均可支配收入9687元，比上年增长9.59%。全县省市重点龙头企业32家，其中省级农业产业化重点龙头企业10家，市级22家。新增宜昌丰润生物科技有限公司为省级龙头企业，湖北清江沁园茶业有限公司和湖北资丘飞鸡生态农业有限公司为市级重点龙头企业。

农作物总播种面积72890公顷，增加1400公顷。粮食种植面积39670公顷，增加520公顷。其中玉米种植面积16030公顷，增加740公顷；水稻种植面积1780公顷，减少100公顷；油料种植面积9490公顷，增加730公顷；蔬菜种植面积22130公顷，增加210公顷；烟叶面积480公顷，减少10公顷。年末果园面积8630公顷，减少200公顷。其中柑桔园面积7220公顷，减少110公顷。年末茶园面积9370公顷，增加1940公顷。

粮食总产量103759吨，同比增长1.18%。夏粮产量31400吨，同比减少5.72%。其中小麦产量2252吨，同比减少16.34%。秋粮产量72359吨，同比增长4.5%。其中玉米产量41190吨，同比增长10.08%。水稻产量9077吨，同比减少6.48%。油料总产量14827吨，同比增长6.39%。其中油菜籽12502吨，同比增长7.43%。烟叶产量1391吨，同比减少5.71%。柑橘产量60257吨，同比减少5.43%。茶叶产量2792吨，同比增长24.5%。蔬菜产量659876吨，同比增长1.54%。

生猪出栏68.37万头，同比增长1.44%；山羊出栏61.94万只，同比增长3.47%；家禽出笼81万只，同比增长3.85%。全年肉类总产量70598吨，其中猪肉产量53332吨。禽蛋产量1783吨，水产品产量7803吨。

木材产量7682万立方米，比上年下降1.2%。

【农业技术服务】 2017年，长阳农业局结合各村实际，围绕特色产业发展开展培训和技术指导。先后组织粮油、柑橘、茶叶、蔬菜、魔芋、植保、土肥等领域专家，开展技术指导培训60余场次、5000多人。3月9日，举办新型职业农民柑橘生产经营班，60名农民学员参学。推进柑橘大实蝇防控，新建省级柑橘“七园三改”绿色生产示范片一处，基地面积2000亩。推进耕地保护与质量提升补贴，以村委会、专业合作社为主体组织实施，通过施用石灰，配套开展增施有机肥措施治理土壤酸化，在7个高山蔬菜、茶叶、柑橘乡镇实施耕地有机质提升6.7万亩以上，有效改善土壤理化性状，遏制耕地质量退化趋势。开展茶叶绿色防控示范片5处、核心区面积5000多亩；启动全国果菜茶病虫害全程绿色防控（蔬菜）试点，实施化肥农药零增长行动；开展农业面源污染治理和推进秸秆综合利用等项目，农业环境得到大力提升和改善，全县农业发展经济效益、社会效益和生态效益十分明显。

【新型农业经营主体】 2017年，全县各类农民专业合作社1283家，家庭农场85家。全县有4家合作社荣获国家级示范社称号（其中有两家通过示范社监测），12家合作社荣获省级示范社称号，有21家合作社进入宜昌市“十佳百强”合作社；培育创建4家省级示范家庭农场，4家市级示范家庭农场，3家质量优胜家庭农场，2家县级示范家庭农场。

【农产品品牌】 2017年，开展清江椪柑产业高峰论坛暨渔峡口“一村一品”农产品展示活动，打造榔坪木瓜花海旅游节。长阳“水竹园大米”获农业部颁发中国农产品地理标志证书，全县“三品一标”企业达到39家、82个产品，其中无公害农产品44个，绿色食品35个，有机食品1个，地理标志产品2个，总面积38.95万亩，全县“三品一标”种植面积占常用耕地面积的77.28%。

【涉农企业市场拓展】 2017年，县农业局组织多家茶企参加贵州茶博会、杭州茶博会、上海茶博会和宜昌市茶叶推介会；2家特色龙头企业赴北京参加第十五届中国国际农产品交易会；组织4家农业产业化龙头企业参加第十四届中国武汉农业博览会和2017汉宜农商农超对接会，一致魔芋、老巴王公司2家企业现场与武商量贩、大润发等商贸公司签约1亿元的供销合同。“老巴王鱼豆腐”和“资丘飞鸡蛋”获第十四届中国武汉农业博览会金奖。

【农产品质量安全】 2017年，长阳召开全县农产品质量安全会议，签订责任书，全面落实工作责任。强化高山蔬菜、城郊蔬菜、春茶和水果监督检查，全年监测样品3150批次，检测合格率99.97%，其中蔬菜、柑橘抽检合格率100%。严格农产品质量监管，全面建立乡镇农产品质量安全监管网络示意图，组织农产品标准化生产，实行农药处方制乡镇覆盖率100%，建立诚信档案并定期发布“红黑榜”，实施农产品产地准出制度，抽查标签562个，检测合格率99%。

【农业综合执法】 2017年，长阳规范农业投入品经营行为，对全县所有种子、农药等农资经营者进行新《中华人民共和国种子法》《农药管理条例》等法律、法规和业务知识培训，严格规范执业人员经营行为。推行农药经营处方制，覆盖率100%。加强农业投入品监督管理，开展“金盾”“绿剑”等专项护农打假活动，全年出动执法人员162人次，执法车辆54台次，检查门店（企业）328个，受理举报投诉21起，查处案件10起，结案9起，移交公安1起，抽查标签562个，合格率99%，挽回农业经济损失520万元，其中1件执法案件被评为全省农业执法优秀案件。

【农业信贷担保平台】 2017年10月底，长阳土家族自治县政府与省农担公司、长阳农商行、长阳兴福村镇银行签订合作协议，实行“政担银”风险分担机制。长阳与省农担公司共同出资2000万元设立“涉农贷款风险补偿基金”，成为宜昌市第一个与省农担公司建立风险分担机制的县市。在“风险基金”规模内，可为新型农业经营主体提供总额2亿元以内的融资担保服务；2017年度发放3批次13家农业经营主体贷款，担保额度1041万元，有效缓解农业经营主体“融资难”“融资贵”问题。

【涉农表彰】 2017年2月22日，手机导航种地信息系统开发与应用被省科学技术厅（EK2017D180047000189）登记为科技成果；2017年12月7日，县农业广播电视学校被省农民科技教育培训中心（鄂农培〔2017〕17号）表彰为2017年度新型职业农民培育工作先进单位；2017年12

月20日，县绿色食品管理办公室被省绿色食品管理办公室、省农产品质量安全中心（鄂绿办〔2017〕19号）表彰为2017年度湖北省“三品一标”工作绩效考核优秀单位；2017年12月29日，县种子管理局被省种子管理局（鄂种管〔2017〕34号）表彰为2017年度全省种子管理工作先进单位。

2017年6月20日—8月15日，长阳县农业局在农业局系统开展“农业工匠”评选活动。通过宣传发动和自下而上申报，推选28人参加评选，经在长阳农业微信公众号开展网络投票、党组综合评议审定和公开公示环节，授予覃伟、彭绪冰、李纯军、秦明武、黄学顺、李银国、丁祖政、李杰远、覃卫林、覃诗洋10人“农业工匠”称号。

特色产业

【高山蔬菜】 2017年，长阳全县高山蔬菜稳定基地面积30万亩，种植面积46.4万亩，总产量120万吨，总产值18亿元。高山蔬菜冷库达到69家，256个库门，总库容5.58万立方米。通过实施高山避雨延秋设施和“三增三减”栽培模式，高山蔬菜生产技术和质效得到较大提升。

【柑　橘】 2017年，长阳全县9个乡镇80多个村近4万户农民直接从事柑橘生产，2017年面积达到13万亩，其中挂果面积12万亩，柑橘产量达12万吨，销售收入3.5亿元。

【茶　叶】 2017年，全县茶园面积持续增长，达到14.08万亩，较上年增长26.97%。茶叶产量4891吨，较上年增长13.7%，其中名优茶1470吨。全年实现茶叶产值近4亿元，较上年增长22.4%，茶农收入近2亿元，较上年增长24.3%，其中采收夏秋茶增长显著，达到15.1%。

【魔　芋】 2017年，长阳继续实施魔芋基地建设，扶持22个村新建魔芋示范基地面积3100亩，供种22.5万公斤、供肥254吨。全县魔芋规模种植面积

图12　长阳火烧坪蔬菜（西红柿）　　（火烧坪乡党政办提供）

3.5万亩，鲜芋产量4万吨以上，产值超过2亿元。

（孙　航）

林　业

【概　况】 2017年，长阳土家族自治县代表湖北省接受国家天保核查获得好评。落实中央文件精神，推进国有林场改革，大规模遴选国有林场工作人员。崩尖子自然保护区成功晋升国家级自然保护区。争取国家林业局、省林业厅追加指标，为下鸭路、清江画廊倒映峡项目、卓尔文旅、云台荒风电、龙池山休闲旅游等重点项目征占用48.78公顷林地办理手续。大力开展核桃人工授粉技术服务，全县核桃基地大面积试果。根据林业产业普查，全县林业总产值72亿元，其中第一产

图13　G318国道白氏坪段天然林保护大型宣传广告牌

（县林业局提供）

业 6 亿元、第二产业 6 亿元、第三产业 60 亿元。

【天然林管护】 全年管护天然林 201.42 万亩，除治松树枯死木 32898 株，喷洒药物防治 1600 亩，悬挂诱捕器 200 盏防治 7000 亩，林业有害生物成灾率控制在 3.9‰以内。强化森林防火宣传预防，发送森林防火宣传信息 30 万条次，组织各乡镇悬挂森林防火横幅 100 余条，宣传警示牌 50 余块，出动森林防火宣传车 100 车次，发放宣传资料 8.5 万份，录制音频资料 U 盘 172 个发放到 154 个行政村和涉及单位，利用村村响广播广泛宣传。全年仅发生 1 起森林火灾，过火面积 0.8 公顷，森林火灾率控制在 0.3‰以下，获全市森林消防竞赛中最佳组织奖。强化乡镇护林主体责任，将森林资源保护纳入县人民政府对各乡镇综合目标考核内容；整合县木材检查站、县林地管理站、县林政稽查队林业执法力量，组建林业行政综合执法队，进一步打击乱砍滥伐、乱挖滥采等破坏森林资源行为；加强林业立法和执法联动机制，自治县人大常委会将森林保护立法工作纳入五年立法规划和 2017 年立法工作计划，组织工作专班，开展调研，起草《长阳土家族自治县森林资源保护条例（草案）》。

【查处涉林违法案件】 全年查处林业行政案件 244 起、刑事案件 19 起，刑事拘留 5 人，提请批准逮捕 5 人，移送起诉 12 人，没收无证运输木材 1208.5 立方米，处理擅自开垦林地面积 9000 平方米，处理擅自改变林地用途 7000 平方米，有效打击各类涉林违法犯罪行为。对露天采石场进行清理，调查 62 家，排查非法采石场 31 家，督促当事人完成补植复绿 18.9 亩。

【建设碳中和林】 2017 年 3 月 6 日下午，中共长阳土家族自治县委书记赵吉雄等县领导带领县直和磨市镇干部 200 人，在龙五一级路定植桂花树 200 株，建设长阳首个碳中和林。该片林地规划种植 2000 棵桂花树和其他伴生植物，总长 7 公里，产生的氧气和吸收的温室气体可有效中和道路汽车碳排放，改善沿线空气质量。

【崩尖子国家级自然保护区】 2017 年 7 月 12 日，《国务院办公厅关于公布黑龙江盘中等 17 处新建国家级自然保护区名单的通知》（国办发〔2017〕64 号），公布了 17 处新建国家级自然保护区名单，长阳土家族自治县崩尖子自然保护区名列其中，晋升为国家级自然保护区。长阳崩尖子国家级自然保护区位于长阳都镇湾镇，地处武陵山系北支的东部边缘、紧邻清江，总面积 13313 公顷，属于森林生态类型自然保护区，主要保护对象为亚热带森林生态系统和珙桐、林麝、金钱豹等珍稀濒危野生动植物，资丘独活等特色药材种质资源。据科学考察统计，保护区有维管植物 1955 种，其中国家重点保护野生植物有珙桐、红豆杉等 21 种；脊椎动物 397 种，其中国家重点保护的野生动物有林麝、金雕、大鲵等 54 种。被学界视为“全球 25 个生物多样性关键地区和热点地区——中国中南部地区”的重要组成部分。长阳崩尖子在 1988 年建立县级保护区，2001 年批准为市级保护区，2010 年经省政府批准建立省级自然保护区。

图 14　崩尖子保护区的野生娃娃鱼

（长阳崩尖子国家自然保护区办提供）

【林业生态扶贫】 2017 年，长阳土家族自治县林业项目建设资金 6320 万元。直接打入建档立卡贫困户账户的资金 1181.6 万元、20203 户次，其中：

第一轮退耕还林222.2万元、7374户，户均301.3元；新一轮退耕还林113.6万元、915户，户均1241.5元；生态公益林补偿495.7万元、11157户，户均444.3元；选聘生态护林员875人350万元，户均4000元。

【遴选国有林场工作人员】 2017年，长阳土家族自治县稳步推进国有林场改革，核定国有土地岭林场事业编制18名、国有观坪林场事业编制9名、崩尖子自然保护区管理局（银峰林场）编制10名，将国有林场现有在职在编自收自支人员（9人）经费渠道由自收自支调整为财政全额拨款，其余编制在林业系统在职在编自收自支人员中遴选。年底，国有林场工作人员全部遴选分配到位。

【湖北省绿色示范乡村】 2017年10月17日，长阳土家族自治县磨市镇救师口村，资丘镇资丘村、对舞溪村，榔坪镇社坪村、榔坪村，都镇湾镇水竹园村，贺家坪镇贺家坪村、青岗坪村被湖北省绿化委员会、湖北省林业厅（鄂绿发〔2017〕4号）命名为2017年度湖北省绿色示范乡村。

（骆胜东）

水　利

【概　况】 2017年，长阳土家族自治县水利建设争取落实资金16032万元，占全年计划16000万元的100.2%，完成固定资产投资目标任务2.6亿元。招商引资2000万元以上水电项目1个，与长阳景龙水电开发有限公司就东流溪流域水资源开发项目达成投资意向并签订招商合同书。县水利水电局科学谋划、有序实施，解决32747人贫困人口饮水问题，推动完成清江库区养殖网箱清理取缔，完成环保督查整改，推进“河长制”各项基础工作，治理水土流失，有效应对秋汛洪涝灾害。

【长阳解决建档立卡贫困人口饮水问题】 2017年，长阳土家族自治县新建、改扩建管网延伸集中供水工程346处（涉及贫困人口23450人），新建分散供水工程3178处（涉及贫困人口9297人），解决32747人贫困人口饮水问题，全面完成省发改委、省水利厅下达的“解决16372人建档立卡贫困户饮水安全问题，巩固提升4823人”工作任务，实际解决16556建档立卡贫困人口饮水问题，巩固提升5.6万人。

【长阳建立三级“河长制”责任体系】 2017年，长阳土家族自治县建立县、乡、村三级“河长制”责任体系，将流域面积30平方公里以上的34条河流纳入保护名录，明确公示县级河长。11个乡镇分别制订“河长制”实施方案，将27条河流纳入乡镇级“河长制”管理。聚焦“五乱”（乱占乱建、乱围乱堵、乱采乱挖、乱倒乱排、乱捕滥捞），组建工作专班，抓河道清障整治和打非治违，对市级督办的清江、丹水、泗杨溪、天池河4条河流进行全面排查，清障整改。县水电局联合龙舟坪镇政府，对沿头溪近20处围河造田行为进行清障整治，对清江桥左岸存在近27年的违章棚户进行清理拆除。

【农业节水灌溉项目】 2017年7月21日，长阳土家族自治县2017年度现代农业高效节水灌溉项目开工建设。项目涉及贺家坪镇七里坪、堡镇2个行政村。主要建设内容为：新修拦水坝7座；新修蓄水池56座，总容积0.48万立方米；新建泵站4座，总装机134千瓦；新建低压管灌1.663万亩，铺设灌溉管网227.34公里，给水栓1806个；整修排水沟1条，长0.9公里。项目总投资1500万元，资金来源为中央投资。

【治理水土流失】 2017年，长阳土家族自治县以小流域为单元开展水土保持综合治理，统筹规划山、水、田、林、路，实行工程措施与生物措施相结合，突出小型水利水保工程特别是坡面水系工程，完成2017年水土保持重点工程项目。项目总投资600万元，治理水土流失面积15.42平方公里。续建完成2016年度三背河小流域国家水土保持重点建设工程、省级现代农业农村能源项目年度计划任务。完成2018年革命老区水土保持项目前期工作，中央下达投资计划700万元。

【山洪灾害防治工作研讨培训会】 2017年3月21日至22日，湖北省山洪灾害防治工作研讨培训会在长阳土家族自治县召开，全省各县市区防汛抗旱指挥部办公室相关负责人140多人参加会议。湖北省防汛抗旱指挥部办公室副总工江炎生主持会议，长阳土家族自治县人民政府副县长裴新颜代表长阳致欢迎词。会议集中交流各县市山洪灾害防治工作，学习讨论省山洪灾害防御预案的编制，介绍示范县级三维展示平台团建、山洪微信服务平台。

【全市防汛抗旱工作突出单位】 2017年6月21日，长阳土家族自治县水利水电局被中共宜昌市委、市人民政府（宜文〔2017〕20号）评为2016年全市防汛抗旱工作突出单位。

（李光波）

畜牧业

【概　况】 2017年，长阳土家族自治县畜牧兽医局围绕产业提档升级、粪肥处理达标、舌尖安全管理、基层能力建设、行政效能提升“五大工程”，推进畜牧业供给侧结构性改革，培育畜牧业发展新动能，全年生猪出栏70万头，山羊出栏62万只，成为湖北山羊第一县，猪、羊、鸡、牛、蜂五大产业齐头并进，畜牧业总产值29亿元，占全县农业总产值的44%。

【畜牧产业脱贫惠农】 2017年，长阳在全市率先提出畜牧产业精准扶贫“121”模式（生猪“121”养殖模式：每个贫困户饲养1头能繁母猪，年出栏肉猪20头，实现年纯收入1万元；山羊“121”养殖模式：每个贫困户饲养10只能繁母羊，年出栏肉羊20只，实现年纯收入1万元；家禽“121”养殖模式：每个贫困户通过家禽养殖生产禽蛋100斤，出笼生态家禽200羽，实现年纯收入1万元），全年完成畜牧业扶贫贷款6913万元，惠及5000余个扶贫户。其中市场主体1890万元，散养户5023.65万元。完成2014年度退耕还草8447.48亩，兑付资金422.37万元，2015年度退耕还草10200.51亩，兑付资金387.62万元；惠及农户740户，涉贫困户221户（其中2014年53户，2015年168户），退耕还草50亩以上的102户，100亩以上的23户，500亩以上的10户。完成龙舟坪镇沿头溪流域石漠化综合治理项目。完成由永兴生态牧业公司承建的2016年度南方现代草地畜牧业推进行动项目建设，申报2017年度南方草场项目2个。审核落实138只良种公羊引种补贴33.03万元。落实国家能繁母猪投保17433头，落实补贴资金83.67万元（其中中央补助522990元，省级补助313794元），协助能繁母猪理赔762头，赔付保险资金76.2万元。审核落实5048头病死猪无害化处理补助资金40余万元。

【畜牧种质资源保护和开发】 2017年，长阳依托宜昌肉羊育种与饲料油菜院士专家工作站和宜昌市肉羊产业技术体系首席科学家工作站，开展宜昌白山羊肥羔生产技术课题研究及优质地方品种宜昌白山羊新品系培育的研究，项目完成，国家基因库首次有长阳白山羊的基因。宜昌白山羊成为国家遗传资源中心重点保护品种。开展“三品一标”宣传培训及认定、认证，申报“长阳白山羊”地理标志和6个产品认证。结合精准产业扶贫，在全县范围选点建成9个畜禽种源供应基地，涵盖猪、牛、羊、禽、蜂五大产业，制定种源供应联系卡发放到千家万户。支持3家企业进行畜禽标准化示范创建，完成8家省部级示范场复核认定，新建部级示范场1家。

【疫病防控】 2017年，长阳畜牧兽医局提升基层防疫员能力，分乡镇对全县11个乡镇154个村的266名村级防疫员进行系统培训，兽医理论、职业道德和防疫诊疗能力得到加强。兽医兽药管理升级，对村防疫员手机APP防疫信息系统进行全员培训，县、乡镇二级疫苗信息化管理员全部掌握网络操作技术。办理案件15件，其中4件被评为省市2017年度畜牧兽医执法案卷优秀案卷。建立覆盖全县各乡镇的病死畜禽无害化收集网络。布病净化采样62708余份，从采集到检测无一差错，对检出的21只阳性羊及51只同群羊全部扑杀并做无害化处理。境内未发生H7N9疫情。

【畜牧养殖污染治理】 2017年，长阳畜牧业实施粪肥处理达标工程，推进绿色发展。依托南方现代草地畜牧业推进项目和退耕还草项目，主动谋划百里生态畜牧旅走廊项目，是宜昌市三产融合示范；根据全市畜禽养殖污染“三区”划定方案，开展示范创建，形成县乡一体、部门联动工作机制，完成各级环保督察销号。3月，出台《长阳土家族自治县畜禽规模养殖禁养区、限养区和适养区划定方案》，开展打击非法养殖行为，养殖废弃物综合利用和污染防治示范创建。5月19日，县人民政府组织召开全县畜禽养殖废弃物综合利用和污染防治现场推进会。9月，县畜牧兽医局会同县环保局组建3个工作专班到各乡镇指导养殖场（户）制定“一场一策”方案，宜昌市重点督办的8家规模养殖场污染问题得到有效治理。

（邓晓宁）

水产业

【概　况】 2017年，长阳全县渔产量2.25万吨，渔业产值7.12亿元，渔产量（吨）与渔产值（万元）比1∶3.1，居全省前列，受网箱清理取缔政策影响，全县渔产品销售较往年大幅上升，渔业产量与产值均有较大幅度增长。全面清理取缔养殖网箱和拦网。至年底，全县有国家级龙头企业1家，省级龙头企业2家，市级龙头企业3家，渔业企业实现清江鱼精深加工产值2.1亿元，出口创汇近320万美元。

【渔业安全管理】 2017年，长阳贯彻省农业厅及省水产局文件精神，全面开展水产品市场准出制度，建成以绿源渔业有限责任公司、鹏搏开发公司、刘坪湖渔业专业合作社等渔业大户为重点的水产品准出试点示范基地11个，全年抽检水产品165批次，水产品质量安全合格率100%。重视渔业船舶安全管理。以汛期、重大节日等为重点，开展渔船安全生产监督检查，排查隐患，整改提高，实现全年渔业船舶监管率100%，渔业水上安全零事故。

【渔业执法监管】 2017年，长阳结合全省生态文明建设及湖库拆围精神，加大《中华人民共和国渔业法》《湖北省水污染防治条例》《湖北省湖泊管理条例》等相关法律法规的宣传，增强渔民知法守法和配合网箱清理取缔的意识；严格渔政执法及监督管理，严查渔业违法案件。渔政站全年开展执法行动120次，出动执法车船175台（艘），查处电毒炸渔业违法案件26件，查处违规新建网箱行为19起，查办使用禁用渔药案1起，收缴电捕鱼器15套，处罚教育违法人员12人。“渔业网格化”管理模式进一步强化。为建立和健全清江库区渔业管理长效机制，根据县人民政府关于规范网箱养殖管理的相关文件精神，逐步形成“政府统一领导、部门依法监管、乡镇全面负责”的网格化管理格局，各乡镇属地管理意识较加强。

【清江库区网箱养殖取缔】 2017年，根据环保要求，长阳县、镇、村500多名干部经过一年的艰苦细致工作，清理取缔清江库区长阳水域网箱养殖1070户2107亩（140.3万平方米），清理取缔养殖栏网71处2753处（1833498平方米），拆除养殖网箱工作用房865个18165平方米，取缔养殖用机动渔船128艘，非机动渔船376艘，全面完成清江库区长阳水域养殖网箱清理取缔任务。

（李淑娟）

责任编辑：田祥英

水土保持

【概　况】 据2016年湖北省水土保持公报资料显示，长阳土家族自治县水土流失面积为580.18平方公里，占县域总面积的16.91%。其中：轻度侵蚀面积196.78平方公里，中度侵蚀面积255.01平方公里，强烈侵蚀面积86.72平方公里，极强烈侵蚀面积34.41平方公里，剧烈侵蚀面积7.26平方公里。

2017年，长阳土家族自治县实施完成国家水土保持重点工程项目，治理水土流失面积15.42平方公里，项目总投资600万元。

【国家水土保持重点工程】 2017年，长阳土家族自治县实施板凳坳小流域和朱津滩小流域水土流失治理工程，综合治理水土流失面积15.42平方千米，发展经果林33.38公顷，封禁治理1495公顷。项目投资600万元，资金来源为中央投资。

【省级现代农业农村能源项目】 2017年，长阳土家族自治县完成省级现代农业农村能源项目——清洁能源入户工程1831户（生物质炉1717台、小型沼气工程6处），项目投资349万元，其中中央资金175万元。在龙舟坪、资丘、磨市、大堰、贺家坪、高家堰、都镇湾、鸭子口、火烧坪9个乡镇实施。

（王丽婷）

农业机械

【概　况】 2017年12月底，长阳土家族自治县农业机械总动力24.1万千瓦。兑付农机补贴资金254.49万元，补贴各类农机具5941台（套），其中大型农机具31台。自治县农业机械局开展变型拖拉机专项整治活动，对未参加年检的1139台变型拖拉机注销。

【“二次进风节能灶”研发及制造】 2017年7月，长阳农机推广站与长阳清江农机制造有限公司共同完成“二次进风节能灶”研发及工厂化制造，完成“热风炉射流引风机”及“热风炉除尘器”研发和试制。二次进风节能灶是在工厂化生产的大锅灶灶膛内胆增设二次进风装置，提高燃烧效率，达到节能降耗目的。热风炉射流引风机是利用中高压风机产生的高速气流流过文氏管产生负压，引出热风炉燃烧产生的烟气，避免高温烟气流过风机叶轮产生过热和腐蚀，延长风机使用寿命。热风炉除尘器是利用若干喷头将水雾化，热风炉烟气流过时除去烟气中的灰尘，降低烟气黑度。

【农机补贴政策监督】 2017年5月5日，长阳土家族自治县农业机械局召开2017年农机购置补贴经销商会议，全县20多家农机购置补贴机具经销商参加会议。会议讨论通过农机补贴政策监督“分类核实”的操作模式，即：以单机补贴额为依据，补贴额1000元及以上的机具，采取“自主购机、入户核实”方式；补贴额1000元以下机具，采取“自主购机、定点核实”方式。

（熊　斌）

农村合作经济经营管理

【概　况】 2017年，长阳土家族自治县各类农业合作社累计1283家，培育国家级示范社4家，省级示范社12家，市级示范社21家，示范社入社成员1.6万户。发展家庭农场累计85家，其中省级示范家庭农场4家，市级示范家庭农场4家，县级示范家庭农场2家，质量优胜家庭农场3家。全年审批16个村“一事一议”村民筹资筹劳项目16个，筹劳2.4万个，申报财政奖扶资金210万元。庄溪固定观察点调查数据显示：全年经济总收入1485.3万元，比上年增长5.9%；农民人均纯收入2771元，比上年增长5.5%；调查户（60户）农民全年总收入346.7万元，比上年增长22.4%；人均纯收入14068元，比上年增长18.9%。年底，

图 15　2017 年 9 月 18 日，全县农村土地确权验收会在清江花园酒店召开　　（县农村经济管理局办提供）

图 16　榔坪关口垭核桃基地　　（县林业局提供）

全县新一轮农村土地承包经营权确权登记颁证工作基本完成。

【农村土地承包经营权确权】 2017 年，长阳土家族自治县完成农村土地承包经营权确权登记颁证，经宜昌市检查验收组抽查验收，达到省农村土地确权登记颁证验收标准。长阳自开展农村土地承包经营权确权登记颁证工作以来，至 2017 年年底，成立领导小组及工作专班 388 个，配备专班人员 2552 人，召开确权动员培训会议 799 场次，培训人员 18590 人次，发放宣传资料 203647 份，受理纠纷 905 件，调处纠纷 901 件，调处率 99.6%。完成摸底调查 98579 户，指界抠图 97002 户，公示审核 97002 户，签订承包合同 96461 户，占应签承包合同（公示审核）农户数 99.44%，建立土地承包登记簿 95278 份，颁发经营权证 95278 户，占应颁证农户数的 98.22%。实测面积 598717.78 亩，比原承包合同面积增 124237.78 亩，增长 26.2%，承包地宗数 436143 宗。档案整理已启动 10 个乡（镇）90 个村，占应开展 154 个村的 58%。按照农业部标准和要求，完成土地确权数据库及信息系统软硬件政府采购、安装调试。

【《长阳土家族自治县农村集体“三资”管理办法》出台】 2017 年，长阳土家族自治县人民政府出台《长阳土家族自治县农村集体“三资”管理办法》（长政发〔2017〕15 号文件），全县农村集体“三资”管理体制进一步理顺。县级设立“三资”管理办公室，地点设县农村合作经济经营管理局。11 个乡镇成立“农村集体三资管理监督委员会”，设立“农村产权交易中心”，组建专家评委库，与“湖北农村集体资产信息服务平台”直接对接，搭建“长阳土家族自治县农村集体资产信息服务平台”。

（李作勉　张莉莉）

责任编辑：向家舟

工 业

工业概述

【概　况】2017年，长阳土家族自治县60家规模以上工业企业完成总产值58.46亿元，其中长阳土家族自治县铁矿加工企业（长阳新首钢矿业有限公司）实现产值8476.9万元，锰加工产业完成工业总产值87066.7万元（长阳蒙特锰业有限责任公司65861.1万元，长阳铠榕电解锰有限公司21205.6万元）。完成小进规企业5家。

全年纳入技术改造项目库的工业项目10个，项目投资19.02亿元。完成18台燃煤锅炉的淘汰（改造）计划。华新水泥（长阳）有限公司全年错峰停产93天以上。开展小火电专项整治，全年开展2次检查督办，通过省市验收。

落实产业发展基金调试资金申报，6家企业获得支持资金4000万元。落实2016年度县级企业技术改造项目专项资金，8家企业获得265万元的专项资金支持。2家电解锰企业被纳入用电直接交易范围，全年可节约电费1000万元以上。

开展"百名干部进百企解百难"活动。成立县重点产业办公室。印发工作方案，开展定期督办通报。全年收集企业困难建议470余条，编制问题责任清单273条，通过县政府督查室印发情况通报4期。

编印发放《经济商务政策汇编》《降低实体经济企业成本政策汇编》200多册，《化工产业专项整治及转型升级政策汇编》30册；印发《落实降低企业成本责任清单》，促使降低企业成本的各项政策在长阳落实到位。在长阳电视台推出"效益新观察"电视专题片《凤凰涅槃》，对三品源、垚美软瓷、丹水润城等一批通过技术改造产生良好经济效益的企业进行宣传和推介。垚美软瓷、一致魔芋分别被评为湖北省支柱产业细分领域隐形冠军示范企业、科技小巨人。

（吴亚洲）

电力工业

【概　况】2017年，长阳土家族自治县全年社会累计用电量77089万千瓦时，同比下降2.29%，其中工业用电量53920万千瓦时，同比下降5.49%，占全社会用电量的70%，同比下降2.3%。全年完成售电量7.02亿千瓦时，综合线损5.73%，内部概念利润12015.68万元。开展"走进园区、助力发展"专项活动，班子带队走访"一区四园"重点企业24家，解决问题10个，提供技术帮助6项。扎实开展供电所"七零"长周期竞赛，大堰、火烧坪、渔峡口供电所挑战"七零"长周期天数累计184天。以津洋口"全能型"供电所创建为契机，统筹推进全能型供电所建设。

全年落实报装7项优惠政策，高压新装36户，低压报装3157户，接电容量4.62万千伏安。完成投资1.76亿元的231个配网改造单项工程，农网用户年均停电时间由42.56小时降至16.8小时，农村用电量1.29亿千瓦时，增幅34.8%，较好解决低电压和供电卡口问题。完成酒泉—湖南±800千伏特高压直流输电线路长阳段线下通道清理、三线迁改等。全面完成220千伏鹿子河变电站配套线路建设和35千伏大堰变电站主变增容，完成“国网阳光扶贫行动”54个村级光伏扶贫电站建设和投运任务，新建10千伏接网线路31.64公里，合子坳、多宝寺两个电站作为全国光伏扶贫现场会观摩点，扶贫模式、建设质量和工艺得到国务院扶贫办、国家能源局、国网公司和地方政府的高度肯定。每年统筹安排550万元定点扶贫项目，开展科教、卫生、“三通”和产业扶贫，确保电力定点扶贫精准发力。

全年县供电公司实现7个不发生安全目标，电网连续安全稳定运行4429天。修编《公司总体应急预案》《大面积停电应急预案》《部门安全责任清单》等24项制度。开展“春季扫雷行动”，安装10千伏配电线路标志牌1600块，清理线路通道2208公里，安装漏保1829台，电压合格率从99.27%提升到99.51%，农网供电可靠性从99.34%提升到99.75%。完成赵家冲变35千伏刀闸更换和10千伏高压开关柜新增、王家棚变综自改造及35千伏刀闸更换、大堰35千伏主变更换；开展110千伏郭花线地线更换及缺陷处理。配合县政府召开全县电力工作会议，明确各方责任和目标。电网成功应对高温大负荷和局部雷暴雨考验，最大负荷13.68万千瓦。完成中共十九大安全保供电工作。成功应对岁末年初两轮冰雪灾害，在第二轮冰雪灾害中实现“零跳闸”。

取消七类涉企电力服务收费项目，降低用电客户报装、增容接电成本，为企业和重点项目用电减免费用223.72万元。服务易地扶贫搬迁安置点供电，全力支持铠镕锰业用户线路抢险恢复，加快云台荒风电项目配套线路迁改，确保快用电、用好电。

（吴亚洲　杨　鋈）

【村级光伏电站】 2017年4月5日，长阳磨市镇多宝寺村光伏电站顺利并网，这是2017年“国网阳光扶贫行动”在湖北省宜昌市的首个村级光伏电站并网发电。2017年，国家电网公司在定点扶贫的长阳土家族自治县54个重点贫困村各捐建200千瓦村级光伏电站，总容量10800千瓦，以及配套接网工程建设，投资总金额11650万元，电站发电所得收益用于提高贫困村集体收入和帮助贫困人口脱贫。项目启动以来，公司领导班子高度关注，成立专班督导工程进度和质量，多次深入项目现场检查指导。全县54个村级光伏电站全部开工，完成一批并网一批。

多宝寺村位于磨市镇城郊接合部，村域最高海拔420米，辖区面积25.6平方公里，耕地面积3645亩，全村共860户，2860人，其中贫困户200户、贫困人口580人，距长阳县城25公里。多宝寺光伏电站位于多宝寺村3组，占地约3900平方米，电站装机规模209.88千瓦，投资191.98万元；配套接网工程线路由多宝寺西侧出线至10千伏磨07花桥线T接上网，新增200千伏安配电变压器一台，投资8.3万元。电站建成后运行25年，年平均发电收入约12.41万元，25年总收益约310.18万元（参见县辖乡镇·磨市镇相关专题条目）。

【全县电力工作会议】 2017年6月16日，全县电力工作会议在电力公司15楼会议室召开。各乡镇、县直各单位负责人50余人参会。县人民政府副县长覃红、谢海红参加会议并讲话。电力公司总经理朱险峰做关于全县电力工作情况的汇报，重点针对电力设施保护、农网改造、小水电自供区和光伏扶贫电站建设等四个方面详细介绍工作开展情况以及面临的困难和问题。副县长覃红代表县政府与各乡镇签订《电力设施保护责任书》。

县经信局和公安局就强化全县电力设施保护工作分别发言。会议印发《全县电力设施保护工作责任清单》和《关于调整长阳土家族自治县电力设施保护工作领导小组成员的通知》，加强电力设施保护领导，明确各部门工作职责和工作要求。

【乡镇供电所建设推进会】 2017年8月15日，宜昌市公司组织各县市公司营销部代表到津洋口供电所参观学习“全能型”供电所创建。津洋口供电所负责人从营业厅建设、组织机构建设、台区经理制、网格化建设、绩效管理、新型业务开展等多方面详细介绍“全能型”供电所创建工作开展情况，并重点就多功能营业厅和电动汽车充电桩建设与参观人员进行交流探讨。

【定点扶贫督查组到长阳调研】 2017年12月9日，由国网公司营销部副处长司烽、省公司总经理助理姚太和、农电部副主任彭昌勇、三级职员高翔一行组成的“三县一区”定点扶贫县脱贫攻坚专项督查组到长阳调研。宜昌市扶贫办、市公司、县长李军、挂职县长谢海红及其相关部门的负责人陪同，公司总经理朱险峰、副总经理杜宾，纪委书记、工会主席谭黎明参加调研。

在调研会上，督查组听取李军关于国网“定点扶贫”长阳县脱贫攻坚工作的详细汇报。督察组对长阳定点扶贫工作中协调能力强、积极性高、执行力强，基础工作扎实等方面给予肯定。并对相关资料的管理工作提出相关要求。随后，督查组一行在长阳龙舟坪镇土地坡村驻村“第一书记”黄丹松和村支书曹梅芳的导引下，走访看望一组方志国等因病致贫的贫困户。在贫困家中详细了解他们致贫的原因，家庭收入和支出情况。

（杨　鎏）

煤炭工业

【概　况】 2017年，长阳土家族自治县加强煤炭行业监管，着力抓好煤矿瓦斯防治，推广煤矿新技术、新工艺，化解产能过剩，稳步推进煤矿安全质量标准化建设。全年生产原煤27.59万吨，销售28.38万吨，销售产值4851.1万元，工业增加值1388.96万元。

贯彻落实《关于做好2017年钢铁煤炭行业化解过剩产能实现脱困发展工作的意见》（发改运行〔2017〕691号）和《湖北省钢铁煤炭行业化解过剩产能和脱困升级工作领导小组办公室关于做好2017年煤炭行业化解过剩产能工作的意见》（鄂化解办发〔2017〕43号），有效化解煤炭行业过剩产能，先后5次对全县煤炭行业化解过剩产能关闭退出矿井进行摸底调查并上报情况。逐矿宣传政策，给煤矿企业分析当前煤矿安全生产形势以及今后煤炭企业所面临政策环境，帮助煤矿企业认真算好经济账、安全账，建议煤矿企业认清形势，理性对待，抓住国家奖补退出和产能置换政策机遇，能够退出的尽量退出，达不到保留煤矿要求的，尽早申请关闭退出，引导全县煤矿自愿、有序退出煤炭市场。全县煤与瓦斯突出、灾害隐患严重、资源趋于枯竭、安全基础条件差且难以改造的赵姑垭等4家矿井退出煤炭生产领域，关闭退出产能30万吨，超额完成去产能任务。

（覃宁勇）

【长阳关闭赵姑垭等4家煤矿】 2017年9月18日，长阳土家族自治县人民政府印发《县人民政府关于关闭长阳土家族自治县赵姑垭煤炭有限责任公司赵姑垭煤矿等4家煤矿的决定》（长政发〔2017〕16号），关闭赵姑垭煤炭有限责任公司赵姑垭煤矿、宜昌桐鑫矿业集团长阳陈家坪有限责任公司、宜昌桐鑫矿业集团长阳黄柏山煤炭有限责任公司、长阳锁凤湾煤矿有限责任公司。

（田科骥）

建材工业

【概　况】 2017年，长阳土家族自治县建材工业企业完成总产值72131.8万元。其中：华新水泥（长阳）公司完成总产值29109.3万元，长丹木业完成总产值13883.8万元，红业建材完成10395.2万元，垚美软瓷完成总产值7206.4万元，中亿玻璃完成总产值5183万元，力泰混凝土完成总产值3847.9万元，钟宜钢构完成总产值2506.2万元。

【华新水泥（长阳）有限公司进宜昌市制造业纳税百强榜】 2017年，华新水泥（长阳）有限公司严格执行错峰生产，加大环保投入力度，投资近1500万元进行技术升级改造，努力降低生产成本，实现水泥生产93.5万吨，水泥销售93.19万吨，实现EBITDA（税息折旧及摊销前利润）5326.04万元，完成税收2183.57万元，居宜昌市2017年制造业纳税百强企业排名第47名，公司全年利润总额1123.36万元。

【垚美软瓷企业】 2017年，湖北垚美软瓷有限公司通过改进工艺，研发自动化生产线，把公司的12项专利逐一应用在二期生产线上，动能由传统的电能改成天然气，降低企业人工成本和能耗。利用“互联网+”，与高校建立“产、学、研”合作体系，委托专业研发制造企业开发模具、装备等配套设施。

（吴亚洲）

农产品加工业

【概　况】 2017年，长阳土家族自治县农产品加工业完成总产值276183.7万元。其中宜昌丰润生物科技有限公司56556.7万元、湖北勤劳农夫生态农业股份有限公司33770.5万元、湖北纽斯达食品股份有限公司25879万元、湖北一致魔芋生物科技有限公司22991.4万元、湖北天润生态农业开发有限公司20333.7万元、湖北三品源茶业科技开发有限公司20113.2万元。

【茶叶绿色生产模式集成试验示范】 2017年，湖北三品源茶业科技开发有限公司投资40万余元在都镇湾城五河、立志坪村进行茶叶绿色生产模式集成试验示范。根据公司出口产品特点，组织推广夏秋茶采收利用，解决长期困扰茶农的夏秋茶出路问题，提高茶农茶叶生产效益。全年收购毛茶7000吨，价值近1亿元，1万余户茶农受益。

【一致魔芋进行设备改造】 2017年，湖北一致魔芋生物科技有限公司注重工艺创新，加大技术改造力度，节能降耗成效显著。对酒精回收进行设备改造，回收能力提高30%；用水量降低50%，平均消耗每吨魔芋胶下降20公斤；通过对搅拌锅的改进，魔芋洁肤绵次品率由上年的2.03%下降到1.61%，魔芋胶的退货率下降至0.37%；经过多次实验和货架期比对后，将原有生产周期12天缩短至10天。全年实现营业收入2.2亿元，实现入库税收1104万元，居宜昌市2017年制造业纳税百强企业排名第94名。

【任森农业销售实现三大突破】 2017年，湖北任森农业科技发展股份有限公司销售取得三大突破：广东地区水晶粉丝生粉等取得突破，其中单品300克粉丝相较于2017增长率达到245.48%；2017年11月和青岛新伙伴公司达成“缘芝·坚果多”代餐粉销售合作，12月份销售329万元，毛利52.36%；生粉（自有产品）也取得较大成绩，其中单品180克红薯生粉同比增长51.3%；新品嫩肉粉同比增长178.56%。

（吴亚洲）

责任编辑：苏美嫩

交通　物流　通信

交　通

【概　况】 2017年，长阳土家族自治县完成交通运输固定资产投资10.89亿元。至年底，全县通车里程6455公里，拥有国省道526公里，农村公路5929公里，公路密度每百平方公里195.6公里，每万人拥有153.6公里。其中国道2条，146公里；省道4条，380公里；县道4条，56公里；乡村道90条，1269公里；通村硬化路里程4120公里，农村公路安保里程1732公里。全县列养公路里程526公里。有公路桥梁（不含沪蓉高速公路）259座9459延米；大型桥20座2700延米；中型桥63座3184延米；小型桥175座3294延米。有公路隧道（不含高速公路）9座1779米。全县11个乡（镇），154个行政村，公路全部通达通畅。铁路（宜万铁路）60公里；清江航道138.5公里，干线等级航道182.7公里，其中三级航道92.5公里、五级航道51.5公里、六级航道38.7公里。

【交通物流重点项目】 2017年，长阳交通领域对上争取和融资10.9亿元，完成二级客运站、长阳农村电商物流产业园招商引资项目2个，投资规模2.3亿元。宜长快速通道完成施工便道建设，主体工程12月开工建设；龙五一级公路磨市至五眼泉段完成主体工程，清江特大桥开工建设；方清旅游公路下渔口至周家河段“五一”前顺利通车，周家河至清江方山段12月开工建设；459省道火烧坪至鸭子口段、324省道鸭子口至资丘段12月已开工建设。清江画廊旅游码头、高坝洲库区旅游渡运码头开工建设。推进农村公路和安全生命防护工程建设。全年完成农村公路硬化680公里，完成公路安防工程700公里。

图17　龙舟坪镇两河口至郑家榜公路，长19公里，经两河口、王家棚、土地坡、全伏山、郑家榜4个行政村

（龙舟坪镇党政办提供）

榔坪农村综合服务站，交通物流分拨中心建成投入使用；长阳农村电商物流产业园展开项目工可、设计等前期工作。

（覃银芳）

公　路

【高速公路】 境内有高速公路1条，即沪渝高速公路。沪渝高速公路长阳境内东起与宜都交界女娘山隧道，西至长阳榔坪八字岭隧道与恩施接界，全长 84.65 公里，互通连接线、生活服务区折合里程 21 公里。途经长阳龙舟坪、高家堰、贺家坪、榔坪等 4 个乡镇。沪渝高速公路采用双向 4 车道，山区高速公路技术标准设计行车速度 80 公里 / 小时，整体式路基宽 24.5 米，分离式路基宽 2×12.5 米，中央分离带 1.5 米。在白氏坪、高家堰、贺家坪、榔坪设 4 处互通式立交，建 4 个收费站，高家堰、榔坪有生活服务区。境内有大中型桥梁 93 座 56411.996 米，隧道 13 座 36171.25 米，桥隧总长（含双线）92583.246 米。2010 年 4 月 18 日全线通车。

【国省干线】 县域内有国道 G318、G241 两条，其中 G241 呼北线为新划定线路。G318 国道长阳段起自孙家湾，经白氏坪、高家堰、贺家坪、榔坪，止于八字岭，全程 118.506 公里。列养里程为 118.506 公里，沿线桥梁 29 座、974.5 米，其中大型桥梁 1 座 100 米、中型桥 11 座 544.3 米、小型桥 17 座 330.2 米。有涵洞 557 道，养护站房 6 栋。G241 呼北线由宜昌点军长阳界赤土垭进入长阳，途经高家堰镇周府口、沿 G318 国道至彭家口、偏岩、进王五线黄家坪、潘家淌、龙舟坪镇镇政府驻地、清江南、花桥、磨市镇镇政府驻地、芦溪村，止于宜都市长阳县界高家林。长阳境内全长 53.495 公里。

全县有省道 4 条：王渔线、兴五线、白水线、火松线，404.722 公里。S242 王渔线，起自 318 国道王子石，经黄家坪、津洋口、三里店清江大桥、隔河岩厂区、柏树坳、金子山、高家岭（32+150）、花桥大桥、杨家湾、沁水坪、鸦雀岭、晓麻溪、洞湾大桥、十八拐（67+300）、大堰（78+600）、公路坪、小坳子、黄家淌、马黄冲、钟家铺子，接五峰县界至渔关镇。途经长阳龙舟坪、磨市、大堰 3 个乡镇，是 1994 年新增的省道，长阳段 92.8 公里。S255 省道兴五线起自秭归长阳界滴水岩，经西流溪、堡镇、碑坳、火烧坪、桃山、加油站、小岩底、偏岩子、淋湘溪、凤湾、天池口、水连、纸坊头，止于长阳县五峰县界中溪河。长阳境内 101.487 公里。S324 白水线省道起自长阳县白氏坪高速接线口，经石灰窑、雄关隧道、奇石园、三里店、津洋口三岔路、下渔口、天柱山、长岭岗、杨家槽、巴山村、西阳坡、桃山、加油站、小岩底、偏岩子、淋湘溪、锁凤湾三岔路、农家岭、茅坪、白岩、西坪、渔峡口、大花瓶、石板溪、招徕河、乱槽沟、龙池、榨洞、盐池河至巴东县界渔湾、巴东县长阳县界三号岗亭，止于巴东县长阳县界开关站。全长 151.727 公里。此线路是省道白下线的延伸，也是长阳省道里程最长线路之一。S459 省道火松线起自火烧坪，与省道兴五线相接，经青树包、溜沙口、扁担垭、碑坳、杨家槽、长岭岗、鸭子口渡口、贷家岩、庄溪、金福、晓溪、分水岭，止于松元坪十八拐。路线长 58.708 公里，为新增省道线路，由原县道下渔线、十桃线升等。火松线在（松元坪）十八拐与省道王渔线互通。

（毛承康）

【养护管理】 2017 年，长阳对公路精细管理，努力创建畅安舒美公路环境。加强日常养护工作。做好日常路况巡查，重点对桥隧病害、沿线防护设施损坏、路基边坡稳定情况调查上报维修；加强路面保洁，提高保洁频率，重点清理堆积物和杂物、路面、边沟、涵洞进出口、桥梁泄水孔等；巩固完善标准路基、整修边坡，标志标牌及时维护和补栽，对污染标志标牌清洗贴膜；加强季节性养护，春季组织基层养护站对沿线枯死苗木、绿化盲点、特殊景观点进行补栽补种。强化养护基础建设。为完善养护信息基础数据库建设，安排专人负责地灾、安保、危桥、大中修数据库工作；完成大堰公路管理站标准化改造。规范内业资料管理。多次安排养护站统计人员参加相关培训，并组织相关人员外出参观学习，确保三图三表上墙张贴规范、生产计划和完成台账填写完整，出工出勤和用工记录填写详细。规范里程碑及标志牌设置。完成G318沪聂线鄢沱至八字岭全线、G241呼北线赤土垭至周符口段、S255兴五线滴水岩至桃山段、S324白水线白氏坪至下渔口段所有里程碑、百米桩的重新设置和更新；完成国省道交叉道口标志标牌版面更换7处，对全县陡坡、急弯、易滑、视距不良等路段，加设警示牌19块。

【路政管理】 2017年，长阳路政部门积极参与和支持公路建设，精心呵护建养成果，充分发挥路政管理职能。加大路政巡查力度。在榔坪、庄溪养护站设立两个巡查组驻站点，与养护站形成联合巡查、信息互通、资源共享、相互配合的管养联动巡查处置机制。开展路域环境整治。5月，路政大队牵头联合养护部门对318国道白果坪盆景园、贺家坪、榔坪集镇等重点路段进行专项整治宣传，拆除龙门架1个，拆除非公路标牌527块。9月，对全县范围内的护路林进行逐一安全隐患排查，清除枯死林木137棵，消除安全隐患，保障公路通行安全畅通。强化超限治理。与交警部门开展联合执法，高家堰超限检测站严格按规定对车辆进行称重检测，治超检查24小时不间断执法。路政部门与交警部门联合组成的治超专班持续开展公路货车违法超限超载专项行动，有效遏制超限超载运输势头，超限率明显降低。加强普法宣传。送法下乡，以“全省路政宣传月”“12・4”国家宪法宣传日为契机，发放宣传手册，开展面对面咨询服务。

（陈　鹄）

【道路运输】 2017年，长阳有各类营运车辆1211辆，3796吨，8394座位，其中客车203辆，3684座位；货车674辆，3796吨；公交车151辆，4710座位，其中，宜昌交运集团长阳客运公司现有车辆49辆，1760座位、长阳城市公交客运有限公司，投入车辆102辆，2950座位；出租车183辆，其中轿车86辆，面的97辆。完成客运量479.07万人次，客运周转量23897.61万人公里；货运量341.18万吨，货运周转量45421.64万吨公里。全县汽车客运站14个，其中二级站1个，三级站（清江旅游）1个，五级站（综合）12个。候车棚（亭）149个，招呼站240个。有汽车综合性能检测站1个。具有一定规模的货运（公司）企业24家，从事客运企业10家，其中公路客运9家；中武当文化旅游开发公司1家，客车199辆，3616个座位，日班次202个，营运线路99条。其中跨省际客运线路2条，跨地（市）际客运线路3条，跨县（市）客运线路16条，县境内78条。

【城市公共交通】 全县城市公交公司2家，车辆151辆，4710座。其中，宜昌交运集团长阳客运公司现有车辆49辆，1760座。经营龙舟坪城区至津洋口，龙舟坪至白氏坪、界牌1—2路公交线路；长阳城市公交客运有限公司经营3、4、5路公交线路城区至清江古城、县一中，城区至四冲街、清江中学，新开通城区至下渔口5路和延伸3路城区至隔河岩船码头公交线路，先后投入车辆102辆，2950座位。2017年推广使用新能源公交车，大力发展城市公共交通。为减轻因增加公交车辆投入造成的大气污染，交通部门积极为企业答疑解惑，会同企业实地查勘线路，协调各方面矛盾，为企业试行新能源公交车创造条件，新增新能源电动公交车35辆，2005座位。公交车辆由2016年的114辆，增加到151辆，全县城区公交覆盖率逐步扩大，公交车出行低碳环保且提升居民的生活品质。汽车出租公司1家，有车辆183辆，其中轿车86辆，面的97辆。从业人员183人。

延伸城区至客运码头公交，新审批城区至下渔口5路公交。新增35台新能源汽车，总量105台，占公交车总数的64%。

（向　锋）

港　航

【水路运输】 长阳有各类船舶3084艘，其中客船23艘，客位4303个，功率3710千瓦；客渡船192艘，货船75艘，载重7598，功率1912千瓦；农用船舶2720艘，其他船舶74艘。有港口5个，客运码头8座，货运码头2座，码头总长2600米，泊位13个；渡口44处，其中人行渡口38处，旅游渡运码头2处，汽渡4处，其中，乡镇汽渡3处（石板溪、锁风湾、资丘）、公路汽渡1处（鸭子口）。乡镇船舶数量约占全市船舶监管总数的三分之二。全年完成客运量88万人次，客运周转量3579万人公里；货运量204万吨，货运周转量2786万吨公里。全年完成港航建设投资2100万元，达到2000万元建设任务目标的105%。其中：清江画廊新建2艘趸船投入资金1500万元，海事搜救趸船建造400万元，41处水毁码头灾后重建200万元。

【港口码头】 自2016年非法码头治理及《宜昌港总体岸线修编》工作开展以来，长阳结合长江干线非法码头推进工作会议精神，采取有效措施治理清江非法码头，保障清江航运和生态安全。至2017年，取缔6个溜槽码头，集并6个货运码头。规范长阳燃化码头、长阳海洋码头。提升隔河岩客运码头和清江画廊旅游码头。保留5个货运泊位、8个客运泊位。完成港口岸线修编，规划渔峡口岸线、资丘岸线、鸭子口岸线、都镇湾岸线、大堰岸线、花桥岸线、龙舟坪岸线，规划岸线长度1.49万米。

【船用燃油补贴】 2017年，长阳按照国家燃油价格税费改革精神，安排2016年度石油价格改革财政补贴资金497万元。由县港航管理部门经办，发放2016年全县船用燃油价格补贴，补贴资金497万元，其中县夷龙公司补贴1268578.5元，乡镇客渡船3701421.5元。

（杨　涛）

交通管理

【安全应急管理】 2017年，长阳建立健全交通运输系统各项应急处置预案，修订完善1项专项预案及10项部门预案，健全预测预警和应急协调联动机制。建立交通安全工作QQ群、微信群和移动短信平台，及时发布气象灾害预警、影响行车安全的险情地段、交通中断和安全监督管理等信息，有效预防各类安全事故发生。公路部门制定《重、特大事故应急救援预案》《汛期综合应急救援预案》，建立起横向到边，纵向到底的应急管理组织网络；港航部门配合县防汛办开展防汛应急演练，成立县水上应急联动队；运管部门督促各运输企业制定和完善道路运输应急保障预案，组建40台应急车辆。

【行业管理】 2017年，长阳交运部门扎实开展“安全生产月”活动，在重点路段和场所悬挂横幅标语、摆放安全知识展板、集中开展安全生产宣传教育。“6·16”安全宣传咨询日发放资料400余份、宣传本100册、接受群众咨询60人次。加强公路安保设施建设，处治危险路段7处，新建、修复钢护栏11884米，临水临崖及急弯路段新建钢筋混凝土防撞墙550米，修复道口警示桩78根，路面标线348.564平方米，完成坑槽修补11955平方米，修整路肩9公里。在全省率先实行客运售票实名制，设立警务综合服务站，常驻4名民警特勤开展巡逻防控、旅客身份查验和三品查验协助。以培训和会议为载体，以检查和考核为手段，高标准、严要求推进项目建设。在下半年宜昌市农村公路质量抽检中，长阳农村公路建设质量合格率全市第一。积极推广“互联网+”便捷交通，全面推行联网售票和微信BUS365汽车票系统。采用全新GPS对国省干线公路进行桩号传递，318国道完成118.5公里、兴五线完成101.5公里、王渔线完成92.4公里、白岩线完成111.3公里，国省道、公路桥梁全部纳入监控。

全县客运船舶、两客一危车辆全部实行4G动态监控。

开展“清江安澜”“平安水域”“打非治违”“大建设、大整治、大排查”等一系列水上安全整治专项活动。持续开展打击航道内非法采砂行为，确保航道安全畅通。开展非法码头、非法采砂专项整治“回头看”，突出港口船舶两个重点开展防污染专项行动，加大港口船舶防污染设备和日常防污染行为监督检查，完成港口船舶污染源的调查摸底。推进港口新能源改造，辖区内水运企业全部实施岸电工程。辖区监管水域零事故、零死亡、零安全群体性事件，船舶安全98%，港口企业安全100%。

推进联合治超，以高家堰超限检测站为依托，在全县8个流动治超点巡回整治；采取灵活机动的战略战术，在318国道增设流动治超点，全年检测车辆5531台，超限1357台，处理962台，罚款4000元，收取补偿费317588元，卸货325次，786929吨。城乡客运市场秩序专项整治行动取得明显成效。6月1日至年底，整治专班出动执法人员2819人次，车辆677台次，收缴自制线路牌2030张，没收私自加设小板凳182个，暂扣车辆20台，维稳处突225人次。开展大排查大整治和打非治违专项活动，11月28日至12月30日，排查重大隐患0个，一般隐患57起，现场整改27起，限期整改30起，全部整改销号。

（张晓霞　覃银芳）

物　流

【市场主体培育】 长阳加快交通物流市场主体培育，积极引导交通物流企业做大做强，加快物流主体专业化、社会化、信息化进程，至2017年，全县注册成立集仓储、运输、货运代理、多式联运物流市场主体49家，其中，企业32家，个体17家，物流从业人员4000人以上；14家民营物流快递企业在长阳城区建立仓储、物流配送及运输中心站，在全县9个乡镇设有配送点和中转站；邮政企业在全县154个行政村全面建立邮政速递网络，在中心村及中心户建立267个村级邮政业务代办点。

【物流发展规划】 2017年，长阳交运局与县发改局等部门协商申报“十三五”项目发展规划4个，即长阳丹水综合服务型物流园区、长阳大宗农副产品冷链仓储及物流配送中心、长阳商贸货运仓储与物流配送分拨中心、长阳货运（物流）中心。申报乡镇交通综合运输服务站3个：榔坪交通综合运输服务站，2017年年底基本建成；大堰交通综合运输服务站改建；高家堰交通综合运输服务站改建。长阳电商物流项目获批准。

（杨　巍）

通　信

【邮政概况】 2017年，长阳土家族自治县邮政服务网点14个，邮路单程总长2813公里，农村投递线路508公里。建立覆盖全县154个行政村的邮政速递网络，村级邮政业务代办点267个。全年邮政分公司实现收入3797万元，完成市分公司预算103.5%。全年邮政新增金融综合资产（储蓄+保险）4.45亿元，比上年多增2.24亿元；余额19.3亿元，全年新增3.32亿元；代理保险全年新增保费1.13亿元。包裹快递全年收入169.5万元，比上年增长65.5%。渠道电商累计实现批销额126万元；代购820笔；邮乐小店开店1128个。分销业务以订货会促发展，全年实现收入213.3万元。其中创维电器批销50.2万元，“抱团作战”订货会预订大肥971吨、酒水600件，预收资金01.1万元。函件业务收入75万元；集邮业务收入164.3万元；报刊业务收入132.2万元；国税业务累计代征税款超过1200万元，创收超60万元；

机要通信实现安全运营目标。

（唐　勇）

【中国电信长阳分公司】 2017年，中国电信股份有限公司长阳分公司（简称长阳电信公司）完成全业务收入4636万元，完成预算目标的103.88%，其中计费收入占比较2016年提升1%。移动用户净增5842户，宽带用户净增3637户，天翼高清用户净增5458户。长阳电信公司加强网络基础维护，对油机、电池、空调进行巡护和安全改造，对退网设备进行拆除和集中堆放，全县数据网络成环扩容，资丘、贺家坪形成双向10G环，开通政法委、中国人寿、卫计局等单位多条专线电路。"雪亮工程"建设项目按时完工，获省公司"2017年度省级标杆案例奖"。实施"人往前走"改革，精简运维支撑人员，充实销售服务队伍。增强政企、移动两条专业线纵向一体化运营。

（李俊芝）

【中国移动长阳分公司】 2017年，中国移动通信集团湖北有限公司长阳移动公司（简称长阳移动公司）移动用户18.1万户，净增宽带7760户。长阳移动公司加强通信基础建设与维护。全年建设4G五期宏站107个、微站5站、室内覆盖8站、拉远站4站、NB工程118站、载带物联网15站、拆闲补忙13站；新建传输机房1处；高铁119个优化整治新建站全部开通入网；管道覆盖完成12.132公里；优化4个综合业务区。加强线路维护，全年整治583段线路隐患、23个汇聚层机房纤芯；检修85个基站天馈线；完成体育馆等5段线路改道割接、10段环路优化；处理宽带故障5429次，光缆抢修及线路迁改234起。加强基站维护，完成55个普通基站、23个汇聚机房放电测试；完成38个基站机房专项整治；配合工程施工，更换23个基站蓄电池、9个基站开关电源；完成34个基站防雷整治；完成ONU弱光整治118处。狠抓市场经营，4G客户持续增长，客户份额稳中求升，提升有线宽带覆盖率，全年新建198个小区、新增12060端口，新增政企专线78条。

（刘亚洲）

【中国联通长阳分公司】 2017年，中国联合网络通信有限公司长阳土家族自治县分公司（简称长阳联通公司）完善4G网络，"4G+"业务、融合应用快速发展，用户规模6万户，被宜昌联通评为"2017年度先进县分公司"。

长阳联通公司进一步提升网络服务能力。全年完成48个4G基站、8个室内分布建设；完成全县县乡波分成环开通，打通长阳资丘至五峰县城10G环网，完成高家堰、渔峡口、资丘水灾隐患排除及杆线恢复新建，全县新增加环网光缆200多公里；全面启动固网接入主干环网建设，规范人口密集区域分支接入建设标准。城区以新建楼盘接入及深度覆盖、光改为重点，乡镇以BTO项目合作为主，完善原有宽带网骨干传输，新增大堰、磨市、高家堰、渔峡口、鸭子口、榔坪等乡镇有线宽带建设，全年新增5000多线；利用4G技术以无线方式开通村组宽带覆盖，以有线＋无线的方式，将乡镇宽带资源进一步延伸到村组。

2017年11月30日，中国联合网络通信有限公司长阳土家族自治县分公司被共青团湖北省委、湖北省安全生产监督管理局（鄂青联发〔2017〕33号）联合表彰为"2015—2016年度湖北省青年安全生产示范岗"。

（覃春琳）

责任编辑：向家舟

城乡建设　环境保护

建筑业管理

【建设项目审批验收】 2017年，长阳土家族自治县建设规划委员会召开专项审查会6次，审查建设项目32个；召开规划例会9次，会审公建项目103个；专家咨询会13次，评审项目18个；网上公示规划项目19件；施工图审查项目16个，建筑面积近15万平方米，规划验收项目27项次。加大规划巡查和批后管理，坚持每月不少于2次例行巡查，实行重点项目、重点区域重点巡查。全年开展规划巡查38次，发现违法建设40处，按程序向县城管局送发规划巡查函和规划巡查联系单16件。对全县范围内公建项目和县城区内个人建房一律报请“7+1”项目审查会讨论确定，全年核发出让土地规划条件44份，用地面积576790.37平方米；核发建设项目规划审查意见书84件。全年依法依规办理建筑施工许可39个，建筑总面积20.8万平方米，合同造价约3.3亿元。

图18　建设中的土家源广场及七里湾综合改造项目（江右桥左）（县城建档案馆）

【施工合同及竣工结算合同备案管理】 2017年，长阳土家族自治县住建局完成施工合同备案32个（其中建管系统网上备案32个），建筑面积151399.1平方米，合同价24053.32万元；竣工结算备案5个，建筑面积144660.39平方米，结算价20241.98万元；招标控制价登记36个，建筑面积149128.8平方米，总造价27903.55万元。程序和具体要求透明度高，备案资料齐全，备案覆盖率按规定达标。

【建筑业安全管理】 2017年，长阳土家族自治县住建局建筑业管理股和县建筑安全监督站开展四个季度的安全生产大检查，发放《隐患整改通知书》61份、《安全检查记录》6份、《停工通知书》4份，发现各类隐患518条，对发现的各类隐患检查组现场督促参建各方及时整改，隐患整改率96%以上。对4条重大隐患实行挂牌督办，定人定时予以消除。对未及时整改的依法依规对相关单位和责任人从严从重处理，参加执法检查人员68人次，执法查案35人次。加强对检测单位的监督管理和建筑施工现场扬尘专项整治。按照“围挡高标准、出口不带泥、工地无扬尘、裸土全覆盖、降尘设施全”的总体目标，全面落实施工现场围挡封闭、扬尘治理方案报批、设置有效冲洗设施、裸露黄土覆盖、安装视频监控、市政工程配备洒水车等防尘措施，使施工现场扬尘得到有效治理。全年未发生一般以上安全事故，死亡人数零。

【建设工程质量监管】 2017 年，长阳土家族自治县建设工程质量监督站工程巡查 150 余次；按照湖北省《住宅工程质量分户验收管理暂行规定》，对住宅工程质量分户验收检查实施“三检”制度（即住宅工程参建单位自检，第三方专业技术人员复检，质量监督站核验）；做好建筑节能质量监督，新建建筑设计与施工阶段全面执行建筑节能标准执行率 100%；新墙材占全部墙材比率 100%，新增建筑节能能力 0.17 万吨标煤。建筑节能专项竣工验收 7 个，建筑面积 17.18 万平方米。自查抽查表明竣工阶段建筑节能标准执行率 100%。继续落实县城区“禁现”（禁止现场搅拌混凝土）及商品砼质量监督管理。全县有 3 家（长阳力泰混凝土有限公司、长阳丹水润城新材料有限公、长阳金汤混凝土有限公司）年生产能力 50 万立方米商品砼三级生产企业，完成 320 万立方米商品砼的年生产供应。县中心城区有 13 个在建施工项目使用商品砼。

2017 年报监工程项目 31 个，总面积 20.11 万平方米，其中公建项目 22 项，市政基础设施项目 3 项，房地产开发项目 6 项，报建受监督覆盖率达 100%，建设总投资约 3.1 亿元。全年获湖北省建筑结构优质工程 1 项，湖北省建设优质工程（楚天杯）1 项。获宜昌市优质结构奖 2 项，宜昌市建筑优质工程（夷陵杯）1 项。获 QC 小组工程建设优秀质量管理小组奖项 4 项，QC 建设工程质量管理小组活动优秀成果奖 1 项。湖北沛函集团装配式科技园被住建部纳入全国第一批装配式建筑示范基地（住房城乡建设部办公厅〔2017〕771 号文件《关于认定第一批装配式建筑示范城市和产业基地的函》）。

图 19 位于丹水新区的湖北沛函科技产业园轻钢结构，装配式 PC 结构墙体展示房 （县城建档案馆）

（周 丽）

城乡规划

【概　况】 2017 年，长阳土家族自治县推进重大项目落地实施和完善城市配套功能，对控规 B02-12、B02-13、B02-15 地块（茶多酚项目），高家堰集镇总体规划 B01-06（原高家堰小学）等 7 个地块进行控规调整。编制完成《宜昌市长阳土家族自治县移动通信基站专项规划（2016—2030）》，对全县范围内移动通信基站布点进行规划，为基站审批提供规划指导依据。《贺家坪镇总体规划（2016—2030）》《长阳土家族自治县磨市镇全域规划（2015—2030）》由政府批准实施。为满足磨市镇燃气供应需求，统筹城区供水供气管网，合理利用在建跨江管道，对已批准实施的燃气专项规划中的龙舟坪镇至磨市镇段规划线路进行优化调整，为磨市工业园区及江南片区早日供气提供条件。启动停车场专项规划，清江康养产业发展规划和清江流域保护与建设规划。对长阳经济开发区华新社区三期（白氏坪水泥厂地块棚户区改造项目），中心城区 C-05-l、C-05-e、C-05-f 地块（县人民医院）及丹水新区局部地块（二级客运站、华瑞天然气）等 7 个地块进行控规调整；对大溪地生态旅游区、清江倒影峡景区（一期）、湖北长阳天柱山—清江方山旅游区、全伏山生态农业休闲体验中心、郑家榜小区（千亩古寨）等项目规划进行规划指导。编制完成年产

8万吨重质碳酸钙粉体生产项目规划及建筑方案，获政府批准实施。

坚持建设项目会审制度。2017年，县规划委员会召开项目审查会9次，会审公建项目94个，会审通过73个；会审私人建房项目118个，会审通过53个；会审违规建设项目43个。未通过项目按程序发出《规划行政许可不予许可告知书》68份。全年办理建设项目选址意见书5件，审批建筑面积34832.52平方米；用地规划许可证23件，审批用地面积180408.79平方米；办理工程规划许可证55件，审批建筑面积143245.12平方米；办理乡村建设规划许可证91件，审批建筑面积34710.74平方米。核发出让土地规划条件44份，用地面积576790.37平方米；核发建设项目规划审查意见书84件。

探索批前批后管理措施，坚持履行一周一次规划巡查制度，全年巡查38次，发现违法建设40处，及时按程序向县城管局送发规划巡查函和规划巡查联系单16件；继续推行批后管理告知书制度，即在核发规划许可的同时，给建房户签发一份《建设工程规划许可证批后管理告知书》或《乡村建设规划许可证批后管理告知书》，让建房户熟知相关管理程序和法律责任，签收存档备查；继续推行审批信息现场公示牌制度，即在建设项目审批放线后，在建设项目现场醒目位置张贴《建设工程规划许可公示牌》，将项目的平面布置、建设规模等内容进行公示，方便县城管局现场巡查，同时接受社会公开监督。全年受理与规划管理相关的来信来访15件，办结11件。

【《宜昌市长阳土家族自治县移动通信基站专项规划（2016—2030）》】 2017年4月18日，长阳土家族自治县人民政府以长政函〔2017〕28号文件对宜昌市长阳土家族自治县移动通信基站专项规划（2016—2030）进行批复，原则同意此规划方案，要求按照相关法律法规，认真组织实施。在审批过程中，涉及风景名胜区、宗教等重要场所，需征求相关单位意见，达成一致后办理。

宜昌市长阳土家族自治县移动通信基站专项规划（2016—2030）由华信咨询设计研究院有限公司编制。规划内容为：到2030年长阳土家族自治县移动通信基站址数总数1004个，2017年现网存量631个，通过整合后减少54个，保留577个；规划预计新增站址427个，其中106个满足电信企业近期需求，其余321个为远期储备站址。规划近期2016—2020年，远期2021—2030年。

【郑家榜小区（千亩古寨）修建性详细规划】 2017年9月，由长阳城市建设投资控股集团有限公司委托北京土人城市规划设计有限公司编制的郑家榜小区（千亩古寨）修建性详细规划完成。根据《湖北省长阳土家族自治县郑家榜乡村旅游概念规划》：规划区定位为空间结构的核心，流域风光体验主轴线。小流域空间结构的规划包括“一轴、一心、四组团”，其中一轴为沿头溪及沿河道路组成的旅游发展主轴线；一心为方山石林景区及旅游服务区；四大特色组团为郑家榜方山石林旅游服务组团、全伏山特色农家休闲组团、土地坡生态果园体验组团、王家棚花卉苗木展示组团。小流域旅游路线规划则包括三条游线，分别为流域风光特色的主要游线，经过流域四大行政村，串联流域内众多的旅游资源；特色农家主题游线，以特色农家游，“茶”文化游为主题的游线，位于全伏山行政村内，串联茶园、特色民居等旅游资源；高山体验主题游线，以高山风光体验、高山运动为主题的游线，经过土地坡、全伏山、郑家榜三个行政村，串联天珠珍眉茶园、蔬菜合作社等旅游要素。

规划目标：以保护、提升、优化为主，以最少投入换取最大收益。打造结合自然山水、乡村田园、生活氛围等全息化环境，真正实现景区旅游与配套旅游村镇的生态体验与文化体验和谐统一；新增休闲度假项目，实现由门票经济向休闲体验经济转型，疏导游客，让长假游游客进入景区前有游玩缓冲带，让周边游的游客平时常来。规划范围内没有一处拆迁，最小干预地处理地权问题。解除地权纠纷困扰，让村民脱离贫困，改善生活质量。

规划原则：一是最小干预与最大利用；二是自然做功，发挥生态系统服务功能；三是延续文脉；四是突出景区个性及景观特色。

方案特色：奇妙方山之旅，土家文化之旅，美丽乡村之旅，运动休闲之旅。

图 20 长阳乡村积极开展“美丽家园，清洁乡村”活动。图为位于丹水新区的黄家坪村风貌 （县城建档案馆提供）

（周 丽）

市政建设

【概 况】 2017 年，投资 35 万元完成江南旅游通道路灯设计、施工，投资 98 万元完成廪君大道体育馆段道路综合改造；完成高速出口至永和坪路灯改造方案设计，由电力部门动工实施；完成秋潭路综合广场、赴南溪环境综合治理工程、亲水平台法治广场接永和坪段的方案设计和论证工作以及中心市场至卫校段的道路改造初步设计方案、奇石苑挡墙抢险工程设计、图审、预算等前期工作。重点是黄龙路改造工程。

【长阳中心城区地下管网（黄龙路段）改造】 长阳土家族自治县龙舟坪城区黄龙路建设使用多年，路面破损严重，道路排水不畅，纵坡较大，每年大暴雨期间街道雨水四溢严重积水，电缆、光缆架空杆线，纵横交织，影响城市美观。2017 年，根据长阳“十三五”城市建设规划，对黄龙路段进行改造。

长阳中心城区地下综合管网（黄龙路段）改造工程位于长阳龙舟坪黄龙路，由长发改审批〔2017〕30 号批准工程立项，改造道路全长 844 米（龙舟大道交叉口至光荣院门前），由政府投资，合同价款 7814202.64 元。建设内容：路面改造 5872.8 平方米；人行道铺装 1414.6 平方米；管线综合沟建设 786 米；雨污水收集等。路面刷黑在 2018 年施工。

【供水、供气、污水处理】 2017 年，长阳土家族自治县自来水公司根据《湖北省城镇供水管理条例》《城镇供水规范化管理考核办法》，明确岗位职责，完善运行制度，全年完成供水量 525 万吨（含白氏坪水厂 105 万吨），完成营业收入 830 万元（含白氏坪水厂 150 万元），出厂水水质合格率 100%，管网水合格率 99%，水质综合合格率 99.5%。

2017 年，长阳土家族自治县液化气公司紧紧围绕“预防为主，防消结合”的工作方针来抓安全生产管理工作，全面实行安全管理目标责任制，做到了安全无事故率、维修及时率、各类设备巡查率、运行记录合格率、气瓶充装合格率全部 100%。全年采购液化气 929 吨，安全供应液化气 950 吨（折 13 千克，装 7.28 万瓶），送检超期使用的液化气瓶 1071 只，收缴螺丝气瓶 722 只，为用户更换合格气瓶 2252 只。实现销售收入 515 万元，实现销售利润 12 万元，上缴国家税收 37 万元。长阳华瑞天然气有限公司 2017 年新增用户 1746 户，其中居民 1698 户，非居民 48 户。年销售气量 1393.77 万立方米，与到窗口办理业务的用户签订《安全用气告知书》5090 份。经县物价部门下文同意将卡表用户初装费定为 2290

元。加强巡线、维抢管理，对813个调压器、221个阀井、76个外管线标志桩、7个阴极保护桩分别编号拍照归档，为管理、维修奠定基础。

加强全县燃气安全管理，督导各地管理制度落实。县住建局、县城管局、县消防中队联合组成乡镇液化气安全检查组先后8次到11个乡镇开展液化气生产、销售大检查。同时每逢重大节日对各燃气企业进行假日安全检查，督促企业自查整改，落实节假日值班、巡检工作，确保燃气安全。

全年征收污水处理费330万元（含白氏坪水厂70万元）。水务集团完成融资（含对上争取资金）1.1亿元。县住建局开发区分局完成住建局涉及污水处理厂接受环境督查相关资料的收集，完成污水处理费提价，2017年4月由每立方米0.8元提到1.2元。园区西部污水管网建设完成85%。

（周　丽）

村镇建设

【农村危房改造】 2017年，长阳土家族自治县住建局结合农村危房改造加强全县8个出列村（龙舟坪镇胡家棚村，大堰乡边家坪村、钟家湾村、桂花园村，鸭子口乡马连坪村、静安村、鸭子口村，火烧坪乡黍子岭村）村庄整治。加大危房改造技术指导和质量安全监管，组织县规划建筑设计院编印《长阳农村C级危房改造维修技术导则（试行）》5000册，发放到乡镇、村组工作专班和农村建筑工匠手中。危改办公室组成专班对所有乡镇和重点出列村现场调研办公，分解任务，宣传政策，讲解程序，逐一督办。全年开展危改各环节的抽查检查10多次，确保危改政策到户到人。9月12日，县政府在大堰乡石滚淌村组织召开全县危房改造现场推进会，各乡镇分管领导、重点贫困出列村支部书记、驻村第一书记参加会议，参观学习危改现场经验，助推精准扶贫危改安居保障工程。11月，县住建局组建三个工作专班对全县出列村危房改造完成情况逐一销号、检查。全年完成农村危房改造3737户（其中C级2644户，D级1093户），使用危房改造补助资金4283.5万元。经住建、扶贫、民政、残联等部门识别审核，对全县农村4类对象危房存量进行等级认定。全县4类对象危房户存量6937户（其中C级5387户，D级1550户），上报省、市住建部门备案锁定。

【农村生活垃圾治理】 2017年5月，长阳土家族自治县农村生活垃圾治理领导小组变更为长阳土家族自治县改善农村人居环境领导小组。由县委副书记、县长李军任组长，县委常委、县政府常务副县长唐祖红任副组长。各乡镇、村成立党政一把手任组长的城乡环境综合治理领导小组，制定集镇、行政村环境综合治理方案，各村组建环境卫生工作专班，把环境卫生纳入村规民约，聘请专职保洁员和清运员。都镇湾镇确定全镇各村每月15日为“全员动手、美化家园”活动日，镇直单位以每月第三周星期三为活动日，组织党员、村民代表志愿者、人大代表等突击性清扫暴露垃圾。榔坪镇镇直单位包片包段，组织志愿者、党员和中心户，开展以清洁家园为主题的环境突出整治活动。高家堰镇利用大溪露营契机，对丹水河、三一八国道（G318）沿线进行大清理、大整治。龙舟坪镇清理广告站牌、违规篷亭，拆除违建广告店招牌，统一规范建设，在全县乡镇中率先推行道路清扫保洁“两扫两保”（一月两次全面清扫，上午、下午两次保洁），循环保洁，垃圾清运集中收运和循环收运相结合的管理模式。县政府将农村生活垃圾治理工作纳入各乡镇年度目标责任制考核，与“考、奖”挂钩。对年度考核在70分以上的乡镇分别以2万元至8万元不等进行“以奖代补”。同时实行督、查并进，聘请第三方公司湖北国衡社会管理咨询有限公司对全县11个乡镇进行明察暗访，将结果通报，上报县委、县政府，供领导决策参考。各乡镇成立检查小组，制定考核办法，根据考核排名给予资金奖励。渔峡口镇、贺家坪镇成立由镇纪委牵头的专班定期或不定期对各村环境卫生进行考核。

2017年，印制宣传单8660张发放到村民家中，印制宣传标语894幅，办宣传栏238期，宣传手册53220份，在道路路口设置宣传牌598块。

2017年，县级统筹投入650万元分批次购置垃圾钩臂车7辆，钩臂箱42个，垃圾桶8000个，三轮车154个，做到垃圾清运三轮车所有行政村全覆盖，100%的行政村垃圾得到全覆盖有效治理。乡镇生活污水治理工程全面启动，完成8个出列村的村庄整治，对村庄环境整治，小城镇市政基础设施建设帮扶资金40万元。

（周　丽）

勘察设计　测绘

【勘察设计项目195个】 2017年，长阳县规划建筑设计院强化目标管理，开展易地扶贫搬迁工地调研、指导，全年实现规划、建筑设计、勘探生产产值348万元。县规划建筑设计院克服房地产设计业务下滑的行业困难，积极争取本地设计业务不外流，先后完成长阳农村商业银行磨市、枝柘坪综合楼，榔坪镇茶园村党员群众服务中心，火烧坪中心学校女生宿舍楼、食堂，长阳民族高级中学学生宿舍楼，县夕阳红老年公寓综合楼，湖北康农种子创新工程项目等。全年设计项目89个，完成建筑设计面积9万平方米，设计图纸4700张。

县规划建筑设计院针对全县易地扶贫搬迁工作时间紧、任务重、踏勘的工地多等问题，要求设计人员必须到工地现场踏勘、指导，提出合理化建议，保证设计质量。10名设计人员参与设计项目106个，设计图纸数9200张，开展钻探106个，选址98个，验收86个。

【2017年测绘产品合格率100%】 2017年，长阳土家族自治县向省、市测绘局申请，对县勘察测绘大队资质新增加3个测绘业务项目；完成全县测量标志巡查点46个，其中水准点20个，GPS点11个，三角点15个；测量标志巡查维护率55%，完成全县测量标志保管费发放；完成经济收入106万元。先后完成全县易地扶贫搬迁项目50多个集中安置点测量。完成长阳经济开发区白氏坪10个项目、丹水新区4个项目、城投公司18个项目、全县教育系统10所学校、全县10个乡镇污水处理厂项目及磨市新型工业园区2.3平方公里的测量。同时完成住建局及市政建设多个单项测量，测绘产品合格率100%。

（周　丽）

城市建设档案管理

【概　况】 2017年，长阳土家族自治县城建档案馆自2017年1月12日至2月28日，从龙舟坪清江大道1号搬迁至龙舟大道土家风情园长阳档案馆大楼九楼，3月1日重新对社会开放服务。

县城建档案馆全年接收建设工程竣工档案570卷。整理归档全县危房改造档案148卷（盒）3737户。完成代管县住建局机关档案工作目标管理省特级复查，制作“城市建设日新月异，档案管理再上台阶”汇报专题片，完成长阳36栋传统民居和古建筑照片和视频资料拍摄。

【清代民国传统民居和古建筑照片及视频拍摄】 长阳土家族自治县城建档案馆针对城镇化和新农村建设步伐加快，传统民居和古建筑不断消失的现实，为保留长阳建筑历史记忆，通过两年申请，2017年正式拍摄。完成36栋传统民居和古建筑的资料收集，拍摄照片5000余张，制作光盘51张。

（周　丽）

房地产管理

【住房保障】 2017年，长阳房地产保障续建项目进展顺利。津洋口片区棚户区改造项目一期竣工验收，二期进入招投标程序；七里湾安置房项目A-1(5#-12#楼)、A-2栋、A-3栋（17#-21#楼)、C-1栋（34#-37#楼)、C-2栋竣工；三里店向王台地块棚改项目除C栋未动工外，其他均完工；庄苑公租房项目完成竣工验收。

棚户区改造任务全面完成。宜昌市下达给长阳棚改开工任务400套（户)，棚改基本建成任务800套（户)。至九月底棚改项目开工400套（户)，分别在大堰、磨市各落实200套（户)；完成棚户区改造项目基本建成800套（户)，全部为2016年度实物安置项目，其中磨市棚改一期项目220套（户)，高家堰棚改项目48套（户)，龙舟坪棚改项目362套（户)，榔坪棚改项目95套（户)，磨市棚改二期项目75套。

县房管局向中央、省争取保障性安居工程建设各类补助资金7104万元。

保障房后续管理措施到位。公租房分配入住任务全面完成。2013年年底前开工建设的公租房全部分配完成，2014年年底前开工建设的公租房分配完成85%。完成租赁补贴发放20户。完成1675户承租对象家庭合同续签及租金收缴。清理清退不再符合条件对象43户。保障性住房档案管理平台投入使用，实现住房保障信息管理方式现代化。

【房地产市场监管】 2017年，全县在建在售房地产开发项目29个，其中：在建项目5个，在售项目24个。截至年底，全县实际库存1519套，消化周期由2016年同期的11个月下降为6个月。

商品房预售管理逐步规范。县房产管理局切实履行行业监管职能，认真贯彻实施《长阳土家族自治县商品房资金管理办法》，全年办理商品房买卖合同登记备案（含网签）2035户，其中商品住宅1608户，商业门面427间；实现销售商品房面积21.26万平方米，其中住宅面积18.39万平方米，商业门面2.87万平方米；实现销售收入73283万元，其中：商品住宅53451万元，商业门面19832万元。办理房地产开发企业暂定资质延期初审6个；新申报房地产开发企业资质2家。完成房地产业固定资产投资3.7亿元。

【房地产行业管理】 房改工作。2017年，长阳房改办简化房改房上市交易审批手续，废止长政发〔2003〕11号文件，取消房改房上市交易时维修资金的收取；全年办理已购公有房住房上市交易108宗，9180平方米；配合省、市、县组织部门完成清理规范领导干部多占政策性住房。累计归集住宅维修资金1025万元。

房产交易管理。2017年，办理商品房交易1300件，成交面积14.59万平方米，成交金额4.8亿元；存量房交易合计501件，成交面积3万平方米，成交金额6500万元；完成继承、分割70件，面积6600平方米；没收非法房产上缴过户1件，面积149.99平方米；开具房屋查档证明5400件；完成房屋查、解封39件；清理不动产预抵押移交资料1808份；办理不动产抵押注销350份；办理不动产预抵押资料移交63份；处理预抵押遗留8个；将存档的房屋产权档案及房屋抵押档案全部移交至县国土局。

房屋安全鉴定。加强全县房屋安全管理，县房管局全年出具鉴定报告49份，鉴定房屋151栋，鉴定房屋面积4.8万平方米；落实龙五路、松都公路改建工程的鉴定兑付；完成棚改前期房屋安全鉴定，对大堰、磨市等乡镇的96栋房屋出具鉴定报告。

房屋征收与补偿管理。完成向王台棚改一期工程的房屋征收补偿；参与龙五一级路、清江特大桥建设项目的房屋征收，制定华新新型建材园房屋征迁方案；协助国土部门开展国土收储；完成移民局地块相关房屋价值评估；与三里店向王台棚改项目被征收户签订补偿协议书。完成县食品厂、副食品公司拆建等项目社会稳定风险评估、征收补偿方案制定及房屋评估等相关工作。

白蚁防治。对龙舟坪、磨市等乡镇受蚁害的14栋房屋实施免费治理，面积3895平方米；对磨市镇、火烧坪乡卫生院新建业务综合楼进行白蚁预防施工5967平方米；对清江山水商住楼进行蚁害返治。实现城市商品房、保障房白蚁防治率100%。

【**物业管理**】2017年，长阳房地产管理局与县公安局联合出台《关于进一步规范物业小区消防安全管理工作的通知》，联合消防等部门开展物业管理服务检查，积极参与土家风情园、长阳新城等小区物业矛盾协调，及时化解物业服务纠纷。指导社区居委会组建（换届）7处小区业主委员会。受理18件维修资金使用申请，核定拨付使用维修资金77万元。

（罗雅莉）

城镇管理

【**净化市容市貌**】2017年，长阳土家族自治县城市管理局全面开展净城行动，暴露垃圾不超过15分钟。全面清除乱堆乱放杂物、废旧轮胎、生活垃圾等。持续开展广告店招专项整治，拆、清除各类违规设置的户外广告近450处，清除野广告9.5万余处。

【**县城基础设施管理及绿化美化**】2017年，长阳土家族自治县城管局完成主城区21座公共厕所现状实地调研，亲水平台8座公厕挂牌管理。购置绿化洒水车1台。设置或更换花箱20个，新修绿篱防护栏100米，改造生态树池160个。新配置（维修）垃圾桶114个。拆除地桩地锁165个、安装人行道限车墩283个、人行隔离防护栏700米。加大绿化养护力度。补植行道树38棵、绿篱小苗3000株。丹水新区新增绿化面积2500平方米。对城区6万平方米绿地及时实施春耕、施肥、喷药等日常养护。美化建筑立面。完成龙舟大道505段8栋房屋立面改造，统一立面色彩、外部造型、店招店牌设置。加强扬尘油烟治理。严督城区15家工地的扬尘防治工作，分别签订扬尘治理目标管理责任书；查处8起运输渣土污染城市道路的行为。督促城区餐饮企业安装油烟净化设施，已安装15家、歇业1家，依法处罚4家。

【**防违控违拆违**】2017年，长阳土家族自治县城管局继续推行防违“快报”工作机制、小区物业联动监管机制、乡镇属地管理责任制，发送快报31期。协助乡镇查处违法建设7起，处理规划部门违建来函15起。全年依法立案查处违法建设71起，其中行政强制立案35起，结案32起；行政处罚立案36起，结案33起。完成主城区193栋老旧私房违法改扩建入户调查。

【**城管执法体制改革**】2017年，长阳土家族自治县城管局规范执法服装装具。实施数字城管建设，设立数字化城市管理监督指挥中心，明确数字城管信息系统建设由县城投公司负责，统一纳入“雪亮工程”建设范围投资建设，县城管局通过购买服务方式管理使用。完成城市事件、部件信息采集，并落实事件、部件处置责任单位和责任人；设立数字城管热线电话“12319”。9月1日，数字城管系统模拟试运行。继续实施政府购买服务的管理方式，管理与执法分离，将四冲湾、中心市场、龙舟大道高坝洲移民宿舍至505段的市容环境管理交由保安公司，缓解管理矛盾，确保管理成效。设置临时疏导点，与物业协调建立“江天一色”小区便民市场，引导30余个流动摊贩规范经营。贯彻执行《宜昌市市容环境卫生责任区管理办法》，在县城区推行市容环境卫生责任区管理。

（覃春莲）

住房公积金管理

【**概　况**】2017年，宜昌住房公积金管理中心长阳营业部按照宜房公发〔2017〕56号、58号文件要求组织单位做好调基调比和年度对账，采用电话催收、“面对面、听期盼”大走访活动等形式，实现每月归集零挂账。加大宣传，扩大公积金覆盖面。宣传灵活就业人员公积金政策中“互助前置、存贷挂钩、支持刚需”原则，鼓励灵活就业人员提前开户。长阳营业部新开户灵活就业人员37人，月缴存额5.22万元；累计开户170人，月缴存额15.15万元。重沟通促落实，保障职工合法权益，受理职工维权投诉12起；争取湖北长阳经济开发区支持，分人分片深入到开发区各企业进行宣传，促成长阳清江电气等多家企业建立公积金制度。全年归集住房公积金21505万元，超市中心任务19800万元的8.6%。新增缴存单位41个，净增缴存单位33个。新增缴存人数1261人，净增缴存人数649人。归集余额56933万元；发放个人贷款242户5866.4万元，贷款余额38459万元，个贷率67.55%，贷款逾期率0.09%。实现增值收益815万元，比市中心任务500万元增加315万元。

【住房公积金提取业务稽核】 2017年，宜昌住房公积金管理中心长阳营业部强化培训和事后稽核，办理公积金提取3200笔10875万元，业务办理合规。年初，营业部全方位梳理办事指南，对主要办事指南拟定《提取审核要点》，组织职工业务培训多次。全方位稽核，学习市中心内审方法，建立提取业务内审机制，形成“一人经办、一人复核、大额授权、全稽核”业务经办链条，营业部副主任对所有提取业务稽核签字存档，实现提取业务稽核全覆盖无死角。发现小问题责令经办人立即整改，发现较大问题下达《联系单》。

【贷款管理核查】 2017年，宜昌住房公积金管理中心长阳营业部严格合作开发企业及楼盘管理，建立楼盘月度销售情况台账。楼盘准入，实行两人现场调查并出具调查报告后报市中心审批。2017年受理新增楼盘准入2家。对已准入楼盘，要求按月向营业部报送楼盘销售情况，由营业部专人建立楼盘销售情况统计台账。贷款办理严格按照市中心办事指南，建立三道关口，实行“一人经办、一人初审、一人审批”经办模式，抵押到位后放款前进行贷款档案的二次核对检查，发放后档案入库前再进行一次全面稽核后方可入库。加强贷款贷后管理，对发现的逾期贷款在第一时间催收。除许某某因下落不明，逾期贷款进入诉讼程序外，其余逾期均实现按月催收清零。

【政府限价房管理】 2017年，宜昌住房公积金管理中心长阳营业部落实《所购限价商品房管理办法》，至12月，收购10个楼盘6621.09平方米的61套住房，装修46套住房租赁给无房的公积金缴存人，有效落实国务院、省、市人民政府关于培育发展租赁市场的决策，建立完善租售并举的住房制度，利用公积金增值收益为公积金缴存人服务，拓宽租赁住房筹集渠道。

（黄桂丽）

生态环境保护

【环境状况】 2017年度，长阳土家族自治县环境质量总体保持良好水平。辖区环境空气质量、地表水水质、城镇区域环境噪声等均达到或优于国家规定的功能区相关标准：辖区环境空气质量达到《环境空气质量标准》（GB3095—1996）二级标准；县境内地表水体总体良好，清江库区总体水质稳定达到《地表水环境质量标准》（GB3838—2002）Ⅱ类水体标准，能满足其使用功能要求；城镇区域环境噪声在《城市区域环境噪声标准》（GB3096—2008）相应标准限值内。

【大气污染专项管控】 2017年，长阳土家族自治县为完成宜昌市人民政府下达的大气污染防治工作目标，有效改善县域大气环境质量。县环保局按照《长阳土家族自治县2017年大气污染防治工作实施方案》和大气污染防治7个专项管控方案，创新方法、细化措施，推进各项工作常态化。全力做好重污染天气防范应对，联合城管、住建、公安等责任单位，加大对企业、工地、道路大气污染管控巡查力度，发现问题及时交办整改，组织开展2017年春季施工现场扬尘专项检查，下发相关管理通知12份、签订扬尘治理目标管理责任书10份，对旅游通道沿线占用城市道路堆放建筑材料进行集中整治。进行燃煤锅炉专项整治。制定《长阳县燃煤锅炉专项整治工作方案》，联合质检部门对全县燃煤锅炉进行摸底排查，下达整改通知，全县18台燃煤锅炉全面完成淘汰改造。大力推进餐饮油烟专项整治。制定2017年餐饮油烟专项整治工作方案，推进餐饮单位使用清洁能源安装油烟净化设施，全县16家餐饮企业全部安装到位。按照县政府下发的《关于做好2017年农作物秸秆露天禁烧和综合利用工作的通知》，联合各乡镇迅速启动夏收季节农作物秸秆禁烧巡查，通过短信平台发送秸秆禁烧宣传信息，出动执法人员2300人次，全季未发现明显火点。推进机动车污染防治。提请县人民政府制定出台黄标车提前淘汰补贴政策，全部完成兑付。通过一系列措施，全县大气环境质量得到有效改善。

【水环境污染防治】 2017年，长阳土家族自治县制定《长阳土家族自治县水污染防治行动计划工作方案》及年度工作实施方案，对工业污染、城镇生活污染、农业农村污染、船舶与港口污染、严重污染水体治理、良好水体保护等6个方面制定专项方案，明确相关部门工作目标、重点任务和相关要求。强化饮用水源地保护，对县城区饮用水源地开展环境状况调查及评估，完善水源地环境状况数据信息系统，开展全县11个集镇14个集中式水源地环境基础信息调查，编制《长阳土家族自治县饮用水源地环境保护规划》《长阳县清江库区饮用水源安全事故应急预案》，进一步提高各级管理人员和从业人员的环境安全意识和对突发事件的应急处置能力。全面开展“十小”企业清理取缔，对专项检查中发现的4家死灰复燃小造纸企业，下达《环境突出问题整改工作督办的通知》（长环委〔2017〕8号、长环委〔2017〕9号、长环委〔2017〕10号），责成涉及乡镇人民政府依法进行关闭。4家小造纸企业均全部停产，拆除相关设备设施。开展加油站地下油罐防渗改造。联合县经信局下发《关于开展加油站地下油罐防渗改造工作的通知》，完成加油站地下油罐防渗改造的加油站6座，21个油罐。开展全县网箱养殖取缔。高坝洲库区网箱于6月30日全部清理取缔结束。年底完成隔河岩库区网箱取缔。

【中央环保督查反馈意见整改】 2017年，长阳土家族自治县对照中央环境保护督察反馈意见，制定《长阳土家族自治县贯彻落实中央第三环境保护督察组督察反馈意见整改方案》，梳理出29个具体问题，明确99项整改措施。根据整改情况总体评价，全面完成整改任务10个（26项措施），其余19个正有序推进（其中40项措施落实到位）。所有整改任务中，除环保机构监测监察执法垂直管理于2018年6月底前完成、编制县域内主要河流水量分配方案和乡镇污水处理设施建设于2018年年底前完成外，其余整改措施均需在2017年年底前完成整改并上报销号。此外，中央环境保护督察组向长阳交办的10个信访件，有3件未完成整改。

【生态县创建】 中共长阳土家族自治县委、县人民政府围绕生态立县战略目标，提出在2023年前将长阳建成国家级生态文明示范县的工作目标。2017年，《长阳土家族自治县创建国家生态文明建设示范县规划（2016—2023年）》通过专家评审。启动环境控制性详细规划编制及生态红线勘界，为全县项目建设提供更加精准的生态规划保障。积极开展生态县创建细胞工程建设——生态乡镇（村）建设，全县新命名省级生态乡（大堰）1个，省级生态村8个，市级生态村24个。

起草《长阳土家族自治县生态文明建设目标评价考核办法》及实施细则，为生态文明建设任务实行党政同责、一岗双责提供考核评价依据。按照“精准扶贫，不落一人，环境保护，同步跟进”原则，积极争取中央专项资金3250万元，对全县50个村（包括38个贫困村）农村环境综合整治实施方案并组织实施，前期安排的20个村不同程度完成阶段性工作任务，生活垃圾治理全面开展。组织全县11个乡镇和涉及12个部门开展生态保护红线优化复核，完成初步划定并上报省环保厅。积极开展农用地土壤污染状况详查点位核实。联合国土、农业部门组建点位核实工作专班和技术专班，确定土壤污染重点行业企业10家、土壤污染问题突出区域12块，计划确定详查单元40个，核实农用地详查点位337个。制定《关于开展农用地土壤污染状况详查点位核实工作的实施方案》（长环委办发〔2017〕9号），完成方案制定的阶段性工作任务。加大自然生态监管力度，会同县林业部门、自然保护区管委会，联合开展“绿盾”专项执法检查，对崩尖子国家级自然保护区的违规水电开发项目进行立案查处。

图21　长阳生态红线图　（县环保局提供）

【环保执法】 2017年，长阳土家族自治县贯彻落实新《中华人民共和国环保法》及配套法律法规，推行“环保＋公安”执法模式，成立县环保警察大队。长阳土家族自治县环保局结合中央环保督察问题的整改和全省“双护双促”综合执法行动，开展一系列环境隐患大排查活动，对经济开发区废水排放企业展开深夜抽查，对骡马溪水库饮用水源保护区内养猪场依法进行拆除和关闭；对全县4家小造纸死灰复燃企业依法立案查处；开展锰业行业专项检查，对铠榕、蒙特电解锰企业严格依法查处。创新执法监察方式，充分利用现有污染源动态信息库和环境监管移动执法系统，采取监管企业“双随机”抽查检查，确保企业监管全覆盖和对象抽取公平公正，随机抽查企业39家次，对13家环境违法行为依法处罚，下达责令改正违法行为决定书18份，催交通知书1份，行政处罚事先（听证）告知书4份，行政处罚决定书3份，处罚款12万元。将环境监管执法切实反映到群众环境权益保障上，开展中高考期间噪声防治专项巡查，张贴和发放控制噪声通告200余份，出动巡查人员80余人次，有效保障全县中高考的顺利进行。处理信访投诉案件86件，其中，市转办件56件，阳光信访10件，县长信箱、微信、网上投诉等20件，处理率100%。

【环保督查问题整改销号】 2017年，长阳水电局完成环保督察交办的19项问题整改销号。制定《入河排污口监督管理年工作方案》，会同长江委、省水利厅、市水电局开展清江干流入河排污口核查，规范6个入河排污口设置。完成7座需要补充完善环评水电企业的环评。按照县政府出台的《长阳小型水电站生态流量泄放工作实施方案》，逐步落实生态流量泄放监管。联合资丘镇政府拆除崩尖子自然保护区核心区域内的金竹墩水电站厂房。

【环保宣传】 2017年，长阳土家族自治县组织召开全县环境保护工作会，明确2017年各乡镇、环委会成员单位、重点企业环保目标任务，县政府与各乡镇、环委会成员单位签订责任书。通过网站、电子显示屏、宣传牌、手机短信、环保活动等多种形式加强宣传。长阳土家族自治县环保局完善政务公开网站建设，按时发布环境质量信息，通报环保工作动态，宣传环保法规，全年发布政务信息156条，上报工作动态信息72条，被市级网站采用23条。发送手机短信20余条，制作环保宣传牌12块。开展“6·5”世界环境日环保志愿者宣传活动，在县城区中心位置设立世界环境保护日永久性宣传牌，发放“自觉践行绿色生活、共同建设美丽家园”倡议书近1000份。与县总工会、县旅游局、县文体局联合举办清江画廊杯2017长阳地标·城市定向挑战赛，让更多人了解环保，支持环保，参与环保。

（周训宇）

责任编辑：田祥英

商 贸

概 述

2017年，长阳土家族自治县实现社会消费品零售总额528576万元，同比增长7.6%。其中限上批发业商品销售额29489万元，同比增长1.1%；限上零售业商品销售额60623万元，同比增长6.5%；限上住宿业营业额5222万元，同比增长4.3%；限上餐饮业营业额5800万元，同比增长12.8%。全年举办各类电子商务培训21期，送电商知识下乡培训3期，培训电子商务人员1210人次。组织电商企业到义乌、武汉等地参加电子商务博览会。启动全县电子商务精准扶贫领头人培养工程，制定《长阳土家族自治县电子商务精准扶贫领头人培养工程实施方案》，组织县内贫困村电商创业农民参加全省领头人培训班1期86人。8月，长阳入选国家级电子商务进农村综合示范县项目。出台政策，扶持老巴王生态农业开发有限公司建设“巴国汇智电商创业园”。统筹资源在丹水新区规划建设用地，斥资近2000万元建设丹水新区科技（孵化器）创业园。完成129辆黄标车提前淘汰补贴兑付。完成34座加油站油气回收改造和加油站年审，完成成品油销售53416.1吨。其中，销售汽油24319.6吨，销售柴油29096.5吨。县盐业公司购进各类盐3056吨，其中纸塑盐1540吨，绿色碘盐6.3吨，食品加工用盐1509吨。全年销售各类盐3192吨，其中纸塑小袋盐723吨，绿色碘盐402吨，小工业盐35吨，食品加工用盐2032吨。全年完成利润90万元，上缴各项税金31万元。

超市营业额28873万元，同比增长4.48%。其中长阳雅斯超市有限公司实现营业额9394万元，同比增长12.02%；长阳榔坪东方超市有限公司实现营业额2062万元，同比增长10.86%；家龙百货超市实现营业额756万元，同比增长13.86%。在全县商贸流通领域开展2017—2018年度“健康促进超市”创建、“信用消费进万家”主题日、千企万店“厉行勤俭节约反对餐饮浪费”规范承诺、文明创建等活动。

有物流市场主体49家，其中企业32家、个体17家，物流从业人员4000人以上。14家民营物流快递企业在城区建立仓储、物流配送及运输中心站，在全县9个乡镇设置配送点和中转站。

（吴亚洲　李　庆）

【2017年清江椪柑电商首发仪式】 2017年11月28日，由长阳电子商务协会主办的“2017年清江椪柑电商首发仪式”在岩松坪村清江椪柑电商服务中心举行。各方来宾250人，宜昌市商务局、县委组织部、开发区、扶贫办、农业局、供销社、经信局等部门参加。长阳夷农电商公司现场采摘装箱150件发往宜昌，当天订单3000件2.5万多公斤。

【长阳参加全省电子商务进农村综合示范培训】 2017年12月26日，湖北省商务厅举办

2017年电子商务进农村综合示范培训会，邀请商务部分管领导和京东、阿里农村电商负责人授课。此次培训重点围绕加强电商示范县项目建设，加快精准扶贫为核心内容。副县长覃红带队，县经信局、县电商办、长阳夷农电子商务有限公司相关负责人参加培训。

（吴亚洲　高清平）

餐　饮

【概　况】 2017年，长阳土家族自治县实现餐饮业营业额5800万元，同比增长12.8%。长阳巴土鱼乐食品开发有限公司实现营业额402万元，同比增长12.29%；长阳向家河农家乐餐馆实现销售额251万元，同比增长169.89%。启动长阳2017年宜昌“美食之都”建设。组织农产品企业参加全省“荆楚美味—湖北首届农村地标优品网货”评选。组织县内餐饮企业参加“宜昌十大素菜”“宜昌市十大炖汤”“宜昌市十大名小吃”评选活动。推荐瓴悦酒店、食锦园百姓餐厅、李府味道、鱼乐火锅城4家餐饮企业制作的12个菜品参与评选。

【“宜昌清江鱼烹饪技能大赛”在长阳举办】 2017年12月9日，“宜昌清江鱼烹饪技能大赛”在长阳瓴悦酒店举办。大赛由市商务局、市总工会和县人民政府主办，市烹饪协会承办，以“汇宜昌名厨、塑工匠精神、伸援助之手、兴特色产业”为主题，吸引全市25家餐饮企业近100人参加。长阳瓴悦、李府味道、清江花园酒店、巴土鱼乐等餐饮企业获奖。当天带动清江鱼销售23万多公斤。

（吴亚洲）

粮食流通

【概　况】 2017年，长阳土家族自治县粮食系统全面落实粮食安全行政首长责任制，确保储粮安全和生产安全，推进“粮安工程”建设，发展粮食产业经济，推进粮食流通改革发展，维护企业稳定，抓好扶贫攻坚，党风廉政和国合流通企业各项工作，努力实现粮食事业持续健康发展。争取县政府资金和市局统筹协调布局，分离储备粮经营权，创新储备粮食管理，采取政企合作、委托储备经营方式，完成新增储备计划任务；抓实粮食安全日常工作，研究起草《县人民政府关于贯彻落实粮食安全行政首长责任制的实施意见》《长阳土家族自治县粮食供应应急预案》《长阳土家族自治县粮食质量安全事故应急预案》等一系列规范性文件报县政府审批实施；建立联席会议制度，定期召开全县粮食安全领导小组专题会议，督导各部门落实粮食安全行政首长责任制各项工作，在市政府的考核验收中获96.5分。

强化地方储备粮管理。推进机械通风、环流熏蒸、粮情电子监测等科学储粮措施，确保储粮安全；开展储备管理创新，采取委托代储方式，落实新增1750吨粮食储备计划；按照“一符四无”（一符：账实相符；四无；无害虫、无鼠雀、无霉变、无事故）和“三专四落实”（三专：专人、专仓、专账；四落实：品种、数量、质量、地点）要求，加强县级储备粮管理，确保县级储备粮数量真实，储存安全。完善健全各项军粮规章制度，坚持质量标准，加强产品质量管理，保证军粮供应质量。与军粮供应部队加强联系，虚心听取他们意见，发现供应工作中的不足及时改进。

进行“大快严”集中行动。制定方案，组建专班，广泛宣传，由县政府分管领导带队，推进全县粮食安全隐患排查整治。全面排查，消除隐患。投入整改资金5.3万元，对排查到的8处问题隐患整改销号。扎实整改挂牌督办的重点安全隐患。筹集资金34万元，完成市政府办公室督办的粮食商业城消防安全隐患和危仓老库消危重点整治。

推动粮油企业转型发展。县粮食局组织任森农业、一致魔芋、华饴木本等粮油加工企业参加鄂滇、福州、武汉等全国大型粮油精品展示推介会，推进粮油企业转型升级；为重点企业牵线搭桥，协调农发行为涉粮企业提供粮食收购资金贷款7400万元，为全县粮油食品加工重点企业的发展创造良好的政策服务环境；争取各类粮食政策补助资金248万元；招商引资推动粮油应急加工体系项目建设。

【放心粮油配送中心、放心粮油店】 2017年，全县建成“放心粮油”配送中心1家、放心粮油店15家，先后接受省、市粮食局检查验收合格。省粮食局领导检查对长阳县放心粮油市场体系建设和管理工作给予充分肯定和高度评价。争取县政府领导专题办公，安排30万元资金用于加工应急体系建设，促进粮食产业扭亏为盈和转型升级。

【粮油食品质量安全监督检查】 2017年，长阳土家族自治县粮食局加强粮食市场监管。全年开展4次粮油食品质量安全监督检查，参加人员45人次。对全县粮食收储企业、农业产业化龙头企业、城区粮食批发商、连锁超市、学校等粮食经营企业及用粮单位的仓储设施、品种质量、价格公示等情况进行监督检查。加强粮食市场信息预测。建立粮油市场供求价格分析预测报告制度，每月坚持向县委、县政府报送和向社会发布全县粮油市场价格信息。建立粮食经营者电子档案监管系统。

（胡新俊）

供销合作

【概　况】 2017年，长阳土家族自治县供销社按可比口径统计，实现商品销售总额82668万元，比上年度上升7.1%；全系统实现汇总盈利110万元，比上年同期上升6%；完成农资销售额6650万元，其中供应化肥及绿色生态有机肥38618吨、农药48吨、农膜250吨，基本满足农业生产的需求；完成农村电子商务线上线下交易额18765万元；农副产品收购额11272万元；完成再生资源交易额2825万元；全县供销社期末资产总额14069万元，供销社资本6586万元。引办创办农民专业合作社95余家，推动农民土地规模经营与托管、吸纳农民回归本土创业兴业，涉及柑橘、茶叶、猕猴桃、蔬菜、生猪、清江渔业、药材、核桃、栀果、种苗繁育等十多个产业群，基地5万余亩，带动农民1.2万户，入社社员4890户，其中农民社员98%，入社资本5160万元，供销社引办的农民专业合作社年产品销售收入2.9亿元，每年为农民创纯收入1.8亿元。

推进电商进农村工程。举办电商培训班13期，培训城乡电商人才1300余人，带动全县4500人通过电商、物流、快递实现就业。夷农电商公司作为县电商协会会长单位，通过协会联络农产品加工骨干企业，全年完成生鲜农副产品线上线下交易额2.6亿元以上。誉福农电商公司、百誉电商公司致力构建乡镇村电商物流快递服务体系。在鸭子口、大堰、都镇湾、渔峡口、资丘、榔坪、渔峡口、贺家坪、高家堰等乡镇建立电商物流服务站（中心）。创新电商扶贫模式，建设电商扶贫示范乡、示范村、示范户。初步构建农村电商通天接地格局。

推进综合改革，在示范专业合作社、基层社改造恢复重建、县乡村电商物流配送快递服务体系、电商扶贫、电商培训、农资配送中心庄稼医院建设、村级电商金融服务社建设等方面取得一系列创新成果，基本完成综合改革试点县各项任务。全年县供销社为农服务网点512个，其中各类农资便民店、超市、连锁店、代理店、鞭炮专营店381余个，村级电商金融农资综合服务社127个，服务网点覆盖100%的行政村。

县供销社全年接待来访职工群众495人次，答复处理人民来信28件，答复率100%，解决全县系统660余名退休老职工的医疗保险、80余名遗属抚恤金、困难企业公益岗位、特困职工低保救助等一系列关乎民生问题。

（胡兴国 摄）

【培训农民 3810 余人次】 2017 年，县供销社基本完成磨市、大堰、贺家坪等供销社恢复重建改造，长阳供销大堰三农服务中心投入运营。农资配送中心、庄稼医稼常年开展技术培训，开设门诊，深入田间地头给农作物问诊治病，开展农民培训、测土配方、土地植保、绿色水基肥推广、农作物栽培技术指导和病虫害防治，通过庄稼医院为全县 16 万亩农田提供技术咨询服务，培训农民 3810 余人次，印发农业生产技术资料 15600 余册，组织近 20 名农业技术专家到田间地头为农业生产提供全天候服务。

（杨德胜）

烟草专卖

【概　况】 2017 年销售卷烟 11900 箱，实现销售收入 30718.2 万元，同比增加 2550 万元；单箱均价 25813.6 元，同比增加 2007 元。全县办理各类涉烟违法案件 81 起，查扣非法“三烟”2201.2 条，涉案 25.41 万元。全县 3 个乡镇 8 个村 473 户合同面积 3108 亩，其中烤烟 13 户 0.04 万亩，合同产量 0.1 万担；白肋烟 460 户面积 2708 亩，合同产量 0.9 万担。收购两烟 9408 担，收购金额 807 万元，含补贴金额 843 万元，两烟叶创税 177 万元。两烟实现税收 7627 万元。

【卷烟现代营销】 2017 年县烟草专卖局强化市场调研，采取走访市场全覆盖、市场状态全调查、管理环节全把握、培训指导全沟通的“四全调研”方式，持续开展消费市场、客户库存及主销品规库存、动销、消费趋势、价格执行等市场调查；做实“三维三定”工作，对 100% 的零售户进行协商供货；深挖高价位卷烟销售潜力，同比增幅 11.94%；加大一、二类烟销售力度，同比增幅 15.38%。

【烟叶生产】 2017 年长阳县培育权烟比例 88.3%，小苗移栽技术 100%、平衡施肥技术 100%；建设 435 亩标准化示范区，全面推广标准化生产；开展“烟叶标准化生产示范中心户”建设，全县样板田面积 450 亩。

图 22　晾制中的白肋烟　（许　蓉 摄）

【卷烟市场整治】 2017 年县烟草专卖局强化对重点领域、重点对象监管，联合工商、公安、邮管等职能部门相继开展春节、“五一”“物流寄递”“楚天 3 号” 4 次卷烟市场整顿专项行动，出动执法人员 1680 人次，成功办结市标网络案件 1 起，案值 8.6 万元。制定全县物流寄递业卷烟非法流通专项整治行动方案。收集涉嫌寄递卷烟线索 40 余条，查获违法寄递案件 58 起。推进自律组织建设，2017 年全县卷烟客户毛利率 11%，同比上升 1.5 个百分点，年户均盈利 2.1 万元，同比上升 4000 元。

【县烟草专卖局被命名为省级文明单位】 2017 年 12 月 20 日，长阳县烟草专卖局被省委、省政府（鄂文〔2017〕97 号）确认命名为省级文明单位。

（许　蓉）

对外及港澳台贸易

【概　况】 2017 年，长阳土家族自治县完成外贸出口 5071.5 万美元，同比下降 29.42%。其中湖北三品源茶业科技开发有限公司完成外贸出口

图23　三品源茶叶样品　（县经信局办提供）

1897.69万美元，同比增长25.9%；湖北一致魔芋生物科技股份有限公司完成外贸出口1256.5万美元，同比增长13.7%；宜昌丰润生物科技有限公司完成外贸出口979.07万美元，同比增长88.4%。县经信局协助宜昌丰润生物科技公司完成主要出口产品肝素钠欧盟认证。帮助三品源茶叶、一致魔芋获得秋季广交会的参会资格和免费展位。组织长阳外贸企业参加宜昌茶叶国际采购商大会，宜昌茶叶国际采购商大会领导小组授予长阳三品源茶业科技有限公司出口贡献奖。

（李绪泉）

【宜昌海关关长余洪川到长阳调研】 2017年3月15日，宜昌海关关长余洪川带领调研组到长阳调研外贸出口工作。余洪川一行听取一致魔芋、丰润生物、任森农业、清江鹏搏、三品源茶业、昌源矿业、鲟龙渔业等出口企业生产、经营、出口情况介绍，并就企业提出的困难和问题，做政策性、技术性解答。同时就如何为外贸企业产品出口提供便利通关，提高通关工作效率，积极利用宜昌自贸区、宜昌三峡保税物流中心政策为企业出谋划策。余洪川表示，将进一步加强与长阳政府、部门、企业之间的沟通联系，为企业提供全程高效的服务；积极做好政策宣传和咨询服务，认真解决企业办理海关业务时遇到的疑难问题，支持企业用好用活国家相关政策。

【宜昌市贸促会领导到长阳调研】 2017年5月4日，宜昌市贸促会专职副会长李平一行四人专程到长阳调研，指导长阳贸促工作。调研组在县经信局相关领导陪同下，先后实地调研任森农业科技、三品源茶业等出口企业，同时就2017年宜昌市贸促会出访参展及办展计划进行宣传发动，与企业有针对性商谈出访参展计划，并给出市场开拓建议。

【三品源茶叶销往摩洛哥、俄罗斯等国】 2017年，湖北三品源茶业科技开发有限公司积极探索国际市场，产品销往摩洛哥、塔吉克斯坦、乌兹别克斯坦、俄罗斯、马来西亚、泰国及韩国等众多国家地区。实现生产产值1.69亿元，销售收入1.9亿元，其中外销出口1897.69万美元，外销出口连续四年位列湖北省茶叶外贸出口企业前三。

【一致魔芋多举措营销】 2017年，湖北一致魔芋生物科技股份有限公司进行细分市场分析，制定不同策略，抢占市场份额。线上投入阿里巴巴国际站、阿里巴巴中文站、食品商务网、中国魔芋协会网站广告推广；线下参加国内外专业展会推广宣传，让一致魔芋成为魔芋亲水胶体的代名词。完善营销体系，改变过去单一直营模式，在国内外开发经销商模式KGM，亲水胶体净增4459万元，增幅32.88%。美妆事业部由坐商变行商，研究客户需求，开发细分领域产品，积极参加行业展会，在保持较高利润率的同时实现销售签单年年增长，全年51名销售人员全球行程200万公里，实现外贸1256.5万美元，跻身宜昌外贸30强。

（吴亚洲）

责任编辑：苏美嫩

旅　游

概　述

2017 年，长阳土家族自治县全面推进国家全域旅游示范区创建，实施《长阳土家族自治县“十三五”旅游发展规划》和《长阳全域旅游行动纲要》，开展乡镇及重点项目和景区景点编制旅游项目专项规划。实施“旅游 +”发展模式，加快旅游项目建设，开展乡村旅游富民工程和旅游扶贫，丰富旅游业态，营造大众旅游、全域旅游良好发展环境，全县旅游经济持续健康快速增长。招商引进长阳卓尔、仙剑山、香花岭、龙池山、全伏山、虎头山 6 个旅游项目，协议总投资 42.4 亿元。2017 年全县接待旅游者 800 万人次，实现旅游总收入 75 亿元，分别比上年增长 13.9% 和 28.6%，旅游经济连续 13 年实现大幅增长。其中：清江画廊景区全年接待旅游者 178.6 万人次，实现旅游总收入 2.14 亿元；清江方山、天柱山景区和各乡村旅游点游客接待量同比均大幅增长。旅游业固定资产投资完成 6.6 亿元，对上争取 9 个项目，到位资金 524 万元。旅游业各项经济指标超计划完成，位居全市前列。

图 24　高家堰镇龙池山风景区木屋　　（县旅游委提供）

【香花岭和向王寨被评为金、银级民宿】 2017 年，湖北省旅游发展委员会在全省范围内首次评选金宿级和银宿级民宿，宜昌市 4 家民宿入选，由长阳土家族自治县旅游发展委员会推荐的香花岭民宿、向王寨民宿分别荣获金宿级、银宿级民宿称号（鄂旅游发〔2017〕27 号）。

【卓尔旅游项目】 2017 年 2 月 28 日，计划投资 30 亿元的长阳卓尔国际旅游度假区项目开工建设。至 8 月，完成大溪栈道、房车露营基地、帐篷露营基地、拓展基地和游客中心的基础工作。8 月 28 日，一期部分项目试营业。

【龙池山和香花岭景区对外营业】 2017 年 8 月 28 日，投资 0.8 亿元的高家堰龙池山休闲旅游项目和投资 1.52 亿元的高家堰镇香花岭乡村旅游综合开发项目正式对外营业。

【长阳清江画廊倒影峡旅游景区项目开工】 2017 年 12 月 26 日，湖北清江画廊旅游开发有限公司倒影峡旅游景区项目举行开工仪式，鄂旅投公司和长阳土家族自治县政府签订清江画廊旅游集散中心投资开发框架协议，清江画廊公司与长阳尚

图25　卓尔房车　　（县旅游委提供）

达公司签订夷龙公司收购协议。鄂旅投公司党委书记、董事长、总经理刘俊刚，市政府副市长周正英，鄂旅投公司党委副书记、副总经理陈华志，长阳县委书记赵吉雄及宜昌市直相关部门负责人等200余人出席开工仪式。长阳清江画廊倒影峡旅游景区项目投资4.04亿元，建设周期10年，分4期建设，建设内容为清江大佛游览区、邱家山集散服务中心、影画峡区和胡家溪拓展区。

（章建雄）

景区景点

【概　况】 2017年，长阳土家族自治县各类景区（景点）47处，重点景区主要在清江沿岸和县城周边。长阳景区（景点）具有自然风光和巴土文化人文景观相结合、生态良好的特点。AAAAA级旅游景区有清江画廊旅游度假区，AAAA级旅游景区有清江方山风景区，AAA级旅游景区有中武当·天柱山旅游度假区、丹水风景旅游区、麻池古寨旅游景区，有清江画廊·清江古城文化旅游度假区、长阳卓尔木桥溪生态旅游度假区、巴国故都旅游景区、盐池温泉度假村、榔坪木瓜花都景区、毕兹卡民俗文化村、"长阳人"遗址、巴王洞、石柱观、愚人岛等景点，向王寨、香花岭等乡村旅游点等。

【清江画廊旅游度假区】 清江画廊旅游度假区是长阳的核心景区和龙头品牌，获"全国民族文化旅游十大新兴品牌""湖北省十佳旅游景区"等荣誉，国家森林公园、国家级水利风景区、省级旅游度假区、省级风景名胜区、省级地质公园等荣誉称号。景区内主要景点有：

隔河岩大坝　为国家重点水利工程，坝长684米，坝顶海拔高程206米，相对高度151米，最大库容为34亿立方米。装机容量4台30万千瓦组，年发电量30.4亿千瓦时。

倒影峡　峡长5公里，融山、水、峡、洞于一体。水静谷幽，山峰陡峭，处处皆画，以"鱼游枝头鸟宿水"的倒影胜景著称。孔雀开屏山形态逼真，气势磅礴。

清江大佛　天然弥勒佛，高276米，底宽148米，堪称亚洲之最。大佛三面环山，一面环水。

仙人寨　有成群的野生清江猕猴在此嬉戏。有三眼圣泉水井。山顶有一个巨大的天然洞穴，俗称"万人岩"。

北纬30°岛　因长阳地处北纬30°地带，故被命名为"北纬30°岛"。岛占地近500亩，碧水环绕，是集旅游、度假、商务、娱乐为一体的多功能休闲度假区。

将军岛　中国无产阶级革命家、共和国开国将军、长阳人黎化南长眠此岛。

武落钟离山　山上峭壁俊岩、草木葱茏，山四周碧水环绕。据《后汉书·南蛮西南夷列传》记载，4000多年前巴人首领廪君出生于此山的赤穴。现建有巴人文化广场、白虎堂、廪君殿、钟鼓楼、德济亭、向王庙、石神台、盐女岩、黑穴、赤穴等景观点。

夜游清江"龙舟一号"　航行线路为清江古城至长阳新城。沿途可全程夜观清江亲水平台、县城主要建筑、清江两岸霓虹灯、长宽创下吉尼斯纪录的LED广告屏等清江夜景。

【清江方山风景区】 位于长阳土家族自治县龙舟

坪镇郑家榜村，距离县城25公里，规划面积60平方公里。景区内峰丛如林，瀑泉满山，有奇峰怪石、满山瀑布、古藤老树、峡谷绝壁、洞穴岩缝、悬空栈道等六大自然风光。原始森林茂密，峰峦叠翠，水声淙淙，凉风习习，空气清新，空气负氧离子浓度平均高达4.1万个/立方厘米。漫步在林荫树下的悬空栈道上，如行走在绿荫隧道之中，耳闻山风鸟语。若恰逢雨季，云雾袅绕，拾阶而上可见飞瀑。

绝壁栈道全长6300米。漫步栈道，如空中漫步，美景尽收眼底。

玻璃栈道 又名“云鹊路”。全长236米，相对高差166米，为钢骨混凝土框架结构，在不锈钢龙骨架上，铺设双层夹胶玻璃。每平方米活荷载350公斤。栈道依偎一个巨大的外凸绝壁山体而建，整体呈U字状。栈道中间，建有一座15米长的玻璃拱桥，名为“云鹊桥”。游客行走在玻璃栈道上，脚下谷底草木森森，身边云霞飞舞，远山阡陌尽收眼底。

龙潭冲索道 位于景区东部龙潭冲，为单线脉动循环固定抱索器八人吊厢组式索道。有上下两个站房。下站房位于景区东门，地形标高292.96米，为两层站房结构，站址地形平坦。上站房位于巴王石东侧山坡上，地形标高608.96米，为三层站房结构，站址地形陡峭。索道线路水平距离528米，斜长616米，线路高差316米，共有8个塔架，其中第4号塔架高度达32米，为线路最高塔架。

云海瀑布 方山的云活泼、多变、飘逸、洒脱。景区左有龙咏溪从绝壁崖间涌出，形成了叹为观止的瀑布群。龙咏溪的龙吟大瀑布，落差达到700多米。

古树藤蔓 方山景区内生长着3000余种野生动植物。游步道边，古木参天，老藤盘绕，游客能见到的植物多达1000多种，其中小勾儿茶、冬青、金丝楠等珍稀植物有18种。

【中武当·天柱山风景区】 景区位于长阳土家族自治县县城西三十公里，是道教文化景区，道观林立，晨钟暮鼓，甚为壮观。相传唐朝时开山设观，与十堰武当山相辉映。主峰海拔1445米，石笋高标，孤峰峙立，拔地耸立，有健笔凌云之势，东可鸟瞰清江方山，南可远眺清江画廊。景区内有祖师殿、南岩宫、玉皇亭、财神殿、三帝宫、三清宫、地母宫等清代古建筑。

【丹水风景旅游区】 位于长阳土家族自治县高家堰镇，沪渝高速、G318国道、G241国道贯通全境，景区距离沪渝高速高家堰互通1公里，距长阳县城和宜昌城区30公里。

丹水漂流 始于1995年，是中国第一家利用自然河道进行漂流的旅游项目，因惊险刺激的水上运动与满眼如画的山水风光有机组合而闻名，有“华中第一漂”美誉。

兰草谷 因盛产野生兰草得名。谷水最深处数丈，两岸青山倒映其中，水色绿似玛瑙。谷内有“亚洲第一高索道桥”、登天石梯等人文景观。峡谷冲浪全长5公里，河道落差153米，其中上游1.5公里河道落差89米，是刺激的休闲运动旅游项目。

大溪峡谷 《中国国家地理》杂志推介的全国26条探险旅游和29条拓展旅游线路之一。以“百潭群”和“悬壁峡谷”闻名于世。峡谷纵深20多公里，以五洞峡为轴，依次分布着螃蟹溪、皂角溪两大支峡谷，其中有10公里为无人区。谷内悬壁临空、瀑布成群、森林叠翠，更有百多个碧潭群一线穿珠，有植物王国和动物天堂之美誉。

清江盆景园 位于高家堰镇高家堰村白果坪G318国道边。园内有近300家盆景专业户，年盆存量1000万盆，年成交额过亿元，盆景销往全国各地。园内有三峡地区特有濒危珍稀植物——中华蚊母繁育基地。高家堰因此被誉为“湖北盆景根艺第一镇”。

【麻池古寨旅游景区】 位于长阳都镇湾镇麻池村和西湾村。80年前，在这里诞生全国少数民族地区第一支以军为建制的红色武装——中国工农革命军第六军，称“土家第一军”。开国元勋贺龙元帅先后10多次到长阳指导革命，3次驻扎麻池。景区内保存和修缮红六军军部、长阳苏维埃政府、长阳军事委员会、长阳县委会、长阳妇委会等革命旧址。为湖北省爱国主义教育基地、宜昌市党史教育基地。

红六军军部 位于景区入口，占地16亩。中国革命史上的“西湾起义”发生于此，鄂西地区第一个建制健全的红色革命政权诞生于此。

长阳县苏维埃政府旧址 建于清道光年间，距今近200年历史，为徽派民居，融合土家民居建筑风格。土地革命时期，长阳县苏维埃政府驻此。

红军树 本名银杏树，树龄500年，因贺龙元帅在此树拴马而得名。

千年连理树 本名黄连树，两树树龄均有1000多年，因雌雄二树根部相连而得名。

青门峡 位于清江支流库汊。峡内枯藤古蔓高挂，白鹤翩翩起舞，河道曲径通幽，有世外桃源之意境。

响水洞瀑布群 由凤尾瀑、三叠瀑、君子瀑错落组成。

崩尖子自然保护区 为国家级自然保护区，面积13313公顷。主峰海拔2259.1米，是长阳第一高峰。区内有珙桐、银杏、红豆杉等古珍稀植物和獐、麂等稀有动物，有“南天云梯”“长虹卧波”“南海天地”“双龙戏珠”等奇特景观。

【长阳卓尔木桥溪生态旅游度假区】 位于长阳高家堰镇木桥溪村，紧邻G318国道和沪渝高速高家堰互通。计划投资5.86亿元，是集山水观光、土家文化、户外探险、房车露营、休闲度假为一体的峡谷探险度假区和土家文化体验区。由三河汇流核心景观区、布旗山土家古村区、木桥溪入口引导区、大溪滨水游憩区及小溪体闲度假区组成。

【清江古城文化旅游度假区】 位于长阳县城清江大桥南岸，为省级文化产业园，是清江画廊组成部分。

清江古城剧院 建筑面积5000平方米，一次可容纳500人观看演出，声、光、电等舞台设施设备一流。常年演出中国第一部土家创世史诗歌舞剧《江山美人》和土家族民俗歌舞《下里巴人》。

汪国新书画馆 主要收藏中国当代著名诗书画家汪国新近半个世纪来的代表作品，还陈列有名人名画墨宝、古籍善本、玉版画等，布展的国画书法作品市场估价逾亿元。

巴人博物馆 展馆展示巴人起源及生产生活情况，是研究巴文化、深入探析长阳深厚历史文化底蕴的场所。

彭秋潭纪念馆 展示清代湖北长阳文化名人、“竹枝词”大家彭秋潭的艺术人生。

奇石馆 长阳是“中国观赏石”之乡。度假区内有何家坪奇石专业村、清江奇石馆；县城秋潭路有奇石苑。

【巴国故都旅游景区】 位于长阳渔峡口镇，是国家AAAAA级景区清江画廊旅游景区的核心板块之一。主要景点有香炉石遗址、白虎垄廪君陵、伴峡、神女峰等。

香炉石遗址 位于渔峡口集镇，曾出土包括大批商、周时期的甲骨和两枚商末周初时期的陶印章。经专家考证，香炉石遗址是我国古代巴人最初定居的都城（即夷城）所在地，为最终定论长阳就是巴人故里提供有力佐证。

白虎垄廪君陵 相传巴人先祖廪君死后于此地化为白虎升天，因名白虎垄。现建有祭祀厅、中心陵墓、白虎堂、碑林、珍稀植物园等。

伴峡 峡内奇峰高耸入云，两岸景色如画。“伴峡三望”为人称颂。

神女峰 清江边一奇峰，形似一女子侧面像，相传是盐水女神化身。民间传说，廪君和盐水女神的爱情故事发生在这里。

【盐池温泉度假村】 又名“温泉山庄”。位于长阳土家族自治县渔峡口镇龙池村，为花园别墅式度假酒店。占地面积45000平方米，依山而建，亭台楼阁与田园风光交相辉映。度假村内有各式客房、大小会议室、中餐厅以及歌舞厅、KTV包房、桑拿房和温泉洗浴中心，能同时容纳80人住宿，150人会议。以温泉洗浴为特色，将天然温泉引入客房及洗浴中心、桑拿房，游客足不出户即可体会“温泉水滑洗凝脂”的独特感受。

盐池温泉 位于渔峡口镇龙池村，毗邻清江水布垭大坝。温泉常年水温42℃，流量6.01升/秒，据取样化验，被认定为含锶、偏硅酸等多种有益元素，是华中地区含各种微量元素最多的优质温泉。

盐井寺 原名传庆寺，是鄂西南建造年代较早的佛教寺庙之一，始建于唐朝，扩建于北宋，兴盛于明清。现存青砖石雕和碑亭塔林，是湖北省重点文物保护单位。

图26 位于渔峡口镇龙池村的盐池温泉 （县旅游委提供）

【清江东线——石柱观】 道教圣地石柱观位于长阳土家族自治县县城东10公里清江南岸，所在山形如柱耸立，海拔280米。观始建于明朝万历年间，有大小宫殿、楼阁近十处。清江画廊度假村与其隔江相望。

【榔坪木瓜花都景区】 位于长阳榔坪镇关口垭村和马坪村，景区内大量种植资丘皱皮木瓜。每年3—4月份，成片的木瓜花艳如海，游客可观花赏景、对歌陶情、吃住农家、乐享田园风情。榔坪因此被誉为“中国木瓜花都”“中国药用木瓜之乡”。

【毕兹卡民俗文化村】 位于长阳县城观音阁，为长阳非物质文化传承基地。推出的原生态土家民俗歌舞《下里巴人》，既保持民族民间文化原汁原味，又有再提高，累计演出超过1万余场，接待过50多个国家和地区的游客，是长阳旅游一张靓丽名片。

【“长阳人”遗址】 位于长阳大堰乡钟家湾，为国家级文物保护单位。1956年在此发现一块古人类上颌骨、两枚牙齿等化石，经中国科学院古脊椎动物研究院贾兰坡教授鉴定，确定为古人类化石，被命名为“长阳人”，距今约19万年。“长阳人”已写进《辞海》和中学历史教科书。

【巴王洞】 位于长阳资丘镇清江北岸。巴王洞有三奇：一是百丈长廊，数十丈高和宽的空间里，钟乳石与石笋上下连接形成一道屏帘，从洞正中直线延伸300余米，将洞一分为二。二是白虎堂，又被称为巴人歌舞厅，此堂方方正正，天花板光平如镜。一石，似长帕缠头、牛角横伸的巴王，正襟危坐于北墙基座之上。三是神鼠宫，几只50厘米长的老鼠见人不怕，搔首弄姿，令人称奇。

【愚人岛】 位于长阳磨市镇，清江高坝洲库区。面积2420公顷，有宁静开阔的湖泊景观、蜿蜒曲折的库区岸线、平缓起伏的低山丘陵、幽静怡人的田野风光。

【香花岭】 位于长阳高家堰镇丹水河畔香花岭、中国最美景观大道318国道“一生一世”（1314公里）处。民宿四合院中有露天庭院，院中奇石、盆景、花草、山泉水错落有致，山泉水沿假山而下形成瀑布。2017年被湖北省旅游委评为全省首批金宿级民宿。

【向王寨】 位于长阳县城，清江南岸果酒岩，是集生态农业观光、民俗体验、科普教育为一体的综合性游乐园，寨上可观县城全景。占地 2000 亩，由生态酒店、主题婚庆广场、农业嘉年华 DIY 体验区、真人 CS 特训营地、儿童乐园、悬崖游泳池、民俗美食、开心农场、户外露营、烧烤、探险基地等部分组成。寨内特色自然景观有石林、小桥流水、梦幻天坑等，特色建筑有茶楼、森林小木屋、270°观景悬崖夯土小屋、悬空露天餐厅和玻璃栈道茶楼等。2017 年，向王寨被省旅游委评为全省首批银宿级民宿。

（章建雄）

图 27　位于高家堰 318 国道边的香花岭民宿　（县旅游委提供）

旅游规划和旅游设施建设

【概　况】 2017 年，长阳推进《长阳土家族自治县“十三五”旅游发展规划》和《长阳全域旅游行动纲要》贯彻实施，开展乡镇及重点项目和景区景点编制旅游项目专项规划。全县旅游景点 47 处，旅游商品生产品种 62 种，旅游流动资产 15134 万元，宾馆饭店床位 1378 张，其他旅馆的床位 2980 张，总接待能力 4358 张。全县旅游车辆 363 辆，载客总座位 4230 座，旅游船只 72 艘，载客总座位 3680 座。

【瓴悦酒店】 位于长阳县城清江古城内，是一家集住宿、餐饮、会议于一体的三星级酒店，营业面积 4500 平方米。有 2000 平方米大型停车场。豪华套房、普通套房、标准间、单人间 43 间，同时容纳 80 人住宿，客房免费提供光纤上网、数字网络电视、固定通话服务，提供自助早餐。餐厅有豪华包房 11 个，宴会厅 1 个，同时容纳 500 人就餐。有会议室 2 个，可供 20—100 人会议。

【食锦园】 位于长阳县城清江大道 32 号，营业面积 2000 多平方米，装修风格为土家和现代风格相结合。酒店有四层，一层为接待大厅，二楼为宴会厅，三楼和四楼为 10 个不同规格的包房，同时容纳 500 人就餐。

【清江花园酒店】 位于长阳龙舟坪龙舟大道 49 号，是一家三星级旅游饭店。有各类客房 125 间，同时容纳 200 余人住宿。有各类包间、宴会厅 20 余个，同时容纳 1000 余人就餐。大小会议室 2 个，设施齐全，分别容纳 50 人和 200 人。酒店拥有大型停车场和高级休闲会所。

【清江古城酒店】 位于长阳县城古城路 66 号。宴会厅 1 个，同时容纳 600 人就餐，另有自助餐厅和豪华包房 12 间。酒店各类标间、单间、套房同时容纳 160 人住宿。大、小会议室 6 间，可根据需要提供不同类型的会议服务。

【长阳丽景酒店】 位于长阳县城龙舟坪中心，是一家三星级酒店。一楼设有 200 平方米的接待大厅、土特产自选超市、观光电梯，四楼设有棋牌茶语、咖啡厅，五楼为中餐厅包房、重庆德庄火锅、多功能宴会厅，能同时容纳 500 人就餐，六楼至八楼有各式客房 105 间。

【长阳新时代商务酒店】 长阳新时代商务酒店有限责任公司位于长阳县城新时代广场 4 楼。公司致力于打造集商务、餐饮、娱乐、休闲为一体的多功能平台，旗下有新时代商务酒店、新时代假日酒店、大足疗城、钻石音乐会所、老乡长餐厅、欢乐餐厅等实体。有商务客房 202 间、可承接 150 人的大小会议室 2 间。

【峡州清江假日酒店】 位于长阳县城津洋口，是隶属峡州集团管辖的品牌酒店。酒店按四星级标准建造装修，有各类客房140间、餐位550多个、大小会议室4个，配备大型停车场1座，车位100多个。

【景江酒店】 位于长阳县城清江大道。有标准间40余间、特设豪华套间4间，可同时容纳90人入住。餐厅有8个包房和1个大厅，同时容纳200人就餐。

【长峰公社生态农庄】 位于长阳县城龙舟大道肖家台，是一家五星级农家乐。农庄有原生态实景餐厅12间、生态宴会厅1个，同时容纳200人就餐；中、小型会议室各1个；土家吊脚楼10幢，同时容纳50人住宿；水果、蔬菜采摘园2000平方米。此外，还建有游泳池、儿童游乐园、运动健身场、动物体验喂养区等休闲体验设施。

【山野水寨】 山野水寨位于长阳磨市镇芦溪村，是一家集休闲垂钓、餐饮住宿、烧烤露营、瓜果采摘为一体的五星级农家乐。常年提供舒适的休闲垂钓、烧烤露营场地以及餐饮住宿服务。8—9月，可在此采摘美国红提和夏黑。

【黄嫂农家乐】 黄嫂农家乐位于长阳龙舟坪镇刁家湾，是一家四星级农家乐。菜品有地道清江鱼、清江虾、炕土豆、蒸香肠、格子蒸肉、十碗八扣。农庄环境优美，乡土气息浓厚，同时容纳40人住宿、100余人就餐。

【清江渔村】 位于长阳隔河岩库区平洛湖边，是一家五星级农家乐。

（章建雄）

旅游商品

【概 况】 长阳土家族自治县推进文旅融合，开发旅游商品。开发生产销售的西兰卡普、根艺盆景、清江奇石、土家特产等60多种旅游系列商品，充分展示巴土文化魅力，满足游客土家特色商品需求。

【西兰卡普】 西兰卡普是一种土家织锦。古代巴人善于织锦，土家族地区的人民逐步掌握染色技术，编织出五彩斑斓的“土锦”。土家族姑娘出嫁时，必须有自己亲手编织的西兰卡普作品做陪嫁品。长阳西兰卡普带有浓郁的巴土文化特色，产品图案题材有巴山舞、福、寿、虎等一百多种图形，其构图多采用浪漫主义的变形、夸张等手法，巧妙地将各种动和静的形体组合在一起，富有生活情趣，具有鲜明民族特色。

【根艺盆景】 改革开放之初，长阳高家堰镇一批农民开始制作根艺和盆景。通过30多年发展，高家堰以根艺盆景为业农户达到270余家。五彩斑斓的盆景，吸引了众多游客购买。在党委、政府的扶持下，逐渐形成“丹水盆景”品牌，在白果坪沿G318国道线两侧构建长1000米、宽100米的根艺盆景走廊，成为“清江画廊”北线旅游线路的景点之一，高家堰镇成为全国根艺盆景大镇。经过盆景创作者们科技攻关，攻克中华蚊母育子扦栽的技术难题，保护三峡地区特有的濒危珍稀植物——中华蚊母。

【清江奇石】 清江流域山川河谷奇石众多，如数亿年以上的中华震旦角石，斧足类和腕足类化石，菊石、笔石、鱼类、各类珊瑚、植物以及各类动物化石，象形石、文字石、纪念石和怪石。清江奇石石质坚硬，石皮光滑圆润，纹理丰富多彩，画面反差分明，色泽鲜艳夺目，万物皆涵其上，集奇、怪、巧、美、灵于一体。画面石更是奇特多彩，如清江红、清江墨、清江彩板、清江透明、清清乳、云景石、菊花石、龟纹石和火成岩、沉积岩、变质岩形成的纹理石，晶簇类及钻探的各类工程石等。清江奇石石质以硅质为主，硬度多在7摩氏度左右。清江奇石多次获国际性大奖。20世纪80年代，宜昌来层林收集的“中华奇石”四字和十二生肖石获联合国大奖，联合国教科文组织授予他“国际石艺美术家”称号，并颁发证书。荆州沙市刘成全收藏的清江奇石

“江津夕照”在90年代初的亚太地区博览会上获得银奖。长阳覃世本收藏的龟纹石“琼枝骊石”，2000年在洛阳五国组织的展会上获国际奇石博览会一等奖。宜昌王文华、恩施张永柱等一大批收藏者数十枚清江画面石在昆明世博会上和各种国际石展上多次获得金、银奖。第五届中国赏石展，清江奇石夺得12金28银32铜的成绩。

【土家嫂特色食品】 湖北土家嫂食品有限公司是宜昌市农业产业化重点龙头企业、湖北省林业产业化龙头企业，主要生产、加工“土家嫂”豆瓣酱、清江鱼豆豉等土家特色食品。“土家嫂”牌豆瓣酱连续两届被评为“湖北名牌产品”。2002年，“土家嫂”清江鱼豆豉被湖北省消协评定为“湖北省消费者满意产品”。“土家嫂”豆瓣酱、清江鱼豆豉在2003年获得国家“无公害食品”认证。2004年，公司与武汉工业学院合作，利用高新技术生产药食两用的野木瓜果醋、木瓜冰酒，填补国内空白，生产工艺居全国领先水平。野木瓜果醋与其他果醋最大的区别在于生产的主要原料是木瓜。木瓜是30种药食同源的天然食品之一，对降酶护肝、抗菌消炎、舒筋活络、降低血脂有独特功效。2011年，野木瓜果醋获得宜昌市名优特色旅游商品称号。

【魔芋膳食纤维】 湖北一致魔芋生物科技有限公司生产的魔芋膳食纤维是一种高科技保健产品，是长阳新特产，2008年11月、2009年11月分别获得第五届中国农业博览会金奖、第六届中国武汉农业博览会知名品牌农产品称号，2011年获“灵秀湖北 · 名牌旅游商品”称号。据药典记载，魔芋能活血化瘀，解毒消肿，宽肠通便，化痰软坚，魔芋本身还能治疗癌病痰核，损伤瘀肿、便秘腹痛、咽喉肿痛、牙龈肿痛等症。魔芋膳食纤维是一种用高科技手段生产的微粉，在生产过程中剔除魔芋中一些对人体有害的物质。魔芋膳食纤维除具有普通膳食纤维的预防糖尿病，减少消化过程对脂肪的吸收，降低血液中胆固醇、甘油三酯水平，防治高血压、心血管疾病的作用。产品有大小两种包装，可供游客选择。

【“林老头”薯粉】 湖北任森农业科技发展股份有限公司生产的“林老头”薯粉系列产品以纯马铃薯淀粉、纯红薯淀粉为原料，采用国内先进、全自动、封闭性生产线，无添加精制而成。

【冬和——北冬虫夏草】 湖北仁仁生物科技有限公司在野生虫草上技术提纯，保留虫草特有的活性成分。内外调理，增强机体免疫力，提升白细胞。

【“葛美”系列保健饮品】 葛有“亚洲人参”之美誉，是食药兼用的天然植物。湖北葛美生物科技有限公司萃取天然葛根素精华，开发出葛根茶、葛根粉、葛根饮料等菜葛类系列保健饮食品。

【“益百家”冻干方便食品】 宜昌嘉禾绿色产业有限公司开发生产的冻干系列食品原汁原味，还原复水性强，营养、健康、绿色、方便。

【“老巴王”清江风味鱼】 长阳山野食品开发有限责任公司开发、湖北老巴王生态农业发展有限公司生产。选用正宗的清江野鱼为原料，采用冷风干燥新工艺，保留清江鱼固有的鲜美风味，鱼骨经科学软化可直接食用。“老巴王”清江鱼系列产品获“宜昌市名牌产品”、宜昌市名优特色旅游商品、长阳十大旅游产品称号，畅销全国，受到广大消费者好评。

【“天宴”清江鱼】 长阳清江鹏搏开发有限公司加工生产的“天宴”清江鱼淡水鱼系列产品主要有冻斑点叉尾鮰鱼系列、冷冻螃蟹、冷冻青虾、龙虾等，产品原料全部来自清江养殖基地。

【土家熏腊肉】 以清江优质鲜猪肉为原料，采用土家传统方法，选用松柏枝、橘树枝等精工熏烤而成，风味独特，腊香浓郁，营养丰富，回味悠长，是土家人家常和宴会的最重要美味佳肴，也是走亲访友佳品。长阳土家熏腊肉产品有腊香肠、腊腓骨、腊猪蹄等。

【昌生茶叶】 湖北长阳昌生茶业有限公司依托清江流域优质茶叶资源，传承传统优秀制茶工艺，生产昌生国品、早春贡茶、清江雀舌、清江珍眉四个系列产品，2011年获宜昌市名优特色旅游商品称号。

【三品源茶业】 湖北三品源茶叶科技开发有限公司是中国茶行业百强，主营国内绿茶、红茶、清江富硒茶。

【清江椪柑】 长阳清江柑橘是国家地理标志产品，种植历史悠久，品质优良，采用本地选育并经过湖北省农作物品种审定委员会审定的“华柑二号”作为主栽品种，严格按照绿色食品标准生产。果型美观，香甜可口，脆嫩化渣，深受专家学者和广大消费者的青睐，多次获得宜昌名果、湖北省优质水果等称号，获国家A级绿色食品证书，名扬荆楚，畅销九州，堪称果中精品。

（章建雄）

旅游线路

【概　况】 长阳作为全域旅游试点县，全县的旅游线路11种、40条，其中，比较成熟的旅游线路30条。可团体乘公共交通旅游，也可自驾游。

【长阳巴人寻根游】 清江画廊；盐池温泉；十里伴峡；香炉石文化遗址；白虎垄廪君陵地。

【长阳名山养生游】 清江方山；天柱山。

【长阳县城休闲游】 清江古城；观音寺；叹气沟；向王寨；鸣凤塔；石柱观；亲水平台书画景观长廊。

【长阳红色记忆游】 将军岛——开国少将、原解放军总后勤部副部长黎化南将军之墓；麻池古寨红六军革命旧址群；资丘七十七烈士陵园；枝柘坪红三军军部革命遗址；榔坪香龙山——土家第一军革命领袖李勋牺牲地。

【长阳乡音乡情游】 龙舟坪镇郑家老屋、胡家老屋；银宿级民宿龙舟坪镇向王寨生态农庄、清舍民宿、胡家老屋农家乐；金宿级民宿高家堰镇香花岭生态农庄；高家堰镇龙池山生态农庄。

【长阳户外体验游】 漫步G318国道丹水河畔；到卓尔木桥溪景区体验飞拉达、攀岩、拓展基地等户外运动探险。

【长阳缤纷花季游】 榔坪镇关口垭和马坪村木瓜花；龙舟坪镇邓家坝村桃坪桃花；渔峡口镇枝柘坪村油菜花；高家堰镇龙池山油茶花。

【长阳农情土味游】 到龙舟坪镇白氏坪长丰生态农庄、洋洋农家乐、津洋口村黄嫂农家乐、郑家榜村桥河养生谷的生态餐厅用餐，体验农事活动和品尝土家传统美食，露天酒吧、自助烧烤、篝火晚会，宿乡村民宿、品茗羿棋；到大堰乡三洞水村清江渔村、磨市镇山野水寨，垂钓划船。

【长阳田园体验游】 到磨市镇玉宝村采山胡椒，到大堰乡千丈坑村、都镇湾镇庄溪村、贺家坪镇老雾冲采茶。

【长阳水果采摘游】 渔峡口镇赵家湾、资丘镇、龙舟坪镇板桥铺、鸭子口乡天柱山等地。春天采晚熟椪柑、伦晚脐橙、草莓；夏季摘蜜桃、布朗李；秋天关口葡萄、红心柚、纽荷尔脐橙、长虹脐橙、猕猴桃、巴柑；冬天椪柑、蜜柚。

【牧旅露营游】 从沪渝高速长阳白氏坪出入口或高家堰出入口沿318国道到高家堰卓尔木桥溪露营，再到贺家坪牧兴庄园体验农家乐、开展滑草等休闲活动。

（章建雄）

旅游宣传

【概　况】 2017年，长阳土家族自治县旅游委组织重点景区参加“2017·一起游湖北”春季路演、“一起游湖北·夏安时光”主题路演推介活动；组织2家旅游商品企业到浙江义乌参加国家旅游局、浙江省政府主办的“第九届中国国际旅游商品博览会”；组织9家企业参加武汉第九届华中旅游博览会暨第二届长江旅游博览会；接待来自全国20多个省市及中国港澳台地区、东南亚地区旅行商考察长阳，举办长阳旅游产品推介会。

举办“2017长阳乡村旅游启动仪式暨第十一届榔坪木瓜花文化旅游节”“资丘非遗文化展演及景地合作”活动、“长阳清江画廊彩跑日·华为花粉文化节”“极目楚天舒·2017荆楚露营大会”“长阳地标·城市定向系列挑战赛”“万人相亲暨土家风情集体婚礼活动”、清江方山孝山冬祭“第三届土家美食节”等文化旅游活动。全年在国家级媒体5次，省级媒体34次，市县级媒体67次推介长阳旅游和旅游发展情况。

【第十一届木瓜花文化旅游节】 2017年3月24日，由长阳土家族自治县旅游委指导，榔坪镇人民政府主办的2017长阳乡村旅游启动仪式暨第十一届榔坪木瓜花都文化旅游节在榔坪镇马坪村木瓜园开幕。活动当日吸引来自全国各地万余名游客游园赏花。榔坪镇木瓜种植面积7万亩，干果年产量超过2500吨，实现年综合收入6700万元。

【花粉彩跑文化节】 2017年4月15日上午，由中共长阳土家族自治县委宣传部、长阳旅游委、长阳文体新广局指导，清江画廊公司和宜昌市华泽商贸有限公司主办的“清江画廊彩跑日暨宜昌华为花粉文化节”在清江画廊景区举行。彩跑起始点设在长阳龙舟坪镇下渔口三岔路口，经清江画廊游客中心绕行清江画廊新停车场，最后返至清江画廊游客中心，全长4公里。活动中，近千名华为“花粉”你追我赶，相互喷粉，一路快乐奔跑。现场气氛劲爆热烈，洋溢着健康青春气息。彩跑活动宣传清江画廊品牌，进一步提升长阳知名度。

【“长阳传统美食节”暨万人年猪宴】 2017年12月2日，长阳清江方山景区举办第三届“长阳传统美食节”暨清江方山孝山冬祭万人年猪宴文化旅游活动。215桌格子宴款待来自荆门、荆州以及河南、湖南等地的游客，现场进行土家歌舞表演活动。

【长阳景区到江苏省开展旅游推介活动】 2017年11月26日至27日，长阳土家族自治县旅游委组织清江画廊、清江方山、长阳卓尔、天柱山四个景区负责人赴江苏省，就长阳主要景点的连线产品进行对接和推介。

（章建雄　阅录）

旅游行业管理

【概　况】 2017年，长阳土家族自治县加强旅游市场综合监督，开展旅游从业教育培训，督促旅游行业严格遵守旅游行业法规和安全生产法，开展旅行社经营范围、低价游、导游带团资质方面执法检查。开展旅游行业安全生产、地质灾害、食品卫生、消防安全等方面的“双随机”检查。开展旅游市场秩序整治活动，重点打击黑车、黑船、黑导游、黑旅行社等不法经营行为。净化旅游秩序，维护消费者权益，维护长阳旅游品牌。2017年12月1日，高家堰镇被湖北省人民政府（鄂政发〔2017〕56号）命名为“湖北旅游名镇”。

【旅游环境整治】 2017年3月17日，中共长阳县委、县政府召开全域旅游暨旅游环境整治工作推进大会。4至12月，先后召开全域旅游工作会议和调度会议10余次。公安、交运、海事、工商、旅游、食药监等部门联合开展执法行动，办理行政案件4起，确保旅游市场秩序规范，游客权益得到最大保护。

【长阳旅游局更名为旅游发展委员会】 2017年10月18日，中共长阳土家族自治县委编制委员会发文批复：同意将长阳土家族自治县旅游局更名为长阳土家族自治县旅游发展委员会，加挂县清江画廊旅游度假区管理局、湖北长阳清江风景名胜区管理局牌子。

【宜昌市旅游生态景观廊道和自驾车营地推进会】 2017年11月3日，宜昌市旅游生态景观廊道和自驾车旅居车营地建设现场推进会在长阳土家族自治县召开，宜昌市人民政府副市长周正英、市政府副秘书长余峰、市旅游委党组书记孔磊、副主任柏松，各县市区政府、旅游委（局），三峡旅游新区管委会及旅游骨干企业、重点景区主要负责人参加推进会。县委副书记、县长李军，副县长裴新颜参会。

（章建雄）

责任编辑：向家舟

财政　金融

财政工作

【概　况】 2017年，长阳土家族自治县完成财政总收入94837万元，其中地方一般公共预算收入完成71304万元，占预算的100.4%，同比增长1.5%。税收收入43339万元，税收占比61%。其中：增值税14896万元，营业税324万元，企业所得税3770万元，个人所得税1769万元，资源税902万元，城建税1970万元，房产税1201万元，印花税270万元，城镇土地使用税880万元，土地增值税1907万元，车船税725万元，耕地占用税12639万元，契税1908万元，烟叶税178万元。非税收入27965万元，其中：专项收入2657万元，行政事业性收费收入858万元，罚没收入1012万元，国有资源有偿使用收入3476万元，捐赠收入1476万元，政府住房基金收入397万元，其他收入18089万元。按级次划分，县本级完成33394万元，乡镇级完成37910万元。

全年县财政总支出（含省市专款）365314万元。其中：县本级一般公共预算支出313084万元，补助下级支出29882万元，上解上级支出12585万元，地方政府债券还本9763万元。一般公共预算支出结构为：一般公共服务36421万元，增长6.3%；公共安全8422万元，下降11%；教育40767万元，下降35.1%；科学技术6352万元，增长5.7%；文化体育与传媒3889万元，下降15.5%；社会保障和就业50802万元，增长25.1%；医疗卫生与计划生育37263万元，下降4.7%；节能环保11723万元，增长9.7%；城乡社区5065万元，增长28.4%；农林水57219万元，增长10.4%；交通运输43711万元，增长240.8%；资源勘探电力信息557万元，下降7.2%；商业服务业1556万元，下降26.6%；金融监管25万元，增长25%；国土资源气象等7175万元，增长106.2%；住房保障支出16821万元，增长21.3%；粮油物资储备647万元，下降33.3%；债务付息及发行费用5404万元，增长76.8%；其他支出9072万元，下降63.1%。

政府性基金预算收入完成8055万元，占年初预算9530万元的84.5%，同比增长181.1%。政府性基金预算支出完成57663万元（含省专款），同比增长275.3%。全县社会保险基金收入累计完成126451万元，占预算的100%。全县社会保险基金支出累计完成124571万元，占预算的100%。

【长阳保障文化、教育、救灾等民生投入】 2017年，长阳土家族自治县财政局加强财政支出执行管理，提高财政支出的均衡性和时效性，确保救灾支出等重点支出及时到位，加大科教文卫等民生投入。加强教育经费保障，重点监管教育惠民资金特别是各类助学资金的使用规范、安全、有效；支持实施教育系列项目工程，改善普通高中办学条件、中职教育质量提升计划、教育园区建设。推进公共文化服务体系示范区创建，确保县文化馆竣工使用；新建及完善村级、社区综合文化服务中心；支持文化馆、图书馆、博物馆、美术馆、乡镇文化站免费开放和广播电视台发展及全县文化体育活动开展；对《哭嫁》电影拍摄、第二届宜昌市艺术节参赛展演剧目创排进行投入。加大农口单位预算保障力度，加强财务管理；建立财政投入稳定增长机制，落实各项惠农补贴政策。推进深化医药卫生体制改革，加大卫生投入力度；做好困难群体社会保障工作；支持完善社会救济政策，筑牢社会稳定的“网底”；全面落实各项社会保险政策；深化政法经费保障体制改革，加大政法经费保障力度。

【长阳争取落实项目资金 163629 万元】 2017 年，长阳争取落实 52 个（类）项目 163629 万元，超额完成全年 15 亿元的目标任务；争取县域经济发展调度资金、农产品加工园区产业发展调度资金 2.04 亿元；省级地方政府债券转贷资金 26451 万元；省财政厅安排长阳武陵山产业发展基金 1.4 亿元；县本级安排科技三项费用 930 万元；园区基础设施建设 9547 万元。

【长阳精准扶贫投入资金 14 亿多元】 2017 年，长阳土家族自治县本级安排扶贫资金 16024 万元，比上年 9490 万元增列 6564 万元，占当年预算收入增量的 93.9%。清理回收存量资金用于扶贫投入，2017 年清理回收统筹存量资金 1805 万元，应安排用于精准扶贫投入 903 万元，整改 2016 年度审计以前年度可统筹存量资金未安排用于精准扶贫投入 4194 万元；完成资金统筹，成立统筹使用财政专项资金领导小组，搭建 8 个统筹平台，统筹整合资金项目 389 个，统筹财政专项资金 130698 万元，同时加强资金使用与监管。

【财政管理改革】 2017 年，长阳土家族自治县财政局完善预算管理制度，研究制定新一轮乡镇财政预算管理体制：建立预算执行动态监控机制，推行公务卡结算；加强国库资金管理；实行编报库款月报制度，加强国库存款监控，建立库款预警机制，提高国库存款管理水平；推进国库集中支付改革，逐步把财政直接支付、授权支付（自助柜面）、国库清算、总会计实拨等业务全部纳入电子化支付；摸清县人民政府资产家底，夯实政府资产管理基础，防止国有资产流失；完善政府采购制度，提升政府采购透明度，依法加大政府采购监管力度，全县实际政府采购预算金额为 32578.03 万元；试编权责发生制政府综合财务报告工作，完成 2016 年度权责发生制政府综合财务报告；对财政预决算、专项资金、政策等进行及时公开；营造实施新法规制度环境；落实单位内部控制报告管理制度，强化内控常态化；贯彻落实“放管服”改革，简化流程服务会计人员。

【会计核算监督检查】 2017 年，长阳土家族自治县财政局开展单位会计监督检查、国有资产管理专项检查、政府采购监督检查，对财政预算、执行、债务、公开等进行自查检查；开展财务违规检查、常态化监督检查、财务违规问题专项治理；紧扣政府中心，开展对精准扶贫和民生资金监督检查，对 11 个乡镇 2016 年度财政扶贫项目和救灾资金进行检查；对 3 个乡镇 10 个村进行农村危房改造、农机购置补贴资金落实情况检查，抽查农机购置补贴 53 户及农村危房改造 65 户。

【长阳财政监督被表彰】 2017 年 12 月 28 日，长阳财政监督办公室被省财政厅（鄂财监发〔2017〕23 号）表彰为“2017 年度财政内部监督工作先进单位”。

（杨祖勋）

国家税务

【概　况】 2017 年，长阳土家族自治县国家税务局组织税收 37928 万元，同比增长 61%，占市分目标 28400 万元的 134%；累计完成地方公共财政预算收入17121万元，同比增长70%，占市分目标12760万元的134%，占县分目标17000万元的101%。组织地方公共财政预算收入占全县公财收入24%。依法办理减免退税354万元，办理出口退税3261万元。

开展家居建材、教育、医疗行业专项检查，完成风险应对113户，纳税评估21户，补缴入库400万元。开展税务稽查，查补入库769万元。清缴陈欠496万元，入库税款1000多万元。依法办理减免退税354万元，办理出口退税3261万元。完成2016年农副产品加工企业核定扣除政策执行检查、企业所得税年度汇算清缴、增值税减免税清算工作，清缴入库企业所得税553万元，增值税减免税清算补缴入库30万元。

加强办税厅共建，实现国地税业务“一窗通办”，组建税源管理办公室，对建筑业、房地产业和个体工商户实施税源联合管理。进一步深化在纳税评估、税务稽查、信用等级评定、定额核定、税收宣传、纳税人学堂等领域深度合作和信息共享。联合发布欠税公告，联合完成数据清理1.98万条。建立政府主导、国税地税财政主抓、相关成员单位协调配合的全县税收社会共治机制，推进征管方式转变，有效整合社会资源，提高社会化管税水平。加强与社会各职能的合作，发挥各部门的职能优势，形成有效的助税护税体系。与公安部门联合成立税侦室，打击税收违法行为，检查涉案企业16户，查补税款194万元，移送公安机关立案侦查2户。打造税邮第二办税厅升级版，与金融部门合作发放纳税信用贷评定20户“A级信用等级”纳税人。

【“与税同行共促发展”税收宣传】 2017年，第26个全国税法宣传月期间，长阳土家族自治县国税局开展“与税同行共促发展”系列税收宣传活动，营造良好的税收宣传氛围。国税干部“一对一”负责联系全县50家重点企业。举办全县建筑安装行业企业制定建筑安全行业营改增税收政策专题辅导讲座1期，举办企业所得税申报专题授课3期。联合县扶贫办、县歌舞团等单位，在大堰乡桂花园村开展“情暖山乡·税惠于民”送戏下乡文艺演出，宣传税法知识。利用官方微博、微信群、朋友圈等新媒体，推广“爱心浇灌·税收花开”手机答题养花活动，发布A级纳税人名单和纳税百强名单，转发图文政策解读及税宣活动。结合县一中学生社会实践活动，宣传税收基本知识，普及依法纳税理念。在超市、社区、车站等人口密集处张贴税收宣传海报，发放宣传手册，现场解答纳税人关注的税收热点问题。

图28　4月18日，县国税局、县歌舞团、县扶贫办等联合组织“情暖山乡 · 税惠于民”送戏下乡文艺演出在大堰乡桂花园村举办

（王　曼 摄）

【便民办税】 2017年，长阳国家税务局坚持办税程序更优，持续开展“便民办税春风行动”，全面落实5大类20项46条便民措施，不断丰富和创新便民服务举措；推行权力清单制度，实现审批事项“零超时”。梳理简易征收、减免税备案、最高开票限额核准等事项的办理流程，压缩、削减不必要的办理流程。坚持办税措施更优，优化“网上办、移动办、自助办、委托办、联合办、微信办”等多元办税举措，推进“互联网+政务服务”工作，推广网上办税服务厅、微信公众号、手机APP等网上办税途径，网上申报率达到99.77%，高于全市平均水平。坚持办税环境更优，深入打造“安静工程”。加强办税厅标准化建设，办理国地税通办业务73000笔，网上申领

图 29　8 月 31 日下午，宜昌市国家税务局机关二支部全体党员与长阳县国家税务局龙舟坪税务分局党支部联合开展主题党日活动，图为重温誓词　（王　曼 摄）

发票 2252 份，发放电子发票 4000 份，接受电话预约、QQ 留言预约办理业务 438 笔。深化税邮合作，委托邮政代售发票 1.6 万本，代开增值税普通发票共 2.26 万份，征收税款 634 万元，邮寄发票 9654 本。设置自助办税终端，建立投诉快速处理机制。

【车辆购置税自助缴纳终端投入使用】 2017 年 9 月 26 日，长阳土家族自治县车辆购置税自助缴纳终端在县交警大队服务厅正式投入使用。纳税人可通过该终端，享受国税、交警“一站式服务”，自行在终端设备上完成纳税申报、税款缴纳、票证打印等步骤，让纳税人少跑路、多受惠。

（曾莉莉）

地方税务

【概　况】 2017 年，长阳土家族自治县地税系统累计组织各项收入 72159 万元，同比下降 4.62%，减收 3496 万元；可比（扣除同期营业税）增长 16.5%，增收 10219 万元。其中，组织税收收入 31439 万元，同比下降 23.74%，减收 9787 万元；按可比口径（扣除同期营业税 13715 万元）同比增长 14.28%，增收 3728 万元；社保费收入完成 37829 万元，同比增长 19.62%，增收 6206 万元；其他收入完成 2891 万元，同比增长 3.03%，增收 85 万元。实现县级公共财政收入 26218 万元，同比下降 29.56%，减收 1.1 亿元，可比（扣除同期县级营业税 12650 万元）增长 6.72%，增收 1650 万元。

优化国税和地税前台资源配置，协作优化办税服务，简化流程，提升效率，增强纳税人的满意度。充分参与“银税互动”工作，因地制宜开展联合税收调查与分析，加大推进“纳税信用贷”等信贷服务方式宣传，鼓励依法诚信纳税，为 4 户纳税信用好的小微企业落实纳税信用贷 800 万元。

催缴历史欠税。2017 年，县地税局成立欠税管理督查工作领导小组，从资料、程序、权限、时限等方面进行督查，对真实欠税分户进行调查确认，基本做到欠税户数清、情况明、数据准；进一步加强与法院、公安、银行的联系，持续推动“涉税黑名单”制度的落实。4 月，县地税局联合经侦大队奔赴武汉开展欠税追缴工作，送达相关文书。至 2017 年年底，催缴入库历史欠税 1108.33 万元。

【清理调整治理金税系统数据】 2017 年，长阳地税局按照上级关于开展金税三期数据治理工作的要求，与县国税局议定金税三期数据治理口径，组织国、地税人员集中在地税局办公，联合开展数据治理。国、地税 9 名成员组成工作专班，清理调整国税单管户 2745 户，治理国税金税三期系统数据 13894 条，清理调整地税单管户 2082 户、治理地税金三系统数据 6563 条，按期达到国地税金三系统（“金税三期”系统实现国地税业务平台及征管操作、执法标准的统一，办税业务全流程、一体化处理和全国税收数据大集中，为深化国地税合作、规范税收执法、优化纳税服务搭建信息化平台）登记信息一致的工作目标，进一步夯实征管基础数据。

【地税风险管理】 2017 年，长阳地税局认真应对承接省市地税主管部门推送的风险任务，全年承接 6 期省市局推送的风险任务；认真落实宜昌市地税局《税收风险分析监控报告》发布的风险事项，宜昌市地方税务局发布4期《税收风险分析监控报告》；利用第三方涉税信息进行风险管理，重点对国地税征收数据进行比对分析，推送11期风险数据，累计推送风险任务64条，补缴税1119.80万元，加收滞纳金223.12万元。截至10月31日风控税收贡献1400.65万元，税收贡献率4.77%，命中率达到95.51%，税收贡献率在全市9个县（市区）局排名第4位。

图30　2017年9月5日，省地税局政策法规处副处长王保兰（中）实地检查长阳县地税局法治税务建设工作　（邓经纬　摄）

【环保税开征】 2017年，长阳地税局为保证环保税顺利实施，及时组织相关科室学习《中华人民共和国环境保护税法》，重点学习环保税计税依据、应纳税额、税收减免等内容。2月22日，县地税局与县环保局召开联席会议，对排污费的数据核对、欠缴金额确认、信息传递以及信息交换长效机制建设和2018年排污费“费改税”的核定与征收问题达成一致意见。2017年上半年，完成全县排污费历年欠费清查清缴，清理追缴欠费3户，追缴欠费95.66万元。年底，欠缴1户，欠费36.79万元按程序移交县环保局，并配合县环保局申请法院强制执行。

【税务表彰】

全国税务系统先进集体　2017年1月6日，长阳地方税务局被国家税务总局（税总发〔2017〕5号）表彰为“全国税务系统先进集体”。

全省地税系统绩效管理先进单位　2017年12月20日，长阳土家族自治县地方税务局被湖北省地税局（鄂地税发〔2017〕79号）表彰为全省地税系统“绩效管理先进单位”。

湖北省地税系统法治基地　2017年9月26日，长阳地方税务局被湖北省地税局（鄂地税发〔2017〕63号）表彰为湖北省地税系统法治基地。

（邓经纬）

金融管理

【概　况】 2017年年底，长阳土家族自治县各金融机构存款余额155.95亿元，比年初增长16.61%；贷款余额124.24亿元，比年初增长34.09%；县域存贷比为79.67%，比年初增长10.40%，其中小微企业贷款余额31.33亿元，比年初增加3.94亿元，增长14.38%；涉农贷款余额68.84亿元，比年初增加9.34亿元，增长15.69%；小额担保贷款余额0.95亿元，比年初增加0.11亿元，增长13.4%。

中国人民银行长阳土家族自治县支行（以下简称人行长阳支行）认真完善金融管理常态化机制，强化“两管理、两综合、一报告、一保护、一存保”工作，认真开展对金融机构的开业管理、营业管理、综合评价、综合检查、重大事项报告、金融消费者权益保护及存款保险工作的管理，建立金融机构重大事项报告现场核查和事后追究机制。落实综合评价制度，对全县9家银行开展综合评价考核，完善对金融机构正向激励和反向约束措施。开展金融风险监测分析预警防范。完善金融风险巡查等项制度，建立风险防范部门联动机制，督促各银行机构积极处置化解信贷风险，严控不良贷款增幅，组织各行围绕“三去一降一补”任务，努力化解信贷风险，降低不良贷款比率，年末全县不良贷款1.14亿元，比年初增加0.19亿元，比年初上升20.62%，不良贷款率0.92%，比年初降0.1%。全面推进金融风险监测、预防、预警、防范，参与和协助地方政府加强对重点问题企业风险、互联网金融及非法集资等社会风险的排查和处置。

大力支持地方经济社会发展。人行长阳支行积极开展经济发展项目的金融支持对接。引导金融机构紧紧围绕县人民政府经济发展战略和加快发展生态文化旅游、健康食品、生态矿业、新型建材、绿色能源五大支柱产业的经济发展目标。通过参与经济形势分析会、产业项目现场办公会等形式，开展金融支持对接。采取积极向上争取政策、用足用活金融优惠政策，将存款增量优先用于地方、创新信贷机制、拓宽融资渠道等多项措施，引导金融机构着力支持地方经济平稳健康发展。在重点支持企业正常生产和改造升级的基础上，继续推行适合小微企业特点的专属信贷产品，实行规模倾斜和资金倾斜，大力支持小微企业发展。年末，全县小微企业贷款余额31.33亿元，比年初增长14.38%。引导涉农金融机构大力支持高山蔬菜、魔芋、茶叶、畜牧业等主流产品发展。年末，全县涉农贷款余额69.57亿元，比年初增长16.92%。继续支持清江画廊转型升级，卓尔生态文化旅游项目落地、清江方山二期项目的开发和建设，积极支持榔坪风力发电项目、龙五一级公路建设。围绕县政府“强化项目建设”的经济发展新举措，引导金融机构大力支持白氏坪经济开发区、丹水新区、磨市工业园“满园工程”等新建重点项目落地建设。

【贯彻实施稳健的货币政策】 人行长阳支行加强货币政策引导，向县委、县政府汇报稳健中性货币政策内涵及货币政策保持稳健中性的调控信号，准确传递稳中求进的工作总基调。通过参加政府常务会、全县经济形势分析会、财税金融工作会、金融联席会、开展专题宣传等形式，向相关单位、金融机构、企业和社会公众宣传稳健中性货币政策的精神实质，增进理解共识。通过再贷款、差别存款准备金率、优惠利率等货币政策工具，促进辖内货币信贷投入稳健适度增长。在按期收回扶贫再贷款的基础上，新发放扶贫再贷款1.60亿元，小额扶贫贷款增量1.90亿元。实施扶贫再贷款季度效果评估，规范再贷款台账管理。对地方法人金融机构进行再贷款资金投向、用途、利率等项目管理的约见谈话。开展扶贫再贷款专项交叉现场检查和8家银行涉农信贷政策导向效果评估，完成对农行“三农事业部”考核及“信贷资产质押再贷款”试点的基础工作。

【推进现代金融服务体系建设】 人行长阳支行立足市场主体多样化支付需求，建立适应现代需求的支付服务体系，推动传统支付服务向新兴支付服务转变。狠抓非现金支付工具的广泛运用，努力改进农村支付服务方式和手段，优化农村支付服务环境，提高农村支付服务效率和质量。全县银行卡发卡量101万张，其中农户卡占60%以上；布放ATM机121台；开通POS机2335部，比2016年增加198部，全县154个行政村覆盖率100%。加强舆论宣传，提高社会公众关于二维码支付安全防范和自我保护的意识，加强农村支付环境改善。加强对日常账户和账户实名制管理，开展支付服务市场秩序整治，配合公安等部门联合打击非法买卖银行卡和非法买卖银行卡信息行为，督促银行机构做好电信网络新型违法犯罪交易风险事件管理平台上线，狠抓资金转移通道管理，建立电信网络新型违法犯罪工作情况报告制度，开展对社会公众防范电信网络新型违法犯罪的宣传和风险提示。

【建立金融增信机制】 人行长阳支行积极探索建立产融合作信息共享和工作联动机制，促进产业政策信息、企业生产经营信息、金融产品信息交流共享，切实提高金融服务实体经济的质量和效率，在分管县长主导下，推出新的金融联席会议制度。推动小微企业金融服务体制机制创新，在白氏坪开发区建立小微企业金融服务示范点，选择农商行白氏坪支行为主办试点行。在贷款品种上，各金融机构继续推广小额信用贷款、“农户联保”“纳税信用贷”“扶贫贷”“青春联贷”“助农贷”等创新信贷产品。在风险缓释和政府增信上，政府建立续贷过桥资金5000万元，扶贫小额贷款担保基金3233万元（比年初增加2000万元），农保贷款风险补偿金2000万元，清江创新基金500万元，小微企业“助保金”贷款管理启动落实风险补偿金500万元。在担保方式上，各行扩大有效担保品范围，开展流动资金循环贷款、仓单质押贷款、应收账款质押贷款、租赁贷款等新产品。

【加强人民币流通管理】 人行长阳支行积极引导金融机构推进硬币自循环前期准备。推动人民币净化工程，保障市场流通人民币的整洁度。科学组织调拨现金，保证市场现金供应充足，结构合理。全年投放现金5.75亿元，比上年增长40.49%；回笼现金7.07亿元，比上年增长4.04%。借助国家电影下乡工程等宣传媒体，开展反假币宣传。

【普惠金融】 2017年，中国人民银行长阳土家族自治县支行实施“金惠工程”。对“金惠工程”70余名志愿者开展培训。在全县3个乡镇4所中学开展第二批初中学生培训，培训学生602人。编印“扶贫小额贷款常识12问”等宣传资料4.4万份发放到农户手中。组织志愿者通过“3·15”金融消费者维权宣传、预防网络和电信诈骗宣传、“6·14”信用记录关爱日宣传，送金融知识进农村、进社区、进学校，开展大型活动13次，发放宣传资料12.89万份，累计培训受众人数16.95万人次。

【金融扶贫】 2017年，中国人民银行长阳土家族自治县支行引导金融机构全面落实金融精准扶贫各项政策及措施，组织金融机构制定金融精准扶贫工作方案，建立金融精准扶贫工作机制，创新金融精准扶贫信贷产品与服务。狠抓村级金融精准扶贫工作站建设。全县建立贫困村金融精准扶贫工作站39个，覆盖面100%、非贫困村金融惠农服务站61个，占非贫困村53%。认真按照上级行关于金融精准扶贫要求，引导金融机构实施金融精准扶贫“产业项目年”活动。全县涉农金融机构以产业带动扶贫、创新合作方式、优化服务手段为抓手，明确组织责任、项目条件、申报审批程序及风险控制措施等，对参与金融精准扶贫“产业项目年”活动的主体进行动员培训，明确目标任务和方法，产业扶贫得到快速发展。全年对带动贫困户新型农业经营主体发放贷款余额0.93亿元，带动贫困户1492户。

扩大扶贫小额贷款覆盖面。涉农银行以贫困村建档立卡贫困农户和产业扶贫为目标，通过公开评级授信、公开贷款服务，加大信贷支持力度。到年末，长阳农商行以“金融精准扶贫示范村”为模式，全面完成154个行政村的农户评级授信及颁发贷款证，颁发农户贷款证3.59万个，授信总额8.2亿元。全县为建档立卡贫困户29674进行评级，评级面100%，为17924户贫困户授信发证，授信总额3.73亿元。到2017年年末，5家银行累计发放贫困户贷款9072户，覆盖面30.57%；贫困户扶贫小额贷款累放金额1.54亿元，余额1.25亿元，比年初增长近5倍。

（王冬璟）

银行业务

【中国银行长阳支行】 2017年，中国银行长阳支行多项举措服务社会。借助县域担保公司担保平台，稳健发展中小企业授信。审慎续作3个中小企业授信，金额600万元，开展低风险授信客户拓展，办理存单质押企业1户，贷款330万元。对存量重点企业授信客户申报新增授信，完成2户集团客户上报审批，取得本年度授信批复。支持政府重点项目贷款。2016年9月，为积极应对长阳县百年不遇的洪涝灾害，担当社会责任，中行向省行申报2.5亿元救灾专项贷款，获批1.5亿元专项贷款额度。2018年1月，实现救灾专项贷款提款1亿元，配合水产局全面完成清江河库区网箱上岸清理取缔，成立专班，加班加点确保100%网箱兑付，通过中行向675户发放网箱补偿费，兑现补偿资金9800多万元。响应县政府号召，提升银行税收贡献度。针对中行往年税收贡献度较低的现状，主动与上级行联系，请求上级行支持当地税收，为县税收做贡献。全年累计从分行下划贷款20亿元，上缴各项税收257万元。运用国际结算优势产品，支持进出口企业发展，为企业解决短期流动资金需求。全年办理380万欧元结汇汇率掉期业务，150万美元信用证出口押汇业务，40万人民币保函开立等业务，为进出口企业解决流动资金贷款200万元，新增外币结算账户2户。推进个贷产品创新。为推进库区网箱拆除，支持养殖户上岸转产经营，中行进一步简化审批流程，向省行申报“扶贫救灾创业贷款”，采用信用方式为网箱养殖户提供小额创业贷款，批复贷款额度3000万元。为7位养殖大户投放贷款790万元。加快个人住房贷款投放，重点对个人二手房贷款加大营销力度。全年投放住房按揭贷款898万元。同时注重合规文化建设，有效控制不良贷款发生。加强日常贷后管理频率，有效防范授信风险，至11月末，公司类贷款不良率和关注率均为零，个贷的不良率基本在控制目标范围内。至2017年11月，中国银行长阳支行存款余额51496万元，比年初下降3419万元，其中，公司存款余额22911万元，比年初下降5809万元；个人存款余额28585万元，比年初新增1886万元；外币存款余额70万元，比年初下降10万元。贷款余额65676万元，其中公司贷款余额52430万元，比年初新增16200万元，其中，三位一体公司贷款余额5.15亿元，比年初新增1.62亿元，中小企业授信客户3户，贷款余额930万元。个人住房贷款13246万元，比年初下降378万元。

（柳金娣）

【中国工商银行股份有限公司长阳支行】 2017年，中国工商银行股份有限公司长阳支行各项存款余额10.5亿元，比年初增加3.79亿元。其中，储蓄存款比年初净增0.44亿元；对公存款比年初增加3.55亿元；各项贷款余额15.3亿元，比年初增加3.6亿元；中间业务全年实现收入494万元；实现拨备前利润1312万元。

筛选符合行业政策，营销储备的9家法人和小微企业，对6家企业累计发放贷款17280万元。与县税务部门共同举办长阳土家族自治县银企税“纳税信用贷”推进会。工行与19家中小企业面对面沟通，达成合作意向，至年底有4家小企业收益。按时完成大数据核查。

（覃晓明）

【中国农业银行长阳土家族自治县支行】 中国农业银行长阳土家族自治县支行位于龙舟坪龙舟大道27–1号，辖4个营业网点，业务规模30.47亿元。2017年各项存款余额135613万元，当年净增10113万元，储蓄存款余额94614万元，对公存款余额40998万元；各项贷款余额169160万元，累放122170万元，比年初增加119890万元，累收2280万元。实现净利润686万元，缴纳各项税收380万元，比上年同期多缴50万元。重点项目支持力度加大。龙五一级路项目贷款授信4.9亿元并放款0.97亿元、长江电力贷款5亿元、葛洲坝集团贷款6亿元，国电投云台荒风电项目贷款授信5.9亿元。对中小企业扶持力度加大。与省农业担保公司合作，在全县率先推出楚农贷产品，发放2笔160万元，正在调查8户480万元。金融扶贫力度加强。为520户建档立卡贫困户发放扶贫小额贷款1420万元。服务与时俱进。投入1300多万元购置新门面，装修新网点；在154个村建立“金穗惠农通”工程服务点163个，确保对农民金融服务空白乡村全覆盖；花费270多万元，按照市民卡标准对农民发放新农保卡2.9万张。

（汪晓燕）

【中国建设银行股份有限公司长阳支行】 2017年年末，中国建设银行股份有限公司长阳支行（以下简称建行长阳支行）一般性存款总量173192万元，较年初上升18341万元。其中，个人存款105202万元，较年初新增12207万元。企业性存款余额67990万元，较年初上升6134万元。全行各类贷款余额达到365873万元，较年初上升83524万元。其中企业性贷款余额308818万元，较年初上升73008万元；个人贷款余额57055万元，上升10516万元。建行长阳支行一般性存款173192万元，各类贷款365873万元，贷存比211.25%，位居全县8个金融机构第一，全县金融机构贷存比80.39%；国有四行（工、农、中、建）贷存比160.17%。小额扶贫贷款笔数达245笔。重点扶持锰业发展，先后给长阳宏信集团公司贷款7.2亿元。建行长阳支行累计从三峡分行划转30.76亿元长期固定资产贷款。纳税640万元。自建行开办个人按揭贷款以来，已累计办理按揭贷款4323笔，累计发放金额7.8亿元，目前存量客户3251多户，贷款余额5.67亿元，比工、农、中三行（三行贷款余额为3.67亿元）的总和高出2亿元。

【建行长阳支行被评为“十强县（市）支行”】 2017年7月，中国建设银行股份有限公司长阳支行被中国建设银行湖北省分行授予2016年度“十强县（市）支行”荣誉称号。（奖牌）

（毛文生）

图31　建行长阳支行被评为全省十强支行

（建行长阳支行办提供）

【中国农业发展银行长阳土家族自治县支行】 2017年，中国农业发展银行长阳支行发放产业化龙头企业流动资金贷款7800万元，支持一致、三品源、任森、康农等产业化龙头企业，实现销售收入近10亿元，为农民增加收入近3亿元，直接提供就业岗位近2000个，间接提供就业岗位近5000个。其中3家企业在新三板上市。用好“上贷下划”资金，支持易地扶贫搬迁，省分行统贷统还易地扶贫搬迁项目到位资金5.1亿元，累计支付资金3.4亿元，占比66%。以项目贷款为支撑，服务同步搬迁。投放贷款8亿元，涉及易地搬迁720户2514人，累计支付4.6亿元，占比57.4%。以清江画廊为重点，积极发展旅游扶贫项目，向省分行申报1.8亿元清江画廊倒影峡旅游景区项目贷款，支持清江画廊扩建升级。

（陈　旭）

【湖北长阳农村商业银行股份有限公司】 湖北长阳农村商业银行股份有限公司（以下简称长阳农商银行）下辖网点20个，其中15个支行、1个营业部、4个分理处。内设11个部门、3个中心、2个贷款业务部（小微金融部、贷款经营部）。在岗员工274人，含劳务派遣工5人。至2017年末，存款余额66.57亿元，贷款余额33.8亿元，上缴各项税金3428万元。

2017年，农商行以重点项目重点单位为营销重点，支持县域经济发展，向交通、国土、学校、医院等单位和项目投放贷款7000万元，为全县规模以上21家企业发放贷款余额65489万元；为全县76家小规模企业中的27家企业发放贷款余额34776万元。抓住水电、旅游板块投放贷款。对卓尔旅游项目授信5亿元，发放清江方山项目贷款2500万元；对水电行业发放贷款2000万元。实行全员营销贷款。继续对客户经理实行放贷笔数与额度双线考核，开展全员引荐贷款活动，每名员工有引荐贷款任务，与绩效工资挂钩考核，全行引荐贷款余额2850万元。加强与部门和担保公司合作。与省农业信贷担保公司签订担保业务协议，与县科技局签订清江创新基金担保贷款合作协议，与火烧坪政府合作推出“好家风”信用贷款，拓宽信贷投放途径。坚持抓农户贷款投放，占领农村市场，全年全行投放农户贷款13922笔，金额106733万元，笔数和金额均超历史。推动金融精准扶贫。至2017年12月，完成全县154个行政村31327个建档立卡贫困户的评级授信，评级授信面100%，为符合贷款条件的17924个贫困户授信发证，授信总额37309万元，累计发放扶贫贷款22177万元，其中为7900个建档立卡贫困户直接发放猪、羊、鸡、蔬菜、药材等种养业小额扶贫贴息贷款13564万元，为85个新型农业经营主体发放贷款8613万元，协议带动脱贫1419户。

【长阳农商行党组织受表彰】

全省先进党组织　2017年6月26日，长阳农村商业银行党委被省联社党委（鄂农信党发〔2017〕22号）授予2017年度“先进党组织”荣誉称号。

省级“先进支部”　2017年6月26日，长阳农村商业银行高家堰党支部被省联社党委（鄂农信党发〔2017〕22号）授予2017年度“先进党支部”荣誉称号。

（马红宇）

【中国邮政储蓄银行长阳县支行】 2017年，中国邮政储蓄银行长阳县支行各项贷款余额1.53亿元。全年安全无案件、无重大责任事故。与县扶贫办、县畜牧局、经管局合作，针对农村专业合作社、种养大户、家庭农场发放扶贫贷、普惠金融增、助农贷信贷产品，累计发放1511万元。与县人社局、县财政局合作，创新创业贷款担保模式、扩展担保范围，简化流程，为符合条件的人员提供创业资金支持，发放创业担保贷款2215万元。走访县域中小企业主，了解经营发展状况及存在的困难，对有贷款需要的中小企业提供资金支持，全年发放小企业贷款2000万元。

（林　聪）

保险业务

【中国人寿保险股份有限公司长阳支公司】 2017年，中国人寿保险股份有限公司长阳土家族自治县支公司实现保费收入1.09亿元；各类赔款、给付支出金额7991万元。推行微信理赔专项服务平台，优化“VIP客户”绿色通道，升级人寿全自动电子化服务应用系统“e宝账”手机APP。当年招募保险代理人员100多人，提供就业岗位400多个，办理各类理赔1431笔，支付大病保险金1014万元。全年全县150个行政村和5个社区，29693人购买农村小额人身保险，承保面为8.68%。全县总交小额保险费148.46万元；至2017年12月全县支付保险赔款87.12万元，简单赔付率58.7%。

（杨德凤）

【中国人民财产保险股份有限公司长阳支公司】 2017年，中国人民财产保险股份有限公司长阳土家族自治县支公司实现保费收入5103万元，比上年净增加969万元，增幅23.45%，市场份额58.9%；实现利润440万元，其中车险完成3566万元，财产险完成352万元，船货险115万元，责任险完成622万元，意健险328万元，农险完成129万元，同时支付赔款3000余万元，缴纳税收600余万元。

全年主动适应转型发展新常态，克服山区县保源相对有限等困难，创新谋发展，在逆境和困境中推进业务发展。巩固传统业务，稳定市场份额。公司车险、工程险、企业财产险、团体意外险、安全生产责任险、承运人责任险等传统险种市场份额都超过60%。重点开展“农房统保”保险、“能繁母猪”“一元民生”等民生保险业务。创新推进社会治安险业务的发展，通过展业团队走乡串户，与各村通力配合，社会治安险业务达到300万元。

（谢　丹）

责任编辑：苏美嫩

经济管理

宏观经济管理

【概　况】2017 年，长阳土家族自治县争取落实项目资金 3.7 亿元。其中较大的项目：精准扶贫易地搬迁专项建设基金 8974 万元，2018 年第一批易地搬迁工程资金 3028 万元。县发展和改革局牵头，全县 26 个部门和单位争取落实各类政策项目 62.56 亿元，完成全年任务 60 亿元的 104%。全年完成固定资产投资总额 92.31 亿元，同比下降 1.9%。对接国家产业政策，立足优势资源谋划项目，充实修改完成全县“十三五”备选项目库和国家三年滚动投资重大项目库。编制全县 2017 年固定资产投资（草案），编制项目 193 个。编制国民经济和社会发展年度计划（草案），经自治县九届人大一次会议审议通过。

县发展和改革局加强全县经济运行监测和分析，月小结，季分析，定期向县委、县政府报告经济运行情况，针对新问题、新情况及时提出应对措施，全县主要经济指标运行态势平稳。按照简政放权、放管结合、优化服务要求，优化项目审批管理，全年为 187 个项目快捷办理项目审批、核准和备案，投资总额 114.78 亿元。推进“互联网 + 放管服”改革，在管理系统中发布发改局（物价局）行政职权及服务事项，运用湖北省“双随机一公开”监管平台展开工作。全年受理工程变更事项 3 件，处理完结 1 件。

【葛洲坝集团等对口支援长阳】2017 年，中国葛洲坝集团公司对口支援长阳教育园区建设项目 60 万元以及三峡集团公益基金会 100 万元，华中科技大学对口支援“雪亮工程”智慧停车项目 30 万元，省铁路投资建设集团对口支援贺家坪镇干沟河河道治理项目 10 万元，湖北三环集团对口支援长阳县都镇湾假阳古镇建设项目 10 万元。长江航务局对口支援长阳县江南亲水平台建设项目 420 万元，2017 年已支持 60 万元。

【重大项目协调服务】2017 年，长阳土家族自治县发展和改革局抽调相关人员参与重大项目协调服务。铁路建设项目，完成清江画廊轨道交通前期规划研究方案，县铁路办继续跟进呼南高铁（宜昌至常德）长阳段项目，积极争取呼南高铁途经长阳并在县境设站。清江抽水蓄能电站项目方面，与中南勘测设计院进行对接，省能源局积极支持长阳抽水蓄能电站纳入湖北省抽水蓄能规划调整方案并进入国家“十三五”规划。

【天然气长输管道安全管理】2017 年，长阳土家族自治县加强天然气长输管道安全管理。县人民政府成立以县委常委、县人民政府常务副县长唐祖红为第一主任，县发改局局长刘汉军为主任的油气长输管线及新能源安全生产专业委员会，办公室设县发改局。加强对隐患点和高危点的监管和督查整改，与相关企业和乡镇人民政府签订安全生产责任状，起草《长阳土家族自治县天然气管道安全管理工作实施方案（征求意见稿）》《关于对天然气管道安全实行包保责任制的通知（征求意见稿）》，对石油天然气长输管道进行综合排查整治，针对长阳经济开发区部分企业圈位于中石油管道高危点，中石油西气东输天然气管道穿越榔坪集镇隐患点进行多次检查督查，督促企业开展第三方评估，完成龙舟坪镇王子石村 ECY365-3A 至 ECY367 隐患点整改。开展宣传活动，印制天然气管道安全明白卡和温馨提示卡，发放给管道沿线农户，张贴到挖掘机挡风玻璃上。

（罗荣芳）

国土资源管理

【概　况】 2017 年，长阳土家族自治县新报批建设用地 52.5 公顷；供应建设用地 425.83 公顷，其中办理使用国有土地许可 46 宗 414.31 公顷，土地收入 8380 万元；办理县级采矿权新立、延续、注销及其转让等各类审批 17 件。认定处置闲置土地 2 宗，前 5 年供地率 61.96%，高出全市 60.47% 平均水平 1.49 个百分点。

全县实有耕地 53945.54 公顷，比上级下达的耕地保有量指标 49740 公顷多 4205.54 公顷。划定城市周边及县域永久基本农田 17688 块、40157.08 公顷，比上级下达指标 40150 公顷多 7.08 公顷。建成高标准农田 5.8 万亩。建设占用耕地 14.4024 公顷，采取占一补一，连续 17 年实现耕地占补平衡。违法占用耕地比例 7.67%，低于全省平均水平。

完成第三轮矿产资源规划编制。办理县级延续采矿权 8 个，变更 3 个，注销 4 个，保留 1 个。关闭矿山 13 家，其中煤矿 4 家。清理采石场 9 家，其中到期关闭 7 家（2017 年到期 2 家），规范 2 家；民生工程临时采石备案核查 35 家。湖北长阳清江国家地质公园通过国家和省验收，获国家级地质公园命名。

全年实地排查隐患点 715 处，查出并督促整改落实安全隐患 55 处。发生地质灾害险情 33 起，直接经济损失 84.1 万元，无人员伤亡。争取省国土资源厅和市国土资源局支持，获得贫困县耕地占补指标 3000 亩，交易筹得资金 1.95 亿元，争取省级土地储备专项债券资金 1.025 亿元。实施土地整治项目 9 个，规模 9.5 万亩，投资 2.3 亿元。规范完善易地扶贫搬迁安置点用地 19.1 公顷。

优化不动产登记窗口设置和登记流程，对要件资料精简梳理，开通不动产登记微信公众号，实现领证短信提醒，不动产登记窗口获宜昌市 2017 年度“政务服务十星示范窗口”称号。推进“两权”确权登记，有序整合不动产数据，林权数据，整合完成 80%，房产登记资料全部移交，省级数据汇交完成。

加强新开工项目用地清理和卫片执法检查，实行“五早”（早教育、早发现、早制止、早报告、早处置）机制，组织巡查 260 余人次，立案查处土地违法案件 7 起（结案 5 起），打击非法采矿点 32 个，对比核实土地卫片图斑 151 个、面积 940.2 亩。受理并按期办结群众来信来访 33 件。

【国土资源部考察长阳鄂阳页钻探】 2017 年 6 月 13 日，国土资源部党组成员、中国地质调查局局长、党组书记钟自然，中国地质调查局党组成员、副局长王昆，国土资源部地质勘查司副司长王军等到长阳现场考察鄂阳页 1HF 井钻探情况。省国土资源厅副厅长徐振坤、省地质矿产局局长朱厚伦、中国地质调查局油气咨询首席专家乔德武、市政府副市长卢军等参加考察。

【土地整治项目引水工程】 2017 年 2 月 14 日，长阳土地整治项目成功将都镇湾镇雪山河村山泉水引入五尖山、杜家冲、峰岩等 3 个村。引水工程采用 PE ¢ 110 管径，新建 9 个 200 立方米蓄水池，可实现不间断供水，满足 600 多户、2000 多人生产生活用水需求，是长阳近年来土地整治项目最大引水工程。

（杨圣平）

【湖北省长阳清江国家地质公园获命名】 2017年9月26日，国土资源部下发《国土资源部关于同意命名湖北长阳清江国家地质公园的批复》，同意命名湖北长阳清江国家地质公园。

（杨圣平）

工商行政管理

【概　况】 2017年，长阳土家族自治县推动各项商事制度改革落地。先后启动运行“全县通办”“五证合一”“多证合一”、企业登记全程电子化等便利化改革，全面实施“双告知一承诺”制度。加强事中事后监管，启用部门协同监管平台，推行“双随机一公开”。全年“全县通办”办件220件，企业登记全程电子化240件，发放“多证合一”营业执照2849份。推进市场主体全程电子化登记，全年办理全程电子化登记298件，数量居全市县市（区）第一。全年办理简易注销登记99件。

开展“进百企解百忧”活动，搭建银企对接平台，运用动产抵押、债权股权质押等手段，帮助企业融资8.1亿元。推进实施商标战略，新增驰名商标1件（“天宴及图”）。全县注册商标总量798件，其中驰名商标5件，地理标志证明商标2件。年底，全县市场主体23148户，同比增长22.6%。2017年新登记市场主体3909户，其中：企业545户、个体3078户、农民专业合作社286户。

图32　2017年1月10日，县工商局执法人员在清江建材市场抽检建材　（县工商行政管理局办公室提供）

全年立案查处案件110件，其中“双打”案件80件，案件总数、涉案总金额居全市前列。开展安全生产、校园周边秩序及托教、老年人消费市场、旅游市场整治，配合开展非法直销、非法集资、传销、善心汇等清查行动。深化创建无传销示范点工作。加强流通领域重要商品质量监管，开展专项整治行动，抽检重要商品335个批次，立案查处不合格产品质量案件48起。

开展以“网络诚信消费无忧”为主题的“3·15国际消费者权益日”活动。完善“12315”维权网络，推进消费维权“五进”（进商场、市场、企业、景区、社区），设立消费维权服务站22个，清江画廊、雅斯超市等维权站基本做到解决消费纠纷不出企业。在清江方山试行旅游经营主体自律、旅游有诉先赔两项制度。全年受理消费投诉197件，调处率达100%，为消费者挽回经济损失68万元。

图33　2017年3月15日，县工商局在长阳广场开展第35个国际消费者权益保护日纪念活动

【“多证合一”改革】 2017年8月1日，长阳土家族自治县启动“多证合一”登记制度改革。按照“一套材料、一表登记、一窗受理”工作模

式，对工作流程和具体操作进行重新规范，健全“多证合一”改革一站式服务机制，确保全省公布的27个涉企证照事项顺利整合到一张营业执照上。按照全市“四多合一”改革方案要求，将全市确定的43个涉企证照事项整合到一张营业执照上，并通过部门协同监管平台，将登记主体信息全部推送到相关许可审批部门。到2017年年底，全县办理“多证合一”登记事项2849件。

【登记审批权限下放】 2017年，长阳工商行政管理局将农民专业合作社、个人独资企业、合伙企业三类市场主体冠本县行政区划的名称核准及设立、变更、注销登记委托各工商所直接办理，全程办结。进一步缩短审批时限，市场主体设立、变更、注销登记全部承诺在3个工作日内办结，对县招商引资、重点项目等企业登记事项，开通绿色通道，在1个工作日办结。

【部门协同监管平台启用】 2017年9月起，长阳土家族自治县启用国家企业信用信息公示系统——部门协同监管平台。涉及42个部门全部启用该平台，有31个部门进行数据下载及信息上传，累计归集数据271833条，其中归集行政许可信息3350条，归集行政处罚信息499条，归集抽查检查信息1650条，归集协同交换信息671条，各部门下载工商信息7918条。

【“双随机一公开”监管】 2017年9月湖北省启用“双随机一公开”在监管过程中随机抽取检查对象，随机选派执法人员，抽查情况及查处结果及时向社会公开。应用平台，全省通过摇号随机抽查的市场主体，涉及长阳的有597户，长阳工商局及时入户对其检查，发现其中139户存在问题，全部按要求进行处理。

【长阳工商局机关办公完成搬迁】 2017年为建设土家源广场，县委、县政府决定，投资500万元，对锦绣清江小区3号商住楼1—5层进行改造，置换原工商办公楼。6月20日至24日，长阳工商局机关、龙舟坪工商所由土家源广场旁整体搬迁至锦绣清江小区3号楼办公。

【工商表彰】 2017年1月17日，长阳土家族自治县消费者协会被湖北省消费者委员会（鄂消委文〔2017〕1号）表彰为2014—2016年度全省消委系统保护消费者合法权益先进集体。

2017年6月27日，长阳工商局贺家坪工商所、资丘工商所被湖北省工商局（鄂工商督〔2017〕59号）命名为2015—2016年度全省工商系统青年文明号。

（覃世国）

质量技术监督

【概　况】 2017年，长阳质量技术监督局出动安全监察人员256人次，检查特种设备使用单位113家，发现安全隐患165处。开展“双随机”（在监管过程中随机抽取检查对象，随机选派执法检查人员）监督检查，检查检验检测机构3家、获工业产品许可企业4家，抽样监督检查肥料等农资8批次。至11月底，立案12起，处罚14.5万元。开展行政执法突出问题专项治理，自查行政处罚卷宗5个，发现并整改问题11个。

落实上级环保督查整改意见，收回18台燃煤锅炉的使用登记证，其中8台锅炉更换为新的天然气锅炉，6台学校锅炉更换为非燃煤D级锅炉，另4台锅炉报废停用。至6月30日，长阳禁燃区和非禁区的燃煤锅炉已全部更新、淘汰整治到位。安全生产月期间，印制发放《中华人民共和国特种设备安全法》宣传资料500份，指导江天一色小区开展电梯应急演练，指导蒙特锰业开展氨气泄漏应急演练，提高企业应急处置能力。

指导火烧坪高山蔬菜集团、长阳友生种业起草地理标志产品火烧坪包儿菜和白甲鱼池塘培育苗种技术规程省级地方标准。指导廪君茶叶专业合作社申报宜昌市农业标准化示范区，完善企业标准化管理和建立产品标准体系。指导县民政局执行《养老机构基本规范》《养老机构安全管理规范》《湖北省养老服务机构服务质量标准》，提升养老服务标准化。

开展“5 · 20世界计量日”活动，进行《中华人民共和国计量法》宣传和计量免费检定。争取专项资金30万元，建设电子血压计和燃气表2个实验室项目，提升基层计量能力。

【“5 · 20世界计量日”活动】 2017年5月20日是第18个世界计量日。为普及计量知识，传播诚信理念，长阳县质监局围绕“计量与交通”主题，开展为期半个月的电能表“你点我查”活动，在长阳榔坪镇、贺家坪镇中心广场开展为期2天的计量宣传与服务活动。在县内部分中心市场免费设置公平秤3台，发放《“5 · 20世界计量日”宣传手册》500余份，现场免费检测计量器具193台（件），帮助消费者调修计量器具5台（件），受理咨询服务12人次，当场解答群众提出的计量问题10余件。

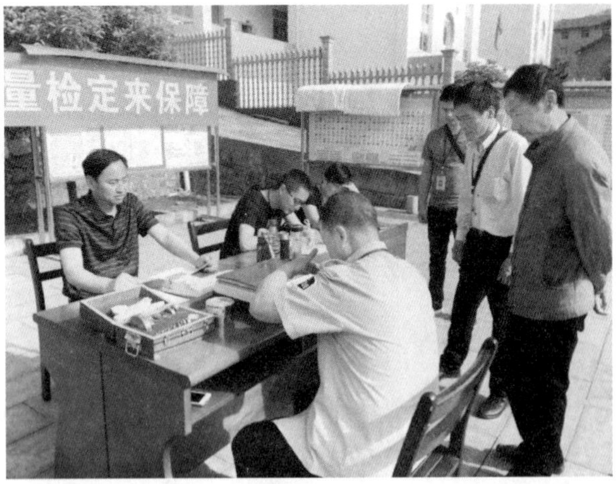

图34 “5 · 20”世界计量日活动期间，县质监局领导带领质检中心工作人员对在用计量器具进行免费检定和维修 （县质监局办提供）

【“螺丝瓶”专项整治】 2017年7月27日，长阳土家族自治县人民政府召开全县“螺丝瓶”专项整治专题工作会议。会议议定：由县质监局牵头，利用半年的时间，对1996年以前生产的仍在使用的“螺丝瓶”开展集中整治回收，每支“螺丝瓶”由财政补贴20元。通过广泛宣传，各乡镇各部门积极配合，全年六个液化气站收缴“螺丝瓶”3000余支，分批送到枝江白洋工业园集中销毁，清除安全隐患。

（覃　靖）

食品药品监督

【概　况】 2017年，长阳土家族自治县食品药品生产经营单位5989家。其中，食品生产经营单位5426家（食品生产获证企业55家，食品生产小作坊468家，食品流通经营户3388户，餐饮服务单位1515家），涉药单位563家（药品批发企业1家，药品零售企业74家，药品使用单位488家）。化妆品生产企业1家、专营店48家、兼营店872家。全县食品药品生产、经营从业人员近万人。

长阳食品药品监督管理局检查食品药品生产经营单位5420户次，消除风险隐患2507个；开展禽流感和诺如病毒防控巡查920户次；培训村食品安全信息员和帮厨团队负责人203名；全面完成抽检和监测任务，其中食品抽样562批次、药品抽样33批次、ADR报告333例、MDR报告75例、化妆品不良反应监测报告11份、快检6621批次。

【食品药品专项整治】 2017年，长阳食品药品监督管理局开展学校幼儿园食堂、茶叶等专项整治。检查学校食堂96家，消除安全隐患297个；检查茶叶生产经营单位410家，立案2起。对142家校外学生托管供餐单位、15家养老机构和32家入网经营单位进行指导整改。开展“两小两冷”药品问题、无菌和植入类医疗器械专项检查，检查单位710户次，下达整改文书154份，立案20起，罚款6.5万元。开展打击欺诈老年人专项行动，检查单位159家，下达整改文书104份，立案14起，罚款13万余元。中共十九大期间，开展“百日行动保安全喜迎党的十九大”系列活动，检查3904户次，发出整改文书636份，受理处理投诉举报73件，捣毁制售假冒伪劣食品窝点2个，查处假冒伪劣食品案件1起。

【食品药品行政许可】 2017年，长阳土家族自治县食品药品监督管理局全面推行食品生产加工小作坊和小餐饮行政许可，全年核发食品经营许可证1246张、小餐饮经营许可证410张、小作坊生产许可证91张。创新“互联网+食药监政务服务”，10月开出第一张电子证书。坚持监管与服务并重，指导宜昌清江肴生态农业有限公司等3家企业完成改造，帮扶长阳资丘建华副食厂等9家企业获得食品生产许可证。

【食品药品宣传培训】 2017年，长阳食品药品监督管理局通过网站、“双微”等平台发布监管、抽检、舆情、食品药品消费提示、“野生蘑菇”食用警示等信息近2000条。将食品安全宣传周、安全用药月、食品药品安全知识“五进”活动与“快检日”和“两学一做”学习教育有机结合，发放各类宣传资料2.5万余份，开展各类知识讲座11课次，接受现场咨询1400人次。巩固食品药品安全科普站建设成果，更新科普宣传栏58个，新办科普宣传栏20个。积极参与省级文明县城创建，发放“文明餐桌”宣传资料2000份，设立“文明餐桌”提示卡1000个，开展志愿服务450余人次。

【食品安全示范创建】 2017年，长阳食品药品监督管理局组织全县3000多家食品药品生产经营单位参与“做老实人办良心企业”活动，长阳雅斯等8家大中型超市参与“卖放心肉菜”活动。山旮旯农庄等10家餐饮单位被市局命名为首批“五心”旅游食品安全示范店；福悦多饺子馆等20家早餐店被命名为“放心早餐”示范店；清江古城酒店等49家餐饮服务单位申请新建“阳光厨房”。龙舟坪、都镇湾、资丘3个监管所通过省局标准化监管所验收。

（赵　丽）

审计监督

【概　况】 2017年，长阳土家族自治县审计局完成审计项目84项，其中政府投资项目审计62项。查出各类问题资金112495万元，其中违规金额1506万元，管理不规范金额110989万元。出具审计报告78篇，提交审计信息被采用79篇，向县委、县人民政府报送《审计情况反映》8期，向纪检监察机关移送案件线索6件，立案处理4件。

【财政预算执行审计】 2017年，县级预算执行情况审计查出问题金额104553万元，发现存在财政预算出借资金未及时收回，预算调整不规范，超预算拨款等问题；税收征管存在税费未及时入库、政策执行不严等问题。审计认定2016年度地方公共财政预算收入75538万元，全县财政资金总来源为299407万元，地方公共财政预算支出151027万元。审计中，重点关注财政部门组织预算执行情况、其他财政资金的收支情况、政府性基金和政府性债务情况，延伸审计有关部门单位预算执行情况。

【经济责任审计】 2017年，长阳土家族自治县审计局对县教育局、县林业局等6个单位8名经济责任审计对象进行审计，查出问题金额3952万元，其中违规资金1200万元，管理不规范金额2752万元。围绕“四个转变”突出重点进行审计：从对经济管理要素的监督转变为对权力运行的监督，重点关注民生政策落实、政府投资、土地出让等权力运行的重点领域和关键环节；从对经济事项决策程序性、合规性监督转变为对决策效果性的监督，重点关注因决策失误造成资金使用效益低下、损失浪费等问题；从财政财务收支合法性监督转变为对健全公共财政体系的监督，重点关注财政支出绩效和“三公”经费［“三公”经费是指财政拨款支出安排的出国（境）费、车辆购置及运行费、公务接待费这三项经费］支出的合规性；从对经济增长量的监督转变为对经济社会发展质的监督，全面客观地反映领导干部任职期间社会经济的发展状况。

【政府投资审计】 2017年，长阳土家族自治县审计局完成政府投资项目审计62个，送审造价33954.21万元，审计核实30914.12万元，审减3040.09万元，审减率9%。坚持全面审计与重点审计相结合，突出对重点领域和重点建设项目的审计监督，退出政府投资项目工程量变更的审核。规范社会中介机构参与投资审计的管理，在日常工作中推行“审计质量、廉政纪律、诚信履约、信息宣传、案件移送”的“五星级”动态管理模式，规避审计风险。

【领导干部自然资源资产离任审计】 2017年，长阳土家族自治县审计局探索基层审计机关资源环保审计方式方法，结合经济责任审计，对县林业局、高家堰镇、大堰乡3名审计对象开展领导干部自然资源资产离任审计。通过审计，发现存在违规占用林地，退耕还林、公益生态林补偿政策执行不严，未建立数据共享机制，导致相关数据信息不一致等问题。

【审计信息化】 2017年，长阳土家族自治县审计局加大审计信息化建设力度。加强计算机审计人才队伍建设，全年安排5人次参加上级审计机关安排的计算机审计培训。投资10万元新建数据分析室，对64个县直预算单位及11个乡镇2016年财务及业务电子数据进行采集，实现与上级审计机关实时数据获取和数据共享，2011年至2017年形成2T基础数据库。充分利用计算机审计技术，对全县整村推进、易地扶贫搬迁、教育扶贫、金融扶贫、医疗扶贫、民政救助等12项精准扶贫政策项目落实情况开展监督检查。对全县177个预算单位（含县直各单位、乡镇及财政所）2014年10月11日至2017年3月2日期间的出差、下乡、培训报销费用进行审计，涉及金额228.77万元。通过对相关数据进行采集和比对分析，审计查出重复报销、虚假报销等违规金额2.7万元。应用审计云平台开展地税业务数据处理及分析，上报云平台分析模型11个。

（杨慧芳）

物价工作

【概　况】 2017年，长阳落实落实电力、天然气、价格补贴等各项政策，落实涉企收费监管政策。及时更新、调整和修改《全县行政事业性收费项目清单》《政府定价经营性收费清单》，向社会公示；开展市场价格检查16次，检查涉企、涉农收费单位28个，检查停车场16个，下发整改通知书5份。到各景区宣传价格政策，开展电力价格、涉企收费、涉农收费、旅游市场价格、停车收费等9项价格专项检查和整治。规范公交线等客运票价，解决群众反响强烈的老大难问题。做好价格监测、及时办理价格举报投诉、搞好价格认定服务。全年受理价格认定57件，认定标的额6023.6万元。

【落实价费政策】 2017年，长阳落实各项价费政策。落实电力价格政策，重点对电力自供区居民电价、非直抄用户电价、两部制电价、新建住宅价格等执行情况进行清理，争取光伏电价政策，对土地坡、西坪和54个贫困村光伏电站以及中溪河水电站等项目争取上网电价政策；落实车用天然气、非居民用天然气价格政策，城区车用天然气销售价格2017年9月1日起由3.60元/立方米调整到3.48元/立方米，非居民用天然气销售价格由2.82元/立方米调整到2.70元/立方米；开展生猪定点屠宰收费清理，减轻企业负担；落实低收入群体价格补贴政策，启动物价补贴联动机制，全县落实价格补贴资金412万元；落实涉企收费监管政策，及时更新、调整和修改《全县行政事业性收费项目清单》《政府定价经营性收费清单》，向社会公示。2017年开展市场价格检查16次，参与人员60人次，检查涉企、涉农收费单位28个，检查停车场16个，下发整改通知书5份。

【专项价格整治】 2017年，长阳物价部门开展电力价格、涉企收费、涉农收费、旅游市场价格、停车收费、客运市场价格、教育收费、相对封闭区域（高家堰高速公路服务区、县汽车客运中心、清江画廊和清江方山景区）、城管部门收费等9项价格专项检查和整治。深入清江方山、清江画廊、天柱山、木桥溪大溪等景区以及隔河岩码头、公路客运站等交通集中地区宣传价格政策。针对大众关注热点、政府关切难点——客运市场价格，开展大力整改，规范公交线路票价。长阳县城至隔河岩码头面的票价平时为5—8元，节假日10—15元。物价部门历时近2个月的时间，规范公交线票价为2—3元。针对群众反响春运客运乱涨价问题，及时向社会公布“12358”价格举报电话，受理客运价格投诉，维护客运市场价格稳定。在客运经营者价格公示的同时，重点督促客运站严格按照规定价格售票，对客运站的价格行为进行规范。

【价格基础监管】 2017年，长阳物价部门做好价格监测。坚持33个品规的生活必需品价格和11个农资价格实行“一周双报”制，报送生活必需品价格和农资价格监测数据82期，上报“价比三家”监测数据41期；及时办理价格举报投诉，调查处理价格举报投诉咨询55件，其中价格举报投诉26件，价格咨询29件，调查处理回复率和满意率100%；做好价格认定服务，全年受理价格认定57件，认定标的额6023.6万元。

（罗荣芳）

统计工作

【概　况】 2017年，长阳土家族自治县全年联网直报率100%。每月，定期由县长或常务副县长组织召开经济形势分析会，就每月经济运行出现的新情况、新问题专题分析、研究，提出解决办法和措施。县统计局全面完成全年各专业报表和各类统计调查，全年编印《统计月报》12期、《统计摘要》1期，分发县直部门及乡镇；在各级媒体上发表调研资料、信息79篇次，其中省级以上媒体采用12篇，县级主要领导批示的调研资料2篇。

加强统计业务培训，召开综合业务培训会，利用走访调研、企业联网直报、年报培训等机会对基层统计人员进行统计业务知识、PDA操作、统计法律法规知识培训。做好名录库更新维护，结合“五证合一、一照一码”登记制度改革，做好全县154家“四上”单位的申报、信息维护，实现与县工商、税务、质监等部门的数据信息共享。

加强地区间、部门间、专业间的沟通协调，建好与核算相关的主要经济指标月度台账，密切监测指标变化情况，把握区域和本级的经济运行态势，按照核算制度做好GDP季度核算。加强监测，做好经济形势分析，适时对区域内154家限上企业和129个在建5000万元以上固定资产投资项目的进展情况进行监测，及时反映经济运行和项目建设过程中出现的新情况、新问题。健全完善部门联席会议制度、经济形势分析会制度，促进乡镇和各部门找到问题、找准差距。

突出重点和薄弱环节开展统计法治宣传，对法律意识不强的企业，通过大力度走访、检查，送上印发的实例案件宣传册进行现场普法，强化宣传效果；对新进“四上”企业、统计基础薄弱企业等重点企业进行培训，宣讲统计法律和法规，增强基层统计人员的法制意识。加强统计执法监督检查和统计核查，全年对80家统计调查单位进行统计检查，其中对1家统计违法企业予以统计立案。

【第三次全国农业普查】 2017年1月1日，长阳土家族自治县全面启动第三次农业普查入户登记调查。全县1200余名普查人员经过3个多月努力，对11个乡镇和164个普查区，对10万多户普通农户和规模种植、养殖户、农业生产经营单位，现场进行农业普查基本信息采集登记、传输上报和数据审核修改，在规定时间内完成普查数据审核验收。

【城乡住户一体化调查样本轮换】 因上一轮一体

化城乡住户调查样本于2017年11月30日到期（2012—2017年），2017年，长阳土家族自治县启动并圆满完成新一轮调查周期的样本（150个调查户）轮换。经前期摸底走访，确定样本调查小区，于8月22日组织召开住户调查样本轮换工作会议，就小区图绘制、名录表编制，摸底调查等相关内容进行业务培训。12月1日，150个记账户开始记账。

【监测评价和专项调查】 2017年，长阳土家族自治县统计局开展妇女儿童监测、服务业小微企业调查、批发零售与住宿餐饮业小微企业调查、月度劳动力调查、1%人口抽样等常规调查。此外，还圆满完成精准扶贫效益监测调查、履职尽责满意度电话调查、精准扶贫农户认知度电话调查。

（冯丽君）

安全生产监督

【概　况】 2017年，长阳土家族自治县发生各类生产安全事故10起，死亡9人，受伤5人（均为轻伤）。事故起数、死亡人数、受伤人数比上年分别下降23.1%、10%和28.6%。其中：道路运输事故5起死亡4人受伤5人，工贸事故3起死亡3人，建筑施工1起死亡1人，机械伤害事故1起死亡1人。煤矿、非煤矿山、危险化学品、社会消防、烟花爆竹、特种设备、旅游、学校安全等重点行业领域未发生死亡事故，未发生较大以上事故，全县安全生产形势总体平稳。

调整县安全生产委员会及其专业委员会成员，安全生产专业委员会由12人调整增加至22人，实现行业全覆盖。出台《长阳土家族自治县安全生产约谈制度（试行）》《长阳土家族自治县安全生产专业委员会工作规范（试行）》，进一步厘清安委会及各专委会工作规范。建立交办制度，对36处较大隐患，县安委会以《交办单》形式，交办到分管副县长、行业主管部门及责任单位。建立约谈机制，对10个企业（部门）负责人进行约谈，确保责任落实。

矿山实行全过程安全监管。建立“专家查隐患、政府督整改”机制。矿山生产建设期间，由政府统一购买服务，聘请矿山行业专家，对企业开展技术“会诊”，形成隐患清单，由政府下达执法文书督促企业照单整改。矿山停工停产期间，对全县煤矿、涉煤矿山逐矿落实盯守人员。与县保安公司签订合同，对8家重点矿山每矿增派4名保安人员，每天进行巡查并实行日报告，针对矿井异常行为，组织人员到矿核查。

制定《2017年安全生产执法计划》，一季度开展一次综合监督执法检查，半年开展一次专项监督执法检查，做到检查与隐患整改、定期检查与动态检查、认真整改与行政处罚“三结合”。全年处理安全生产事故6起：长阳神龙科技有限公司“1·10”物体事故一般打击案、湖北腾龙电力工程有限公司“6·2”触电一般事故案、资丘镇中溪村中桃线村级公路“8·1”意外事故案、长阳铠榕电解锰有限公司“8·20”窒息一般事故案、湖北永润建设工程有限公司“8·25”机械事故伤害案、长阳隆顺汽车销售有限公司“9·17”机械事故伤害案。全年执行生产过程监管执法10起，实施行政处罚18.73万元；完成各类事故调查6起，实施行政处罚114.56万元。

【长阳从煤矿安全重点县名单调出】 2017年9月14日，湖北省煤矿安全监察局印发《湖北煤矿安全监察局关于将长阳调出煤矿安全重点县的通知》（鄂煤监察函〔2017〕15号），同意将长阳土家族自治县从第二批煤矿安全重点县名单中调出。自2015年3月国务院安委会将长阳列入第二批50个煤矿安全重点县（市、区）以来，长阳关闭煤矿16处，2016年未发生安全事故，煤矿安全重点县遏制重特大事故攻坚战取得预期成效。

（田科骥）

责任编辑：向家舟

中共长阳土家族自治县委员会

重要决策

【全面从严治党】 2017年1月14日，中共长阳土家族自治县委印发《关于学习贯彻党的十八届六中全会精神深入推进全面从严治党的决定》（长发〔2017〕2号）。《决定》从切实把思想和行动统一到党中央、省委和市委关于全面从严治党的决策部署上来，坚决维护以习近平为核心的党中央权威，加强和规范新形势下党内政治生活，切实加强党内监督和纪律建设，持续深入改进干部作风，落实全面从严治党责任等六个方面，提出22条全面贯彻党的十八届六中全会精神，深入推进从严治党，切实营造风清气正的政治生态，坚决打赢脱贫攻坚战，加快建设都市后花园，与省市同步进入小康社会的具体措施。

【农业供给侧结构性改革】 2017年2月14日，中共长阳土家族自治县委、县人民政府印发《关于深入推进农业供给侧结构性改革加快培育农业农村发展新动能的若干意见》（长发〔2017〕5号）。《意见》明确2017年度全县农业农村工作的总体要求和全年农业农村经济主要发展目标，从优化产品产业结构、推动绿色生产方式、壮大新产业新业态、强化科技创新驱动、补齐农业农村短板、加大农村改革力度等六个方面，提出22条具体措施。

【实施两孩政策】 经2017年4月6日十四届县委第11次常委会议讨论通过，4月27日，中共长阳土家族自治县委、县人民政府印发《关于实施全面两孩政策改革计划生育服务管理完善目标管理责任制的实施意见》（长发〔2017〕7号）。《意见》从提高认识、正确分析长阳人口和计划生育工作面临的新形势，齐抓共管、积极实施全面两孩政策，多措并举、全面提升计划生育服务管理改革水平，依法行政、大力促进人口长期均衡发展，民生至上、着力构建计划生育家庭发展的支持体系，加强考核、坚持和完善计划生育目标管理责任制，强化责任、切实加强对计划生育工作的领导等七大方面提出具体措施。

（孙志强）

重要会议

【中国共产党长阳土家族自治县第十四届委员会第二次全体（扩大）会议】 2017年1月6日，中国共产党长阳土家族自治县第十四届委员会第二次全体（扩大）会议在县城龙舟坪召开。县委委员35人、候补委员6人出席会议。县纪委委员和有关方面负责人列席会议。全会由县委常委会主持。全会学习贯彻党的十八届六中全会精神，中央经济工作会议、省委十届八次全体（扩大）会议暨全省经济工作会议和宜昌市第六次党代会精神，审议县委常委会2016年工作报告，审议通过《县委关于学习贯彻党的十八届六中全会精神深入推进全面从严治党的决定》。会议总结2016年全县经济工作，安排部署全面从严治党工作和2017年全县经济工作。县委书记赵吉雄讲话。县委副书记、县长李军安排部署2017年经济工作。

【中国共产党长阳土家族自治县第十四届委员会第四次全体（扩大）会议】 2017年2月5日，中国共产党长阳土家族自治县第十四届委员会第四次全体会议在龙舟坪举行。全会由县委常委会主持。会议审议通过《中共长阳土家族自治县委关于深入学习贯彻党的十九大精神，决战决胜脱贫攻坚，全面建成小康社会，加快新时代全面建设社会主义现代化进程的决定》，县委常委会、县纪律检查委员会向全会书面报告工作。县委书记赵吉雄就《决定（讨论稿）》进行说明。县委副书记、县长李军作关于全县经济工作的报告。

【农村工作暨脱贫攻坚工作会议】 2017年2月15日，长阳土家族自治县农村工作暨脱贫攻坚工作会议召开。县委书记、县人大常委会主任赵吉雄出席会议并讲话。他强调，全县上下要大力发扬工匠精神和钉钉子精神，拿出敢于创新的勇气和担当，务实重行、争分夺秒、苦干实干，扎扎实实做好2017年农村工作和脱贫攻坚工作。会议由县委副书记、县长李军主持。会议表彰县交运局等10个优秀驻村扶贫工作队、雷祥冲等20名优秀驻村工作队员、左帮烈等10名脱贫攻坚突出贡献奖人员，县委副书记危爱民安排部署2017年全县农业农村工作和脱贫攻坚工作，县委常委、副县长覃高轩通报2016年度脱贫攻坚考核评估工作中发现的问题，鸭子口乡、县水利水电局、磨市镇花桥村、县扶贫办驻璞岭村工作队、县畜牧局驻布政村第一书记、资丘飞鸡专业合作社等六个单位和个人在会上交流发言。李云达、范绪忠、唐祖红、李晓鸣、覃宏明、黄昌英等县领导参加会议。

【深入推进转作风抓落实视频会议】 2017年11月29日，长阳土家族自治县召开深入推进转作风抓落实视频会议。县委书记、县人大常委会主任赵吉雄出席会议并讲话。他强调，要以刀刃向内、开刀问斩的勇气推动作风更严、更紧、更硬、更实。县委副书记、县长李军主持会议并宣读县委办公室、县政府办公室《关于深入推进转作风、抓落实的通知》（长办文〔2017〕70号）。县委副书记危爱民通报当前全县干部作风方面存在的突出问题和一批作风不严不实的负面典型。全体在域县领导，乡镇班子成员，各村党组织书记和县直单位主要负责人参加会议。

【中共长阳土家族自治县县委常委会议】 2017年2月23日，中共长阳土家族自治县委书记、县人大常委会主任赵吉雄主持召开十四届县委第7次常委会。集中学习《习近平总书记在中共中央政治局第三十九次集中学习时关于精准脱贫的重要讲话精神》，审议自治县九届人大二次会议《政府工作报告》送审稿、《2016年国民经济和社会发展计划执行情况及2017年计划草案的报告》送审稿、2017年县直部门预算（草案），审定2017年县委常委会、县人大常委会、县政协常委会工作要点、县级“三八红旗手”表彰对象。

7月11日，县委书记赵吉雄主持召开县委第16次常委（扩大）会议，通报近期赴省开展政策项目争取情况，传达学习省“616”对口支援长阳工作会议、全国产业扶贫（重庆石柱）现场观摩活动精神，听取上半年经济运行工作情况汇报，研究部署精准扶贫项目招商、信息化建设等有关改革创新工作。

8月21日，县委书记赵吉雄主持召开十四届县委常委第18次会议，传达省信访工作督查组抽查反馈意见，听取县信访局上半年信访工作汇报，安排部署中共十九大信访维稳工作，审议通过《长阳土家族自治县信访工作责任制实施暂行办法》。各位县级领导、乡镇党委书记、县直部门负责人参加会议。

9月13日，县委书记赵吉雄主持召开县委第20次常委（扩大）会议，传达学习全省文化扶贫工作推进会议等省市会议精神，听取县人大、县政府、县政协、县人民法院、县人民检察院党组等工作情况汇报，讨论研究相关工作。

10月10日，县委书记赵吉雄主持召开第21次县委常委（扩大）会议，传达学习全国综治表彰工作电视电话等会议精神，听取有关工作汇报，讨论研究相关工作。

11月13日，县委书记赵吉雄主持召开县委第23次常委（扩大）会议，传达学习全省贯彻党的十九大第一期集中轮训班精神，部署安排全县学习贯彻落实工作。

（孙志强）

重要活动

【学习宣传贯彻党的十九大精神】 2017年，中共长阳土家族自治县委坚持把深入学习贯彻落实党的十九大精神作为头等大事，县委、县人大、县政府、县政协领导班子、县委理论学习中心组成员坚持先学一步、深学一层，在学懂、弄通、做实上下功夫，进一步增强政治意识、大局意识、核心意识、看齐意识，坚决在思想上政治上行动上同以习近平为核心的党中央保持高度一致。开设学习习近平新时代中国特色社会主义思想县级领导干部读书班，创立麻池古寨、峰岩村两个学习基地，县委常委带头深入乡镇和村开展宣讲活动。11月9日，县委书记、县人大常委会主任赵吉雄带领全县领导干部学习贯彻党的十九大精神第一期轮训班全体成员抵达苏区麻池，瞻仰革命旧址，重温入党誓词，上党课宣讲党的十九大精神。积极推进“两学一做”学习教育常态化制度化，开办5期学习习近平系列重要讲话精神县级领导干部读书班，县委中心组全年集中学习研讨13次。全县组织宣讲团、宣讲小分队，开展全覆盖宣讲活动。中共湖北省委宣传部推介“长阳土家传统文化+”宣讲党的十九大精神案例。

【争创全国健康扶贫示范县】 2017年，长阳土家族自治县积极争创全国健康扶贫示范县，出台《健康扶贫医疗保障实施办法》《健康扶贫工程实施方案》《健康扶贫“三个一批”工作方案》，整合资金2000万元，实现贫困人口新农合覆盖率、健康档案建档率、家庭医生签约服务率、常住贫困人口体检率四个100%。2017年贫困人口住院1.75万人次，报销金额6455万元，政策范围内报销比例98.4%，贫困群众个人年累计住院自费部分5000元封顶。新建、改扩建和提档升级65个村级卫生室。3家乡镇卫生院通过“全国群众满意乡镇卫生院”验收，县乡医疗机构实现一站式结算。大病关爱“壹佰基金”资助贫困群众12739人次1933万元。启动修订《长阳土家族自治县人口与计划生育条例》，全面落实计划生育惠民政策，发放奖特扶资金1329万元。通过为特殊家庭成员开设就医“绿色通道”、提供再生育服务、发放“计划生育家庭成员医疗优诊证”，构建完整的计生特殊家庭帮扶体系。

【推进国家新型城镇化试点】 2017年，长阳土家族自治县大力实施向宜昌靠拢战略，围绕建设“都市后花园、宜昌卫星城”目标，“把县当城建设、当大景区建设”，全力推进国家新型城镇化工作。完成城乡总体规划修编，丹水新区、清江新区、经济开发区扩大区控制性详规，11个乡镇控制性详规以及154个行政村村庄规划编制，实现“镇镇有规划，村村有蓝图”。丹水新区建设加快推进，宜长快速通道正式启动，清江特大桥开工建设，教育园、新中医院、法院等即将投入使用，土家源广场、七里湾综合整治，重要城市道路综合改造、污水管网燃气管道建设等加快推进，新客运站即将全面开工，城市功能逐步提升。生态先行，沿江两岸城区段新建亲水平台1万米，新建公厕10座，新增园林绿化近5万平方米，新建广场游园6个，新建游客码头15座。城区污水处理稳定运行，污水收集处理率实现全覆盖，清江优质水资源得到保护。农村生活垃圾治理、乡镇生活污水治理加快推进，全县154个行政村农村生活垃圾治理覆盖率90%以上，完成乡镇生活污水治理项目规划实施方案、可行性研究报告编制评审。加强城市管理，开展“五非”（非法建设、非法养殖、非法客运、非法采矿、非法执业）专项整治，坚决控违拆违治违，城区环境更加优美。2017年12月20日，长阳土家族自治县被中共湖北省委、省人民政府（鄂文〔2017〕97号）表彰为2014—2016年度省级文明县城。

【创新社会治理】 2017年，长阳土家族自治县出台《首信首访首办责任制暂行办法》《公职人员参与违纪违法信访问责暂行办法》，完善抓稳定促发展的长效机制。深入开展矛盾大排查、安全大整治、治安大整顿、开门大接访、维稳大督查“五大行动”，主要领导带头落实领导包案、带案下访、开门接访等制度，全县非访、赴省进京访大幅下降，连续10个月进京非访为零。加强社会治安综合治理，在全省103个县市区安全感测评中，长阳群众安全感排名第1，治安满意度排名第2，执法满意度排名第6。榔坪镇派出所科技兴警经验在全省推广。

【推广峰岩村抓党建、促脱贫经验】 2017年，长阳土家族自治县坚持党建引领，全力推进“1156”（建强一个基层党组织、筑牢一个政策托底线、织密产业发展“五张网”、实施精准扶贫“六个到户”）脱贫攻坚模式，取得阶段性成效，涌现出都镇湾镇峰岩村抓党建促脱贫攻坚先进典型。2017年11月23日，宜昌市委组织部下发《关于学习推广峰岩村经验深化抓党建促脱贫攻坚工作的通知》（宜组文〔2017〕168号）。12月20日，县委印发《关于学习峰岩经验进一步深化抓党建促脱贫攻坚工作的通知》（长发〔2017〕20号），在全县范围内积极推广峰岩村“三在四主”（“让党员干部生活在群众中、让群众生活在集体中、让基层阵地筑牢在百姓心中”“支部主导、党员主事、群众主干、企业主推”）抓党建促脱贫模式，进一步深化抓党建促脱贫攻坚工作。

（孙志强）

长阳土家族自治县获得的表彰

【全省第六轮“三万”活动工作突出县】 2017年1月24日，长阳土家族自治县被中共湖北省委、湖北省人民政府（鄂办文〔2017〕4号）通报表彰为全省第六轮“三万”活动工作突出县。

【宜昌市信访工作目标管理考核合格单位】 2017年2月27日，长阳土家族自治县被中共宜昌市委、宜昌市人民政府（宜办文〔2017〕8号）考核评定为2016年度全市信访工作目标管理考核合格单位。

【宜昌市落实党风廉政建设责任制推进惩治和预防腐败体系建设合格县】 2017年4月6日，长阳土家族自治县被中共宜昌市委（宜办文〔2017〕16号）考核评定为2016年度全市落实党风廉政建设责任制推进惩治和预防腐败体系建设检查考核合格县。

【宜昌市目标管理综合考评达标单位】 2017年6月21日，长阳土家族自治县被中共宜昌市委、市人民政府（宜文〔2017〕21号）考核评定为2016年度全市目标管理综合考评达标单位。

【2016年度全市社会治安综合治理合格县】 2017年6月30日，长阳土家族自治县被中共宜昌市委、市人民政府（宜文〔2017〕23号）考核评定为2016年度全市社会治安综合治理合格县。

【省级文明城市】 2017年12月20日，长阳土家族自治县被中共湖北省委、省人民政府（鄂文〔2017〕97号）表彰为2014—2016年度省级文明县城。

（孙志强）

县委、县政府发文表彰

【全县基层党建考核优秀单位】 2017年4月25日，中共长阳土家族自治县龙舟坪镇党委、政府，磨市镇党委、政府，大堰乡党委、政府，都镇湾镇党委、政府，鸭子口乡党委、政府，资丘镇党委、政府，火烧坪乡党委、政府，贺家坪镇党委、政府，榔坪镇党委、政府，县委办公室、县人大办公室、县政府办公室、县政协办公室、县纪委、县委组织部、县委宣传部、县委统战部、县委政法委、县委编办、县信访局、县委老干部局、县总工会、县妇联、县委党校、县档案局、县科协、县发改局、县人社局、县住建局、县环保局、县民宗局、县审计局、县统计局、县扶贫办、县旅游局、县移民局、县招商局、县房管局、县食药监局、县国土资源局、县农业局、县水利水电局、县林业局、县畜牧兽医局、县经信局、县交运局、县安监局、县粮食局、县供销社、县质监局、县工商局、县公安局、县人民检察院、县人民法院、县司法局、县民政局、县财政局、县国税局、县地税局、县教育局、县文体新广局、县卫计局、县城管局、县烟草专卖局、县科技局、县残联、县政务服务中心管办、湖北长阳经济开发区、清江国家湿地公园管理处等69个单位被中共长阳土家族自治县委（长文〔2017〕16号）表彰为2016年度全县基层党建考核优秀单位。

【全县综合目标管理责任制考核优胜单位】 2017年5月5日，大堰乡党委、政府，鸭子口乡党委、政府，火烧坪乡党委、政府，榔坪镇党委、政府，贺家坪镇党委、政府，高家堰镇党委、政府，县委办公室（县直机关工委、县委防范办、县委政研室、县委督查室、县委农办、县深改办、县密码管理局），县人大办公室，县政府办公室（县法制办、县防空办、县外事侨务办、县政府督查室、县政府研究室），县政协办公室，县纪委（县监察局、县委巡查办），县委组织部（县委人才办、县委党代表联络办），县委宣传部（县文明办、县政府新闻办），县委政法委（县法治办、县综治办、县维稳办），县委群众工作部（县信访局），县残联，县委党校（县行政学校），县发展和改革局（县物价局），县人力资源和社会保障局（县公务员局），县民族宗教事务局，县审计局，县统计局，湖北长阳经济开发区管委会，县扶贫开发办公室，县国土资源局（县不动产登记局），县水利水电局（县防汛办），县林业局，县畜牧兽医局（县防治重大动物疫病指挥部办公室），县交通运输局，县公安局，县人民检察院，县人民法院，县财政局（县国资局、县综改办），县国税局，县地税局，县教育局，县文体新广局等37个单位被中共长阳土家族自治县委员会、长阳土家族自治县人民政府（长文〔2017〕20号）表彰为2016年度全县综合目标管理责任制考核优胜单位。

【全县“双评双比”活动满意机关】 2017年5月5日，磨市镇党委、政府，鸭子口乡党委、政府，火烧坪乡党委、政府，榔坪镇党委、政府，贺家坪镇党委、政府，县纪委（县监察局），县委组织部，县委宣传部，县委统战部，县委政法委，县卫生和计划生育局，县档案局，县科学技术局，县人力资源和社会保障局，县审计局，县统计局，县扶贫开发办公室，县旅游局，县农业局，县交通运输局，县工商局，县烟草公司，县供电公司，中国电信长阳分公司，中国移动长阳分公司，中国联通长阳分公司，县公安局，县人民检察院，县人民法院，县民政局，中国人民银行长阳支行，中国工商银行长阳支行，中国建设银行长阳支行，湖北长阳农村商业银行股份有限公司，中国人保财险长阳支公司，县银监办等36个单位被中共长阳土家族自治县委员会、长阳土家族自治县人民政府（长文〔2017〕20号）表彰为表彰为2016年度全县“双评双比”活动满意机关。

（孙志强）

组织工作

【概　况】 至2017年12月31日，长阳土家族自治县有中共基层党组织781个，其中：工委3个，党委44个，党总支56个，党支部678个。党员19107名，其中建制村中党员11086人（从事农业生产的8603人），占58.02%（从事农业生产的占45.03%），35岁以下党员2786人，占14.58%，60岁以上党员8216人，占43%，大专文化以上党员5454人，占28.55%；新中国成立前入党党员12名；全县流出党员1389名；2017年新发展党员218人。

全县干部总数7024人，其中男性4035人，占57.45%，女性2989人，占42.55%，少数民族干部5298人，占75.43%。按机构分，国家机关干部1740人，占总数的24.77%，企事业单位干部5284人，占总数的75.23%；按文化程度分，大专以上干部6110人，占总数的86.99%，中专及以下914人，占总数的13.01%；按党派分，中共党员3157人，占总数的44.95%，无党派3867人，占总数的55.05%。按年龄结构分，35岁以下干部1625人，占总数的23.13%，36至45岁的2024人，占总数的28.82%，46至60岁的3375人，占总数的48.05%。

【"三在三培养"工程】 2017年4月以来，中共长阳土家族自治县委按照中共宜昌市委基层党建"聚力计划"要求，结合实际，精准谋划出台《围绕"三在"推进基层党建工作实施方案》，大力推进"三在"（让党员干部生活在群众之中，让群众生活在集体之中，让基层阵地筑牢在百姓心中）工程，探索建立"支部主导、党员主事、群众主干、企业主推"抓党建促脱贫模式，"峰岩经验"在全市推介，《湖北日报》以"一个好支部胜过千万投资"头版头条报道，涌现出张济平、王爱珍、覃远奉等一批新时代农村基层好干部。全面实施"三个培养"（把党员培养成能人，把能人培养成党员，把党员能人培养成村干部）工程，形成"能人—党员—村干部"培养链条，全年从农村能人、致富带头人中发展党员65名，新选配村干部32名，选配村主任助理95名，确保每村均有1—2名后备干部，为2018年村"两委"换届打下基础。

【领导班子和领导干部履职尽责考核调研】 2017年4月，中共长阳土家族自治县委组织部组建6个履职尽责考核调研组，集中1个月时间，对全县63家县直单位开展领导班子和领导干部履职尽责考核调研。通过召开民主测评和优秀干部推荐大会、座谈了解、实地走访、梳理汇总、综合分析研判等方式，精准掌握班子运行、履职优秀干部、不适宜担任现职干部和后备干部储备等情况。强化考核结果运用，县委对20个履职尽责先进单位、16名履职尽责先进个人通报表扬，对考核排名靠后的单位和主要负责人由分管县领导谈话和提醒，大胆提拔使用优秀人员，调整不适宜担任现职人员，推动干部能上能下，进一步激发干部履职尽责、担当作为。

【对乡镇领导班子思想政治建设调研】 2017年11月，中共长阳土家族自治县委组织部结合换届后乡镇领导班子建设需要，组建5个调研组，集中时间对全县11个乡镇领导班子进行思想政治建设调研。通过会议测评、座谈了解、实地走访、综合分析等方式，全面掌握乡镇领导班子思想政治建设情况和运行状况、班子及班子成员履职情况、各个层次干部情况，为进一步加强乡镇领导班子和干部队伍建设提供依据。

【《长阳土家族自治县促进干部履职尽责干事创业的正向激励办法（试行）》出台】 2017年，中共长阳土家族自治县委牢固树立以事为中心的选人用人导向，突出"实干实事实绩"，大力培养选拔"工匠＋猛将"型干部。学习贯彻《中共宜昌市委关于激励干部干事创业的意见》（简称"九条意见"），引导广大干部发扬"工匠"精神和“猛将”作风。对接市委“九条意见”，12月11日，出台《长阳土家族自治县促进干部履职尽责干事创业的正向激励办法（试行）》（长办发〔2017〕32号），探索实施干部积分制管理，激发干部干事创业的激情和担当。

【“不担当不作为”专项治理】 2017年4月至10月，中共长阳土家族自治县委组织部牵头开展“不担当、不作为”专项治理工作。要求所有领导干部通过群众提、自己找、互相帮、集体议等方式，广泛征求服务对象以及干部群众意见，全面查找不担当、不作为问题的具体表现及突出问题。结合履职尽责考核调研、基层党建暗访督查、党风廉政建设和反腐败法规制度监督检查以及县委专项巡察等工作，对全县22个单位专项治理工作进行重点抽查。各乡镇各单位自查“不担当、不作为”情形87人次，对“不担当、不作为”情形比较严重的干部诫勉谈话3人、组织调整2人。

【公务员职务与职级并行试点】 2017年9月，长阳土家族自治县公务员职务与职级并行制度试点工作启动。中共长阳土家族自治县委成立公务员职务与职级并行制度试点实施工作领导小组，印发《长阳土家族自治县公务员职务与职级并行制度试点实施方案》。全县参与套改的县直机关54个，乡镇机关11个。12月24日，宜昌市公务员职务与职级并行制度试点工作领导小组办公室审定并批复长阳职数设置，其中：乡镇机关设置二级调研员4名，三至四级调研员44名，一至四级主任科员265名；县直机关（不含法检机关）设置二级调研员10名，三至四级调研员100名，一至四级主任科员608名。

【县委中青年干部培训班】 中共长阳土家族自治县委中青年干部培训班于2017年9月11日开班，12月29日结业。本期中青班按照“开放式、多元化、适用型”办学理念，突出理论重点、改革难点和社会热点，设置“军事训练、党性教育、理论教育、县情教育、能力提升与知识更新、党性锻炼、省外考察、周边县市调研、行动学习”九个单元的课程，先后组织学员到宜都、枝江、当阳、远安等周边县市进行学习调研，到市委党校进行研讨式、案例式、体验式、模拟式教学，赴井冈山开展党性教育，到福建福鼎考察学习，分类分批到信访部门、偏远乡镇、规模企业等一线进行岗位锻炼，达到锤炼党性、增强素质、提升能力的目的。

【“两学一做”学习教育】 2017年以来，全县各级党组织围绕“学、做、改、严”下功夫，深入推进“两学一做”学习教育常态化制度化。将推动“两学一做”学习教育常态化制度化作为加强领导班子和领导干部思想政治建设的重要抓手，以各级党组织中心组学习和“支部主题党日”为平台，围绕十八届六中全会、中共十九大精神等内容，开展专题研学。全县各级党组织举办“乡村夜校”600余期、“高山讲堂”20期、开展流动党课下基层活动800余次。认真贯彻执行《宜昌市党支部主题党日活动指南》，坚持一月一主题，每月下发工作提示，积极拓展“支部主题党日+”，将“主题党日”开到精准扶贫一线、产业发展基地、项目现场、党性锻炼基地。

【“弘扬工匠精神，争做‘三精’表率”活动】 2017年5月以来，长阳土家族自治县组织系统开展“弘扬工匠精神，争做‘三精’表率”主题活动。举办组工夜校4期、组工讲坛2期，推动组工干部“以讲促学、以学促干”。坚持“走出去”开阔眼界眼光，组织组工干部赴当阳等先进县市考察学习基层党建等工作。以“道德讲堂”和市级文明单位创建为载体，组织开展文明志愿服务和秋游、城市定向挑战赛等活动，增强机关凝聚力。积极拓展“支部主题党日+”，先后将“支部主题党日”活动开到贫困户家中和井冈山党性教育基地，接受思想教育和党性锻炼，推动组织部门和组工干部精准谋事、精细落实、精到履职，着力打造“讲政治、重公道、业务精、作风好”的模范部门和过硬队伍。

（李艳华）

宣传工作

【理论学习与宣传】 2017年，长阳印发《长阳土家族自治县党委（党组）理论学习中心组学习办法》，有效督导各级党委（党组）和广大党员干部“深学细学研学”党的十九大精神和习近平新时代中国特色社会主义思想，全面领会并贯彻落实中央和省市县委决策部署。开设学习习近平新时代中国特色社会主义思想县级领导干部读书班，创立麻池古寨、峰岩村两个新时代“长阳讲习所”，举办5期学习习近平总书记系列重要讲话精神县级领导干部读书班，县委中心组全年集中学习研讨13次，其中集体研讨8次；县乡（镇）村（社区）组建专家宣讲团、宣讲小分队，采取“领导讲精神＋典型讲故事＋文艺讲理论”形式，推动党的十九大精神宣讲全覆盖。省委宣传部推介“长阳土家传统文化＋”宣讲党的十九大精神案例。确定首批10个县级思想政治工作改革创新示范点。推出都镇湾镇峰岩村“三在四主”抓党建促脱贫攻坚等2个思想政治工作创新品牌，其中火烧坪乡《家风建设“521”提升村民幸福指数》案例入选《湖北省基层思想政治工作改革创新案例选编》。向宜昌市申报立项社会科学课题10个。

【意识形态工作】 2017年，中共长阳土家族自治县委印发《关于进一步加强当前意识形态工作的通知》等文件，将意识形态工作纳入县委工作月安排，举行县委党校主体培训班、县委办和县政府办督查内容和“支部主题党日”活动，印发《党委（党组）网络安全工作责任制实施细则》《关于切实加强和改进网上新闻信息发布工作的通知》《关于规范党员干部网络行为的意见》等文件，县、乡（镇）两级意识形态工作月联席会制度规范运行，高位推动网络意识形态工作责任制落地生根。创建“长阳舆情研判指挥部”，网络舆情“第一时间”报告、研判、交办、处置、反馈成常态。深化“舆论导向精细化管理·全覆盖工程”，坚持把导向管理全面压实到思想阵地、社会组织阵地、新闻舆论阵地和文化阵地，落实到县域内所有媒体、社会宣传平台的内容采编播流程和文化文艺活动中。建立思想文化类讲座、论坛、报告会审批备案制。

【新闻宣传报道】 2017年，长阳土家族自治县整合全媒体集中实施脱贫攻坚、绿色发展、项目建设等重大宣传战役。央视《新闻联播》聚焦光伏扶贫“长阳样本”，“喜迎十九大”特别节目《还看今朝·湖北篇》点赞长阳生态文化旅游名片，《新闻直播间》“金秋十月、山河锦绣”节目两次连线直播长阳清江生态文明建设成效。中央和省市主要媒体高频聚焦长阳首创的农村交通安全“路长制”、火烧坪乡家风建设“521”模式（一盆洗脚水、一面家训墙、一副新风联、一场家风会、一张百善榜等5大活动载体立家风，家风晴雨表、民风气象图等2项动态监测正家风，1套激励政策促家风）、抓党建促脱贫攻坚“峰岩实践”，其中新华社播发通稿、公安部编发内参推介长阳“路长制”，《湖北日报》头版头条解读长阳“三在四主”抓党建促脱贫攻坚模式。县人民政府门户网站、长阳发布微博微信、“云上长阳”移动客户端等县级新媒体运行规范有序。县乡（镇）村“微宣传”平台一体推送、高效联播。近20个政务微信上榜“宜昌微信公众号影响力榜单”。举办各类新闻发布会9场次。中央网信办和文化部主办的“喜迎十九大·文脉颂中华”非物质文化遗产大型网络传播活动走进长阳采风。调整充实网军1052人，进群进圈800多个，举办全县重点网站和正能量网络达人座谈会、全县党政办主任网络舆情处置专题培训，依法约谈20名网络不实信息发布者。圆满完成党的十九大期间属地网络安全保障。

【文化小康建设】 2017年10月，长阳召开全县文化扶贫暨创建公共文化服务体系示范区工作推进会。新文化馆项目、村综合文化服务中心全覆盖工程等重点文化设施建设稳步推进，行政村（社区）文化活动室、农家书屋和文化信息资源共享工程服务点实现全覆盖，图书馆、文化馆为国家一级馆。“一县（乡）一品”特色文化品牌创建提档升级。首部土家族红色民俗电影《哭嫁》首映。传统技艺专著《九佬十八匠》出版并角逐“群星奖”。成功举办第六届全县农村文艺会演、第三届全县广场健身操舞大赛、全县职工羽毛球大赛等群众文化体育活动。送戏下乡演出289场，举办全民阅读活动50期，送电影下乡1848场。投资100多万元创排的大型民族舞蹈史诗《姐郎河》公演获好评，入选2017年度宜昌市文艺精品创作项目。新落地投资过5000万元的文化产业项目10个，申报纳入市以上文化产业项目库项目17个，培育拟入库“四上”（规模以上工业企业、资质等级建筑业企业、限额以上批零住宿餐饮企业、规模以上服务业企业）文化企业8家。清江画廊作为湖北省唯一的文化旅游企业代表亮相中国（深圳）文博会。县乡（镇）村三级联动“扫黄打非”工作机制进一步巩固完善。县业余体校被表彰为全国体育先进单位。非遗保护

图35　2017年10月10日，长阳县文化扶贫暨创建公共文化服务体系示范区工作推进会　（县委宣传部办提供）

“长阳模式”全省交流推广。长阳获评湖北省可移动文物普查突出贡献单位、湖北省博物馆六大陈列展览精品奖。

【宣传思想文化基层基础】 2017年，长阳土家族自治县新组建的县文体新广局、县广播电视台、湖北省楚天视讯网络有限公司长阳分公司和单列的县文联运行平稳有序。完成广播电视“户户通”工程、农村智能广播“村村响”二期工程和县广播电视台制播能力建设项目。

（汪海艳）

精神文明建设

【培育和践行社会主义核心价值观及公民思想道德建设】 2017年，长阳土家族自治县有效整合广播电视、新媒体、建筑围挡、灯箱展板、公交站牌、交通护栏等各类载体，设置社会主义核心价值观等公益广告6200余处。推进“小人物正能量·好人365”计划，县乡（镇）村（社区）发布各类先进典型榜单578人次，其中20余人次上榜市级以上道德模范、楷模（好人）、学雷锋标兵、最美志愿者。网络助学“英子姐姐”刘发英获第六届全国道德模范提名奖、全国教书育人十大楷模、第六届湖北省道德模范。扶贫路上的“背脚佬”——渔峡口镇西坪村干部覃远奉、现代乡贤——贺家坪镇渔泉溪村党员示范户戚从寿的先进事迹，得到省委常委、市委书记周霁批示或点赞。鸭子口乡“独臂村医”李友琼健康扶贫事迹感动荆楚，得到县委书记赵吉雄批示。长阳培养输出的里约奥运会亚军田涛在全国男子举重锦标赛暨第十三届全运会预赛85公斤级别比赛中打破挺举全国纪录，超亚洲及世界纪录。广泛运用新农村故事会、道德讲堂、新媒体推动长阳“好人好事”家喻户晓。“起点阅读”和“朝读经典”活动深入开展。社会主义核心价值观系列宣传教育活动形式多样、常抓不懈。

【文明县城、文明单位（行业）、文明村镇创建】 2017年，长阳土家族自治县积极融入“宜昌全国文明城市群”，高位推进“创建省级文明县城百日攻坚战”，全面压实区域路段包保责任制，集中开展“共创文明城市，共建美好家园”志愿服务月活动，“四定”（定领导、单位、责任、奖惩）、“五包”（包宣传教育、环境卫生、市容秩序、商家店铺、单位卫生）责任制常态长效，长阳县城再次被省委、省政府授予“湖北省文明县城”称号。《湖北日报》发起的“网友最喜欢的湖北省级文明县城”网络投票活动中，长阳位居18个文明县城榜首。持续推进文明城市、文明村镇、文明单位等“五大创建”，各行各业“十星”创建全覆盖，群众性精神文明建设深入人心。县地税局获“全国文明单位”称号。广泛开展以政策理论、科学技能、生态环保、道德法治、文体娱乐、卫生健康“六进家”、传承“好家训好家规好家风”等为主要内容的精准扶贫“精神文明进万家”活动。印发《长阳土家族自治县爱国主义教育基地建设管理办法（暂行）》。154个村建立红白理事会、道德讲堂和“三榜”（善行义举榜、乡村贤达榜、孝道红黑榜）。央视《朝闻天下》报道长阳乡风文明新貌。火烧坪乡家风建设“521”模式在全县推广。开展“核心价值观伴我成长”系列主题活动，着力加强未成年人思想道德建设。争取中央专项彩票公益金援建乡村少年宫项目1个。

（张小康）

统战工作

【党外代表人士队伍建设】 2017年，县委统战部召开党外代表人士座谈会、情况通报会，支持无党派人士履行民主监督职能。进一步规范特约人员工作。调整充实党外代表人士数据库，实行分层分级管理。开展党外代表人士摸底调查，建立完善160余人的无党派、非公有制经济、新的社会阶层、归国留学人员、少数民族等代表人士数据库。加大党外干部培养使用力度，全年提拔正科职党外干部1名，副科职党外干部1名，对3名科级党外干部进行轮岗交流，推荐一名正科职党外干部到市直部门挂职锻炼。2017年年底，全县有副科级以上党外干部56人，其中担任副科职以上领导干部36人（副县实职3人，正科实职5人，副科实职28人）。对全县38名非公有制经济人士进行8个批次的综合评价，为非公有制经济人士政治安排做充分准备。坚持县级党员领导干部与党外代表人士联谊交友制度，密切同党外人士联系，坚持“求同存异”方针，政治上充分信任，工作上大力支持，生活上真正关心，增进政治认同、思想认同和感情认同，充分调动他们的积极性。开展党外知识分子和新的社会阶层人士统战工作，建立80人的新阶层代表人士人物库和1779人的党外知识分子数据库（其中副高级以上党外知识分子138人）。开展留学归国人员摸底调查。在全县各行业党外知识分子中继续开展“爱岗位、献良策、做贡献”活动。

【省委统战部帮扶长阳】 2017年6月19日、7月4日，中共长阳土家族自治县委书记赵吉雄带队到省委统战部等部门开展对上争取和项目对接，省委常委、统战部部长尔肯江·吐拉洪主持座谈并就“616”工程和对口支援长阳工作发表讲话，8月，省委统战部部委会决定，从部资金中支出210万元帮扶长阳扶贫攻坚。

县委统战部在县委常委会上汇报省委统战部的帮扶意图，常委会讨论决定围绕生产、生活、生态，对一批需要添置必备生产生活用品的易地搬迁农户进行帮扶，购买必备生产生活用品。县委统战部制定《关于扶持易地搬迁户购买必备生活用品的通知》印发到全县各乡镇，由各乡镇组织各村据实申报。

各乡镇认真筛选，摸清搬迁户姓名、贫困原因、安置方式、新搬迁住址、生活用品需求等信息，将需要扶持的搬迁户名单报给县委统战部。县委统战部通过汇总各搬迁户所填写的需购置生活用品情况，按每户约4000元的标准制定两套分配方案，一是床＋衣柜＋桌椅＋电视机；二是床＋衣柜＋桌椅＋烤火炉。将方案交由搬迁户自行选择后统计出每类用品所需数量，进行政府采购，中标供应商保质保量备货、送货，2017年底，惠及全县11个乡镇154个村525户的易地扶贫搬迁户配备家具工作全部完成。

省委统战部、省直统一战线成员单位和社会工商人士全年为长阳扶贫公益捐助资金物资近1200万元。省委统战部除资助210万元为长阳搬迁户购买必备生活用品外，还资助100万元为高家堰镇建设一所光彩福利院；将8个村卫生室纳入海联卫生室项目予以支持，帮扶资金40万元。民建湖北省委、宜昌市委为大病关爱壹佰基金捐款100万元，在长阳开办民建“思源佑华教育移民班”捐助60万元帮扶贫困学生。九州通集团为关口埡村安全饮水投资50万元。卓尔文化旅游投资有限公司为壹佰基金捐款50万元，网络助学50万元。河仁慈善基金会三年投入1200万元（2017年度400万元）对口帮扶长阳4个贫困村，2017年产业项目实施完成。省同心·律师服务团、省台联、省致公党等单位、团体、民主党派和深圳齐心集团、武汉纤纪品牌等一批企业和社会工商人士先后响应省委统战部号召，到长阳开展公益捐助活动，捐助助学助残助贫资金物资100余万元。

【扶贫干部及民营企业家专题培训】 2017年12月18—22日，中共长阳土家族自治县委统战部组织各乡镇党外副镇长及部分行政村党组织书记，各乡镇商会会长、农业产业化致富带头人，工商联（总商会）部分执委，部分规模以上企业经理及技术骨干等80人在省社会主义学院开展为期一周的培训活动，采取集中培训、讲师授课，参观考察、互动研讨等方式，开展中共十九大精神贯彻解读，就如何培育农村特色产业发展，电子商务与商业模式创新，乡村旅游、美丽乡村建设，产业转型升级路径观摩，调研知名企业，并进行农村产业化试点等专题培训。有效提升扶贫干部、民营企业家、农村致富带头人综合素质，促进长阳民营企业健康成长和农村产业健康发展，助推精准扶贫和精准脱贫。培训班在省社会主义学院培训期间所需费用全部由省委统战部支持。

【中华慈善总会捐资助长阳】 经湖北省、宜昌市侨联牵线、长阳侨联争取，2017年9月，中华慈善总会医疗阳光救助办公室为长阳无偿捐赠价值615万元医疗设备，其中为县人民医院捐赠单价200万元的奥林巴斯胃镜三台，为县中医院捐赠单价15万元的金杯牌救护车1台；达成为长阳医疗器械购置补贴7000万元的帮扶意向。

（杨毅葵）

机构编制工作

【“互联网＋放管服”改革】 2017年，长阳土家族自治县成立由县政府常务副县长任组长的“互联网＋放管服”改革工作领导小组。9月15日，召开41个县直相关部门参加的“互联网＋放管服”改革推进会，印发《全县推进“互联网＋放管服”改革实施方案》，对“互联网＋放管服”改革的重点、责任分工和时间节点进行安排部署。10月20日，组织41个县直相关部门进行省行政职权和服务事项管理系统培训。取消、调整行政审批等事项54项，其中取消32项、承接新增22项；编制完成11个乡镇政府权力清单和责任清单，通过中国长阳网向社会公示；全县领取行政职权和服务事项710项，其中行政许可442项，公共服务268项。全面梳理“一次办好”行政许可和公共服务60项，发文公布；全县录入随机抽查事项227项，执法人员452人，检查对象25602个，录入抽查结果182次；“四多合一”（多审、多评、多验、多证合一）改革有效落实。将“多审合一”平台建设与全县政务服务一张网建设相统筹。“多评合一”由相关部门组织对投资项目报批所涉及的环境影响、安全评价、水土保持等七项技术评估（评价）报告的审查，实施“七评合一”。“多验合一”由县住建局牵头统筹，人防、水利、园林、国土、住建等部门按照相应的技术标准规范及相关管理规定做好竣工验收。“多证合一”由县工商局牵头，从2017年8月1日始，整合8家职能部门27项登记、备案事项，实施“一套材料、一表登记、一窗受理”注册登记。

【政府职能转变和机构改革】 2017年，长阳土家族自治县按照上级要求，推行政府职能转变和机构改革。落实群团机构改革，根据省、市、县关于群团机构改革有关精神，经过审核，在听取各方意见建议的基础上，11月底完成对县总工会、团县委、县妇联、县科协、县侨联的“三定”规定审核、发文。推进公证体制改革，根据鄂司发〔2017〕69号文件精神，将县公证处由县司法局下设行政机构调整为县司法局所属相当副科级公益二类事业单位。推进盐业监管体制改革，根据省、市、县关于盐业监管体制改革精神，将县经济商务和信息化局明确为全县盐业主管部门，承担全县盐业行业管理职能；将原由县盐务管理局承担的食盐质量安全管理与监督执法职责，划转给县食品药品监督管理局，在县食品药品监督管理局稽查分局加挂县食盐质量安全监督管理局牌子，承担食盐监督执法职责。支持深化国防和军队改革，根据省委、省政府鄂发〔2017〕3号文件，县委编办主动与县人武部沟通协调，拟定机构设置及编制调整方案，促使人武部民兵武器装备仓库人员按期划转接收。推进国有林场改革，根据中央、国务院关于国有林场改革文件，完成国有林场机构类别和人员编制调整。推进安全生产领域改革，根据省、市编委关于加强和完善县乡安全生产监管执法体制的要求，县编办主动对接县安全生产委员会办公室，拟定全县安全生产涉及的机构、职责和人员编制方案，为全县安全生产提供体制机制保障。协助做好纪委监察委改革，县委编办在摸清纪委、检察院机构编制底数、审核纪委上报内设机构设置方案的基础上，酝酿制定县纪委、监察委“三定”规定（草案）。

【事业单位分类改革】 2017年，长阳土家族自治县撤销县广播电视服务公司和县音像制品发行站；整合县物资物业管理中心、县建材公司、县外贸物业管理中心和县商贸服务中心，组建长阳土家族自治县经贸企业管理办公室；收回撤销、整合及生产经营类事业单位空余编制20余个，由县委编办统一管理。

【统一社会信用代码赋码和事业单位登记管理】 2017年，长阳土家族自治县实现党政机关事业单位中文域名、部门自建网站和网络红页挂标全覆盖。依据事业单位登记管理内部办公系统中的“统计分析—发改委事业单位数量上报统计”监测情况，及时处理本级数据，敦促事业单位尽快换发新版事业单位法人证书，确保事业单位“完成映射百分比”100%，“已发证”相对于“存量数”100%。

（张银萍）

老干部工作

【老干部数量及结构】 2017年，长阳土家族自治县离退休干部4525人。属县委老干部局服务管理的离休干部和县级退休干部134人，其中离休50人，退休84人。50名离休干部中：抗日时期3人，解放战争时期47人；行政机关7人，全额拨款事业单位10人，差额拨款事业单位1人，自收自支事业单位5人，企业24人，垂直管理单位3人；正县级1人，副县级17人，科级32人；县城32人，乡镇农村8人，省内县外10人。离休干部平均年龄88岁，最大的95岁。84名县级退休干部中，曾任实职42人，享受县级待遇42人。

【老干部政治、经济待遇落实】 2017年，中共长阳土家族自治县委老干部局、县直机关工委联合印发《关于加强离退休干部党支部建设的意见》，指导全县基层离退休干部党支部建设。县委、县政府召开年度老干部形势通报会，县委、县政府主要领导和老干部局领导走访慰问老干部110人次，工作人员到医院探视住院老干部190人次；组织住城区老干部阅文学习13场次，参加人数1800人次，学习中央、省、市、县文件400多件（份）。着力协调、检查、督促老干部离休费、护理费及物业补贴等项目落实，保障老干部经济待遇按政策足额发放。组织老干部健康体检和健康疗养。落实特困老干部帮扶资金32人5万多元，申请得到省委老干部局资助3人。协助处理老干部丧事5件，协调解决老干部切身事宜8件，接待处理老干部及家属信访来访11件次。

组织老干部开展各项活动。举办“3·8”“5·1”“10·1”及重阳节日门球赛和棋牌赛。县老年大学开设20多个专业班，有700多名学员。县老年书画协会选送13名会员作品在湖北省第十二届中老年人艺展活动中有8人获奖；选送10人10幅书法作品，有4人4幅作品在湖北省老年书法展入展；5幅离退休干部书法作品在全省“学习十九大精神”老年书法学会活动中参展。引导老干部发挥作用。在老干部中开展“讲好中国故事争做模范长辈”活动，为长阳脱贫攻坚、社会经济建设增添正能量。长阳两个基层关心下一代工作委员会和6名个人先后受到省、市关心下一代工作委员会表彰。100多名老干部加入“共产党员微信群”和“三峡夕阳网”，围绕主旋律，弘扬正能量。聂德媛、陈生俊等“五老”志愿者在“助学启智工程”“大病百元基金”活动中发挥重要作用。

【老干部形势通报会议】 2017年1月23日，中共长阳土家族自治县委、县政府召开全县老干部形势通报会。县长李军主持会议。县委书记赵吉雄向全县离退休老干部通报2016年全县经济社会发展情况以及2017年主要工作思路，对老干部提出三点希望：希望全县老干部坚定理想信念，始终做政治上的清醒人、明白人、局中人；当好县委政府智囊参谋，为经济社会发展多出好点子；当好桥梁与纽带，多做宣传解释与矛盾化解工作，传播正能量。县领导李云达、田大甲、唐祖红、杨五一出席形势通报会议，住长阳城区的离休干部和副县级以上退休干部，县直各单位分管老干部工作的负责人152人参加会议。

【老干部健康疗养】 2017年9月24—28日，中共长阳土家族自治县委老干部局组织全县离休干部在清江古城进行健康疗养。健康疗养期间，组织老干部学习党的十九大精神、开展支部党日主题活动、聘请专家讲健康饮食、组织观看电影和唱歌比赛等活动。

（陈兴雄）

机关党务工作

【“两学一做”学习教育活动】 2017年，长阳土家族自治县68个县直一级单位开展“支部主题党日”活动816期。把深入学习宣传贯彻党的十九大精神作为首要政治任务，积极拓展“支部主题党日+”，将“主题党日”开到精准扶贫一线、产业发展基地、项目现场、党性锻炼基地，着力解决部分党员干部信念不坚定、宗旨不牢固、初心缺失、使命感不强、担当不力等突出问题。

【党员和入党积极分子发展】 2017年，长阳土家族自治县按照新时期党员发展“十六字”方针（坚持标准、保证质量、改善结构、慎重发展），对新党员发展和预备党员转正严格审核、严格把关，规范党员发展程序。全年发展新党员70名，转正预备党员55名，组织培训入党积极分子109名。

【党员信息管理】 2017年，中共长阳土家族自治县委县直机关工委组织召开县直机关党务干部培训会，对党员档案整理、信息采集工作进行专项检查。将县直机关5696名党员的详细资料统一录入到全国党员管理信息系统并开展日常维护。

【国有企业党建调研】 2017年5月，中共长阳土家族自治县委组织部、县直机关工委对清江煤炭矿务局、自来水公司等12家国有企业开展党建调研，查找党的领导缺失、基础工作薄弱、监督管理不力、体制机制不顺等问题，督促各企业切实加以整改。

【实行工作预提示管理制度】 2017年，中共长阳土家族自治县委县直机关工委持续完善配套制度，织密从严治党制度笼子。实行工作预提示制度，每季度将党建重点工作及整改要求印发至各单位，提醒按期完成，做到工作不积压、不滞后。建立党建口袋书制度，督促68个一级单位机关党组织书记制定抓党建"口袋书"，严格检查考核，办结一件销号一件。完善责任制考核办法，注重机关党建日常工作积分，加大明察暗访考核比重。

【抓党建促脱贫】 2017年，长阳土家族自治县县直单位帮助联系村争取项目60多个，解决资金近1000万元。全覆盖开展党员帮扶进贫困户行动，2000多名机关党员与近万个贫困户"结亲戚"，通过帮助发展种养殖业、深加工、休闲农业观光等产业，带动5500多户16000余人脱贫。

【转作风抓落实监督检查】 2017年，长阳土家族自治县对县直单位特别是二级单位、县属国有企业全面从严治党落实情况、中央"八项规定"落实情况等开展突击式、机动式、巡回式监督检查，反馈56个县直部门问题100余个、21家企业问题7个，及时发出《整改清单》督促整改。组织县直机关围绕不担当不作为甚至乱作为、损害侵害群众利益等6个方面的作风建设突出问题开展专项治理，发现并整改一批突出问题。

（孙志强）

机要保密工作

【概　况】 2017年，长阳土家族自治县将保密工作纳入全县综合目标考评，将保密教育纳入县委党校中青班培训。2017年11月，县委机要保密局完成文档安全审计系统项目建设，实现对全县乡镇、县直单位800余台互联网计算机文档安全的实时审计，有效防止失泄密事故发生。

【保密业务培训】 2017年7月7日，中共长阳土家族自治县委机要保密局组织全县涉密岗位人员35人参加全市保密业务培训，培训内容包括保密形势与任务、日常保密管理、网络保密管理、涉密信息资料使用与管理等方面，参训人员全部取得保密业务培训结业证书。

【保密专项检查】 2017年，中共长阳土家族自治县委机要保密局组织保密专项检查4次，查处失泄密隐患1处。2017年4月，对全县中高考保密室进行安全保密检查，并在中高考期间为全县各考点提供安全保密服务。2017年5月和10月，对全县50个县直单位的涉密文件管理、"三铁一器"（铁门、铁窗、铁柜、红外报警器）安装情况进行检查。

（陈　堃）

信访工作

【概　况】 2017年，长阳出台《长阳土家族自治县首信首访首办责任制实施办法》《长阳土家族自治县公职人员参与违纪违法信访问题问责暂行办法》《长阳土家族自治县信访工作责任制实施暂行办法》等规范性文件。全年召开常委会议、联席会议、专题会议、电视电话会议85次，各乡镇、各部门坚持每月至少召开1次党委会或局长办公会，定期研究部署信访维稳工作，会商处理各类信访积案。开展领导干部接访约访下访、矛盾纠纷排查、信访积案化解、法制信访宣传等工作。全县发生各类走访1713批4058人次，与上年2120批5040人次同比下降19%。全年受理人民群众来信239件次，其中本级人民来信77件次，上级转交办162件次。网上信访1263件次，其中本级594件次，上级转交办669件次。

【信访事项规范化办理】 2017年，长阳土家族自治县加大信访事项网上办理规范化建设，开展信访基础业务培训3期212人次，到乡镇及县直部门现场指导培训16批56人次，组织参与上级主管部门培训3批12人次，不断提高信访干部在新形势下研判信访突出问题能力、矛盾排查预警能力、突发事件应急处置能力。全县信访部门信访事项受理率、责任单位受理率、信访事项办结率均为100%。

【信访法治化建设】 2017年，长阳土家族自治县着力营造良好法治信访氛围。制作播出法治信访教育宣传片3期，开展信访法律知识讲座65场次，观看信访法治宣传教育片4.5万余人次，入户宣传39823户、发放宣传手册等资料近8.5万份。通过推动信访事项依法分类处理、律师“三进”[进村（社区）、进信访大厅、进疑难信访案件]活动、充分动员社会力量参与化解信访问题、及时开展信访听证活动、加强信访法制和依法逐级走访宣传教育等方式，引导群众依法维护合法权益。

【信访积案化解】 2017年，长阳土家族自治县进一步规范信访积案标志、办理、录入、审核、督查督办等常态化管理，实行信访积案化解“日监测、周调度、月通报”工作制度，建立全县信访积案攻坚台账，制定务实管用、针对性强的分类化解措施，集中力量、集中时间依法依规予以化解，58件信访积案全部及时化解入库，及时化解率100%。化解国家、省、市信访局交办督办件26件。全年开展信访事项实地公开督查37次。为8名信访群众解决信访解难资金15万元，其中中央资金7万元，省级资金8万元。

【领导阅信接访下访约访包案】 2017年，长阳土家族自治县县级领导包案196件，阅批群众有效来信173件次，接访、约访、下访152批156人次，研究重点信访事项53次。其中：县委书记阅批群众来信55件次，接访约访下访10批10人次，包案5件；县长阅批群众来信54件次，接访约访下访9批9人次，包案6件；其他县级领导阅信64件次，接访约访下访137批277人次，包案185件。

【信访制度改革】 2017年，长阳土家族自治县进一步规范阳光信访业务管理，打造网上信访主渠道，网上信访总量占本地区信访工作机构接收信访量的60.24%。建立视频信访系统，国家、省、市、县信访部门实现联通。县乡两级政府和信访量大的职能部门均开通领导信箱，接入阳光信访系统。开通“湖北长阳信访”微信公众号和手机客户端，组建由县级领导、单位主要领导为成员的“清江蜜蜂”钉钉群。大力推行联合接访，设立部门接访窗口。加强信访与解决对接，探索“先调后导”做法，在各乡镇及重点部门推行信访工作网格化管理。狠抓初信初访办理，建立《长阳土家族自治县首信首访首办责任制实施办法》，初信初访一次性办结率100%。

（陈懂翠）

党校工作

【概　况】 2017年，中共长阳土家族自治县委党校开办各类培训班10期，培训1219人。其中：中青年干部培训班1期，学制三个半月，培训44人；科级干部培训班1期，学制1个月，培训46人；党政干部轮训班1期，学制1个月，培训48人；村（社区）党组织书记、第一书记专题培训班1期，学制1周，培训301人；机关事业单位新进工作人员初任培训班1期，学制3天，培训253人；入党积极分子班1期，学制2天，培训77人；全县领导干部学习贯彻党的十九大精神集中轮训班4期，培训450人。围绕“两学一做”学习教育和党的十九大精神组织送课到基层40场次，培训近3000人。组织教职工撰写文章40余篇，其中：调研文章7篇、教研和理论文章33篇。组织主体班学员撰写调研文章95篇、党性锻炼和个人学习总结139篇。编印《长阳干训》校刊2期。全年有2人参加中央党校组织的培训，5人参加市委党校学习。争取对口援建单位中南民族大学支持科研经费5万元。

【中青年干部培训班】 2017年9月11日至12月29日，中共长阳土家族自治县委举办中青年干部培训班，培训44人，内容包括军事训练、党性教育、理论教育、县情教育、能力提升与知识更新、党性锻炼、省外考察、周边县市调研、行动学习等全方位培训。党员先后到市委党校、井冈山、福建福鼎行动教学学习和受教育，通过教育培养，提高年轻干部的综合素质与履职能力，为长阳发展提供坚实的人才基础和智力支持。此次培训得到县委、县委组织部的充分肯定和县直单位的好评，部分年轻学员因此走上重要领导岗位。

（华丽媛）

党史编研

【概　况】 2017年，长阳土家族自治县党史编研宣传成果丰硕。《中国共产党长阳历史·第二卷》出版发行，《中国共产党长阳土家族自治县组织史资料·第五卷》进厂排版，编纂完成《中国共产党宜昌市组织史资料·第六卷》（长阳部分）上报本。中共长阳土家族自治县委党史办公室结合地方经济、文化建设发挥党史资政育人功能，在长阳清江AAAAA级景区打造国家级红色旅游线路工作中和“呼南铁路”（长阳段）项目争取中积极作为。在县文化部门史志出版物——《夷水之湄》《夷水拾遗》审核中，既肯定价值，又坚持原则，提出意见和处理方法。全力服务红色电影《哭嫁》创作摄制、湖南卫视寻访革命烈士陈寿山、宜昌三峡电视台追忆革命烈士李勋、陈寿山等活动，提升长阳红色文化影响力。

【《中国共产党长阳历史·第二卷》出版发行】 2017年6月，《中国共产党长阳历史·第二卷》印刷出版，在县委纪念中国共产党成立96周年座谈会上发行。此书历时七年编撰，实事求是反映长阳从获得解放到中共十一届三中全会召开的29年间，中国共产党领导长阳各族人民建立人民民主政权，逐步过渡到社会主义社会，将马克思列宁主义的基本原理同中国社会主义建设实际相结合，探索建设中国特色社会主义道路的发展历程。

【宣传学习《中国共产党长阳历史·第二卷》】 2017年6月27日，县委办公室下发《县委办公室关于开展〈中国共产党长阳历史·第二卷〉发行和学习宣传工作的通知》（长办通〔2017〕28号），对各乡镇、县直各单位开展长阳党史·第二卷宣传工作提出具体要求；县政府召开专题会议，组织领导班子学习《中共长阳历史第二卷》，各乡镇、县直各单位先后学习《中共长阳历史第二卷》。

【《中国共产党宜昌市组织史资料·第六卷》（长阳部分）编纂完成】 2017年6月，县委党史办编撰完成《中国共产党宜昌市组织史资料·第六卷》（长阳部分）上报资料，资料记录2007年12月至2012年12月五年内长阳土家族自治县党的建设、政权、军事、政协、群众团体单位的组织沿革和领导任职等情况，约3.8万字。

【“重温长阳光辉历程喜迎十九大召开”专题宣传片制作播出】 2017年5月至10月中共十九大召开，县委党史办牵头策划，与县电视台联合制作并在黄金时段滚动播放“重温长阳光辉历程喜迎十九大召开”专题宣传片，时长1分56秒，为全县喜迎中共十九大召开、推动脱贫攻坚和都市后花园建设营造良好的政治舆论氛围。

（毛兴翠）

责任编辑　田祥英

长阳土家族自治县人大常务委员会

概 述

2017年，长阳土家族自治县九届人大及其常委会依法履职，召集自治县人民代表大会2次、召开常委会会议10次、主任会议21次，听取和审议“一府两院”工作报告13个，作出决议决定8项，对4部法律法规实施情况进行检查，组织视察、调研12次，对9个方面审议意见跟踪督办，圆满完成自治县九届人大二次会议确定的各项工作任务。

自治县人大常委会依法履职，在六个方面展现新作为。围绕中心、促进发展：坚持依靠党的领导，贯彻落实自治县委系列会议精神，围绕县委决策部署统筹安排立法、监督、重大事项决定等各项工作和重要活动，围绕县委中心工作参与“双提双抓”、精准扶贫、信访维稳等重点工作，

图36 2017年5月31日，自治县人大常委会视察全县重点旅游项目建设情况 （县人大办提供）

组织常委会组成人员和部分省市县人大代表对全县精准扶贫精准脱贫工作、清江库区网箱清理取缔进行专项视察。科学立法，推进法治长阳建设：精心编制五年立法规划，完成《长阳土家族自治县森林资源保护条例（草案）》起草，修改《长阳土家族自治县人口与计划生育条例》。监督工作：常委会依法开展法律监督和工作监督，推动县委重大决策部署贯彻落实，强化计划预算审查监督，为更好贯彻新发展理念，推动经济高质量发展，作出2017年计划和预算调整决议，聚焦民生保障监督，督促政府及其工作部门限时办理整改清单和常委会审议意见，推动解决一批民生问题，加强环境保护监督，开展执法检查和专题询问，推动全县生态环境保护工作，推进公正司法监督，修改完善《长阳土家族自治县人大常委会备案审查规范性文件办法》，全年受理人民群众来信、来访90多件次，推动一批群众合理诉求的解决。民主决策：常委会分别对“七五”普法、龙五一级公路项目政府购买服务支出资金纳入财政中长期支出计划等作出决议，严格执行任前法律知识考试、拟任职发言、颁发任命书、宪法宣誓等制度，常委会任免国家机关工作人员99人次，其中任命87人次、免职12人次，常委会出台《关于对政府工作部门主要负责人述职测评暂行办法》，依法对自治县民政局、环保局、卫计局、林业局、质监局等5个政府工作部门主要

负责人进行年度述职测评。发挥代表作用、突出主体地位：建立常委会组成人员联系人大代表、人大代表联系选民制度，全面推广应用人大代表履职服务平台，将979名五级人大代表混合编组，划分成59个代表小组，开展“聚力脱贫攻坚、人大代表在行动”活动。自身建设：学习习近平新时代中国特色社会主义思想和党的十九大精神，扎实开展“两学一做”学习教育，开展支部主题党日活动，贯彻全面从严治党要求和中央“八项规定”精神，先后组织开展“人大干部话作风”“人大干部谈廉政”“精准扶贫大家谈”等作风建设专题学习讨论活动，推动县乡人大建设，依法设立自治县人大法制、财政经济两个专门委员会，11个乡镇配齐专职人大主席。

【全国人大民委副主任委员王万宾到长阳调研】 2017年6月10日，全国人大常委会委员、全国人大民委副主任委员王万宾率调研组到长阳就脱贫攻坚工作和经济社会发展情况进行专题调研。自治县委书记、自治县人大常委会主任赵吉雄，自治县人大常委会常务副主任田大甲陪同。

王万宾一行赴龙舟坪镇湾河易地扶贫搬迁集中安置点，详细了解建设布局、村级产业发展规划；进安置房内，查看房屋户型、配套设施；进村卫生室，查看医疗设施及医护人员配置，了解村民健康问题。调研组走进沿头溪流域乡村旅游扶贫示范区调研，对长阳通过旅游扶贫带动贫困户脱贫致富的新路子表示肯定。

王万宾要求，进一步加强易地扶贫搬迁安置点产业配套，拓宽贫困户搬迁后脱贫路径，做到精准搬迁、精准脱贫，坚持搬迁与发展两手抓；进一步加强农村健康问题研究，对因病致贫返贫问题展开调研，将贯彻落实“健康中国”战略与脱贫攻坚工作相结合，实施健康扶贫，提高精准扶贫效率；要充分利用好民族特色文化资源、生态资源、旅游资源等，加强产业扶持，着力提高后续发展能力，真正实现“稳得住、能发展、可致富”。

陪同调研的还有省人大民宗侨外委副主任委员陈亚平、省人大常委会副秘书长陈国荣，市人大常委会副主任尚葵，副市长刘洪福，自治县委常委、自治县委办公室主任覃宏明、自治县人大常委会副主任李晓英。

【省人大民族宗教侨务外事委员会主任委员谭徽在到长阳调研】 2017年4月10—11日，湖北省人大常委会委员、民宗侨外事委主任委员谭徽在带领调研组一行到长阳，对乡村旅游助推精准扶贫情况开展调研。自治县委副书记、县长李军，自治县人大常委会常务副主任田大甲，自治县人大常委会副主任李晓英，副县长裴新颜，省人大代表朱琼英等陪同调研或座谈。

调研组一行实地调研龙舟坪镇郑家榜村、高家堰镇清江盆景根艺产业园，详细了解自治县乡村旅游助推精准扶贫工作中的经验及存在的困难和问题。

座谈会上，自治县委副书记、县长李军汇报自治县乡村旅游助推精准扶贫工作情况，副县长裴新颜、县发改局、财政局、农业局、民政局、旅游局、扶贫办、龙舟坪镇等部门负责人及省人大代表朱琼英围绕乡村旅游助推精准扶贫，提出意见和建议。

调研组对自治县乡村旅游助推精准扶贫工作充分肯定并提出建议：因地制宜修改完善规划；积极探索农家乐、休闲农庄、景区依托、产业支撑、历史文化、品牌餐饮、古村古寨、休闲度假等乡村旅游模式，务求实效；破解瓶颈，整合资源，招大商，不断改善基础设施；将乡村旅游与精准扶贫、新农村建设、特色小镇、产业融合发展等结合，助推乡村旅游发展。

【省人大法制委员会主任委员乔余堂到长阳开展立法调研】 2017年4月12日，湖北省人大常委会委员、法制委员会主任委员乔余堂带领调研组一行到长阳，开展《湖北省公路路政管理条例（修订草案）》立法调研。自治县委副书记、县长李军，自治县人大常委会常务副主任田大甲，自治县人大常委会副主任李晓英，副县长覃红等陪同。

调研组一行实地考察高速公路养护、高家堰318国道超限检查站、318国道“1314”停车港湾、318国道沿线（高家堰至丹水新区）、宜长快速通道、G241省道（王子石至龙舟坪段），详细了解公路规划、建设、养护和管理的基本情况和存在的问题。

调研组对长阳公路建管养工作情况给予充分肯定，表示将认真吸收与会人员的意见和建议，进一步修改完善《湖北省公路路政管理条例（修订草案）》。

【王润涛到长阳督导“聚力脱贫攻坚人大代表在行动”活动】 2017年8月9日，湖北省人大常委会副秘书长、研究室主任王润涛一行到长阳督导“聚力脱贫攻坚、人大代表在行动”活动。

督导组一行先后到磨市镇、龙舟坪镇等地察看“代表活动室”“代表联系选民工作室”建设情况，查阅“聚力脱贫攻坚人大代表在行动”活动资料，询问各代表小组活动开展情况，与乡镇人大主席、副主席就活动开展情况进行交流，听取自治县人大常委会常务副主任田大甲关于长阳“聚力脱贫攻坚、人大代表在行动”活动情况汇报。王润涛认为长阳前期活动开展扎实，基础资料详细，高标准高质量完成规定动作，结合实际创新活动方式方法，宣传工作力度大，活动氛围浓厚，取得初步成效。下一步要加强“回头看”，对因特殊情况没有参加代表小组活动的代表要加强联系，确保2017年要参加代表小组活动；要加强意见建议的交办督办，加强与政府及有关部门的联系，确保代表提出的意见建议得到及时答复和解决；要加强宣传，对活动中代表的先进典型事迹、扶贫中代表发现问题得到及时有效解决等方面，加强宣传，发挥典型示范引领作用，推动活动深入开展，确保取得实效。

【市人大常委会副主任吴康年到榔坪镇调研精准扶贫】 2017年2月24日，宜昌市人大常委会副主任吴康年前往长阳榔坪镇茶园村调研督办精准扶贫。吴康年一行查看青垭易地扶贫搬迁集中安置点、桃子山新修公路建设，听取茶园村和驻村工作队工作情况汇报，市民宗局、长江大桥总公司、市政务服务中心等三家单位作帮扶情况汇报。自治县人大常委会常务副主任田大甲，自治县县委常委、副县长覃高轩等陪同。

【市人大常委会副主任尚葵到长阳调研】 2017年4月10日上午，宜昌市人大常委会副主任尚葵到长阳调研公共就业服务信息化建设及就业创业工作。尚葵一行到人力资源市场，详细了解基层就业工作开展情况和各项公共就业创业服务经办业务流程。实地查看远程信息发布系统、视频招聘系统以及人力资源综合管理信息系统建设情况。自治县人大常委会副主任李晓英、副县长覃红陪同。

【河北省人大常委会到长阳考察清江流域保护立法情况】 2017年7月1日，河北省人大常委会副主任、省人大法制委员主任委员马兰翠等一行到长阳考察清江流域保护立法工作情况。座谈会上，自治县委常委、常务副县长唐祖红就自治县清江流域保护及立法工作情况进行汇报，双方就清江在水污染防治方面的具体措施、如何处理旅游开发与水环境保护的关系、清江保护条例立法的亮点条款等进行交流。考察组对自治县清江流域保护及立法情况给予肯定，并对自治县清江流域保护及立法情况提出建议。

省人大常委会法规工作室副主任付正中，市人大常委会副主任吴康年，自治县委副书记危爱民，自治县人大常委会常务副主任田大甲，自治县委常委、常务副县长唐祖红，自治县人大常委会副主任张武先、李晓英陪同考察或座谈。

【广东省清远市人大常委会到长阳考察】 2017年8月29日，广东省清远市人大常委会副主任徐建文等一行到长阳考察水资源保护及乡村旅游工作情况。

座谈会上，长阳土家族自治县人大常委会常务副主任田大甲介绍自治县情及人大工作情况，自治县人大常委会副主任张武先就自治县水资源保护及乡村旅游工作进行汇报，双方就水资源保护及乡村旅游工作方面进行交流。考察组对自治县水资源保护及乡村旅游工作情况表示赞赏，回去后将学习借鉴好做法和好经验。

【自治县九届人大二次会议】 2017 年 3 月 9—10 日，长阳土家族自治县第九届人民代表大会第二次会议在龙舟坪召开，大会应到代表 219 名，实到代表 207 名，符合法定人数，大会邀请居住在长阳的宜昌市第六届人大代表、省派专家、在职县级干部、县直单位负责人、各乡镇党委、政府负责人、部分企业负责人等 401 人列席会议。会议通过关于自治县人民政府工作报告的决议、关于批准自治县 2016 年国民经济和社会发展计划执行情况及 2017 年国民经济和社会发展计划的决议、关于批准自治县 2016 年预算执行情况和 2017 年预算的决议、关于自治县人大常委会工作报告的决议、关于自治县人民法院工作报告的决议和关于自治县人民检察院工作报告的决议，决定批准这六个报告。会议还通过《关于加强森林资源保护》的决定。自治县委书记、自治县人大常委会主任赵吉雄发表讲话。

【自治县九届人大三次会议】 2017 年 12 月 28—29 日，长阳第九届人民代表大会第三次会议在隔河岩酒店召开，大会应到代表 219 名，实到代表 211 名，符合法定人数。大会采取不记名投票方式选举，田大甲当选为自治县人大常委会主任，林爱和当选为自治县人大常委会副主任，范绪忠当选自治县监察委员会主任，杨周莲、徐卫兵当选为自治县人大常委会委员。会议举行宪法宣誓仪式，县委书记赵吉雄监誓，自治县人大常委会主任田大甲领誓，监察委员会主任，第九届人民代表大会常务委员会副主任、委员，第九届人民代表大会专门委员会组成人员向宪法宣誓。自治县委书记赵吉雄发表讲话。

【自治县九届人大常委会会议】 2017 年，长阳土家族自治县人大常委会召开常委会议 11 次。

2 月 16 日，自治县委书记、自治县人大常委会主任赵吉雄主持召开自治县九届人大常委会第 2 次会议。会议审议通过自治县人大常委会 2017 年工作要点；会议决定，长阳土家族自治县第九届人民代表大会第二次会议 2017 年 3 月 8 日至 10 日在龙舟坪召开；会议表决通过《长阳土家族自治县人大常委会关于接受祁帆辞去长阳土家族自治县人民政府副县长职务请求的决定》；会议决定免去刘东自治县人民政府副县长职务、张炜自治县人民政府副县长职务，许宁自治县人民检察院副检察长、检察委员会委员、检察员职务；会议任命李晓英为自治县九届人大常委会代表资格审查委员会主任委员，向黎明、何运嵩、章玉莲、章富高（以姓名笔画为序）为自治县九届人大常委会代表资格审查委员会委员；会议对自治县人民政府办公室主任、自治县发展和改革局局长等 26 个单位的主任、局长人员进行任命；会议举行任命人员向宪法宣誓仪式。

3 月 2 日，受自治县委书记、自治县人大常委会主任赵吉雄委托，自治县人大常委会常务副主任田大甲主持召开自治县九届人大常委会第 3 次会议。会议听取和审议自治县人民法院对自治县人大常委会关于自治县人民法院行政审判工作情况的报告审议意见办理情况的报告，进行满意度测评，测评结果为满意；会议听取和审议自治县人民政府关于长阳土家族自治县 2016 年预算执行情况和 2017 年预算草案的报告，通过自治县人大常委会关于长阳土家族自治县 2016 年预算执行情况和 2017 年预算草案的审查结果报告（草案）；会议审议通过自治县人大常委会工作报告（草案）、自治县九届人大二次会议议程（草案）、自治县九届人大二次会议日程（草案）、自治县九届人大二次会议主席团和秘书长名单（草案）、自治县九届人大二次会议列席人员名单（草案），主任会议关于提请任命自治县九届人大常委会各工作委员会委员的议案、自治县人大常委会关于接受李严宁、李进等辞去自治县人民政府副县长职务请求的决定（草案）；会议举行任命人员向宪法宣誓仪式。

3月10日，受自治县委书记、自治县人大常委会主任赵吉雄委托，自治县人大常委会常务副主任田大甲主持召开自治县九届人大常委会第4次会议。自治县人民政府副县长覃红作《自治县人民政府关于提请审议批准将龙五一级公路项目政府购买服务支出资金纳入财政中长期支出计划的议案》说明，会议表决通过自治县人大常委会关于批准《自治县人民政府关于提请审议批准将龙五一级公路项目政府购买服务支出资金纳入财政中长期支出计划的议案》决议。

4月25日，受自治县委书记、自治县人大常委会主任赵吉雄委托，自治县人大常委会常务副主任田大甲主持召开自治县九届人大常委会第5次会议。会议听取和审议自治县人民政府关于2016年度依法行政工作情况的报告，自治县人民政府关于自治县人大常委会对全县2016年度环境状况和环境保护目标完成情况报告审议意见落实情况的报告，自治县人民政府对自治县人大常委会关于精准扶贫精准脱贫工作情况的报告审议意见落实情况的报告，并进行满意度测评，测评结果均为满意；会议听取和审议自治县人大常委会执法检查组关于检查《长阳土家族自治县河流保护条例》实施情况的报告；会议任命漆昌锦为自治县人大常委会办公室主任；会议举行任命人员向宪法宣誓仪式。

6月28日，受自治县委书记、自治县人大常委会主任赵吉雄委托，自治县人大常委会常务副主任田大甲主持召开自治县九届人大常委会第6次会议。会议听取和审议自治县人民政府关于精准扶贫精准脱贫工作情况的报告，自治县人民政府关于县城区停车场建设情况的报告，进行满意度测评；听取和审议自治县人大常委会执法检查组关于检查《长阳土家族自治县民族民间传统文化保护条例》实施情况的报告，自治县人大常委会执法检查组关于检查《长阳土家族自治县乡村公路条例》实施情况的报告；审议《长阳土家族自治县森林资源保护条例（草案）》（一审）和《长阳土家族自治县人民代表大会关于修改〈长阳土家族自治县人口与计划生育条例〉的决定（草案）》（一审）；会议任命李靖为自治县文体新闻出版广电局局长，龚晓红为自治县人民检察院副检察长；会议决定免去王红自治县文体新闻出版广电局局长职务；会议举行任命人员向宪法宣誓仪式。

8月30日，自治县委书记、自治县人大常委会主任赵吉雄主持召开自治县九届人大常委会第7次会议。会议听取和审议自治县人民政府对自治县人大常委会关于2016年度依法行政工作情况的报告审议意见落实情况的报告，进行满意度测评，测评结果为满意；听取和审议自治县人民政府关于2017年上半年国民经济和社会发展计划执行情况，关于2017年上半年财政预算执行情况，关于2016年县级决算情况，关于2016年度县级预算执行和其他财政收支审计工作的报告；听取和审议自治县人大常委会执法检查组关于检查《湖北省农村五保供养条例》实施情况，自治县人民法院、自治县人民检察院关于2017年上半年工作情况的报告；审议通过自治县人大常委会关于开展第七个五年法治宣传教育的决定（草案），自治县人大常委会关于对政府工作部门主要负责人开展述职测评的暂行办法（草案），《自治县人大常委会关于接受吴爱民辞去长阳土家族自治县第九届人民代表大会代表、长阳土家族自治县第九届人民代表大会常务委员会委员职务请求的决定（草案）》；自治县委书记、自治县人大常委会主任赵吉雄讲话。自治县人大常委会在职副县级干部田文大、向松林、刘春阳，自治县人民政府办公室、法院办公室、检察院办公室，自治县发改局、财政局、审计局、法制办、司法局、民政局负责人，都镇湾镇人大副主席；部分宜昌市六届人大代表、自治县九届人大代表，自治县人大常委会机关干部列席会议。

10月27日，受自治县委书记、自治县人大常委会主任赵吉雄委托，自治县人大常委会常务副主任田大甲主持召开自治县九届人大常委会第8次会议。会议听取和审议自治县人民政府关于贯彻落实《湖北省人民代表大会关于大力推进长江经济带生态保护和绿色发展的决定》的报告，听取和审议自治县人民政府关于自治县人大常委会对《长阳土家族自治县民族民间传统文化保护条例》执法检查报告审议意见落实情况的报告，自治县人民政府关于自治县人大常委会对《长阳土家族自治县河流保护条例》执法检查报告审议意见落实情况的报告，自治县人民政府关于自治县人大常委会对《长阳土家族自治县乡村公路条例》执法检查报告审议意见落实情况的报告，自治县人民政府关于代表议案、建议、批评和意见办理情况的报告，进行满意度测评，测评结果均为满意。会议听取和审议自治县人民政府关于全县森林资源保护工作情况的报告并开展专题询问。会议任命毕杰为自治县人民政府副县长，任命李晓明、陈守兵、何海东为自治县人民检察院检察委员会委员。

12月11日，受自治县委书记、自治县人大常委会主任赵吉雄委托，自治县人大常委会常务副主任田大甲主持召开自治县九届人大常委会第9次会议。会议审议通过自治县人大常委会关于接受部分代表辞去自治县九届人民代表大会代表职务请求的决定，自治县人大常委会主任会议提请审议关于设立长阳土家族自治县第九届人民代表大会专门委员会和撤销长阳土家族自治县人大常委会部分工作机构的议案。会议结束后，自治县委宣讲团成员、自治县委党校高级讲师蒋育林作题为《深入学习党章力做合格党员——学习党的十九大精神的体会》辅导报告。

12月25日，受自治县委书记、自治县人大常委会主任赵吉雄委托，自治县人大常委会常务副主任田大甲主持召开自治县九届人大常委会第10次会议。会议审议通过自治县人大常委会关于召开长阳土家族自治县第九届人民代表大会第三次会议的决定，自治县九届人大三次会议议程（草案）、日程（草案）、主席团和秘书长名单（草案）；会议听取和审议自治县人民政府有关工作情况报告，进行满意度测评；会议对自治县民政局局长闫洪南、环保局局长向希红、卫计局局长吴晓晴、林业局局长皮厚超、质监局局长田兴国进行述职测评。会议还研究其他事项。

12月29日，自治县人大常委会主任田大甲主持召开自治县九届人大常委会第11次会议，自治县人大常委会各位副主任和常委会委员出席会议，自治县委常委、纪委书记、监委主任范绪忠、副县长鲍剑飞及自治县人民法院、自治县人民检察院负责人列席会议。会议审议自治县人大常委会关于接受章富高辞去自治县人大常委会委员职务请求的决定（草案），会议任命章富高、王凤兰为长阳土家族自治县监察委员会副主任，任命胡爱农、郑红、陈守兵、覃忠东为自治县监察委员会委员。

【“聚力脱贫攻坚五级代表在行动”活动】 2017年，长阳土家族自治县人大常委会根据省、市人大常委会关于开展“聚力脱贫攻坚、人大代表在行动”活动总体部署和要求，传达贯彻省、市有关精神，成立领导小组，制定活动方案，先后4次召开“人大代表在行动”活动部署会和推进会，安排部署自治县“代表行动”阶段性工作。各乡镇按要求召开动员会、培训会、推进会，细化工作方案，成立工作专班，明确工作责任，全面开展代表小组活动。

宣传推介，营造活动氛围。先后将《致湖北省各级人大代表的公开信》《长阳土家族自治县人大常委会关于开展“聚力脱贫攻坚、人大代表在行动”活动实施方案》等内容上传至代表履职服务平台，方便代表及时掌握和了解活动精神。编印1300册《“聚力脱贫攻坚、人大代表在行动”活动代表监督检查指南》，发至五级人大代表和县、乡（镇）人大干部手中，方便代表掌握省市县精准扶贫政策，并结合工作实际，做好政策宣传和监督。在白氏坪高速公路出口制作“代表行动”T牌宣传标语。利用标语、展板、“长阳人大常委会”微信公众号、各乡镇微信公众号、“长阳人大代表在行动”微信群、长阳电视台、长阳人大信息网、LED显示屏等新型媒体，采用全方位多角度、灵活有效的形式，对活动进行宣传报道。编印活动简报，推介各乡镇的好经验好做法。向中新网、《三峡日报》等新媒体报送稿件，宣传报道“代表行动”活动相关情况。在湖北人大网、中新网、宜昌人大网、《人民代表报》《三峡日报长阳专版》以及自治县人大常委会网站、刊物上刊发宣传稿件100余条。

县乡两级人大根据省市人大常委会的安排部署，精心谋划代表小组活动。活动以“集中部署—入户走访—集中梳理”为主要活动形式，以“五问”为主要内容，活动时间1—2天。代表小组组织活动率100%，代表参加活动报到率100%，代表活动参与率97.6%。

规范程序，加强建议督办。代表小组入户走访结束后，集中碰头，汇总征集到的群众意见建议，按照“分级负责、分类交办”原则，分层办理和交办。在活动中提出建议316件，按分级负责原则，由村级办理的52件、乡镇人大主席团处理的228件、自治县人大常委会处理的35件、省人大常委会处理的1件，另外现场即交即办209件。召开“人大代表在行动”活动建议交办会，将责任清单交27个联席会责任单位办理，明确办理责任单位、协办单位以及办理时限、方法、质量和要求。自治县人大常委会主任会议成员分别到所联系乡镇，采取主任会议成员牵头督办、工作委员会对口督办、组织代表视察督办方式，对代表提出的意见和建议进行了办。各承办单位建立代表意见建议办理台账，进行动态管理，办结一个，销号一个，反馈一个。

【“环保世纪行”活动】 2017年，长阳土家族自治县人大常委会根据《宜昌市人大常委会关于开展2017年环保世纪行活动实施方案》和市人大、市政府召开的2017年宜昌环保世纪行活动工作会议精神，以贯彻实施《湖北省人民代表大会关于大力推进长江经济带生态保护和绿色发展的决定》（以下简称《决定》）为主要内容，开展学习宣传和督导检查，强化突出环境问题整改和配套措施落实，开展2017年环保世纪行活动。

实行县、乡镇整体联动，人大、政府联动，构建分工负责、分级负责的责任体系。县直有关部门和各乡镇按照要求，结合实际，组织开展活动，明确工作目标任务和责任，促进问题快速整改。开展督导检查，10月中下旬，自治县环保世纪行活动领导小组组织有关部门开展对《决定》贯彻落实情况进行专项督导检查，对全县的突出环境问题整改进行重点督导。依照法律法规严格执法，制定完善配套制度和政策措施，按照集中曝光一批、监督整改一批、宣传推介一批要求，采访、报道开展突出环境问题整改、制定相关配套措施进展情况和县乡人大的监督活动。同将环保世纪行活动与“聚力脱贫攻坚、五级代表在行动”活动相结合，利用第二次代表小组活动组织代表对生态环保工作进行视察和监督，及时发现问题并提出建议，10月26日，贺家坪镇组织20多位代表对老雾冲茶业公园、清江干沟河生态治理项目等进行视察，对生态环保工作提出意见和建议，督促相关部门按要求整改到位。10月27日，自治县人大常委会召开第8次常委会议听取和审议副县长覃红作的关于贯彻落实《湖北省人民代表大会关于大力推进长江经济带生态保护和绿色发展的决定》专项工作报告。责成自治县审计局加大对自治县自然生态保护工作的审计力度，适时向自治县人大常委会报告结果。到年底，完成环境问题整改10个（26项措施），其余19个正有序推进（其中40项措施落实到位）。中央环境保护督察组向长阳交办10个信访件，7件完成整改销号。

【建“双网”促“双联”创“双优”活动】 2017年，长阳土家族自治县人大开展建“双网”促“双联”创“双优”活动（建立健全人大代表联系人民群众的工作网络和信息网络，密切自治县人大常委会机关同县人大代表、县人大代表同原选举单位和人民群众的联系，引导和激励县人大代表在执行代表职务和从事本职工作中争创优异成绩）。完善县乡两级人大代表履职服务平台建设，实现代表履职、提交议案建议、工作通报、征集代表意见、了解社情民意网络化。全县各级人大代表、人大机关干部及部分建议承办单位在人大代表履职服务平台注册1100多人次。市人大代表平台使用率90%以上，县级人大代表平台使用率75%以上，乡镇人大代表平台使用率60%以上。

突出阵地建设，为建“双网”促“双联”创“双优”提供平台。对新一届省、市、县、乡镇四级人大代表按照“便于组织和开展活动”原则混合编成60个代表小组，组建156个“人大代表联系选民工作室”，按照代表基本信息公开、学习活动制度上墙、代表活动记录翔实要求，规范代表活动阵地建设、代表活动形式，打通联系选民最后一公里。完善自治县人大常委会组成人员联系代表制度，由自治县人大常委会组成人员固定联系3—6名自治县人大代表，协助代表开展联系选民活动，帮助代表转达、反映在日常工作中收集的意见和建议，指导代表开展日常活动。9月份，由主任会议成员带队，分别集中走访自治县人大代表，征求代表对自治县人大常委会、“一府两院”的工作建议。

严格考评制度。自治县人大常委会将联系选区选民、联系企业或项目、联系困难群众纳入县委对各乡镇人大工作综合目标责任制考核的主要内容，年终进行考评。坚持督导制度。自治县人大常委会成立7个督导小组，分别由常委会主任会议成员担任组长，加强对乡镇人大主席团活动督导，建立通报情况、信息沟通联动机制，按照一季一督查，一季一通报要求，及时总结、推广各乡镇在建“双网”促“双联”创“双优”中的先进经验。

突出监督职能，使建“双网”促“双联”创“双优”落到实处。通过组织代表开展视察、听取专项工作报告、工作评议等形式，围绕关于精准扶贫政策、措施的落实情况开展监督，确保精准扶贫精准脱贫工作落到实处。

【立法工作】 2017年，长阳土家族自治县人大常委会在充分调研基础上确定九届人大常委会五年立法规划，向省人大常委会报批。启动《长阳土家族自治县森林资源保护条例》立法。通过县外考察学习、县内走访调研形成初稿，7月，自治县九届人民政府第8次常务会议对条例的主要内容审议后原则上予以通过，提出修改完善意见形成条例（草案），8月，自治县县委常委第18次会议审议通过，市人民政府转报省人民政府批复原则同意。完成立法文本信息库建设。将自治条例、单行条例对照省人大常委会批文，形成电子文本入库管理。

【监督工作】 2017年，长阳土家族自治县人大常委会依法履行监督职责，开展法律监督和工作监督。全年听取和审议“一府两院”工作报告13个，作出决议决定8项，对4部法律法规实施情况进行检查，组织视察、调研12次，对9个方面审议意见进行跟踪督办。依法听取和审议自治县人民政府计划执行、县级决算、审计工作、预算执行、审计查出问题整改等报告；听取和审议自治县人民政府相关工作报告；听取和审议2016年度环境状况和环境保护目标完成情况的报告；对《长阳土家族自治县河流保护条例》开展执法检查；听取和审议自治县人民政府关于全县森林资源保护工作情况的报告，开展森林资源保护工作专题询问；按照湖北省人大常委会统一部署，组织开展"环保世纪行"活动，听取和审议自治县人民政府关于贯彻落实《湖北省人民代表大会关于大力推进长江经济带生态保护和绿色发展的决定》的报告；组织开展清江水产养殖网箱清理取缔及产业转型发展视察；听取和审议自治县人民法院、自治县人民检察院工作情况的报告，组织部分自治县人大代表旁听重要案件庭审、见证执行，不断创新司法监督方式方法，监督和支持司法机关不断深化司法改革，提高司法公信力。加强对人大常委会任命人员监督，促进政府工作部门依法履职。自治县人大常委会制定《关于对政府工作部门主要负责人开展述职测评的暂行办法（草案）》，对自治县林业局、卫计局、环保局、民政局、质监局等五个政府部门主要负责人进行述职测评。

在监督工作中，自治县人大常委会主动适应新常态，聚焦民生热点问题，主动回应民声关切，将群众愿望与现实可能有机统一起来，进一步增强监督效果，推动县委重大决策部署贯彻落实，维护人民根本利益。

【依法决定重大事项】 2017年，长阳土家族自治县人大常委会根据宪法和其他相关法律法规之规定，依法行使重大事项决定权。常委会第2次会议决定，长阳土家族自治县第九届人民代表大会第二次会议于2017年3月8日至10日在龙舟坪召开。常委会第4次会议表决通过自治县人大常委会关于批准《自治县人民政府关于提请审议批准将龙五一级公路项目政府购买服务支出资金纳入财政中长期支出计划的议案》的决议。常委会第7次会议审议通过自治县人大常委会关于开展第七个五年法治宣传教育的决定（草案）。常委会第10次会议决定长阳土家族自治县第九届人民代表大会第三次会议于2017年12月28—29日召开。

图37　2017年3月8日，人大代表对县域9个重点建设项目及企业集中视察　（县人大办提供）

【人事任免】 2017年，长阳土家族自治县人大常委会根据相关法律法规的规定，任命国家机关工作人员99人次，其中对11名符合条件的受任人员进行法律考试。组织33人参加向宪法宣誓仪式。依法免职12人。

【代表工作】 2017年，长阳土家族自治县人大常委会充分尊重人大代表的主体地位，加强和改进代表工作。提高代表履职能力。自治县九届人大二次会议期间，邀请宜昌市人大常委会代工委副主任罗世平以《忠实执行职务，不负人民重托》为题，就如何履行代表职责，充分发挥代表作用做专题辅导讲座。以乡镇为单位分别开展培训。各乡镇人大主席团结合各自的工作实际，采用不同方式对本行政区域的县乡两级人大代表开展有关人大工作法律法规以及相关业务培训，代表参训率95%以上。加强代表的业务技能培训，针对"人大代表履职服务平台"的操作使用进行培训10余场次，培训人员300余人次。完善代表活动阵地。合理划分代表小组，将五级人大代表混合编入59个代表小组，将代表分组情况印发到各乡镇人大主席团。按照“有固定活动场所、有必要设施、有活动室牌子、有年度工作计划和总结、有学习资料、有活动制度、有活动记载、有代表基本情况公示牌”要求，完善代表小组活动室建设。在村、社区设立代表联系选民工作室，按照“有牌子、有接待选民的场所、有代表基本信息公示、有代表联系选民信箱、有承诺卡、有固定的代表接待选民日、有接待登记簿”标准，建好代表联系选民工作室。强化意见建议督办。自治县九届人大一次、二次会议收到代表建议238件（其中大会议案2件，建议236件），全部办结并答复代表，办结率100%，主办单位与代表见面率100%，代表满意或基本满意率100%。所提问题已经解决或基本解决的107件，占总数的44.96%；所提问题正在解决或纳入规划逐步解决的112件，占总数的47.06%；所提问题因条件限制或其他原因目前不能解决的19件，占总数的7.98%。

（曾　璐）

责任编辑　田祥英

长阳土家族自治县人民政府

概　述

2017年，长阳土家族自治县实现生产总值135.3亿元，地方公共财政预算收入7.13亿元，固定资产投资92.3亿元，社会消费品零售总额52.86亿元，外贸出口5008万美元，城乡居民人均可支配收入分别增长8.3%和9.6%，金融机构存贷款余额分别增长16.6%和34%。全年整合项目资金13.06亿元，新增8个贫困村出列、6299人易地扶贫搬迁、1.6万建档立卡贫困人口销号。

夯实基层基础。加强交通基础设施建设，全年投资10.9亿元，沿头溪流域生态绿道4.2公里建成通车，火烧坪至鸭子口、鸭子口至渔峡口二级公路改造、清江画廊旅游码头建设开工，新完成农村公路硬化680公里、生命安防工程治理700公里，新建集中供水设施346处，安全饮水巩固提升32747人，新建和改造配电台区300个、输电线路846公里，实施农村危房改造3437户。全年争取落实各类扶持资金39亿元，清江特大桥开工，宜长快速通道、呼南铁路、抽水蓄能电站等即将开工或实现重大进展，新开工5000万元以上产业项目43个，新投产17个。新增中国驰名商标1个，新增省级龙头企业1家；做强做大绿色能源产业，国网公司57座光伏扶贫电站并网发电，国电投云台荒风电项目开工；做强做大生态矿山产业，中锰、铠榕、登城等安全环保水平和税收贡献显著提升，富饶新材料项目竣工投产。加快发展特色农业，茶叶、高山蔬菜、魔芋、柑橘、木瓜等基地巩固提升，油牡丹、桃李、瓜蒌等小特新产业达到1万亩；加快培育新型农村合作经济组织，全县农民专业合作社1283家，家庭农场85家，其中国家级示范社4家，省级示范社12家。

突破性发展以旅游为龙头的现代服务业，卓尔旅游、清江画廊转型升级等步伐加快，清江方山索道投入运营并成功创建国家AAAA级景区，全年接待游客800万人次，旅游收入75亿元，加快现代物流业发展，邮政、供销、快递、电商服务企业88家，全年物流托运1000万件以上，巴国汇智创业园入选国家级“星创天地”，长阳进入全国电子商务进农村综合示范县创建行列。推进银政企合作，财政贴息1310万元，应急周转34家次企业2.46亿元，支持企业担保贷款6.2亿元；长阳获全省“最佳金融信用县”。

推进创新驱动，新增国家发明专利15件，万人发明专利拥有量1.4件，新增2家国家高新技术企业，高新技术产业增加值增长17.6%。推进特色村镇建设，贺家坪、高家堰获省级文明乡镇，大堰获省级生态乡镇，火烧坪荣获省级产业融合示范乡镇，2个村获省级文明村，1个村获省级民族团结进步示范村，新增省级生态村8个，市级生态村24个。清理取缔清江库区长阳水域网箱养殖，全面建立61条河流县、乡镇、村三级“河长制”，投资7200万元推进教育“全面改薄”，新建校舍3.6万平方米；“助学启智”工程累计资助学生10.43万人次；持续提升基本公共卫生服务水平，大病关爱“壹佰基金”资助贫困群众12739人次1933万元。加快推进国家公共文化服务体系示范区建设，村级文化活动室实现全覆盖，农村智能广播“村村响”和广播电视“户户通”工程全面完成。新增城镇就业人员8939人，社会保险参保实现全覆盖。进一步提高农村低保、五保标准，民政社会救助资金总量突破亿元。推进国家级水库移民避险解困试点，241户918人实施搬迁。棚户区改造开工400套，竣工800套，多形式为2600户住房困难家庭提供实物住房或者货币补贴。推进大气污染防控，空气质量优良率81.7%。强化生态综合治理，“管住斧头、守住山头”意识不断增强；清江国家地质公园通过国家验收，崩尖子晋升国家级自然保护区。加强社会治理，破获各类案件162起；探索农村交管“路长制”，推进道路安全生命防护工程，农村交管“路长制”经验被公安部、省公安厅在全国、全省推广。开展“信访稳定基层基础建设年”，推进矛盾纠纷多元化解，全县信访批次同比下降19.2%，人次下降19.5%。推进“雪亮工程”建设，建成视频监控联网云平台县级分中心1个、乡镇中心11个。深化“放管服”改革，建立县、乡政府权力清单，取消54项行政处罚、行政审批事项，公布60项“一次办好”行政许可和公共服务事项清单，规范59项行政审批中介服务。畅通民意渠道，受理中国长阳网“县长信箱”网民来信173件，“市长热线”转办市民诉求1544件，网上群众举报投诉咨询529件。加强行政监察和审计监督，开展作风建设突出问题专项治理、部门履职尽责督查，工作作风不断改进。

【自治县九届人民政府第一次全体（扩大）会议暨廉政工作会议】 2017年4月14日，长阳土家族自治县九届人民政府第一次全体（扩大）会议暨廉政工作会议召开。会议强调，各级各方面要牢固树立和不断强化城市思维、市场思维、旅游思维、互联网思维、自贸区思维，进一步凝神、加油、鼓劲，务实重行，奋发有为，全面完成政府工作既定目标，推动长阳更稳更好更快发展。会议对《政府工作报告》中的重点工作进行责任分解。县长、副县长、县政府工作部门和乡镇负责人参加会议，县领导范绪忠、向紫玉、姜华应邀参加会议。

【自治县人民政府常务会议】 2017年，长阳土家族自治县人民政府召开13次县政府常务会议，听取工作汇报，研究问题，安排部署工作。

2月16日，县长李军主持召开九届人民政府第1次常务会议。与会人员观看反腐纪录片《永远在路上》，听取讨论自治县九届人大二次会议《政府工作报告（讨论稿）》《2016年国民经济和社会发展计划执行情况及2017年计划草案的报告（讨论稿）》《2016年预算执行情况和2017年预算草案的报告（讨论稿）》和2017年县直部门预算（草案）编制情况汇报。会议传达国家和食品安全示范城市创建工作会议精神，研究相关工作；听取中信长阳生态处理有限公司股权转让及乡镇污水处理厂建设情况、全县民工伤残人员情况、对城市公交实行财政补贴情况汇报，研究相关工作。

2月27日，县长李军主持召开九届人民政府第2次常务会议。会议讨论研究《国家电网公司向长阳建档立卡贫困村捐建村级光伏电站协议》《长阳土家族自治县英大证券有限责任公司扶贫战略合作协议》，研究相关工作；听取和研究将龙五一级公路纳入政府购买服务相关事项。

3月21日，县长李军主持召开自治县九届人民政府第3次常务会议。与会人员观看反腐纪录片《永远在路上》。会议听取县域经济考核情况汇报和《县委、县政府关于实施全面两孩政策改革计划生育服务管理、完善目标管理责任制的实施意见（草案）》情况汇报；研究审议相关项目产业扶持和招商引资工作，研究签订小城镇（中心村）电网改造升级和“井井通电”工程合作协议有关事宜；传达学习全市安全生产会议精神，研究相关工作。

4月26日，县长李军主持召开自治县九届人民政府第4次常务会议。研究通过《长阳土家族自治县“十三五”工业规划》，规划到“十三五”规划期末，全县规模以上工业总产值200亿元，工业对财政的贡献率40%以上。会议听取《长阳土家族自治县安全生产“十三五”规划》编制情况汇报。研究雪亮工程建设、110和“12345”社会联动服务、项目前期管理等相关工作。

5月11日，县长李军主持召开自治县九届人民政府第5次常务会议。会议集体学法（食品药品监督管理专题），研究《长阳土家族自治县城乡客运市场秩序专项整治行动方案》，研究拟签约招商项目，讨论《全县“七五”普法规划》，研究创建国家公共文化服务体系示范区相关工作。

6月2日，县长李军主持召开自治县九届人民政府第6次常务会议，集中学习生态环保、城市建设等相关法律法规。县法制办负责人结合《中华人民共和国防洪法》《中华人民共和国矿产资源法》《中华人民共和国旅游法》等法律法规，针对广大群众反响强烈地向清江沿岸乱倒垃圾、填占河道、山林乱挖乱采、破坏林地、乱搭乱建、旅游非法经营等，逐一明确执法主体、处罚依据、处罚标准等。会议通报市政府招商引资及重点产业督办工作通报和1—5月全县财政收入完成情况，听取全省民族宗教工作会议精神和全市特种设备安全监管工作会议精神，研究网箱清理等工作。

6月29日，县长李军主持召开自治县九届人民政府第7次常务会议。会议学习市县有关群体性上访处置相关规定，讨论审议近期拟签约项目，听取关于服务企业、项目有关情况汇报和对上争取工作情况汇报，研究相关工作；听取长丹木业、富饶新材料产业基金扶持相关事宜汇报，研究《长阳土家族自治县“十三五”交通运输发展规划》《长阳农村物流融合发展规划》；研究《长阳土家族自治县“十三五”旅游发展规划》《长阳土家族自治县创建“国家全域旅游示范区”行动纲要》，研究相关工作。

7月31日，县长李军主持召开自治县九届人民政府第8次常务会议。学习《中共长阳历史》（第二卷）提纲摘要、《湖北长江经济带生态保护和绿色发展总体规划》《省委办公厅省政府办公厅关于印发〈湖北省信访工作责任制实施细则〉的通知》；讨论审议近期拟签约项目，听取《长阳土家族自治县森林资源保护条例（草案）》起草情况的汇报；听取修改《长阳土家族自治县人口与计划生育条例（草案）》情况汇报；听取打击和处置非法集资工作情况汇报；研究“土家发源地·湖北长阳第三届廪君文化旅游节”相关工作；听取百里生态牧旅走廊项目工作情况，研究相关工作。

8月22日，县长李军主持召开自治县九届人民政府第9次常务会议。研究审议近期拟签约项目；研究安排长阳沛函新材料工业园建设项目县域发展扶持资金的建议；研究《县科技创新风险补偿基金管理办法》《县小微企业助保金贷款管理暂行办法》；听取生态红线优化工作情况汇报，研究将民福家园公共租赁住房（原廉租房）调整为白氏坪棚改安置房相关事宜；研究龙舟坪镇石牌小学等4所学校撤并情况说明；审查《长阳土家族自治县农村集体“三资”管理办法（草案）》；听取出台《长阳土家族自治县健康扶贫医疗救助+补充医疗保险实施办法（试行）》情况汇报，研究相关工作。

9月11日，县长李军主持召开自治县九届人民政府第10次常务会议。研究华新长阳建材产业园招商项目及相关工作。

10月11日，县长李军主持召开自治县九届人民政府第11次常务会议。会议集体学习《关于划定并严守生态保护红线的若干意见》解读，学习市委办公室《关于进一步加强当前意识形态工作的通知》（宜办发电〔2017〕3号密件）、《中共宜昌市委关于深入学习贯彻省第十一次党代会精神加快建设省域副中心城市的意见》《相关整治责任清单》《省人民政府办公厅关于深化国土资源供给侧结构性改革服务投资促进招商的意见》，市安委会办公室关于印发《学习宣传贯彻〈湖北省安全生产条例〉实施方案》的通知；研究审议招商项目，研究出台《长阳土家族自治县人民政府向社会力量购买公共文化服务实施办法》；听取关于贯彻落实《宜昌市城乡居民基本医疗保险实施办法》及做好2018年度征收工作的情况汇报；研究开展"我选湖北·爱上宜昌"计划大力促进大学生就业创业工作实施方案；听取2014—2015年度国有企业经营者年薪情况汇报，听取县直派驻贫困村党组织第一书记和驻村扶贫工作队工作生活补助建议方案，研究相关工作；听取全县康养产业工作进展情况汇报，听取关于配合做好农业信贷担保工作的情况汇报，研究相关工作；县政府领导班子成员业务工作、党的建设、安全生产"三同步"责任区建设有关工作，研究《长阳土家族自治县清江保护九大行动方案》。

11月10日，县长李军主持召开自治县九届人民政府第12次常务会议。会议集体学习《中华人民共和国招投标法》、中国共产党第十九次全国代表大会精神传达提纲、市委书记周霁在全市旅游产业发展调研座谈会上的讲话；研究审议招商项目，研究《长阳土家族自治县安全生产约谈制度（试行）》《长阳土家族自治县安全生产专业委员会工作规则（试行）》，讨论《公共资源交易管理实施办法（试行）》；听取关于出台《长阳土家族自治县卫生与健康事业发展"十三五"规划》的情况汇报，关于出台《长阳土家族自治县职业病防治规划（2016—2020年）》情况汇报；听取中央环保督察整改落实进展情况汇报，研究相关工作；研究《县人民政府关于进一步加快创新驱动发展的实施意见》，研究《长阳土家族自治县国有土地上危险住房改造实施方案》；听取关于全县康养产业进展情况汇报，研究《加强全县乡村教师队伍建设实施细则（2016—2020年）》。研究社会化管税问题相关事宜。

12月7日，县长李军主持召开自治县九届人民政府第13次常务会议。学习《湖北省城乡规划条例》解读、《中共中央办公厅国务院办公厅关于进一步加强信访法制化建设的意见》（中办发〔2017〕21号）、《市委办公室市政府办公室关于贯彻落实〈湖北省实施党政领导干部生态环境损害责任追究办法（试行）〉》细则的通知和责任追究细则；听取中央环保督察整改落实进展情况汇报，研究相关工作；听取湖北清江画廊旅游开发有限公司托管及收购长阳夷龙运输有限责任公司情况的汇报，研究相关工作；研究《全县开展安全生产打非治违专项行动实施方案》。

（朱智慧）

政务服务与管理

【概　况】 2017年，长阳土家族自治县政务服务中心管理办公室优化审批流程，创新服务方式，强化服务职能，指导乡镇开展便民服务中心规范化建设，合理设置窗口，配套制度建设，为基层群众和市场主体提供优质、高效服务。

推进三级政务服务体系建设。2017年，长阳一体化统筹推进三级政务服务体系建设。进一步完善由县级政务服务中心、镇（乡）便民服务大厅、村（社区）便民服务室组成的三级便民服务网络。11个乡镇、161个村（社区）成立了便民服务大厅（室），便民服务延伸至城乡每个角落，实现全覆盖。乡镇便民服务中心设有民政、计生、人社三个常设窗口和由林业、国土、城建、财政、食药监所等其他站所组成的综合服务窗口。村（社区）便民服务室按照“六有”［有办公场所、办公设备及便民服务标牌标志；有村（社区）代办事项通用目录；有专职代办员；有代办服务工作登记簿；有便民服务事项办事指南；有乡镇统一制作的工作管理制度］要求，悬挂统一制作的便民服务室标牌，建立由村党支部委员会和村民委员会干部为“代办员”的便民服务代办工作制度，公告69项代办事项内容，公示集中办公及值班日程、服务事项内容及联系方式，以方便群众办事。全县有代办员327个，其中，船舶所有权登记实行县级代办。着力解决“服务群众最后一公里”问题。在开展“群众办事不出村”示范村建设的基础上，着力优化服务措施，解决老百姓办事难问题。建立人社部门远程视频招聘系统和信息发布系统，进行政策宣传、信息发布、远程招聘等；设立流动车管所、流动税务服务队；商事登记全县通办、全城通办，变群众来回跑为部门协同办，让信息数据多跑路。

政务服务实行清单动态管理。2017年，县直各部门领取行政许可和公共服务事项710项，全部录入平台发布。公布第一批“一次办好”事项清单，其中行政许可事项33项，公共服务事项27项。工商局窗口启动企业全程电子化登记，实现由过去的“面对面”为“键对键”。食药局窗口对所有政务服务事项全部实行全流程网上服务，群众在各村党员群众服务中心就能直接上网办。全年为187个项目单位快捷办理项目审批、核准和备案，投资总额1147754万元。

建立领导挂牌上岗带班服务制度。县政务服务中心实施“我来办、马上办服务”新模式，拒绝对服务对象说“不”。4月27日，组织全体工作人员进行集体宣誓，绝不对办事人说“不”，并与各窗口首席代表签订服务承诺书，形成浓厚氛围。建立领导挂牌上岗带班服务制度。自4月15日起，中心领导班子成员挂牌上岗，轮流值班，在一线为办事企业和群众开展咨询、引导和代办服务，让服务对象真正感受政务服务改革获得感。

全年办理各类行政审批许可、便民服务事项36.6万余件，接待办事群众无差错。组织各类招投标活动321次，交易额12.3亿元，节资（增值）0.56万元。

图38 2017年5月11日，县政务服务中心举行党风廉政宣教月暂师大会 （县政务服务中心办提供）

【《长阳土家族自治县公共资源交易管理办法》出台】 2017年12月21日，长阳土家族自治县公共资源交易监督管理局制定出台新的《长阳土家族自治县公共资源交易管理办法》。《管理办法》6章32条。第一章5条，明确制定《管理办法》的目的、法律法规依据、原则，以及有关部门的职能职责，严禁任何形式的场外交易。依据《中华人民共和国招标投标法》《中华人民共和国政府采购法》立法目的及《湖北省公共资源招标投标监督管理条例》第三、四条关于相关部门职能职责的规定。第二章5条，对交易范围、规模和方式进行明确。交易范围严格执行湖北省公共资源交易目录。交易规模严格按照国家发改委〔2000〕3号令和湖北省人民政府〔2007〕306号令执行。交易方式分为招标和非招标方式，对各种方式适用的范围进行逐项明确，同时与长阳政府采购目录及采购限额标准（长政办发〔2016〕159号）进行有效衔接。第三章11条，按照规范的交易程序，对每个环节的交易要求及交易实施主体、代理机构及交易服务机构的职责逐项进行明确。规定评标（评审）办法由各行政监督部门制定，由县公共资源交易管理委员会批准后实施，对投诉处理程序、时限进行明确。第四章5条，明确公共资源交易综合监管部门和各行业主管部门在标前、标中、标后各个阶段的职能职责，重点就标后强化履约行为监管、诚实守信情况在公共资源交易活动中的结果运用等进行详细说明。第五章5条，对公共资源交易参与各方的违法违规行为认定、责任、处理措施等进行明确。第六章1条，明确《管理办法》的实施时间，和对原有有关办法的废止说明。《县公共资源交易管理办法》与《农村集体“三资”管理办法（试行）》《长阳土家族自治县2017年政府集中采购目录及标准》三个规范性文件的出台，实现规范各类公共资源交易行为全覆盖。

【协议供货、定点采购供应商座谈会】 2017年5月26日，长阳土家族自治县政务服务中心召开由协议供货、定点采购37家供应商参加的征求意见座谈会，就服务质量、办事流程、信息公开等方面集中征求意见，收集意见和建议26条，针对梳理出的专家评审劳务报酬、降低市场主体交易成本等需要完善和改进的方面，制定整改方案，立行立改并建立健全长效机制。专家评审费自6月1日起，全部由政府采购中心承担，支出14.8万元，进场交易费一律按照宜价服〔2017〕38号文件精神，按原标准70%收取，减轻各市场主体交易成本。

【公共资源交易监督管理局“开放日”活动】 2017年10月30日，长阳土家族自治县公共资源交易监督管理局举办招投标“开放日”活动，邀请党代表、人大代表、政协委员、政风行风监督员、行业主管部门负责人、评标专家、代理机构负责人及群众代表等30余人参加“开放日”活动，受邀人员旁听长阳县下渔口至清江方山旅游公路改扩建工程项目开标过程，观看电脑随机抽取、语音通知评委和评委评标过程，了解项目基本内容和招投标基本程序。此次活动，让招投标走进公众视野，增进直观感受和认识，提高透明度，消除社会认知误区，提高工作水平和服务质量，效果显著。

【工商窗口全程电子化登记】 2017年6月，长阳土家族自治县工商局驻县政务服务中心窗口启动企业全程电子化登记，实行自名称预先核准到网上发照的全程一体化网络登记模式。长阳工商局窗口人员全力推进全程电子化的应用和普及，引导企业选择更为快捷便利的网上登记方式，推动工商注册传统审批方式向互联网、无纸化转变，提高行政许可效能。全年办理全程电子化登记198件，位居宜昌市各县市（区）前列。

（宋　艳）

应急管理

【概　况】 2017年，长阳严格落实24小时值班工作制度和突发信息上报制度，为县领导全面掌握应急管理动态提供保障。对各乡镇、县直各部门单位平时在岗、节假日值班等情况进行不定期检查，对工作不到位的情况尤其是节假日值班值守情况及时组织整改，确保政务值守顺利开展。组织应急管理重点部门、重点行业开展各类大小应急救援演练55次，4300余人参加演练。全年协助处置各类突发事件221起，其中上报到市政府58起，事件处置及时有效，处理得当。上报“长阳县高家堰发生暴雨洪涝灾害致318国道受阻”等自然灾害信息18条、“长阳县龙舟坪镇一辆轿车冲入河中致一人死亡”等灾难类事故32条。

长阳先后遭受4次洪涝灾害和1次风雹灾害，县委、县政府组织人力物力全力抗灾救灾；累计报告法定传染病14种2180例，死亡3例（艾滋病1例、肺结核2例），排查处置传染病疫情预警10种108起，调查处置及时、措施得当，无一起达到突发公共卫生事件报告标准。

【暴雨洪涝灾害应对】 2017年10月1日22时至19日8时，长阳持续普降大到暴雨，局部大暴雨。据自动雨量站网统计，1日22时至2日18时最大雨量杨柘坪村105.1毫米，大堰乡103.5毫米。由于降雨时间集中，灾害造成大秋作物无法收获霉变，部分农房受损，公路受损。全县11个乡镇53879人受灾，农作物受灾面积2974公顷，其中成灾面积1615公顷，绝收面积1077公顷；农房倒塌39户81间，严重损房66户121间，一般损房26户54间。150多户农房进水。紧急转移安置298人，需紧急生活救助1906人，需过渡性救助265人，公路受灾里程356.35公里，塌方165117立方米，路面损毁22846平方米，桥梁损失7座，挡墙损毁10976立方米。灾害造成直接经济损失10044万元，其中农业直接经济损失6503万元，基础设施损失3010万元，公益设施损失50万元，家庭财产损失461万元。

灾情发生后，县委、县政府领导分别指示有关乡镇全力做好抗灾救灾，县委书记赵吉雄、县长李军、县委副书记危爱民、分管副县长覃高轩等赶赴灾区，指导妥善安置受灾群众，相关部门协助受灾乡镇救灾，及时上报灾情。县民政局全员取消休假派出5个工作组核查灾情，下拨救灾资金120万元；水利局、农业局、国土局迅速指导乡镇开展抗灾救灾，核查灾情。受灾乡镇积极行动，主要领导靠前指挥第一时间组织村组干部深入农户、田间地头安抚群众，组织专班人员抢险救灾疏散转移群众和指导受灾群众抗灾自救。

（朱智慧）

经济开发区建设

【概　况】 至2017年年底，湖北长阳经济开发区注册落户企业133家，其中规模以上工业企业56家。2017年，完成规模以上工业总产值27.72亿元，占全县47.34%，完成固定资产投资9.48亿元，占全县11.28%，完成外贸出口4800万美元，占全县95%，税收比2016年增长近40%。

【项目建设】 2017年，16个项目建设在湖北长阳经济开发区内有效推进。绿色食品农业产业项目：投资1.5亿元宜昌丰润生物科技产业园建设项目，完成厂房资产转让；投资5亿元北大荒丰缘集团中垦项目，签订招商投资合同；投资1.5亿元得林尔银杏提取项目启动厂房建设；聿津生物色素加工项目按设计完成车间地平和厂区配套建设；清江鹏博水产品冷链物流项目完成道路基础工程；三品源茶业项目一期正式投产，启动二期项目建设；康农种业省级生物育种研究院投入运行，二期产能提升扩建项目基本完工。装配式建筑产业：丹水新区沛函装配式建筑工业园一期钢结构6500平方米的骨架制作完成，启动厂房建设；清江花香水岸康体养生项目一期场坪施工，二期征地启动兑付，路、桥等设施正在地勘和规划；华新矿山及安置区建设项目三期完成规划评审，进行征地。新材料工业产业：投资4亿元的华新建材产业园项目，经多轮座谈协调9月12日与县人民政府签订投资建设协议，调研制定项目建设区内土地房屋征收安置补偿方案。富饶新材料产业园项目全部建成，8月投入生产；宜昌瑞展新材料项目开工建设。兴源矿机加工项目安装6套机床正式投产。红业建材石墨制品车间建成。启动清江电商物流创业园项目建设，基本完成安品源百誉电商物流园征地和主体建设。

【基础设施建设】 2017年，湖北长阳经济开发区完成白氏坪三角地治理和生态绿化，对高速出口至县城旅游廊道的路灯、绿化、护栏、浮雕墙等进行升级改造，完成园区污水管线接入县城污水处理厂的并网建设，编制园区循环化改造规划方案。完成丹水二路的绿化亮化，在长阳大道新建6个公交站台，协调开通西线公交，实现园区公交东西线贯通，园区水电路气、出行等基础配套更加完善；对园区环境进行综合大整治，园区整体环境更加净化、亮化、美化。

【为园区企业和重点项目选配首席服务员】 2017年，湖北长阳经济开发区坚持首席服务员制度，为园区42家企业和19个重点项目选配首席服务员，定期深入联系企业、定期开展企业问题研判，不定期进行督办检查，始终坚持在服务效率要高、服务措施要实上持续发力。突出快，立说立行。华新建材产业园，项目签约后仅5天时间就设立指挥部、组建专班、落实办公场所、采购办公设备，一周内启动征地测量和房屋评估工作。突出实，务实担当。钟宜钢构合同债务纠纷、聿津生物劳务工资纠纷、清江茗研引资重组等开发区联企负责人都不遗余力、辗转多地，组织各方协商座谈，帮助企业理顺各种关系，保证企业正常生产经营。突出和，搭建平台。为解决企业融资难和融洽企地关系，多次召开项目对接会、银企座谈会、涉及村组专题办公会和群众座谈会，举办“园区论坛”6期，化解信访积案3起。全年没有发生非访、越级访和群体访事件。

【园区论坛】 2017年4月至10月，湖北长阳经济开发区举办5期园区论坛。4月14日，第一期，康农种业正高级农艺师、享受国务院特殊津贴专家彭绪冰就企业创新专题讲课；6月29日，第二期，龙舟坪镇国税分局副局长覃兵就税务法，湖北沛函集团总经理助理沈俊玲就企业发展进行讲课；8月30日，第三期，县安监局副局长刘琼，县环保局总工程师郑永红就安全生产及新环评法进行专题培训；9月29日，第四期，邀请三峡大学副教授汪静就企业电商业务授课；10月17日，第五期，亮程商学院院长、北大/清华EMBA总裁班特聘教授毛翌祥就企业薪酬激励等专题授课。每次论坛园区37家企业负责人、开发区二级机构代表及管委会全体干部职工60—80人参加活动。

（刘　玲）

招商引资

【长阳签约5000万元以上项目53个】 2017年，长阳土家族自治县全年签约5000万元以上项目53个，协议投资额80亿元，投资及项目建设在全市同类县市考核中位列第一，引入银杏叶提取及综合开发、丰润生物科技产业园、三品源名优茶深加工、康农生物科技产业园、老巴王淡水鱼制品及综合利用加工、清江特色农产品加工等健康食品加工业项目；龙池山、仙剑山、香花岭、乐城生态农业等生态旅游业项目；华新新型建材产业园、黄山瑞立新型环保装饰材料、力鼎肠衣肝素钠机械设备制造等新型建材业项目；中国电力投资集团公司渔峡口风电、中国电力建设集团有限公司堡镇、文家坪风电，湖北省电力集中和分散光伏发电等清洁能源业项目；君跃人力资源总部、人福展康医疗、和远气体等总部经济项目。

图39　2017年12月19日，云台荒风电项目开工奠基仪式

（县招商办公室提供）

【长阳集中签约12个项目】 2017年9月1日，长阳土家族自治县举行集中签约仪式，一次签下12个重点产业招商项目。同时，全县11个乡镇154个行政村与200多家企业、合作社和家庭农场现场达成意向协议，共同推动产业扶贫发展。集中签约的12个重点产业招商项目分别是湖北和远气体股份公司总部项目、湖北华瑞新能源项

目、老巴王年产6000吨淡水鱼制品及综合利用加工项目、康农生物科技产业园建设项目、丹水新区旅游休闲综合体建设项目、香花岭乡村文化康养旅游综合开发项目、人福展康医疗项目、君跃人力资源总部经济项目、清江特色农产品生产加工项目、长阳农村电商物流产业园项目、湖北宜昌力鼎肠衣肝素钠机械设备制造项目、长阳乐城生态农业文化观光旅游开发项目。项目总投资17.11亿元。

（易丽娟）

人事工作

【概　况】 2017年，长阳土家族自治县人力资源和社会保障局进一步创新举措，人才队伍建设不断加强，人事管理进一步规范。联合相关部门完成全县1524名公务员及参照公务员法管理的事业单位工作人员教育培训及培训证书的年度审验。配合县委组织部，完成38个职位87名公务员招录。全面推行事业单位新进人员公开招聘和竞争上岗制度，公开招聘事业单位工作人员188人。完成20个主管部门1819人事业单位新一轮岗位聘用。对2015年至2016年全县265名新进机关事业单位工作人员进行为期3天的能力提升培训。按照省市部署完成机关事业单位在职人员调整基本工资和离休人员调整离休费。健全完善带薪年休假制度监管机制。按要求组织实施国有企业负责人薪酬制度改革。完善工资支付保障制度，落实最低工资标准。

全县新增专业技术人才426人，新增技能人才1416人，组织专业技术人员继续教育培训5186人。深化职称评审制度改革，开展企业“直通车”职称评审服务，组织13家民营企业113人参加市中级职称评审。激励引导专业技术人才服务基层，推荐陈红银等5名专业技术人员为2017年度“湖北省贫困地区专业技术人员奉献岗位计划”培养人选。认真贯彻落实省委、省政府《人才二十条》，完善高层次紧缺急需人才引进办法。加大基层一线、高层次创新创业人才政策倾斜力度和对企业服务力度，扎实开展中小学职称制度改革。实施“金蓝领”工程，开展技能鉴定进校园进企业活动，全年技能鉴定1356人。先后组织和选拔钳工、焊工、叉车工等一系列职业工种的优秀技能人员参加宜昌市第四届技能状元大赛。与县总工会联合开展长阳“土家工匠”选树活动。

图40　2017年9月20日，长阳2017年度第一批考试录用公务员集中宣誓　（习文安　摄）

【“我选湖北·爱上宜昌”活动】 2017年，长阳土家族自治县人力资源和社会保障局贯彻落实省委“人才二十条”和市委“人才十八条”，出台《长阳土家族自治县开展“我选湖北·爱上宜昌”计划大力促进大学生就业创业工作实施方案》，吸纳1156名大学生到长阳实习实训，安置高校毕业生844人。

【《长阳土家族自治县大学生实习实训派遣管理办法》实施】 2017年7月26日，《长阳土家族自治县大学生实习实训派遣管理暂行办法》（以下简称《办法》）正式实施。《办法》对大学生实习实训岗位申报、报名、实习实训安排、考勤管理、考核鉴定、实习实训补贴等方面内容进行明确。

【长阳机关事业单位养老保险改革】 2017年，长阳土家族自治县将所有行政机关及事业单位全部纳入登记范围。至年底，机关事业单位养老保险改革新机关事业单位养老保险和老机关事业单位养老保险入库169家10731人（在职6191人，退休4540人）。新机关事业单位养老保险142家单位上线全面完成，上线运行8347人（在职4902人，退休3445人）。

（胡　琴）

扶贫开发

【概　况】 2017年，长阳土家族自治县5554户17070人脱贫“销号”，龙舟坪镇胡家棚村、合子坳村，大堰乡边家坪村、钟家湾村、桂花园，鸭子口乡静安村、马连坪村，火烧坪乡黍子岭村等8个贫困村“出列”，贫困发生率降至11.99%。国务院扶贫办主任刘永富及省委领导蒋超良、尔肯江·吐拉洪、于绍良、周霁等先后到长阳调研脱贫攻坚工作，给予高度肯定。产业扶贫“五张网”（项目资金统筹网、龙头企业带动网、合作组织互助网、示范大户帮扶网、实用科技培训网）模式先后在全国产业扶贫和全省产业扶贫现场观摩会上作经验交流。梓榔坪残疾人晨光互助社工作经验在全国深度贫困残疾人脱贫攻坚座谈会上交流发言。峰岩村“抓党建、促脱贫”被中央、省媒体大力推介。长阳被确定为“国网阳光扶贫行动”试点县，成为全国光伏扶贫观摩会议参观现场。

【领导机制和工作机制】 2017年，中共长阳土家族自治县委常委会议研究扶贫工作16次、县委专题会议研究18次，县政府专题会议研究扶贫工作18次，召开全县脱贫攻坚推进会3次，及时解决全县脱贫攻坚工作中的问题和困难。新组建健康扶贫指挥部和资金统筹整合平台，扶贫攻坚领导小组办公室、8个脱贫攻坚指挥部、1个平台集中办公，一周一碰头、一月一研究。实行县委常委联系乡镇，县级领导联系贫困村，明确第一书记担任贫困村脱贫攻坚指挥部指挥长，任务到部门到责任人、工作到村到户到项目。带头抓好“四双”工作，即“双建”建支部、建协会，“双包”单位包村、干部包户，“双带”龙头企业带动、能人大户带动，“双促”促作风转变、促农民增收，做到真脱贫、脱真贫。开展“聚力脱贫攻坚五级代表在行动”活动，979名五级人大代表积极参与扶贫政策落实监督。推进脱贫攻坚领域民主协商，政协开展产业扶贫专题调研。出台乡镇党政领导班子和领导干部精准扶贫实绩考核办法、驻村帮扶工作管理办法和考核细则，全面落实驻村干部每周“5天4夜”要求，实行日纪实、月督查、季报告、年述职，确保联村单位全员上阵，按“一帮五”比例调整结对帮扶方案。

【长阳扶贫领域监督执纪问责】 2017年，长阳土家族自治县对扶贫工作领域坚持真管真严、敢管敢严、长管长严，实行县委巡查、重大事项督查和专项巡察等制度，突出扶贫领域单位优先，加大案件查办力度和追责问责力度，层层传导压力。分两轮对全县12个单位和3个乡镇进驻巡察。组建由人大、政协领导带队的4个督查专班，开展常态化明察暗访3次。组成3个政风督查组，对7个单位进行政府部门履职尽责全面督查，3个单位进行点题督查。对9个县直单位开展扶贫专项巡察，建立扶贫领域问题线索台账，发现面上问题线索24条，移交问题线索21条。

【长阳建立贫困人口动态管理机制】 2017年，长阳土家族自治县依据贫困识别负面清单，严格实行“两公示一比对一公告”（农户申请，村级民主评议公示，乡镇人民政府审核公示；贫困户信息数据比对，县级部门公告）程序，运用大数据监督检查成果，开展2次贫困人口动态管理。全县清退错评对象1529户4536人，新增1092户2582人，自然减员3828人，家庭成员补录2600人，贫困人口建档立卡31187户89611人，易地扶贫搬迁对象相应调整为6162户16996人。成立县扶贫信息中心，落实人员编制6人。县、乡、村三级落实专职信息专管员220人，定期清理建档立卡数据，确保贫困户实际情况、纸质档案、建档立卡数据库信息一致。

【长阳扶贫档案实现规范化、清单化、信息化、一体化管理】 2017年，中共长阳土家族自治县委办公室、县扶贫办、贺家坪镇按照大起底、大规范、大整改、大提高要求，组建20人专班在贺家坪镇龙王冲村开展扶贫档案建设试点，探索出精准扶贫档案“四化”管理模式，即基础资料规范化、工作流程清单化、扶贫网络信息化、“六证合一”一体化。试点成果在全县推广，154个行政村按“一村一册、一户一档、一家一袋”模式规范档案资料，保障贫困户实际情况、纸质档案资料、建档立卡数据库信息一致性。

【县级财政增列扶贫资金16024万元】 2017年，长阳土家族自治县县级财政增列16024万元用于扶贫，建立稳定的增长机制。对接《“十三五”脱贫攻坚规划》《武陵山片区脱贫攻坚规划》，编制贫困村年度脱贫攻坚规划、到户扶持计划，因村因户精准安排项目。其中，安排财政专项扶贫项目203个，安排项目资金7384万元；聚合25家部门资源，依托各脱贫攻坚指挥部建立8个资金拨付平台，推进行业扶贫。全年全县统筹整合资金13098万元，支付12324.51万元，支出率94.3%，做到应整尽整、应付尽付。县委、县政府出台《长阳土家族自治县农村集体“三资”管理办法》，县乡村建立高效的“三资”（指本县范围内村集体经济组织所有的资金、资产和资源）管理体系。实现资金统筹情况季报制、双台账管理制，各类扶贫项目严格经“三资”管理平台实施。组建5个督查专班，对资金流向、支出进度、结余量实时监控，加快项目建设进度、资金拨付。

【省委统战部和河仁慈善基金资助扶贫资金800万元】 2017年，长阳土家族自治县争取中共湖北省委统战部继续推进省直统一战线参与精准扶贫精准脱贫试验示范区建设。省委统战部两次专题办公，9月到长阳走访调研，研究部署示范区创建。落实210万元为易地扶贫搬迁重度贫困户配备基本生活设施；解决光彩福利院帮扶资金100万元；8个村卫生室、1个乡镇卫生院纳入海联卫生室（院）项目，落实项目资金90万元；河仁慈善基金会2017年帮扶4个重点村400万元产业扶贫项目加紧实施。

【特色产业带动94.04%的贫困户发展经济】 2017年，长阳土家族自治县按照“稳菜扩茶兴果药、稳猪扩羊兴鱼禽、稳农强企兴商旅”发展思路，县扶贫攻坚领导小组出台《精准扶贫产业到户实施方案》，实行一个产业一名县级领导牵头、一个班子抓、一系列帮扶措施、一个以上龙头企业带动，每个村落实一个市场主体，进一步提升贫困户参与的温度、政策到户的力度、群众组织化的程度。全年新建茶叶、柑橘、木瓜、高山蔬菜等特色产业基地3920公顷，29382户落实产业扶贫措施，户平落实产业发展奖补资金4000元以上，特色产业带动贫困户比率94.04%，实现有劳动能力、发展意愿的贫困户产业扶持全覆盖。154个行政村招商引进市场主体209家，可带动8200户2万余人。对贫困户开展技术培训300多场，近2.5万人次参加。抢抓机遇推进光伏扶贫项目建设，54个贫困村光伏扶贫电站全部建成并网发电，每村每年创造村集体经济收入8万元以上。

【贫困户“小额信贷”工程】 2017年，长阳土家族自治县新增风险补偿金2000万元，总规模3200万元。与6家合作银行签订金融扶贫合作框架协议，支持合作银行开发扶贫信贷产品15个。制定《金融扶贫工作推进方案》，推进贫困户评级授信，实现评级面、贷款需求调查、合理贷款满足率三个100%；将全年扶贫小额信贷计划7049笔分解到村，累计发放扶贫小额信贷9306笔，覆盖率31.36%，总规模1.54亿元。构建“贫困户+龙头企业+专业合作社+家庭农场+能人大户”五位一体金融扶贫体系，向新型农村经营主体发放贴息贷款 94 笔 9303 万元，带动贫困户 1105 户。在宜昌市率先启动“楚农贷”（“楚农贷”是湖北省农业信贷担保有限公司开发的单户 200 万元额度内的信用担保产品，产品服务对象包括家庭农场、种养大户、农民合作社、农业社会化服务组织、小微农业企业等农业适度规模经营主体）业务，落实担保基金 2000 万元，首批 6 家企业投放贷款 400 万元。

【易地扶贫搬迁入住 6371 人】 2017 年，长阳土家族自治县牢牢把握政策底线，全面落实勘察、设计、施工、监理等主体责任、安全生产责任和痕迹管理，强力推进易地扶贫搬迁。围绕群众生产生活实际需求，确保基础设施“四通一配套”，即通水、通电、通路、通基础电信网络，配套垃圾和污水处理设施；每户就近落实一分园田、一个养殖栏圈，4000 户集中安置贫困户每户供应一台省柴灶、省柴炉。2017 年省下达长阳易地扶贫搬迁计划 6299 人。全县新开工建房 1932 户 5715 人，建成房屋 2403 户 6457 人，搬迁入住 2373 户 6371 人。聚焦水、电、路、房等基础设施，加大攻关力度。在 108 个项目村建设供水设施 346 处，安全饮水巩固提升 16372 人。完成农网改造投资 1.7 亿元，新建和改造配电台区 300 个，新建及改造输电线路 829 公里。完成农村公路路基建设 841 公里，硬化 445 公里，生命安防工程治理 700 公里。提高危房改造政策补助标准，D 级拆除新建补助 1.5 万元，C 级修缮加固补助 1 万元，完成危房改造 3737 户。

图 41　2017 年 7 月 10 日，湖北沛函集团大学生实习实训基地正式启用　（赵灵禄 摄）

【《长阳土家族自治县健康扶贫医疗保障实施办法》施行】 2017 年 10 月 1 日，《长阳土家族自治县健康扶贫医疗保障实施办法》正式施行，主要针对扶贫部门确认的建档立卡贫困人口以及民政部门确认的特困供养人员（包括农村五保、城镇“三无”对象、城乡孤儿）、城乡低保对象和重点优抚对象，重特大疾病患者等群体。10 月 1 日零时起，健康扶贫对象在县内定点医疗机构住院实行先诊疗后付费，出院时“一站式”结算，个人只需缴纳自负费用。建档立卡贫困人口、城乡低保和重点优抚对象当年住院经基本医疗保险报销、大病保险赔付后，其目录内费用补偿比例可达 90%，个人年度自负目录内费用超过 5000 元的，超过部分予以救助。民政确认的特困供养人员年度住院累计个人负担目录内费用，按 100% 的比例给予救助。当年患重特大疾病致贫人口，年度累计个人负担目录内费用超过 1.2 万元以上的部分，县内定点医疗机构住院治疗按 40% 的比例给予救助，县外定点医疗机构住院治疗按 30% 的比例给予救助，年度救助封顶线 10 万元。县乡医疗机构一站式结算。

【农村特困特殊人群帮扶】 2017 年，长阳土家族自治县强化基本教育保障，对孤儿、单亲、残疾人、双大学生、大病和因灾致贫户，实行政策叠加扶持政策，不让一个学生因贫困而失学，不让一个家庭因学生上学而陷入绝对贫困。累计完成大学生助学 20220 人次，资助金额 4044 万元。英子姐姐助学启智募集爱心资金 180 多万元，一对一资助贫困生 900 多人次，甘金华、喻友旺爱心圈资助贫困生 255 名。全面落实“雨露计划”政策补助补贴到人，1283 人享受春季“雨露计划”政策补助。切实加强“两后生”（初、高中毕业未能继续升学的贫困家庭中的富余劳动力）培训，624 人参加就业技能培训。县乡村层层建立“三留守”（留守妇女、留守儿童、留守老人）帮扶工作体系，对特困群体实施极贫重扶、特困特帮。落实农村低保五保群体 19405 人政策资金 4300 多万元。大力推广梓槲坪晨光互助社模式，持证残疾人脱贫 1392 人，残疾人家庭脱贫 1835 人。

【推广峰岩村抓党建、促脱贫经验】 2017 年，长阳土家族自治县积极推广都镇湾镇峰岩村“支部主导、党员主事、群众主干、企业主推”模式，打造 11 个“1156”（建强一个基层党组织、筑牢一个政策托底线、织密产业发展“五张网”、实施精准扶贫“六个到户”）模式示范村。创新开展“乡村夜话”，县委常委深入联系点开展解剖式调研 60 多次，与 290 多名基层党组织书记和党员群众座谈，找问题，明差距，理思路。通过组织推荐、党员群众推荐、公开选拔等方式，选配 91 名 35 岁以下村级后备干部，全县村级后备干部达到 240 名，为 2018 年村“两委”换届做好准备。深入实施“领头雁”素质提升工程，两次全员培训村党组织书记和驻村第一书记，分批组织外出参观学习，调整 5 名“不履职不胜任”村党组织书记，进一步提升村党组织书记履职能力。调整 8 个贫困村党组织书记，16 个软弱涣散村级组织得到整顿提升。成立 150 多支农村党员主事先锋队，召开屋场会、坨坨会 1200 余场次，参会群众 7 万余名。新建党员群众服务中心 12 个、改扩建 8 个。

（马　操）

移民工作

【概　况】 2017 年，长阳土家族自治县移民避险解困试点项目扎实推进。板桥铺安置点场地平整 4 万平方米，完成 95%，可布置宅基地 186 个。完成点内 6.6 公里道路路基工程，新建供电设施规划建设 4 个台区。路、水、天然气、通信电视网络等配套基础设施建设均有效推进。白氏桥到安置点 4.5 公里公路改造项目，完成立项审批，施工设计进入财政评审阶段。更新造林项目完成设计，列入 2017 年后扶项目计划。橘子溪集中安置点完成场平 5500 平方米，公路、码头、停车场路基工程全部完工，具备接收移民安置条件；全年启动搬迁计划 398 户 1633 人（其中，办理搬迁手续 275 户 1085 人，正在建房 112 户 505 人，完建 11 户 43 人）。板桥铺安置点接收安置移民 94 户 438 人，其中避险搬迁 89 户 423 人，扶贫搬迁 5 户 15 人；动工建房 74 户 332 人，其中：避险搬迁 69 户 317 人，扶贫搬迁 5 户 15 人。

移民项目资金管理问题完成整改。8 月份以来，长阳土家族自治县移民局集中时间、人力，采取现场复核、完善档案资料、收回资金等方式进行问题整改，通过检查，应收回资金 394 万元，已收回 283 万元。对龙舟坪镇在板桥铺移民安置点建设项目中列支 58 万多元工作经费，2017 年 8 月 28 日归还到移民避险解困搬迁资金专户；完成省纪委驻省民政厅纪检组督查指出存在问题的 5 个项目整改；完成对 2013—2016 年实施的 840 户危房改造入户调查核实，对发现问题的 43 户完成检查整改；对 2014—2016 年实施的 21 个移民培训项目和 2014—2016 年下达的 349 个移民项目完成检查整改。

移民信访维稳形势总体可控。严格落实领导带案下访、约访、包案等制度，全面开展矛盾纠纷大排查，积极稳妥化解信访积案和重点个案。建立健全移民维稳联动机制，构建县、乡镇、村信访信息网络。推进阳光、责任、法治信访，在《湖北省阳光信访工作平台》完成自办、转办、交办信访事项 24 件。全年受理移民来信、来访 260 件 487 人次，与上年同期比较，件数下降 19%，人次下降 12.6%。

督查工作取得实效。对自 2014 年以来的 370 个移民后扶项目进行全面检查和问题整改。整改实施 2016 年度计划项目 63 个，完成投资 2761 万元；核减原迁移民 188 人，连带影响人口 2 人，兑现原迁移民 18495 人直补资金 1109 万元；发放影响人口 3705 人粮贴资金 113 万元；启动 2017 年度 37 个 3197 万元项目计划方案的编制，项目计划待县人民政府审批后实施。

【板桥铺移民避险解困安置点建房启动】 2017 年 11 月 1 日，龙舟坪镇板桥铺移民避险解困安置点举行摇号建房开工仪式，大堰、都镇湾、鸭子口 3 个乡镇的第一批 81 个移民避险解困搬迁户参加摇号抽签选择宅基地分配。

图 42　长阳水库移民避险解困易地扶贫搬迁板桥铺安置点坡改田（覃晓玲　摄）

【《长阳土家族自治县大中型水库贫困移民救助办法（试行）》实施】 2017 年 11 月 13 日，长阳土家族自治县移民局出台《长阳土家族自治县大中型水库贫困移民救助办法（试行）》（长移发〔2017〕16 号），实施细则 7 章 20 条：总则、救助对象、资金来源、救助标准、审核及救助程序、监督管理、附则。根据《救助办法》，更新完善全县建档立卡贫困移民 1036 户 2885 人台账。建档立卡移民贫困村出列 5 个。救助贫困移民 125 人，资助资金 58.4 万元，其中大病救助、助学、助残分别为 56 人、35 人、34 人。

【《长阳土家族自治县水库移民后期扶持项目及资金管理实施细则》出台】 2017 年 12 月 15 日，由长阳土家族自治县移民局、县财政局联合制定出台《长阳土家族自治县水库移民后期扶持项目及资金管理实施细则》（长移发〔2017〕19 号）。实施细则 9 章 45 条：总则、项目前期工作、项目计划管理、项目建设管理、项目检查验收、后扶资金管理、项目档案管理、项目监督检查、附则。从实施细则公布之日起，移民直补资金和项目资金实行县级报账、县级直达。

（刘志敏）

地方志工作

【省市年鉴资料编纂报送】 2017 年 3 月 28 日，长阳土家族自治县地方志办公室向宜昌市史志办报送《2016 年长阳概况》《2016 年长阳各乡镇基本情况表》《〈宜昌年鉴〉（2017）长阳专题条目》《2016 年长阳县级领导名录》《长阳 2016 年度获得的省部级表彰》5 个部分约 1.2 万字的文字材料，以及“空中红旗渠”、清江方山悬崖玻璃栈道、宜昌市民建企业家协会向壹佰基金捐赠 100 万元等 4 幅图片。长阳按时完成省委、省政府、市委、市政府下达的 2017 年年鉴编纂任务。

【乡镇村志编纂业务培训】 2017 年 6 月 19—20 日，由宜昌市史志办公室组织的宜昌市乡镇村志编纂业务培训在峡州宾馆举行。湖北省地方志办公室县市处处长陆声涛、市史志办方志科长习明山等授课。长阳土家族自治县方志办副主任及方志股长、10 个乡镇（高家堰镇未派人参加）的乡镇村志总纂参加培训。培训会后，长阳土家族自治县政府督查室下发乡镇村志编纂工作督办通知。资丘镇于年底落实镇志编纂人员和 8 个村志的编纂人员，报送镇志编纂篇目。

【《长阳年鉴》（2016）获奖】 2017 年 8 月 5 日，中国地方志指导小组、中国地方志学会印发《关于对全国地方志优秀成果（年鉴类）的通报表扬》（中指组字〔2017〕4 号），《长阳年鉴》（2016）在全国地方志优秀成果（年鉴类）评审活动中被评为“提名奖”。

【《长阳年鉴》（2016）编纂出版】 2017 年 6 月

14 日，湖北省地方志编纂委员会办公室、湖北省年鉴研究会印发《关于湖北省第四届年鉴编纂出版质量评审结果的通知》（鄂志办发〔2017〕16 号）。在湖北省地方志办公室和湖北省年鉴研究会开展的湖北省第四届年鉴编纂出版质量评审活动中,《长阳年鉴》（2016）获“县（市、区）地方综合年鉴”特等奖（全省仅 7 个）和框架设计、条目编写、装帧设计等 3 个单项奖。

【《长阳年鉴》（2017）编纂出版】 2017 年 12 月，由中共长阳土家族自治县委员会、长阳土家族自治县人民政府主办，地方志办公室承编，三峡电子音像出版社出版的《长阳年鉴》（2017）公开出版。《长阳年鉴》（2017）沿用往年模式，设置聚焦长阳、大事记、民生工程等 26 个部类，全书 56.8 多万字，内文插图 75 幅，长阳土家族自治县地图、长阳县城城区图各一幅，人物登记照片 26 张。图文并茂记述 2016 年全县自然、政治、经济、文化、社会发展的基本面貌和发展状况，附多媒体光盘。是人们了解长阳年度情况的资料性工具书，是长阳文化发展的又一成果。

【《宜昌风采 · 长阳篇》《宜昌荣耀 · 长阳篇》编纂完成】 2017 年 4 月 1 日，中共长阳土家族自治县委办公室、县政府办公室以长办通〔2017〕16 号文件转发《县地方志办公室〈宜昌荣耀 · 长阳篇〉〈宜昌风采 · 长阳篇〉编纂方案》。6 月，县委办公室、县教育局、县人社局、县林业局、县移民局、县科技局、县民宗局、龙舟坪镇政府、大堰乡政府、鸭子口乡政府、渔峡口镇等 11 个单位报送《宜昌风采 · 长阳篇》稿件 11 篇，28121 字，图片 30 幅;《宜昌荣耀 · 长阳篇》受表彰的单位资料 16 篇、个人资料 33 篇 45911 字，照片 30 张。县方志办从县志资料和《宜昌人物》稿件中选取符合条件的 9 个人物资料 3773 字，照片 8 张，共收资料 77805 字，图片照片 68 幅（张）。10 月，经县方志办审查修改，最终形成定稿《宜昌风采 · 长阳篇》11 篇，23950 字,《宜昌荣耀 · 长阳篇》受表彰的单位资料 16 篇、个人资料 42 篇 32823 字，共 56775 字，图片、照片 64 幅（张）。

（毛兴翠）

档案工作

【概　况】 2017 年，长阳土家族自治县档案局围绕县委、县政府中心工作，紧扣档案工作年度目标任务，扎实抓好各项基础业务，全面推进全县档案工作。

加强重点领域档案监督指导。机关企事业单位档案工作目标管理网上申报，规范考评。2017 年全县 6 家机关 5 家科技事业单位晋升为机关（机关、科技事业单位）档案工作目标管理省一级。坚持档案工作目标管理到期复查制度，严格按照程序对县总工会、县财政局等 11 家单位开展到期复查。4 月 4 日，湖北长阳清江国家湿地公园管理处通过湖北省机关档案工作目标管理省一级评审。创建龙舟坪镇湖口湾社区 1 个档案工作示范社区，龙舟坪镇龙舟坪村、贺家坪镇贺家坪村等 5 个档案工作示范村。全县 11 个乡镇，每个乡镇确定 1—2 个试点村，全年召开会议 20 多次，规范建档户数 10178 户，扫描档案 221442 画幅。

加强档案资源建设。全年接收县委办、县政府办、县政协办、民政局、质监局、信访局、卫计局、科协、移民局等单位的文书档案，接收进馆 9174 卷，7190 件；接收族谱、出版物、部门志书、文件汇集等资料 37 件。对县国土局二级单位的 31974 卷不动产档案实行代管。对 1100 余卷民国档案进行目录录入、编页号、扫描等保护与开发，录入 17968 条卷内目录。全年新增案卷级目录 10249 条，文件级目录 189832 条，新增全文扫描 31 万多画幅。

开展档案查阅利用服务。2017 年，提供利用服务 1577 人次，查阅利用档案 2036 卷，复印档案资料3136张。完成1986年度馆藏档案的解密、划控、开放鉴定，涉及县直、乡镇全宗61个单位、3160卷，其中永久860卷，长期1750卷。开放档案2265卷，其中永久738卷，长期1527卷。控制案卷数345卷。

【湖北省第一批“红色记忆档案馆（基地）”】 2017年10月9日，湖北省档案局印发《湖北省档案局关于命名第一批“红色记忆档案馆（基地）”的通知》（鄂档〔2017〕123号），长阳土家族自治县档案馆（长阳土家族自治县都镇湾镇麻池苏区管理处、长阳土家族自治县烈士陵园）被湖北省档案局命名为全省第一批“红色记忆档案馆（基地）”，分别授予“红色记忆档案馆”“红色记忆档案基地”的牌匾，全省仅10个。

【家庭建档市级示范户】 2017年12月12日，宜昌市档案局印发《宜昌市档案局关于确认2017年度家庭建档市级示范户和示范社区的通报》（宜档〔2017〕18号），长阳土家族自治县刘发英家庭被授予“2017年度家庭建档市级示范户”。

【民营企业档案馆】 2017年，县档案局推进民营企业档案管理，指导湖北沛函集团建成民营企业档案馆，档案馆占地面积约300平方米，投资10多万元，配置密集架、空调、电脑、去湿机等设施设备。馆藏档案5000余卷（件），档案数字化1.2万画幅。

【《兰台守望情系山乡》档案专题宣传片制作完成】 2017年，以县综合档案馆正式使用为契机，为进一步加强史志档工作及《中华人民共和国档案法》等法律法规宣传，县档案局与县电视台联合制作《兰台守望情系山乡》专题宣传片，时长8分13秒，全面展示长阳档案人围绕中心、服务大局的新风貌。

（毛兴翠）

责任编辑　田祥英

政协长阳土家族自治县委员会

重要会议

【政协长阳土家族自治县九届二次会议】 2017年3月7—9日，长阳土家族自治县政协九届二次全会在龙舟坪召开，应到委员209名，实到206名。会议进行社情民意信息工作专题培训；对七里湾路桥建设、新中医院项目建设、教育园区建设等重点项目集中视察；列席自治县九届人大二次会议听取并协商讨论政府工作报告和其他报告；审议通过本次会议政治决议。

【政协长阳土家族自治县常委会议】 2017年1月12日，长阳土家族自治县政协召开九届一次常委会议，传达宜昌市政协六届一次会议精神，通报县政协九届一次会议关于会议纪律的督察情况，讨论通过《县政协常委会工作规则》《委员履职考评细则》《政协协商座谈会工作办法》等相关制度以及《2017年县政协常委会工作要点》《2017政协协商与民主监督计划》，协商通过县政协专门委员会主任、副主任人事任命。

7月20日，自治县政协召开九届二次常委会，听取县人民政府《关于2017年上半年经济运行情况及下半年工作安排的通报》，协商讨论通过关于《创建国家低碳城市试点的调研报告》；学习中共中央关于追授廖俊波“全国优秀共产党员”称号的决定；传达学习省第十一次党代会精神和全县脱贫攻坚整改专题办公会议精神。主席李云达，副主席姜华、赵久芹、林爱和、饶树声出席会议。县委常委、副县长覃高轩及县发改、旅游、农业、经信、住建、环保、交运等部门负责人应邀参加会议。

11月7日，自治县政协召开九届三次常委会议。学习中共十九大精神，听取县人民政府关于县政协九届一次、二次会议以来提案办理情况的通报。部分重点提案办理单位围绕重点提案办理情况作典型发言，对重点提案办理情况进行民主测评。县政协副主席姜华、林爱和、饶树声、周近群参加会议。县委常委、常务副县长唐祖红应邀出席会议。

【湘鄂黔渝边区政协联系会第34次会议】 2017年6月29日至7月1日，湘鄂黔渝边区县（市、区）政协工作联系会第34次会议在长阳举行，四省市39个成员单位200余人参会。会议充分发挥联系会平台作用，秉承“交流、合作、共赢、发展”宗旨，紧紧围绕“推进武陵山片区生态文化旅游一体化建设，助推区域经济社会共同发展”主题，进行广泛深入地交流和研讨。与会代表向大会提交30余篇经验交流和理论研讨文章，从不同角度、不同层面和不同领域提出许多有益的意见建议，形成《关于推进武陵山片区生态文化旅游一体化的共同建议》。《建议》提出推进生态文化旅游一体化、支持整合片区产业要素、进一步创新体制机制的三大建议成果。湖北省政协民宗委副主任吴红娅、国家民委派驻湖北武陵山片区总联络人李俊杰、国家民委武陵山片区工作联络人蒋利辉、武广志应邀参加会议，宜昌市政协副主席王仁俊等出席会议。县领导赵吉雄、李军、危爱民、李云达等出席会议致辞或主持会议。

（胡兴国）

重要活动

【“走基层、访民情”暨“八个一”主题实践活动】 2017年，政协长阳土家族自治县委员会开展“走基层、访民情”暨“八个一”主题实践活动。“走出去”，加强与人民团体、各界人士联系，加强与民族宗教界人士的团结，加强武陵山片区政协组织间的合作交流。“走下去”，加强与群众联系，了解群众疾苦和诉求，为群众办实事、解难题。要求委员认真做到“八个一”，即每位委员每年参加1次全会、提交1件提案、参加1次调研视察活动、撰写1篇社情民意信息、为企业或基层群众办1件实事、帮扶1个贫困户、调解1起基层矛盾、参加1次志愿者活动。委员在走访中认真开展助学启智和“大病关爱壹佰基金”等扶贫济困及慈善捐赠活动，帮扶金额500多万元。

【政协长阳精准扶贫精准脱贫帮扶活动】 2017年，政协长阳土家族自治县委员会按照县委要求，把精准扶贫作为重点工作安排部署，调整充实驻村力量，坚持围绕“六个精准”“五个一批”要求，充分利用协商会议、调研视察、提案督办等方式，致力推动贫困村产业发展；县政协机关干部职工和广大委员与贫困户结对帮扶1000多户；按照一季度一走访、一月一联系要求，坚持经常性联系。委员们主动到多宝寺、五尖山、塘坊河、石磙堖、长丰和白沙驿等村，帮助贫困户制定发展措施、解决上学就医难题。配合县委精准扶贫督察和大数据核查，县政协抽调骨干力量组建工作专班，深入实地进行督查核查，完成全县精准扶贫工作督查和大数据核查及联村帮扶工作任务。

（胡兴国）

重点工作

【提案督办】 2017年，政协长阳土家族自治县委员会制定出台《政协提案督办暂行办法》，坚持主席、副主席领衔督办重点提案制度，建立常委会督办、主席会督办、专委会督办、委员视察督办、人大和政协联合督办等机制，坚持重点提案办理部门报告制度和常委会民主测评制度。九届一次、二次会议以来，委员们撰写提交立案的提案141件，提案办复率100%，委员满意或基本满意率98%。委员提出的《关于加快推进装配式建筑产业发展的建议》《关于提升我县茶叶品质的建议》《关于进一步加强清江水域保护的建议》《关于加强产业扶贫工作的建议》等提案，办理工作都取得显著成效。

【社情民意编报】 2017年，政协长阳土家族自治县委员会办公室向县委、县政府编报《社情民意》信息31期，向全国、省、市政协报送社情民意100多篇，全国政协采用1篇，省政协采用44篇，市政协采用9篇。其中，《关于将社会主义协商民主和人民政协协商民主载入政协章程的建议》，被全国政协采用。《清江网箱拆除需为2400万斤清江鱼找好销路》《私家车长期占用沿街公共停车位的问题亟须解决》《在我县建设研学旅行基地的建议》等社情民意，市县领导相继作出批示，通过办理都取得明显成效。县政协社情民意信息工作，蝉联省市“十连冠”，获全省、全市“2017年政协信息工作先进单位”称号。

【民主协商】 2017年，政协长阳土家族自治县委员会坚持全局问题全面协商。政协九届一次、二次会议期间，委员们列席自治县九届人大一次、二次会议，听取协商讨论《政府工作报告》及其他工作报告。委员们围绕事关全局重大问题、重大决策部署和重大民生项目协商议政。全会期间，委员们围绕低碳城市建设、康养产业发展、产业扶贫工作、生态环境保护等全局性议题，进行大会发言，提出的意见建议得到县委领导充分肯定。重大问题专题协商。2017来，听取县人民政府《关于全县经济运行情况的通报》《关于政协九届一次、二次会议以来提案办理情况的通报》、县纪委《关于2017年党风廉政建设情况的通报》；协商讨论《关于我县创建国家低碳城市的调研报告》《关于加快推进武陵山片区生态文化旅游一体化的调研报告》。围绕低碳城市建设、武陵山片区生态文化旅游一体化建设，与相关部门负责人广泛深入协商交流。围绕全域乡村旅游发展，开展县内县外调研，与县旅游委等9个部门进行深度协商，聚焦主题、各抒己见、达成共识、形成发展合力。重点问题多种协商。主席会议成员列席县委常委会议、政府常务会和其他专题会议，对“两学一做”学习教育、招商引资等进行深入协商。专委会、界别活动组和乡镇活动组，聚焦电商产业、文物保护与利用、物业管理、农村垃圾治理、非公党建工作、重点提案办理和城区停车场建设等议题，与县政法委、发改局、财政局、公安局、经信局等40多个部门交流交融，广开言路、集思广益、求同存异、反复协商。

【调研视察】 2017年，政协长阳土家族自治县委员会按照职能进行各项视察。产业扶贫视察。县

图43 2017年9月27日，自治县政协召开产业扶贫专题协商会，县委书记赵吉雄等领导听取委员建议，县政府根据委员建议进一步完善产业奖补政策 （县政协办提供）

图44 2017年5月25日至27日，县政协主席李云达、副主席赵久芹率领常委会调研组到浙江省就低碳城市建设进行调研考察，形成《关于我县低碳城市建设的调研报告》。图为在浙江鄞州区考察 （县政协办公室提供）

政协常委会组建6个视察组分赴11个乡镇，对50多个项目进行视察，召开视察座谈会，听取县扶贫办和县农业局等相关部门的情况汇报，委员们就产业扶贫中存在的政策宣传不够、贫困户缺乏内生动力、产业选择不够精准、扶持政策范围窄、产业技术力量薄弱、基地管理不到位、产业市场主体少且带动作用不够等问题，提出30多条意见建议。视察报告呈送县委后，县委要求再次召开专题协商会，听取委员发言和建议，14个相关部门与委员交锋交融、形成共识。县政府根据建议进一步细化和完善“五个一”工程（每年高标准建设茶叶基地、核桃基地、魔芋基地、栀果基地、木瓜基地各1万亩即666.67公顷）奖补政策。全县立体化社会治安防控体系建设视察。12月7日，县政协常委会组织委员对县交警大队“路长制”“雪亮工程”长阳分中心、公安局特勤大队训练基地、县精神卫生中心和县汽车客运站实名制购票窗口进行实地视察。委员们围绕全县在维稳风险防控、综治基层基础工作、农村网格员队伍建设中存在的一些薄弱环节，提出系列建议。视察报告呈送县委后，县委领导给予高度肯定，许多意见建议得到重视，为建设平安长阳、提高全县社会治安综合治理的现代化水平，产生积极影响。

（胡兴国）

责任编辑　田祥英

中共长阳土家族自治县纪律检查委员会

重要会议和活动

【自治县纪委十四届二次全体（扩大）会议】 2017年2月13日，中共长阳土家族自治县第十四届纪律检查委员会第二次全体会议在县公安局二楼会议室召开。会议学习贯彻习近平总书记系列重要讲话精神，传达领会十八届中央纪委七次全会、省纪委十届七次全会和宜昌市纪委六届二次全会精神，部署全县2017年工作。县委书记赵吉雄出席会议并讲话。县委常委、纪委书记范绪忠作《巡察监督执纪问责推动全面从严治党在基层扎根》工作报告。会议强调，2017年，要全面贯彻党的十八大和十八届党中央、中纪委历次全会精神，深入贯彻习近平总书记系列重要讲话精神，以对党和人民高度负责的精神，推动全面从严治党在基层扎根，把纪律挺在前面，严肃党内政治生活，持之以恒落实中央“八项规定”精神，以巡察和专项治理为抓手强化党内监督，坚决整治和查处群众身边的不正之风和腐败问题，健全制度机制，推进标本兼治，以党风廉政建设和反腐败斗争新成效迎接党的十九大和省第十一次党代会召开。鸭子口乡、贺家坪镇、火烧坪乡、县住建局、县司法局、县卫计局6个单位负责人分别述职述廉，接受县纪委委员现场测评。全会表彰都镇湾镇纪委、龙舟坪镇纪委、榔坪镇纪委，县纪委派出第二纪工委、派驻县教育局纪检组、派驻县水利水电纪检组和湖北长阳经济开发区纪工委、县公安局纪委、县质监局纪检组等2016年度纪检监察系统绩效考评优胜单位。

【第十八个党风廉政宣传月活动】 2017年5月，长阳土家族自治县围绕“贯彻六中全会精神推进全面从严治党”主题，开展第十八个党风廉政建设宣传教育月活动，深学《准则》《条例》，开展警示教育，打造廉政文化宣传读本《雪澡录》等文化品牌，分层分类扩展教育链等方式推进宣教活动，各单位开展《准则》《条例》宣传教育测试，开展廉政谈话，参观廉政教育基地，开展支部党日大讨论，抓好廉政文化创建和讲廉政党课。广大党员干部拒腐防变的思想道德防线巩固构筑，党内政治生态的长阳景观不断净化，全面从严治党在基层扎根的基础进一步夯实。

图45　2017年5月15日，长阳县纪委、县委组织部、团县委组织全县近两年参加工作的35岁以下年轻干部参观屈原廉政文化教育基地和宜昌市反腐倡廉警示教育基地　（县纪委办提供）

重点工作

【纪律建设】 2017年，中共长阳土家族自治县纪委严抓法规教育，严格党内监督，织密制度篱笆，不想腐、不能腐的长效机制不断构建完善。在全县巡回宣讲《准则》《条例》24场次，紧抓党员领导干部"关键少数"和新晋领导岗位、初任公务员"关键群体"，广泛开展普纪教育。严格廉政审查，审核"两代表一委员"和提拔表彰人选363人，否决和建议调整2个单位、9人。严格执行领导干部个人重大事项报告制度，审核报备个人婚丧事宜、出国（境）等71人次。补齐制度短板，研究出台公职人员参与违纪违法信访问责暂行办法、公职人员干事创业容错免责办法，督促相关部门建立完善农村集体"三资"管理办法等制度，不断强化制度反腐治本功能。

【落实"两个责任"】 2017年，中共长阳土家族自治县纪委坚持全面从严治党要求，层层传导压力夯实"两个责任"（党委主体责任、纪委监督责任），严肃党内政治生活，持续纪律规矩教育，严格责任考核追究，全县各级党组织的政治自觉、思想自觉和行动自觉不断增强。对3个乡镇和12个县直部门开展政治巡察，配合省市三级联动开展扶贫领域专项巡视巡察，发现问题272个、提出建议43条、移交线索84件，问责处理37人。将"两学一做"学习教育和"三会一课"等党内政治生活状况纳入巡察重要内容，通报组织生活会记录造假典型问题1起，查处违反政治纪律和组织纪律问题2件、处分2人。对乡镇和部门党风廉政建设责任制情况全面考核，下发意见反馈通知书，及时交办，限时整改。对10个"优秀"单位通报表彰，排名靠后的2个单位工作约谈、1个单位诫勉谈话。

【作风建设】 2017年，中共长阳土家族自治县纪委坚持纠治并举，聚焦问题焦点，踩准时间节点，盯准效能盲点，纠治"四风"（形式主义、官僚主义、享乐主义和奢靡之风）不止步，全面提升作风效能。运用大数据开展惠民政策落实情况监督检查，查实问题线索11466条，全部督促整改，追缴资金85.3万元，取消不符合政策对象5355人，问责处理84人。加大通报曝光力度和频次，点名道姓通报12批次78人次，其中违反"八项规定"案例8批次23个问题64人；查处违规操办婚丧喜庆事宜9起10人。办好"政风行风360"电视问政和"网民开放日"活动，播出专题节目6期，受理网上举报投诉咨询件613件，回应群众关切，督促部门及时解决热点难点问题。开展部门履职尽责全面督查、点题督查和不担当不作为甚至乱作为、损害侵害群众利益等6个方面的突出问题专项治理，推动作风建设持续好转。

【执纪审查】 2017年，中共长阳土家族自治县纪委紧贴中心大局，紧扣民生福祉，强化扶贫领域监督执纪问责，助力精准扶贫脱贫攻坚工作。盯紧老问题，关注新动向，加强日常监督，依托巡察监督，发动媒体监督，依靠群众监督，借力科技监督，织密全方位、立体式的监督网络。建立职能部门查纠"四风"问题联动协作机制，紧盯国庆、元旦、春节等重大节假日，严肃查处违反中央"八项规定"精神的隐形变异问题。紧盯"三种人"（中共十八大后不收敛不收手，问题严重、群众反映强烈，现在重要岗位可能还要提拔使用的党员领导干部）及群众身边的"微腐败"，副科级以上立案29人，"一把手"8人，移送司法1人；基层"小五长"立案14件；查处侵害群众利益问题31个，处理55人。全县各级纪检监察组织受理群众来信来访342件，处置问题线索297件，立案124件，结案154件，给予党纪政纪处分145人，其中轻处分125人，重处分20人，移送司法机关2人（受理扶贫领域信访举报111件次，处置问题线索148件，立案63件，处分53人）。其中，积极探索运用容错免责办法，“第一种形态”处理155人次，免予党政纪处分9人。认真执行监督执纪工作规则，严格审查调查安全标准，实施“嵌入式”审理模式，优化“乡案县审”流程，确保审查调查安全规范、协作高效。畅通反腐败协调机制，公检法等机关向纪委移送线索37件，纪委向检察院移送2件2人。强化对受处分党员干部教育管理，帮带、回访教育112人次，促进受处分干部深反思、常教育，不掉队、再出发。

（余仲超）

责任编辑：田祥英

群众团体

长阳土家族自治县总工会

【概　况】 2017年，长阳县总工会推进以“转职能、转方式、转作风”为重点的工会机关改革，服务发展、服务职工、服务基层，加强基层工会规范建设，开展劳动竞赛、土家工匠评选、职工法律援助、困难职工帮扶等职能活动，加强职工文化建设和工会工作宣传，开展体育活动。全县基层工会组织908家，会员54993人，涵盖法人单位1788家。其中企业建会1115家，占全县企业法人单位91%，会员37943人，入会率96%。全年新增工会组织（独立建会）31家，新增会员443人。

在“喜迎十九大·党在我心中”全市职工演讲活动中，县人民医院刘逊志代表长阳代表队获一等奖；推荐湖北沛函建设有限公司获宜昌市“五一劳动奖状”，刘雪松、肖春艳获宜昌市“五一劳动奖章”。举办职工书画展，展出100余幅优秀书画作品，选送20余幅优秀作品到市总工会参展，其中获二等奖作品一幅，获三等奖作品三幅；举办全县职工篮球赛、羽毛球赛、象棋赛、乒乓球赛等体育活动；成功举办“爱在清江画廊”——2017“相约长阳·情定清江”万人相亲暨土家风情集体婚礼文化活动；联合县文体新闻出版广电局举办全县职工迎新年长跑活动，全县80余家机关企事业单位1200余名职工参加。

开通“长阳工人”微信、微博，职工关注1300余人，发送信息88篇。市县媒体刊载长阳工会工作宣传稿件26篇。开展“金牌员工”“行政服务标兵”“专业技术服务标兵”“女职工标兵”评选表彰活动。授予陈洲等10人县“金牌员工”称号，授予高万军等10人县“专业技术服务标兵”称号，授予覃红平等10人县“行政服务标兵”称号，授予张辉群等10人县“女职工标兵”称号，授予黄厚福等15人“优秀工会工作者”称号，授予湖北长阳经济开发区工会联合会等20个单位“先进基层工会组织”称号，评定县城市管理工会“劳模进校园”等三项活动为工会工作创新示范项目。开展首次县级劳模疗休养活动，23名县劳动模范（先进工作者）参加外出休养。落实劳模困难补助。完成5名全国劳模、18名省劳模、13名市劳模困难补助申报。建立各级劳模数据库。

【《全县工会经费常态化监督检查工作方案》出台】 2017年5月24日，长阳土家族自治县总工会制定出台《全县工会经费常态化监督检查工作方案》，全县176家机关事业单位、12家国有企业开展工会经费收支管理和使用违规问题自查，自查面100%；开展全县行政机关工会经费审计，审计19家行政单位工会的会计账目，书面下达审计意见书，提出审计意见45条，落实整改43条，追缴经费入库48.6万元；按1∶1比例对乡镇和开发区予以资金补助，县总工会本级补助乡镇及开发区资金 18 万元，对县直产业（行业）工会补助资金 17.6 万元；严格执行基层工会经费留成比例 60% 的规定。

【工会改革】 2017 年 7 月，长阳土家族自治县总工会改革正式启动。县总工会配套制订相关文件，改革实现既定目标。起草长阳土家族自治县总工会改革实施方案。8 月 29 日，县委印发《县群团改革总体方案和县总工会团县委县妇联县科协县侨联改革实施方案的通知》（长办发〔2017〕16 号）；县总工会牵头就推进产业工人队伍建设改革开展调查研究，起草相关文件，县委、县人民政府印发《长阳土家族自治县产业工人队伍建设改革实施方案》（长文〔2017〕5 号），县总工会制定《长阳土家族自治总工会关于落实产业工人队伍建设改革的实施细则》；县总工会机关内设机构及人员调整完成，领导班子和机关“专兼挂”结构到位；完善系列服务基层、联系职工群众制度机制。

【“六有六好”基层工会规范化建设】 2017 年，长阳土家族自治县总工会按照宜昌市总工会的部署，开展“六有六好”基层工会规范化建设。选择任森农业、龙舟坪镇、群英家政、县烟草公司为基层工会组织建设示范点，召开现场会，县直、乡镇、企业工会主席一百余人参加。任森农业工会委员会被市总工会认定为全市基层工会“六有六好”（六有：有组织、有队伍、有制度、有活动、有保障、有平台；六好：建设“规范之家”，实现工会机制运行好；建设“有为之家”，实现工会服务大局好；建设“民主之家”，实现职工民主权益保障好；建设“和谐之家”，实现劳动关系稳定好；建设“温暖之家”，实现工会服务职工好；建设“职工 e 家”，实现工会创新发展好）建设示范单位。

【职工法律援助】 2017 年，长阳自治县总工会健全以职工代表大会为基本形式的民主管理制度，推进厂务公开、业务公开，坚持企业重大决策听取职工意见，涉及职工切身利益的重大问题必须经过职工代表大会审议。全县 1013 家企业签订集体合同、工资协商合同，新增任森农业公司、蒋家湾电站 2 家示范单位。1058 家企事业单位实行职工代表大会制度，其中 70 家国有企事业单位实行厂（事）务公开制度，实行面 100%。988 家非公企业实行厂务公开制度，实行面 91%。新增清江画廊公司 1 家示范单位。举办“尊法守法 · 携手筑梦”服务农民工法治宣传讲座，参加人员 100 多人次，其中一线职工 70 多人。成立县总工会职工法律服务团，为 12 名农民工到猇亭、厦门等地异地维权，追回农民工工资及工伤补偿 130 多万元。

【首届土家工匠评选】 2017 年 4 月，长阳土家族自治县启动首届“土家工匠”评选活动。旨在大力倡导和弘扬追求卓越的创造精神、精益求精的品质精神、用户至上的服务精神，着力打造一支适应供给侧结构性改革，培育一支加快经济提质增效、转型升级的知识型、技能型、创新型人才队伍，加快都市后花园建设步伐。6 月 8 日，县委办公室和县政府办公室印发《长阳土家族自治县“土家工匠”选树活动方案》（长办通〔2017〕25 号），经过宣传动员、推荐申报、评选审核，县委常委讨论等程序，确定覃立明、覃远新、皮春艳、李军民、郭和力、李长高、梁尚军、何庆玲、陈良洪、秦松、扬开军、范春相、向师强、胡汉波、彭绪冰等 15 名“土家工匠”，杜德叁、赵方钊、王莉娅、邓守宜、陈葵、覃伟、丁祖政、李友琼、付春香、林大贵等 10 名“土家工匠”提名奖。11 月 28 日，县人民政府作出“关于表彰土家工匠的决定”（长政发〔2017〕25 号），29 日，召开大会命名表彰。长阳电视台开设专题栏目宣传阐释工匠精神，推动工匠精神进车间、进班组、进校园，树立先进典型，引领广大职工争做工匠人才。活动网络投票总访问量 809863 人次，总投票598443票次。

【开展劳动和技能竞赛】 2017年，县总工会制定下发《关于2017年开展“践行新理念，建功十三五”劳动竞赛的通知》，对全县重点工程建设劳动竞赛内容及任务进行总体部署安排。403家企事业开展劳动和技能竞赛，参与职工8153人。县直相关部门职工参加全市18项劳动技能大赛。围绕县委、县政府确立的重大项目、重点工程中开展“五比一创”劳动竞赛，开发区、乡镇结合实际开展区域性劳动竞赛。长阳代表队获宜昌市第四届“技能状元大赛”交通港航项目决赛优秀组织奖和个人三等奖、宜昌市食品安全快捷检测技能大比武优秀团队三等奖、宜昌市首届输血技能竞赛团体优胜奖；长阳林业局获2017年度宜昌市第三届森林抚育技能竞赛团体二等奖；刘娉婷获宜昌市食品安全快捷检测技能“优秀快检能手”称号。

【“相约长阳·情定清江”相亲暨土家风情集体婚礼活动】 2017年11月19日，由长阳县总工会、共青团县委、县妇联、县旅游局、县文新广局和清江画廊公司联合主办，长阳农商银行协办的“爱在清江画廊”——2017“相约长阳·情定清江”相亲暨土家风情集体婚礼文化活动在清江画廊景区武落钟离山巴人文化广场举行。上午10时，土家风情集体婚礼活动在欢快的开场舞《欢乐摆手》中拉开序幕。活动中，举行男女冠礼笄礼，15对新人身着土家族特有婚服进行拜堂仪式；下午举办相亲活动，800余未婚男女参加，活动包括幸运绣球、疯狂游戏大比拼、幸运大抽奖、非诚勿扰配对等。现场牵手成功2对，婚恋意向8对。

【慰问帮扶活动】 2017年，长阳土家族自治县总工会开展以“送清凉、送健康”为主题的“送清凉”活动，慰问职工844人次，发放“送清凉”物资价值5.5万余元。开展“金秋助学”活动，资助96名特困学生，发放助学金16.25万元。救助困难职工、农民工34人次，发放救助金5.6万元。为全县3220名女职工购买或赠送重大疾病安康保险，为7名女职工办理理赔，赔付金额达8万元。为619名困难职工发放慰问金49.56万元。走访慰问劳模49人次，送去慰问金251318元。

（伍雪鸿）

中国共产主义青年团长阳土家族自治县委员会

【概　况】 2017年，长阳土家族自治县有共青团员9243人，新发展团员1135人，基层团委19个，团总支11个，团支部247个。中国共产主义青年团长阳土家族自治县委员会（以下简称团县委）组织开展东风本田“让爱成就未来”爱心助学活动及回访活动、纪念五四运动98周年暨表彰大会，青年周末学院开班仪式、青年干部廉政警示教育活动、全县共青团系统“一学一做”推进会、文明创建志愿服务、省第十一次党代会精神宣讲报告会、党的十九大精神宣讲报告会、“永远爱你·美丽中国”中小学生社团活动展演暨第十一届学生文艺会演、“相约长阳·情定清江”相亲等活动。服务青年就业创业，助力精准扶贫，举办第一届“长阳卓尔杯”青年创业大赛；落实助学项目，争取希望工程和社会慈善资金74.81万元，资助268名贫困学生学费；开展双结双促结对帮扶，到东风本田汽车有限公司、国苗基金对44名贫困留守儿童资助。推进各乡镇建立留守儿童之家。加强基层团组织建设，推进团干部1+100工作；加强网上共青团建设，推动青春长阳微信公众号提质增效。

2017年11月9日，共青团长阳县委被全国少年儿童“双有”主题教育活动组委会表彰为“童心向党爱创未来”全国少年儿童主题教育活动优秀集体奖。

【东风本田集团赴榔坪镇大吉岭小学开展帮扶活动】 2017年3月24日，东风本田汽车有限公司团委和长阳团县委在榔坪镇大吉岭小学组织“让爱成就未来，照亮土家山寨”活动。上午，东风本田汽车有限公司领导和志愿者们到大吉岭小学，看望资助3年的贫困学生。志愿者们与孩子们交流互动，了解他们现在的生活条件和学习状况。下午，东风本田“让爱成就未来”小学生帮扶活动（第四期）在榔坪镇举行简短的捐赠仪式。东风本田汽车有限公司党委副书记伍少波，党委委员、人事部部长魏志刚，团委书记马杰，长阳县委常委、组织部部长杨五一，县人民政府副县长裴新颜等领导参加捐赠仪式。

11月14日，东风本田公司社会公益委员会委员长杨亚平、品质管理部部长常胜虹以及员工志愿者一行到榔坪镇大吉岭小学开展回访。小学生为领导们佩戴红领巾。杨亚平代表公司向大吉岭小学捐赠发电机、校服、书籍、文体用品、生活用品等，价值五万元，大吉岭小学校长秦立寿回赠锦旗。参加活动的领导、东风公司志愿者与学生们一起种植校园绿化树，孩子们表演精心编排的《感恩的心》等舞蹈节目。

【开展创建文明县城模拟测评活动】 2017年6月10日，团县委组织青年周末学院学员开展创建文明县城模拟测评活动。青年周末学院的学员们到街头、走进居民家中宣传文明县城创建知识，指导居民填写调查问卷。发放300份调查问卷，内容涉及“中国梦”、社会主义核心价值观、好家风、道德模范、志愿服务、法制宣传、诚信建设、扶贫帮困、环境保护、社区管理、治安环境等。

【中行上海分行对口支援长阳困境青年见面会】 2017年8月10日，中行上海分行党工部副部长、团委书记柳菲、中行上海分行党务部干事马倩文到长阳回访慰问中行上海分行对口资助的6名困境青少年。团县委组织召开见面会，中行上海分行考察组与6名困境青少年及家长交心谈话，了解困境青少年学习生活情况，鼓励困境青少年好好学习，发奋成才，向6名困境青少年发放爱心物资。团县委书记覃烨、县助学启智工程理事会执行会长聂德媛出席见面会。会后，中行上海分行考察组一行到困境青少年何浪家中走访慰问。

【长阳中小学生社团活动展演暨第十一届学生文艺会演开幕】 2017年11月8日，“永远爱你 · 美丽中国”长阳中小学生社团活动展演暨第十一届学生文艺会演在清江古城剧院开幕，副县长鲍剑飞出席活动为获奖单位颁奖。活动由团县委、县教育局主办，县青少年校外活动中心承办，11个乡镇及8个局属学校近千名学生踊跃参演，向“美丽中国梦”献礼。此次展演分幼儿组、小学组、初中组、高中组，决出12个一等奖，12个二等奖，7个三等奖。长阳一中等六个单位获“优秀组织奖”，县特殊教育学校获“特别奖”。

【第一届“长阳卓尔杯”青年创业大赛决赛】 2017年11月17日，由共青团长阳县委、县扶贫办、县人社局、县农商行主办，长阳卓尔文化旅游投资有限公司承办的第一届“长阳卓尔杯”青年创业大赛决赛在长阳瓴悦酒店举行。共青团宜昌市委副书记鲁武，县人民政府副县长鲍剑飞等出席。蜜蜂森林项目获一等奖，小马的天项目获二等奖，资丘飞鸡项目获三等奖，妈妈米浆项目、花花世界主题餐厅项目、下山土家道场席项目获优秀奖。获奖项目获得长阳卓尔文化旅游投资有限公司联合长阳农村商业银行提供的价值78万元的创业支持。

（卢莹灿）

长阳土家族自治县妇女联合会

【概　况】 2017年，长阳土家族自治县有妇联基层组织219个，其中11个乡镇妇联、154个行政村和6个社区妇联、48个县直单位妇委会（妇女工作小组）。县妇联开展特色家庭创建，表彰最美家庭20个，平安家庭20个，健康家庭100个。

肖国新家庭被市妇联表彰为“最美家庭”。妇女创业小额担保贷款148人，贷款1480万元。为2名贫困女大学生争取金凤工程资助款每人3500元，为另2名大学生争取“英子姐姐”助学款每人2000元。成立妇女宣讲队，制定《学习贯彻党的十九大精神开展“巾帼大宣讲”活动实施方案》，组织宣讲队员到基层妇联单位，对中共十九大精神和妇女发展故事为主要内容单位分众化宣讲。

围绕巾帼脱贫，促进妇女创业就业。与县人社局、农业局等部门联合，到基层举办妇女创业就业培训班，包括电子商务、月嫂、家政服务、美容美发等专业和技能，帮助农村妇女转移就业及城市妇女再就业。推进部门联动，充分维护妇女儿童合法权益。与县综治办、县司法局协商，成立县婚姻家庭纠纷人民调解委员会，负责疑难复杂婚姻家庭纠纷调解。全年接访妇女45人次。1—3月，与县综治办开展“平安家庭”创建评选活动，评出龙舟坪镇三渔冲村六组杨开翠家庭等20个“平安家庭”。紧贴群众需求，切实关爱贫困妇女儿童。长阳有留守妇女930人，其中建档立卡贫困妇女178人。对留守妇女加大创业就业培训力度、实施“两癌”和妇科病免费检查、宣传有关维护妇女合法权益的法律法规、提供心理咨询、落实一对一帮扶责任人等。成立关爱单亲家庭协会，全县社会各界140多名爱心人士加入，汇集善款近5万元。县妇联指导协会对全县的单亲家庭全面摸底，开展有针对性地帮扶，60多个单亲家庭受到爱心帮扶。推动妇女岗位建功。长阳县推荐的湖北好雨时节农业发展有限公司、湖北致力魔芋种业有限公司两个项目在市妇联、市发改委、市经信局等单位联合举办的宜昌市妇女创业创新大赛中，分获一等奖和二等奖（宜妇〔2017〕4号）。平洛湖太湖猪繁殖场、群英物业管理有限公司和毕兹卡民俗文化村被市妇联分别命名为宜昌市巾帼农业示范基地、巾帼家政转移就业培训基地和巾帼巧手致富示范基地（宜妇〔2017〕5号）。磨市镇峰山村党总支书记、村委会主任罗琼，榔坪镇关口垭村党总支书记、村委会主任王爱珍被市妇联表彰为宜昌市“十佳巾帼脱贫带头人”（宜妇领字〔2017〕1号）。宜昌清江电气有限公司财务统计部主任魏玖安、县人社局工资福利股股长覃艳丰被表彰为“宜昌市巾帼建功标兵”。

【长阳第七次妇女代表大会】 2017年3月6日，长阳土家族自治县第七次妇女代表大会在政府大楼5278会议室召开，140名正式代表及11名列席人员参加会议。会议总结过去六年的妇女儿童工作，明确今后五年的指导思想、总体目标和工作任务，选举新一届妇联执委和领导班子，大会向全县妇女发出倡议：坚定理想信念、激扬巾帼之志，立足岗位建功、奉献巾帼之力，传承中华美德、彰显巾帼之美。

【县、乡镇、村（社区）妇联系统改革】 2017年9月26日，县妇联出台《长阳土家族自治县妇联改革实施方案》《长阳土家族自治县乡镇妇联组织区域化改革实施方案》和《长阳土家族自治县村（社区）妇代会改建妇联实施方案》，优化县妇联部室设置，将原有的内设机构——办公室，维权、组织部，宣传部优化为办公室（家庭和儿童工作部）、妇女发展和权益部、组织宣传部。除专职主席副主席外，配备2名兼职副主席、1名挂职副主席。全县11个乡镇区域化改革和160个村（社区）“会改联”（妇女代表大会改为妇女联合会）工作完成。选举产生乡镇妇联主席11名、专职副主席11名、兼职副主席22名，乡镇妇联执委165名；选举产生村妇联主席160名，专职副主席和兼职副主席各160名，村妇联执委1760名。乡镇妇联主席均由乡镇党政领导班子成员兼任，村妇联主席均由村两委班子成员兼任。全面开展“妇联组织亮牌子、妇联干部亮身份、妇女工作亮作为”的“三亮”活动。

【女性两癌救助中央专项彩票公益金发放仪式在长阳举行】 2017年2月9日，“关爱女性防治两癌”新春下基层活动暨“贫困母亲两癌救助”中央专项彩票公益金发放仪式在长阳举行。省妇联副巡视员程朝容，市委常委、统战部部长王均成，市妇联党组书记、主席周赟鸿，县相关领导出席会议。武汉兰丁医学高科技有限公司董事长孙小蓉博士进行“两癌”知识专题辅导，与会领导为长阳46名妇女发放“两癌”救助金和爱心棉被。

2012年以来，长阳在农村妇女中实施“两癌”（乳腺癌、子宫颈癌）免费检查项目，5年完成两轮对全县11个乡镇农村妇女的“两癌”免费检查，检查6万余人次，确诊宫颈癌病例356人，乳腺癌病例149人。项目实施过程中，探索建立“政府主导、多部门协作、医疗资源整合、全社会参与”的农村妇女“两癌”防治模式和查、治、帮工作机制，在开展免费筛查的同时对查出的“两癌”患病妇女开通绿色通道救治，向省妇联申请救助金和纳入县“大病关爱壹佰基金”等渠道救助。2017年为长阳患病的46名农村“两癌”贫困妇女争取救助金46万元。探索引入社会力量，运用商业化操作模式，通过保险补偿等措施，建立全县女性特定疾病服务体系，形成女性特定疾病帮扶长效机制。

【“四个一”家庭助廉活动】 2017年5月10日，县妇联在县电影院开展以“四个一”（听一次廉政党课，赠送一本书籍，观看一部警示教育片，选出一批“最美家庭”）为主要内容的“家庭助廉”活动，新任乡镇党政主职和县直一级单位主要负责人配偶44人参加活动，听县委书记赵吉雄讲廉政党课，观看警示教育片《不可触碰的纪律红线》，向与会人员赠送县纪委、县监察局自编的廉政书籍《雪澡录》，表彰县级“最美家庭”20个，向宜昌市推荐“最美家庭”3个。

【表彰“三八红旗手”】 2017年3月2日，长阳土家族自治县妇联在《关于命名表彰长阳土家族自治县三八红旗手的决定》中，授予向春艳（龙舟坪镇花坪小学党支部书记、校长）、刘桃蓉（县医院妇产科副主任）、杜俊华（县地税局税源管理一分局副局长）、杨德红（磨市镇花桥村党总支书记、村委会主任）、李丽（县公安局交警大队车管所指导员）、李艳丽（鸭子口乡厚浪沱村“李妈妈留守儿童之家”负责人）、陈憧翠（县矛盾纠纷调处中心主任）、姜蓉（县广播电视台电视中心副主任）、徐俊（湖北清江画廊旅游开发有限公司党委副书记、总经理）、钱启芬（县城管监察大队协管员、环卫督查员）、曹梅芳（龙舟坪镇土地坡村党支部书记、村委会主任）、戚从寿（贺家坪镇渔泉溪村党员中心户）、覃莉（县歌舞剧团声乐演员兼剧团工会女工委员）、覃立荣（宜昌市驻京群工办联络员）、雷蓉（长阳瑞鹏农业科技开发有限公司总经理）15人“三八红旗手”荣誉称号。

（覃　剑）

长阳土家族自治县科学技术协会

【概　况】 2017年，长阳土家族自治县科学技术协会联合教育、培训机构及县扶贫办、各涉农部门开展科技“订单”培训127场次，受训人数2.2万人，发放科普资料2.2万份。积极参与宜昌市海智计划、创新驱动助力工程等工作，及时向企业征集技术支撑需求计划。加强院士专家工作站规范化管理，深入企业现场指导院士专家工作站建设。永兴生态院士专家工作站与傅廷栋院士团队签订“高效冬春饲用农作物种植、青贮与饲喂技术创新”合作协议，共同开展宜昌白山羊原种基因保存、遗传多样性分析和保种等课题研究，企业实现销售775.09万元，利润比同期增长54.4%。清江鹏博院士专家工作站与中科院水生所签订技术战略合作协议，共同研发鲟鱼蛋白肽，获得专利成果两项，为企业增加收入600万元，全县院士专家工作站4家。组织所属学会（协会）开展重点学术交流活动3次，发表各类宣传稿件50篇，建立科普示范基地5个，举办科普展览5场次，成功申报药用牡丹科普示范基地、猕猴桃连片科普示范区和湖北康农玉米特色科普示范基地项目，获中国科协、财政部、湖北省科协、财政厅奖补资金175万元。龙舟坪镇枫竹园社区成功申报省级科普示范社区，获湖北省科协、省财政厅奖补资金10万元。组织科技工作者建言献策、课题研究，上报市科协建言献策文章10篇。2017年11月30日，县科协被湖北省科协、省教育厅、省科技厅、省环境保护厅、省农业厅、中国科学院武汉分院（鄂科协发〔2017〕16号）表彰为“2017年湖北省全国科普日优秀组织单位”。

【第十三届青少年科技节】 2017年5月至10月，长阳土家族自治县科学技术协会与县教育局联合举办全县第十三届青少年科技节。全县2万名中小学生参加活动，1152人次获得各类奖项，5所学校获得全县青少年科技节活动优秀组织奖。12所学校、257名学生参加宜昌市第十六届青少年科技节竞赛活动。

【县科协第三次代表大会】 2017年12月25日，县科协第三次代表大会在县电影院召开，出席大会的正式代表112名，列席代表24名，特邀代表12名。大会选举产生县科协第三届委员会、常委会、秘书长、主席、副主席。当选委员、常委中，来自基层一线的科技、科普工作者占全委会、常委会的比例分别是80%、82%。县科协主席伍雪松作《争创新业绩，推动新跨越，团结动员广大科技人员为建设都市后花园作贡献》的工作报告，县委书记赵吉雄、宜昌市科协副主席曾勇到会并讲话，县领导李云达、向紫玉、杨五一、鲍剑飞、宋方军等领导参加会议。

（向昌达）

长阳土家族自治县文学艺术界联合会

【概　况】 2017年，长阳土家族自治县文学艺术联合会（简称县文联）有团体会员（各专业文艺家协会）12个，包括作家协会、摄影家协会、诗词楹联学会、音乐家协会、美术书法家协会、戏剧曲艺家协会、民间文艺家协会、舞蹈家协会、新闻影视协会、老年书画研究会、长阳清江赏石学会等，会员800多人，其中国家级会员30余人，省级会员60余人，市、县级会员700余人。土家族歌舞剧《姐郎河》等一系列文艺精品成功上演，协助承办第四届农村文艺会演。《土家族文学》出版，印数1000册，分春、夏、秋、冬4期。彭绪洛、凌春杰、刘玉新、覃守宪等多名本土作家出版近10部个人文集。

【清江画廊土家民族新年音乐会】 2017年1月2日，“清江画廊土家族新年音乐会暨宜昌市葫芦丝巴乌艺术委员会第七届年会”在湖北长阳土家族自治县清江古城剧院举行。

音乐会前穿插宜昌市葫芦丝巴乌委员会第七届年会内容。2016年度年会承办方——秭归县老年大学校长梅德元，将年会宝交给清江画廊土家族新年音乐会筹办方代表——长阳微同城网络科技有限公司董事长杨晶。随后，葫芦丝国际金奖获得者梅亚军申报承办2018年的葫芦丝巴乌年会。宜昌市葫芦丝巴乌委员会表彰2016年度先进集体和先进个人，曹化铁、周爱群、周凤兰、张丽、宜昌市中老年葫芦丝联谊会、金孔雀舞蹈工作室等单位和个人获奖。

湖北省著名作家董宏猷宣读音乐会开幕。节目有葫芦丝和巴乌合奏《金孔雀与凤尾竹》，刘程梅独奏《月光下的凤尾竹》，彭绪磊独唱《神奇的方山》，旗袍秀《摇曳的年华》，梅德元、易念德表演葫芦丝表演奏《屈原神韵》，黄大焕等人合奏宜昌音乐人自创的葫芦丝新曲《巴土歌舞满清江》，200多位民间文艺演员带来14个节目。

来自广州、武汉、宜昌、宜都等地近千名观众观看演出。

（曾爱民）

长阳土家族自治县工商业联合会

【非公有制经济人士理想信念教育活动】 2017年，县工商联组织会员收听收看中共十九大开幕式，组织非公经济人士参与“学习贯彻党的十九大精神进一步增强文化自信”讲座，同宣传部、开发区管委会联合举办“党的十九大精神宣讲进企业”活动等，县委统战部、县工商联干部到各民营企业和社会组织，宣传贯彻中共十九大精神。

工商联组织非公有制经济人士参加“统一战线大讲堂”学习活动，组织“两新组织”（新经济组织和新社会组织）参加省第十一次党代会精神市委宣讲团报告会，推进“学系列讲话、学优良传统，跟共产党奋进”活动，谋划并组织民营企业代表赴省社会主义学院开展为期一周的专项培训活动，选派非公经济人士参加各级各类专题研修班和培训班，通过课堂教学、现场研学、外出考察等方式，引导非公经济人士增强对中国特色社会主义的信念、对党和政府的信任、对企业发展的信心。开展“七五普法”活动，积极推进“诚信守法档案”建设，为非公企业建立诚信档案，引导非公经济人士在知法守法中树立良好形象，增强社会信誉，引导非公有制企业依法经营，诚实守信，健全管理。

【长阳工商联及乡镇商会换届】 2017年3月30日，长阳工商联召开第七次会员代表大会，市工商联主席到会指导，县委主要领导参加会议并讲话，会议听取和审议县工商联第六届执行委员会工作报告，选举产生县工商联（总商会）第七届领导机构及主席（会长）、副主席（副会长）、秘书长、常务委员、执行委员，完成换届。各乡镇在县委统战部、县工商联的指导下完成商会换届。

【服务非公有制经济】 2017年，长阳搭建党委、政府与企业、商会组织沟通协商的制度化平台，完善党委、政府、统战部、工商联与非公有制经济人士经常性联系机制。通过形势报告会、政策宣读会、发放宣传册等形式，宣传政策法规，引导非公有制企业运用政策法律维护自身合法权益。组织开展政企对话，搭建政企沟通平台。坚持县领导、部门领导和统战干部联系民营企业制度，掌握企业情况，帮助反映、解决困难和问题。

县工商联广泛联系争取，为招商引资牵线搭桥，采取“走出去、引进来”的办法，开展调研，了解全县非公企业当前的生产经营情况，对存在的困难和问题进行分析梳理并提出合理建议。参加县人社局、县总工会、县经信局组织召开的协调劳动关系“三方四家”（政府方、职工方、企业方，人社局、工会、工商业联合会、企业联合会）联席会议，主动配合做好工资集体协商调查、农民工工资清欠等维权服务。组织长阳企业参加武汉高校科研成果校企合作宜昌行活动。争取名额推选部分企业人士参与非公有制经济高级经济师评选。加强与异地商会联系，开展长阳籍在外经营管理人才调查摸底，培育乡情、引导回归。与县政协联合赴深圳组织召开长阳籍在深圳创业优秀人才座谈会，诚邀他们回乡创业。指导成立长阳籍在深圳创业优秀人才流动党支部。邀请深圳长阳商会回乡同县企业协会、游泳协会联合举办以“畅游清江大爱长阳”为主题的游泳邀请赛，活动中深圳长阳商会5家会员企业和县内15家民营企业为县壹佰基金捐款30多万元。

【“百企帮百村”活动】 2017年，县工商联与县委统战部抓住机遇，主动汇报，得到省委统战部等部门的大力支持，开展“百企帮百村”活动，争取省内外商会、企业、慈善组织帮扶对接村，动员组织县内非公有制企业参与精准扶贫，结对帮扶贫困村，进行产业扶贫、就业扶贫、公益扶贫等（参见“党政机关 · 统战工作 ·【省委统战部帮扶长阳】条目”）。

（方自洁）

长阳土家族自治县残疾人联合会

【概　况】 2017年，长阳土家族自治县1657名残疾人领到第二代“中华人民共和国残疾人证”。全县持证残疾人17226名，其中视力残疾人2427名，听力残疾人1497名，言语残疾人654名，肢体残疾人9692名，智力残疾人1400名，精神残疾人1477名，多重残疾人79名。全县信息数据调查、动态更新持证残疾人16200人。

全年免费复明手术168例；救助低视力康复60人；为31名视力残疾人提供盲杖；贫困精神病患者免费住院115人，免费服药120人；实施0—6岁残疾儿童抢救性康复工程，32名残疾儿童参加康复训练和治疗；救助6岁以上残疾儿童康复15名，每名救助2000元；免费发放残疾人辅助器具和假肢装配。其中，发放轮椅111部，助听器33台，盲杖9根，腋拐40支，座便椅5把；安装假肢17例；适配耳背式助听器10台。全年为4677人享受困难残疾人生活补贴280.55万元，5156人享受重度残疾人护理补贴618.9万元；对符合条件的300名残疾人进行托养，补助资金45万元；107名符合条件的下肢残疾人发放机动车燃油补贴资金27820元。全年代缴2938名重度残疾人养老保险。10名残疾大学生和残疾人家庭子女获大学生资助资金2.1万元。当年考取大学的4名残疾人学生获扶持和奖励1.5万元。对400名农村残疾人进行实用技术培训；湖北省残疾人创业扶持培训“双百工程”扶持对象26人，发放奖扶资金13万元；119家安置残疾人单位，安置残疾人211人。全年征收残疾人保障金492万元。

县残联组织残疾人参加“迎新春湖北省残疾人才艺大赛”,《清江画廊土家妹》在省电视台进行现场直播；参加湖北省第九届残疾人艺术会演，南曲《渔家乐》在全省戏曲类获二等奖,《我在茶乡等你来》获优秀奖。协办“笔墨 · 心境”肢残人杨小强中国画作品在全国巡展；长阳选手唐平在全市“亮出你的声音”残疾人朗诵比赛中获第二名。

2017年2月16日，县残联被湖北省残联（鄂残联发〔2017〕2号）表彰为2016年全省残疾人教就工作先进单位。

【残疾人参加宜昌市第五届运动会】 2017年6月17日至21日，9月29日至10月3日，长阳土家族自治县残联组织残疾人运动员在枝江市参加湖北省宜昌市第五届运动会，参加乒乓球、田径和游泳等比赛项目，获16枚金牌、8枚银牌、2枚铜牌。金牌总数全市第四名，田径、游泳代表队获“体育道德风尚奖”。

【自治县残联第四次代表大会召开】 2017年12月26日，长阳土家族自治县残疾人联合会在县综合办公大楼召开第四次代表大会。县残联干部、残工委成员单位负责人以及各条战线上的残疾人及其亲属150余名代表参加会议。县委书记赵吉雄出席开幕式并讲话，宜昌市残疾人联合会副理事长杨东泉到会指导并讲话，大会听取、审议通过县残联理事长张巧蓉作的《不忘初心牢记使命全力推进我县残疾人事业健康发展》的工作报告；选举产生第四届县残疾主席团委员。

（方金元）

责任编辑：苏美嫩

军 事

长阳土家族自治县人民武装部

【军事训练】 2017年2月24日，长阳土家族自治县人武部被宜昌军分区（政组〔2017〕8号）表彰为“军事训练先进单位”。2017年，长阳人武部通过多种形式，完成军武干部、民兵各项军事训练、考核。4月10—12日，县人武部营以下现役干部参加宜昌军分区组织的参谋室内作业、3000米越野等课目比武选拔考核。6月1—25日，组织全县第一批公路护路分队训练。6月23日，组织各乡镇民兵应急分队军事大比武。7月17日，组织干部职工和民兵应急排展开水上救援演练。水上救援演练检验为期15天的蛙泳、自救与互救、冲锋舟操作与编队、快速接物、转运人员等预设课目训练。9月18日，选派一名现役干部和几名专武干部参加军分区组织的专武干部暨参谋集训。9月22日，县人武部组织县民兵应急分队，抽调都镇湾镇、鸭子口乡、资丘镇民兵应急分队、鸭子口乡医务人员参加演练，完成指挥所的开设、编成、组织指挥，分队组织准备、机动部署、政治动员，现场处置方法、民兵执行任务中政治工作的开展、后勤保障等演练。县国土局、水利局、气象局、交通局各派一名专家参与演练。12月17—19日，组织现役干部参加宜昌军分区集中组织的年度军事训练考核。设军事理论、手枪射击、体能三项。

【安全保密】 2017年3月7日，长阳人武部开展安全保密清查活动，杜绝涉及军队改革信息外泄。4—9月，长阳人武部根据中央军委、军委国防动员部和省军区统一部署，在组织、制度、人员、车辆、保密、营区管理、有偿服务清理等9个方面开展安全检查整治。7月13日，省军区安全工作检查组到长阳进行安全检查。9—12月，县人武部围绕国防动员“七个加强”主题内容和省军区明确的“十个严防”（严防发生政治问题、严防改革阵痛诱发案件问题、严防发生网络失泄密问题、严防发生涉枪涉弹涉危问题、严防大项任务发生问题、严防发生涉军炒作问题、严防发生违规用车问题、严防人员失管失控发生问题、严防老干部机构改革发生问题、严防租赁项目关停发生问题），以及军分区“七个查清”（一查法规制度落实、二查重要目标管控、三查营院管理、四查人员管理、五查车辆管理、六查防间保密、七查租赁项目监管）要求，开展“百日安全活动”。召开安全领导小组会议研究制定清查整治计划方案。召开干部职工大会部署动员，开展安全法规教育和安全隐患清查整治。

【装备建设与管理】 2017年2月9日，长阳人武部组织专班开展枪弹专项清查整治。召开干部职工大会，传达学习《军分区枪弹专项清查整治实施方案》，动员干部职工自查自纠。清查中，逐个场所、逐个人员进行拉网式排查，组织干部职工签订个人枪支弹药“零持有”承诺书。未发现有私存枪支弹药现象。10月25日，开展老旧废武器弹药清查整治。成立清理整治专班，重点对兵器室、装备器材室、修理间、储藏室、杂物间等场所彻底清查。干部职工人人签订《枪弹零持有承诺书》。

4月5日，开展军车维护保养和审验。对司机队伍整顿教育，学习交通法规和军队车辆管理规定，规范用车制度，强化行车安全意识，禁止司机酒后驾车、私自出车、违章行车、带故障出车和非驾驶员出车，杜绝事故隐患。

【人武部管理体制改革】 2017年6月，根据中央军委关于军队调整改革的意见和中央军委国防动员部省军区系统编制体制改革的要求，县级人民武装部现役编制进行调整，保留部长、政治委员、副部长现役编制，对现役干部职务重新任命。科以下（含科长）现役干部改为非现役文职人员。12月14日，省军区工作组到长阳督办落实湖北省委〔2017〕3号文件《关于加强县（市、区）人武部职工队伍建设的通知》精神。县人武部召集县政府办、县人社局、县财政局、县委编办、县民政局等相关单位负责人召开座谈会，就贯彻湖北省委〔2017〕3号文件精神落实情况进行汇报。12月15日，县委书记、县人武部党委第一书记赵吉雄主持召开县委常委议军会议，传达学习习近平主席国防和军队建设系列讲话精神和省军区十一届党委工作报告。会议议定：按照鄂发〔2017〕3号文件精神，将县人武部现有5名省编职工转为县事业编制，由县委编办负责，纳入全县事业编制总量。成立县民兵训练中心（公益一类事业单位），按县人武部现有在编职工总人数核定县民兵训练中心编制数量；将县人武部职工纳入年终综合目标考核和党建、综合治理、精神文明、档案管理先进单位创建考评，依据考核实绩发放奖励工资，将县人武部职工工资和奖励工资纳入财政预算；由县人社局、县财政局负责，解决县人武部3名省编职工养老问题；由县委组织部和县人武部负责，从2018年1月起共同抓好职工党员发展和党费收缴；由县委组织部牵头，县人社局、县委编办负责，研究解决随军家属安置。

【国防教育与动员】 2017年，长阳人武部按照上级国防动员工作目标任务，研究下发全县国防动员工作要点；根据各专业办公室人员变动和职务变化，调整国防动员委员会领导成员；召开委员会办公室联络员会议，明确工作任务，开展国防动员潜力调查和国防教育活动，解决重难点问题。3月22日，根据县委、县政府要求，县人武部组织都镇湾、资丘镇所属民兵应急分队人员参加红色电影《哭嫁》“资丘突围”片段拍摄。5月，开展“国家安全教育月”活动，把“国家安全教育”纳入全县全民国防教育内容，按照“三个一”（一堂国家安全教育课、一条横幅、一块展板）要求，在全县高中学校开展“国家安全教育月”活动，增强广大青少年学生的国家安全意识，树立“只有国家安全才有全民安全”观念。9月18日，县人民防空办公室根据国防动员工作安排，结合第十五个“国防教育日”活动，在龙舟平镇城区组织试鸣防空警报信号和防空袭疏散演练。10月，县人武部根据上级通知要求，对2017年度退伍军人和地方与军事专业对口技术人员进行实力统计，掌握退伍军人和地方与军事专业对口技术人员数量质量，推进国防后备力量建设转型发展。

【民兵组织整顿】 2017年1—3月，长阳人武部开展民兵组织整顿。采取多种形式，宣传《中华人民共和国兵役法》《民兵工作条例》等法规政策。组织专武干部、民兵连长业务培训，进行动员部署，学习民兵整组工作的内容、程序、方法和要求。抓民兵队伍编组和预备役部队兵员调整。做好退伍军方与军人登记统计、现役部队预编预备役士兵的核查核对和地方专业对口技术人员的调查摸底，更新完善两个信息系统数据。

【**2017 年征兵**】2017 年，长阳人武部调整兵员征集策略，以大学新生为征兵主体和重点，利用高中毕业典礼、填报志愿、返乡回家等时机，宣传惠兵政策，动员应征报名。全年 4 次进普通高中、职业高中宣传大学生征兵政策，发放征兵海报、手册 1 万份，发征兵短信 30 万条，征兵电视和广播县域全覆盖，完成征兵任务。

5 月 5 日，长阳人武部在县第二高级中学、县职业教育中心开展 2017 年度征兵工作宣传。悬挂征兵宣传画册，讲解《中华人民共和国兵役法》、征兵政策、入伍后待遇等，两所中学应届毕业生现场报名近 300 名。6 月 8 日，县征兵办公室联合县第一高级中学召开“2017 年长阳一中毕业典礼暨全县征兵动员大会”，勉励应届毕业生报名应征入伍，报效祖国。1—5 月，长阳人武部组织全县专武干部、民兵干部完成兵役登记，占应登记数 97%。6 月 9 日，县征兵办公室组织长阳人武部军事科科长、征兵体检组组长、主检医师、心里检测医师参加宜昌市征兵办公室、市卫计委组织的全市征兵体检与心理检测业务培训。7 月 21 日，县征兵办公室组织召开夏秋征兵工作会议。总结 2016 年度征兵工作，部署 2017 年征兵任务。7 月 25 日，县征兵办公室组织全县征兵政治考核人员学习公安部《征兵政治考核工作规定》，熟悉政治考核表、政治考核人员座谈记录的规范填写，强化廉洁征兵纪律，落实“谁签字谁负责”要求。7 月 26—30 日，征兵体检，全县进站应征青年合格率 50%以上。9 月 5 日，县征兵办公室组织召开 2017 年定兵会议。会议宣布预定兵员名单，以乡镇为单位，由征兵体检组和政治考核组对所属预定兵员发表意见，最后由征兵领导小组成员举手表决通过，审定双合格兵员。会后，县征兵办公室下发新兵“入伍通知书”和“光荣之家”牌，分发新兵被装。9 月 9—15 日，县征兵办公室按兵员去向分批次组织新兵入伍交接仪式。

【**拥军优属拥政爱民**】2017 年 1 月 17 日，长阳人武领导到龙舟坪镇走访慰问军属，送去立功喜报和慰问金。1 月 25 日、7 月 28 日，县委书记、县人武部党委第一书记赵吉雄两次带领四大家领导慰问县人武部全体干部职工。3 月 6 日，县人武部干部职工参加县委、县政府组织的县直机关植树造林活动，在龙五一级公路绿化带植树。5 月 13 日，县人武部干部参加地方文明创建活动，到步行街清扫街道、清除垃圾。7 月 31 日，“八一”建军节前夕，湖北清江画廊公司邀请驻长阳军（警）部队开展庆祝建军 90 周年联谊活动。

（刘宗玉）

宜昌陆军预备役高射炮兵旅长阳县高炮第六营

【**战备训练**】2017 年，宜昌陆军预备役高射炮兵旅长阳县高炮第六营（简称高炮六营）围绕新时期强军目标，把思想政治工作摆在首位，坚持军事训练中心地位，狠抓各项工作落实。

按照“实案化”要求，结合年度任务，修订完善营连各类战备方案和抢险救灾方案，营部研究制定应急分队组织指挥程序。强化应急分队建设。分别在 16L、17L、18L 组建应急分队，主要担负旅级应急、当地抢险救灾、森林防火救援。2017 年 7 月中旬，组织部分预任干部参加长阳县武装部组织的冲锋舟操作手集训，培养一批技术能手。

【**兵员调整**】2017 年，宜昌陆军预备役高射炮兵旅长阳县高炮第六营（简称高炮六营）根据旅计划安排，5 月 31 日至 6 月中旬，完成兵员调整。依据预任军官任免规定，需调整预任军官占比 75%。此次预任干部调整面大，涉及人员和单位多，营党委将有关情况及时上报旅党委，并加强与地方党委、政府沟通，争取地方支持，圆满完成预任干部考查和任免。

（刘宗玉）

武警宜昌市支队第九中队

【思想教育】 2017年，中国人民武装警察部队宜昌市支队第九中队（以下简称宜昌市支队第九中队）党支部以党员“两学一做”常态化制度化学习教育活动为载体，结合学习党的十九大报告中对新时代党的建设的具体要求，对照党员承诺书和“两学一做”学习教育列出检查清单，解决党员自身存在问题。结合“七一”建党节、“八一”建军节、“朱日和”训练基地阅兵等活动载体，组织党员撰写征文稿、谈心得体会、收集优秀共产党员故事，提高党员党性修养。在中队设立党员示范岗开展“党员是旗帜，党员是标杆，我是党员，跟我来”活动，强化党员先锋模范作用。在根治微腐败中，结合支队下发的“徽腐败”问题清单，分析中队存在的徽腐败问题，讨论解决对策。在涉及官兵切身利益上阳光操作，依规办事，公开透明。全年中队研究推荐考学3人，发展预备党员3人，转改士官2人，得到官兵一致认可。中队注重发挥党支部核心堡垒作用，带动两个群众性组织建设创新发展。团支部坚持每周开展一次团日活动，收集主题教育征文，组织“优秀征文”评比竞赛；每月组织一次演讲比赛，引导战士立足本职岗位成长成才；每季度组织一次团员创建先锋岗活动，争当共青团员先锋模范；军人委员会开展“我为安全发展建言献策”“我的安全我负责，我的工作请放心”等活动，收集官兵对中队好的意见和建议，推进中队建设发展。

【哨位执勤】 2017年，宜昌市支队第九中队强化勤务训练，提高遂行任务能力。中队根据任务实际，按照强弱搭配、新老搭配原则坚持周编班、日编组，确保对执勤目标实施有效管控。注重“三个结合”（把勤务理论学习与动作技能相结合，把操场训练与哨位相结合，把一般情况处置与特殊情况处置相结合），录制训练和考核过程反复观摩，提高官兵处置情况能力。落实守卫勤务现场会精神，结合中队实际，中队支部积极与目标单位协调，现场查看中队执勤阵地建设，多次召开执勤阵地建设推进会，共同探讨“五防一体化”方案，配齐目标哨位执勤设施，调整哨位执勤阵地，完善哨位备勤室建设，确保勤务高标准运行，确保目标安全。

【军事训练】 2017年，宜昌市支队第九中队以军事训练《新大纲》为指导，组织教员学习《新大纲》相关内容，利用周六组织集体备课、编写教案，统一教学方法和教学内容，提高中队干部骨干组训水平。开展“两官”编组作业训练，提高警官、士官协同作战能力，确保任务完成。抓实军事训练，严格落实“军事训练八落实”要求，坚持科学施训，分层训练，以干部骨干为重点，由干部带头每天坚持不少于1小时体能训练，广泛开展“五小练兵”活动，让每天三个一百、每周1至2次五公里武装越野成为常态，坚持周会操、月考核制度，适时对阶段训练科目进行综合评比，对考该靠后的个人、班实施末位强化，有效激发官兵的训练热情。采取过关制，不达标的采取一对一，一帮一措施，实行强化训练。军事训练要求标准高，重难点课目多，中队适时召开干部骨干会议统一思想，研究制定奖惩措施，激发训练热情。利用龙虎榜、士兵小报会操评比等载体，加大宣传力度，落实奖惩机制。

【安全管理】 2017年，宜昌市支队第九中队以“安全工作八个方面基本规范”为依据，采取课堂串讲、配教活动、理论考核等形式，组织官兵学习上级下发的一系列指示要求、事故案例，剖析原因，开展警示教育，强化官兵安全意识。开展“安全工作大检查”和“百日安全竞赛”活动。中队按照条令条例规范部队建设标准，转化总队示范中队培训成果，纠治“土政策”“土规定”，贯彻落实严禁违规请喝酒一系列制度规定，落实查铺点名制度。中队倡导“讲安全就是讲政治、抓安全就是抓战斗力”，采取“对细则、查隐患，搞调查，提意见”方式，对人员思想、营区安全、保密工作、执勤隐患、枪弹管理等方面做深入细致排查，解决6处安全隐患。开展问卷调查和谈心等活动，收集整理官兵意见，及时消除矛盾，确保部队安全稳定。

【后勤保障】 2017年，宜昌市支队第九中队严格落实各项后勤保障制度。贯彻落实上级指示，开展“伙食精细年”活动，落实伙食管理五项制度、总部最新伙食要求，抓好伙食调剂，适时组织会餐，官兵伙食满意度98%。教育引导官兵开展群众性饮食节约活动，传承发扬勤俭节约好传统。为搞好“菜篮子”工作，中队科学计划，合理安排，开展农副业生产，利用每天晚饭后和每周六上午时间，组织官兵对菜地施肥、浇水，根据季节转变及时更种蔬菜品种，提高自产能力。搞好卫生防病。根据季节转换、天气变化和传染病发病特点，加强卫生防病教育，督促教育官兵养成良好生活习惯，定期组织营区内外消毒。为方便官兵日常用药，中队每月更新卫生室药品。

（刘宗玉）

武警长阳土家族自治县中队

【执勤管理与能力训练】 2017年，县武警中队加强执勤管理，全年与目标单位进行3次执勤隐患联合大排查，召开11次联席会议，共同研究制定整改措施，使执勤五大系统和“五防”体系配套达标，运行顺畅。严格落实执勤制度。对执勤人员进行政治考核和执勤教育，确保人员政治立场坚定、思想素质过硬；抓执勤分析、执勤检查、执勤报告等环节。加强专勤专训，提高官兵处置情况的实战能力。抓好部队勤务训练和反恐防袭演练。全年与目标单位进行2次联合方案演练，提高官兵快速处置能力和目标单位的协同配合能力。中队采取部练组织指挥、网络查勤员练操作讲解、哨兵练情况处置、应急小组练快速反应的办法，开展执勤技能训练，确保遇有情况能够及时妥善处置。围绕“练兵打仗”思想，全面提升部队战斗力。中队严格按照总部下发的军事训练标准、军事训练新大纲要求以及支队月训练计划抓好中队军事训练。教育引导官兵树牢“训练有为、训练有功”意识，在立功受奖、入党等方面将训练成绩作为硬指标。

【后勤保障】 武警长阳中队严格落实伙食管理五项制度，完善各类保障机制。根据季节变化和官兵饮食习惯，搞好伙食调剂。落实分餐制，严把食品采购和食物加工关，规范食物留验和餐具消毒程序，严防食物中毒。针对夏季感冒多发的实际，坚持每周消毒，开展卫生防病教育等。狠抓农副生产，开动脑筋，请教地方人员，成效明显。加强队伍建设与设施管理，鼓励炊事员多做多练，多研究多学习，利用点滴时间搞好业务技能培训。加强营产营具和库房管理，确保每个库室有专人管理、每件物资有专人负责。针对生活设施老化的情况，专门请地方专业师傅培训出维修小能手，对水、电、气等设施定期检查维护、清理和维修。严格落实财经纪律和经费使用管理规定，做到“一日一凭证”“一周一记账”。在经费使用上做到支部研究，科学计划，确保经费开支合理合法。开展建设节约型警营随机教育，开展“节水、节电、节气、节油、节粮”活动和“分餐光盘”行动，杜绝“长流水、长明灯”现象，培养官兵勤俭节约好习惯，齐心协力搞好中队节约型后勤建设。

（刘宗玉）

责任编辑　田祥英

法　治

政法委及综治

2017年，长阳土家族自治县社会政治大局保持稳定，政法综治维稳法治工作成效显著。全年先后召开县委常委会、县委专题办公会、县委政法工作会议、全县信访维稳工作会议、全县综治维稳信访工作现场会、党的十九大期间信访安全维稳工作会议、维稳视频调度会议等30余次会议，研究政法综治维稳法治工作，部署安排各项工作任务。

积极预防和妥善化解社会矛盾。全年受理调解矛盾纠纷2801件，调解成功2732件，排查纠纷1904次，预防纠纷764件。集中开展矛盾大排查、安全大整治、治安大整顿、开门大接访、维稳大督查“五大行动”。开展基层平安创建活动，强化赴京重点敏感地区涉访突出问题整治、“雪亮工程”建设、安全隐患排查、护校安园防控、特殊人群管控等五大重点工作，提升城乡网格化管理水平，创新社会治理方式和群众工作法，激发群众参与平安建设的积极性、主动性、创造性。高标准推进“雪亮工程”建设，建成视频监控联网云平台县级分中心1个、乡镇中心11个，新建改造一类摄像头360个，视频监控联网382家，11个乡镇综治中心与派出所视频监控互联互通，联网应用全覆盖。2017年全省103个县市区“一感两度两率”第三方测评，长阳群众安全感全省排名第二。

推进法治长阳建设。制定《长阳土家族自治县法律顾问制度和公职律师公司律师制度实施办法（试行）》《长阳土家族自治县法治政府建设实施方案（2017—2020年）》等一系列文件。10个行政执法单位开展为期7个月的专项治理，对2015年以来的行政执法行为进行深入细致的自查整改，清查行政执法行为24199件，自查执法中存在突出问题案件2076份。开展“法律服务进乡村”活动，利用“3·8”妇女节、“3·15”消费者权益保护日、“5·12”防灾减灾日等宣传日，发放宣传手册5000份，为群众提供法律、政策咨询200人次。在全县设置《全市依法打击信访活动中违法犯罪行为的通告》固定宣传站牌400余块，张贴通告近3000张，进村入户发放通告宣传资料10万余份，发送法治宣传短信4万条，制作并播出依法信访法治教育宣传片3期，组织创

图46　2017年3月21日，“法治宣传进乡村（社区）”暨全县信访问题法治宣传下乡活动启动仪式在龙舟坪城区长阳广场开展
（李东红 摄）

作音乐快板《齐说维稳治天下》、法治小品《“绝招”失灵》等一批优秀的信访法治宣传作品，“维权莫违法，违法必追究”的法治氛围日渐浓厚，法治信访观念深入人心。

全年公安机关刑事侦查移送起诉214人，比上年同期上升38%。侦破公安部“2017-82”毒品目标案件，打掉贩卖、运输毒品团伙2个，摧毁贩运毒品线路2条，抓获毒品犯罪嫌疑人20人，缴获毒品21公斤。侦破省督特大侵犯公民个人信息案，赴北京成功抓获7名犯罪嫌疑人。侦破市局督办邪教专案1起，移送起诉4名邪教人员。侦破4起命案。打掉6个涉恶团伙，抓获骨干成员26人。开展“破小案、保民安”系列行动，破获各类案件162起。侦破电信网络诈骗案件6起，抓获犯罪嫌疑人17人。检察机关审查批准和决定逮捕各类刑事犯罪案件73件109人，办理职务犯罪案件12件12人，渎职侵权犯罪案件4件4人。审判机关受理各类案件2542件，结案2214件。司法行政机关办理审前调查122件，接收刑释解教人员93人，现有在册社区矫正人员1021人，全部一对一帮扶。

全县政法机关认真贯彻落实省委政法委《关于进一步优化执法司法环境服务供给侧改革促进非公有制经济发展的意见》和县委《全县政法机关优化法治环境促进经济发展的意见》精神，进一步提升政法机关服务发展能力。全县政法系统开展“严纪律、强作风、促工作、优服务”教育整顿活动，用铁的纪律、铁的作风锻造铁的队伍。

【自治县委政法工作会议】 2017年3月13日上午，中共长阳土家族自治县委政法工作会议在龙舟坪镇清江古城剧院召开。会议传达贯彻中央、省委、市委政法工作会议精神，总结2016年工作成绩，表彰先进单位和个人，安排部署2017年全县政法综治维稳法治工作。县委副书记、县长李军主持会议，县委副书记危爱民作主题报告。会议强调，2017年全县各地各部门要主动适应维护稳定形势新变化和经济发展新常态，把风险防控、服务发展和破解难题、补齐短板摆在更加突出位置，全力服务全县经济社会发展大局，全面推进政法维稳工作，努力抓好各专项工作任务的落实，为全县经济社会发展创造安全的社会环境、公正的法治环境、优质的服务环境。

【市政法委书记吴海涛到长阳调研】 2017年3月20日，中共宜昌市委副书记、政法委书记吴海涛一行，到县人民法院、县人民检察院、县公安局、龙舟坪镇、高家堰镇、贺家坪镇、龙舟坪镇龙舟坪村调研，听取县委书记赵吉雄对长阳政法维稳工作的汇报。吴海涛对长阳依法打击处置违法信访工作给予高度肯定，希望长阳突出高处看访、高标履责、高压打邪、高调化俗“四个重点”做好政法维稳工作，实现党群关系良性互动，实现社会的高度和谐。县委书记赵吉雄等县领导陪同调研。

【省新闻出版广电局局长张良成到长阳调研】 2017年11月16日，湖北省综治委委员、省新闻出版广电局党组书记、局长张良成到长阳检查指导综治工作。张良成一行先后到龙舟坪镇厚丰溪村、丹水新区、鸡公山走访调研，听取县委书记赵吉雄对全县综治工作汇报。张良成对长阳综治工作充分肯定，希望长阳以提升群众安全感和满意度为抓手，以化解社会矛盾消除隐患为突破口，结合精准扶贫加强综治工作，为全县经济社会发展创造安全稳定的社会环境。宜昌市文新广局局长李进新，县委书记、县人大常委会主任赵吉雄等陪同调研。

（赵孟月）

法治政府建设

【概　况】 2017年，长阳制定出台《长阳土家族自治县法治政府建设实施方案（2017—2020年）》（长发〔2017〕14号），细化法治政府建设

40项措施和67项任务。制定《2017年全县政府法制工作要点》(长府法制〔2017〕1号),明确全年15项重点任务。4月,调整县政府领导班子成员法治政府建设工作联系点。规定联系领导每年到联系点检查指导工作不少于2次,帮助解决实际问题1—2件。制定《政府领导班子成员法治政府建设联系点工作方案》(长政办函〔2017〕38号)。

推行行政决策科学化、民主化、法治化。建立完善依法决策体制机制。完善县政府常务会议制度,将县政府法制办、县审计局、县监察局、县财政局列为县政府常务会议必参会单位,并参与审议相关议题;适时邀请法律顾问列席会议。重大政策性文件的发布、招商引资合同均交由县法制办进行合法性审查,全年审查重大政策性文件4份,招商合同32份,提出审查意见50余条。县委督查室和县政府督查室建立信息共享和通报制度,一月一督查,全年发督查通报23期。建立完善法律顾问制度。贯彻落实《省政府关于建立法律顾问制度的意见》要求,组建以县政府法制机构人员为主体,吸收律师参加的人民政府法律顾问室(长政办发〔2017〕43号),聘请4名资深律师作为县人民政府法律顾问室成员,明确职责。全年法律顾问提供重大决策合法性论证4件,出具法律意见书4份。县直单位相继建立以部门法制机构工作人员为主,适当聘请专职律师参与的法律顾问制度。实行“一村(社区)一法律顾问”制度,实现村居法律顾问全覆盖,为村(社区)重要决策提供法律意见395次,指导重大疑难法律纠纷民事调解970件,参与化解信访案件205件。

深化体制机制改革,全面依法履行政府职能。明确部门管理权责,促进依法履职。编制公布县乡两级权力清单和责任清单,确定县级政府部门行政职权事项3128项。由县政府法制办牵头,会同重点执法部门,认真梳理执法热点难点问题的依据和程序。制定执法部门的执法流程及督查问责办法,各部门对照《专项治理责任清单》,各履其职。推进“放管服”改革,推进简政放权工作落实。全年取消、调整行政审批等事项54项,其中取消32项、承接新增22项。强化市场监管,优化公共服务,县发改局牵头,会同县国土局、县环保局、县住建局等11个单位,编制《长阳土家族自治县投资项目“一窗受理”并联审批办事指南》,提升项目审批效率。从8月1日开始整合8家职能部门27项登记、备案事项,实施“一套材料、一表登记、一窗受理”的工作模式进行“多证合一”注册登记。办理“多证合一”营业执照981份,全程电子化位居全市第一。推进服务群众下基层工作,建成县、乡镇、村(社区)三级政务服务体系,11个乡镇、154个村、8个社区均设置便民服务室。推广应用省“双随机一公开”监管平台,录入随机抽查事项199项,执法人员477人,检查对象25602个,录入抽检结果233次。推进行政执法与刑事司法衔接工作,全年录入案件511件,其中移送公安机关2件,公安机关立案2件。加强政务信息公开,每季度定时对各乡镇、县直各部门政府信息网上公开情况进行通报,各乡镇、县直各部门在中国长阳网政务公开栏目主动公开信息3925条,全力打造阳光政府。推行综合执法行政体制改革。整合农产品质检站、种子管理站、植保站、土肥站等四个单位执法职能,统一划归县农业综合执法。合并文化市场稽查队和县广播电视执法大队,组建文化市场综合执法大队。县林业局整合稽查队、白氏坪检查站、高家岭检查站、高家堰检查站林政执法力量,组建林政综合执法大队。加大执法力度,切实履行法定职责。县政府组织县旅游委、县公安局、县交运局、县城管局等部门,组建执法专班,制止打击社会人员拦车拉客问题,集中开展旅游通道治理。重点针对高速入口、津洋口、清江画廊景区入口等3个重点区域11个重要节点安排专人值守,严管社会人员拉客。拆除、清除各类违规设置的户外广告近450处，清除野广告9.5万余处，拆除龙舟大道505段违规搭建棚亭38处。依法立案查处违法建设84起。通过整治，旅游秩序得到明显好转。县交运局协同涉水乡镇开展专项行动，治理农用船舶违规载客、超范围经营等违法行为。县交运局联合县公安局、县城管局等单位，开展城乡客运市场秩序专项整治，印发宣传资料1.5万份、倡议书5000份、学生文明安全出行承诺书2.8万份，登记非法营运车辆1221台次，收缴自制线路牌1997张。开展水环境保护专项整治，举全县之力全面拆除清江库区1070户2107亩网箱。开展水源地非法养猪、养羊专项整治行动，出台《长阳土家族自治县畜禽规模养殖禁养区、限养区和适养区划分方案》（长政办发〔2017〕17号）。关闭污染性煤矿和化工企业，整改省市督办的环保清单，拆除违规建设在崩尖子国家级自然保护区内的金竹墩电站。

【行政执法监督】 2017年，长阳全面严格执行行政执法人员持证上岗和资格管理制度。所有行政执法证件办理均在网上申报、网上审查、网上考试、网上查询，全年办理新增行政执法人员证件60人。在各执法单位推行执法过程全记录，县城管局、县安监局、县质监局、县卫计局、县农业局等多个重点执法部门及所有乡镇均配备执法记录仪，全过程记录执法过程，进一步严格执法程序，提高执法人员公正、文明执法意识。

开展行政执法与服务中突出问题专项治理。4月开始，在公安、人社、住建、交通、农业、卫计、工商、质监、物价、食药监等10家具有行政执法职能的机关及其工作人员中开展为期7个月的专项治理，从执法不严格、执法不公正、执法不规范、执法不廉洁、执法不文明五个方面，按自查自纠、重点检查、整改提高三个阶段进行治理。在专项治理过程中，对2015年以来的行政执法行为进行自查整改，自查出行政执法不规范等问题的案卷2076件。针对查找出的问题，各单位分别制定整改措施、整改时限，确定整改责任人。

【行政复议应诉】 2017年，长阳坚持敞开大门，依法受理行政复议申请，多举措推动复议办案，化解社会矛盾。受理行政复议案件13件，办结13件；承办以县人民政府为被申请人的行政复议案件2件。积极参加行政应诉。承办县人民政府为被告的行政诉讼案件8起，落实行政机关负责人出庭应诉制度，出庭应诉率85.7%。出台《长阳土家族自治县行政应诉工作规定》（长政办发〔2017〕124号），强化对全县行政应诉工作指导，注重从源头上预防和化解行政争议，努力把争议化解在基层、化解在初始阶段、化解在行政程序过程中。通过行政复议的层级监督和行政诉讼的司法监督，有效提升政府各部门依法行政水平。

【地方立法与规范性文件管理】 2017年，长阳完成《长阳土家族自治县人口与计划生育条例》修改和《长阳土家族自治县深林资源保护条例》送审报批。完成涉及环境保护和“放管服”的单行条例清理，提出具体修改计划。制定《关于2017至2021年立法计划》，报省法制办备案。强化规范性文件管理，严把规文审查关，加强对规范性文件的合法性审查和廉洁性评估，推进规范性文件清理，清理历年来行政规范性文件95份。

【政府法治宣传】 2017年，长阳强化领导干部法治意识。落实政府常务会议集体学法制度。按照《2017年度县政府常务会议集体学法计划》安排，完成《湖北省城乡规划条例》《中华人民共和国招标投标法》等5个专题内容学习，贯彻《关于大力推进长江经济带生态保护和绿色发展的决定》，专题学习《湖北长江经济带生态保护和绿色发展总体规划》及生态环保相关法律知识。县行政学校将法治建设专题纳入教学培训体系，增强参与培训学员法治修养，提升运用法治思维和法治方式深化改革、推动发展、化解矛盾、维护稳定的能力。

提升公务员的法律素养。印发《长阳土家族自治县“七五”普法责任清单》(长办发〔2017〕38号),明确各单位普法内容、普法对象和普法措施。印发《落实国家机关“谁执法谁普法”普法责任制实施方案》(长办发〔2017〕39号),明确普法工作的基本原则、主要内容、工作措施、组织保障等要求。落实旁听法庭庭审制度,组织县海事局、县林业局等单位行政执法人员30余人次旁听庭审,通过旁听庭审强化行政执法人员的证据意识、诉讼意识、程序意识、法治意识。

多种形式开展法治宣传。在清江亲水平台开办“七五”普法第一期“法治文化长廊”,以漫画、案例分析等多种形式进行普法宣传;县普法办联合县住建局等11个单位编印村(居)民“七五”普法知识手册,开展精准普法;县直各单位开展多种形式的普法培训。

全年省、市人民政府门户网站采用法治信息31条,省卫计委、省工商局等多个部门门户网站刊发长阳法治信息20余条。“路长上路”“让纳税人‘多走网路少走马路’”等多条信息被《湖北日报》《三峡日报》采用。长阳县农村道路交管“路长制”被《人民公安报》《法制日报》、新华网等报道。

(朱智慧　胡凤君)

公　安

【概　况】 2017年,长阳土家族自治县公安机关立案各类刑事案件625起,破案243起(其中破获侵财类案件136起),刑事拘留149人,提请批准逮捕112人,取保候审137人,监视居住3人,移送起诉227人,抓获逃犯36人(历年逃犯8人)。所发4起现行命案全破。侦破省督特大侵犯公民个人信息案,赴北京抓获7名犯罪嫌疑人。办理市局督办邪教专案1起,移送起诉4名邪教人员。

开展依法治访攻坚战。对39名军转重点人员,落实包保责任和稳控措施,对9名重点人开展专案侦查。将全县1504名重点人员全部纳入公安管控视线,录入大情报重点人员管控平台236人,通过平台掌握轨迹70余人次,对40余名重点人员采取监控措施。对全县96件重点信访案件实行县级领导包案,对103个重点信访问题明确责任乡镇包案并逐一落实重点人“五包一”(一是定责任包重点;二是定领导包化解;三是定措施包扶助;四是定机制包排查;五是定实施包督导)措施。与宜昌火车东站派出所建立重点人劝返联动机制,及时更新导入平台重点人员,劝返赴京上访人员35名。严查快处信访过程中扰乱单位秩序的违法案件4起,行政拘留8人;查处赴京非访行政案件2起3人。全县非访、赴省进京访大幅下降,连续9个月进京“零非访”,全县信访维稳形势趋好。

坚持黑恶必除,成功打掉7个涉恶团伙,抓获骨干成员33人。批捕24人,破获案件8起,移送33人,起诉29人,判决28人,全市排名前列。推进打击“盗抢骗”“食药环”“赌毒黄”“枪爆刀”等专项行动,与重庆警方协作抓获2名网络非法买卖枪支弹药犯罪嫌疑人,起获网购气枪和其他违禁物品。侦破公安部“2017-82”毒品目标案件,打掉贩卖运输毒品团伙2个。全县共受理行政治安案件969起,查处969起,行政处罚458人,其中行政拘留346人(拘并罚57人),警告并处罚款16人,警告5人,罚款47人。查处涉枪刑事案件21起,行政案件8起;涉黄刑事案件1起,刑事拘留1人,行政案件10起,行政拘留14人,罚款2人;涉赌刑事案件7起,行政案件20起,行政拘留11人,罚款31人;涉旅馆行政案件6起,罚款6人,依托旅馆业信息系统抓获逃犯16人。破获毒品犯罪案件11起,打击处理毒品犯罪嫌疑人21人;查处吸毒人员115人,其中新发现吸毒人员61人,责令强制隔离戒毒27人、社区戒毒社区康复49人,超额完成市公安局下达的全年目标。

全年录入电信诈骗止付平台11起，成功劝阻12起。开展“破小案、保民安”系列行动，侦破电信网络诈骗案件6起，抓获犯罪嫌疑人17人，起诉外省犯罪嫌疑人27案、本省7案。

推进农村公路安全“生命防护工程”建设。从4月初开始，组建专班进驻乡镇督办乡村道路隐患排查整治，投入710万元，完成隐患治理580公里，分别占省、市下达计划的103.01%。全县共发生一般程序处理上报交通事故63起，死亡32人，伤78人，直接经济损失10.755万元，交通事故四项指数（交通事故的发生起数、死亡人数、受伤人数、直接财产损失四项）与上年同期分别+3.%、+68.4%、-20.4%、经济损失-24.1%，全县未发生一次死亡2人（含）以上交通事故。

【农村交管“路长”制】 2017年，长阳土家族自治县积极探索推出农村道路交管“路长制”。成立县委书记任组长、县长任第一副组长的全县实施农村道路交通管理“路长制”工作领导小组，组建“两站两员”[每个乡镇都要成立“交管站”，聘请专职交管员，行政村（居委会、社区）要建立“劝导站”，聘请专职或兼职劝导员（“两站两员”）]和“三个一”（“一镇一领导、一村一专班、一组一专员”）的工作机制交管路长队伍。实施人员组成本土化、队伍管理专职化、业务工作常态化、装备设施标准化、考核监管制度化“五化”管理。32名交管“路长”统一着装，履行维护秩序、监督指导、路面巡查、安全宣传、应急处突等“五项”职责。通过实施交管“路长制”工作，基础工作得到加强，巡查管控得到改善，事故预防显著提升，应急处突更加快捷，农村交通秩序明显好转。全年全县农村道路发生3起，死亡3人，交通事故总量、伤亡人数与2016年同期比分别下降46.07%、32.6%。长阳农村道路交管“路长制”成为独具山区特色的农村道路交通安全管理模式。2017年9月，《湖北日报》《人民公安报》《三峡日报》、湖北卫视、新华网、荆楚网、中国交通湖北频道等多家媒体相继到长阳采访农村道路交管“路长制”经验做法。《公安内参》、省公安厅《全面深化改革简报》和《宜昌公安简报》先后刊发“长阳经验”。2017年12月11日，宜昌市公安局在长阳召开全市公安机关农村道路交通安全“路长制”推进会，面向全市推介长阳经验。

【长阳公安侦破公安部“2017-82”毒品目标案件】 2017年，长阳土家族自治县公安局在宜昌市公安局和云南警方配合协助下，成功侦破公安部督办“2017-82”毒品目标案件，打掉贩卖运输毒品团伙2个，抓获犯罪嫌疑人12人、起诉认定毒品46.39公斤，捣毁一个从境外经云南至湖北的贩毒网络。“2017-82”毒品目标案件，是长阳历史上破获数量最大的贩毒案件，省公安厅对此致电祝贺，湖北广播电视台、《楚天都市报》、中国禁毒微信、中新网等媒体进行报道。

【长阳新看守所及拘留所破土动工】 2017年2月9日，长阳土家族自治县重点建设项目——长阳看守所、拘留所新建项目破土动工。新看守所、拘留所建成后，将极大优化长阳监所安全管理硬件设施，提高在押、在拘人员生活水平，确保在押、在拘人员安全。施工单位是湖北沛函建设有限公司。

【“雪亮工程”建设】 2017年，长阳土家族自治县公安局会同县综治办、县发改局、县电子政务办等单位，组建工作专班，推进“雪亮工程建设”。内容是：全县规划新建一类摄像头360个，改造一类摄像头160个，完成相应云平台分中心建设；二类、三类视频监控联网至少382家；云平台分中心、新建和改造一类摄像头以及现有公安视频监控接入采取统一招投标，分十年支付的模式进行建设。县云平台分中心机房选址在长阳企业孵化器一楼，占地面积840平方米，建设投资2000万元。至2017年年底，全县建成视频监控联网云平台县级分中心1个、乡镇中心11个，新建一类摄像头360个，改造一类摄像头160个，视频监控联网达到382家，有5个乡镇综治中心与公安派出所视频监控互联互通。

【消防概况】 2017年，长阳公安消防大队以稳控全县火灾形势和遏制有影响火灾事故为目标，为服务地方经济建设和社会和谐稳定创造良好的消防安全环境。大队提请县政府和行业部门组织召开各类专题联席会议15次。县政府与11个乡镇政府、34个职能部门签订责任书，明确年度工作目标。明确全县193家消防安全重点单位、407家重点监管“十小场所”的监督责任和措施，做到监管到点、责任到人。县政府重视支持，投入50万元在中心城区建设车站执勤点，为磨市镇增配一辆18万元的水罐消防车，斥资220万元购置一辆32米进口底盘登高车。县政府对津洋口丹水新区第二消防站6亩消防用地进行选址规划。

全年发生火灾27起，未发生亡人火灾事故和有影响火灾事故，火灾起数比上年下降6.9%，直接财产损失下降73.19%。无官兵违纪、执法过错、群众投诉等事件，灭火和救援成功率100%，消防监督执法“零过错、零投诉”，网上“零炒作”。

【火灾隐患排查和专项整治】 2017年，县公安消防大队推进火灾隐患排查和专项整治。先后开展8类场所和夏季消防安全、电气火灾综合治理、高层建筑综合治理、冬春火灾防控、大排查大整治等各项消防安全专项行动，联合相关部门开展联合检查10余次。至12月29日，大队检查单位180家，发现隐患2312处，整改2047处，处罚62起，依法查封27家，责令三停23家，行政拘留8人，罚款14余万元，新时代服饰广场、长阳妇幼保健医院、惠康医院三处重大火灾隐患均整改完毕。针对长阳县粮食商业城、龙门老街、中心市场三处区域性火灾隐患，大队研究制定整改措施，提请县政府下发整改方案，明确具体整改时限。

【消防宣传教育培训】 2017年，县公安消防大队抓消防宣传教育培训。吸取全国重特大火灾事故教训，先后派员对各类人员密集场所消防安全管理人、控制室值班人员开展消防安全培训30余次，利用官方微信公众号发布消防信息332余条；投入3万余元印制各类消防宣传知识手册、海报挂图和消防围裙8万余份；通过三大通信商短信平台发布宣传提示20万余条，借助长阳地标建筑何家坪400米LED屏开展高频次、高质量消防宣传。

（刘宗玉）

责任编辑：田祥英

【长阳长途客运站实行实名售票】 2017年9月28日，长阳土家族自治县长途客运站实行公路客运车票售卖实名制，设置运行“人、证、票”三合一加安检管控系统，成为宜昌市内第一家实行公路客运线路实名售票的县（区）级客运站。长阳公安部门在该站设立警务综合服务站，为未随身携带身份证的群众开具临时身份证明单。

（曹佳莲）

检 察

【概 况】 2017年，长阳土家族自治县人民检察院批准和决定逮捕各类犯罪案件77件113人，人数比上年上升44.87%；不批准逮捕7件14人，人数比上年下降54.84%；提起公诉166件227人，人数比上年上升58.74%；不起诉7件11人，人数比上年下降15.38%。全年立办职务犯罪12件12人，立案数比上年上升50%。强化职务犯罪预防，结合办案开展预防和警示教育10场次、1500余人次；开展案例分析12件，发出《检察建议》7份，全部被相关部门采纳；提供行贿档案查询580次；联合邮政部门开展“预防邮路”活动。加强立案监督和侦查活动监督、刑事审判监督、刑事执行监督、民事行政检察监督。县人民检察院整体工作在全市检察机关综合考评中位居第二名，获得“全市先进检察院”称号。接待室被评为“全国检察机关文明接待室”。办理的董某某羁押必要性审查案被评为“全省执检优秀案件”。

办理网络新型犯罪和破坏金融秩序犯罪案件6件19人，协助追回赃款30余万元。依法、审慎办理涉及非公企业案件，批捕侵犯非公企业合法权益犯罪5件15人，起诉该类案件10件17人，不批捕2名情节轻微的企业实际投资人。办理曹某某吸收客户资金不入账一案，不批捕的同时，督促其赔偿20余名被害人损失共计90余万元，既保护非公企业合法权益，又保障民生权益。

图47 2017年12月4日，县人民检察院主办“保护生态环境促进绿色发展”新闻发布会暨公众开放日活动

（县人民检察院办公室提供）

依法打击各类破坏生态环境资源犯罪，共批捕该类案件5件5人，起诉15件19人，查办该领域职务犯罪案件6件6人，监督移送、监督立案12件。办理长阳首例非法采伐国家一级保护植物“红豆杉”犯罪案件。结合检察工作实际，守护绿水青山，开展“保护生态环境，促进绿色发展”专项法律监督工作。联合林业、国土等部门到11个乡镇开展非法采石专项检查，召开联席会、座谈会28次，走访职能部门和企业58家、露天采石场70家，排查非法采石场35家，下达整改意见31份，监督行政机关立办案件62件。参与生态修复6件，督促补植复绿84.02亩。抽调2名干警参与全县清江库区网箱拆除行动。针对省林业厅督办的崩尖子自然保护区核心区违规建设水电站一案，充分行使检察职能，将电站建设负责人李某某非法占用农用地的行为依法进行追诉，促使投资方同意无条件配合政府拆除。

妥善处理群众来信来访70件次。依法治访，办理田某某等3件4人、社会影响大、公众关注高的非访刑事案件，督促非访者退还非法占有的不正当利益42800元，进村入户调解结案5件6人。如董某某非法吸收公众存款一案引发的群体性上访，在办案同时，积极配合县城投公司做好息诉维稳工作。针对长期非法上访人员谭某某控告公安干警非法拘留、刑讯逼供一案，创新信访处理方式，举行公开听证会，取得良好效果。

加强未成年人司法保障，办理未成年人犯罪案件5件6人，办理侵犯未成年人合法权益犯罪案件3件3人，开展“检校共建”，选派1名法制联络员，以“防治校园欺凌，护航未成年人成长”为主题开展法制宣传4次，提升学生自我保护意识。

监督行政机关移送涉嫌犯罪案件6件，立案监督12件。刑事审判抗诉4件4人，市人民检察院全部支持，市中级人民法院改判2件，另2件尚在审理。监督纠正超期羁押2件，监督纠正社区矫正、刑罚执行违法违规案件28件，监督纠正脱管1件，开展事故检察1件，开展羁押必要性审查26件，查办刑罚执行领域的职务犯罪案件1件。办理民事行政检察监督案件16件，同上年比上升128.57%，受理行政公益诉讼7件，发出诉前《检察建议》6份，督促行政执法机关依法履职，办理自治县人民检察院第一起行政公益诉讼案件，督促县林业局收缴行政罚款20万元。加强控告申诉检察工作，办理刑事申诉4件4人，办理司法救助2件2人，发放救助金1.5万元。

【长阳县人民检察院办理三峡大学贿赂案件】 2017年，长阳土家族自治县人民检察院以高度的责任感和担当，成功办理省委巡视组交办的三峡大学相关人员贿赂案件4件4人，其中正处级干部1人、正科级干部1人，涉案金额达400多万元，得到省、市纪委及上级院领导的充分肯定。

【长阳县人民检察院推进司法责任制改革】 2017年，长阳土家族自治县人民检察院切实推动司法责任制落地生根。全院包括领导在内的18名员额检察官全部参与一线办案，其中6名入额院领导办案96件，人均办案数占员额检察官人均办案数的65.6%。成立8个独任检察官和6个检察官办案组，明确办案权限和职责，形成完整的责任清单体系，促进司法规范。规范审批，严格执行“谁办案谁负责，谁决定谁负责”要求，定期通报，形成长效化、规范化督促检查机制。

【长阳县人民检察院配合完成监察体制改革】 2017年，长阳土家族自治县人民检察院落实监察体制改革部署，及时传达改革精神，做好转隶干警思想政治工作，确保思想不乱、队伍不散、工作不断。协助县纪委做好编制、人员等调查摸底，做好职务犯罪线索、物品、档案清理移交以及工作衔接，按要求完成机构、职能、人员、办案装备划转，原隶属县人民检察院的反贪局职能及人员划转到新成立的县监察委员会。

【长阳县人民检察院完善阳光检务工作机制】 2017年，长阳土家族自治县积极向人大报告工作，重视人大代表、政协委员意见建议，及时办理并反馈结果。利用案件公开微信平台推送案件信息，为82名律师执业提供便利，此做法被高检院案管部作为经验转发。开展“公众开放日”暨新闻发布会等大型宣传活动，利用检察门户网站、“12309”检察服务热线、“两微一端”新媒体平台宣传检察工作，主动接受社会各界和人民群众监督。

（刘翠芳）

法 院

【概 况】 2017年，长阳土家族自治县人民法院受理各类案件2563件，审结、执行各类案件2467件。与上年同期相比，收案增加263件，结案增加255件，总结案率96.25%，法定期限内结案率100%。

全年受理刑事案件168件，审结163件，审结率97.02%。在已发生法律效力的判决中，判处十五年以上至二十年有期徒刑2人，判处五年以上不满十年有期徒刑14人，判处三年以上不满五年有期徒刑14人，判处三年以下（含三年）有期徒刑、拘役、管制174人（适用缓刑90人），免予刑事处罚6人。针对部分信访人长期缠访、闹访、赴省进京非访的突出情况，综合研判，加大打击力度，妥善审理覃某彪、杨某清、田某文寻衅滋事案。通过公开审理一批非法信访当事人违法犯罪案件，在人民群众中树立了依法信访、违法必究的信访观念。开展平安创建，严厉打击黑恶势力及“黄、赌、毒”犯罪。全年审理恶势力犯罪案件7件29人；审理涉黄犯罪案件2件4人；审理毒品犯罪案件8件10人，10名毒品犯罪案件被告人均被判处实刑。严惩贪污贿赂犯罪，全年审理贪污、贿赂案件8件8人。

全年受理各类民商事案件1489件，审结1443件，审结率96.91%。平等保护各类市场主体，营造良性经济发展法治环境。2017年3月，县人民法院成功调解14户农民与宜昌宝丰生态农业开发有限公司土地租赁合同纠纷，维护农民合法权益，同时为企业留下发展空间。以婚姻家庭、民间借贷、涉农、农民工权益保障等案件为工作重点，创新工作方法，提高工作效率，力求止争息诉，维护社会安定。2017年5月，县人民法院妥善办结涉及45名农民工工资案件，工资款85万余元及时兑付完毕，农民工合法权益得到了保障，社会矛盾得到化解。

全年受理各类行政诉讼案件16件，审结15件，审结率93.75%。完善诉前协调机制，通过了解行政相对人的诉请，对行政行为做好法律解释工作，将矛盾化解在诉前。依法支持行政机关经济产业结构转型、保障民生、促进经济发展等措施。推进环境保护公益诉讼，依法保护生态环境。2017年5月，县人民法院公开开庭审理了公益诉讼人长阳人民检察院诉长阳林业局不履行法定职责一案，判令长阳林业局对被非法占用的林地恢复工作继续履行监督和管理法定职责。

全年受理执行案件890件，执结846件，执结率95.06%。深入开展“雷霆行动”“霹雳行动”“飓风行动”“执行百日会战”等专项活动，着重对执行难案进行攻坚。全年司法拘留34人，搜查80余件次，采取冻结银行存款、拍卖财产等强制执行措施1200余次。全年接待处理人民群众来信15件，来访142件314人次。院长接待来信来访79人次。坚持高效、便民的工作原则，为群众提供周到细致地诉讼和信访服务。树立责任意识，规范信访接待流程，做到人人有接待，件件有答复。在关键时间节点，主动排查信访隐患，力求将矛盾稳控在基层，化解于诉前。不断增强为民意识，解决当事人的实际困难。全年依法对14件案件中的困难当事人准予缓交诉讼费用4.28万元，对10件案件中的特困当事人决定免交诉讼费2.43万元，对54件126名当事人进行了司法救助，发放救助款21.18万元。

【覃发国工作室】 2017年，长阳覃发国人民调解指导工作室积极协助乡镇维稳部门开展矛盾纠纷排查和纠纷化解。工作室为人民群众提供免费、细致的法律咨询服务，普及法律知识，提高群众法律素养，增强群众维权意识，引导群众采用合法途径维护自身权益。2017年，工作室通过接待和热线电话，为110余名群众提供了法律服务。

【少年审判】 2017年，长阳土家族自治县人民法院少年审判庭全年受理涉及未成年人犯罪案件4件4人，结案4件；受理涉及未成年人权益纠纷民事案件20件，结案20件；受理婚姻家庭案件140件，结案139件。从快审理涉及未成年人权益的民事、刑事案件，最大限度保障未成年人的权益不被侵害。少年审判庭加强未成年人心理疏导和法制教育，积极挽救每一名误入迷途的未成年人，让他们重新回归社会。近几年，长阳未成年人犯罪案件呈现下降趋势。

【景区法庭建设服务】 2017年，长阳土家族自治县人民法院在旅游高峰期到清江画廊景区开展法制宣传。联合景区管委会、都镇湾派出所等单位，为景区提供法律服务。提供一台价值40万元的巡回审判车，为景区法庭提升服务质量提供硬件保障。

（张鹏程）

司法行政

【概　况】 2017年，长阳土家族自治县加强法治宣传，开展多层次多方位的普法教育，深入推进法治宣传教育。启动“七五”普法，印发《长阳土家族自治县第七个五年普法规划》；自治县人大常委会出台《关于开展第七个五年法治宣传教育的决议》；县委、县人民政府召开“七五”普法推进会并进行骨干培训；出台全县“谁执法谁普法”责任制。县司法局在长阳广播电视台开办“平安法治长阳”专题栏目；在城区主干道及主城区公交站设置“法治护栏”；在清江亲水平台铺设“七五”普法第一期“法治文化长廊”；举办“法治宣传进乡村（社区）”暨全县信访问题法治宣传；联合县扶贫办等部门，开展“法律六进”工作；在都镇湾镇塘坊河村开展“12·4”国家宪法日“法治文艺乡村行”演出活动；开展“法治宣传进企业”活动；利用“3·8”妇女节、“3·15”消费者权益保护日、“5·12”防灾减灾日等宣传日发放资料约5000份，为群众提供法律、政策咨询约1000人次。

2017年，全县各级人民调解组织受理调处矛盾纠纷3102件，调解成功3027件，成功率97.6%；排查纠纷2067次，预防纠纷854件；防止民间纠纷引起自杀23件35人；防止民间纠转化为刑事案件61件143人；防止群体性上访91件774人；防止群体性械斗5件54人；打击长期缠访、闹访3人。

长阳土家族自治县司法局办理法律援助案件340件，结案率达95.9%；受理劳动维权案件176件，追回劳动报酬543万元，其中解决大型群体性农民工欠薪案件1起，涉及人数为52人，共挽回经济损失1342169元；接待来信来访、电话、网络咨询事项2913起，受援人数达3253人，为受援人避免和挽回经济损失3093余万元。围绕精准扶贫，实施"公证便民+"行动，扩大法律援助覆盖面，完善村居法律顾问制度，出台司法鉴定费用减免政策，完善便民服务平台建设。全年办理审前调查121件，新接收刑释解教人员91人。截至12月底，全县累计接收矫正人员1037人，累计解除矫正人员901人（其中含收监3人：龙舟坪1人，贺家坪1人，大堰1人），现有在矫人员136人（其中缓刑132人，假释2人，暂予监外执行2人）。全年受理各类公证事项319件，其中经济类101件，民事类218件，受理各类司法鉴定310件，出具司法鉴定书310件，无一投诉，合格率100%。

全县11个法务指导中心、159个法务工作站实现标牌、组织网络、工作职责、工作制度和工作流程上墙公示，688个法务工作网格法务工作队伍名单及联系方式在网格上墙公示。组建2768名法务工作员队伍，其中人民调解员688名；法律服务专业人员16名；法制宣传员688名；特殊人群关照员688名；法律援助协办员688名。截至2017年12月，共组织开展法制宣传活动173次，发放宣传资料22500份，参加人数达72400人；提供法律咨询1897多人次；提供公证预约服务5人次；代办法律援助3件，为群众避免和挽回经济损失600多万元。

图48　2017年3月21日，由县委政法委、县普法办、县司法局、县信访局、龙舟坪镇政府联合在龙舟坪四冲湾社区开展全县首场"信访法治宣传进乡村（社区）"活动　（县普法办提供）

【公证改革】 2017年，长阳土家族自治县司法局按照"依法依规有序推进"工作思路，深化公证机构体制机制改革，拓展和规范公证服务。综合考虑长阳经济社会发展程度、人口数量、交通状况和对公证业务的实际需求等，科学设置公证机构。坚持公证的"三公"性质，去行政化，防市场化，将公证机构纳入公益二类事业单位管理。将公证业务服务从县城延伸到乡镇，优化办证服务流程，减轻农村群众负担。

【吴凤艳律师为农民工索赔158万元】 2017年3月，长阳法律援助中心指派湖北博真律师事务所吴凤艳律师远赴青海成功办理农民工因公死亡赔偿案，为死者家属争取赔偿金140万元、丧葬费10万元、差旅费开支8万元。

（陈　瑶）

责任编辑：向家舟

科　技

科技政策

【长阳出台《关于进一步加快创新驱动发展的实施意见》】 2017年12月11日，经长阳土家族自治县人民政府常委会讨论通过，长阳出台《关于进一步加快创新驱动发展的实施意见》(长政发〔2017〕28号)(以下简称《意见》)。《意见》是根据国务院办公厅《关于县域创新驱动发展的若干意见》和《湖北省激励企业开展研究开发活动暂行办法》《湖北省专利条例》及宜昌市委、市政府《关于推进科技创新加快国家创新型试点城市建设的实施意见》等法规文件精神及科技奖励体制改革的需要而出台。旨在进一步发挥科技创新的引领作用，以科技成果转化运用为着力点，以人才集聚为根本，以创新平台建设为载体，以全面推进企业生产装备现代化为手段，加快实现产业转型升级、培育壮大创新型企业，为长阳经济社会绿色转型发展提供技术支撑。同时，废止县人民政府2011年出台的《长阳土家族自治县科学技术奖励办法》(2011年21号政府令)。

【《长阳清江创新基金管理办法》出台】 2017年9月12日，长阳土家族自治县人民政府第9次常委会通过，出台《长阳清江创新基金管理办法》(长政办发〔2017〕83号)。清江创新基金(以下简称创新基金)是长阳土家族自治县人民政府根据湖北省人民政府《关于武汉城市圈科技金融改革创新的实施意见》和宜昌市委、市人民政府《关于加快发展科技金融的意见》等文件精神而设立，旨在加快长阳发展创新型经济，完善科技金融服务体系，加大对科技型中小企业信贷支持力度。《长阳清江创新基金管理办法》中明确资金来源及管理、运作方式、支持对象、贷款流程、风险控制与代偿、监督与约束等条款。

(李书林)

科技经费投入

【概　况】 2017年，长阳土家族自治县规模企业R&D(研究与试验发展)经费支出占主营业务收入比重达1.1%；2017年县本级财政科技投入6352万元，占本级公共预算支出比例达到1.86%，其中财政科技专项投入1300万元，实施县级科研项目23项。

【清江创新基金】 2017年，清江创新基金正式启动，首期政府注资500万元风险补偿资金，撬动县农商银行贷款授信5000万元，首批12家科技型中小企业获得资格认定。巴国汇智创业园第一支民营小微企业创新创业引导基金扩资50万元，支持入驻孵化企业融资250多万元。

2017年，长阳科技局主动谋划，积极争取并组织实施国家、省、市科技项目10项，争取市以上科研经费670万元（当年到位570万元）。

（李书林）

科技团体与科技服务

【科技团体】 2017年，长阳土家族自治县科技团体9家，分别是长阳土家族自治县高山蔬菜研究所、县农科所、县魔芋科学研究所、白沙驿林科所、七里湾林科所、长阳土家族自治县甜玉米科技研发中心、长阳土家族自治县自然资源与生态研究中心、长阳巴人植物研究所、长阳生产力促进中心。

【国家高新技术企业申报】 2017年，长阳土家族自治县完成申报国家高新技术企业6家。其中：新增认定高新技术企业2家（友生渔业、夷天科技），新增非高企高新产品2个（湖北鸿亿肥业有限公司的两个产品：复合微生物肥、有机复混肥）。巴国汇智创业园被认定为国家级“星创天地”（巴国汇智星创天地），老巴王农业公司获省校企共建工程技术研究中心认定，丰润生物公司获市工程技术中心认定。

图49 位于白氏坪开发区的巴国汇智星创天地（县经信局提供）

因省统计数据修订，2017年调整后实际完成高新技术产业产值30.98亿元，完成高新技术产业增加值7.75亿元；预计全年高新技术产业增加值占GDP的比重提高0.5个百分点。

【科技合作对接】 2017年，长阳土家族自治县组织科技合作对接10多次，县内企业与华中农业大学、湖北省农科院、中南民族大学等高校院所新签订13项产学研合作协议。同时引进省级农业科技特派员、“三区人才”22名入驻长阳企事业单位开展技术研究。

【特色产业科技创新示范基地建设】 2017年，长阳土家族自治县重点加强建设栀果、魔芋、药用木瓜、清江鱼等10个特色产业科技创新示范基地，高山蔬菜产业化与生态环境治理协调发展关键技术等10多项关键技术实现新突破。“长阳皱皮木瓜产业技术集成综合示范”项目成功申报湖北省科技惠民计划专项，“抗灰斑病玉米新品种选育”项目成功申报湖北省技术创新专项重大项目（农业领域）。

图50 榔坪木瓜果实累累 （榔坪镇政府办提供）

（李书林）

地震管理

【概　况】 2017年，长阳土家族自治县科技局（地震局）联合县民政局开展“5·12防灾减灾日”集中宣传活动，活动主题“防震减灾重如山，全民携手保平安”。完善地震应急工作机制，县人民政府出台《关于进一步加强防震减灾工作的意见》，修订完善全县及11个乡镇的《地震应急预案》，指导86所规模以上中小学、幼儿园制定《地震应急预案》。加强应急值守，及时协调应对处置7月26高家堰（110.93E，30.73N）M2.8级和7月27日高家堰（110.94E，30.71N）M1.8级地震灾情。2017年度，长阳地震局被宜昌市地震局表彰为宜昌市2017年度防震减灾先进单位；2017年12月18日，被省地震局（鄂震发〔2017〕158号）评为2017年度县级地震应急工作先进单位。

（李书林）

科技成果

【专利成果】 2017年，长阳土家族自治县完成专利申请总量259件，其中发明110件（占年度目标107件的102.8%），实用新型119件、外观30件；完成专利授权总量87件，其中授权的发明专利15件、实用新型47件、外观25件。全县发明拥有量达56件，万人发明拥有量达到1.4件。

【科技成果转化】 2017年，长阳土家族自治县完成科技成果转化项目5项，超计划完成1项，完成技术合同成交额1.017亿元，规模以上企业R&D经费支出占营业收入比重预计达到1.1%。

科技成果大转化工程项目汇总表

表4

序号	成果名称	成果所属方	成果转让方	合同类型
1	魔芋飞粉改性材料生产关键技术研发	华中农业大学	湖北一致魔芋生物科技股份有限公司	技术开发
2	魔芋实生种子繁育技术开发	长阳土家族自治县农业科学研究所	湖北致力魔芋种业有限公司	技术开发
3	魔芋飞粉改性材料技术	湖北省农业科学院农产品加工与核农技术研究所	湖北一致魔芋生物科技股份有限公司	技术开发
4	高山蔬菜避雨延秋无栽培技术	长阳土家族自治县高山蔬菜研究所	长阳阳光农业科技有限公司	技术开发
5	超声膨胀离子源设计与研制	宜昌后皇真空科技有限公司	武汉大学	技术开发

（李书林）

知识产权

【知识产权知识培训与应用】 2017年，长阳知识产权局为贯彻创新驱动发展战略，助力产业发展，提升企业知识产权创造运用能力，增强企业核心竞争力，先后3次组织县内富饶新材料、红业建材、垚美软瓷、沛函集团、一致魔芋等10多家企业参加省市知识产权局在宜昌举办的“企业知识产权高级研修班”“专利分析初级实战班”“企业专利挖掘与布局”等培训学习。先后10多次邀请三峡、慧宜专利事务所代理人到富饶、垚美、长丹红木业、清江茗研、津洋口创新产业园等20多家企业开展专利现场培训、指导和服务，挖掘专利100余件，完成部分企业专利“扫零”工作，为县内现有高新企业和欲申报高新企业的企业做好专利储备。

成功申报红业建材公司获省第四批知识产权示范建设企业称号，获项目补助资金3万元，一致魔芋获省知识产权海外护航项目支持5万元，红业建材获市专利产业化项目支持10万元。

与宜昌市知识产权局联合开展一次知识产权执法活动，对长阳商贸流通领域部分经营单位开展专利执法检查，抽查200多种生活用品和200多种药品，办理假冒专利案件6件。

【专利申请与授权】 2017年，长阳土家族自治县知识产权局完成专利申请259件，其中：发明专利申请110件、实用新型119件、外观30件；企业专利申请总量163件，社会个人及学生申请96件。企业发明专利申请占比62%、实用新型占比68%、外观设计占比8%。完成专利授权87件，其中授权发明专利15件、实用新型47件、外观25件；企业专利授权总量62件，学生和个人专利授权25件。企业专利授权所占授权总量：发明专利授权占比93%、实用新型占比90%、外观设计占比5%。

（李书林）

气象工作

【气象观测】 2017年1月1日，新长阳气象观测站投入运行，气象观测值班室新配备6台电脑，各项业务值班规章制度、灾害防治图、防汛水利图、服务产品等均规范化上墙，观测值班环境明显改善。长阳土家族自治县气象部门强化日常业务学习及业务值守，将业务学习作为提升观测质量重要手段来抓。加强县内44个区域自动气象站的观测设备维护，区域气象站传输质量不断提高。全年气象观测业务质量稳定，地面测报值班全年无错情，自动站传输及时率99.93%，设备稳定运行率100%，数据可用率100%，值班质量100%。

【气象服务】 2017年，长阳气象部门服务全面、及时、准确。汛期前，成立汛期工作领导小组，明确工作职责。4月份，对国家突发事件预警平台及自建短信平台手机数据库进行更新，分别建立决策服务组、乡镇村组、地质灾害等群组，重点服务对象2854人，预警平台数据库更加完善科学。在每一次重大灾害性、转折性天气过程中，均做到领导靠前指挥，业务人员24小时应急值班，根据雷达回波、卫星云图等各类气象要素综合研判及时发布各类预警及天气实况信息。全年发布气象灾害预警信息121次（其中雷电46次、暴雨24次、大雾23次、大风7次、高温12次、霾2次、寒潮2次、道路结冰5次），34.5万条。发布雨情快报信息32期，森林火险气象等级预警80次。向县委、县政府主要领导部门发布重要气象信息专报9期，6月9日，长阳局部地区降雨量可能达到150毫米的重大气象信息专报，得到领导和各单位的高度重视并做好预防值守。及时准确的预警服务及决策气象服务，为全县防灾减灾工作作出积极贡献。

公众气象服务广泛开展。每日制作公众天气预报，通过县电视台、广播台播放。同时利用长阳气象微信公众号、农村网格四务通平台、县商密网等平台发布各类气象服务信息，制作发布春耕春播气象服务专题7期、夏收夏种气象服务产品8期、秋收秋种气象服务产品19期、农业气象情报6期、柑橘销售期专题7期。大力开展“直通式”气象服务，将全县专业合作社、种养殖大户负责人手机号码纳入气象服务手机平台，通过手机短信发布各类气象服务产品。与涉农部门合作，成立气象为农服务专家联盟。

专业专项气象服务。根据工作要求开展人工影响天气工作，全县境内有防雹作业站3处，远程碘化银地面发生器7处，全年有效开展增雨作业4次，碘化银烟条155个。强化部门合作，与县国土局、林业局合作开展地质灾害预警、森林火险等级预警专业气象服务，与清江画廊公司、方山景区合作开展旅游气象服务，与县环保局合作开展环保气象信息服务。

（邓丽熳）

责任编辑：田祥英

教　育

概　述

2017年，全县有各级各类学校58所，其中高中3所，中等职业学校1所，初级中学10所，九年一贯制学校5所，小学39所（含11个教学点及1所特殊教育学校），幼儿园40所（含民办幼儿园27所）；中小学生共计28182人（小学生14104人，初中生6888人，高中生3978人，中职生3116人，特殊教育学校96人）；全县幼儿园及中小学教职工共3048人（其中专任教师2500人）。

长阳加大教育投入。概算投资4.5亿元的长阳教育园区建设项目顺利推进，其中，高中部建设完成投资2.45亿元，主体建筑工程及室外工程年底竣工验收，初中部、小学部项目工程完成施工图评审和预算。

启动全县区域教育现代化创建。全县19所中小学创建为宜昌市教育现代化先进学校，3所学校创建为教育现代化学校，2所学校创建为寄宿保育制示范学校，8所幼儿园创建一级幼儿园。

实施教育扶贫资助10902人次750.7万元，1482人次享受春季“雨露计划”政策补助（职业教育的贫困学生每学期补助1500元）。

【教育“全面改薄”工程】 2017年，长阳按照全面改善贫困地区教育薄弱学校基本办学条件的要求，科学编制教育建设项目规划，及时更新教育三年滚动计划项目库。2017年省教育厅、发改委、财政厅下达长阳扩大学前教育资源、义务教育“全面改薄”、教师周转宿舍建设资金等3505万元，接收侨联捐赠资金70万元，苏州锦派置业有限公司捐建资金350万元，安排新建项目15个、维修项目2个。2017年开工项目25个，新建校舍22826平方米、维修校舍2321平方米、改扩建运动场19265平方米，总投资5196万元。2017年竣工项目21个，新建校舍21513平方米、维修校舍2321平方米、改扩建运动场22439平方米，完成投资3745万元。

【全省“国培计划”项目在长阳举办】 2017年5月23—26日，湖北省“国培计划”项目县培训管理者高级研修班在长阳举行，来自全省28个县市区和中国教育电台、中国教师研修网等六家机构108名代表参训。研修班开展专家讲座、经验交流、基地观摩、机构对接、案例分析等活动，采用集中培训、分组培训结合，突出情境式体验和参与式培训特征，到庄溪小学、都镇湾镇中心学校、磨市镇中心学校教师校本研修现场，发挥参训者作为学习资源的作用。

【教育干部培训】 2017年8月，全县暑期教育干部培训班在龙舟坪中学举行，各级教育干部200余人参训。分批进行，每批3天。内容包括警示教育讲座、党风廉政工作报告、特色亮点展示、新高考专题讲座、学校财务培训、督导评估通报、规范办学行为培训、心理健康讲座、新中考培训、分组交流探讨和新学年工作安排等。学员参训后进入管理岗位。

【湖北省特殊教育年会在长阳召开】 2017年12月8日，湖北省三类特教义务教育新课标培训暨2017年特殊教育专业委员会年会在长阳召开，全省各县市区特殊教育学校校长及其他特殊教育工作者240余人参会。会上，北京师范大学教育学部主任、博士生导师王雁教授开展新课标讲座，宜昌市特殊教育学校、武昌培智中心学校、长阳教育局等三个单位进行经验交流，长阳教育局副局长田贞徐作题为《构建“三全三特”格局，努力践行特殊教育“长阳方案”》报告。长阳把教育发展摆在首要位置，注重教育均衡化发展，积极探索特教班和随班就读相结合，解决“三类”特殊儿童（“智残”“体残”“肢残”）义务教育就学问题。长阳特殊教育学校、津洋口小学等学校在特教班工作上探索出诸多好经验。与会代表参观长阳教育园区、津洋口小学残疾学生随班就读资源教室和长阳特殊教育学校。

【三峡大学到长阳开展教育精准扶贫】 2017年11月1日，三峡大学到长阳开展教育精准扶贫工作对接。三峡大学党委副书记田斌率各部门、各学院负责人20余人到长阳具体对接教育扶贫相关工作，在长阳一中召开座谈会并为长阳一中、长阳二中授学生实践教育基地牌，在磨市镇中心学校捐赠图书，与长阳科技局、长阳旅游局对接科技扶贫项目。

【教育命名表彰】 2017年11月14日，长阳职教中心被省民族宗教委、省教育厅〔2017〕46号）评为“湖北省民族文化进校园十佳示范学校”；2017年12月4日，鸭子口乡中心学校被中国科协青少年科技中心、教育部基础教育司、国家发展和改革委员会高技术产业司、中央精神文明建设导致委员会办公室、中国共产主义青年团中央委员会学校部（科协青发〔2017〕74号）评为全国“2017年青少年科学调查体验活动推广示范学校”；同年12月27日，县实验小学被教育部（教体艺函〔2017〕10号）认定为第二批全国中小学中华优秀文化艺术传承学校（传承项目长阳巴山舞）。

（王妮娟）

学前教育

【概　况】 2017年，长阳县有幼儿园38所，其中公办11所，民办27所，另有附设幼儿班9个。全县在园幼儿5478人，其中公办幼儿园1926人，民办幼儿园3552人，学前三年入园率95%。有专任教师316人，其中公办专任教师114人，民办专任教师202人；专任教师中大专及以上学历219人。以县第一幼儿园、第二幼儿园和市级示范园为依托，定期开展分层培训、送教下乡、巡回指导和主题教研活动，每年培训园长20余人次、幼儿教师200余人次，做到培训、活动全覆盖，不断提升幼儿教师队伍素质和专业水平。

【学前教育经费投入】 2017年，上级转移支付安排支持长阳学前教育发展资金658万元，用于扩大学前教育资源及学前资助，改善办园条件，扶持普惠性民办幼儿园等。地方财政投入方面，县教育局制定并印发《长阳土家族自治县扶持普惠性民办幼儿园发展管理办法》，完善长阳土家族自治县普惠性民办幼儿园奖补资金分配方案。县教育局和县财政局印发《长阳土家族自治县学前教育资助工作实施方案》，给予贫困家庭幼儿入园资助，学前教育政府资助标准每生每年1000元。

【8所幼儿园创建一级幼儿园】 2017年10月12日至10月19日，长阳县人民政府教育督导室对龙舟坪镇龙津星城等8所幼儿园进行综合督导评估。评估组对照《湖北省幼儿园办园水平认定标

准》，通过听取汇报、察看园容园貌、观摩保教活动、检查保教设施设备配套情况、查阅资料等途径采集评估信息，经综合评估，认定龙津星城幼儿园、枝柘坪幼儿园、麻池幼儿园、经济开发区幼儿园、彭家河幼儿园、贺家坪镇中心幼儿园、小坳子幼儿园、世纪贝贝幼儿园为一级幼儿园。

（沈玉蓉）

基础教育

【概　况】 2017年全县义务教育阶段适龄少年儿童入学率100%，巩固率100%；15—17周岁高中阶段毛入学率97.2%，初升高比例达到98.54%。义务教育均衡系数小学为0.399，中学为0.375，各项指标均达到或超过国家标准。

2017年普通高考成绩实现新突破。一本上线率35.3%，本科上线率84.6%。全县一本实际录取588人，150余人通过各项专项计划进入国内重点大学就读，985、211重点高校实际录取221人，县一中6人达到清华、北大专项计划录取线，实际录取4人，创造长阳高考新纪录。在宜昌市2017年度高中教学质量评估中，县一中、县二中居同类学校前茅。

【德育教育】 2017年，长阳落实立德树人根本任务，贯彻执行《中小学德育工作指南》，提升学生核心素养。加强未成年人思想道德建设及学生习惯养成，学校德育工作水平不断提高。2017年4月，县教育局对全县第一批德育品牌学校进行表彰，11月至12月对第一批德育品牌学校进行复查。县一中、县实验小学被授予宜昌市第二批“德育品牌学校”称号，县实验小学被教育部评为第二批全国中小学中华优秀文化艺术传承学校称号（长阳巴山舞），榔坪镇中心学校、渔坪小学被评为宜昌市第二批“诗意校园”，都镇湾镇中心学校、津洋口小学被评为2017年宜昌市“花园式学校”，“一校一特”“一校一品”学校德育格局初步形成。

【素质教育】 2017年，长阳在推进素质教育的过程中，实行学校大课间活动，落实“阳光锻炼一小时”，组队参加宜昌市第五届运动会和西南片区足球联赛，成绩优异。实施学校体育工作年度报告制，完成2017年《国家学生体质健康标准》测试和数据上报。加强学校卫生保健，切实做好流行病预防和防控工作，落实中小学心理健康和生命安全教育课，确保少年儿童身体健康和正常教育教学秩序，促进学校和谐发展。举办“永远爱你美丽中国”长阳中小学生社团活动展演暨第十一届学生文艺会演、首届青少年钢琴比赛和全县第十三届青少年科技节。县实验小学被认定为第二批全国中小学中华优秀文化艺术传承学校。鸭子口乡中心学校被评为全国“2017年青少年科学调查体验活动推广示范学校”。

图51　2017年11月，长阳县实验小学学生进行四驱车练习，备战宜昌市科技艺术节　（县体育局办提供）

【教师队伍建设与管理】 2017年，长阳招聘新教师102人。招录义务教育教师87名，招聘14名教师补充到高职中和乡镇幼儿园。促进教师资源配置均衡，校际交流101人，占总数的10.4%。建立与市级教师专业荣誉衔接的人才队伍建设制度体系。建立青年教师课堂教学、基本功达标竞赛制度，通过青年教师素养大赛、创建“成长档案”等途径，激发青年教师持久动力，引领青年教师全面发展。县教育局开展为期两个月的教育教学视导，听课381节，微型研讨178科次，反馈35场次。评定32名县级“e教能手”。在4月至5月开展的“坚守职业道德培养高尚情操”主题师德培育月活动中，4所学校被评为先进单位，23名教师被评为师德标兵。在教师节前夕，通报表彰11个先进单位、52名优秀教师、30名优秀班主任和18名优秀教育工作者。教师覃俊国、刘发英分别当选宜昌市十大师德标兵和全国教书育人楷模。12月，出台《乡村教师队伍建设实施细则》（2017—2020年），从政策、待遇、管理等方面向乡村教师倾斜。

规范教师队伍管理。开展教师资格认定和教师资格注册。制定实施《关于对局管干部进行提醒、函询和诫勉的操作办法（试行）》。完善培训、研修和岗位锻炼的教育干部培训体系，任命23名校长助理。2017年9月，出台《中小学师德建设十项制度》，从师德教育、宣传、考核、惩戒、问责等十个方面做出具体规定，师德建设长效机制初步建成。开展有偿补课和违规收受礼品礼金专项治理，组织教师廉洁从教公开承诺签名活动。

【教育信息化】 2017年，长阳实施《长阳教育信息化经费保障机制》，完成“三通两平台”（宽带网络校校通、优质资源班班通、网络学习空间人人通；教育资源和教育管理服务平台）建设与应用阶段性目标。投入300余万元用于常规装备和信息化建设。将教育城域网出口提升为千兆，将各学校网络出口带宽整体提速升级，第一期“教育网站群”项目的20所学校全部建成，搭建全县中小学“互联网+”书香校园阅读与管理服务平台，试点建成“远程直录播互动课堂”优质资源共享平台，全面推广宜昌教育云平台应用，优质资源班班通建设进一步加强。

职业教育

【概　况】 2017年长阳职教中心校园占地9万平方米，建筑面积5万平方米，净资产8000万元。在编在岗教职工251人，其中宜昌名师2人、学科带头人4人、县级骨干教师和骨干班主任31人、市级双师型教师67人。校内60个教学班，3200多名学生，内设15个职能部门和群团组织。自办7个专业，其中3个省级重点专业（计算机

图52　2017年5月10日，长阳职教中心代表队获全国职业院校技能大赛网络搭建团体三等奖　（县教育局办提供）

应用、旅游服务与管理、学前教育）、1个省级特色专业（现代农艺技术）、1个市级重点专业（机电技术应用）、1个国家级示范专业点（旅游服务与管理专业民族音乐与舞蹈），联办汽车制造与检修、建筑工程施工两个专业。

2017年度职业技能大赛获得市赛17金28银37铜，名列宜昌市第一方阵；省赛7金3银1铜；国赛3项获奖。2017年职业技能高考二本录取124人，二本上线率67%，高职单招208人。

【长阳职校承办湖北省中职学生技能大赛】 2017年11月4－18日，湖北省中职学校学生技能大赛在武汉、黄石、十堰、宜昌、荆门、荆州6地12所承办学校举行，长阳职教中心作为宜昌市承办学校，承办中职组网络布线和企业网络搭建赛项，各市州11支代表队参赛。长阳获7金3银1铜的好成绩。

【职业教育活动月】 2017年5月18日，长阳职教中心举办第三届“职业教育活动月”。按国务院“职业教育活动周”要求和上级主管部门文件精神，县教育局将每年的5月中旬至6月中旬定为长阳“职业教育宣传月”。本届活动以“共筑职教梦、喜迎十九大”为主题，旨在弘扬劳动光荣、技能宝贵、创造伟大的时代风尚，提升职业教育服务县域经济发展的能力，进一步形成人人重视职教、支持职教的良好社会氛围，促进长阳职业教育快速健康发展。

教育研究

【概　况】 2017年，长阳研训中心先后组织校本课程培训、送教下乡培训、第二届教育后备干部培训、全员网络研修培训、新教师岗前培训等；选派717人次参加国家省市级以上培训56项。网络研修与校本研修整合培训1694名中小学幼儿园教师，参训率、学习率、合格率100%。送教下乡培训组织县级示范课59节，专题讲座26场次，参训教师1279人次。通过校本研修、学科工作坊、阅读教育名著、承办省市大型活动、参加市县研修活动、开展线上线下混合式研修、“三教征文”评选、编印《长阳教育》期刊等措施，为教师专业发展搭建平台。

2017年“一师一优课”全县晒课361节，县级优课361节，市级优课71节，省级优课16节，胡凤琴、彭少宜、黄振宇3位老师的课获部级优课。参加“湖北好课堂”评比，获市一等奖一人，市二等奖两人，省三等奖一人。校本研修“微改革”行动创新案例获市级一等奖1个、二等奖4个、三等奖3个。“三教征文”中，收到参评论文345篇（其中教管、教育117篇，教学228篇），评出一等奖56篇，二等奖116篇，三等奖173篇。2016年11月，宜昌市教育科学院组织的全市初中数学优质课竞赛由长阳承办，李杨、刘惠芳老师获市一等奖。2017年6月，市总工会和市教育局组织的全市中小学青年教师教学竞赛，王小凤、刘玉泉获初中数学和小学语文市一等奖。

【国培案例《借力国培打造校本研修升级版》获教育部表彰】 2017年9月，教育部公布首批33个“国培计划”优秀工作案例，长阳《借力国培打造校本研修升级版》案例入选，受到教育部表彰。该案例列入“工作经验”类，主要体现在网络研修与校本研修的整合上：三“点”战略，解决校本研修三大难题，“带动点”解决现场示范、专业引领问题，“联动点”解决教职人员分散、单打独斗问题，“智慧点”解决资源平台、技术应用问题；三种活动，建立校本研修新常态：常规研修“一师一课”，专题研修“一坊一讲”，特色研修“一校一品”；三个“立足”，打造校本研修升级版：立足常态备课，开展联片研修，立足主题整合，开展混合研修，立足校本需求，开展按需送教。《中国教育报》等多种媒体在省内外广泛宣传长阳校本研修经验。长阳作为国培项目县先进典型，多次受邀在上海、陕西、桂林、太原、武汉等国家级、省级高级研修班上宣讲。

【长阳获“全省教师队伍建设创新事项”】 2017年，湖北省评选出10个全省教师队伍建设创新事项、10个全省教师队伍建设提名创新事项。长阳“以国培项目计划项目县为支点，打造县级教师培训体系”获全省教师队伍建设创新事项。长阳成为国培项目县以后，借力国培，落实国培行动路线图，打造县级教师培训体系。体制创新：构建“研训一体”的管理体系。县研训中心每个研训员既是培训师，组织和参与各类培训，又是教研员，至少承担一门学科的教学研究任务，县、乡（镇）、校三级管理网络建立，并通过乡镇研训站发挥作用。机制创新：教师培训年度考核机制。落实校长第一责任人责任，每年对教师培训进行专项考核。活动创新：促进校本研修常态化。围绕国培项目，组织“一坊一讲”“一校一品”等活动。为使研修成为教师的工作常态，组织“信息技术与教育教学深度融合”课题研究；每年举办一次新教师岗前培训、教育后备干部培训，举办青年教师素养大赛；评价创新：基于“自主发展”研修评价模式。根据《国培项目校考核评估办法》《长阳土家族自治县中小学优秀研修组考核表》对学校和研修组一年进行一次考核评价，对优秀学校和研修组进行表彰；根据《教师专业发展报告册》填写情况，评价教师参与校本研修的有效程度；根据《长阳中小学（幼儿园）教师校本研修考评表》对教师个人进行考核并实行学时管理。考评中注重以学校、教师的自我评价为前提，以研修事实为依据，培养学校和教师的自主发展意识，成为激发教师积极主动参训的重要手段。

【暑期教育干部培训】 2017年8月9日至11日，全县暑期教育干部培训班在龙舟坪中学举行，各级教育干部200余人参加培训。此次培训历时3天，包括警示教育讲座、党风廉政工作报告、特色亮点展示、第一期教育后备干部培训班结业典礼、新高考专题讲座、学校财务培训、督导评估通报、规范办学行为培训、心理健康讲座、新中考培训、分组交流探讨和新学年工作安排等多项议程。按照培训方案有序推进第二期46名后备干部在岗研修和任职挂职锻炼，其中1名学员于10月份完成挂职锻炼重返任职岗位。所有学员进入管理岗位。

学校安全

【概　况】 2017年，长阳推进校园安全教育及安全隐患排查整改，加强“三防”（人防、物防、技防）建设，抓安全教育演练、增强师生生命安全意识，突出学生异常情况管理、严格教育教学活动安全管理，强化部门联动，全面优化校园周边交通秩序，坚决遏制校园欺凌和暴力事件发生，落实校园消防安全，规范流程管理、确保校园食品卫生安全，突出重点、落实危险化学药品管理和危旧房屋安全隐患整改，强化引导监管、确保网络安全落实。2017年，全县中小学幼儿园未发生一起校园安全责任事故。

【校园安全管理】 2017年，长阳成立以教育局局长为组长，分管局长为副组长，各乡镇中心学校、局属各单位及股室负责人为成员的“全县校园安全工作领导小组”。各乡镇中心学校、局属各单位也成立以单位负责人为组长的校园安全工作组织机构及工作专班，形成覆盖全系统的校园安全工作组织网络。制定2017年全县中小学幼儿园校园安全工作要点，组织召开校园安全管理工作专题会议6次，对校园安全工作的任务目标、工作重点、主要措施、实施步骤均提出明确的求。4月，集中开展“6+1”（防溺水、防校园欺凌、防校园贷侵害、食品安全、校车安全、防危化事故、开展心理健康专项教育）安全专项治理，对100所中小学幼儿园，排查安全隐患300余处，下达整改通知书19份。

【学生托管机构安全隐患排查整治】 2017年5月，县校园安全及周边环境综合治理工作领导小组对各乡镇人民政府下发《关于对学生托管机构安全隐患进行全面排查整治的通知》，历时8个月，先后经过自查整改、乡镇检查督办、县级检查通报等阶段，组织2个督察组对全县近170家学生托管机构和校园周边环境进行了重点督查，下达了隐患整改通知书和书面通报，为全面落实校园安全及周边环境综合治理工作奠定了基础。

（王妮娟）

责任编辑：田祥英

文化体育

概　述

【概　况】2017年，长阳土家族自治县文体新闻出版广电局推进送戏送书送电影下乡工程，完成各类送戏下乡演出289场，举办全民阅读活动70多场次，开展农村公益电影数字化放映1450场。县图书馆、文化馆均为国家一级馆，全县11个乡镇文化站面积均400平方米以上，全县154个行政村全部纳入中宣部贫困地区村综合文化服务中心覆盖工程。其中，110个村文化活动广场面积有500平方米以上。完成农村智能广播村村响“二期”工程终端安装，154个行政村安装终端1595只，完成101个行政村的县、乡镇、村联网。全县全部完成户户通工程建设，收集源数据65260条户户通发放情况，其中查实的全部整改到位。启动县级播控平台和8个主补点建设。建立省级“扫黄打非”进基层“双百工程”示范点2个，全年开展文化市场执法行动593家次。

图53　土家族舞蹈诗《姐朗河》演出照（县文化体育局办提供）

申报清江画廊旅游风景区和龙池山家庭农场纳入省级文化产业示范基地。卓尔生态旅游度假大溪片区等10余家企业进入“四上”文化企业。全年对上争取各类项目资金463万元，完成固定资产投资1560万元。11月24日，湖北省文化厅召开全省基层综合文化服务中心建设推进会，长阳在会上就推进“文化+旅游”建设，构建文化发展新格局的综合发展之路进行经验交流，探索出的“文化+”新模式的做法在全省推广。省文化厅在《湖北文化工作》简报2017年第8期刊发和推介长阳扎实推进文化扶贫工作的做法。

大型土家族舞蹈诗《姐郎河》、南曲《岁月静好人风流》参加宜昌市第二届艺术节文华奖、群星奖节目展演，分别夺得文华奖二等奖、群星奖一等奖。举办第六届全县农村文艺会演、全县广场健身操（舞）大赛、资丘非遗展演等群众文化品牌活动。“书香长阳”“雏鹰关爱”获全省“十佳成人阅读品牌”和“十佳少儿阅读品牌”奖。举办“畅游清江大爱长阳”为主题的“拳拳好友杯”长阳游泳邀请赛、“五一”垂钓邀请赛、2017全县职工羽毛球大赛、“清江画廊杯”2017长阳地标城市定向挑战系列赛。长阳举重选手田涛在2017全国男子举重锦标赛、第十三届全运会等多项赛事中摘得金牌并打破亚洲及世界纪录。长阳参加宜昌市第五届运动会获得32金22银19

铜的优异成绩，长阳代表团获体育道德风尚奖。

建立文物安全工作联席会议制度。“长阳人”遗址安防工程、麻池革命旧址军事委员会修缮、枝柘坪红三军军部旧址消防工程先后获省文物局立项。长阳先后获湖北省可移动文物普查突出贡献单位、湖北省博物馆六大陈列展览精品奖、“弘扬荆楚文化展示讲解员风采”讲解员大赛优秀组织奖。

（田翠华）

群众文化与文化市场管理

【展演作品创作】 2017年，长阳县打造大型土家族舞蹈诗《姐郎河》和长阳南曲《岁月静好人风流》等一批艺术精品，参加宜昌市第二届艺术节“文华奖”“群星奖”节目展演。画家杨小强的《笔墨心境》等多部作品多次进行全国巡展。完成第六届全县农村文艺会演。大型民族歌剧《哭嫁》正筹划创排。在市、省、国家级非遗摄影大赛中，刘影的《土家“撒叶儿嗬”》获市级银奖，张颖辉、覃庆华、习春年的作品荣获市级铜奖，付祖波等六位作者的作品获市级优秀奖。在湖北省文化厅举办的非遗摄影大展中，张颖辉、刘影、覃庆华的摄影作品获优秀奖。在第26届全国摄影艺术展览评选中，刘影的作品《愿景》入围第26届全国摄影艺术展（互见民生工程·民族民间文化保护工程）。

2017年长阳演出文艺作品名录表

表5

节目名称	节目形式	作词（编剧）	作曲	编导
洗脚	小品	吴开荣	—	覃冬临
转变	小品	赵胜龙	—	覃冬临
绝招失灵	小品	吴开荣	—	覃冬临
与法同行	歌舞	陈哈林	汪安全	刘利华
舞动青春	舞蹈	—	董峰（编曲）	陈鹏
清江引	歌曲	温新阶	毛成东	—
砸一席	歌曲	李磊	官芳	—

续表5

节目名称	节目形式	作词（编剧）	作曲	编导
土家幺妹穿军装	歌曲	张道清	张道清	—
岁月静好人风流	南曲	黄念清	王原平	唐静平
石城之水天上来	南曲	吴开荣	汪安全	李绪华
感动	南曲	吴开荣	汪安全	李绪华
光耀清江	南曲	吴开荣	汪安全	李绪华
跟着太阳向前走	情景剧	黄念清	王原平	唐静平
齐说维稳治天下	音乐快板	吴开荣	汪安全	李绪华
万众喜庆十九大	音乐快板	吴开荣	汪安全	李绪华
姐郎河	舞蹈诗	汤成龙	达愣巴雅尔	汤成龙

【群众文化活动】 2017年，湖北省土家族（长阳）歌舞剧团开展各类送戏下乡演出289场，其中文化惠民送戏下乡166场。长阳土家族自治县图书馆举办全民阅读“书香长阳”“清江讲坛”“雏鹰关爱”50多期。长阳土家族自治县文化馆举办社区辅导培训40多期；长阳老年大学模特班教学成果暨学员风采展示活动在长阳广场及清江河畔举办；在宜昌市老年体协举办的广场健身舞比赛中，辅导培训的指定项目和自选项目获组织奖、道德风尚奖、比赛金奖、最佳编排奖等四大奖项；组织辅导县实验小学、津洋口小学、花坪小学开展巴山舞、集体诗歌朗诵等节目在宜昌市第二届朗诵比赛中获优秀组织奖、团体组银奖；组织辅导四冲湾幼儿园、乖宝宝幼儿园、小童星幼儿园在全县第三十届幼儿文艺会演中分别获比赛一等奖、二等奖、三等奖。县文体新广局与县地税局、县教育局、县总工会开展全县职工书画比赛和全县中小学生美术书法比赛活动，与县教育局、县地税局联合举办的全县中小学生“喜迎十九大税宣进校园”书法作品比赛。成功举办全县职工书画比赛，200多幅作品参赛，近百幅作品入展，参观人次2万人次。

（田翠华）

【文化市场监管】 2017年，长阳土家族自治县加强文化市场监管以及队伍建设。落实湖北省安全生产隐患排查治理标准化、数字化（简称“两化”）管理，确保生产经营单位安全运行；加强安全生产管理，组织开展文化市场安全检查，签订安全生产责任制，落实安全生产责任制和责任追究制，完善安全生产工作规章制度，建立健全隐患排查治理长效机制，提高安全生产管理水平。全年进行安全检查150余家次，出动执法人员300余人次；召开安全生产培训会议2次，参会单位50余家次，参会人员100余人次；企业一般隐患自查836条，隐患清单排查634条，均完成整改。加大日常巡查力度，制止违法违规经营行为。在日常巡查和专项行动中，全年检查歌舞、游艺、网吧、演出等市场360余家次，出动执法人员750余人次。立案查处行政处罚案件7起，办结案件6起，罚款总金额6000元。强化农村演出市场监管，杜绝低俗及色情演出行为。推进“扫黄打非”进基层，依托乡镇文化站力量，建立协管机制，全面摸清农村演出经营单位基本情况，制定农村演出市场专项整顿方案。

（马玥骅）

新闻出版与广播电影电视

【新闻出版执法检查】 2017年，长阳土家族自治县文体新广局加强印刷复制企业检查。进一步规范经营秩序，严厉打击编印、出版、发行非法书报刊行为，严肃查处非法盗版盗印行为，坚决取缔利用广告印刷品非法出版的报刊和未经批准擅自从境外进口的报刊。全年检查印刷经营单位140余家，出动执法人员300余人次。加大专项行动整治力度，为党的十九大胜利召开创造良好的社会文化环境，深入开展文化市场专项保障行动，规范文化市场秩序。检查150余家次，出动执法人员470余人次，立案查处1起行政处罚案卷。以校园及周边环境为重点，开展校园周边环境整治行动。联合县教育局深入学校开展法制教育，提升未成年人的守法意识。开展“3·18”全国文化市场法制宣传教育日活动，召开全县文化市场业主法律法规及安全培训工作会议，与文化市场经营业主签订责任书，加大校园周边文化环境整治力度。同时将本行业法律、法规编印成册免费发放给经营业主，加大法律、法规宣传力度，促使经营业主守法依规经营。全年检查出版物市场210余家次，出动检查人员450余人次。

【农村智能应急广播系统建设及地面数字电视覆盖】 2017年，长阳土家族自治县人民政府制定出台《长阳土家族自治县农村智能应急广播系统运行维护管理工作细则》，确保农村智能应急广播村村响、天天响、优质响。完成农村智能广播村村响“二期”工程终端安装，154个行政村安装终端1595只，完成101个行政村的县、乡镇、村联网。完成户户通工程建设。启动县级播控平台和8个主补点建设，全县地面数字电视覆盖工作加快推进。广播电视高山台站全天候24小时值班，播出信号畅通，安全播出无事故。

（马玥骅）

【土家族电影故事片《哭嫁》首映】 2017年12月8日，电影故事片《哭嫁》在长阳土家族自治县县城龙舟坪镇首映。该影片全长92分钟，以1929年7月“中国工农革命军第六军（简称红六军）”主力在长阳资丘遭围剿惨败的历史事件为背景，以土家新娘舍生营救汉族红军女战士为线索，融入土家族“哭嫁”奇特婚俗和优美的长阳山水风光，讴歌长阳土家儿女敢于赴汤蹈火、舍生取义、无限崇高的革命情操与豁达的生死观，是一部具有民族特性、革命特性、婚俗特性的电影。影片由县文联撰稿，著名作家张道清编剧，县人民政府、武汉中艺影视公司、七叶文化传媒等联合投资出品，国家一级导演张友龄执导，郭凯敏、马以、倪青、雷婷等知名演员主演。是继长阳土家族电影《五女出嫁》、电视连续剧《土家第一军》之后的又一部土家族影视作品。影片从策划到首映，前后历时近两年。影片中展现了土家族撒叶儿嗬、摆手舞、吹打乐、花鼓子等多种民俗民风，是土家族“哭嫁”习俗首次以影视剧作的形式登上银幕。

（王小艳）

文物图书

【概　况】 2017年，长阳土家族自治县图书馆总藏量160658册（件），其中图书藏量144619册。全年流通13.6万人次，外借图书14.61万册次。2017年持续打造四大惠民品牌。在大堰乡边家坪村、钟家湾村，鸭子口乡杨溪村，榔坪镇马坪村等地开展“书香长阳”品牌活动；举办“清江讲坛”品牌活动15期，涉及文学、艺术、农业科技、文化教育等多个方面；开展“雏鹰关爱”品牌活动10多次，在第十四届“童之趣”杯征文大赛活动中，获优秀组织奖；“读写沙龙”品牌活动开展10余次。其中“书香长阳”和“雏鹰关爱”在2017年11月湖北省第二届长江读书节十佳评选中分别被评选为“十佳成人阅读品牌活动”和“十佳少儿阅读品牌活动”。全年流动服务借阅26968人次，流动服务借阅100069册次。推行总分馆制，建分馆18个，实现全县二级行政区域全覆盖，受众30多万人次。全面完成第六次全国县级以上公共图书馆评估定级，被县文体新闻出版广电局授予“优秀基层党组织”“先进单位”称号。2017年11月，图书馆选送的《恪守诚信》《行孝——让家的小船在爱的阳光下扬帆》《孝敬父母》《感恩父母》等文章在征文大赛中被湖北省知识工程领导小组办公室和湖北省图书馆表彰为第十四届“童之趣”杯“弘扬核心价值观，传递中华正能量”征文大赛单位组织奖。

图54　2017年3月28日，县图书馆到大堰边家坪村开展“文化惠民 · 服务百姓暨书香长阳 · 数图推广 · 流动图书 · 科技信息进乡村”活动。（彭汉洲 摄）

长阳加强文物保护和文物安全工作，认真落实文物保护单位“一处一策”工作机制。县人民政府成立文物保护管理领导小组，建立文物安全工作联席会议制度；将文物安全纳入全县宣传思想工作考评体系；县政协召开全县文物保护和利用协商座谈会。开展文物安全大排查，县博物馆、县综合执法大队组成联合检查组，对县境内40多处文物保护单位进行全面检查，在香炉石遗址进行消防演练。委托湖北省古建中心对“长阳人”遗址本体保护项目方案进行编制；完成麻池革命旧址消防工程延续项目、军事委员会本体修缮和枝柘坪红三军军部旧址消防工程项目计划申报。麻池革命旧址消防工程一期获省文物局批复，争取资金50万元，枝柘坪红三军军部旧址保养维护争取资金20万元。投入资金10万元，完成省级文物保护单位李发轫夫妇墓及市级文物保护单位向廷植夫妇墓的保养维护，安装视频监控。完成“川气东送管道二线工程”长阳境内文物调查。根据湖北省文物考古研究所统一安排和部署，9月下旬抽调4名专业人员组成调查组，对川气东送管道二线工程途经长阳境内榔坪、贺家坪、高家堰、龙舟坪四个乡镇进行实地调查，其中涉及较为重要的古文化遗址为高家堰彭家口遗址和龙舟坪镇杜家坪遗址，均为东汉时期。开展送展览走进特殊学校、红色苏区和重点贫困村活动。与湖北长江盘古教育科技有限公司（长江出版传媒和华师合资）合作共建“土家音乐文化数字化保护与展示关键技术研究及示范”基地。

【川气东送管道二线工程长阳境内文物调查】 川气东送管道二线工程从湖北省恩施土家苗族自治州巴东县耳乡湾村北约2公里、四渡河隧道出口处进入长阳境内，并行川气东送管道一线工程向东敷设，线路全长约96.7公里。根据湖北省文物考古研究所的统一安排和部署，2017年9月下旬，长阳县博物馆抽调4名专业人员组成调查组，经查阅二普、三普资料，按照线路走向图，对川气东送管道二线工程途经的长阳境内榔坪、贺家坪、高家堰、龙舟坪四个乡镇进行实地调查，调查于29日完成。调查发现重要古文化遗址两处高家堰彭家口遗址和龙舟坪镇杜家坪遗址，均属东汉时期。

【博物馆免费开放接待】 2017年，长阳土家族自治县博物馆及所属场馆实施免费开放，全年接待观众25万人次，讲解600多场次。利用"5·18"国际博物馆日和中国文化遗产日开展宣传，到红色苏区、特殊学校和贫困村举办临时展览，现场发放相关展览宣传册页、博物馆宣传资料、文化遗产保护宣传资料，为观众免费讲解。继续与县职教中心联合开展班级周活动，每周安排一个班分别到博物馆、巴人博物馆和彭秋潭纪念馆参观，结合学校教学需要，提供有针对性的博物馆教育服务，让广大青少年学生了解长阳历史和民族文化，增强文化遗产保护意识。全年接待青少年学生近3万人次。10月投资26万元用于博物馆大楼维修，增加无障碍设施，更换清江古城两馆馆内灯光。

图55 2017年9月29日，博物馆人员在高家堰彭家口遗址现场踏勘 （县博物馆提供）

【博物馆工作受表彰】 全国可移动文物普查突出贡献单位 2017年7月12日，长阳土家族自治县博物馆被湖北省文物局（鄂文物发〔2017〕13号）表彰为全省第一次全国可移动文物普查突出贡献单位。

六大陈列展览精品奖 2017年5月，长阳土家族自治县博物馆选送的"宜昌记忆——三峡民俗文物展览"被湖北省文物局和湖北省博物馆协会表彰为"湖北省博物馆六大陈列展览精品奖"。

免费开放先进单位 2017年3月30日，长阳土家族自治县博物馆被宜昌市文物事业管理局（宜市文物〔2017〕9号）表彰为免费开放先进单位。

（田翠华）

体育事业

【概　况】 2017年，长阳土家族自治县先后成功举办"畅游清江大爱长阳"为主题的"拳拳好友杯"长阳游泳邀请赛、"五一"垂钓邀请赛、2017全县职工羽毛球大赛、"清江画廊杯"2017长阳地标·城市定向挑战系列赛等大型体育活动。长阳举重选手田涛在2017全国男子举重锦标赛、第十三届全运会等多项赛事中摘得金牌并打破亚洲及世界纪录。长阳参加宜昌市第五届运动会获32金22银19铜的优异成绩，是长阳代表团在历次市运会比赛中取得的最好成绩，长阳代表团获体育道德风尚奖。

图56 2017年9月4日，长阳籍运动员田涛获第十三届全国运动会男子85公斤级举重比赛的冠军 （县文化体育局办提供）

【体育工作表彰】 全市体育工作先进单位 2017年3月7日，长阳土家族自治县文体新闻出版广电局被宜昌市体育局（宜市体字〔2017〕3号）表彰为2016年度全市体育工作先进单位。

全国群众体育先进单位 2017年8月14日，长阳土家族自治县业余体育运动学校被国家体育总局（体群字〔2017〕154号）表彰为2013—2016年度全国群众体育先进单位。

（田翠华）

责任编辑：苏美嫩

医疗卫生计生

概 述

2017年，长阳有县、乡、村三级公立医疗卫生计生机构410个，其中县直医药卫生计生单位5个，包括县人民医院、县中医院、县疾病预防控制中心、县卫生计生综合监督执法局、县妇幼保健院；乡镇卫生院11个、乡镇卫生分院4个、行政村中心卫生室154个、村卫生室分室236个。另有民营医院1所，营利性个体诊所66个，非营利性社会医疗机构17个。县、乡医疗卫生计生机构在职职工1950人，核定编制数1322人，目前在职职工中财政全额118人、财政差额862人、自收自支150人、临时人员820人，有专业技术人员1865人。在职专业技术人员按学历分：研究生2人、本科698人、专科921人、中专及以下244人，本科及以上学历占37.5%；按职称分：副高级及以上99人、中级476人、初级1254人，中级及以上职称占30.8%。现有在岗注册乡村医生447人，村（居）计生委员160名、执业（助理）医师962人、注册护士889人。按常住人口（40万）人计算，每千人口拥有执业（助理）医师数2.405人。县、乡两级医疗机构开放床位总数达到1992张，按常住人口计算，每千人口床位4.98张。乡镇卫生院以上医疗卫生单位总资产76016万元，其中流动资产39507万元，占总资产的51.97%。房屋面积130378平方米，其中业务用房98703平方米。2017年，全县医疗单位年门诊接诊997050人次，其中县人民医院363595人次、县中医院88910人次、县妇幼保健院60668人次、乡镇卫生院483877人次。年出院人次68580人次，其中县人民医院28429人次、县中医院4909人次、县妇幼保健院1166人次、乡镇卫生院34076人次。全县医疗机构总收入49376万元，其中县人民医院25321万元、县中医院5261万元、县妇幼保健院2687万元、乡镇卫生院16107万元。县级医院门诊人均医疗费用162.99元，住院病人人均医疗费用6141.27元；乡镇卫生院门诊人均医疗费用47.29元，住院病人人均医疗费1425.54元。全年卫生计生事业财政拨款17431万元（含卫生事业费15401万元，计生事业费2030万元）。

县卫计局坚持“标本兼治，综合治理，惩防并举，注重预防”的方针，强调依规依纪办事、以制度管人管事，加强日常监督检查。针对过度医疗、计生奖特扶等十个方面存在的重点问题开展专项整治，挂牌督办2件、扣罚相关医务人员绩效工资5.8万元。开展打击非法行医和医疗服务市场监督检查，下发监督意见书56份，对11起非法行医案件依法立案进行查处和取缔，公开曝光，对存在不依法依规执业问题的25家医疗机构进行行政处罚，没收非法所得7885.8元，收缴医疗器械28件，罚款5.45万元。受理、处理信访举报和政风行风热线投诉咨询件26件。其中县纪委交办10件，全部办结，办结率、回复率100%。全年立案查处8件，受党纪政纪处分8人。严肃查处基本公共卫生服务不规范、不到位、弄虚作假问题，整改问题线索3640条，开展约谈23人次，通报批评25人次。

（覃登峰　赵丽丽）

【医疗项目建设】 2017年，长阳医疗项目建设取得多项成就。投资1.6亿元的新中医院一期主体工程进入装饰装修阶段；投资5000万元的县妇幼保健院业务综合楼6月投入使用；渔峡口、磨市、火烧坪3个乡镇卫生院及榔坪卫生院乐园分院业务楼正在新建之中。争取村卫生室建设省政府债券项目1400万元，对全县65个村卫生室新建和改扩建，全县154个中心卫生室达到五化标准，10个乡镇卫生院达到四化标准总投资1.8亿元的县人民医院急诊医技综合楼项目纳入2018年中央全民健康保障工程项目，获得中央预算内投资5000万元，项目进入图纸设计和房屋拆迁阶段。

图57　2017年6月，投入使用的长阳妇幼保健院及医务人员

（覃卫华 摄）

【信息化建设】 2017年，是长阳卫生计生信息化建设成效最为显著的一年，筹资近200万元建立人口健康信息平台，县乡村三级医疗数据接入信息平台，与省市完成数据对接，实现互联互通。建成健康扶贫一站式结算平台。建成县乡村三级远程医疗会诊系统，完成与省市平台对接，能与省内外知名医院的专家实现远程会诊。让老百姓就近享受到最优质的医疗卫生服务。卫生计生信息化高速公路初步建成。

【卫计宣传】 2017年，长阳卫计系统在各级媒体刊用稿件880篇，其中省级以上媒体刊用37篇，市级媒体刊用174篇,《中国长阳网》《长阳卫生计生网》刊用446篇。加大健康扶贫政策宣传力度，制作3.5万份健康扶贫政策宣传折页，发放到每个贫困户手中，各乡镇卫生院和县直医疗卫生机构设置健康扶贫政策宣传栏。继续抓好全面两孩政策宣传。通过网站、微信公众号、宣传栏、电子显示屏等形式加大宣传力度，提高知晓率。加大卫生计生系统先进典型人物宣传力度。都镇湾卫生院健康扶贫医疗服务团队身背治疗仪、药品箱免费上门为贫困群众开展健康服务的先进事迹于2017年3月6日被中央电视台《朝闻天下》栏目作新闻报道。推出健康扶贫先进典型人物鸭子口乡马连坪村独臂村医——李友琼，他仅靠一只手，克服常人难以想像的困难，深山行医26载。被当地村民誉为“百姓健康的守护神”。被湖北省表彰为“荆楚楷模最美卫生计生人”，并作为“中国好医生”候选人上报。县人民医院妇产科主任皮艳春获长阳首届“土家工匠”称号。

【卫生健康表彰】 省健康促进县　2017年3月24日，长阳土家族自治县被湖北省卫生计生委（鄂

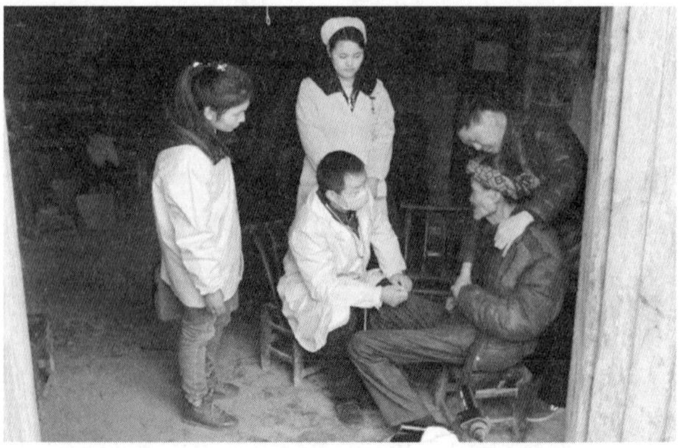

图58　2017年1月，都镇湾镇中心卫生院雷锋志愿团队在丰岩村贫困户家进行体检

（皮　丹 摄）

卫生计生通报〔2017〕22号）评为2016年度湖北省健康促进县。

省卫生县城　2017年4月1日，长阳土家族自治县被省爱卫会（鄂爱卫会〔2017〕3号）确认为2016年湖北省卫生县城。

省卫生先进单位　2017年4月1日，长阳土家族自治县人大常委会办公室、政协办公室、县纪委、县委宣传部、县委统战部、文体新闻出版广电局、房产管理局、司法局、龙舟坪中学、县卫生和计划生育局综合监督执法局、中医院、资丘镇中心卫生院、大堰乡卫生院、都镇湾镇卫生院、资丘财政所15家单位被省爱卫会（鄂爱卫会〔2017〕4号）命名为2016年湖北省卫生先进单位。

省卫生村　2017年4月1日，龙舟坪镇王家棚村，大堰乡九柳坪村、松元坪村，都镇湾镇重溪村，鸭子口乡厚浪沱村、静安村、马连坪村、鸭子口村、天柱山村，渔峡口镇招徕河村、沿坪村、赵家湾村、布政村，榔坪镇榔坪村、八角庙村、关口垭村，贺家坪镇渔泉溪村、白沙驿村，高家堰镇向日岭村19个村被省爱卫会（鄂爱卫会〔2017〕4号）命名为2016年湖北省卫生村。

省“四化”乡镇卫生院　2017年2月8日，榔坪镇中心卫生院被省卫生计生委（鄂卫生计生通报〔2017〕9号）授予2016年度湖北省“四化”（建设标准化、业务规范化、管理科学化、运行信息化）乡镇卫生院称号。

省妇幼健康优质服务示范县　2017年11月1日，长阳土家族自治县被湖北省卫生计生委（鄂卫生计生通〔2017〕55号）表彰为“湖北省妇幼健康优质服务示范县”。

（覃登峰）

医疗服务与管理

【医疗服务能力】 2017年，长阳县乡村医疗单位诊疗水平和服务能力大幅提升，县人民医院建成完备的血液透析中心、急危重症救护中心和层流手术中心。11个乡镇卫生院全部配置DR、彩超、全自动生化等大型检测设备，全县所有中心村卫生室配备健康一体机。以“进一步改善医疗服务行动”为契机，推进“医疗质量荆楚行”“优质护理服务示范工程”“平安医院”创建等活动，通过改善环境、优化流程、提升质量、保障安全、促进沟通、建立机制、科技支撑等措施，加强医疗质量管理，为患者提供安全、有效、方便、价廉的医疗服务。全年各医疗机构无重大安全责任事故和社会影响恶劣的案件发生，无医疗纠纷引发的重大群体性事件，无医疗纠纷非访和越级上访事件发生。全县完成无偿献血908650毫升，完成无偿献血2550人次，完成全年任务的108%。

【医疗服务示范科室】 2017年1月22日，长阳土家族自治县人民医院神经内科被湖北省卫生计生委（鄂卫生计生通报〔2017〕6号）授予“改善医疗服务行动计划示范医院示范科室”。

【医疗综合改革】 2017年，长阳县级公立医院综合改革各项指标完成。实行药品零差价同时，医疗服务价格调整880个项目，其中调增664项，调减216项。县中医院医疗服务价格调整292项，其中调增150项，调减142项。完善分级诊疗制度。“基层首诊、双向转诊、急慢分治、上下联动”的分级诊疗模式形成，县域内就诊率90.6%。巩固完善国家基本药物制度，乡镇卫生院和村卫生室全部通过网上平台采购基本药物，全年采购金额3000多万元，配送率和入库率95%以上。统筹推进公共卫生服务项目。完善基本公共卫生服务绩效考核办法和长效管理机制，明确乡（镇）、村两级基本公共卫生服务职责，加强对各项目执行情况的监督。以大数据比对为着力点，抓基本公卫服务。按照1+1+N的模式组建家庭医生签约服务团队，以老年人、高血压和糖尿病患者、残疾人、贫困人口等特殊群体为主要对象，完成家庭医生签约服务。常住人口家庭医生签约服务率83.7%，重点人群签约服务率88.58%。

（覃登峰）

【医疗质量管理】 2017年，长阳卫生计生部门认真贯彻落实《医疗质量管理办法》，开展医疗安全专项整顿，“进一步改善医疗服务行动”，推进“平安医院”创建，有效保障医疗质量和医疗安全。继续开展过度医疗和药品价格虚高问题专项整治。县域医疗费用实际增幅9.6%，较2016年下降7.7%，控制在目标范围内，其中县人民医院医疗费用增幅下降8.7%，公立医院药占比下降近3%。完善医疗纠纷投诉处理机制，发挥医疗纠纷人民调解委员会的作用，妥善处理医疗纠纷。调整全县医院感染管理质控中心挂靠单位和主任委员及专家组成员，开展专题教育培训，医院感染管理水平明显提升。成立县级质量控制组织，推进远程医疗服务和医共体建设。以县人民医院为依托，成立麻醉医学、医学影像、临床检验、临床药学和心电图等五个专业质量控制中心，其中麻醉医学质控中心是全省第一个县级麻醉质控中心。进一步加强临床路径管理。县直医疗机构均实施临床路径管理，其中县人民医院逐步增加临床路径管理病种至136个，病例入径管理率85%，比2016年上升10%。创建乡镇卫生院特色科室，打造基层医疗服务品牌。继大堰乡卫生院疼痛科、都镇湾镇中心卫生院康复理疗科于2016年被纳入省级乡镇卫生院特色科室建设项目后，2017年4家乡镇中心卫生院各申报一个特色科室纳入省级创建项目。推进优质护理。县护理质控中心举办全县基层护理病历文书书写培训提高班和优质护理培训班，县直医疗机构优质护理覆盖率100%。加强中医药服务能力建设。广泛宣传学习并贯彻落实《中华人民共和国中医药法》，公立医院加强“治未病”服务能力建设，积极开展冬病夏治、膏方调理等中医药特色服务。县中医院巩固省级中医重点专科和“名医堂”“养生堂”“知名中医工作室”创建成果，申报创建市级中医重点专科（心血管内科），县人民医院开设门诊中西医结合肝病等4个特色专病专科和住院康复中医科，全年中草药收入首次突破100万元，比2016年增长50%。医保支付政策支持中医药事业发展，县中医院新农合住院报销比例比县人民医院高5%，起付线低100元。巩固乡镇卫生院国医堂建设成果，都镇湾镇中心卫生院国医堂被推荐为第四批省级示范“国医堂”。资丘镇中心卫生院、榔坪镇中心卫生院被国家卫计委表彰为2016—2017年度“群众满意的乡镇卫生院”。开展继续医学教育。县直医疗卫生单位组织申报实施市级继续医学教育项目30个，全县卫生技术人员继续医学教育覆盖率100%。城乡居民健康档案规范化电子建档341937人，建档率88.6%。

（张俊芳）

【妇幼健康】 2017年，全县产妇人数2724人，出生2759名活产婴儿，其中男孩1430人，女孩1329人，未发生孕产妇死亡；婴儿死亡10例，死亡率控制在3.62‰以下，其中新生儿死亡6例，死亡率控制在2.17‰以下，出生缺陷27例，出生缺陷率9.79‰；5岁以下儿童死亡14例，死亡率控制在5.07‰以下。5岁以下儿童低体重率2.47%、生长迟缓率1.06%；孕产妇住院分娩率99.96%；高危孕妇住院分娩率100%；剖宫产率控制在57%以内；6个月内母乳喂养率98.28%；纯母乳喂养率94.00%；孕产妇保健系统管理率88.91%，早孕建卡率88.91%，产后访视率98.66%；7岁以下儿童健康管理率94.76%，3岁以下儿童系统管理率97.67%；完成免费孕前优生健康检查目标人群3200人（农村人口3040人、城镇人口160人），达到目标人群的100%；全年免费婚前医学检查3419人（农村人口3039人、城镇人口380人），目标人群参检率107%；开展生殖健康普查29180人（应查对象34708人），普查率84.07%；完成农村孕产妇（含城镇非从业居民）住院分娩补助

1991人次，补助率90.80%，补助金额97.77万元，救助特困孕产妇2人，救助经额10424.17元；完成农村育龄妇女“两癌”免费筛查3871人次（其中为全县8个2017年脱贫出列村妇女开展“两癌”免费筛查759人次），查出宫颈癌及癌前病变2例，乳腺癌及癌前病变3例；艾滋病、梅毒、乙肝母婴阻断项目检测1719人，检测率100%，其中孕早期检测率90%以上；农村妇女增补叶酸预防神经管缺陷项目新增服用3040人次，服用率93.28%，叶酸服用依从率87.66%，目标人群知晓率97.17%；为6—24月龄婴幼儿免费发放营养包22672人次，发放率92.38%，有效服用19166人份，有效服用率80.13%以上；完成贫困地区新生儿免费耳聋基因筛查项目任务969人次，筛查率达到筛查率92.29%，基因筛查结果阳性31人，阳性率3.2%。筛查结果为阳性儿童接受项目支持，进行听力诊断，听力障碍儿童为0人，对筛查结果阳性者跟踪随访31人；完成新生儿疾病筛查1676人次，筛查率96.60%；免费计划生育基本技术服务落实率100%，计划生育术后随访率100%，出生实名登记录入及时准确率98%以上，计划生育实名登记录入及时准确率98%以上；免费计划生育避孕药具发放率96.2%，药具“新五进”覆盖面100%。

（胡群英）

疾病防控与卫生计生监督

【疾病防控】 2017年，长阳土家族自治县法定报告传染病14种2360例，死亡3例。传染病发病率608.55/10万，死亡率0.77/万。发病数较上年同期下降2.91%；无甲类传染病报告；报告乙类传染病9种例，死亡1066例，报告发病率274.88/10万；报告丙类传染病5种1294例，报告发病率333.67/10万。发病数居前三位的病种依次为手足口病640例、其他感染性腹泻581例、肺结核531例。及时有效处置网络预警信息，2017年处置110起。加强霍乱监测防治，全县医疗机构开设季节性肠道门诊，登记腹泻病例243例，检索129例，检索率53.09%，无阳性病例。全年新增HIV感染者/病人10例，死亡2例。全县累计存活和接受管理HIV感染者及艾滋病病人45例，其中病人22例，HIV感染者23例，累计随访干预45人，随访干预率100%。开展性病防治，全年报告性病159例，其中梅毒54例，淋病15例，尖锐湿疣53例，生殖器疱疹17例、沙眼衣原体感染20例。全年开展冷链运转12次，一类疫苗应接种46924针次，实接种46680针次，接种率99.48%；开展肺炎、乙脑、HIB、狂犬疫苗、水痘等二类疫苗的预防接种，累计接种19734针次。接诊可疑肺结核患者1276人次，查出并免费登记和治疗管理肺结核患者534例。全年实施娱乐场所100%安全套使用项目，全年开展目标场所干预32家，384场次，干预覆盖率100%；干预暗娼506人，1012人次，干预率100%。完成507人次的艾滋病自愿咨询检测，任务完成率101.4%，未发现HIV抗体阳性病例，发现HIV抗体阳性0人。完成818名高危人群的HIV抗体检测，任务完成率100%，未发现HIV抗体阳性。开展孕妇免费检测，累计检测孕妇2220人，检测率74.22%，乙肝表面抗原阳性孕妇88人，梅毒阳性孕妇1人，均已按要求落实母婴阻断措施。做好地方病、慢性病防治，开展碘盐监测，抽检5个乡镇儿童和孕妇食用碘盐情况，合格碘盐食用率96%。开展地氟病监测，检查374名儿童氟斑牙患病情况，患病率3.21%，开展尿氟监测50人份，尿氟中位数为0.69毫克/升。开展疟疾监测与防治，全年血检205人，无阳性病例。做好农村癫痫防治管理，新筛查6人，治疗157人。启动人群死因监测，全县14家医疗机构实行死亡病例网络报告，报告死亡病例2999例。

（樊天柱）

【卫生计生监督】 2017年，长阳开展卫生计生十项重点问题专项整治，对发现的问题全部予以整改落实。严格公共场所卫生、生活饮水卫生和学校卫生监督检查，建立生活饮用水水质监测信息发布平台，全面启动县、乡生活饮用水水质监测信息日发布。加强医疗服务市场监管，在全县范围内开展医疗机构医院感染管理工作专项督查，对检查中发现的个别医疗机构制度不健全、重点科室基础设施不达标、消毒隔离制度和无菌操作制度不落实、手卫生欠落实等现象进行通报并责令整改落实。开展打击非法行医专项整治，促进医疗卫生机构依法执业、规范执业，规范医师执业行为，净化医疗市场秩序，建立健全日常监管长效工作机制，切实保障人民群众健康权益。开展形式多样的打击非法行医和维护老年人消费权益的活动。组建执法专班对健康养生馆、药店、按摩店、生活美容店、个体诊所、村卫生室等435家单位进行监督检查，对14个集贸市场、背街小巷、城乡接合部进行巡查，发现涉嫌非法行医线索17起。

（熊兴兵）

【卫生行政执法表彰】 2017年1月23日，长阳土家族自治县被宜昌市卫生计生委（宜卫生计生函〔2017〕15号）评为2016年度行政执法考核优胜单位。

（覃登峰）

计划生育

【概 况】 2017年度，全县出生人口2964人，出生政策符合率99.16%，出生人口性别比103.85。政策外多孩生育7人，政策外多孩控制率0.24%。已婚育龄群众综合避孕率86.21%，二孩及以上生育对象孕情监测到位率62.78%。加强计生干部队伍建设。按照省市要求，全县11个乡镇计生办全部更名为卫生和计划生育办公室，160个村居计生委员全部兼任妇幼保健员、疾病控制和卫生监督信息员。全县按照“2+X”模式（两名公务员+若干名聘用干部）配备乡镇计生干部45人，每个乡镇都配2名执法人员。全县调整8名计生办主任、7名计生办统计员、12名村计生妇女委员。配齐配强160个村（居）女计生委员，工资待遇达到了村居主职干部的80%，2016年全县村计生委员年工资待遇在2.8万元以上。加强业务指导和培训。县卫计局对全县11个乡镇的计生干部进行业务培训，对基础工作较为薄弱的乡（镇）、村（居）进行一对一辅导，县、乡、村三级计生干部业务能力和工作水平得到提升。加强计生信息化建设。着力搭建“互联网+智慧计生”建设，完善村（居）级计生工作网络，提高村（居）日常工作管理水平。加大村（居）在线服务平台手机版监管力度，实现数据资源互通共享。加大数据质量监管力度，对基础信息共享平台的出生、婚姻、B超、手术等信息，实时核查完善，确保数据的及时性、真实性和准确性。做到有疑问不放过、没有落实管理责任不放过、服务不到位不放过。

【计划生育民福工程】 2017年，确认农村奖扶对象10452人、特扶对象522人，其中当年新增奖扶对象1377人、特扶对象60人，发放奖特扶资金1329万元。落实特别扶助家庭独生子女死亡一次抚慰金30户、43人，落实一次性抚慰金29万元。落实独生子女保健费562人、46.13万元。企业退休职工和城镇计划生育家庭独生子女年老父母计划生育一次性奖励政策继续实行全覆盖。贯彻落实省政府办公厅《关于进一步做好计划生育特殊困难家庭扶助工作的通知》精神，与精准扶贫政策相结合，将计生特殊困难家庭纳入建档立卡贫困户管理，提高计生特殊家庭特别扶助金标准、为特殊家庭成员开设就医“绿色通道”、发放一次性抚慰金、提供再生育服务、发放“计划生育家庭成员医疗优诊证”、建立和完善联系人制度，建成一套完整的计生特殊家庭帮扶体系。

与精准扶贫对接，以“幸福计生·关爱关怀”行动为载体，围绕人民群众需求，积极创新服务模式，筹集生育关怀基金10万元，提升再生育服务水平。关爱计生家庭女孩助学，筹资10万元资助当年考上大学的计生困难家庭女孩100名。开展计生特殊家庭帮扶和救助，利用春节、中秋入户慰问；积极为“三留人员”和残疾人开展亲情化签约和上门健康服务；推进青春健康教育，落实关爱关怀“暖冬行动”。

（彭海平）

【出生人口性别比综合治理】 2017年，长阳推进出生人口性别比综合治理，完善十项“两非”管理制度，实行党政线、卫生计生线双线目标管理责任制，层层签订责任书，强化源头和过程管理。严格落实计划生育信息实名登记制度，规范“出生医学证明”管理。严格执行B超“双人三签字”、终止妊娠药品双处方管理和“三专”（专人、专账、专柜）制度。印发《2017年长阳土家族自治县出生人口性别比综合治理实施方案》和《长阳土家族自治县出生人口性别比综合治理工作督查方案》。全年开展两次“两非”专项督查，依法查处1起涉嫌违反计划生育“两非”管理案件。

【流动人口管理与服务】 2017年，长阳加强流动人口管理与服务。利用元旦、春节流动人口返乡时机，做好计划生育均等化服务管理。实施流动人口健康教育和促进行动，以新生代农民工、流动育龄妇女、流动学龄儿童为重点人群分类开展健康教育与服务。全年组织开展“新市民健康城市行”系列活动15场次，近2100人参加，发放健康知识手册宣传折页3000余份。流动人口卫生计生基本公共服务均等化服务率100%，流动人口跟踪管理到位率99.95%。推进留守儿童健康关爱，建立留守儿童健康档案，建档率100%。落实留守儿童关爱帮扶措施，加强流动人口计生协会建设，推进流动人口健康教育促进和均等化服务落实到位。

【计生表彰】 创建幸福家庭成绩突出乡镇、村　2017年2月8日，长阳土家族自治县榔坪镇、榔坪镇长丰村分别被湖北省人口和计划生育领导小组办公室（鄂人口组办〔2017〕3号）评为2016年度全省创建幸福家庭活动成绩突出的乡镇、村。

计划生育药具工作示范县　2017年3月29日，长阳土家族自治县被湖北省卫生计生委（鄂卫生计生通报〔2017〕24号）表彰为“2016年度湖北省计划生育药具工作示范县”。

计划生育基层基础工作示范村　2017年1月23日，长阳土家族自治县资丘镇万里城村、都镇湾镇西湾村、贺家坪镇贺家坪村、榔坪镇梓榔坪村、龙舟坪镇龙舟坪村、鸭子口乡静安村、渔峡口镇龙坪村、磨市镇峰山村、高家堰镇古城村被宜昌市卫生计生委（宜卫生计生函〔2017〕13号）表彰为宜昌市第三批计划生育基层基础工作示范村。

计划生育党政领导线目标管理优胜单位　2017年8月8日，长阳土家族自治县被宜昌市人口和计划生育工作领导小组（宜市计生领文〔2017〕1号）表彰为2016年度计划生育党政领导线目标管理优胜单位。

卫生计生目标考核达标单位　2017年3月16日，长阳土家族自治县被宜昌市卫生计生委（宜卫生计生发〔2017〕8号）表彰为2016年度全市卫生计生目标考核达标单位。

（覃登峰）

责任编辑：向家舟

社会民生

劳动就业

【概　况】 2017年，长阳土家族自治县全年城镇新增就业9268人，城镇失业人员再就业4928人，其中困难人员再就业1107人，城镇登记失业率为1.46%。实施全民创业促就业行动，继续扩大创业担保贷款规模，新增小额担保贷款发放5393万元，扶持创业502人，带动就业2016人。继续实施"精准就业扶贫工程"，将建档立卡贫困人员纳入重点帮扶对象。联合县扶贫办、教育局出台《关于进一步做好建档立卡贫困家庭"两后生"技能帮扶工作的通知》，实现有意愿参加培训的学员参训率100%。全年开展技能培训32期，培训1151人次。针对就业困难群体，建立就业援助实名制信息库，开展个性化就业援助，为全县656名公益性岗位人员落实岗位补贴641.3万元，社保补贴377.9万元。充分发挥援企稳岗、社保降费率政策对冲经济下行压力的重要作用，全年为69家企业发放稳岗补贴151.85万元，惠及企业职工5012人，减收社保费4501万元。积极组织"就业援助月""春风行动"、重点企业招聘会等专项就业服务活动，举办"人才、劳动力招聘洽谈会"23场，提供就业岗位8400个，与用人单位达成就业意向2465人，成功举办武汉市就业局"汉企就业直通车"对口扶贫招聘活动。继续扩大创业担保贷款规模，举办创业培训29期，为长阳创业者提供小额担保贷款3.22亿元。

【建档立卡贫困户就业创业培训】 2017年11月28日，长阳土家族自治县就业扶贫工程培训班开班，主要针对精准扶贫建档立卡贫困户。至年底，在都镇湾、榔坪、龙舟坪等乡镇开展就业及创业培训7期，培训203人次，培训内容涉及家政服务、电子商务等。

【2017年首场大型招聘会】 2017年2月6日，长阳土家族自治县人力资源和社会保障局举办以"就业扶贫，精准帮扶"为主题的2017年"春风行动"新年首场大型招聘培训活动，省内外68家企业提供岗位5400个，进场人数3100人，1900名劳动者与用人单位达成用工意向。

【煤炭行业化解过剩产能职工安置】 2017年，长阳土家族自治县积极落实关闭企业职工安置政策，在全县化解煤炭行业过剩产能工作中，协调相关部门，落实18家关闭企业职工工资1219万元，社保欠费482万元，落实工伤、医疗等遗留待遇50.2万元，发放失业保障金102万元。提请政府同意，在关闭煤矿企业补偿资金中预留20%，作为解决隐性工伤问题的备用金。对依法与企业解除、终止劳动关系的失业人员，办理失业登记，纳入就业创业政策扶持范围，组织437人参加职业技能培训，279人实现转产就业，47人被纳入公益性岗位进行安置，落实公益性岗位补贴和社会保险补贴95.6万元。为转岗人员提供创业指导300多人次，为65名创业人员提供小额担保贷款500多万元。

图59 2月28日，2017年春风行动大型招聘会在长阳人力资源市场举行 （赵灵禄 摄）

（胡 琴）

社会保障

【**概 况**】2017年，长阳城镇职工社会保险参保455459人次，其中：城镇职工基本养老保险48981人（企业基本养老保险在岗职工25708人，机关事业养老保险在职职工6967人）；城镇职工基本医疗保险347563人（职工医疗保险31761人，城乡居民医疗保险320812）；失业保险20038人；工伤保险23445人；生育保险15432人。社会保险费征收总额75128万元，其中：城镇职工基本养老保险征收53850万元（企业养老保险15790万元，机关事业养老保险38060万元）；城镇基本医疗保险征收19522万元（职工医疗保险10036万元，城乡居民医疗保险9486万元）；事业保险征收791万元；工伤保险征收699万元；生育保险征收266万元。城乡居民社会养老保险完成参保缴费193071人，综合参保率96%，征收养老保险基金2466万元，人均缴费额204元。全县社会保障卡持卡人数26.67万人。

新农合参保285430人，基金收入17272万元，基金支出20669万元，当期结余-3397万元，基金累计结余1713万元。2017年，全县新农合住院补偿61644人次，基金补偿17417万元，补偿率76.15%。

【**扩大社会保险覆盖面**】2017年，长阳积极引导就业人员参保，巩固建设施工、煤炭矿山等高风险企业工伤保险扩面成果，以养老保险转移衔接为扩面征缴新的增长点，进一步扩大社会保险覆盖面。稳步推进机关事业单位养老保险改革，将所有行政机关及事业单位全部纳入登记范围，2017年机关事业单位养老保险142家单位8347人全面上线运行。继续实施建设领域工伤保险和补充工伤保险制度，实现工伤保险全覆盖。

【**医保领域改革**】2017年，城乡居民医保制度实现全面整合，参保居民医保待遇水平显著提高。推进医疗支付方式改革，实行费用总额控制，扩大“一卡通”结算范围。城镇职工、城镇居民和新农合住院政策范围内综合报销率分别达79.46%、70.4%、76.15%。探索医疗监管方式改革，在全市率先整合新农合、城镇居民基本医疗保险信息系统，启动城镇职工医保智能监管审核，确保社保费按时收缴和基金安全。

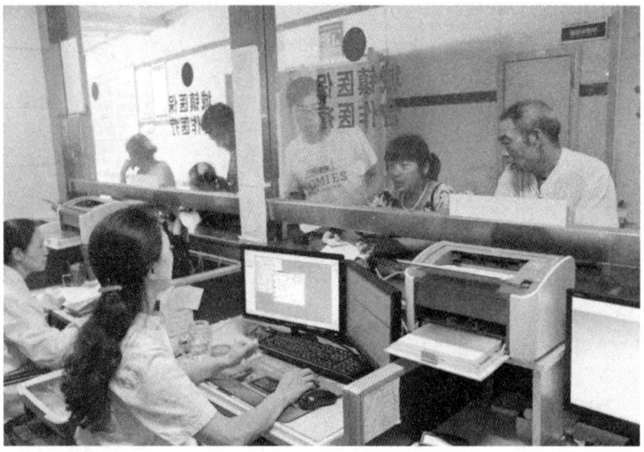

图60 2017年7月19日，长阳完成新农合、城镇居民基本医疗保险信息系统整合 （胡 琴 摄）

【**社会保障机构获表彰**】农民工工作先进集体 2017年1月4日，县公共就业和人才服务局被省政府农民工工作领导小组（鄂农工发〔2017〕

1号）通报表彰为湖北省农民工工作先进集体。

省级文明单位　2017年12月20日，长阳土家族自治县人力资源和社会保障局被中共湖北省委、湖北省人民政府（鄂文〔2017〕97号）表彰为2015—2016年度省级文明单位。

（胡　琴）

民政工作

【概　况】 2017年，长阳土家族自治县民政局精心编织社会救助网络，不断完善民生保障体系，切实提升民生保障质量。提升城乡低保标准，城市低保人月均标准提高80元，为580元/月，农村低保人均为4680元/年；以大数据核查为契机，营造更加公平的社会救助体系；精心构筑因病致贫防线，切实提高救助水平，城乡低保救助水平月人均提高55元；推进农村福利院建设，提升福利机构服务管理质量，提高特困群体供养水平，长阳12家农村福利院配备66名工作人员。

做好优抚双拥工作，妥善安置退役士兵，维护军人合法权益。"八一"、春节期间县委、县政府、各乡镇人民政府、民政局组织慰问"三属"（烈属、因公牺牲军人遗属、病故军人遗属）、伤残军人、在乡老复员军人、带病回乡退伍军人、两参（参战、参试）人员等重点优抚对象，走访慰问驻军部队官兵，营造双拥氛围；组织烈士纪念日活动。落实优抚政策，安置退役士兵6人。

加速构建救灾应急体系，切实保障受灾群众基本生活。加强救灾应急体系建设，加强灾情信息员队伍建设，提升应急能力。组织开展防灾减灾系列活动，开展综合减灾示范社区建设，5月12日，组织县民政局、地震局、消防大队等30个单位和龙舟坪镇龙门社区等6个社区在长阳广场开展防灾减灾活动，制作展板120块，悬挂标语约200条，利用电子显示屏宣传300条，发放书籍800余册、各类宣传资料1.7万余份。全力推进倒房恢复重建，受灾群众安全温暖过冬。严格执行救灾精细化管理，保障救灾资金安全规范运行，投资139万元为全县所有农房购买自然灾害保险，提升应对风险能力；下拨生活救助资金和倒房恢复重建资金120万元；下拨冬春生活困难救助资金416万元。

提高行政效率，提升服务质量。开展窗口服务星级评比，打造民政新形象，改善群众办事环境，完成一楼婚姻登记大厅整体改造。老龄工作健康发展，全年为10269名高龄老人发放敬老金334.8万元，办理老人优待证300个。区划与基层政权建设成效卓著，地名普查工作高分顺利通过省检，地名普查专题片获得省级专家高度肯定，地名志编撰有序推进，农村社区试点建设工作稳步推进。"三留守"（留守老人、留守妇女、留守儿童）工作成效突出。完善基础台账，全县留守儿童2192人、留守老人2946人、留守妇女930人（其中贫困留守儿童321人、老人899人、妇女178人）；建立"三留守"人员工作联席会议制度；开展"三留守"人员关爱帮扶，实现"三留守"人员关爱保护体系建设镇村组全覆盖；落实100万元临时救助资金用于"三留守"人员关爱保护。

对上争取资金13272万元，发放资金23465万元。农村福利院运转经费和管理服务经费按院平1万元和集中供养人平3000元标准纳入县乡财政预算。基层队伍得到有效充实，全县11个乡镇民政办公室按照鄂发〔2010〕7号文件要求配齐公务员和民政协理员。民政工作纳入全县各乡镇和县直单位综合目标考核并建立政府联席会议制度。

【长阳烈士陵园晋升省级烈士陵园】 2017年8月，根据《省民政厅关于公布第五批省级烈士纪念设施的通知》（鄂民政函〔2017〕557号）文件内容，长阳土家族自治县烈士陵园晋升为“省级烈士纪念设施”。

1957年，长阳在老坟园建成“资丘烈士纪念亭”。1968年，在烟墩台建成“七十七烈士纪念碑”。1992年4月，因隔河岩水电站兴建，迁址资丘镇桃山黑岩头复建。纪念碑高29.11米，碑身两侧分别镌刻有贺龙和廖汉生的题词。

根据国家、省、市民政部门对烈士纪念设施建设管理保护工作的统一部署，县委、县政府2011年立项新建长阳烈士陵园，投资1200万元，占地15788平方米，建有贺龙元帅题词墙、纪念碑、英烈墙、烈士墓、纪念广场、纪念馆等主体纪念建筑。其中：新建烈士纪念馆，建筑面积2310平方米；墓区面积4900平方米；纪念广场2200平方米；办公及生活用房建筑面积1800平方米。同年，长阳烈士陵园管理处经县委编办批准，成为财政全额拨款的优抚事业单位。管理处下设办公室、财务室、宣教室和档案室四个机构。陵园现有馆员4名，专兼职讲解员4名，保安人员2名。

2016年9月，烈士陵园竣工。墓区安葬465位烈士骨灰，纪念广场上设有921名烈士英烈墙，其中第一次国内战争时期3名，土地革命时期烈士731名，抗美援朝烈士187名。展厅共七室，分为序厅、正厅、尾厅三个部分，正厅分大革命时期、土地革命时期、抗日战争时期、解放战争时期、社会主义建设时期五个时期。展厅在色彩、造型、选材和艺术表现手法上，寓情于景，寓情于物，做到文、物、景、画并茂，打造简朴、实用风格，展示建筑、历史和遗物的庄重美。采用声、光、电、影等现代科技手段还原历史场景，再现斗争历程，增强展馆的视觉冲击力、情感震撼力和艺术感染力。布展内容按历史时期，重点突出贺龙元帅创建湘鄂边革命根据地中，中国工农红军第六军军长李勋等英烈人物的事迹，采用多种手法再现长阳党组织成立和西湾起义的场景画面，展示苏维埃政府公章、公文和根据地军民使用过的大刀、长矛等实物。反映长阳籍著名抗日英烈李竹林、“空战英雄”周志开等英雄事迹，展现有抗日战争时期鄂西会战的军刀、手雷、望远镜、手表等陈列品；以及解放战争时期和社会主义建设的英烈人物和物件。纪念馆增设新时期英烈人物遗物展台，2013年抢救落水群众英勇牺牲的吕俊锋烈士事迹展出。2016年10月，纪念馆陈列布展完成并正式开馆。纪念馆每日（含节假日）上午9时至下午5时免费对外开放，集体参观有讲解员陪同讲解。

图61　长阳烈士陵园（位于长阳资丘桃山黑岩头）

（县民政局提供）

【龙门社区被表彰为“全省综合减灾示范社区”】 2017年11月30日，长阳龙舟坪镇龙门社区被湖北省减灾委员会、湖北省民政厅（鄂民政发〔2017〕37号）表彰为2017年度“全省综合减灾示范社区”。

（汪　璐）

宗教工作

【概　况】 长阳有佛教、道教、天主教和基督教等四大宗教。正式批准设立的宗教活动场所5处，固定处所5处，即：石磙淌天主教堂，中武当道观，长阳基督教堂，观音寺、盐井寺、晓峰垭、清水堰天主教固定处所，西寺坪、习家湾和高家堰基督教固定处所。经县民宗局认定备案的教职人员 14 人，其中：佛教 3 人，道教 7 人，天主教 3 人，基督教 1 人。

天主教传入较早，信徒比较集中，全县有信徒 2300 多人，主要分布在大堰乡的石磙淌、赵家堰、清水堰、千丈坑及榔坪镇的秀峰桥 5 个村；基督教传入较晚，全县有信徒 400 人，主要分布在龙舟坪镇、磨市镇和高家堰镇，其中，龙舟坪镇的占 70% 以上；道教多为一般信仰，皈依信徒近 100 人；佛教信徒多集中在县城周围，有皈依居士 750 人左右。

2017 年，县民宗局充分发挥部门职能作用，认真学习传达全国、全省和全市宗教工作会议精神，贯彻落实党和国家的宗教政策，依法加强宗教事务管理，在宗教界开展"两学一跟"专题学习教育和社会主义核心价值观教育活动，积极引导全县宗教与社会主义社会相适应，为维护全县宗教和谐作出积极贡献。2017 年 5 月初，正式启动履职尽责点题督查工作，省、市、县相继派出指导组、检查组和暗访组多次到长阳县观音寺、中武当和仙人寨景区等重点场所进行实地查看，对长阳县突出问题的查找和整改工作均表示满意。11 月，县纪委组织召开全县履职尽责点题督查集中评议会，县民宗局在 10 个测评单位中居第三位。各宗教活动场认真学习新修订的《宗教事务条例》和全国全省宗教会议精神，积极参与政策法规宣传月、宗教慈善周、和谐寺观教堂创建等活动，全县宗教界保持和谐稳定的良好局面。

（王小艳　韩永波）

【宗教工作履职尽责点题督查】 2017 年 5 月 8 日，长阳民宗局召开履职尽责点题督查工作动员会，传达学习湖北省、宜昌市民宗系统加强履职尽责点题督查工作电视电话会议精神，对全县"落实宗教政策加强佛道教活动场所管理专项督查"进行安排部署。全县各乡镇统战委员、民宗局全体干部职工、全县宗教团体和宗教活动场所负责人参加会议。

督查从 2017 年 4 月开始，到 12 月结束。县民宗局以发现问题为核心，紧盯宗教活动场所、宗教教职人员、宗教活动，通过征求意见，组织开展细致的自查自纠，经实地督查，查摆出存在的几个主要问题：违规场所整改落实不到位。清江画廊的仙人寨景点违规建设的佛像虽然已封存，但还没有清理撤除；观音阁搬迁复建后还在进行宗教活动。道教活动场所加强监管不到位，存在香表价格不透明，售价随意性较大。寺庙建设监管不到位，观音寺、盐井寺因基础建设规模过大，存在不同程度工程欠账。盐井寺管理制度不健全，没有将管理制度张贴公布。宗教工作干部、基层干部宗教业务培训不够。

根据问题线索，县民宗局积极主动全面进行整改。佛道教活动场所张榜公开香表价格清单、盐井寺张贴公布管理制度，加强对宗教工作干部和基层干部宗教业务培训。对清江画廊景区的仙人寨景点借宗教文化打造景区的问题，县民宗局、县旅游局分别向湖北清江画廊旅游开发有限公司（景点租赁者）、宜昌清江腾飞旅游开发有限公司（景点产权者）下达《整改通知书》，景点内有关佛教文化色彩的文字、图片已全部清除；商店所售卖的佛珠等宗教用品全部清除；可移动的四尊佛像移出并进行无缝隙遮盖捆扎；其余三尊不可移动的佛像按民俗方面的改建方案进行改造，彻底去除宗教色彩。省市民宗委（局）对此给予充分肯定。

【宜昌市人大常委会副主任尚葵到长阳调研】 2017 年 5 月 9 日，宜昌市人大常委会副主任尚葵一行，到长阳对依法管理宗教事务情况开展专题调研。市人大民宗外侨委委员、自治县人大常委会常务副主任田大甲，自治县人大常委会副主任张武先等陪同调研。

调研组一行先后深入到长阳天柱山中武当道观、大堰乡石磙埫天主教堂等宗教活动场所调研，并与宗教界人士、信教群众及宗教工作者座谈，详细了解依法管理宗教事务情况，征求相关意见和建议。

尚葵对长阳全面贯彻执行党的宗教工作方针，依法管理宗教事务，深入贯彻落实《宗教事务条例》《湖北省宗教事务条例》等宗教政策法规，坚持依法管理宗教事务，维护宗教领域和谐稳定表示肯定。

【长阳县委中心组集中研学中共十九大宗教工作精神】 2017 年 12 月 19 日，长阳土家族自治县举办县委中心组第 14 次集中学习。省民宗委党组成员、副主任朱思林，市民宗局党组书记、局长张白华分别作宣讲报告。县委书记赵吉雄主持报告会，县委中心组全体成员、县各级各部门主要负责人、县委统战部、县民宗局全体干部等 160 余人听报告。朱思林以《党的十九大与宗教工作的新精神解读》为题，从把握新形势，充分认识宗教工作的特殊重要性；把握新精神，深刻领会习近平总书记关于宗教工作的新思想、新观点、新要求；把握新举措，切实做好新形势下湖北宗教工作等三个方面深入浅出地解读党的十九大关于宗教工作的新论述、新要求。市民宗局党组书记、局长张白华以《宗教问题怎么看、怎么办——解读全国、全省、全市宗教工作会议精神》为题，详细解读习近平总书记关于宗教工作的系列重要讲话精神，提出加强和改进新形势下宗教工作的对策建议。

（王小艳）

人民生活

【长阳城乡居民收入状况及特点】 长阳 2017 年城乡一体化住户调查资料显示：2017 年长阳城乡居民人均可支配收入 14111 元，比上年增长 8.96%，城乡居民收入呈稳步增长态势。其中城镇居民人均可支配收入 26532 元，比上年增长 8.32%；农村人均可支配收入 9687 元，增长 9.59%。居民收入四大结构中，城镇居民工资性收入增长 9.47%、经营净收入增长 7.33%、财产性收入增长 7.43%、转移性收入增长 7.24%；农村居民工资性收入增长 9.68%、经营净收入增长 8.25%、财产性收入增长 12.35%、转移性收入增长 11.62%。

【长阳城乡居民消费支出状况】 2017 年长阳城镇居民人均消费支出 17849 元，比上年增长 7.27%，占总支出 23228 元的 76.84%。八大消费支出匀呈增长态势：即食品消费人均支出 5318 元、衣着 2550 元、居住 2380 元，比上年分别增长 7.43%、8.51% 和 7.30%；文化教育和娱乐 2358 元、医疗和保健 1232 元，比上年增长 7.69% 和 7.22%；生活用品及服务 988 元、交通和通信 1325 元、其他商品和服务 1698 元，比上年增长 4.22%、9.05% 和 4.81%。

2017 年长阳农村居民消费人均支出 9219 元，比上年增长 7.93%，占总支出 13325 元的 69.18%。八大消费人均支出也呈全面增长态势：即食品消费人均支出 2938 元、衣着支出 755 元、居住支出 2088 元，比上年分别增长 9.30%、10.23% 和 5.45%；文化教育和娱乐支出 1052 元，医疗和保健支出 668 元，分别比上年增长 7.90% 和 6.37%；生活用品及服务支出 458 元、交通和通信支出 1050 元，其他商品和服务支出 210 元，分别比上年增长 7.01%、9.38% 和 6.06%。

（唐　青）

责任编辑：田祥英

乡镇概览

龙舟坪镇

【概　况】长阳土家族自治县龙舟坪镇辖区面积338.6平方公里，耕地面积2668公顷，其中：水田233公顷、旱田2435公顷，林地面积17615公顷。辖21个村、5个社区，157个村民小组，总户数38165户，总人口98365人，其中：乡村户数18640户、乡村人口57532人。全年社会固定资产投资98620万元，超11620万元完成预期目标，比2016年增长6%；公共财政收入24780万元，同比增长26%；工农业总收入445241万元，同比增长15%；农民人均纯收入15712元，同比增长8%；规模以上工业总产值10.85亿元，与同期持平；社会消费品零售总额323167万元，比同期下降23.5%。

全镇新发展茶叶122公顷，总面积406公顷，改造老茶园37公顷；新发展城郊蔬菜133公顷，总面积1234公顷；新建柑橘精品园33公顷，果园面积1099公顷。兑付到户扶贫资金1751户、159.1万元，帮助贫困户发展特色中草药种植13公顷、雷竹53公顷、甜柚57公顷、柠檬13公顷。投资426万元，建成集中供水43处、分散建池51处，解决3181人安全用水。实施农网改造升级项目，新增台区16个。投资2791.54万元，硬化乡村公路73.38公里，完成安防工程29.8公里，270公里农村硬化公路实现养护管理全覆盖。全年实施雨露计划264人、“两免一补”（免杂费、免书本费、补助生活费）政策1005人；347个五保户、515个农村低保户全部落实兜底政策；贫困人口参保率100%，贫困户健康管理建档率100%；238个贫困户享受健康扶贫新住院报销政策；评级授信6340人次，发放贫困户贷款828笔，胡家棚、合子坳2个贫困村全面出列，492户共1492个建档立卡贫困人口脱贫销号；实施易地搬迁197户、556人，改造危房317户。合子坳村成为全国光伏发电扶贫观摩现场。兑付方清公路、清江特大桥征地拆迁补偿款，两大工程顺利开工。全域旅游自主招商7个项目，总投资5亿元。

成功举办清江方山第三届“孝山冬祭”活动。沿头溪流域旅游扶贫规划通过专家评审，确立“一轴两线四区”（一轴：沿头溪流域，两线：清江画廊、清江方山，四区：小秦寨、野人溪、小岩屋、巫岭山）发展定位，有序实施开发。清江方山索道投入营运并成功创建国家AAAA级景区。完成郑家榜、全伏山两个村263栋特色民居改造。农家乐总数256家，其中建档贫困户6家。

加强农村基础设施建设。总投资630万元，完成潘家塘路改造；启动津洋口路改造，一期330米全面完成，二期240米完成路基开挖和挡土墙工程。新建垃圾房28个、垃圾箱25个，维修垃圾房178个，发放垃圾桶420个，配备清扫、保洁劳务人员45人，21个村清洁运输达到全覆盖。严格实施“河长制”，保护饮用水源地，在全县率先拆除清江网箱养殖，拆除网箱4000多只、2万余平方米，加强骡马溪、网洲溪水库监管，及时清除水库环保安全隐患，保障用水质量和安全。争取电力部门支持，实施农网改造10处，总投资1649万元。加强城镇管理，规范建筑市场、城乡居民建房、采石采砂行为，加大违章违法查处和打击力度，乱搭乱建、违规开采、砍伐等行为得到有效遏制。

全年接待人民群众来访1044批次、1476人次，较2016年同期下降9.8%，化解信访积案9件，越级上访比2016年减少10批次28人次，上访人数为历史最低，全年无人进京非访。安全生产工作被宜昌市人民政府表彰为“安全生产先进单位”。实施就业培训、月月推介招聘，全年转移农村劳动力2.2万人，实现劳务收入7.2亿元；全面落实城乡居民基本医疗保险政策，落实门诊补偿6.9万人次、77.13万元，住院补偿1.46万人次、4081万元，全镇参保率98.84%，其中：建档立卡贫困人口、民政救助对象等困难人群参保率100%；投资500多万元，启动建设福利院“冬暖”工程。开展大数据核查，核查问题线索5681条，查实并整改线索1308条。全域21个村中心卫生室实现产权公有化、建设标准化、服务规范化、运行信息化、管理一体化“五化”标准。农村智能广播“村村响”和“户户通”工程全面完成，新架设备音喇叭250只，总数410只，安装地面卫星接收设施165套，总数4013套，实现全镇“村村响”“户户通”全覆盖，村级群众文化活动广场等基础文化设施正抓紧配套建设。

【2017年经济工作会议】 2017年3月24日，龙舟坪镇2017年经济工作会议在长阳电影院召开。镇机关干部、镇直单位班子成员、全镇21个村和5个社区“两委”班子成员、村主任助理、村民小组长及部分重点企业负责人，450人参加会议。会议安排部署全镇2017年经济社会发展工作，制定“八项具体措施”：围绕基层党建狠抓队伍建设、围绕综合改革狠抓集体经济、围绕脱贫目标狠抓精准扶贫、围绕设施建设狠抓项目建设、围绕城乡统筹狠抓集镇治理、围绕生态环保狠抓乡村建设、围绕财政增收狠抓财源建设、围绕社会治理狠抓矛盾化解。镇党委要求，全镇上下更新观念、锐意进取、开拓创新，全力打好“五大攻坚战”，全面实现年度经济社会发展计划。会议表彰先进，签订2017年目标管理责任书，两河口村、郑家榜村、王子石村、镇重点项目办、移民工作站负责人就完成全年工作目标任务作表态发言。

【全国光伏扶贫代表观摩合子坳村光伏扶贫电站】 2017年5月26日，全国光伏扶贫现场观摩会在湖北宜昌召开，国家扶贫办主任刘永富率与会代表现场观摩长阳土家族自治县龙舟坪镇合子坳村光伏扶贫电站。合子坳村光伏电站由国网公司投资，南瑞公司承建，投资208万元，设计年发电量16万千瓦时，收入16万元。2017年2月28日开工建设，4月11日并网发电。合子坳光伏电站建成后，每年直接增加村集体经济收入16万元，解决村集体无经济收入问题。考察当日晚7时，央视新闻联播节目以《光伏扶贫新探索更好释放“阳光红利”》为题，对合子坳村的具体做法进行专题报道。

图62　2017年5月26日，国家扶贫办主任刘永富（前左二）率全国光伏扶贫现场观摩会代表在合子坳村考察光伏扶贫电站情况

（县扶贫办提供）

【龙舟坪镇签约5个项目】 2017年6月27日，长阳土家族自治县龙舟坪镇人民政府与长阳中武当文化旅游开发有限公司、长阳醉清江排筏旅游有限公司、湖北茶山源贸易有限公司、长阳泰集生态农庄有限公司、湖北方山传奇酒店有限公司5家企业签约，投资总额4.3亿元，项目涉及全域旅游及旅游配套服务、生态观光农业种植、特色高附加值产品深加工、建设世界名犬繁育基地等。

【第三届万人年猪宴】 2017年12月1日至2日、8日至9日，长阳土家族自治县龙舟坪镇人民政府、清江方山景区、龙舟坪镇郑家榜村联合，在清江方山景区举办龙舟坪镇第三届传统美食节暨清江方山万人年猪宴活动。活动主题为“孝山冬祭”，以土家祭祀文化为载体，推介品土家“抬格子”蒸肉、喝土家苞谷酒、赏土家歌舞、购乡村土特产等文化旅游体验项目。活动接待省内外旅客1万余人，创旅游综合收入400万元（参见“旅游”相关条目）。

【龙舟坪镇第十届人民代表大会第三次会议】 2017年12月24日，龙舟坪镇第十届人民代表大会第三次会议在龙舟坪镇人民政府召开，83名正式代表、40名列席代表出席和列席会议。会议听取并通过《关于接受向兴华同志辞去镇第十届人民代表大会主席职务请求的决定》，听取并通过《关于接受吴爱民辞去镇第十届人民代表大会副主席职务请求的决定》，听取龙舟坪镇十届人大二次会议代表建议办理工作情况报告，方继生当选新的镇人大主席。会议还听取镇移民站、城建中心向大会作出的关于接受镇人大代表工作评议的报告，并对其工作开展情况进行现场满意度投票评议。

（宗代国）

磨市镇

【概　况】 长阳磨市镇辖区面积219.68平方公里，耕地面积30375亩，辖12个行政村71个村民小组，总人口32759人，农业人口28315人。2017年农村经济总收入5.5亿元，地方公共财政预算收入1155.5万元，招商引资5000万元以上项目4个，规模以上企业工业总产值29969万元，限额以上商贸流通企业销售额5416万元，农村常住居民人均可支配收入7035元。全镇完成202户514人搬迁安置任务。新建茶叶基地2050亩。新发展纽荷尔脐橙1500亩，特早熟蜜柑1000亩，实施老园补植6000亩，纽荷尔脐橙品改5000亩，早熟蜜柑2000亩。完成560亩退耕还草任务。新建瓜蒌基地900亩。扩建蔬菜基地至400亩，新建生态观光采摘园100亩。花桥、多宝寺、救师口3个村1000千瓦光伏发电项目完成建设。创建峰山村“1156”试点示范村。成功引进瑞展新材料、大林山旅游农庄等项目。有中小企业23家，其中规模以上企业6家。省级重点项目“龙五一级路”一期路面建设进展顺利，部分路段开放通行。富饶科技新材料有限公司一期年产8万吨重质碳酸钙粉体生产项目完成投资7200万元，开工投产。垚美软瓷有限公司投资2000万元二期项目投产。占地50亩的长阳金环磨市2兆瓦分布式“农光互补”（“农光互补”就是棚顶太阳能发电，棚内发展农业生产的新型发展模式）光伏发电项目建成发电。铺设磨市天然气项目集镇管网以及主线管道。完善农业基础设施建设。完成救师口村500万元农业综合发展项目，完善硬化路、饮水池、机耕桥、田间沟渠等建设。争取并实施通村公路硬化指标41.93公里和生命安全防护工程28.091公里。加强电力设施日常维护，聘用护线员20余名。投入22万元增聘10名保洁员，争取18万元资金购置1台洒水车，配备垃圾勾臂车1辆，货运三轮车12辆，新增6个勾臂式垃圾箱以及700个塑料垃圾桶，实现清扫清运全覆盖。垃圾中转站项目完成设计选址。完成集镇棚户区改造一期450户178栋房屋危改，改造面积56159平方米，拆除22户违建遮阴篷等3190平方米，启动二期200户2.1万平方米改造项目。新建集镇菜市场1家，2017年3月投入使用。开展松材线虫病防治，累计投入60余万元完成1.06万株病害树木的清理；聘请60名护林员，实行绩效考核，查处辖区内超限额采伐、乱砍滥伐、非法占用林地、毁林开垦等破坏森林资源行为15起；累计栽植4.5万余株树苗。实施马鞍山煤矿出口水源应急抢险工程，解决集镇涉及村近千人饮水安全；完成东晟、金环、桥新3家规模养猪场粪肥综合治理，拆除花桥村非法码头6个，于2017年9月底完成岸现复绿。

全年出生政策符合率99.1%。独生子女保健费、计生并发症鉴定和“四术”免费等扶助政策全面落实。调整确认低保对象，发放城市低保、农村低保、五保等救助金259.84万元。落实大病医疗救助审批并结算331人次151019元。发放临时生活救助资金320人19.62万元。定期组织返乡劳动力、闲置劳动力专项就业培训3场次180人次。救师口小学教学楼建设完工投入使用。

将信访维稳第一责任压实到村，与各村、各单位签订责任制，对村单项考核比例提高至20%，另设1万元单项考核奖励。全面开展矛盾纠纷排查，排查矛盾125件，化解122件，加大“阳光信访”办件效率，办结74件，满意度98%。全覆盖建设“雪亮工程”，争取雪亮工程资金32万元。持续开展依法信访宣传，利用红白喜事、村民体检、广场舞、群众会等契机开展视频观看活动121场；在村、镇人口集中地和交通要道刷写依法信访标语62条；学校安排学生和家长一起学习观看依法信访宣传视频，写观后感1200余份。高度重视舆情处置，对网箱清理取缔、项目征地拆迁等民生相关敏感问题，开展专题研判会议3次，分析排查风险点并作出应对安排。开展打非治违专项行动，对道路交通运输、非煤矿山、烟花爆竹、民爆物品、危险化学品、建筑施工等重点行业领域专项治理整顿，煤矿和非煤矿山、企业查出整改安全生产隐患200余条，水上船舶与道路交通安全专项检查出整改安全隐患80余条，责令限期整改销号。严厉打击和处罚非法开采行为2处，查处非法经营烟花爆竹12家。全年未发生安全责任事故、群体性事件、民转刑案件。

【新材料项目落户磨市镇】 2017年11月17日，长阳土家族自治县磨市镇引进浙商投资的宜昌瑞展新材料生产项目在磨市工业园动工。该项目是长阳重点项目，总投资7000万元，建设六条环保装饰膜印刷生产线，利用长阳丰富的方解石资源，进行精细化新型装饰材料加工。一期工程设计年产4000万米新型环保装饰材料，预计2018年10月完工。二期工程2019年启动。项目完全建成投产后，可实现销售收入1.4亿元，年纳税900万元，提供就业岗位80余个。

【磨市镇完成495户83.21万平方米网箱清理】 2017年6月30日，磨市镇完成高坝洲库区331户62.02万平方米养殖网箱和水上生活棚拆除，启动隔河岩库区网箱和拦网抬网清理取缔。2017年7月底，在多宝寺村王家溪启动养殖户丁天宴160亩鲟鱼养殖基地征地，完成地勘设计进行施工。12月30日完成隔河岩库区164户21.19万平方米水域网箱清理取缔。养殖网箱全部清理拆除上岸，实现河里无网箱、无工作棚、无其他附属设施的“三无”目标。

【磨市镇光伏扶贫电站并网发电】 2017年4月5日，磨市镇多宝寺村光伏扶贫电站并网发电。该电站位于多宝寺村三组，占地约3900平方米，装机规模209.88千瓦，投资近191.98万元。2017年3月初开工，一个月完成设备安装，率先在全市102个光伏扶贫电站中并网发电。电站可运行25年，预计年平均收益12.41万元（参见工业·电力工业专题条目【宜昌市首个村级光伏电站成功并网】）。

（文莉佳）

大堰乡

【概　况】长阳大堰乡辖区面积249.43平方公里，其中耕地面积3185公顷，林地面积16887.67公顷。辖15个行政村，60个村民小组，户籍人口11886户32967人。2017年农村经济总收入83189.18万元，比上年增长9%；农村农民人均可支配收入7443元，比上年增长10.6%；地方公共财政收入1233.57万元，比上年增长17.39%。

全年粮食总产量9321吨，油料总产量1619吨，马铃薯总产量1889吨，新发展茶园5300亩，干茶产量1112吨，生猪出栏104901头，蝉联全县第一，山羊出栏92353只，家禽出笼8万只。发放农业支持保护补贴9247户3097559.84元。规模工业总产值15643万元，比上年增长10.95%；限额以上商贸流通企业销售额4892.5万元，比上年增长15.94%。全年完成固定资产投资24796万元，比上年增长74.62%。宜昌誉福农电子商务有限公司经营网络覆盖全乡15个村。全乡农村土地确权登记颁证工作完成。

湖北清江沁园茶业有限公司茶叶深加工项目4月投产运营，新招商引进宜昌子佑农业发展有限公司、长阳林邦茶业加工项目在边家坪村落户建成并生产，湖北长阳绿源渔业有限责任公司、清江鱼生态养殖项目在松元坪村和三洞水村开工建成并运营，湖北昌源矿业有限公司建成重晶石深加工生产线。投入农村公路道路建设资金1801万元，完成道路硬化66.46公里、“455”［用4年时间，建立省、市、县、乡（镇）、村等5级联动机制及责任体系，省级财政投入45亿元，基本完成全省国省道、县道、乡道及通客运班车村道的公路安全生命防护工程］安全生命防护工程56.77公里。投资50.85万元，解决大堰主变卡口问题。完成松材线虫病除治。投入469万元，解决集中供水7570人、分散供水1540人。推进村庄整治、生态文明村、美丽乡村建设，开展农村生活垃圾治理，全乡新增垃圾桶1000个、垃圾清运车15辆、新建垃圾场11个，获省级生态乡镇称号。网箱清理取缔工作有成效，全乡177户206818.75平方米养殖网箱，10户935.5亩拦网全部拆除。

精准锁定592户1743名脱贫对象，开展扶贫攻坚。全年倒房重建户发放救助资金24.99万元，因灾修缮重损户57户发放救助资金12.3万元，危房改造完成466户1354人，易地扶贫搬迁完成166户469人，592户1743人顺利脱贫。

全乡中学1所、小学4所、幼儿园3所（其中公办1所，民办2所）。在校中学生387人，专任教师47人，小学生746人，专任教师65人，在园幼儿299人，专任教师23人。小学适龄儿童入学率100%、初中适龄人口入学率100%、小学升初中升学率100%、九年义务教育覆盖率均为100%。卫生医疗机构30个，其中乡卫生院1所，职工医院1所，个体诊所3个，村卫生室25个。全年发放城乡居民社会养老保险金747.72万元、城乡低保金410.8655万元、优抚资金146.69135万元、五保金86万余元、临时救助金42.32万元、敬老金8.476万元。建立健全农村“三留守”人员关爱救助制度，成立关爱“三留守”人员残疾人领导小组，设立“三留守”人员活动中心。农村合作医疗参保人数26357人，参保率98.5%。

乡村两级全覆盖综合文化服务中心“七个一”（一个文化活动广场、一个文化活动室、一个简易戏台、一个宣传栏、一套文化器材、一套广播器材、一套体育设施器材）建设年底完成。构建七级（治调中心户、治调小分队、组、村、联村干部、分管领导、乡人民调解委员会）大调解工作格局，实施网格化管理，化解各类矛盾纠纷。开展重点整治，严厉打击违法犯罪，“雪亮工程”建成，15个村全部联网。调整充实乡安全生产委员会及15个专委会，配齐配强监管力量；生产经营单位实行监管责任“五包一”（盯矿领导、分管领导、经发办主任、经发办工作员、村党支部书记五个人包一个生产经营单位），推动生产经营单位安全生产达标创建，长阳大堰矿粉有限公司边家坪方解石矿Ⅰ号矿体通过省安监局验收，取得安全生产许可证。以矿山、危险化学品、烟花爆竹、消防等行业领域为重点开展安全生产大排查大整治专项行动，加强水上船舶安全管理，强化食品药品安全监督、消防重点单位和交通安全检查。

【湖北清江沁园茶业有限公司投入生产】 2017年4月，湖北清江沁园茶业有限公司投入生产。该公司是长阳大堰乡招商引进的企业，主要从事茶叶加工、销售、生态旅游等项目。项目2015年8月动工，2016年12月底竣工，占地约1公顷，建设综合办公楼2300平方米、厂房2800平方米。可实现年产值130万元，安置农民就业20人，带动帮扶贫困户50户。

【大堰乡集镇棚户区改造项目竣工】 2017年7月，大堰乡启动集镇棚户区改造项目建设，国家投资400万元，由乡政府统一规划、统一设计、统一施工，改造房屋19栋，涉及200户。11月，工程竣工。经过改造，集镇外墙刷漆统一，商铺门牌整齐划一，集镇居民居住环境和集镇面貌得到改善。

【大堰乡第十届人民代表大会第二次会议】 2017年3月29日，大堰乡第十届人民代表大会第二次会议在乡政府四楼会议室召开，85名代表参加。会议提出全年办好五件实事：投资1843万元完成6个村的农网改造；完成县下达的通村硬化路建设任务；完成县下达的饮水安全工程建设任务，解决三个出列村安全饮水；完成小坳子小学综合楼和教师周转房建设；启动棚户区改造项目。会议还对大堰乡人社中心、中心学校、卫生院进行评议。

【大堰乡第十次妇女代表大会】 2017年11月4日，大堰乡第十次妇女代表大会在乡政府四楼会议室召开，43名代表参加会议。大会审议通过王婷婷所作《聚合正能量，力促新跨越，为建好长阳“南大门”而奋斗》的报告、《大堰乡第十次妇女代表大会选举办法》、大堰乡第十次妇女代表大会监票人名单，宣读大堰乡妇女联合会第十届执行委员会候选人名单及说明。经过选举产生大堰乡妇女联合会第十届执行委员会委员15名，召开大堰乡妇女联合会第十届执行委员会第一次全体会议，选举产生大堰乡第十届妇女联合会主席1名，专职副主席1名，兼职副主席2名。

（李宝花）

都镇湾镇

【概　况】 长阳都镇湾镇辖区面积517.27平方千米，其中耕地面积1262公顷，林地面积5362公顷。全镇辖26个行政村170个村民小组，总人口52600人。2017年实现农村经济总收入26510万元，与上年基本持平。规模以上工业企业总产值1.91亿元，社会固定资产投资4.2亿元，比上年增长20%；公共财政一般预算收入1392万元，比上年下降27%；农民人均可支配收入5822元，同比增长10.2%。

粮食总产量17994吨，比上年减少7.8%；油料总产量3008吨，基本与上年持平；生猪出栏104703头，比上年增长3.3%；山羊出栏72513只，比上年增长2.6%；家禽出笼87880只，同期

图63　都镇湾镇茶园　　（田凤鸣 摄）

增长 2.5%。新建茶园 983.33 公顷，改造老茶园 300 公顷，茶园总面积 3250 公顷，其中，可采摘茶园面积 2025 公顷；发展魔芋 104 公顷，猕猴桃 80 公顷，油牡丹 150 公顷，新发展中药材 196.8 公顷，药材总面积 416.8 公顷。发展烟叶 11.47 公顷，总产量 22.93 吨。发展羊肚菌大棚 1500 余个，柠檬 30 公顷。有茶叶、栀果、药材等专业合作社 48 家，覆盖全镇 40% 的农户。

工矿企业 23 家，其中水力发电 12 家，非煤矿山 8 家，色素加工企业 1 家，农机制造企业 1 家，其他 1 家。水电企业装机容量 2 万千瓦，实现销售收入 2149 万元。长阳清江农机制造有限公司实现销售收入 7545 万元。全年公路硬化 80 千米，建设公路生命安全防护工程 98.653 千米，完成庄龙线 15.57 千米测设。全年投入 3054.46 万元提高供电水平，投资总额占长阳土家族自治县总投入 1/3；加大电力项目申报力度，完成 19 个电力项目共计 2856 万元的项目储备。实现庄溪 110 千伏变电站和麻池 35 千伏变电站正常运营。

完成危房改造 756 户，补助金额 844 万元。新建供水工程 51 处，改造 18 处，管网延伸工程 6 处，发放分散供水水罐 256 个，总投资 667.5 万元，解决 6782 人饮水安全问题。公租房全部竣工通过验收，绿化广场基本建成，农村综合运输服务站及幼儿园主体工程完工，佷阳小镇建设初具规模。完成集镇综合整治前期招投标。十五溪小流域治理完成。杜家冲村、五尖山村国土整治项目基本竣工，璞岭村国土整治项目实施。全面完成土地确权。

全年发放安装“村村响”设备 26 套、终端 260 个，实现 26 个村全覆盖。26 个村农家书屋更新图书 2 次，发放图书 780 本，建成麻池、峰岩 2 个学习基地，16 个村文化广场修建完成，成功举办第三届广场舞大赛、故事节等文化活动，首部土家民俗电影《哭嫁》在麻池取景拍摄，参加全县第六届农村文艺会演。适龄儿童少年入学率和学年巩固率 100%。新建、改建卫生室 9 家。转移安置农村劳动力 500 余人。

全年调处化解和有效控制重点信访案 10 余起；接待来信来访来电 300 余起 600 多人次，成功调处 270 余起；阳光平台登记办理 152 起，办结及时率 100%；累计发放奖励金 8 万余元。完成雪亮工程建设，建立起立体化、智能化、全天候的社会治安防控体系。

结合植树节等活动推进“清江岸线增彩”工程，实施人工造林 5200 余株。开展林木、林地、野生动植物资源保护及森林病虫害防治，完成森林资源林木资源动态监测。在保障农民自用材、薪炭材的资源消耗基础上，全面停止天然林商品性采伐，取缔木材加工厂 6 家，森林资源消耗量控制在计划内。建立天保工程生态公益林资源管护网络，落实 17 个村 8000 户二轮国家和地方公益林管护责任。崩尖子自然保护区成功晋级国家级自然保护区。完成水域内养殖网箱及围栏围网清理取缔，拆除网箱 98 户 7.56 万平方米。推进美丽乡村建设，樟木垒美丽乡村建设初具雏形，新申报塘坊河村为省级生态村、峰岩村为市级生态村。完成 2016 年度 93 户易地搬迁户拆旧复垦复绿。集镇污水处理厂完成征地、场平、设计。投资 150 万元建成垃圾收运系统。投资 5 万元修建垃圾填埋场围墙并对垃圾填埋场进行整治，开展农村生活垃圾治理。

核查低保、五保、残疾对象，重新核定农村低保户 3830 人，城市低保户 249 人。完成农村特困 271 人复核申报，特困供养标准提高到每人每年 7200 元。累计发放临时救助资金 43 万元。落实大病医疗、大病关爱、壹佰基金等医疗救助。将福利院事业费纳入政府财政预算，落实财政拨款 10 万元。争取资金 20 万元改善福利院生活和工作环境。落实残疾人生活补助，申报 11 人残疾人创业补贴。为部分易地扶贫搬迁对象配备电视机、家具。

【**12家新闻单位采访峰岩村“抓党建促脱贫”经验**】2017年11月14日至15日，新华社、中新社、《湖北日报》、湖北广播电视台、《三峡日报》、三峡广电总台、长阳电视台等12家中央、省、市、县主要新闻单位组成采访团对长阳都镇湾镇峰岩村“抓党建促脱贫”进行集中采访。

采访团集中观看《红色峰岩》专题片，听取县镇关于峰岩村“抓党建促脱贫”工作情况汇报，分组到户对近40名党员群众实地采访。采访团认为，峰岩村坚持“支部主导、党员主事、群众主干、企业主推”的“四主”模式聚力脱贫攻坚战役，紧紧围绕“让党员干部生活在群众中、让群众生活在集体中、让基层阵地筑牢在百姓心中”的“三在”要求，巩固脱贫攻坚成效，着力打造群众“生产离不开、生活离不开、感情离不开”的基层党组织，是深度贫困地区抓党建促脱贫攻坚的“峰岩模式”。这些成绩背后有着许许多多可歌可泣的感人故事，其好经验、好做法值得在全市、全省乃至全国推广。

中国新闻网、《湖北日报》《三峡日报》《三峡晚报》等媒体分别以《湖北长阳：凿山引甘泉“石头村”安全饮水全覆盖》《宜昌三个出列贫困村的追踪：一个好支部胜过千万投资》《红色峰岩“三在”聚力促脱贫打造乡亲们离不开的基层党支部》《“三在工程”润峰岩》等为题，对峰岩村“三在”“四主”的“抓党建、促脱贫”工作经验予以推广。

图64　2017年11月8日，都镇湾镇党委带领100多名镇村干部在峰岩革命烈士陵园开展主题党日活动，图为镇村干部重温入党誓词　（都镇湾镇党政办提供）

【**都镇湾镇党政班子成员到26个村轮流办公**】2017年4月初，都镇湾镇党委采用“流动党委会，无形宣讲团”形式，组织带领镇党政班子全体成员，用两个多月时间，走出机关，到26个村逐一办公，看亮点，找缺点，解难点，现场解决基层实际困难134件。镇党委倡导各村召开群众大会，由党政班子成员直接面向群众宣讲党的精准扶贫政策，激发群众响应党的号召，主动参与脱贫攻坚战役。至12月底，水竹园村、城五河村等12个村召开群众大会，参会群众5000人次。

【**宜昌市委书记周霁一行到峰岩村宣讲中共十九大精神**】2017年11月6日，中共湖北省委常委、宜昌市委书记周霁一行到都镇湾镇峰岩村，宣讲党的十九大精神，调研该村扶贫新模式。

党员陈清梅、村民陈加鹏和老村支部书记王洪德向周霁一行汇报开幕式当天收看电视直播和10月26日村党支部学习贯彻党的十九大精神具体情况。村党支部书记张济平向周霁汇报“四主”（支部主导、党员主事、群众主干、企业主推）扶贫新经验。峰岩村多年来运用“四主”模式，注重发挥村党支部核心引领作用，调动全村党员先锋模范带头作用，激发广大人民群众脱贫攻坚的主观能动性，争取企业联动帮扶，使峰岩村的脱贫攻坚工作取得阶段性成效。

市委书记周霁听取汇报后，对大家提出的道路扩建等困难逐一作答。他要求党员牢记身份，默默付出、无私奉献，帮助解决群众关心的问题，让战斗堡垒作用和先锋模范作用得到充分发挥，用自己的行动落实中共十九大精神。同时希望村党支部继续把以人民为中心的发展思想装在心里，撸起袖子加油干，把群众的向往变为现实，让村子更加富起来、净起来、美起来，让好日子芝麻开花节节高。

（田凤鸣）

鸭子口乡

【概　况】长阳鸭子口乡辖区面积220.87平方公里，耕地面积1539公顷，其中水田14公顷，旱地1508公顷。辖10个村委会，59个村民小组，总户数7420户，总人口22655人，其中乡村人口21213人。2017年地方公共财政预算收入1250万元，占全年目标任务的119%；完成固定资产投资19792万元，占全年任务1.8亿元的109.96%；规模以上工业总产值1989万元，占全年任务的79.56%。招商引资项目3个，总额17208万元，其中，5000万元以上项目两个：森富金融（6958万元）和杨溪生态旅游（8000万元）。带领本地务工人员，组建外出劳务及机械工程队伍38支，到全国各地承揽劳务和机械租赁合同。服务、安全监管6家矿山水电企业，协调处理巴山等4家关停企业的遗留问题；服务招祥、景龙、马连3家水电企业，做好扩能改造前期筹备，促进企业提质增效。光伏发电、黄鸭公路建设、国土整治、交通运输建设等项目顺利推进。

图65　2017年7月26日，杨溪肉牛养殖专业合作社给贫困户分红　（吴晓东　摄）

完成洞杨（洞口至杨溪）乡村公路8公里30处1200立方米塌方修复建设，解决近400户1500人的交通出行。完成9个村公路硬化49.05公里、66公里安保工程，解决4000多人农村安全饮水，农网改造、刘坪小学综合楼、红岩溪滑坡治理、国土整治、卫生院住院部改造等基础设施建设项目完成招投标，开工建设。静安、马连坪、鸭子口、古坪4村光伏发电项目6月份并网发电。对328户危房进行改造，确保贫困户住房安全有保障。完成9个村14处集中供水，解决1210人的饮水困难，分散解决17户45人的饮水困难。至年底黄鸭公路1.94公里修建工程开工。

全年举办农村实用人才科技培训3期，其中编草鞋2期，电商技术培训1期，参训200人次，组织培训和劳务输出1267人次。实施教育扶贫，救助贫困学生，鸭子口乡雨露计划补助115人。引导建立“公司+合作社+基地+农户”帮扶模式，帮助贫困户发展种植业、养殖业，更好建立贫困户长效脱贫机制，促进贫困户增收脱贫致富。静安村栀果专业合作社、马连坪茶叶专业合作社、天柱山村猕猴桃专业合作社、刘坪村甜柚专业合作社、古坪村魔芋专业合作社，带动扶持贫困农户179户。全年易迁户139户364人，其中已经招标2017年度第一批易迁户49户161人，全年集中安置立项46户46人。273户移民户有意愿在2017年实施避险搬迁，其中集中搬迁237户。

【农村电子商务服务中心挂牌运营】2017年4月26日，鸭子口乡农村电子商务服务中心挂牌运营，这是鸭子口乡实施农村电商“515+X工程”首家运营的乡级服务中心。鸭子口乡多措并举加快推进全乡农村电子商务发展，聚力打造鸭子口乡首个农村电商示范乡镇。采取宣传发动、培训指导、外出参观、典型示范等方式引导农村电商不断发展壮大。至年底，鸭子口乡有10个村级电商经销服务点。在全乡组建农村电商交通物流村级服务点，组织本土电商企业共同服务，有效提升全民的电商意识，为广大电商从业者提供农村电子商务基础培训、物流仓储、本地资源整合等项服务。

【长阳人民医院等对马连坪村民进行义诊】2017年6月17日，长阳土家族自治县人民医院和鸭子口乡卫生院联合组成扶贫义诊医疗队，在鸭子口乡马连坪村开展“健康扶贫，爱心永恒”公益活动，为马连坪村的300余名村民进行健康检查和诊断，测血压、血糖，开展内科、外科、眼科等各类健康保健咨询。开处方、指导用药，耐心解答群众的问题。对常见病、慢性病进行初步筛查、诊断，建立健康档案，并根据每位群众的身体状况提出治疗建议和健康指导。免费发放价值3000多元的药品，发放医疗保健知识宣传单200余份，接受患者咨询检查300余人次，现场指导慢性病40余例。

【杨溪肉牛养殖专业合作社为社员分红】 2017年7月26日，长阳土家族自治县杨溪肉牛养殖专业合作社精准扶贫结对帮扶分红现场会在鸭子口杨溪村委会举行。杨溪村第一批16户贫困户每户领取到5000元的现金分红。2016年开始，杨溪村整合金融扶贫政策和瑞鹏农业公司驻地杨溪的优势，以贫困户承贷、公司担保、合作社代养、贫困户年终分红的模式，结对帮扶56户贫困户走产业脱贫道路。

【拆除库区网箱】 2017年，鸭子口乡登记入册的网箱养殖户211户，面积217808.76平方米。8月4日，乡党委、乡政府成立网箱清理取缔攻坚指挥部，从移民站、财政所、派出所抽调人员组成工作专班。县水产局派出渔政执法船一条协助专班开展工作。工作专班进村入户对全乡所有养殖户进行政策宣传，了解实际情况，送达《清江库区长阳水域养殖网箱及围栏围网限期拆除通知书》，帮忙解决存鱼销售及转产发展问题，确保按时全面完成，进一步改善人居环境。

（胡绍红）

资丘镇

【概　况】 长阳资丘镇位于自治县西部，辖区面积384.18平方公里，林地面积291.8176平方公里，森林覆盖率77.8%。耕地面积4407公顷，其中水田180公顷，旱田4216公顷。辖20个行政村（居），126个村民小组，12213户，总人口39269人，其中农业人口35070人，非农业人口4199人。

2017年完成财政收入1252万元；地方公共财政预算收入1251万元；固定资产投资4.77亿元，增长67.97%；限上商贸1.804亿元，比上年减少2.85%；农村经济总收入5.067亿元，增长11.13%；农民人均纯收入5434元，增长9.6%。高山蔬菜播种面积4000公顷，综合收入1.3亿元；茶叶种植面积460公顷；新发展椪柑、伦晚脐橙92公顷；新发展茶园13.33公顷，改造旧茶园53.33公顷；新发展木瓜40公顷，木瓜总面积533.33公顷；魔芋26.67公顷，银杏66.67公顷，独活46.67公顷；烟叶种植面积68.27公顷，产量19万公斤，烟叶税收收入70万元。

引进湖北黑小妹茶叶有限公司落户竹园坪村，引进湖北昕坤建筑工程有限公司注册登记，

图66　2017年年底，资丘镇清理清江库区养鱼网箱

（资丘党政办提供）

中东石化津洋口站稳步发展。杨桃路改造升级、天池口大桥、柿晓线产业通道等建设项目稳步实施。集镇桂花街综合开发项目区内三条高压线路迁移改造完成。成立镇项目办公室，下设8大指挥部，落实专班推进易地搬迁、安全饮水、公路建设、危房改造、国土整治等重点项目建设。完成易地扶贫搬迁120户319人；完成危房改造545户；解决4781户14606人安全饮水困难；完成农村道路硬化125公里，生命安全防护工程87公里；五房岭村2500亩，天河坪村4000亩国土整治项目建设任务稳步推进；柳松坪、水连等7个贫困村光伏电站全部建成并网发电，实现村集体年收入110万元；完成10个台区农村电网改造工程。

成功举办资丘镇第42届非遗文化展演和第三届农商行杯广场操（舞）比赛，获全县第六届农村文艺会演冠军，资丘文化站被评为全省最美文化站。从抓案件着手，打击处理3人次，全年矛盾纠纷122件，化解120件，阳光信访系统案件119件，办结112件，镇信访办来访接待286人次，未新增信访积案。全镇网箱养殖户67户，养殖网箱面积77401平方米，网箱存鱼185万公斤。12月15日完成67户77401平方米的网箱和307个抬网的拆除。

【资丘镇第42届非遗文化展演】 2017年9月28日，“魅力资丘 · 文化兴镇”资丘古镇第42届非遗文化展演活动在资丘第二广场举行。此次文化展演活动有广场舞比赛，南曲、撒叶儿嗬、花鼓子、山歌、渔鼓、九子鞭、吹打乐、薅草锣鼓等非遗节目展演，篝火晚会，红色电影展播，自助烧烤以及全天候的资丘特色产品展示等内容。资丘特色产品展示，资丘飞鸡、特色清江刁子鱼、甜柿、各种腊货干货、土家千层底花布鞋等布满十个展台，让来宾大饱眼福和口欲。非遗文化演出与全域旅游战略合作签约，由长阳民间艺术家协会资丘分会与长阳卓尔文化旅游公司、清江画廊公司、天柱山景区分别签约，开启资丘旅游崭新的发展前景。

【资丘飞鸡蛋获武汉农博会金奖】 2017年12月27日，第十四届中国武汉农业博览会在汉阳国际博览中心举行，“资丘飞鸡蛋”获农博会金奖。资丘镇飞鸡场禽类专业合作社生产的“资丘飞鸡蛋”产品被农业部农产品质量安全中心审定为“绿色产品”，被湖北省地方鸡产业协会审核为“生态蛋”。合作社在实践中探索出“公司＋合作社＋基地＋生态养殖＋贫困户＋互联网”模式，打造构建以生态禽类产、供、加、销一体化的全产业链体系，实现“小飞鸡”助力精准扶贫“大产业”。

（田丽凤）

渔峡口镇

【概　况】 长阳渔峡口镇辖区面积281.5平方公里，辖16个行政村，105个村民小组，10508户，36461人，农业人口35544。森林覆盖率75.6%，耕地面积4779公顷，水域面积5241公顷。境内自然资源储量丰富，铜炭储量6000万吨，铁矿1500万吨，硅矿1.8亿吨，陶土1000万吨，水能1.7万千瓦。2017年，全镇农村经济总收入85586万元，比上年增长13%；农民人均纯收入6679元，比上年增长13%；规模以上工业总产值4137万元；地方公共预算收入1268.43万元；社会固定资产投资4.3亿元，比上年增长89%。全镇新农合参合率98.5%，新型城乡居民养老保险参保率95%；落实粮食两补、公益林补偿、良种补贴、退耕还林补贴等惠民政策；狠抓教育条件改善和教学质量管理，开展中小学教学楼、运动场等项目建设；新建、改扩建镇福利院、便民服务中心和党员群众服务中心。五保户、孤儿、残疾人、优抚对象等弱势困难群众救助及人口和计划生育工作得到全面有效推进。

全年投入扶贫资金6327.88万元，新发展柑橘3100亩、茶叶3300亩、木瓜5238亩、巫山脆李1000亩、猕猴桃350亩，带动贫困户养殖黑猪256头。落实746个贫困户产业扶持资金111.9万元；大力实施“金融扶贫”，为1693个农户核发贷款证，直接发放农户小额信用扶贫贷款752笔金额1478万元，为具备特色农业带动脱贫致富的农村经营主体发放贷款8笔金额1000万元，帮扶贫困户90户；投资153.19万元解决2634人安全饮水问题。投资1557万元完成33个台区农网改造及新建任务。完成50公里通村硬化路建设任务、20公里通村公路安保工程建设。完成危房改造295户，完成2016年易地搬迁92户293人拆旧复垦，推进2017年512人易地扶贫搬迁安置房建设；落实国家教育助学、健康医疗、“低保”“五保”等扶持政策，贫困学生上学及特殊困难群体生活得到保障；以新建光伏发电站、成立劳务公司等形式，消除村集体经济空壳村，9个重点贫困村装机1800千瓦的分布式光伏电站全部实现并网发电，12个村集体经济收入5万元以上。

全镇因地制宜形成柑橘、烟叶、茶叶、木瓜、高山蔬菜五大支柱产业和小水果、畜牧养殖等后劲产业相辅相成的特色农业发展格局。“清江椪柑”获国家绿色食品证书、出口标志认证、国家地理标志产品证书，走向市场并远销国外。乡村旅游、产业融合发展迅速，2015年12月盐池温泉恢复运营，与椪柑文化节、民俗神话传说充分融合，推出巴国夷城寻根游、盐池温泉养生游、四季果园休闲游、清江峡谷探险游等产品和线路，配套发展农家乐、农家餐馆87家，全域旅游年游客量突破10万人次。龙池村、渔坪村被纳入全国第二批生态旅游扶贫示范村建设。龙池村被纳入全省少数民族特色村寨项目建设，获“中国传统建筑文化旅游目的地”称号。渔坪村获全市“优美乡村”称号。招徕河村被评为“宜昌市生态村”。

图67　2017年5月15日，县领导到高峰村调研光伏电站情况

（渔峡口镇党政办提供）

全镇以水电项目建设和矿业扩能改造为核心的工业经济稳步发展，水电站总装机量5.6万千瓦，两大产业产值占全镇工业比重超过95%，沿乡溪水电梯级开发项目签订招商合同，马渡河尾水电站签订初步招商协议，招徕河、王家渡等水电龙头企业稳步发展，招徕河电站年发电量1.1亿千瓦时。煤矿企业关闭整合工作基本完成。加快推动全镇旅游业发展，盐池温泉文化度假村改造升级项目进展顺利，对外营业一年，日接待能力1000人次。

2013年至2018年向上级争取项目资金近2亿元，实施交通、移民、国土、水利等项目100余个。全镇硬化农村公路450余公里，县乡等级路改造、二级路改造等建设项目稳步实施。实施集镇美化亮化工程，兴建集镇水厂、污水处理厂、垃圾压缩站。全年排查矛盾纠纷151起，成功调处纠纷148件，调处成功率98%以上；开展社会治安综合治理，投资50余万元完成“雪亮工程”建设，全镇高清视频监控300余处，基本实现人员密集公共场所、交通要道全覆盖、无死角。

【湖北省文化厅领导到长阳渔峡口镇调研】 2017年8月16日，湖北省文化厅公共文化处副处长范胜军、仙桃市文体新闻广电局副局长周云到渔峡口调研公共文化服务创建工作。范胜军一行实地查看渔峡口综合文化站图书阅览室、电脑室、舞厅及多功能培训室，观看暑期儿童舞蹈练习，听取该镇公共文化服务创建工作。范胜军指出，渔峡口镇文化底蕴丰富，旅游资源独特，必须高度重视文化资源开发和传承，要充分发挥渔峡口镇文化特长，向上积极争取项目，以崭新的文娱方式创造新的看点。

【卓尔集团到渔峡口镇考察旅游资源】 2017年11月22日，卓尔控股集团副总裁、卓尔文旅集团总裁吴奇凌，卓尔文旅集团副总裁、长阳卓尔旅游投资有限公司总经理侯燚到渔峡口镇清江温泉、清江伴峡、香炉石文化遗址、白虎垄廪君陵等地考察旅游资源。县政协副主席林爱和陪同考察。渔峡口镇旅游资源丰富独特，文化底蕴深厚，但资源深度开发、景区建设、产业体系、体制机制、市场推广等方面滞后，迫切希望有优质旅游企业在该镇投资开发，实现地方和企业互利共赢。

【长阳第十二届清江椪柑文化节开幕】 2017年12月12日，湖北长阳第十二届清江椪柑产业高峰论坛在长阳土家族自治县渔峡口镇招徕河村开幕，万亩（666.67公顷）椪柑正式开园采摘。湖北省农科院首席科学家、长阳产业发展顾问邱正明，省市20名柑橘专家参加活动。邱正明在开幕式上致辞，对清江椪柑发展现状表示肯定，并就市场建设提出建设性意见。高峰论坛上，来自各地的柑橘领域专家们结合自己渊博学识和实践经验为合作社、种植大户传道授业解惑。活动当日，20多家客商在渔峡口镇签约，预定数量超过1500万公斤。渔峡口镇8个产柑村种植面积1600公顷，其中招徕河村、岩松坪村、赵家湾村椪柑种植总面积666.67公顷，1000多个种植户，年销售额实现3000万元，平均每户创收3万元。清江椪柑产业已成为当地农民脱贫致富的主导产业，产品远销俄罗斯、马来西亚等多个国家。

（田　敏）

图68　2017年12月12日，长阳第十二届清江椪柑产业高峰论坛在渔峡口镇招徕河村开幕

（宋　飞　摄）

火烧坪乡

【概　况】 长阳火烧坪乡辖区面积112.17平方公里，其中耕地面积1585.09公顷。全乡辖3个村，18个村民小组，2919户，总人口7693人。2017年，出生人口49人，出生政策符合率100%，提供育龄群众生殖健康服务1405人次，发放计划生育奖特扶资金204人221040元。农村低保353户608人，救助金1234985元；城市低保15户19人，救助金54295元。特困供养人员32人，其中集中供养9人。落实残疾人“两项补贴”，实施“三留守”关爱活动，完成福利院“冬暖工程”。加强社会保障服务，超计划完成社会保险扩面征缴，五项险种征收477万元，居民养老参保缴费2856人，城乡居民医疗保险参保6558人，精准扶贫和民政救助对象参保率100%。

全年完成地方公共财政收入831万元，实现农村经济总收入1.89亿元，农村常驻居民人均可支配收入12627元。实施产业提升工程，调减高山蔬菜基地规模，壮大西红柿、甜玉米、辣椒等精细蔬菜规模，发展“避雨延秋”大棚蔬菜200亩，不断提升蔬菜品质。实施产业替代工程，发展魔芋、中药材种植、畜牧养殖等特色产业。实施产业转型工程，推动农牧业向旅游业转型。火烧坪乡成功申报省级产业融合示范乡镇，并被纳入全县百里生态牧旅走廊项目核心区。

全面实施易地扶贫搬迁和危房改造工程，安置39户96人，危房改造41户。完成安全饮水集中供水工程3处，分散建池和发放水罐394个，发放单户净水设施851套。加大金融扶贫力度，发放扶贫小额贷款232笔301.67万元。黍子岭村光伏电站项目建成并网发电，村集体经济收入突破5万元。推进健康扶贫，卫生院、村卫生室与建档立卡贫困人口签订家庭医生签约服务协议，贫困户签约率、建档率100%。落实教育扶贫政策，享受“雨露计划”36人。全乡559人脱贫销号，省定重点贫困村黍子岭村顺利接受湖北省第三方精准扶贫考核验收。加大产业扶贫力度，扶持有发展能力的农户发展蔬菜、中药材、畜牧养殖等产业，并给予一定产业扶持资金。引导支持在溜沙口村发展天麻3000平方米，在溜沙口村、黍子岭村发展魔芋200亩。引导大清江、华康食品等6家企业、合作社与111户建档立卡贫困户签订扶贫带动协议，通过发展产业带动贫困户脱贫致富。

新首钢矿业有限公司铁矿石强磁干选项目主体工程建设完工，新建铁矿石干选生产线三条。柳杨溪小流域综合治理、垃圾中转站和集镇污水处理厂等项目正式启动。启动黍子岭村唐家湾段公路水毁修复工程、溜沙口村狮子包外出通道建设，完成黍子岭村整村推进项目。“资四”国土整治项目完工，启动幼儿园综合楼及教师周转宿舍楼项目，完成卫生院公卫楼主体工程，硬化通村公路9.3公里，完成“455”生命防护工程隐患里程15公里，完成田家坪、赵家冲、狮子包、青树包、柳杨溪线等农网改造工程。湖北能源集团风力发电项目测风结束，正在进行环评、水保、稳评等前期工作。武汉卓尔集团多次到火烧坪实地考察，完成旅游项目详规修编。度假小镇项目被纳入市政府工作报告。

加大“七五”普法和依法信访宣传力度，完善村居法律顾问制度，引导4起纠纷进入司法诉讼程序。积极排查调处矛盾纠纷，全年排查矛盾275起，调处化解271起。综治信访受理来访群众99批196人次，登记办结“阳光信访系统”人民群众来信、来访88件次，成功化解2起信访积案。全面建设“雪亮工程”，建立健全立体化社会治安防控体系。派出所全年出警317次，打击处理31人次，行政治安拘留26人，刑事拘留7人。

【火烧坪乡家风建设“521”模式】 2017年，长阳土家族自治县火烧坪乡深入开展以“孝老、爱亲、善邻”为主要内容的家风建设，探索出家风建设“521”模式，即：以“一盆洗脚水、一面家训墙、一副新风联、一场家风会、一张百善榜”5大活动载体立家风，以家风晴雨表、民风气象图2项动态监测正家风，以1套激励政策促家风。组织召开群众会50余场次，评选好家风家庭47户。家风建设受到中省15家媒体集中采访报道，“家风建设‘521’提升村民幸福指数”作为全市思想政治工作改革创新典型案例被大力推介，火烧坪乡成为宜昌市思想政治研究会会员单位，被纳入长阳首批思想政治示范点。创新社会治理模式，新建5个片区“群众之家”，发挥党员服务、群众议事、文化活动、家风传承、矛盾调解五大功能，引导群众商议集体事务，组织开展公益事业，推动民事民议、民事民办、民事民管。

【火烧坪乡片区“群众之家”创新治理模式】 2017年，长阳土家族自治县火烧坪乡创新社会治理模

图69 长阳农商行给火烧坪乡好家风信用农户授信5万元

（火烧坪乡党政办提供）

式，新建5个片区“群众之家”，进一步夯实基层组织基础。“群众之家”集党员服务室、群众议事室、文化活动室、家风传承室、矛盾调解室五室功能为一体。乡党委、乡政府定期在“群众之家”组织召开群众会，开展政策宣讲、实用技术培训等，组织乡直单位和办公室到片区开展便民服务，将服务送到群众家门口。“群众之家”也增强群众集体意识，群众自发到群众之家自主议事，共同商议集体事务，自发组织维修养护公路，参与公益事业，推动群众自我管理、自我服务、自我提高，真正实现民事民议、民事民办、民事民管的乡村自治格局。

【火烧坪乡入选湖北省农村产业融合发展试点示范乡（镇）】 2017年8月1日，长阳土家族自治县火烧坪乡被湖北省发展改革委、湖北省农业厅（鄂发改农经〔2017〕385号）纳入湖北省农村产业融合发展试点示范乡（镇）名单。

（王腊梅）

榔坪镇

【概　况】 长阳榔坪镇辖区面积531.8平方公里，辖12个行政村，总人口42397人。2017年，出生人口291人，无政策外生育，人口出生率7.21‰，死亡232人，死亡率5.75‰。农村经济总收入5.65亿元，同比增长5.4%；农民人均纯收入6021元，同比增长9.5%；完成入库税金2043万元，其中地方公共财政预算收入1543万元；完成固定资产投资4.1亿元；工业总产值1.8亿元，其中规模以上工业总产值2580万元；限额以上商贸流通企业零售额5520万元。2017年，新发展木瓜1000亩，全镇木瓜总面积7万余亩，新建木瓜晒场2个，木瓜干果总产量超3500吨，发展木瓜苗圃产业，全年综合收入8000万元以上。高山蔬菜产业种植面积5333.33公顷，“避雨延秋”种植模式266.67公顷，成为高山农民增收致富的主要途径。畜牧养殖规范发展，生猪出栏11.024万头、山羊出栏4.17万只、家禽出笼6.01万羽，完成动物防疫，全年无重大动物疫情发生。

完成公路硬化140.56公里，其中通村公路硬化107.56公里，加上国土整治硬化公路33公里，完成生命防护工程70公里。中电投风力发电项目装机10万千瓦、总投资8.6亿元，进场道路全线贯通。投资5009.03万元的榔坪集镇棚户区改造基础设施建设项目全面开工，集镇老街三岔路至花果石沿线投资近50万元新增路灯50余盏。制止和打击违建行为8起。关口垭村投资253万元跨区域饮水项目完工；完成茶园、梓榔坪、长丰、八角庙、沙地五个贫困村饮水规划和设计方案；榔坪、社坪、马坪、秀峰桥、文家坪五个插花村饮水项目完成50%。投资1258万元涉及关口垭、梓榔坪两个村6500亩的国土整治榔二项目全面动工，乐园村第二期5000亩高标准基本农田改造项目完成总工程量的70%，茶园村第二期3500亩高标准基本农田改造项目完成总工程量70%，投资450万元关口垭农发项目完成工程量的40%。长丰、马坪、八角庙、社坪、云台荒基本口粮田改造项目全部完工。投资2700万元的长榔河小流域治理项目二期工程开工。完成农村土地承包经营权确权。光伏发电工程2017年6月底全部实现并网发电，工程占地46亩，总投资1640万元，涉及关口垭、茶园、梓榔坪、长丰、八角庙、沙地、乐园七个重点贫困村，各村装机容量约200千瓦，全年实现集体经济收益55万元，年底兑付35万元到村。

解决贫困户住房安全问题。完成贫困户安置房建设366户965人，其中集中安置312户808人，分散安置54户157人；搬迁入住366户965人。投入资金631万元，完成贫困户危房改造542户，其中C级危房修缮加固364户、D级危房拆除新建178户。开展“清洁家园”专项治理行动，全年建村级垃圾填埋场9个、下发垃圾桶800个，建立垃圾屋100个、建立垃圾池500个，购买垃圾清运车1辆。发放城乡低保救助539.27万元、五保救助167.65万元、临时救助29.2万元、大病医疗救助108.4万元。募集“壹佰基金”7万余元，为全镇壹佰基金会员52人发放救助金39.12万元。开展各种农业技术培训10场次、受益1500多人次，组织赴浙江、山东学习先进经验。累计为1073户贫困户发放金融扶贫小额信贷资金2085.5万元。签约市场主体22家，带动270户贫困户发展产业。实现贫困人口新农合覆盖率、健康档案建档率、家庭医生签约服务率、常住贫困人口体检率四个100%。

雨露计划补助条件对象323人。马坪小学教学楼、秀峰桥小学学生宿舍、乐园中学运动场交付使用，榔坪中心小学教职工周转房及学生宿舍项目动工建设。全年接受来自东风本田、思源佑华、沛函集团等单位企业的社会爱心助学捐赠近80万元。新增农村部分计划生育家庭奖励扶助对象140人，新增特扶6人，开展“两癌”筛查和生殖健康检查，生殖健康检查服务率96%。全镇城乡居民社会养老保险综合参保率近96%，城乡居民医疗保险综合参保率98.65%。举办榔坪镇专场招聘会，近百人现场达成就业意愿，组织百余人参加“春风行动”“就业扶贫——情系汉企直通车”大型招聘会，近40人达成就业意愿。开展3期创业培训、1期技能培训，受训人数170人。组织食品药品安全知识集中培训10次，参训人员150人次，食品安全知识宣讲参训500人次，发放各类食品药品宣传册500份，开展监督检查600户次，各类专项整治活动15次，重大活动食品安全保障4次，下达责令整改通知书110份，排查食品药品安全隐患150个，备案农村集体聚餐活动150次，小作坊委托检验50家，受理投诉举报3起，立案查处各类食品药品违法案件17起，罚没款7.6万元。查办1万元以上案件2起，5000元以上案件1起。成功举办第三届“农商银行杯”广场舞大赛，全年送戏下乡12场次，送电影下乡140场次。选送全县第六届农村文艺会演榔坪镇代表团节目，方言小品《销号》获最佳演出奖、最佳节目奖，山歌节目《醉迷歌乡》获民族民间传统文化传承奖。

受理各类纠纷53起，成功调处50起，调处成功率达94%，化解疑难积案2起。加强重点人员管理，刑释解教人员6名，在管社区矫正对象13名，参与邪教分子4名。受理各类群众来信来访208件，其中上级交办和转办125件。实现“本地不出事、网上不炒作、北京不去人”的“三不”目标。

【榔坪镇第11届木瓜花文化旅游节】 2017年3月24日，长阳土家族自治县榔坪镇第11届木瓜花文化旅游节在马坪村渠安头开幕。开幕式上演洒脱奔放的土家摆手舞、气势恢宏的长阳巴山舞以及榔坪木瓜产品秀。木瓜花文化旅游节围绕“木秀春色、瓜富榔坪”主题，主打“人文游”和“浪漫乡村游”。当天，榔坪镇马坪、关口垭、八角庙、长丰等地的万亩（666.67公顷）花田，770万株木瓜花盛放迎客，吸引上万名游客前来赏花。中央电视台、湖北电视台、三峡电视台等多家主流媒体现场采访或进行转播报道。

【县委书记赵吉雄一行到榔坪镇指导抗灾救灾】 2017年10月1日至3日，榔坪镇因持续暴

图70　长阳榔坪木瓜花　　（榔坪镇党政办提供）

雨遭受洪涝灾害。10月3日，中共长阳土家族自治县委书记赵吉雄、县公安局政委宋方军一行到榔坪镇指导抗灾救灾，现场查看沪渝高速榔坪段公路桥梁下的洪流河道、洪灾对高速公路桥梁桥基构成威胁与破坏的情况，到梓榔坪村七组看望并慰问受灾户，仔细查看群众受灾情况，详细询问他们生活安置和生产自救情况。赵吉雄指出，防汛救灾工作事关人民群众的生命财产安全，要确保防汛应急预案实施到位，科学调度人力物力资源；要确保山塘水库的防洪安全，落实好管理和巡查责任。对因灾倒房的住户，相关部门要按照标准落实好救助政策，选择安全的地方恢复重建，妥善安置好灾民的生活。

【榔坪镇第十届人民代表大会第三次会议】 2017年12月21日至22日，榔坪镇第十届人民代表大会第三次会议顺利召开。105名代表参会，正式代表67人，列席代表28人，特邀代表10人，会议听取并通过关于接受覃立胜辞去镇第十届人民代表大会主席职务请求的决定，听取榔坪镇第十届人民代表大会一次、二次会议代表建议办理情况的报告，选举产生新的镇人大主席1名、镇人民政府副镇长1名，会议还听取榔坪公安派出所、榔坪林业站、榔坪供电营业所、榔坪国土所、榔坪中心卫生院等5家镇属单位向大会作的关于接受镇人大代表工作评议的报告，并对其工作开展情况进行现场满意度投票评议。经代表投票对五个镇属单位工作进行评议，榔坪公安派出所被评为优秀单位，榔坪林业站、榔坪供电营业所、榔坪国土所、榔坪中心卫生院四个单位被评为满意单位。

【中共宜昌市委书记周霁一行到关口垭村调研】 2017年12月27日，中共湖北省委常委、宜昌市委书记、宜昌市人大常委会主任周霁一行到榔坪镇关口垭村调研办公，亲切看望慰问群众，详细了解深度贫困地区群众生活状况，并现场研究困难群众脱贫对策。走访结束后，在关口垭村委会现场办公，就调研中发现的用电、网络、危房改造、产业培植、光伏发电等方面的问题提出相关举措。周霁强调，要带着感情把脱贫攻坚工作引向深入，确保全面建成小康社会路上一个不落、一个不能少。宜昌市领导刘建新、刘洪福陪同调研。

【关口垭村、长丰村、八角庙村被命名为市级生态村】 2017年12月12日，长阳土家族自治县榔坪镇关口垭村、长丰村、八角庙村被宜昌市环保局（宜市环发〔2018〕112号）命名为2017年度宜昌市生态村。

（马　铭）

贺家坪镇

【概　况】 长阳贺家坪镇辖区面积351.5平方公里，其中耕地面积3117公顷。全镇辖9个行政村，41个村民小组，10082户、27481人，其中农村人口8125户22639人。

2017年，完成财政收入2165.10万元，公共财政收入1264.88万元。规模企业总产值5.25亿元，限额以上商贸流通企业销售6481万元，固定资产投资3.16亿元，均超额完成年度计划。全年粮食总产8664吨，油料总产1310吨，水果总产24吨，蔬菜总产75874吨，茶叶总产265吨。新发展茶叶5368亩，茶叶总面积1333.33公顷。整村推进开展茶叶标准园建设，全镇茶叶基地建设水平大幅提升，"老雾冲""清江龙井"等茶叶品

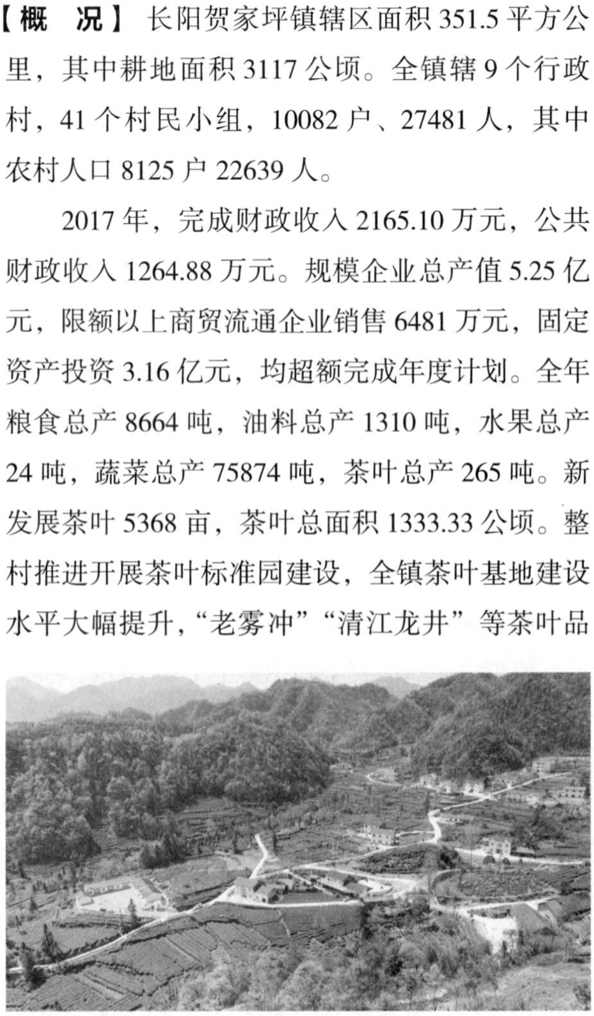

图71　宜昌最美茶园之一——贺家坪镇老雾冲茶园

（县政府办提供）

牌声名日盛。推行设施农业，持续提升高山蔬菜种植水平，2000公顷高山蔬菜中50%以上建设大棚及配套设施，实施水肥药一体化，增强抗灾抗病能力，促进蔬菜产业可持续发展。生猪出栏58732头，山羊出栏105879头，畜牧业总产值达到农业总产值的40%。全年脱贫销号398户1246人，贫困发生率降为12.7%。实施易地扶贫搬迁236户728人，危房改造470户，解决6000人饮水困难的小农水灌溉项目工程量过半，解决2710人饮水难的安全饮水项目已完成工程量的75%。以电力设施改造为主全面加强基础设施建设，新增、改造供电台区39个、高低压线路165.26公里，投资额3438万元；硬化农村公路91.36公里，实施生命安全防护工程65.44公里；新增电信、移动基站10个，改造基站4个，新增宽带用户700户以上。

镇党委班子成员牵头，组建工作专班，协调服务16个重点项目和企业。仙剑山风景区项目完成投资5000万元，接待中心建成营业，核心景区配套工程建设全面展开；318国道绕城改造项目完成主体工程建设，进入绿化、安全防护设施安装、进出口改造阶段；页岩气钻探项目实现重大突破，1井钻探项目全面完成，单井日产气量稳定在8万立方米，经专家验证贺家坪镇属页岩气宜昌片区中心地带。干沟河生态治理项目全面竣工，建成桥梁4座、步游道880米，疏通河道1150米，修筑河堤2300米，干沟河面貌焕然一新；丹水河小流域治理项目全面开工，初具雏形；完成渔泉溪村三尖坪350亩国土整治项目；堡镇村4000亩国土整治项目开工建设；老雾冲茶叶公园一期工程建成；百里生态牧旅走廊项目进入设计阶段。投资超过1000万元的污水处理厂项目具备开工条件。投资238万元的17个财政专项扶贫项目验收完成。

实施“全面改薄”工程，白沙驿小学基础设施得到明显改善。全面落实二孩政策，计生奖扶859人，特扶22人。完善兜底保障政策，农村低保1589户2248人，集中分散供养五保215人，实现保障线范围内“应保尽保”。加强城乡劳动者就业创业及培训，全年参训251人次。城乡居民社会养老保险综合参保率90%以上，城乡居民基本医疗保险建档立卡贫困户和民政救助对象参保率100%。举办“兴福杯”篮球比赛和第三届广场健身舞比赛，组织代表队参加第六届全县农村文艺会演并获“优秀演出奖”“最佳节目奖”“优秀节目奖”。开展“新十星文明户”评选，“脱贫愚公”郑学群、“贴心主事”戚从寿被评为2016—2017年度“感动长阳”十大人物。

实施“生态立镇”战略。全面推进绿化美化亮化工程，关闭存在污染隐患的村办垃圾场1处，购置完善垃圾清运设备，集镇安装垃圾桶76个，村发放垃圾桶900个，配齐配强镇村环卫人员，实现生活垃圾常态化清扫收集。加强森林资源管护，开展以“栽下摇钱树，致富贫困户”为主题的义务植树活动，结合产业发展完成退耕还林1905.9亩，长防林建设1000亩。全面落实“河长制”，全镇5公里以上11条河流明确河长、河流管理员、河警。深入开展“平安贺家坪”“法治贺家坪”建设，稳步推进“七五”普法宣传。按照“三到位一处理”要求，认真落实信访工作“五包”责任制，全镇10名班子成员包案28名重点信访人，矛盾化解成效明显。排查各类矛盾纠纷278起，化解272起，实现无进京越级访、无大规模集体上访、无因信访问题引发极端恶性事件和舆论负面炒作的“三无”目标。坚持“管行业必须管安全、管业务必须管安全、管生产经营必须管安全”的理念，切实落实安全生产责任，未发生较大安全事故。

【贺家坪镇5个村级光伏扶贫电站并网发电】 2017年4月15日，长阳土家族自治县贺家坪镇白沙驿村、龙王冲、七里坪、堡镇、青岗坪5个村光伏扶贫电站并网发电，贺家坪镇成为全县第一个整体完成光伏扶贫发电任务的乡镇。5个村光伏电站均为200千瓦，合计1000千瓦，3月12日开工，总投资1000万元，电站采取统一标准建设，设计运营年限20到25年，每座电站年均发电收入约12万元。

【仙剑山风景区旅游总体规划一期控制性详规通过专家评审】 2017年5月16日,《长阳仙剑山旅游区总体规划（2016—2025）》通过专家评审。仙剑山风景区项目位于长阳土家族自治县贺家坪镇七里坪村三组，毗邻宜昌市点军区白云山，投资主体为宜昌天阳坪旅游开发有限公司。仙剑山风景区规划占地面积4682.6亩，以“剑侠”文化为主，打造角色扮演、农事体验、野外探险、生态观光于一体高山生态度假基地。该项目2017年5月正式与县人民政府签订招商协议，规划审批、环评等前期工作完成，接待中心建成营业，核心景区配套工程建设全面展开。

（何　炎）

高家堰镇

【概　况】 长阳高家堰镇辖区面积214.1平方公里，其中耕地面积1226.67公顷。全镇辖11个行政村，73个村民小组，7424户，23180人，其中农村人口5729户20139人。实现规模以上工业总产值6.03亿元，同比增长47.14%；完成固定资产投资65743万元，同比增长227.8%；完成社会消费品零售额4497万元，同比增长0.4%；农村居民人均可支配收入7869元，同比增长10%。总投资5.86亿元卓尔长阳国际旅游度假区项目在木桥溪村大溪破土动工，5月份总投资2.9亿元的龙池山旅游休闲项目与县人民政府签订合同，被列为市级重点项目。8月份总投资1.52亿元的香花岭乡村旅游综合项目与县人民政府签订合同，11月份被省旅游委评为“金宿”级民宿点。同时与镇人民政府签订招商合同的还有流溪农业科技园项目、杨家湾家庭农场项目，协议投资总额超过5亿元。在卓尔、龙池山、香花岭等重点旅游项目服务工作中，坚持“5+2”“白加黑”工作制，坚持目标导向，倒排工期、挂图作战，有力推动全镇项目建设。2017年2月28日，长阳土家族自治县“重大项目开工月”活动暨中国·长阳卓尔国际旅游度假区等项目集中开工仪式在高家堰镇举行，投资30亿元的卓尔国际旅游度假区项目在高家堰镇木桥溪村正式开工。

安全饮水受惠贫困群众1783人。电网改造提质增量，在流溪、佑溪、魏家洲等村建成200千瓦光伏发电站并正式运营。投资792万元，实施佑溪、高家堰、流溪、魏家洲等村农村配电网改造，改造电力台区11处。完成农村公路硬化40公里，安防工程60公里，新建桥梁2座，复建水毁桥梁3座。青岩、古城、彭家河、流溪、界岭等村启动村级公共文化服务体系建设。全镇通过“全省农村生活垃圾治理验收”“全省卫生乡镇”“市级基层文化示范点”等考核评估，高家堰村、向日岭村被评为“市级文明村”。

完成2017年度退耕还林项目5697亩，兑付补贴资金71.216万元。完成2017年度耕地地力保护补贴工作，发放资金5516户152.81万元。全面开展土地确权。完成计划生育家庭奖特扶申报和兑付。完成城乡居民养老保险参保缴费6321人。组织家政和化妆美容培训3期，参训200人次。调整确认低保对象557户810人，五保对象

图72　高家堰镇318国道边上的盆景　　（县政府办提供）

101人，各类补助全额发放到位。落实医疗救助54人，解决各类救助资金14.88万元，发放各类优抚资金66.38万元。福利院项目主体工程基本完工。推进九年义务教育一贯制，镇中心学校教学楼、学生公寓新建项目基本竣工。

【高家堰镇争创“全域旅游示范镇”】 2017年，长阳高家堰镇以旅游扶贫为发展目标，全力争创“全域旅游示范镇”。将特色产业打造成旅游名片，构建以“盆景根艺走廊”轴线连接“大溪—向日岭—龙池山—铜宝山”的“1+4”全域旅游发展格局，镇人民政府支持龙池山生态农庄、香花岭乡村旅游度假山庄等在建旅游项目、创建一批旅游示范村、星级农家乐、民宿经营示范户、休闲农业基地和体育养生康养旅游基地，推进高家堰村全域旅游富民工程项目建设，完善宜昌清江盆景园配套建设，园区完成特色民居村寨保护改造、沿河观光大道、沿河精品市场、田间步游道、排水沟等项目建设。用生态治理保护旅游资源，实施丹水保护工程，严格落实河道管理“河长制”，加快实施丹水沿河定桩划界，严控违章建筑，推行农村垃圾收运处理“片长制”。以历史人文作为旅游禀赋，在向日岭村实施传统村落保护项目，开展“农家乐”项目，做好与清江画廊旅游度假区、清江方山景区、车溪风景区等景区互联互动、互通互利对接。

2017年12月1日，长阳高家堰镇被湖北省人民政府（鄂政发〔2017〕56号）表彰为全省旅游名镇。

【采石场安全生产专项整治】 2017年9月14日，长阳高家堰镇积极配合县人民检察院、县林业局、县国土资源局、县安监局开展露天采石场专项整治，严厉查处非法露天采石场，限期整改合法采石场，严格审批备案露天采石场，恢复治理已关停露天采石场。近年来，高家堰镇将自身定位为“生态特色小镇”，深入推进生态治理“宜昌试点”，加大生态治理力度，努力让青山更青、绿水更绿、集镇更有品位。以打造丹水旅游走廊为主要目标，坚持“生态旅游立镇、绿色矿业强镇、特色农业兴镇”发展思路，实施全域旅游富民战略，建设和谐美丽高家堰。

（黄　露）

责任编辑：苏美嫩

人 物

领导名录

【中共长阳土家族自治县委常委】

赵吉雄 男，1966年2月生，土家族，湖北五峰人，在职研究生学历，省委党校法学专业毕业，1983年7月参加工作，1986年7月加入中国共产党，现任县委书记、县委党校第一校长。

李 军 男，1975年12月生，土家族，湖北长阳人，大学本科学历，兰州大学世界历史专业毕业，1998年7月参加工作，2001年4月加入中国共产党，现任县委副书记、县人民政府县长、党组书记。

危爱民 男，1975年9月生，汉族，湖北枝江人，在职研究生学历，武汉理工大学公共管理专业毕业，1999年11月参加工作，1997年12月加入中国共产党，现任县委副书记。

范绪忠 男，1982年4月生，汉族，湖北监利人，大学本科学历，华南热带农业大学（现海南大学）土地资源管理专业毕业，2004年7月参加工作，2002年11月加入中国共产党，现任县委常委、纪委书记、县监察委员会主任。

唐祖红 男，1970年12月生，土家族，湖北五峰人，在职研究生学历，广西师范大学旅游管理专业毕业，1991年8月参加工作，1995年5月加入中国共产党，现任县委常委、县人民政府政府副县长、党组副书记、县行政学校校长。

李晓鸣 男，1976年6月生，汉族，湖北神农架人，大学本科学历，大连水产学院水产养殖专业毕业，1997年9月参加工作，2001年6月加入中国共产党，现任县委常委、政法委书记。

覃宏明 男，1974年1月生，土家族，长阳榔坪人，在职本科学历，中央党校党政管理专业毕业，1996年7月参加工作，1996年6月加入中国共产党，现任县委常委、县委办公室主任、县直机关工委书记、县委群众工作部部长。

杨五一 男，1974年5月生，汉族，湖北枝江人，大学本科学历，湖北师范大学数学系数学教育专业毕业，1997年6月参加工作，1995年6月加入中国共产党，现任县委常委、组织部部长、统战部部长、党校校长、县政协党组副书记。

覃高轩 男，1969年10月生，土家族，长阳资丘人，函授本科学历，武汉工业学院会计学专业毕业，1989年7月参加工作，1991年7月加入中国共产党，现任县委常委、县人民政府副县长、党组成员。

黄昌英 女，1975年6月生，汉族，湖北宜昌人，在职研究生学历，湖北省委党校经济管理专业毕业，1999年7月参加工作，1999年4月加入中国共产党，现任县委常委，宣传部部长、县总工会主席。

【长阳土家族自治县人大常委会主任、副主任】

田大甲 男，1964年11月生，土家族，长阳渔峡口人，在职本科学历，中央党校法律专业毕业，1984年9月参加工作，1985年5月加入中国共产党，现任自治县人大常委会党组书记、主任。

张武先 男，1963年5月生，汉族，湖北宜都人，脱产专科学历，河海大学农田水利工程系小水电工程建筑专业毕业，1981年12月参加工作，现任自治县人大常委会副主任。

李晓英 女，1961年2月生，土家族，长阳磨市人，在职本科学历，中央党校法律专业毕业，1984年10月参加工作，1983年6月加入中国共产党，现任自治县人大常委会副主任、党组成员。

林爱和 男，1963年7月生，土家族，长阳磨市人，在职本科学历，湖北省委党校法律专业毕业，1984年9月参加工作，1984年10月加入中国共产党，现任自治县人大常委会副主任。

田国亮 男，1961年8月生，土家族，长阳资丘人，函授专科学历，中南财经大学工业经济管理专业毕业，1980年8月参加工作，1991年6月加入中国共产党，现任自治县人大常委会副主任、党组成员。

向紫玉 女，1964年7月生，土家族，长阳鸭子口人，大学本科学历，中南民院政治理论专业毕业，1988年7月参加工作，1994年10月加入中国共产党，现任自治县人大常委会副主任、党组成员。

周宏伟 男，1966年9月生，土家族，长阳龙舟坪人，脱产本科学历，湖北教育学院教育管理毕业，1984年1月参加工作，1991年6月加入中国共产党，现任自治县人大常委会副主任。

【长阳土家族自治县人民政府县长、副县长】

李　军（见县委常委）

唐祖红（见县委常委）

覃高轩（见县委常委）

覃　红 男，1969年12月生，土家族，长阳龙舟坪人，在职本科学历，中央党校函授学院行政管理毕业，1990年8月参加工作，1994年11月加入中国共产党，现任县人民政府副县长、党组成员。

镇国庆 男，1973年10月生，汉族，湖北咸宁人，在职本科学历，中国人民公安大学公安管理专业毕业，1994年7月参加工作，1998年6月加入中国共产党，现任县政府副县长、党组成员、县公安局党委书记、局长、督察长。

鲍剑飞 男，1979年10月生，汉族，湖北秭归人，大学本科学历，中国地质大学信息与电子科学专业毕业，2003年2月参加工作，现任县人民政府副县长。

裴新颜 女，1976年2月生，汉族，长阳磨市人，在职本科学历，中央党校法律专业毕业，1995年8月参加工作，1995年6月加入中国共产党，现任县人民政府副县长、党组成员。

谢海红 男，1974年12月出生，汉族，湖北洪湖人，硕士研究生学历，武汉大学工商管理专业毕业，1996年7月参加工作，1996年4月加入中国共产党，现任县人民政府副县长（挂职）、党组成员。

毕　杰 男，1970年11月生，汉族，湖北谷城人，在职本科学历，解放军西安政治学院法学专业毕业，1990年3月参加工作，1992年7月加入中国共产党，现任县人民政府副县长（挂职）、党组成员。

【政协长阳土家族自治县委主席、副主席】

李云达 女，1963年2月生，土家族，长阳资丘人，在职本科学历，中央党校党政管理专业毕业，1984年9月参加工作，1985年11月加入中国共产党，现任县政协主席、党组书记。

姜　华 男，1964年7月生，土家族，长阳鸭子口人，在职本科学历，中央党校法律专业毕业，1981年9月参加工作，1991年6月加入中国共产党，现任县政协副主席、党组副书记。

赵久芹 女，1966年3月生，土家族，长阳大堰人，函授本科学历，湖北教育学院中文系专业毕业，1985年7月参加工作，现任县政协副主席。

饶树声 男，1963年9月生，土家族，长阳龙舟坪人，函授本科学历，华中师范大学物理专业毕业，1981年8月参加工作，1988年2月加入中国共产党，现任县政协副主席、党组成员。

周近群 男，1969年5月生，土家族，长阳龙舟坪人，在职本科学历，湖北省委党校函授学院党政管理专业毕业，1990年8月参加工作，1992年3月加入中国共产党，现任县政协副主席、党组成员。

【自治县委各部委办负责人、县直国家机关各委办局党委（党组）负责人】

中共长阳土家族自治县委员会
书记：赵吉雄
副书记：李　军
　　　　危爱民
常委：范绪忠
　　　唐祖红
　　　李晓鸣
　　　覃宏明
　　　杨五一
　　　覃高轩
　　　黄昌英（女）

中共长阳土家族自治县纪律检查委员会
书记：范绪忠
副书记：王凤兰（女）
　　　　章富高
常委：胡爱农
　　　谭承红
　　　郑　红
　　　廖琼玉

自治县委办公室
主任：覃宏明
常务副主任：陈仁全
副主任：伍学德
　　　　杨清香（女）
　　　　黄　群
　　　　钟和平

自治县委督查室
主任：伍学德
副主任：刘伟俊（女）

自治县委政研室
主任：黄　群
副主任：覃勤林

自治县委农办
主任：杨清香（女）
副主任：李沭茂

自治县委机要保密局（县国家保密局）
局长：葛启文

自治县密码管理局
局长：葛启文
总工程师：向云锋
专职密码督察员：吴学军

自治县全面深化改革领导小组办公室
主任：黄　群
副主任：吕道中

自治县委、县政府接待办
主任：陈　蓉（女）

自治县委组织部
部长：杨五一
常务副部长：章玉莲（女）
副部长：刘光红
　　　　王宏垚

自治县委党代表大会代表联络办公室
主任：刘光红

自治县委人才工作领导小组办公室
主任：王宏垚

自治县委宣传部

部长：黄昌英（女）

常务副部长：杜 强

副部长：李华星

张忠归

自治县精神文明建设委员会办公室

主任：李华星

副主任：宋 洁（女）

自治县委统战部

部长：杨五一

常务副部长：刘云鹏

副部长：田 进

覃新勤

自治县委台办、县政府台湾事务办

主任：刘云鹏

副主任：黄建华

自治县委政法委员会

书记：李晓鸣

常务副书记：蔡金波

副书记：秦道军

覃万军

自治县综治办

主任：蔡金波

副主任：张 炜

自治县维稳办

主任：覃万军

自治县法治办

主任：秦道军

副主任：倪朝晖

自治县直机关工委

书记：覃宏明

常务副书记：李昌海

副书记：葛家城

纪检组长：覃伟力

自治县委群众工作部

部长：覃宏明

常务副部长：曹 锋

副部长：李作海

黄红霞（女）

王凤兰（女，兼）

王宏垚（兼）

秦道军（兼）

张 勇（兼）

自治县信访局（县委、县政府信访办公室）

局长：曹 锋

副局长：李作海

黄红霞（女）

自治县委老干部局

局长：张建华

副局长：刘清泉

自治县委党史办公室

主任：谢远洲

副主任：林必胜

李武元

自治县委党校

第一校长：赵吉雄

校长：杨五一

常务副校长何士军

副校长：刘军华

自治县委机构编制委员会办公室

主任：王晓林

副主任：方自治

冯山丹（女）

自治县扶贫开发办公室

主任：钟和平

副主任：秦道见

白万里

杨 青

李立忠（挂职）

秦 弢（挂职）

自治县广播电视台

台长：刘 刚

副台长：李　军
　　　　田念东
总编辑：刘宗琳
总工程师：曾　浩
自治县人大党组
书记：田大甲
党组成员：李晓英（女）
　　　　　田国亮
　　　　　向紫玉（女）
　　　　　周宏伟
　　　　　田文大
　　　　　向松林
　　　　　刘春阳
　　　　　漆昌锦
自治县政府党组
书记：李　军
副书记：唐祖红
党组成员：覃高轩
　　　　　覃　红
　　　　　镇国庆
　　　　　裴新颜（女）
　　　　　谢海红（挂职）
　　　　　毕　杰（挂职）
　　　　　欧阳劲松
　　　　　姜自民
自治县政协党组
书记：李云达（女）
副书记：杨五一（兼）
　　　　姜　华
党组成员：林爱和
　　　　　饶树声
　　　　　周近群
　　　　　李　强
自治县人大机关党组
书记：漆昌锦
自治县政府机关党组
书记：姜自民
县政协机关党组
书记：李　强
自治县工商联党组
书记：田　进
自治县总工会党组
书记：李书平
自治县档案局党组
书记：谢远洲
自治县文联党组
书记：曾爱民
自治县广播电视台党委
书记：杜　强（兼）
副书记：刘　刚
湖北长阳经济开发区党工委
书记：欧阳劲松
副书记：赵文献
纪工委书记：彭语民
湖北长阳清江国家湿地公园管理处党组
书记：田玉宇
自治县发展和改革局党组
书记：刘汉军
自治县科学技术局党组
书记：覃德双
自治县审计局党组
书记：杨长安
自治县人力资源和社会保障局党组
书记：刘忠列
纪检组长（派驻）：苏　勇
自治县住房和城乡建设局党组
书记：田科录
纪检组长（派驻）：刘泽玉
自治县环境保护局党组
书记：覃守甫

县民族宗教事务局党组
书记：覃新勤
自治县房产管理局党组
书记：杨朝勇
自治县移民局党组
书记：林茂荣
自治县旅游发展委员会党组
书记：杨　胜
自治县统计局党组
书记：覃迎蓝
自治县招商局党组
书记：何　曼（女）
自治县政府政务服务中心管理办公室党组
书记：覃俊兰（女）
自治县农业局党组
书记：程　刚
自治县国土资源局党组
书记：胡学君
纪检组长：田科群
自治县水利水电局党组
书记：傅建斌
纪检组长（派驻）：田明成
自治县电力公司党委
书记：李坤生
副书记：马　强
纪委书记：谭黎明
自治县林业局党组
书记：皮厚超
县畜牧兽医局党组
书记：魏远静
自治县气象局党组
书记：张　克
纪检组长：佘兆定
自治县经济商务和信息化局党组
书记：覃唯波

自治县交通运输局党组
书记：汤清林
纪检组长（派驻）：赵宗翠（女）
自治县安全生产监督管理局党组
书记：李银钢
自治县粮食局党组
书记：戴琼林
自治县供销合作社联合社党组
书记：白传忠
自治县公安局党委
书记：镇国庆
副书记：宋方军
　　　　张　勇
纪委书记：熊开勇
自治县人民检察院党组
书记：乔长松
纪检组长：刘在刚
自治县人民法院党组
书记：王赞雄
纪检组长：夏建平
自治县司法局党组
书记：毛建国
纪检组长：雷章桥
自治县民政局党组
书记：闫洪南
纪检组长（派驻）：李德柱
自治县财政局党组
书记：许　冰
纪检组长（派驻）：马红卫（女）
自治县教育局党组
书记：李　钦
纪检组长（派驻）：刘东清
自治县卫生和计划生育局党组
书记：吴晓晴（女）
纪检组长（派驻）：刘权宜

自治县文体新闻出版广电局党组
书记：李　靖
自治县食品药品监督管理局党组
书记：刘　准
自治县城市管理局党组
书记：陈兴宏
自治县质量技术监督局党组
书记：田兴国
纪检组长：周红桂（女）
自治县工商行政管理局党组
书记：章一英
纪检组长：谭元鑫
自治县国家税务局党组
书记：胡海峰
纪检组长：陈　平
自治县地方税务局党组
书记：向爱红（女）
副书记：任卫东
纪检组长：田诗平
中国人民银行长阳支行党组
书记：刘景彬
纪检组长：朱晓军
中国农业银行长阳支行党委
书记：闵雪翔
副书记：傅建红（女）
纪委书记：傅建红（女，兼）
湖北长阳农村商业银行股份有限公司党委
书记：谭志平
纪委书记：邓祖坤
中国电信长阳分公司党委
书记：无
副书记：戴兴文
自治县邮政局党委
书记：钟　剑
自治县烟草专卖局党委
书记：张尚学
纪委书记：叶家新

【自治县人大常委会及各专门委员会负责人】

长阳土家族自治县九届人大常委会
主任：田大甲
副主任：张武先
　　李晓英（女）
　　林爱和
　　田国亮
　　向紫玉（女）
　　周宏伟
自治县人大常委会办公室
主任：漆昌锦
副主任：向黎明
　　董　墉
自治县人大法制委员会
主任委员：何运嵩
委员：向　超
　　江海波
　　邹宏蔚（女）
　　熊开勇
自治县人大财政经济委员会
主任委员：关成喜
委员：田丰华
　　田太照
　　李金玉（女）
　　徐卫兵
自治县人大常委会代表选举联络人事任免工作委员会
主任：覃建国
副主任：吴昌兰（女）
自治县人大常委会教育科学文化卫生工作委员会
主任：肖正兴
副主任：付江南
自治县人大常委会民族工作委员会
主任：李书华

副主任：付　江

自治县人大常委会农村工作委员会

主任：李祖炳

副主任：曾　璐（女）

自治县人大常委会预算工作委员会

主任：关成喜

自治县人大常委会城乡建设和环境资源保护工作委员会

主任：汤吉阶

副主任：刘晓云

【自治县人民政府及县直国家机关各委办局负责人】

长阳土家族自治县人民政府

县长：李　军

副县长（常务）：唐祖红

副县长：覃高轩

覃　红

镇国庆

鲍剑飞

裴新颜（女）

谢海红（挂职）

毕　杰（挂职）

自治县政府办公室

主任：姜自民

副主任：卢井一

田太华

秦庆红

黄　琼

刘剑锋

凌贵英（女）

自治县政府研究室

主任：黄　琼

副主任：高　雄

自治县政府督查室

主任：刘剑锋

副主任：覃卓亚

自治县政府应急办、总值班室

主任：朱智慧

自治县政府法制办公室

主任：卢井一

副主任：覃建伟

自治县人民防空办公室

主任：秦庆红

副主任：高长安

自治县人民政府新闻办公室

主任：张忠归

副主任：吕志华

自治县政府外事侨务办公室

主任：田太华

副主任：郑春辉

自治县政府金融发展办公室

主任：张　曼（女）

自治县政府驻武汉办事处

主任：王　芹（女）

自治县机关事务管理局

局长：习　勇

副局长：胡文华

聂悦赤（女）

湖北长阳经济开发区管委会

主任：欧阳劲松

副主任：赵文献

张连军

赵　来

湖北长阳清江国家湿地公园管理处

主任：田玉宇

副主任：王义铭

张　华（女）

自治县发展和改革局

局长：刘汉军

副局长：雷祥松

辛小莉（女）

曾从华

胡　伟

自治县物价局
局长：雷祥松
自治县科学技术局
局长：覃德双
副局长：肖胜华
　　　　覃峥嵘
自治县地震局
局长：覃德双
副局长：覃峥嵘
自治县人力资源和社会保障局
局长：刘忠列
副局长：张红琼（女）
　　　　杨家练
　　　　许品甲
　　　　黎尚金
总会计师：彭　林
自治县公务员局
局长：刘忠列（兼）
副局长：毛俊华
自治县住房和城乡建设局
局长：田科录
副局长：杨楚桥
　　　　向　杰
　　　　吴　涛
总工程师：秦少波
自治县环境保护局
局长：向希红（女）
副局长：杨开彩
　　　　晏立明
总工程师：郑永红
自治县房产管理局
局长：杨朝勇
副局长：邓福周
　　　　覃静洲
宜昌住房公积金管理中心长阳营业部
主任：官成玖
副主任：石春喜
自治县民族宗教事务局
局长：覃新勤
副局长：汪金衍
　　　　田　翠（女）
自治县审计局
局长：杨长安
副局长：王道春
　　　　鲍玉娥（女）
总审计师：覃学柱
自治县移民局
局长：林茂荣
副局长：汪泽华
　　　　曹　毅
　　　　吴春艳（女）
　　　　尚　斌
自治县旅游发展委员会
主任：杨　胜
副主任：胡兴力（女）
　　　　张士军
　　　　刘双陆
　　　　王宝成（挂职）
自治县清江画廊旅游度假区管理局
（湖北长阳清江风景名胜区管理局）
局长：杨　胜
自治县行政学校
校长：唐祖红
常务副校长：何士军
副校长：刘军华
自治县档案局（馆）
局（馆）长：谢远洲
副局（馆）长：林必胜
　　　　　　李武元
自治县地方志编纂委员会办公室
主任：谢远洲
副主任：林必胜

李武元

自治县统计局

局长：覃迎蓝（女）

副局长：涂书生

戚海琼（女）

向春艳（女）

总统计师：肖 鹏

自治县招商局

局长：邓 星

副局长：张德林

周 坤

李 莹

自治县政府政务服务中心管理办公室

（县公共资源交易监督管理局）

主任（局长）：覃俊兰（女）

副主任（副局长）：刘建国

冯海华

秦琼花（女）

自治县农业局

局长：程 刚

副局长：聂茂超

李玉华（女）

张植敏

总农艺师：刘 冰

自治县国土资源局

局长：胡学君

副局长：彭林波

张 毅

杨德勇

自治县水利水电局

局长：傅建斌

副局长：王桂元

李红兵

肖发新

总工程师：胡亚平

自治县林业局

局长：皮厚超

副局长：刘春玉

肖云峰

姚春兰（女）

总工程师：田承旭

自治县畜牧兽医局

局长：魏远静

副局长：杜玉林

张东红

总畜牧师：孙先红

自治县经济商务和信息化局

局长：覃唯波

副局长：刘晓宁

魏新明

陈群峰

沈爱华

总工程师：荣少华

自治县交通运输局

局长：汤清林

副局长：胡 卫

王春成

李作强

总工程师：覃孔华

自治县安全生产监督管理局

局长：李银钢

副局长：杜鹏林

刘少南

总工程师：刘 琼

自治县粮食局

局长：戴琼林

副局长：李剑锋

向卫国

总会计师：柳 伟

自治县供销合作社联合社

主任：白传忠

副主任：李家兵
丁　力

自治县公安局
局长：镇国庆
政委：宋方军
副局长：张　勇
方正红
吴建平
郑　超

自治县司法局
局长：毛建国
副局长：胡绍雄
邓爱民
郑志强

自治县民政局
局长：闫洪南
副局长：田继庆
刘富慧
胡兴琦
胡　平

自治县财政局
局长：许　冰
副局长：李永福
范厚重
钟玉平
总会计师：戚新宜

自治县政府国有资产监督管理局
局长：许　冰
副局长：时川江

自治县教育局
局长：李　钦
副局长：丁书海
马杰平
田贞徐

自治县卫生和计划生育局
局长：吴晓晴（女）
副局长：胡家福（女）
龚亦学
胡学钦

自治县文体新闻出版广电局
局长：李　靖
副局长：许卫东
宗志玺
武晓雅

自治县食品药品监督管理局
局长：刘　准
副局长：陈芳梅（女）
谭从新
胡靖川：刘军民

自治县城市管理局
局长：陈兴宏
副局长：熊　军
曾　璐
吴春艳（女）
总工程师：张玉华

自治县质量技术监督局
局长：田兴国
副局长：林　峰
沈　蓉（女）

自治县工商行政管理局
局长：章一英
副局长：李书雄
姚红林
付　刚

自治县气象局
局长：张　克
副局长：胡东宁

自治县电力公司
总经理：马　强
副经理：李坤生
艾建平
杜　宾

张继新

自治县国家税务局

局长：胡海峰

副局长：庄月全

张　红

李　昆

彭应玺

自治县地方税务局

局长：向爱红

副局长：任卫东

田诗平

郑晓清（女）

中国电信长阳分公司

总经理：戴兴文

副总经理：毛启兵

孙建华

自治县邮政局

局长：钟　剑

副局长：丁晓华

中国移动公司长阳分公司

总经理：姜　伟

副总经理：张玉军

中国联通公司长阳分公司

总经理：向　青

总经理助理：王　力

中国石油化工股份有限公司长阳分公司

经理：吴宏华

副经理：田伍林

自治县烟草专卖局（公司）

局长（经理）：张尚学

副局长（经理）：熊东华

李学锋

田异颖

自治县盐务局（公司）

局长：刘铁名

副局长：张毅

【自治县监察委员会负责人】

自治县监察委员会

主任：范绪忠

副主任：王凤兰（女）

章富高

委员：胡爱农

郑　红

陈守兵

覃忠东

【自治县人民法院、检察院负责人】

自治县人民法院

院长：王赞雄

副院长：刁文洪

吴志勇

曾令耘

刘旭堂（挂职）

自治县人民检察院

检察长：乔长松

副检察长：涂永红

黄　平

龚晓红（女）

【政协长阳自治县委及各工作委员会负责人】

政协长阳土家族自治县第九届委员会

主席：李云达（女）

副主席：姜　华

赵久芹（女）

饶树声

周近群

秘书长：李　强

办公室

主任：李　强

副主任：胡爱华

林　华

提案和社会法制委员会

主任：官　季（女）

副主任：李　莉（女）

文史资料和教科文卫委员会

主任：胡世春（女）

民族宗教和经济委员会

主任：刘佑文

人口资源环境和台侨外事委员会

主任：吕登高

政协委员工作委员会

主任：胡兴国

副主任：陈　敏（女）

【群团负责人】

自治县总工会

主席：黄昌英（女）

常务副主席：李书平

副主席：卢小兰（女）

　　　　赵举华（挂职）

　　　　覃科远（兼职）

经审委主任：刘宗元

自治县工商业联合会

主席：赵久芹（女）

常务副主席：田　进

副主席：方自洁（女）

共青团长阳土家族自治县委员会

书记：覃　烨

副书记：李　莉（女）

　　　　何庆玲（女，挂职）

　　　　沈俊玲（女，兼职）

　　　　李丹妮（女，兼职）

自治县妇女联合会

主席：胡　腾（女）

副主席：胡　冰（女）

　　　　戚海琼（女，挂职）

　　　　姜　蓉（女，兼职）

　　　　朱琼英（女，兼职）

自治县残疾人联合会

理事长：张巧蓉（女）

副理事长：黄　刚

自治县文学艺术界联合会

主席：曾爱民

副主席：杨小强

　　　　颜爱铭

秘书长：肖　筱（女）

自治县科学技术协会

主席：伍雪松

副主席：谭　静

【各乡镇党政负责人】

龙舟坪镇党委

书记：向兴华

副书记：周新成

　　　　文新贵

　　　　柳新力

　　　　李作强（挂职）

纪委书记：匡明瑶（女）

磨市镇党委

书记：杨钰林

副书记：李仟全

　　　　陈万华

　　　　覃福星

　　　　杨德勇（挂职）

纪委书记：覃卫平

大堰乡党委

书记：熊少博

副书记：杨志宇

　　　　刘胜勇

　　　　王婷婷（女）

　　　　田　翠（女，挂职）

纪委书记：陈晓东

都镇湾镇党委

书记：王　锐

副书记：周平章

　　　　李习祥

　　　　罗玉龙

　　　　向　杰（挂职）

纪委书记：尚红喜
鸭子口乡党委
书记：胡　宇
副书记：李　轶（女）
　　　　谭　俊
　　　　刘克贵
　　　　刘富慧（挂职）
纪委书记：胡朝东
资丘镇党委
书记：许　昌
副书记：赵子鸿
　　　　李铁坚
　　　　田继桥
　　　　张植敏（挂职）
纪委书记：刘国裕（女）
渔峡口镇党委
书记：王元奎
副书记：李　宁
　　　　杨　奎
　　　　覃兆敏
　　　　孙先红（挂职）
纪委书记：王　辉
火烧坪乡党委
书记：李德兵
副书记：覃凤兰（女）
　　　　骆德军
　　　　陈江新
　　　　张士军（挂职）
纪委书记：董　阳
榔坪镇党委
书记：覃立胜
副书记：覃素波
　　　　李　彧
　　　　秦道志
　　　　范厚重（挂职）
纪委书记：覃春立
贺家坪镇党委
书记：许志明
副书记：张宏毅
　　　　邓丽君（女）
　　　　许左琴
　　　　胡　伟（女，挂职）
纪委书记：邓　兵
高家堰镇党委
书记：饶会群（女）
副书记：钟玉杰
　　　　张国伟
　　　　王　丹（女）
　　　　刘春玉（挂职）
纪委书记：官　宇
龙舟坪镇政府
镇长：周新成
副镇长：文新贵
　　　　张　龙
　　　　王海波
　　　　胡佐众
　　　　吕　芳（女）
人大主席：方继生
磨市镇政府
镇长：李仟全
副镇长：陈万华
　　　　何宏军
　　　　张必虎
　　　　陈　玲（女）
人大主席：杨周莲（女）
大堰乡政府
乡长：杨志宇
副乡长：刘胜勇
　　　　易振军
　　　　胡远超
人大主席：李彦妮

都镇湾镇政府
镇长：周平章
副镇长：李习祥
　　　　张　扬
　　　　刘爱国
　　　　覃芳敏（女）
人大主席：江海波
鸭子口乡政府
乡长：李　轶（女）
副乡长：谭　俊
　　　　李胜元
　　　　向希安
人大主席：黄其海
资丘镇政府
镇长：赵子鸿
副镇长：李铁坚
　　　　李劲松
　　　　覃江波
人大主席：李顺国
渔峡口镇政府
镇长：李　宁
副镇长：杨　奎
　　　　朱元超
　　　　侯寿阶
人大主席：田太照
火烧坪乡政府
乡长：覃凤兰（女）
副乡长：骆德军
　　　　冉海军
人大主席：田昌富
榔坪镇政府
镇长：覃素波
副镇长：李　彧
　　　　干林锋
　　　　龚海军
人大主席：陈红丽
贺家坪镇政府
镇长：张宏毅
副镇长：邓丽君（女）
　　　　叶　松
　　　　庾　军
人大主席：邓世坤
高家堰镇政府
镇长：钟玉杰
副镇长：张国伟
　　　　张　军
　　　　向克红
人大主席：徐卫兵

【金融单位负责人】

中国人民银行长阳支行
行长：刘景彬
副行长：瞿　波
　　　　易发俊
宜昌银监分局长阳办事处
主任：杨正雄
副主任：覃芙蓉（女）
中国农业银行长阳支行
行长：闵雪翔
副行长：付建红（女）
　　　　李传明
行长助理：刘　俊
中国农业发展银行长阳支行
行长：王世勤
副行长：向　巍
　　　　陈　旭
中国工商银行股份有限公司长阳支行
行长：田　波
副行长：邹　锋
　　　　胡晓宇
　　　　刘辉亚
中国银行股份有限公司长阳支行
行长：覃海燕（女）

副行长：宋　青

刘飞燕（女）（挂职）

中国建设银行股份有限公司长阳支行

行长：刘　强

副行长：刘豫生

李玖玖

长阳农村商业银行

董事长：谭志平

行长：邓秀潮

副行长：聂全胜

李东伍

监事长：邓祖坤

中国人寿保险公司长阳支公司

经理：陈　伟

副经理：沈克巧

吕　丽（女）

中国人民财产保险公司长阳支公司

经理：朱为华

副经理：李静平

汪菊凤（女）

（胡浩波）

党代会代表

【概　况】 截至2017年12月31日，全县有县党代表总人数316人。

其中男性234人，占比74%；女性82人，占比26%。

汉族86人，占比27%；土家族229人，回族1人，少数民族总占比73%。

研究生学历15人，占比5%；其中在职研究生3人，占比1%；本科学历151人，占比48%；其中党校本科2人，占比0.6%；党校大学10人，占比3.2%；函授本科1人，占比0.3%；脱产本科1人，占比0.3%；在职本科6人，占比2%；自考本科1人，占比0.3%。

大专学历60人，占比19%；其中在职专科1人，占比0.3%；党校大专2人，占比0.6%；函授大专2人，占比0.6%；高中及以下学历90人，占比28%。

年龄40岁以下84人，占比27%；40–50岁149人，占比47%；50–60岁76人，占比24%；60岁以上7人，占比2%。

党员领导干部140人，占比44%；先进模范109人，占比35%；专业技术人员67人，占比21%。

【省市党代表】 2017年，长阳有省党代表3名，市党代表28名，省市党代表均为县党代表，名单如下：

长阳出席湖北省第十一次党代会党代表名单一览表

表6

序号	姓名	性别	民族	出生年月	年龄	学历	工作岗位
1	赵吉雄	男	土家族	1966.02	51	在职研究生	党员领导干部
2	刘发英	女	土家族	1970.03	47	大专	事业单位管理
3	李春兰	女	土家族	1973.02	44	中专	其他

长阳出席宜昌市第六次党代会党代表名单表览表

表 7

序号	姓名	性别	民族	出生年月	年龄	学历	工作岗位
1	赵吉雄	男	土家族	1966.02	51	在职研究生	党员领导干部
2	李　军	男	土家族	1975.12	42	大学本科	党员领导干部
3	危爱民	男	汉族	1975.09	42	在职研究生	党员领导干部
4	范绪忠	男	汉族	1982.04	35	大学本科	党员领导干部
5	杨五一	男	汉族	1974.05	43	大学本科	党员领导干部
6	向兴华	男	土家族	1974.06	43	函授本科	党员领导干部
7	杨钰林	男	土家族	1975.11	42	在职本科	党员领导干部
8	胡　宇	男	土家族	1975.12	42	在职本科	党员领导干部
9	李德兵	男	土家族	1974.12	43	在职本科	党员领导干部
10	覃立胜	男	土家族	1974.09	43	大学本科	党员领导干部
11	许志明	男	土家族	1982.06	35	大学本科	党员领导干部
12	饶会群	女	土家族	1978.1	39	自考本科	党员领导干部
13	陈仁全	男	土家族	1971.02	46	在职本科	党员领导干部
14	许　冰	男	汉族	1970.07	47	自考本科	党员领导干部
15	向爱红	女	汉族	1975.04	42	在职研究生	党员领导干部
16	吴晓晴	女	土家族	1972.09	45	在职本科	党员领导干部
17	张巧蓉	女	土家族	1973.01	44	在职本科	党员领导干部
18	刘发英	女	土家族	1970.03	47	大专	事业单位管理
19	罗　琼	女	土家族	1967.02	50	高中	村书记
20	王朝东	男	土家族	1964.03	53	初中	村书记
21	覃世灿	男	土家族	1961.11	56	高中	村书记
22	尹春云	男	土家族	1978.01	39	大专	企业
23	余建devices	女	土家族	1963.02	54	初中	村书记
24	赵开望	男	汉族	1963.01	54	脱产本科	事业单位管理
25	熊　虎	男	土家族	1967.05	50	自考本科	企业
26	时晓清	女	汉族	1972.06	45	函授本科	党政工作
27	刘光菊	女	土家族	1970.09	47	大专	其他
28	李春兰	女	土家族	1973.02	44	中专	其他

（李艳华）

人大代表

【概　况】 自治县第九届人民代表大会代表219名。其中专业技术人员25人、公务员54人、工人及农民125名、企事业单位负责人8人、解放军1人，其他类别6人。代表中土家族156人、汉族62人、回族1人。

【省市人大代表】 2017年，长阳有省人大代表2

人，市人大代表37人。省人大代表也是县人大代表，市人大代表中除6人是市直机关领导外，其余均为县人大代表。名单见下表。

（曾　璐）

居住在长阳的湖北省第十二届人民代表大会代表一览表

表8

姓名	性别	党派	工作单位及职务	联系电话
赵吉雄	男	中共党员	自治县委书记	5322550
朱琼英	女	无党派	自治县人大常委会委员、长阳群英家政服务公司总经理	13886686658

长阳出席宜昌市第六届人民代表大会代表名册一览表（37人）

表9

姓名	工作单位及职务	性别	出生年月	民族	文化程度	政治面貌
王功平	提名宜昌市人大常委会委员、市人大农业经济委员会主任委员	男	1963.10	土家	在职本科	中共党员
毕奎明	宜昌市人民检察院党组副书记、副检察长（正县）	男	1969.10	汉	研究生法学硕士	中共党员
李兴慧	宜昌市人大常委会委员、市人大教育科学文化卫生委员会主任委员	女	1967.03	汉	大学哲学学士	中共党员
张爱平	宜昌市财政局副局长、党组成员	男	1964.07	汉	党校研究生	中共党员
周赟鸿	宜昌市妇女联合会主席、党组书记	女	1963.11	土家	在职大学	中共党员
郑　龙	宜昌市委统战部常务副部长	男	1962.01	汉	在职大学	中共党员
袁卫东	宜昌市委常委，市政府副市长、党组成员，三峡枢纽港管理委员会（筹）主任、党工委书记	男	1962.07	汉	大学工学学士	中共党员
丁天宴	长阳清江鹏搏开发有限公司董事长、总经理	男	1966.03	汉	在职大专	群众
邓衍贵	宜昌清江电气有限公司董事长、总经理	男	1966.02	土家	大专	群众
左学琴	长阳自治县榔坪镇长丰村党总支书记、村委会主任	女	1978.11	土家	大专	中共党员
田大甲	长阳自治县人大常委会党组书记、常务副主任	男	1965.12	土家	在职本科	中共党员
田科平	长阳农茗园茶叶专业合作社社长	男	1963.12	土家	初中	群众
伍学福	长阳璞岭村农林药材种植专业合作社社长	男	1960.10	土家	初中	群众
向师强	长阳自治县高家堰镇盆景根艺协会会长	男	1963.02	土家	大专	群众
向希红	长阳自治县环境保护局局长	女	1970.12	土家	大学本科	群众
危爱民	中共长阳土家族自治县委副书记	男	1975.09	汉	在职研究生	中共党员
刘玉龙	长阳自治县公路管理局榔坪养护站站长	男	1972.03	土家	高中	中共党员
关铁群	自治县城市管理监察大队监察员	男	1984.09	蒙古	在职大专	中共党员
李　军	长阳自治县委副书记、县人民政府县长	男	1975.12	土家	大学本科	中共党员
李红艳	国网长阳县供电公司物资部副主任	女	1975.11	土家	在职大专	中共党员
李　轶	长阳自治县鸭子口乡党委副书记、乡长	女	1981.09	土家	大学本科	中共党员
李霞云	长阳瓴悦饮食文化发展有限公司总经理	女	1969.10	土家	在职大专	群众
杨五一	长阳自治县委常委、组织部长	男	1974.05	汉	大学本科	中共党员
吴　平	湖北一致魔芋生物科技股份有限公司董事长	女	1968.09	汉	硕士研究生	民建
吴钰萍	湖北红业建材科技开发有限公司车间主任、生产班长	女	1974.04	汉	在职大专	中共党员
何庆玲	湖北清江画廊旅游开发有限公司导服中心副经理	女	1987.02	汉	大专	中共党员
张元奎	长阳自治县人民医院党委副书记、院长	男	1970.08	土家	大学本科	中共党员
林金燕	长阳自治县财政局政府采购管理股股长	女	1972.09	土家	在职本科	中共党员

续表 9

姓名	工作单位及职务	性别	出生年月	民族	文化程度	政治面貌
金　武	长阳磨市柑橘专业合作社理事长	男	1969.03	土家	高中	中共党员
赵吉雄	长阳自治县委书记、人大常委会主任	男	1966.02	土家	在职研究生	中共党员
赵运红	长阳自治县龙舟坪镇龙舟坪村党支部书记，村委会主任	女	1966.12	土家	在职大专	中共党员
高　龙	长阳蒋家湾水电站运行班班长	男	1976.06	汉	在职大专	中共党员
彭绪冰	长阳自治县农业局正高职高级农艺师	男	1970.05	土家	在职大专	中共党员
喻承明	湖北长阳清江河矿务局局长、党委副书记	男	1962.09	汉	在职大专	中共党员
曾令刚	长阳大清江经济技术发展有限公司总经理	男	1981.11	土家	中专	群众
漆昌琼	长阳自治县实验小学副校长	女	1969.09	土家	在职本科	群众
戴述刚	长阳自治县大堰乡千丈坑村党总支书记、村委会主任	男	1965.09	土家	大专	中共党员

政协委员

【概　况】 政协长阳土家族自治县第九届委员会有委员209名，包含16个界别。其中，中共委员82名，非中共委员127名，妇女委员62名，少数民族委员158名，大专以上学历的委员181名，35岁以下委员36名，36岁至45岁委员47名，46岁以上委员126名。常务委员会组成人员33名，其中，主席一名，副主席5名（中共党员4名，无党派人士1名），秘书长1名。其它常务委员26名。在其他常务委员中，中共委员9名，非中共委员17名。常务委员会下设5个专门委员会和一个办公室，成立11个政协乡镇活动组和5个县直界别活动联组。县政协委员中有15名为市政协委员，市政协委员中有1名为省政协委员。

【省市政协委员】 2017年，长阳有省政协委员1名，市政协委员15名。涵盖12个界别。名单见下表。

（胡兴国）

政协湖北省第十一届委员会委员名单一览表（长阳）

表 10

界别	姓名	性别	民族	籍贯	出生年月	文化程度	党派	工作单位及职务
民族宗教	赵久芹	女	土家	长阳	1966.04	函授本科	非党	县政协副主席、教育局副局长

政协宜昌市第六届委员会委员名单一览表（长阳）

表 11

界别	姓名	性别	民族	出生年月	文化程度	党派	工作单位及职务
特邀	李云达	女	土家	1963.03	本科	中共	县政协党组书记、主席
教育	赵久芹	女	土家	1966.04	函授本科	非党	县政协副主席、教育局副局长
特邀	刘云鹏	男	汉	1972.11	本科	中共	县委统战部常务副部长、县台办主任
妇联	官　季	女	土家	1969.02	本科	中共	县政协提案和社会法制委员会主任
中共	覃　烨	男	土家	1988.02	研究生	中共	共青团长阳县委副书记
无党派	鲍剑飞	男	汉	1979.10	本科	非党	县人民政府副县长
文艺	姜　蓉	女	土家	1974.11	本科	非党	县广播电视台电视中心副主任
经济	张志猛	男	汉	1968.03	研究生	中共	清江开发公司副总经理、总工程师、党委委员，兼清能公司、柳树坪公司执行董事

续表 11

界别	姓名	性别	民族	出生年月	文化程度	党派	工作单位及职务
经济	杨　涛	男	汉	1973.05	大专	民建	湖北和远气体有限公司董事总经理
农业	毛卫国	男	汉	1971.12	本科	中共	湖北老巴王生态农业发展有限公司董事长
少数民族	吕方武	男	土家	1971.05	高中	非党	湖北沛函建设有限责任公司董事长
少数民族	覃芳敏	女	土家	1987.01	本科	非党	都镇湾镇副镇长
科技	覃德双	男	土家	1969.03	本科	中共	县科技局党组书记、局长
宗教	鄢金华	男	汉	1963.03	大专	非党	湖北省道协副会长、宜昌市道教协会会长、长阳道教协会会长、中武当道观管理委员会主任
归侨联	王纯钢	男	汉	1959.11	高中	非党	县侨联主席、长阳新启建筑劳务有限公司总经理

劳动模范

【全国劳动模范李春兰】 李春兰，女，土家族，中共党员，2017 年 12 月，被人力资源和社会保障部、住房城乡建设部表彰为“全国住房城乡建设系统劳动模范”。

1973 年 2 月出生于湖北长阳龙舟坪镇。1999 年 11 月，她选择平凡的环卫清扫保洁岗位，在环卫一线工作 19 年，将美好的青春献给环卫事业。从背起嗷嗷待哺的女儿上路，到目送女儿走进高考考场，李春兰每天起早贪黑，不管寒冬腊月，暴雨酷暑，近 7000 个日日夜夜，她用“宁愿一人脏，换来万人洁”的信念不断要求并鞭策自己，以热情的服务态度感动市民，以无私的奉献赢得尊重。同时，通过言传身教，引导市民爱护自己的家园，带动身边的人加入创城、护城行列。

图 73　全国劳模李春兰工作照

（县城管局办公室提供）

李春兰曾荣获“湖北省优秀环卫工人”“宜昌市三八红旗手”“宜昌市劳动模范”“宜昌市城市美容师”“全县优秀共产党员”等多项荣誉，2017 年，李春兰作为宜昌市唯一一名一线工人当选湖北省第十一次党代会代表。

【第六届全国道德模范提名奖刘发英】 刘发英，女，土家族，1970 年 3 月生，中共党员，湖北省长阳土家族自治县花坪小学副校长。2017 年 11 月 9 日，被中央宣传部、中央文明办、中央军委政治工作部、全国总工会、共青团中央、全国妇

图 74　全国道德模范刘发英在辅导花坪小学学生

（县教育局办提供）

联表彰为第六届全国道德模范提名奖。

从2005年开始，刘发英以“英子姐姐”为网名开展网络助学，并首创全透明的“一对一”网络助学模式，搭建起网络公益的信义桥梁。起初，她满怀爱心，却遭遇质疑，但她不改初衷，用12年的执着与真诚书写了一段网络助学诚信传奇。

为赢得网络公益人士信任，她将自己的真实姓名、单位、电话等信息在网上公布，坚持亲自走访每一个贫困学生家庭，详细收集学生资料，并不厌其烦地将这些资料拍照后上传到“英子姐姐”助学网“待资助信息”板块，网友只要点击一下，就能了解学生基本情况，选择资助对象，并通过网页留下的电话和地址，通过询问或者实地回访等方式加以验证。当“一对一”资助款一到账，她又把相关信息转到“已资助信息”板块，公布该学生资助人的网名、资助金额等，并督促学生与资助人取得联系。团队中法律顾问则像“纪委书记”一样，一一电话回访核实相关情况。所有资助人和受助学生只要在助学网站上输入他们的名字，就可以清清楚楚看到资助与受助情况。

“有人用网络恶搞，有人用网络出名，她却用真诚与信义凝聚四海爱心。”江苏常州黑牡丹公司退休老人戴先生用近半年时间挑选全国助学网站后，感动于刘发英诚信助学的执着与无私，先后通过刘发英和她的助学团队资助12名贫困学生共21万余元。2017年3月，戴先生义捐200万元设立了“英子姐姐”助学基金。

在刘发英的工作室，保存着100多本厚厚的“信义爱心账本”，详细记录着12年来每一笔捐款的来源，捐款人地址、电话号码、QQ号、金额，受捐学生姓名、学校、年级等重要信息，包括全部汇款和转款单据复印件存档。这100多本助学登记册，记载着来自10多个国家和地区的1700多位网络公益人士跨越民族与国界的无疆大爱，也积淀和见证了刘发英及其团队12年倾情助学的至臻之爱与无价信义。12年来，刘发英坚持以诚聚爱，以信取义，终于赢得1700余名网络爱心人士信赖，募集爱心助学善款1680多万元，资助了2780名大山里的贫困孩子实现求学梦想。刘发英先后获全国先进工作者、“全国三八红旗手”等称号，被授予“全国五一劳动奖章”，登上“中国好人榜”。

（汪海燕）

先进工作者

2016—2017年，长阳深入开展“两学一做”（学党章、学系列讲话、做合格党员）学习教育活动，开展“工匠精神”宣传教育，推进转作风抓落实，经济、社会、文化、生态文明建设等各行各业平稳发展，各行业涌现出不少先进人物，2017年省厅以上单位发文表彰的31名。列表如下：

2017年厅级以上单位表彰的先进工作者名单一览表

（按级别，以获奖时间先后为序）

表12

姓名	性别	所在单位	授予称号	表彰机关	文号	表彰时间
刘发英	女	长阳花坪小学	2017年全国教书育人楷模	教育部	证书	2017.09.01
			第六届全国道德模范提名奖	中央宣传部、中央文明办、中央军委政治工作部、全国总工会、共青团中央、全国妇联	证书	2017.11.09
李春兰	女	县环卫局	全国住房城乡建设系统劳动模范	人力资源社会保障部、住房城乡建设部	证书	2017.12

续表12

姓名	性别	所在单位	授予称号	表彰机关	文号	表彰时间
江　競	男	县人武部	2016年度新闻宣传工作先进个人	省军区政治部	政宣〔2017〕5号	2017.01.15
向艳枝	女	龙舟坪镇	2016年度全省创建幸福家庭活动成绩突出个人	湖北省人口与计划生育领导小组办公室	鄂人口组办〔2017〕3号	2017.02.08
许洪玉	女	磨市镇峰山村	2016年度全省创建幸福家庭活动成绩突出个人	湖北省人口与计划生育领导小组办公室	鄂人口组办〔2017〕3号	2017.02.08
李　斌	女	县公安局治安大队	全省公安机关深入推进户口登记管理清理整顿工作成绩突出个人	湖北省公安厅	鄂公传发〔2017〕177号	2017.02.27
黄宇平	男	县公安局内保大队	2016年度全省公安内保工作成绩突出个人	湖北省公安厅	鄂公通〔2017〕24号	2017.03.15
黄昌桃	女	县委老干部局	全省关心下一代工作先进个人	省关心下一代工作委员会、省文明办	鄂关工委〔2017〕2号	2017.04.11
覃洪秀	女	榔坪镇人民政府	2016年湖北省抗洪抢险和减灾重建工作先进个人	中共湖北省委、湖北省人民政府、湖北省军区	鄂文〔2017〕30号	2017.05.02
胡爱农	男	县纪委	嘉奖	省纪委	鄂纪发〔2017〕9号	2017.10.30
齐顶武	男	县卫计局	2017年计划生育协会宣传工作先进个人	湖北省计生协会	鄂计生协办〔2017〕28号	2017.11.09
向祖焕	男	县农业局	2017年全省农业行政处罚优秀案卷办案人员	湖北省农业厅	鄂农函〔2017〕263号	2017.11.15
覃拥军	男	县农业局	2017年全省农业行政处罚优秀案卷办案人员	湖北省农业厅	鄂农函〔2017〕263号	2017.11.15
周　波	男	县农业局	2017年全省农业行政处罚优秀案卷办案人员	湖北省农业厅	鄂农函〔2017〕263号	2017.11.15
覃孟超	男	县农业局	2017年全省农业行政处罚优秀案卷办案人员	湖北省农业厅	鄂农函〔2017〕263号	2017.11.15
李　刚	男	县农业局	2017年全省农业行政处罚优秀案卷办案人员	湖北省农业厅	鄂农函〔2017〕263号	2017.11.15
李军林	男	县环卫局	2017年度湖北省优秀环卫工人	省住房和城乡建设厅	厅字〔2017〕761号	2017.12.6
王　杰	女	县地税局	2017年全省税收调查工作先进个人	湖北省国税局、省地税局	鄂国税函〔2017〕111号	2017.12.18
向道煦	男	县财政局	内部监督工作先进个人	省财政厅	鄂财监发〔2017〕23号	2017.12.28
周宏伟	男	县人武部	2016年度先进个人（优秀职工）	宜昌军分区	政组〔2017〕8号	2017.02.24
邓迎松	男	县公安局禁毒大队	2016年度全省易制毒化学品管制工作先进个人	宜昌市禁毒委员会办公室	宜禁毒办〔2017〕10号	2017.03.29
郑少波	男	县民政局	全市减灾重建工作突出个人	中共宜昌市委、宜昌市人民政府	宜文〔2017〕20号	2017.06.21
何　波	男	县公安局交警大队	个人三等功	宜昌市公安局	宜公奖〔2017〕8号	2017.11.08
梁　波	男	县公安局情报中心	个人三等功	宜昌市公安局	宜公奖〔2017〕8号	2017.11.08
李玉标	男	县公安局渔峡口派出所	个人三等功	宜昌市公安局	宜公奖〔2017〕8号	2017.11.08
吕　斌	男	县看守所	个人三等功	宜昌市公安局	宜公奖〔2017〕8号	2017.11.08
杨德成	男	县拘留所	个人三等功	宜昌市公安局	宜公奖〔2017〕8号	2017.11.08
朱建平	男	县公安局刑侦大队	个人三等功	宜昌市公安局	宜公奖〔2017〕9号	2017.11.15

续表 12

姓名	性别	所在单位	授予称号	表彰机关	文号	表彰时间
周俊华	男	县公安局刑侦大队	个人三等功	宜昌市公安局	宜公奖〔2017〕9 号	2017.11.15
王世勋	男	县公安局刑侦大队	个人三等功	宜昌市公安局	宜公奖〔2017〕9 号	2017.11.15
田祥英	女	县档案局	《湖北年鉴》2017 年度优秀撰稿人	湖北省地方志编纂委员会办公室湖北年鉴编辑委员会	鄂志办发〔2017〕29 号	2017.11.29

逝世人物

邬守策 男，1929 年 12 月 26 日出生，湖北省汉川县人，汉族，中专文化。1949 年 8—12 月，湖北革大三部九班学员；1950 年 1—6 月，宜都红花工作队队员；1950 年 7 月—1951 年 8 月，宜都聂河区秘书干事；1951 年 9 月—1953 年 5 月，长阳六区民政干事、第一副区长；1953 年 6—12 月，长阳保险公司副经理；1954 年 1 月—1957 年 8 月，长阳人民银行副行长；1957 年 9 月—1958 年 7 月都镇湾区副区长；1958 年 8 月—1980 年 12 月，长阳交通局副局长；1981 年 1 月—1988 年 1 月，长阳县人大常委会副主任；1986 年 10 月，加入中国共产党；1988 年 2 月—1990 年 7 月，退居二线；1990 年 8 月，离职休养。2017 年 10 月 31 日，因病医治无效去世，享年 88 岁。

（陈兴雄）

责任编辑：田祥英

文献选辑

重要文件

中共长阳土家族自治县委关于学习贯彻党的十八届六中全会精神深入推进全面从严治党的决定

2017年1月6日中共长阳土家族自治县第十四届委员会第二次全体（扩大）会议通过

长发〔2017〕2号

（2017年1月14日印发）

为贯彻落实党的十八届六中全会精神，推动《关于新形势下党内政治生活的若干准则》和《中国共产党党内监督条例》（以下简称《准则》和《条例》）在长阳落地生根，把全面从严治党工作引向深入，中共长阳土家族自治县委十四届二次全会作出如下决定。

一、切实把思想和行动统一到党中央、省委和市委关于全面从严治党的决策部署上来

治国必先治党，治党务必从严。要把学习贯彻党的十八届六中全会精神作为重大政治任务抓紧抓实抓好，推进全面从严治党向纵深发展。

（一）深刻认识严肃党内政治生活、深入推进全面从严治党的重大意义。党的十八大以来，以习近平为核心的党中央身体力行、率先垂范，坚定不移推进全面从严治党，坚持思想建党和制度建党紧密结合，集中整饬党风，严厉惩治腐败，净化党内政治生态，全面从严治党展现新气象，赢得了党心民心，为开创党和国家事业新局面提供了重要保证。党的十八届六中全会审议通过的《准则》和《条例》，以党章为根本遵循，遵循党要管党、从严治党的历史经验，直面当前党内政治生活存在的突出矛盾和问题，围绕严肃党内政治生活、加强党内监督，提出明确要求、作出具体规定，是党的十八大以来管党治党新实践的制度结晶，是新形势下推进全面从严治党的重大部署。全县各级党组织务必从统筹推进“五位一体”总体布局，协调推进“四个全面”战略布局，打赢脱贫攻坚战，加快建设都市后花园，全面建成小康社会的高度，深刻认识推进全面从严治党的重要性、紧迫性，切实把思想和行动统一到党中央、省委和市委全面从严治党的决策部署上来。

（二）切实抓好党的十八届六中全会精神的学习宣传和贯彻落实。全县各级党组织要把学习贯彻党的十八届六中全会精神作为重大政治任务，与学习贯彻习近平总书记系列重要讲话精神结合起来，与“两学一做”学习教育结合起来，与推进我县全面从严治党各项工作结合起来。将党的十八届六中全会精神纳入全县各级党委（党组）中心组学习计划、党校教育培训课程、支部学习内容，采取培训班、读书班、报告会等多种形式，组织全县广大党员干部认真学习领会，切实做到学思践悟、融会贯通、知行合一。各级领导干部特别是县级领导干部要带头学习、带头研讨、带头宣讲、带头落实，为全县党员干部作出示范。要全方位、大力度地宣传党的十八届六中全会精神，加强深度报道，深化理论阐释，营造浓厚学习氛围。

（三）坚定不移把全面从严治党引向深入。党的十八大以来，县委认真贯彻落实党中央、省委和市委全面从严治党决策部署，把抓好党建作为最大的政绩，坚持抓思想从严、抓管党从严、抓执纪从严、抓治吏从严、抓作风从严、抓反腐从严，党风廉政建设和反腐败斗争步步深入，政治生态持续改善，党风政风持续向好，为全县改革发展稳定积聚了强大正能量。同时，必须清醒地看到，我县全面从严治党一些深层次问题还没有根本解决，不良政治生态的土壤和环境仍然存在。有的单位和部门贯彻落实习近平总书记系列重要讲话精神和党中央、省委和市委决策部署不够自觉、不够主动，存在执行力层层递减的问题；有的党组织和领导干部对全面从严治党认识不到位、思想不适应、行动不自觉，管党不严、治党不力；有的党组织和党员干部政治敏锐性、政治鉴别力不强，对社会上一些错误言论和现象抵制与批驳不主动、不坚决；有的党员干部理想信念动摇，宗旨意识淡薄，组织观念淡化；有的党员干部缺乏担当精神，“为官不为”思想滋长，回避矛盾、办事拖拉、推卸责任、虚化落实；新经济新社会组织和农村基层党组织党的领导弱化、党的建设缺失等问题还比较突出；有的地方和领域党风廉政建设压力依然较大，个别党员干部不收敛、不收手。全面从严治党犹如逆水行舟，稍有松懈就会倒退，就会失信于民。全县各级党组织务必切实增强全面从严治党的责任感、紧迫感，以贯彻落实《准则》和《条例》为契机，不断解决管党治党中存在的突出矛盾和问题，推动全面从严治党在坚持中深化，在深化中坚持，把全面从严治党不断引向深入。

二、坚决维护以习近平为核心的党中央权威

党面临的形势越复杂，肩负的任务越艰巨，就越要维护党的团结和集中统一，越要维护以习近平为核心的党中央权威。

（四）坚决与以习近平为核心的党中央保持高度一致。党的十八届六中全会明确习近平为党中央的核心、全党的核心，实至名归，顺乎党心民心。党的十八大以来，习近平总书记以强烈的历史责任担当、深沉的使命忧患意识、顽强的意志品质，团结带领全党全国人民攻坚克难、锐意进取，改革发展稳定、内政外交国防、治党治国治军取得巨大成就，开创了中国特色社会主义事业新局面。全县各级党组织和广大党员干部要牢固树立“四个意识”，特别是核心意识、看齐意识，在思想上高度认同核心，自觉向以习近平为核心的党中央看齐，向党的理论和路线方针政策看齐，向党中央的决策部署看齐，真正做到心理认同、信赖核心。在政治上坚决维护核心，坚定政治方向，站稳政治立场，严守政治纪律，规范政治言行，锤炼政治品质，真正做到忠诚可靠、拥戴核心。在组织上自觉服从核心，进一步强化组织意识，增强组织观念，严格遵循组织原则，严守组织纪律和组织程序，规范组织行为，真正做到“四个服从”、巩固核心。在行动上坚定紧跟核心，做到党中央提倡的坚决响应、党中央决定的坚决执行、党中央禁止的坚决不做，真正做到步调一致、听从核心。

（五）深入学习贯彻落实习近平总书记系列重要讲话精神。党的十八大以来，习近平总书记发表了一系列重要讲话，提出许多治国理政新理念、新思想、新战略，深刻回答了新形势下党和国家发展的一系列重大理论和现实问题。习近平总书记系列重要讲话是马克思主义中国化的最新理论成果，是引领党和国家事业发展的思想武器和行动指南。全县广大党员要坚持读原著、学原文、悟原理，全面科学系统准确地学习领会系列讲话中蕴含的马克思主义立场、观点、方法，做到真学真懂、真信真用。

（六）严格遵守党的政治纪律和政治规矩。全县各级党组织和全体党员必须严格遵守党的纪律，坚决同一切违反党的纪律的行为作斗争。要始终牢记“五个必须”“九个不准”，坚决反对“七个有之”，对党的纪律心存敬畏、严格遵守，对违反政治纪律的言行要坚决制止、坚决处理。要倡导清清爽爽的同志关系、规规矩矩的上下级关系，坚决反对在党内搞小山头、小圈子、小团伙，严禁在党内拉私人关系、培植个人势力、结成利益集团，坚决反对拉拉扯扯、吹吹拍拍，坚决反对以人划线、以单位划线、以地域划线。必须做到对党绝对忠诚、光明磊落，决不允许默认、纵容、唆使、暗示甚至强迫下级造假、说假话。大力支持、保护、鼓励坚持原则、敢于说真话的行为，依纪依规严厉问责追责弄虚作假、虚报浮夸、隐瞒实情的行为。必须全面贯彻执行党的基本路线，把以经济建设为中心同坚持四项基本原则、坚持改革开放这两个基本点统一于全县改革发展稳定各方面、全过程，任何时候都不能有丝毫偏离和动摇。对一切违背、歪曲、否定党的基本路线的言行，要旗帜鲜明地反对和抵制。

三、加强和规范新形势下党内政治生活

严肃党内政治生活是我们党的重要特征和光荣传统，是全面从严治党的重要基础。党要管党必须从党内政治生活管起，从严治党必须从党内政治生活严起，要切实加强和规范新形势下党内政治生活。

（七）坚定理想信念。全县广大党员要把对马克思主义的信仰、对社会主义和共产主义的信念作为毕生追求，坚定对中国特色社会主义的道路自信、理论自信、制度自信、文化自信。把马克思主义理论作为必修课，全面、系统、深刻把握马克思主义世界观和方法论。加强中国特色社会主义理想信念教育，紧密联系我国改革开放和社会主义现代化建设的伟大实践，紧密联系我县改革开放以来取得的辉煌成就，深刻认识中国特色社会主义独特优势和强大生命力，保持对远大理想和奋斗目标的清醒认知和执着追求。发挥文化塑造引领作用，大力弘扬“空中红旗渠”精神，引导广大党员干部经常向先进典型，特别是身边先进典型对标看齐。加强对党委（党组）中心组学习和思想文化类报告会、研讨会、论坛、讲座的规范化管理。严格落实党委（党组）意识形态工作责任制，切实加强意识形态领域管理引导。对标《党委（党组）网络意识形态工作责任制实施细则》要求，加强对电台、电视台等舆论阵地和政务门户网站、微博、微信、移动新闻客户端的管理，把党管媒体原则贯彻到所有媒体管理之中，牢牢掌握意识形态工作领导权、话语权和主动权。

（八）切实执行民主集中制原则。坚持和落实民主集中制根本组织原则。坚持集体领导制度，严格执行《中国共产党地方委员会工作条例》《中国共产党党组工作条例（试行）》《中国共产党党和国家机关基层组织工作条例》，以及县委出台的《县委常委会议事决策规则》，切实履行职责。应由党委或党组集体研究决定的事项，不得以“领导小组”等名义或领导签批等方式作出决定。党委（党组）主要负责同志必须发扬民主、善于集中、敢于担责。既要防止搞一言堂，避免“民主不够”的问题；又要防止议而不决、决而不行、行而不实，避免“集中不够”的问题。各级党委（党组）要勇于担责担难担险，坚持科学、民主、依法决策，坚持在宪法和法律范围内开展工作，依据党章和其他党内法规履职尽责。完善决策程序，凡属“三重一大”事项做到不经过咨询论证不决策，不符合法定程序不决策，不经过领导班子集体讨论不决策，不进行风险评估和合法合规性审查不决策。探索领导班子重大事项决策全程纪实、全面公开制度，建立重大决策终身责任追究制度及纠错纠偏、责任倒查机制，对违反规则和程序作出决策、造成重大损失或恶劣影响的，严肃问责追责。

（九）坚持正确选人用人导向。坚持党章规定的干部条件，坚持好干部标准，把“三严三实”作为干部考核评价的重要内容，树立“务实重行、担当有为”的鲜明导向。坚决避免唯票、唯分、唯生产总值、唯年龄等取人偏向，真正让忠诚干净担当、为民务实清廉、奋发有为、锐意改革、实绩突出的干部得到褒奖和重用，让阳奉阴违、阿谀奉承、弄虚作假、不干实事、跑官要官的干部没有市场、受到惩戒。严格贯彻执行《党政领导干部选拔任用工作条例》，健全选人用人机制，科学界定和严格落实党委（党组）、党委（党组）书记、组织人事部门和纪检监察机关在选人用人中的职责权限。党委（党组）在干部选拔任用中要严把政治关、品行关、作风关、廉洁关。组织部门要严格按政策、原则、制度办事，客观公正考察评价干部，敢于为干部说公道话，敢于抵制选人用人中的违规行为。纪律检查机关要严把干部选拔任用“党风廉政意见回复”关，实事求是作出说明。落实干部选拔任用工作纪实制度，对选人用人失察失误的要严肃问责追责。注重跟踪考核和日常了解，实行履职尽责管理，着力推动干部“能上能下”，及时调整不务实、不担当、不作为的干部。匡正选人用人风气，对选人用人上的不正之风和违规违纪行为零容忍。领导干部要带头执行党的干部政策，不准个人为干部提拔任用打招呼、递条子，不准插手和干预曾经工作生活过的单位和不属于自己分管领域的干部选拔任用工作。

（十）严格党的组织生活。全县各级党组织和全体党员要通过严格党的组织生活增强党的意识，强化组织观念。认真落实“三会一课”制度，突出政治学习和教育，突出党性锻炼，突出思想交流，防止表面化、形式化、娱乐化、庸俗化，防止以业务学习代替政治学习。坚持党员领导干部带头讲党课和讲党课报备制度。坚持民主生活会和组织生活会制度，党员领导干部除参加领导班子单独召开的以批评和自我批评为主要内容的民主生活会外，还必须参加所在党支部或党小组的组织生活。严格执行上级党委（党组）成员指导下级党组织民主（组织）生活会的制度。严格落实谈心谈话制度，领导干部要带头谈，也要接受党员干部约谈。严格执行干部任前谈话制度，规范谈话内容，提高谈话针对性和实效性。严格落实民主评议党员制度，每年要以党支部为单位召开全体党员会议，对党员进行民主评议。坚持开展“支部主题党日”活动，落实“每个支部动起来、一名党员不掉队”的要求，实现全县支部、党员全覆盖。

（十一）用好批评和自我批评武器。弘扬整风精神，切实增强党内政治生活的政治性、时代性、原则性、战斗性，党的领导机关和领导干部必须发挥示范带头作用，按照“照镜子、正衣冠、洗洗澡、治治病”的要求，坚持实事求是、出于公心、动真碰硬、触及灵魂，不断增强党组织自我净化、自我完善、自我革新、自我提高的决心、勇气和能力。坚持问题导向，把下列情况作为批评与自我批评的主要内容：贯彻党的路线方针政策和决议，遵守党的政治纪律、政治规矩和组织纪律，维护党中央权威的情况；坚持民主集中制，维护班子团结和谐的情况；正确行使权力，依法办事、履职尽责、务实担当的情况；履行管党治党责任，遵守廉洁纪律的情况；执行党中央、省委、市委和县委加强作风建设有关规定，改进领导作风、联系服务群众的情况；群众反映、巡视反馈、组织约谈函询的突出问题等。要深入剖析问题产生的原因，狠抓问题整改，全程接受组织和群众监督。把开展批评与自我批评情况纳入考核评价机制，促进批评与自我批评制度化、规范化、常态化。

四、切实加强党内监督和纪律建设

加强党内监督和纪律建设是净化党内政治生态的关键举措，必须织密监督网络，打造铁的纪律，不断增强党员干部接受监督、遵守纪律的自觉性。

（十二）强化纪律教育和约束。全面贯彻《关于新形势下党内政治生活的若干准则》《中国共产党廉洁自律准则》《中国共产党党内监督条例》《中国共产党纪律处分条例》《中国共产党问责条例》等党内法规，建设廉洁政治，筑牢拒腐防变的思想防线和制度防线。完善各项规章制度，把制度建设贯穿到反腐倡廉各个领域，用制度管权管事管人，形成不敢腐的惩戒机制、不能腐的防范机制、不想腐的保障机制。增强纪律意识，教育党员干部守住底线，不越红线。重视家庭、家教、家风建设，营造党员干部廉洁从政的家庭环境。构建“亲”“清”新型政商关系，督促领导干部自觉净化社交圈、生活圈、朋友圈。

（十三）建立完善党内监督体系。认真落实《中国共产党党内监督条例》，建立健全党委（党组）全面监督、纪律检查机关专责监督、党的工作部门职能监督、党的基层组织日常监督、党员民主监督的党内监督体系。党委（党组）必须承担党内监督的主体责任，认真履行全面监督职责，加强对领导干部的日常管理监督，掌握其思想、工作、作风、生活状况。提高政治站位、突出政治巡察，强化巡察监督，充分发挥其从严治党利剑震慑遏制治本作用。加强全县巡察监督工作，推动全面从严治党向基层延伸。全县各级纪委必须履行党内监督专责机关的职责，加强对所辖范围内党组织和领导干部遵守党章党规党纪、贯彻执行党的路线方针政策情况的监督检查。党的工作部门必须既加强对本部门本单位的内部监督，又强化对本系统的日常监督。党的基层组织必须发挥战斗堡垒作用，扎实开展日常监督。党员必须本着对党和人民事业高度负责的态度，积极行使党员权利，开展民主监督。全县各级党委要支持和保证同级人大、政府、监察机关、司法机关等对国家机关及公职人员依法进行监督，人民政协依章程进行民主监督，审计机关依法进行审计监督。

（十四）加强对各级领导干部特别是“一把手”的监督。严格执行领导干部个人有关事项报告制度，进一步规范领导干部配偶子女从业行为。严禁领导干部利用职权或影响力为家属亲友谋求特殊照顾，严禁领导干部家属亲友插手领导干部职权范围内的工作、插手人事安排。加强对领导干部监督，着力发现领导干部在尊崇党章、坚持党的领导、加强党的建设、落实全面从严治党责任、执行党的纪律、落实意识形态工作责任制、落实中央“八项规定”精神、推进党风廉政建设和反腐败工作以及选人用人方面存在的问题。加强对党组织主要负责人和关键岗位领导干部的监督，重点监督其政治立场、加强党的建设、从严治党，执行党的决议，公道正派选人用人，责任担当、廉洁自律，落实意识形态工作责任制情况。上级党组织特别是主要负责人对下级党组织主要负责人平时应当多过问、多提醒，发现问题及时纠正。领导班子成员发现班子主要负责人存在问题，应当及时向其提出，必要时可以直接向上级党组织报告。严格执行党政主要负责人不直接分管本地本部门本单位财务、人事、工程建设和物资采购工作的制度。

（十五）实践运用好监督执纪“四种形态”。坚持把纪律挺在前面，充分运用监督执纪“四种形态”，经常开展批评和自我批评、约谈函询，让“红红脸、出出汗”成为常态，党纪轻处分、组织调整成为违纪处理的大多数，党纪重处分、重大职务调整的成为少数，严重违纪涉嫌违法立案审查的成为极少数。强化诫勉制度的刚性执行、延伸应用，发现领导干部有思想、作风、纪律等方面苗头性、倾向性问题的，相关党组织负责人应当及时对其提醒谈话；对发现轻微违纪问题的，上级党组织负责人应当对其诫勉谈话。加强执纪审查工作，重点审查党的十八大后不收敛不收手，问题线索反映集中、群众反映强烈，现在重要岗位且可能还要提拔使用的领导干部。坚持有腐必反、有贪必肃，坚持无禁区、全覆盖、零容忍，减少腐败存量、遏制腐败增量。

五、持续深入改进干部作风

作风建设永远在路上。要深刻认识作风建设的长期性、复杂性、斗争性和艰巨性，锲而不舍、驰而不息地抓好作风建设。

（十六）坚持党的群众路线。全县党员干部在任何时候任何情况下，都要牢记全心全意为人民服务的根本宗旨，始终与人民心连心、同呼吸、共命运，始终把实现好、维护好、发展好广大人民群众的根本利益作为工作的出发点和落脚点，优先解决好人民群众最关心、最直接、最现实的利益问题。坚持问政于民、问需于民、问计于民，充分相信群众、紧紧依靠群众，尊重群众的首创精神，从群众中汲取智慧和力量。改进和创新联系群众方法，既要深入基层，与群众面对面交流，也要善于利用传统媒体和新媒体、互联网等手段，拓宽联系群众的渠道，全面准确及时了解社情民意，倾听群众呼声，回应群众关切。持续深化机关党员“三联一转”和农村党员“一亮三创”工作，打牢做群众工作的基本功，不断提高做思想政治工作的能力、组织动员群众的能力、思维表达的能力、了解社情民意的能力、协调不同群体利益关系的能力、化解人民内部矛盾的能力、处理突发事件的能力。

（十七）持续整治作风突出问题。坚持以“钉钉子”精神落实中央“八项规定”精神、省委六条意见和市委二十四条意见，坚决遏制不正之风反弹回潮。坚持树立正确的政绩观，实事求是，察实情、出实招、办实事，严禁搞劳民伤财的“形象工程”和“政绩工程”。坚持领导带头，从领导机关、领导干部做起，带头开短会、讲短话、发短文、简办事，以良好的作风带动社会风气进一步好转。坚持问题导向，深入治理损害人民群众利益的突出问题，紧紧盯住文山会海、干部住房超标、违规发放津补贴、公款旅游、兼职取酬等干部群众反映强烈的问题，持续发力，深入整治。继续保持整治“四风”高压态势，在巩固治理享乐主义、奢靡之风成果的基础上，重点加大对形式主义、官僚主义的整治力度。严密防范和查处各种隐形、变异的“四风”问题，坚持抓常、抓细、抓长，使贯彻落实中央“八项规定”精神成为常态、化为习惯。

（十八）健全改进作风长效机制。建立职能部门查纠“四风”联动协作机制，形成群策群力、联防联治的工作格局。整合监督资源，强化职能部门监督，发动新闻媒体监督，依靠人民群众监督，借力科技手段监督，织密全方位、立体式的监督网络。建立健全内容科学、程序严密、系统配套、有效管用的作风建设制度体系，从源头上铲除滋生不正之风的条件和土壤。完善党务政务公开制度，不断扩大党务、政务等公开的范围和覆盖面，提高政治生活的透明度，接受广大干部群众的监督，及时发现和解决领导干部的作风问题。完善领导干部作风考核评价机制，建立健全领导干部作风建设评价指标体系，开展落实中央“八项规定”精神满意度测评，把考评结果作为领导干部选拔任用、培养教育、管理监督、激励约束的重要依据，激发改进作风的内生动力。加强对作风建设有关规章制度执行情况的监督检查，严肃纠正和查处做选择、打折扣、搞变通的行为，坚决防止“破窗效应”，使各项制度真正成为党员干部改进作风的刚性约束。坚持疏堵结合，对作风建设出现的新情况、新问题适时作出具体规定。

（十九）激励干部务实重行、担当作为。党员干部特别是领导干部要大力弘扬“工匠精神”，勇于担当、严格标准，精准求精、狠抓落实，在推动发展中当标杆、作表率。要做践行“四个意识”的表率，做落实中央“八项规定”精神、加强作风建设的表率，做勇于担当、真抓实干的表率，做讲团结、顾大局的表率，做遵守纪律的表率。坚持务实重行，不喊新口号、不提超越阶段的目标、不搞形式主义、不标新立异，少说多干、真抓实干、埋头苦干，把抓落实体现在工程上、项目上、行动上。要敢于担当，大力弘扬“四狠四拼”精神，积极应对脱贫攻坚、深化改革、经济社会发展的诸多困难，迎难而上，遇到矛盾不绕、面对难题不躲、解决问题不拖，勇当攻坚克难、推动发展的实干家。要善于担当，依法律、依政策、依规律、依制度、依规矩办事，讲究工作方法，克服盲干蛮干。要体现担当，把担当体现在既管当前又利长远的工作上，体现在改革发展的成果上，建立健全允许失误、宽容失败的容错纠错机制，加强正向激励，为敢于担当的干部担当，为敢于负责的干部负责，让干事创业者轻装上阵。对想干事、能干事、敢担当、善作为的干部要充分理解、大力支持和保护。对不担当、不作为、敷衍塞责的干部要严肃批评，对失职渎职造成严重后果的要严肃问责追责，真正使敢担当、敢负责、敢作为在干部队伍中蔚然成风。

六、落实全面从严治党责任

全面从严治党，核心是加强党的领导，关键在严格落实责任。要切实履行好主体责任、监督责任，把全面从严的要求落实到党的建设全过程，切实推进全面从严治党从宽松软走向严紧硬。

（二十）严格落实主体责任。各级党委（党组）是全面从严治党的责任主体，必须认真履行加强组织领导、选好用好干部、加强和改进作风建设，从源头上防治腐败、领导和支持执纪执法工作等主责。党委（党组）书记要做管党治党的书记，当好第一责任人，对党负责，对本地本单位的政治生态负责，对干部健康成长负责。党委（党组）其他班子成员对分管领域、部门、单位全面从严治党负重要领导责任，要认真履行“一岗双责”。县委书记与县人大、政府、政协党组书记，各乡镇党委书记签订党委（党组）书记及领导班子集体落实党风廉政建设责任书，与县委班子其他成员签订其他班子成员落实党风廉政建设责任书；县人大、政府、政协党组书记分别与县人大、政府、政协其他领导班子成员签订其他班子成员落实党风廉政建设责任书；县其他党政班子成员与分管部门和单位党委（党组）书记签订党委（党组）书记及领导班子集体落实党风廉政建设责任书；县直各部门、乡镇依此逐级签订责任书。进一步健全“全面从严治党主体责任纪实台账”管理制度和领导干部履责情况纪实制度，纪实台账记录范围扩大至县直单位二级单位、乡镇的基层站所和医院学校。认真执行下级党委（党组）及其主要负责人向上级党委（党组）和纪委报告主体责任情况制度，建立健全常态化压力传导机制，着力解决责任虚化空转、压力传导层层衰减等问题。

（二十一）严格落实监督责任。全县各级纪委必须全面履行党章赋予的职责，强化监督执纪问责。协助党委落实主体责任，把党中央、省委、市委和县委关于全面从严治党的决策部署落实到位。把维护党的政治纪律和政治规矩放在首位，坚决纠正和查处上有政策、下有对策，有令不行、有禁不止等行为。加强对同级党委监督，强化上级纪委对下级纪委的领导，加强派驻监督，推进党内监督全覆盖。认真处理信访举报，做好问题线索分类处置，早发现早报告。深化纪律检查体制改革，落实“两报告、两为主”措施。加强派驻机构建设，不断提升工作能力。不断加强自我监督，把自己摆进去，健全内控机制，严防“灯下黑”。

（二十二）强化考核问责。坚持把落实主体责任和监督责任情况作为党建工作检查考核的重点内容，实行痕迹管理，优化考核指标，创新方式方法，加强考核结果运用，充分发挥检查考核的“指挥棒”作用。严格执行《中国共产党问责条例》《推进领导干部能上能下若干规定（试行）》《湖北省党风廉政建设主体责任和监督责任追究暂行办法》等法规制度，紧紧围绕坚持党的领导、加强党的建设、全面从严治党、维护党的纪律、推进党风廉政建设和反腐败工作等方面开展问责。把问责作为推动“两个责任”落实的核心和关键，坚持失责必问、问责必严，不仅追究主体责任、监督责任，还要追究领导责任，让问责成为常态、形成震慑。

全县各级党组织和广大党员干部要紧密团结在以习近平为核心的党中央周围，全面贯彻党的十八届六中全会精神，深入推进从严治党，切实营造风清气正的政治生态，为打赢脱贫攻坚战，加快建设都市后花园，与省市同步进入小康社会而努力奋斗！

县委、县人民政府关于深入推进农业供给侧结构性改革加快培育农业农村发展新动能的若干意见

（2017年2月14日印发）

长发〔2017〕5号

近年来，全县在农业转方式、调结构、促改革等方面进行积极探索，为进一步推进农业转型升级奠定了基础，但农产品要素配置不合理、资源环境压力较大、农民收入持续增长乏力等问题仍然突出，增加产量与提升品质、成本攀升与价格波动等矛盾需要破解。必须顺应新形势新要求，坚持问题导向，调整工作重心，深入推进农业供给侧结构性改革，加快培育农业农村发展新动能，开创农业现代化建设新局面。

推进农业供给侧结构性改革，要紧紧围绕市场需求变化，以增加农民收入、保障有效供给为主要目标，以提高农业供给质量为主攻方向，以体制改革和机制创新为根本途径，优化农业产业体系、生产体系、经营体系，提高土地产出率、资源利用率、劳动生产率，促进农业农村发展由过度依赖资源消耗、主要满足量的需求，向追求绿色生态可持续、更加注重满足质的需求转变。推进农业供给侧结构性改革是一个长期过程，处理好政府和市场关系、协调好各方面利益，面临许多重大考验。必须直面困难和挑战，坚定不移推进改革，勇于承受改革阵痛，尽力降低改革成本，积极防范改革风险，确保农业生产能力不降低、农民增收势头不逆转、农村稳定不出问题。

2017年，全县农业农村工作的总体要求是：全面贯彻党的十八大和十八届三中、四中、五中、六中全会精神，以邓小平理论、“三个代表”重要思想、科学发展观为指导，深入贯彻习近平总书记系列重要讲话精神和治国理政新理念、新思想、新战略，坚持新发展理念，协调推进农业现代化与新型城镇化，以推进农业供给侧结构性改革为主线，

围绕农业增效、农民增收、农村增绿，加强科技创新引领，加快结构调整步伐，加大农村改革力度，提高农业综合效益和竞争力，推动社会主义新农村建设取得新的进展，为农村全面小康建设作出更大贡献。全年农业农村经济主要发展目标是：农业总产值增长10%以上，农业增加值增长5%以上，农村人均可支配收入增长10%以上。

一、优化产品产业结构，着力推进农业提质增效

1. 统筹调整粮经饲种植结构。按照稳粮、优经、扩饲的要求，加快构建粮经饲协调发展的三元种植结构。稳定玉米、马铃薯生产，增加优质食用大豆、薯类、杂粮杂豆等。发展青贮优质牧草，大力推广粮改饲、粮改豆，调动农民主动参与结构调整的积极性。全县粮食作物面积稳定在60万亩（4万公顷）、油料21万亩（14000公顷），优良品种覆盖率达到97%以上。

2. 发展规模高效养殖业。稳定生猪生产，统筹养殖污染治理与生猪生产的关系，按照规模高效的发展要求，优化生猪区域布局，引导生猪养殖向适养区、优养区转移，巩固生猪调出大县创建成果，全年出栏生猪72万头以上。加快品种改良，大力发展牛羊鸡等畜禽业，确保出栏肉牛5000头，肉羊70万只，家禽95万羽，肉类总产量8.1万吨，畜牧业产值29.2亿元，占农业总产值的45%以上。依托南方现代草地畜牧业推进项目和退耕还草项目，建立连片万亩南方草场。全面清理取缔清江库区长阳水域网箱养殖，转变渔业发展方式，加大清江库区增殖放流力度，大力发展生态休闲渔业。

3. 做大做强优势特色产业。适应市场优质化、个性化、多样化的需求，大力发展区域优势特色农产品。结合农业产业扶贫，发挥地方资源优势，促进高山蔬菜、茶叶、柑橘、魔芋、栀果、木瓜、中药材、花卉苗木、特色养殖等产业提档升级，把地方土特产和小品种做成带动农民增收的大产业。经济作物要优化品种品质和区域布局，扩大茶叶、柑橘、木瓜、桅果、魔芋等作物种植面积，其中茶叶每年新发展20000亩以上，开展特色农产品标准化生产示范，突出抓好品牌建设、品质管理，打造一批富有特色、优质安全的农产品品牌，建设一批地理标志农产品和原产地保护基地。支持地方以优势企业和行业协会为依托打造区域特色品牌，推进清江椪柑等区域农产品公用品牌建设。

4. 全面提升农产品质量和食品安全水平。坚持质量兴农，实施农业标准化战略，突出优质、安全、绿色导向，健全农产品质量和食品安全标准体系。支持新型农业经营主体申请“三品一标”认证，切实加强产地环境保护和源头治理，推进农业良好生产规范，推广生产记录台账制度，严格执行农业投入品生产销售使用有关规定，健全农产品质量和食品安全监管体制，强化风险分级管理和属地责任，设立农产品快速检测中心，加大抽检监测力度。建立全程可追溯、互联共享的追溯监管综合服务平台。鼓励生产经营主体投保食品安全责任险。

5. 积极发展适度规模经营。大力培育新型农业经营主体和服务主体，通过经营权流转、股份合作、代耕代种、土地托管等多种方式，加快发展土地流转型、服务带动型等多种形式规模经营。积极引导农民在自愿基础上，通过村组内互换并地等方式，实现按户连片耕种，扶持发展规模适度的家庭农场。加强农民合作社规范化建设，积极发展生产、供销、信用“三位一体”综合合作。总结推广农业生产全程社会化服务试点经验，扶持培育农机作业、农田灌排、统防统治等经营性服务组织。支持供销、邮政等系统发挥为农服务综合平台作用，促进传统农资流通网点向现代农资综合服务商转型。研究建立农业适度规模经营评价指标体系，引导规模经营健康发展。

6. 建设现代农业产业园。以规模化种养基地为基础，依托健康食品产业园农业产业化龙头企业带动，聚集现代生产要素，加快建设“生产＋加工＋科技＋现代物流”的现代农业产业园，统筹布局生产、加工、物流、研发、服务等功能板块。发挥技术集成、产业融合、创业平台、核心辐射等功能作用。加大实施种业自主创新重大工程和主要农作物良种联合攻关力度，加快适宜机械化生产、优质高产多抗广适新品种选育。鼓励扩大优势农产品出口，加大推介力度，推进优势农产品出口基地转型升级。加强农业对外合作，推进农业走出去。统筹使用高标准农田建设、农业综合开发、现代农业生产发展等相关项目资金，集中建设产业园基础设施和配套服务体系。吸引龙头企业和科研机构建设运营产业园，发展设施农业、精准农业、精深加工、现代营销，带动新型农业经营主体和农户专业化、标准化、集约化生产，推动农业全环节升级、全链条增值。鼓励农户和返乡下乡人员通过订单农业、股份合作、入园创业就业等多种方式，参与建设，分享收益。

二、推动绿色生产方式，增强农业可持续发展能力

7. 推进农业清洁生产。深入推进化肥农药零增长行动，开展有机肥替代化肥试点，促进农业节本增效。建立健全化肥农药行业生产监管及产品追溯系统，严格行业准入管理。开展水果、设施蔬菜、茶叶有机肥替代化肥试点示范，大力推广化肥减量增效技术，扩大配方肥使用范围，鼓励农民增施有机肥、种植绿肥。依托新型经营主体和专业化服务组织，开展农作物病虫害统防统治与绿色防控融合示范，集成推广农药减量增效综合技术模式，加快绿色防控技术推广应用。全面推进农业废弃物资源化利用。以畜牧大户为重点，扩大农业废弃物资源化利用、种养循环整体推进，大力推行高效生态循环的种养模式，加快畜禽粪便集中处理，推动规模化大型沼气健康发展。积极发展畜禽粪污第三方治理和社会化服务，健全病死畜禽无害化处理机制。抓好主产区秸秆综合利用，推进地膜清洁生产和农田残膜回收再利用，支持龙头企业秸秆处理利用项目建设。加快新一轮退耕还林工程实施进度。全年实施坡耕地退耕还林10000亩，退耕还草5000亩，发展速生丰产用材林基地5000亩。实施湿地保护修复工程。继续开展地膜清洁生产试点示范。集中治理农业环境突出问题。开展土壤污染状况详查，深入实施土壤污染防治行动计划，开展重金属污染耕地修复及种植结构调整试点。

三、壮大新产业新业态，拓展农业产业链价值链

8. 大力发展乡村休闲旅游产业。充分发挥乡村各类物质与非物质资源富集的独特优势，利用“旅游＋”“生态＋”等模式，推进农业、林业与旅游、教育、文化、康养等产业深度融合。丰富乡村旅游业态和产品，进一步做特做优清江画廊、清江方山、卓尔生态旅游开发等三产融合骨干农旅景区建设，做响做亮木瓜花都、盆景根艺走廊、沿头溪乡村旅游示范带等一批休闲观光农业建设。在退耕还林的基础上，补植补播栾树、枫香、银杏、楠竹等树种，高质量人工营造红叶李、美国红枫、银杏等1000亩，形成红色、黄色等景观林带；鼓励农村集体经济组织创办乡村旅游合作社，或与社会资本联办乡村旅游企业。多渠道筹集建设资金，大力改善休闲农业、乡村旅游、森林康养公共服务设施条件，在重点村优先实现宽带全覆盖。完善休闲农业、乡村旅游行业标准，建立健全食品安全、消防安全、环境保护等监管规范。支持传统村落保护，维护少数民族特色村寨整体风貌，实行连片保护和适度开发。

9. 推进农村电商发展。促进新型农业经营主体、加工流通企业与电商企业全面对接融合，推动线上线下互动发展。支持农产品电商平台和乡村电商服务站点建设。推动商贸、供销、邮政、电商互联互通，加强从村到乡镇的物流体系建

设，实施快递下乡工程。深入实施电子商务进农村综合示范。以新型职业农民培育为平台，加大对农村电子商务培训力度，鼓励规范发展电商产业园，聚集品牌推广、物流集散、人才培养、技术支持、质量安全等功能服务。全面实施信息进村入户工程，加快构建公益性农产品市场体系，加强农产品产地预冷等冷链物流基础设施网络建设，完善鲜活农产品直供直销体系。推进“互联网 +”现代农业行动。

10. 加快发展现代食品产业。引导加工企业向优势产区、清江健康食品产业园区集中，在优势农产品产地打造食品加工产业集群。科学制定园区规划，突出科技创新、研发应用、试验示范、科技服务与培训等功能，建设农业科技成果转化中心、科技人员创业平台、高新技术产业孵化基地，打造现代农业创新高地。支持园区产学研合作建立各类研发机构、测试检测中心、院士专家工作站、技术交易机构等科研和服务平台。支持园区企业和科研机构结合区域实际，开展特色优势产业关键共性技术研发和推广。加大食品加工业技术改造支持力度，开发拥有自主知识产权的生产加工设备。鼓励食品企业设立研发机构，实施主食加工业提升行动，积极推进传统主食工业化、规模化生产，大力发展方便食品、休闲食品、速冻食品、马铃薯主食产品。加强新食品原料、药食同源食品开发和应用。大力推广“生产基地 + 中央厨房 + 餐饮门店”“生产基地 + 加工企业 + 商超销售”等产销模式。加强现代生物和营养强化技术研究，挖掘开发具有保健功能的食品。实施农产品产地初加工补助政策。

11. 培育宜居宜业特色村镇。围绕有基础、有特色、有潜力的产业，建设一批农业文化旅游“三位一体”、生产生活生态同步改善、一二三产业深度融合的特色村镇，建设樟木垒、朱津滩美丽宜居乡村省级试点。支持各地加强特色村镇产业支撑、基础设施、公共服务、环境风貌等建设。打造“一村一品”升级版，发展各具特色的专业村。支持有条件的乡村建设以农民合作社为主要载体、让农民充分参与和受益，集循环农业、创意农业、农事体验于一体的田园综合体。深入实施农村产业融合发展试点示范工程，支持建设一批农村产业融合发展示范园。

四、强化科技创新驱动，引领现代农业加快发展

12. 强化农业科技推广。创新公益性农技推广服务方式，引入项目管理机制，推行政府购买服务，支持各类社会力量广泛参与农业科技推广。鼓励地方建立农科教产学研一体化农业技术推广联盟，支持农技推广人员与家庭农场、农民合作社、龙头企业开展技术合作。深入推进绿色高产高效创建，重点推广优质专用品种和节本降耗、循环利用技术模式。实施智慧农业工程，推进农业物联网试验示范和农业装备智能化。提高气象灾害检测预报预警水平。积极推广适宜丘陵山区、设施农业、畜禽水产养殖的农机装备。继续扩大手机导航种地的推广使用，更好地利用信息化手段指导生产、引导市场、改善管理，提供服务，注重发挥政务网站、微信、微博等新媒体的作用，让新媒体成为农业技术的推广员、市场信息的发布员、优质农产品的推销员、“三农”政策的传播员。

13. 完善农业科技创新激励机制。支持农业科技创新。加快调整农业科技创新的方向和重点，从注重数量为主，向数量质量效益并重转变；从注重种养为主，向种养加、资源环境等全过程全要素转变。加快落实科技成果转化收益、科技人员兼职取酬等制度规定。实施农业科研杰出人才培养，深入推进科研成果，发展面向市场的新型农业技术研发、成果转化和产业孵化机构，加强农业知识产权保护和运用。落实好国家关于支持返乡下乡人员创业创新文件精神，以扶持农民工、大学生、退役士兵、农业科技人员等返乡下

乡创业创新为重点，加强政策扶持，开展创业创新培训，支持发展农产品储运加工营销业、休闲农业、乡村旅游和农业电商等新产业、新业态、新模式，加快推进“互联网 +”现代农业发展，让“双创”成为农业农村发展新动能。

14. 开发农村人力资源。重点围绕新型职业农民培育、农民工职业技能提升，整合各渠道培训资金资源，建立政府主导、部门协作、统筹安排、产业带动的培训机制。探索政府购买服务等办法，发挥企业培训主体作用，提高农民工技能培训针对性和时效性。优化农业从业者结构，深入推进现代青年农场主、林场主培养计划和新型农业经营主体带头人轮训计划，探索培育农业职业经理人，培养适应现代农业发展需要的新农民，培养一批专业人才，扶持一批乡村工匠。

五、补齐农业农村短板，夯实农村共享发展基础

15. 持续加强农田基本建设。深入实施藏粮于地、藏粮于技战略，严守耕地红线，全面落实永久基本农田特殊保护政策措施，实施耕地质量保护和提升行动，持续推进中低产田改造。扩大高标准农田建设规模，完善配套设施，建成集中连片、旱涝保收、稳定高产和生态良好、设施完备、有利于机械耕作的高标准农田，全年实施高标准农田建设 12.5 万亩（8333.33 公顷），要把加强农机装备作为转变农业发展方式、提升现代化水平的重要举措，提高农作物生产机械化程度，通过机械化推动农业生产标准化、规模化和节本增效。将晒场、烘干、机具库棚、有机肥积造等配套设施纳入高标准农田建设范围。推进重大水利工程建设，抓紧修复水毁灾损农业设施和水利工程，加强水利薄弱环节和“五小水利”工程建设。

16. 扎实推进脱贫攻坚。统筹整合项目资金 11 亿元，进一步推进精准扶贫各项政策措施落地生根，确保 2017 年脱贫 36654 人，实现 2/3 的村出列，80% 的户销号。着力推进“1156”脱贫攻坚模式，以特色产业为重点，支持贫困群众发展产业不设上限，继续推广 3 个“121”养殖到户模式，确保 1 万户以上贫困群众受益。加快易地扶贫搬迁进度，确保完成易地扶贫搬迁 4045 户 12361 人，移民避险解困搬迁 5072 人。加大基础设施建设投入力度，确保农村公路硬化 400 公里，建设安保设施 103 公里，完成 27 个村农网改造，解决 15 个贫困村饮水困难。加大整合涉农资金力度，加强扶贫资金监督管理。

六、加大农村改革力度，激活农业农村内生发展动力

17. 执行好农业补贴制度。进一步提高农业补贴政策的指向性和精准性，深入推进农业支持保护补贴政策落实。完善农机购置补贴政策，进一步提高农业生产机械化水平。健全林业补贴政策，争取湿地生态效益补偿政策实施。

18. 改革财政支农投入机制。坚持把农业农村作为财政支出的有限保障领域，确保农业农村投入适度增加，着力优化投入结构，创新使用方式，提升支农效能，固定资产投资继续向农业农村倾斜。发挥规划统筹引领作用，多层次多形式推进涉农资金整合。创新财政资金使用方式，推广政府和社会资本合作，实行以奖代补和贴息，支持建立担保机制，鼓励地方建立风险补偿基金，撬动金融和社会资本更多投向农业农村。拓宽农业农村基础设施投融资渠道，支持社会资本以特许经营、参股控股等方式参与农林水利、农垦等项目建设运营。鼓励社会资本设立各类农业农村发展投资基金。在符合有关法律和规定的前提下，探索以市场化方式筹集资金，用于农业农村建设。研究制定引导和规范工商资本投资农业农村的具体意见。对财政支持的各类小型项目，优先安排农村集体经济组织、农民合作组织等作为建设管护主体，强化农民参与和全程监督。

19. 加快农村金融创新。强化激励约束机制，确保“三农”贷款投放持续增长，加大金融扶贫力度。落实涉农贷款增量奖励政策。支持农村商业银行、农村合作银行、村镇银行等农村中小金融机构立足县域，加大服务“三农”力度，健全内部控制和风险管理制度。规范发展农村资金互助组织，严格落实监管主体和责任。加快农村各类资源资产权属认定，推动部门确权信息与银行业金融机构联网共享。持续推进农业保险扩面、增品、提标，开发满足新型农业经营主体需求的保险产品，采取以奖代补方式支持地方开展特色农产品保险。鼓励地方多渠道筹集资金，支持扩大农产品价格指数保险试点。探索建立农产品收入保险制度。支持符合条件的涉农企业上市融资、发行债券、兼并重组。

20. 深化农村集体产权制度改革。落实农村土地集体所有权、农户承包权、土地经营权“三权分置”办法。完成农村承包地确权登记颁证工作，统筹协调推进农村土地征收、集体经营性建设用地入市、宅基地制度改革试点。全面加快“房地一体”的农村宅基地和集体建设用地确权登记颁证工作。落实宅基地集体所有权，维护农户依法取得的宅基地占有和使用权，探索农村集体组织以出租、合作等方式盘活利用空闲农房及宅基地，增加农民财政性收入。允许多渠道筹集资金，按规定用于村集体对进城落户农民自愿退出承包地、宅基地的补偿。稳妥有序、由点及面推进农村集体经营性资产股份合作制改革，确认成员身份，量化经营性资产，保障农民集体资产权利。从实际出发探索发展集体经济有效途径，鼓励各地开展资源变资金、资金变股金、农民变股东等改革，增强集体经济发展活力和实力。加快农村产权交易市场建设。

21. 探索建立农业农村发展用地保障机制。优化城乡建设用地布局，合理安排农业农村各业用地。完善新增建设用地保障机制，将年度新增建设用地计划指标确定一定比例用于支持农村新产业新业态发展。在控制农村建设用地总量、不占用永久基本农田前提下，加大盘活农村存量建设用地力度。允许通过村庄整治、宅基地整理等节约的建设用地采取入股、联营等方式，重点支持乡村休闲旅游养老等产业和农村三产融合发展。完善农业用地政策，积极支持农产品冷链、初加工、休闲采摘、仓储等设施建设。改进耕地占补平衡办法，严格落实耕地占补平衡责任。

22. 健全农业劳动力转移就业和农村创业创新体制。完善城乡劳动者平等就业制度，健全农业劳动力转移就业服务体系，鼓励多渠道就业，切实保障农民工合法权益，着力解决新生代、身患职业病等农民工群体面临的突出问题。支持进城农民工返乡创业，带动现代农业和农村新产业新业态发展。鼓励高校毕业生、企业主、农业科学人员等各类人才回乡下乡创业创新，将现代科技、生产方式和经营模式引入农村。整合落实支持农村创业创新的市场准入、财政税收、金融服务、用地用电、创业培训、社会保障等方面优惠政策。

县委关于学习峰岩经验
进一步深化抓党建促脱贫攻坚工作的通知

（2017 年 12 月 20 日印发）

长发〔2017〕20 号

近年来，长阳把打赢脱贫攻坚战作为重大政治任务，坚持党建引领，围绕“让党员干部生活在群众中，让群众生活在集体中，让基层阵地筑牢在百姓心中”要求，全力推进“1156”脱贫攻坚模式，取得了阶段性成效，涌现出都镇湾镇峰岩村抓党建促脱贫攻坚先进典型。11月6日，省委常委、市委书记周霁深入该村调研时指出：峰岩村“支部主导、党员主事、群众主干、企业主推”模式值得学习推广；11月25日，省委常委、省委组织部部长于绍良深入该村调研，对该村抓党建促脱贫攻坚取得的成绩给予了充分肯定；11月23日，宜昌市委组织部下发《关于学习推广峰岩村经验深化抓党建促脱贫攻坚工作的通知》（宜组文〔2017〕168号）。为在全县迅速掀起学习峰岩经验的高潮，进一步深化抓党建促脱贫攻坚工作，现就有关事宜通知如下：

一、牢牢把握峰岩村党支部抓党建促脱贫攻坚经验的核心要义

1. 坚持执行决策部署坚定不移。脱贫攻坚目标明确，任务具体，执行力就是根本。面对产业发展、易地扶贫搬迁、安全饮水、农村电网改造等一个个难啃的硬骨头，峰岩村咬定脱贫目标不放松，执行脱贫攻坚部署不打折扣，党支部书记冲锋在前，班子成员紧跟不舍，党员群众紧随其后，不畏难、不犹豫，迎难而上，支部战斗力、凝聚力和号召力在脱贫攻坚中得到进一步提升。

2. 坚持县镇村三级联动聚合力。打赢脱贫攻坚战，是各级党组织义不容辞的责任。国家电网长阳供电公司派驻的第一书记覃玉红扎根村里，从“外来户”变成了“主心骨”。都镇湾镇把党委会开到村委会，现场办公，看亮点、找缺点、解难点，加油鼓劲。峰岩村党支部强化党建引领，带动群众一起干，负责项目精准落实落地。县镇村三级既各司其职、又上下同心协力，形成了整体联动决战脱贫攻坚的大格局。

3. 坚持发挥党员先锋模范作用。一名党员就是一面旗帜，党支部带不动党员就是失职失责。峰岩村党支部多年一贯开展“一亮三创”，挂牌亮身份、亮承诺，成立三支党员主事先锋队，让党员在产业发展、公益事业、扶贫帮困、文明新风等方面走在前、作表率，做给群众看、带领群众干，每名党员都找到了适合自己发挥作用、展示先进形象的舞台。

4. 坚持激发困难群众脱贫内生动力。贫困群众既是脱贫攻坚的对象，更是脱贫致富的主体，激发贫困人口脱贫致富的内生动力至关重要。峰岩村“以会聚心”，群众大会、小组会、屋场会、扩大的支部会，党员群众逐渐由被动通知开会到主动要求参会。完善激励机制，制定村规民约，评选“模范党员”“模范代表”“文明房场”“好媳妇”，成立红白理事会，一系列组合拳唤醒群众主体意识，主动拔穷根、想出路、谋发展，实现物质脱贫、精神脱贫和建成小康同步。

5. 坚持民主科学管理务实规范。精准扶贫任务重、项目多、资金大，落实落地必须讲公道。峰岩村党支部始终把民主管理抓在手上，严格落实“四议两公开”机制，村内所有大情小事都由群众商议，不搞一言堂，真正做到民事民提、民议、民决。低保评议、财务管理、工程招标等定期公开公示，村务监督委员会全程监督，凡事干在明处，干部是否清白，群众看得明白，确保脱贫攻坚惠民政策落实落地，切实维护群众利益。

6. 坚持更好运用市场主体力量。发展产业离不开市场主体，涉农企业、经营实体是发展产业、富民兴村的重要推动力。峰岩村探索建立“支部+合作社+贫困户”模式，引进生态跑跑猪项目，成立生态养殖专业合作社，带动56个贫困户脱贫；依托有机茶厂，成立茶叶专业合作社，68户贫困茶农直接受益，羊肚菌项目也正在实施当中。一手抓引进、一手抓服务，以合作社的“大手”拉起贫困户的“小手”，实现帮扶带动、互惠共赢，促进贫困群众持续稳定增收。

二、学习峰岩经验，进一步深化抓党建促脱贫攻坚

全县各级党组织要深入学习峰岩村抓党建促脱贫攻坚的经验做法，坚持问题导向补短板，合理布局促提升，持续深入推进“三在”工程，稳步实施“整县推进整乡提升”计划，真正把党建工作优势转化为脱贫攻坚优势，不断提升组织工作贡献率。

1. 建强村“两委”班子。结合2018年村“两委”换届，选优、训强、管好村级党组织书记，对不作为、不胜任、不在状态的，坚决予以调整。暂时没有合适人选的，可选派机关企事业单位优秀干部担任，确保村主职干部“一肩挑”。每个村原则上从大学生村干部、创业致富能手、返乡能人、退伍军人、乡村医生等群体中选配1名班子成员，储备1—2名村级后备干部。严格规范政治生活，推进“三会一课”等制度与“支部主题党日”活动深度融合。

2. 规范村级事务管理。进一步规范村级民主决策、完善民主管理，健全完善村务监督委员会，普遍推行“四议两公开”、村务联席会等民主管理制度，重点加强对脱贫攻坚工作中的村务决策、村务公开、“三资”管理、扶贫惠民政策落实、扶贫工程项目、土地流转等涉及村民利益的重大事项进行监督。

3. 深化农村党员“一亮三创”。进一步优化农村党员责任片区，大力推行党员主事，引导激励党员主动作为，参与支部议事、会同群众说事、带领群众干事、帮助群众办事。每个村至少建立1支以上党员主事先锋队，鼓励有能力的农村党员主动联系帮扶贫困户。

4. 深入实施“三个培养”工程。强化培训、引导和帮扶，使有致富能力的农村每名党员掌握一门以上致富实用技术，每个村至少有2名以上党员致富带头人，建有2个以上党员“双带”示范基地。加大从农村能人中发展党员的力度，每村每年至少培养2名以上入党积极分子，两年内有1—2名发展对象。

5. 派强用好驻村第一书记。各单位各部门要按照“硬抽人、抽硬人”原则，选优派强驻村第一书记，驻村期间与派出单位工作脱钩，每周5天4夜吃住在村。要关心关爱驻村干部，解除后顾之忧，激励真抓实干。对不作为、不尽责、群众满意度低的，及时召回调整。对表现优秀、实绩突出、群众满意度高的，予以表彰、提拔使用。

6. 深化结对帮扶。联村单位主要负责人每季度开展实地帮扶至少1次以上，及时研究解决困难问题。单位分管负责人具体负责定点帮扶工作的日常管理和协调服务。驻村单位负责组织单位干部职工结对帮扶贫困户，实现党员和干部结对帮扶贫困群众“全覆盖”。帮扶责任人每年到贫困户家中帮扶应不少于4次，每月电话联系不少于1次。

7. 激发困难群众脱贫内生动力。坚持物质帮扶与思想引导并重。强化思想帮扶，通过开办农民讲习所、召开群众会、入户宣讲等形式，让扶贫政策家喻户晓、人人皆知。强化能力扶贫，开展农业科技、实用技能培训，让每个贫困户有一技之长，至少发展一项增收产业。

8. 强化市场主体培育。以乡镇为单位组织龙头企业和专业合作组织到村开展对接，每个村至少对接1个特色产业市场主体。以村为单位组建或联建1个以上专业合作社，组织市场主体有效对接有劳动能力的贫困户，以“支部+合作社+贫困户”“支部+龙头企业+贫困户”等模式，带领贫困户发展产业。

9. 着力壮大村级集体经济。抓住深化农业供给侧结构性改革、土地确权和林权改革等机遇，科学规划，通过流转土地、盘活资产、入股企业等形式，因村制宜、一村一策，确保所有村集体经营性纯收入全部达到5万元以上。

10. 建立抓党建促脱贫攻坚述职制度。进一步夯实脱贫攻坚主体责任，把抓党建促脱贫攻坚作为各级领导班子和领导干部实绩考核、党组织书记抓基层党建述职评议考核的重要内容严评实考，推动各项工作落实见效，确保基层党建与脱贫攻坚互融共促。

三、相关要求

1.加强组织领导。乡镇党委主要负责人要把脱贫攻坚作为头等大事和第一民生工程，认真履行第一责任人责任；各单位各部门主要负责同志要围绕中心大局，主动抓好脱贫攻坚工作；驻村干部要切实把帮扶联系责任担起来，对照目标任务逐项分析研究、逐条解决落实。要大力发扬“四狠四拼”精神，下足“绣花”功夫，真正转作风抓落实，切实以严而又严、细而又细、实而又实的作风真抓实干。

2.强化典型示范。各级党组织要深入推进“1156”脱贫攻坚模式，结合本乡镇本部门实际，因地制宜创新工作思路，放大峰岩效应，打造一批接地气、有潜质、可推广的基层党建工作示范点，通过抓点示范、串点成线、连线成片、聚片成面，全面带动和提升全县基层党建工作整体水平。

3.严格考核督查。充分发挥考核指挥棒作用，聚焦脱贫攻坚关键节点、重点环节和重大问题，加强跟踪督查、随机抽查、定期巡察，对不严不实、弄虚作假的要严肃追责问责。严格党组织书记抓基层党建述职评议考核，述职考核排名靠后的要在全县范围内进行通报，连续两次排名靠后的要进行问责。

县委关于认真学习宣传贯彻党的十九大精神的通知

（2017年11月20日印发）

长文〔2017〕40号

为深入学习宣传贯彻党的十九大精神，根据中央和省委、市委统一部署要求，结合长阳实际，现就全县有关学习宣传贯彻工作通知如下。

一、提高政治站位，充分认识学习宣传贯彻党的十九大精神的重大意义

党的十九大是在全面建成小康社会决胜阶段、中国特色社会主义进入新时代的关键时期召开的一次十分重要的大会。大会高举中国特色社会主义伟大旗帜，以马克思列宁主义、毛泽东思想、邓小平理论、“三个代表”重要思想、科学发展观、习近平新时代中国特色社会主义思想为指导，分析了国际国内形势发展变化，回顾和总结了过去5年的工作和历史性变革，作出了中国特色社会主义进入了新时代、我国社会主要矛盾已经转化为人民日益增长的美好生活需要和不平衡、不充分的发展之间的矛盾等重大政治论断，深刻阐述了新时代中国共产党的历史使命，确立了习近平新时代中国特色社会主义思想的历史地位，提出了新时代坚持和发展中国特色社会主义的基本方略，确定了决胜全面建成小康社会、开启全面建设社会主义现代化国家新征程的目标，对新时代推进中国特色社会主义伟大事业和党的建设新的伟大工程作出了全面部署。大会批准了习近平代表中共十八届中央委员会所作的《决胜全面建成小康社会，夺取新时代中国特色社会主义伟大胜利》的报告，批准了中央纪律检查委员会的工作报告，审议通过了《中国共产党章程（修正案）》，选举产生了新一届中央委员会和中央纪律检查委员会。

习近平总书记的报告，深刻回答了新时代坚持和发展中国特色社会主义的一系列重大理论和实践问题，描绘了决胜全面建成小康社会、夺取新时代中国特色社会主义伟大胜利的宏伟蓝图，进一步指明了党和国家事业的前进方向，是全党全国各族人民智慧的结晶，是我们党团结带领全国各族人民在新时代坚持和发展中国特色社会主义的政治宣言和行动纲领，是马克思主义的纲领性文献。《中国共产党章程（修正案）》将习近平新时代中国特色社会主义思想写入党章，确立为我们党必须长期坚持的指导思想。修改后的党章充分体现了党的十八大以来党的理论创新、实践创新、制度创新成果，充分体现了党的十九大报告确立的重大理论观点和重大战略思想，对推进党的事业和党的建设必将更好发挥规范和指导作用。

党的十九届一中全会选举产生了以习近平为核心的新一届中央领导集体，一批经验丰富、德才兼备、奋发有为的同志进入中央领导机构，充分显示出中国特色社会主义事业蓬勃兴旺、充满活力。

认真学习宣传贯彻党的十九大精神，事关党和国家工作全局，事关中国特色社会主义事业长远发展，事关最广大人民根本利益，对于动员全党全国各族人民更加紧密地团结在以习近平为核心的党中央周围，高举中国特色社会主义伟大旗帜，坚定道路自信、理论自信、制度自信、文化自信，为实现推进现代化建设、完成祖国统一、维护世界和平与促进共同发展三大历史任务，为决胜全面建成小康社会、夺取新时代中国特色社会主义伟大胜利、实现中华民族伟大复兴的中国梦和人民对美好生活的向往继续奋斗，具有重大现实意义和深远历史意义。

二、坚持学深悟透，全面准确学习领会党的十九大精神

学习领会党的十九大精神，必须坚持全面准确，坚持读原著、学原文、悟原理，做到学深悟透。要认真研读党的十九大报告和党章，学习习近平总书记在党的十九届一中全会上的重要讲话精神，着重把握以下几个方面。

1. 深刻领会党的十九大的主题。党的十九大的主题是：不忘初心，牢记使命，高举中国特色社会主义伟大旗帜，决胜全面建成小康社会，夺取新时代中国特色社会主义伟大胜利，为实现中华民族伟大复兴的中国梦不懈奋斗。这一主题，明确回答了我们党在新时代举什么旗、走什么路、以什么样的精神状态、担负什么样的历史使命、实现什么样的奋斗目标的重大问题，对于我们党带领全国人民奋发图强、开拓前进具有十分重大的意义。我们必须牢牢把握大会主题的深刻内涵，更加坚定沿着中国特色社会主义道路前进、实现中华民族伟大复兴中国梦的信心和决心。

2. 深刻领会习近平新时代中国特色社会主义思想的历史地位和丰富内涵。党的十九大旗帜鲜明地提出了习近平新时代中国特色社会主义思想，并将其写入党章，确立为我们党必须长期坚持的指导思想。习近平新时代中国特色社会主义思想，是对马克思列宁主义、毛泽东思想、邓小平理论、“三个代表”重要思想、科学发展观的继承和发展，是马克思主义中国化最新成果，是党和人民实践经验和集体智慧的结晶，是中国特色社会主义理论体系的重要组成部分，是全党全国人民为实现中华民族伟大复兴而奋斗的行动指南，必须长期坚持并不断发展。党的十九大报告用“8个明确”概括了这一思想的主要内容，用“14个坚持”概括了新时代坚持和发展中国特色社会主义的基本方略。习近平新时代中国特色社会主义思想，是指导思想层面的表述，在行动纲领层面称之为中国特色社会主义基本方略。我们必须深刻领会习近平新时代中国特色社会主义思想的精神实质和丰富内涵，全面贯彻党的基本理论、基本路线、基本方略。

3. 深刻领会党的十八大以来党和国家事业发生的历史性变革。党的十八大以来的5年，是党和国家发展进程中极不平凡的5年。5年来，以习近平为核心的党中央科学把握当今世界和当代中国发展大势，顺应实践要求和人民愿望，举旗定向、运筹帷幄，统揽伟大斗争、伟大工程、伟大事业、伟大梦想，统筹推进“五位一体”总体布局、协调推进“四个全面”战略布局，以巨大的政治勇气和强烈的责任担当，提出一系列新理念、新思想、新战略，出台一系列重大方针政策，推出一系列重大举措，推进一系列重大工作，解决了许多长期想解决而没有解决的难题，办成了许多过去想办而没有办成的大事，推动党和国家事业发生历史性变革。5年来的成就是全方位的、开创性的，5年来的变革是深层次的、根本性的。这些历史性变革，对党和国家事业发展具有重大而深远的影响。我们必须牢牢把握5年来的历史性成就和历史性变革，切实增强决胜全面建成小康社会、夺取新时代中国特色社会主义伟大胜利的自信心和自豪感。

4.深刻领会中国特色社会主义进入了新时代。经过长期努力，中国特色社会主义进入了新时代，这是我国发展新的历史方位。这个新时代，是承前启后、继往开来的，在新的历史条件下继续夺取中国特色社会主义伟大胜利的时代，是决胜全面建成小康社会、进而全面建设社会主义现代化强国的时代，是全国各族人民团结奋斗、不断创造美好生活、逐步实现全体人民共同富裕的时代，是全体中华儿女勤力同心、奋力实现中华民族伟大复兴中国梦的时代，是我国日益走近世界舞台中央、不断为人类作出更大贡献的时代。中国特色社会主义进入新时代，在中华人民共和国发展史上、中华民族发展史上具有重大意义，在世界社会主义发展史上、人类社会发展史上也具有重大意义。这意味着近代以来久经磨难的中华民族迎来了从站起来、富起来到强起来的伟大飞跃，迎来了实现中华民族伟大复兴的光明前景；意味着科学社会主义在21世纪的中国焕发出强大生机活力，在世界上高高举起了中国特色社会主义伟大旗帜；意味着中国特色社会主义道路、理论、制度、文化不断发展，拓展了发展中国家走向现代化的途径，给世界上那些既希望加快发展又希望保持自身独立性的国家和民族提供了全新选择，为解决人类问题贡献了中国智慧和中国方案。我们必须按照新时代的要求，完善发展战略和各项政策，推进和落实各项工作，把新时代中国特色社会主义不断推向前进。

5.深刻领会我国社会主要矛盾的变化。中国特色社会主义进入新时代，我国社会主要矛盾已经转化为人民日益增长的美好生活需要和不平衡不充分的发展之间的矛盾。我国社会主要矛盾的变化是关系全局的历史性变化，对党和国家工作提出了许多新要求。要在继续推动发展的基础上，着力解决好发展不平衡不充分问题，大力提升发展质量和效益，更好满足人民在经济、政治、文化、社会、生态等方面日益增长的需要，更好推动人的全面发展、社会全面进步。我国社会主要矛盾的变化，没有改变我们对我国社会主义所处历史阶段的判断，我国仍处于并将长期处于社会主义初级阶段的基本国情没有变，我国是世界最大发展中国家的国际地位没有变。我们要牢牢把握社会主义初级阶段这个基本国情，牢牢立足社会主义初级阶段这个最大实际，牢牢坚持党的基本路线这个党和国家的生命线、人民的幸福线。

6.深刻领会新时代中国共产党的历史使命。实现中华民族伟大复兴是近代以来中华民族最伟大的梦想。中国共产党一经成立，就把实现共产主义作为党的最高理想和最终目标，义无反顾肩负起实现中华民族伟大复兴的历史使命，团结带领人民进行了艰苦卓绝的斗争，谱写了气吞山河的壮丽史诗。今天，我们比历史上任何时期都更接近、更有信心和能力实现中华民族伟大复兴的目标。中华民族伟大复兴，绝不是轻轻松松、敲锣打鼓就能实现的，必须准备付出更为艰巨、更为艰苦的努力。实现伟大梦想，必须进行伟大斗争、建设伟大工程、推进伟大事业。这个伟大斗争就是具有许多新的历史特点的伟大斗争，这个伟大工程就是我们党正在深入推进的党的建设新的伟大工程，这个伟大事业就是中国特色社会主义伟大事业。要更加自觉地增强“四个自信”，既不走封闭僵化的老路，也不走改旗易帜的邪路，始终坚持和发展中国特色社会主义。伟大斗争，伟大工程，伟大事业，伟大梦想，紧密联系、相互贯通、相互作用，其中起决定性作用的是党的建设新的伟大工程。建设伟大工程，要结合伟大斗争、伟大事业、伟大梦想的实践来进行，确保党始终走在时代前列、始终成为全国人民的主心骨、始终成为坚强领导核心。

7. 深刻领会实现第一个百年奋斗目标和向第二个百年奋斗目标进军。改革开放之后，我们党对我国社会主义现代化建设作出战略安排，提出“三步走”战略目标和“两个一百年”奋斗目标。从现在到 2020 年，是全面建成小康社会决胜期。要按照全面建成小康社会各项要求，紧扣我国社会主要矛盾变化，突出抓重点、补短板、强弱项，特别是要坚决打好防范化解重大风险、精准脱贫、污染防治的攻坚战，使全面建成小康社会得到人民认可、经得起历史检验。党的十九大对第二个百年奋斗目标进行了战略规划，将全面建设社会主义现代化国家的新征程分为两个阶段来安排。第一个阶段，从 2020 年到 2035 年，在全面建成小康社会的基础上，再奋斗 15 年，基本实现社会主义现代化。第二个阶段，从 2035 年到 21 世纪中叶，在基本实现现代化的基础上，再奋斗 15 年，把我国建成富强民主文明和谐美丽的社会主义现代化强国。从全面建成小康社会到基本实现现代化，再到全面建成社会主义现代化强国，是新时代中国特色社会主义发展的战略安排。

8. 深刻领会社会主义经济建设、政治建设、文化建设、社会建设、生态文明建设等方面的重大部署。在经济建设上，要贯彻新发展理念，建设现代化经济体系，以供给侧结构性改革为主线，推动经济发展质量变革、效率变革、动力变革，不断增强我国经济创新力和竞争力。在政治建设上，要坚持党的领导、人民当家做主、依法治国有机统一，健全人民当家做主制度体系，发展社会主义民主政治，推进社会主义民主政治制度化、规范化、程序化。在文化建设上，要坚定文化自信，推动社会主义文化繁荣兴盛，牢牢掌握意识形态工作领导权，培育和践行社会主义核心价值观，加强思想道德建设，繁荣发展社会主义文艺，推动文化事业和文化产业发展。在社会建设上，要提高保障和改善民生水平，加强和创新社会治理，不断满足人民日益增长的美好生活需要，让改革发展成果更多更公平惠及全体人民。在生态文明建设上，要践行绿水青山就是金山银山的理念，加快生态文明体制改革，形成节约资源和保护环境的空间格局、产业结构、生产方式、生活方式，建设美丽中国。

9. 深刻领会国防和军队建设、港澳台工作、外交工作的重大部署。面对国家安全环境的深刻变化，面对强国强军的时代要求，必须坚持走中国特色强军之路，全面贯彻习近平强军思想，贯彻新形势下军事战略方针，建设强大的现代化陆军、海军、空军、火箭军和战略支援部队，打造坚强高效的战区联合作战指挥机构，构建中国特色现代作战体系，全面推进国防和军队现代化，把人民军队建设成为世界一流军队。保持香港、澳门长期繁荣稳定，必须全面准确贯彻“一国两制”“港人治港”“澳人治澳”高度自治的方针，严格依照宪法和基本法办事，让香港、澳门同胞同祖国人民共担民族复兴的历史责任、共享祖国繁荣富强的伟大荣光。必须继续坚持“和平统一、一国两制”方针，扩大两岸经济文化交流合作，推动两岸同胞共同弘扬中华文化，推动两岸关系和平发展，推进祖国和平统一进程，绝不允许任何人、任何组织、任何政党、在任何时候、以任何形式、把任何一块中国领土从中国分裂出去。中国将坚持和平发展道路，高举和平、发展、合作、共赢的旗帜，恪守维护世界和平、促进共同发展的外交政策宗旨，坚定不移在和平共处五项原则基础上发展同各国的友好合作，积极促进“一带一路”国际合作，继续积极参与全球治理体系改革和建设，推动建设相互尊重、公平正义、合作共赢的新型国际关系，推动构建人类命运共同体，同世界各国人民一道建设持久和平、普遍安全、共同繁荣、开放包容、清洁美丽的世界。

10. 深刻领会坚定不移全面从严治党的重大部署。党要团结带领人民进行伟大斗争、推进伟大事业、实现伟大梦想，必须毫不动摇坚持和完善党的领导，毫不动摇把党建设得更加坚强有力。要坚持和加强党的全面领导，坚持党要管党、全面从严治党，以加强党的长期执政能力建设、先进性和纯洁性建设为主线，以党的政治建设为统领，以坚定理想信念宗旨为根基，以调动全党积极性、主动性、创造性为着力点，全面推进党的政治建设、思想建设、组织建设、作风建设、纪律建设，把制度建设贯穿其中，深入推进反腐败斗争，不断提高党的建设质量，把党建设成为始终走在时代前列、人民衷心拥护、勇于自我革命、经得起各种风浪考验、朝气蓬勃的马克思主义执政党。我们必须持之以恒、善作善成，把管党治党的螺丝拧得更紧，把全面从严治党的思路举措搞得更加科学、更加严密、更加有效，推动全面从严治党向纵深发展。

三、全覆盖大宣讲，迅速兴起学习宣传贯彻党的十九大精神热潮

学习宣传党的十九大精神，既要整体把握、全面系统，又要突出重点、抓住关键。全县各级党组织要按照党中央统一部署和省委、市委要求、县委具体安排，精心制定学习宣传方案，全覆盖落地实施。

1. 在学习培训上下功夫见成效。紧密结合党中央和省委、市委、县委即将开展的“不忘初心、牢记使命”主题教育，面向全体党员开展多形式、分层次、全覆盖的学习宣传教育。各级党委（党组）理论学习中心组要把学习党的十九大精神作为重点内容，力求学深悟透、融会贯通。各级领导干部要带头学、带头讲、带头干，在学习宣传贯彻党的十九大精神工作中争当示范、争做表率。要突出抓好副科级以上党员领导干部的学习，分期分批集中轮训。党校、行政学校要把学习党的十九大精神作为党员干部教育培训的必修课，教育部门要把学习党的十九大精神作为学校思想政治教育和课堂教学的重要内容。各地各部门要积极征订并运用好《党的十九大报告辅导读本》《党的十九大报告学习辅导百问》等必备辅导资料，运用好《将改革进行到底》《法治中国》《大国外交》《巡视利剑》等电视专题片，运用好支部主题党日载体，切实提高学习培训效果。广大党员干部要立足岗位实际，坚持学以致用、用以促学。各级党组织负责人要结合本地本单位实际，开展大走访、大调研、大宣讲，县“四大家”领导班子成员，各乡镇党政一把手，县直单位主要负责人，每人都要撰写学习党的十九大精神体会文章，电子版于11月30日前报送县委宣传部理论科；电子邮箱：1292623969@qq.com。

2. 在集中宣讲上下功夫见成效。从现在起到2018年年初，县乡（镇）村三级要抽调骨干力量组成宣讲团、宣讲小分队，推动党的十九大精神进企业、进农村、进机关、进校园、进社区、进军营、进网络。县“四大家”领导班子成员要带头深入到所联系的乡镇、村、企业、学校，并走到基层群众中去宣讲十九大精神，开展专项调研。各级党政军群主要负责同志要带头宣讲十九大精神，以实际行动带动广大干部群众的学习。要开展面向党外人士的宣讲工作，以及以“学习十九大、迈入新时代”为主题的专题宣讲。要通过网络直播、网络视频、网上交流等形式，做到全网跟进，积极回应广大网民的关切。

3. 在新闻宣传上下功夫见成效。宣传部门要统筹县内各级各类媒体，结合长阳实际，精心组织策划，开设专栏专题，组织重大主题宣传，加强网上舆论引导，全方位营造学习宣传贯彻党的十九大精神的浓厚氛围。要充分利用各种宣传形式和手段，坚持网上网下宣传一起抓，充分发挥县级新媒体的引领作用，广泛发动网民参与，增强网络宣传的实效性和影响力。要组织新闻工作者和通讯员深化“走转改”，推出一批来自群众、生动鲜活的报道。

四、坚持理论联系实际，推动党的十九大精神落地生根

各级党组织要大力弘扬马克思主义学风，立足长阳实际，把党的十九大精神全面贯彻落实到全县改革发展稳定各项工作中。

1. 坚决维护以习近平为核心的党中央权威和集中统一领导。党中央集中统一领导是党的领导的最高原则。要牢固树立政治意识、大局意识、核心意识、看齐意识，严格遵守政治纪律和政治规矩，在政治立场、政治方向、政治原则、政治道路上同以习近平为核心的党中央保持高度一致，自觉维护以习近平为核心的党中央权威和集中统一领导，坚定自觉地把以习近平为核心的党中央决策部署落到实处。

2. 学思践悟习近平新时代中国特色社会主义思想。要自觉用习近平新时代中国特色社会主义思想武装头脑、指导实践、推动工作，把学习习近平新时代中国特色社会主义思想作为理论武装的首要任务，深刻领会时代背景、历史地位、科学体系、精神实质、实践要求，准确把握贯穿其中的马克思主义立场观点方法，蕴含其中的坚定信仰信念、鲜明人民立场、强烈历史担当、求真务实作风、勇于创新精神和科学方法论。弘扬理论联系实际的学风，真学真懂真用，把学习成果转化为推动改革发展的实际成效。

3. 坚决落实“四个着力”的重要要求。要把学习贯彻党的十九大精神，与贯彻落实习近平总书记视察湖北时的重要讲话精神结合起来，牢记习近平总书记的殷殷嘱托，坚决落实“四个着力”重要要求，加快推进绿色发展、转型跨越，确保如期全面建成小康社会。一是要坚定不移转变经济发展方式，以新发展理念引领经济发展新常态，着力推进供给侧结构性改革，调整经济发展结构，加快新旧动能转换。二是要再下苦功提高发展质量和效益，加快推进工业转型升级，充分运用地方特色资源禀赋发展现代农业，做强做优做大以文化旅游为代表的第三产业。三是要持之以恒抓好生态文明建设，以压倒性力度狠抓清江生态保护，坚决打赢污染防治攻坚战，切实守住山头、管住斧头、护好源头。四是要继续聚焦政治安全、意识形态安全、经济安全、金融安全、社会安全、公共安全、网络安全、生态安全，打好防范化解重大风险攻坚战。五是要以“工匠”精神和“绣花”功夫，坚决打赢精准脱贫攻坚战。六是要坚持用伟大心态做小事，切实将以人民为中心的发展思想落实在具体工作中。各地各单位要把学习宣传贯彻党的十九大精神与做好今年各项工作“结硬账”和谋划明年工作紧密结合起来，切实增强工作的主动性和创造性。

4. 坚决落实管党治党政治责任。新时代党的建设总要求集中体现了习近平总书记党建思想，是新时代管党治党建设党的基本遵循。要把握根本原则，毫不动摇坚持和加强党的全面领导；强化政治责任，坚定不移推动全面从严治党向纵深发展，向基层延伸；突出政治建设，以政治建设统领思想建设、组织建设、作风建设、纪律建设；坚定理想信念，全面增强执政本领，坚持不懈改作风转作风。

五、牢记使命担当，切实加强组织领导

学习宣传贯彻党的十九大精神，是全县当前

和今后一个时期的首要政治任务。各级党委（党组）要把学习宣传贯彻党的十九大精神摆上重要议事日程，切实加强督促检查，务求取得实效。组织部门要把学习宣传贯彻党的十九大精神与干部教育培训工作、加强领导班子建设和基层党组织建设结合起来。宣传部门要扎实做好党的十九大精神宣传工作，营造学习贯彻党的十九大精神的浓厚氛围。工会、共青团、妇联等人民团体要充分发挥自身优势，开展各具特色的学习教育活动。要牢牢把握正确导向，坚持团结稳定鼓劲、正面宣传为主，弘扬主旋律、传播正能量。要落实意识形态工作责任制，加强对宣传思想文化阵地的管理，绝不给错误思想言论提供传播渠道。要不断创新方式方法，采取基层干部群众易于理解、乐于接受的形式，紧密联系发展实际，把党的十九大精神讲清楚、讲明白，让干部群众听得懂、能领会、可落实。

各地各单位要将学习宣传贯彻党的十九大精神的情况及时报县委办公室、县委宣传部。

县委办公室、县政府办公室关于深入推进转作风抓落实的通知

2017年11月28日印发

长办文〔2017〕70号

为深入贯彻落实党的十九大精神，推动全县各级干部作风由“宽、松、软、虚”转向“严、紧、硬、实”，凝聚干事创业、狠抓落实的浓厚氛围，按照省委常委、市委书记周霁在全市深入推进“转作风、抓落实”视频会议上的讲话精神和《市委办公室、市政府办公室关于深入推进转作风抓落实的通知》（宜办文〔2017〕50号）文件要求，经县委、县政府研究，决定在全县深入推进转作风抓落实工作。现将有关事项通知如下：

一、深入贯彻落实党的十九大精神，全面加强作风建设

（一）要主动找准查实问题。要进一步增强看齐意识，自觉向党中央看齐、向习近平总书记看齐、向党的路线方针政策看齐、向党中央的决策部署看齐，牢固树立查不出问题是最大问题的意识，通过召开作风建设分析会、专题民主生活会、组织生活会等形式，以问题倒查作风，找准主体责任、监督责任及行政监管责任落实不力问题，不担当、不作为以及工作不严不实等方面的问题。要强化问题导向，以我县近期出现的一批负面典型案例为教材，以小见大、以一当十，由点带面、由表及里，紧盯脱贫攻坚、项目建设、生态环保、安全稳定等重点领域、重点工作及相关重点岗位、重点人员，全面彻底排查单位和个人作风上的“宽、松、软、虚”问题，不留空白，不搞例外。

（二）要坚持教育惩处并重。一是要加强作风纪律教育。通过召开警示教育大会、支部党员大会等形式，以案说纪，树旗亮规，让人人知晓利害，个个认责领责，切实把作风纪律教育落实到全县每一名党员干部身上，落实到党内生活的各个层面，全面增强八个方面的执政本领。二是要用好执纪监督“四种形态”。树立“护人不等于护短，护短不等于护人”的意识，敢于较真碰硬。党委、纪委和组织部门对党员干部出现的苗头性、倾向性问题，及时教育提醒，绝不爱惜羽毛、袒护包庇，杜绝“温水煮青蛙”，将问题“击鼓传花”，对出现的违规违纪问题，及时亮剑、迅速查处，绝不搞下不为例、绝不容破窗效应、绝不姑息迁就，避免干部作风小问题拖大，大问题拖炸。三是要坚持抓两头促中间。建

立奖优罚劣机制，发现和重用“工匠＋猛将”型干部，对不作为、慢作为、虚作为、乱作为等行为及时教育批评，严肃查处问责，真正形成“能者上，庸者下，平者让”的干部激励机制。四是亮品牌树典型。进一步做实做响农村党员“一亮三创”和机关党员“三联一转”等活动载体，大力弘扬“四狠四拼”精神，积极推广峰岩村“三在”“四主”模式，广泛宣传“党员戚大妈”“驻村第一书记覃玉红”等先进典型，找回长阳干部的好作风。

（三）要层层压紧压实责任。一是领导干部带头示范。全县各级党政主要负责同志都要以身作则、以上率下，带头改进作风，践行“一线工作法”，带头查找问题，开展明察暗访，强化督办落实。二是层层传导压力。立标杆、作表率，一级带一级，一级逼一级。县委坚持高标准严要求，加强对全县各级党组织作风建设的领导督导。各乡镇各部门要结合自身实际，有什么问题整改什么问题，什么问题突出整改什么问题，做到问题具体、精准发力、整改见效，坚决防止简单召开会议、照转照发文件等敷衍应付、作假作秀的形式主义。三是抓小抓实抓常。对照党的十九大精神，对照“创新、协调、绿色、开放、共享”发展理念，对照全面从严治党的各项要求，大力弘扬工匠精神，以伟大心态做小事，把雷厉风行和久久为功有机结合起来，多解决实际问题，多办实事好事，以钉钉子精神打好作风建设攻坚战、持久战。

二、严格执行“六个坚持、六个严禁”，力促干部作风“严、紧、硬、实”

（一）坚持强化责任担当，严禁推责诿过。领导干部要带头落实责任，带头改进作风，努力尽职尽责。对落实主体责任、领导责任、直接责任以及监督责任不到位，造成严重后果的，对责任人先停职或免职再调查处理。

（二）坚持高标准严要求，严禁得过且过。各级干部要潜心静气，埋头苦干，弘扬工匠精神、猛将作风。对上级精神和业务工作不学习、不研究、不谋划，降低标准、简单应付、大而化之，遇到困难和问题闪、躲、绕，无主见、无思路、无办法，不担当、不落地，在岗不在状态，履职不力，导致工作严重滞后造成不良影响的，对责任人一律给予批评教育，并视情节轻重严肃追责问责。

（三）坚持较真碰硬，严禁当“老好人”。真管真严、敢管敢严、长管长严，面对大是大非敢于亮剑，面对歪风邪气敢于坚决斗争。对问题和错误视而不见、听而不闻，落实主体责任、监督责任及行政监管责任立场不鲜明、态度不坚决，该提醒不提醒、该监管不监管、该制止不制止、该处理不处理，造成不良影响的，对责任人给予组织处理或纪律处分。

（四）坚持主动作为，严禁松懈麻痹。勇于争先、自我加压、勤勉敬业，卓有成效地推进本职工作。对精神懈怠、松懒散漫、工作拖沓，风险防范意识不强、预警预判不足、主动化解不力、应急处理不到位，造成损失损害或不良影响的，对责任人给予组织处理或者纪律处分。

（五）坚持实事求是，严禁弄虚作假。对党忠诚老实、光明磊落，谋事要实、创业要实、做人要实。对向上汇报或工作宣传不真实，东拼西凑、伪造抄袭，应报不报、应报瞒报，搞假经验、假典型、假数据，造成不良影响的，对责任人停职或免职，从严从快处理。

（六）坚持落地落实，严禁照抄照搬。强化问题导向、目标导向、效果导向，务实重行、真抓实干。对高高在上、脱离实际、生搬硬套、照抄照转、内容空洞，喊口号、炒概念、图虚名，抓落实停留在开会发文签责任书上，造成不良影响的，对责任人严肃追究责任。

以上“六个坚持、六个严禁”，是转作风抓落实的基本要求，各乡镇各部门要紧密结合实际，针对本乡镇本部门易发多发的突出问题，制定相应工作标准，划定红线，让干部职工知敬畏、存戒惧、守底线。

三、从严从快查处，强力正风肃纪

要以“宁可得罪一批人，不负四十万长阳人民”的魄力和担当，以刀刃向内的勇气，对作风痼疾开刀问斩，推动作风严起来、紧起来、硬起来、实起来。

要建立问题发现机制，综合运用巡察、督办、大数据比对等措施，加大作风问题排查的力度和频次。县委主体责任办、县委办公室、县政府办公室、县纪委机关、县委组织部、县委巡察办、县委督查室、县政府督查室，以及脱贫攻坚、项目建设、生态环保、安全稳定等相关职能部门掌握的有关作风问题的信息，必须在发现当日即报分管县领导，并同时报送县正风肃纪工作专班。坚持快查快结，一经掌握，随即启动调查、报告、提出处理建议，做到早发现、快反应、严处置，限期整改，做到问题不查清不放过、不处理不放过、不整改不放过。

四、加强组织领导，形成强大合力

县委成立由县委书记赵吉雄任组长，县委副书记、县政府县长李军任第一副组长的县转作风抓落实工作领导小组，办公室设县委组织部，杨五一兼任办公室主任。县委主体责任办、县委办公室、县政府办公室、县纪委机关、县委组织部、县委巡察办等为责任单位。抽调专人成立县正风肃纪工作专班，每两周一次综合研判会，对重点领域作风问题信息及时研判处置。每月一通报，对查处的问题及时梳理汇总，通报到人到事到单位，重要情况随时通报，持续保持高压态势。

县纪委从快从严查处一批作风不实、工作不实突出问题，加大对各级党委（党组）履行主体责任监督力度，防止责任落实层层衰减。县委组织部对作风不实、工作不实干部及时进行组织处理。县委办公室、县政府办公室加大工作落实督办力度。县委巡察办加强正风肃纪相关线索的收集，并及时按照程序转交县纪委。县委宣传部加大舆论宣传力度，及时跟进报道正面典型，曝光负面典型，同时注重正面引导，防止负面炒作，形成正风肃纪强大正能量。由县人大、县政协领导牵头的重点工作督查组，开展专项督查，直接向县转作风抓落实工作领导小组负责并报告督查结果。

作风建设永远在路上。“不忘初心、牢记使命”主题教育开展后，县委将把转作风抓落实纳入全县主题教育内容，持续发力，形成常态，着力推动作风建设标本兼治，推进全县经济社会发展再上新台阶。

调研文章

以“绣花”的功夫推进“1156”模式

中共长阳土家族自治县委书记　赵吉雄

“春季攻势”期间，我深入到龙舟坪、磨市、都镇湾、贺家坪等乡镇和璞岭、木桥溪、青岗坪等村进行调研，通过到田间地头看变化，与群众促膝话脱贫，对中央和省委、市委脱贫攻坚的决策部署有了更加深刻的理解，对推进“1156”模式有了更深刻的体会，对党员干部在精准扶贫中的作为有了更清晰的认识。现在脱贫攻坚进入了攻坚拔寨阶段，思路已经明晰，目标已经确定，措施已经具体，关键是要弘扬“工匠”精神，以“绣花”的功夫把工作做实做细，确保“1156”模式早见实效。

一、建强基层党组织，筑牢脱贫致富“硬靠山”

习近平总书记强调，越是进行脱贫攻坚战，越是要加强和改善党的领导。在调研过程中，我和30多个村书记进行了面对面交心谈心，他们都说，现在党的政策好，春季攻势“六大行动”深入人心，只有加劲搞，脱贫攻坚就能“完胜”。同时，他们也有“五盼”：盼政策实、盼项目多、盼保障硬、盼动能足、盼干部帮。这是基层最真实的声音，我们要“洗耳恭听”，并切实加以解决。

支部是兴村富民的龙头、党员是脱贫致富的先锋。为全面夯实基层党组织，舞好龙头、当好先锋，在“春季攻势”期间，县委分磨市、贺家坪、都镇湾三个片区，组织开展“乡村夜话”和基层党建座谈会；以磨市为试点，探索开展了“三在”活动和“三个培养”工程，为贫困群众筑牢脱贫致富的硬靠山。

点亮一盏灯，照耀一个村；举起一面旗，冲锋聚合力。全面提升村党组织书记能力，一方面要强化教育培训，更重要的是在“干”的过程中提升能力素质。现在农村项目很多，项目实施过程，就是脱贫攻坚的过程，就是村干部能力素质提升的过程；项目的精准，就是看得见、摸得着的精准。要加强村干部队伍经常性教育，通过“乡村夜话”等形式，与村干部、特别是村书记谈心谈话，交流思想，把村干部队伍建成不倒的旗帜和不走的工作队。

干部帮得准，脱贫有路子。从去年迎“国检”的成效可以看出，一个村要脱贫，帮扶干部能力强不强、作风实不实至关重要，直接关系到群众脱贫路子选得准不准，关系到基层基础工作抓的牢不牢。注重优化脱贫攻坚一线的“排兵布阵”，把优秀干部充实到扶贫攻坚第一线，乡镇要按照“全员参与、全员覆盖”原则，乡镇机关和乡（镇）直单位干部全员分配到村，落实到人。县直机关要深化“三联一转”工作，大力践行“三个三分之一”工作法，严格落实“第一书记”脱产驻村，深入推进“4321”结对帮扶特困户工作机制，实现党员干部联系贫困户全覆盖。要加强干部培训教育，使贫困群众户户有人帮、结对干部人人懂得如何帮，让他们送政策、带队伍、进农户、扶真贫、真扶贫，实现干部直接联系服务贫困群众全覆盖、常态化，为打赢扶贫攻坚战提供强有力的人才支撑和智力支持。

二、筑牢政策托底线，千方百计保民生

贫困群众是社会弱势群体，特别是那些老弱病残、鳏寡孤独的人更需要政策托底保障和社会关爱。要牢固树立底线思维，建立健全“141”的托底保障模式，通过把握党的政策和策略这条生命线，用足政策这条高线，筑牢应保尽保、应参尽参、应报尽报、应给尽给这条底线，进一步建立完善托底保障机制，确保每个建档立卡贫困户在享受普惠政策的同时，还至少享受一项特殊扶持政策。

建立1个生活保障线。坚持低保政策与建档立卡贫困户相衔接，严格按程序评定，打破“指标”限制，实现保障线范围内的“应保尽保”。城市低保、农村低保、农村五保、孤儿等社会救助资金均按月实行社会化发放，直达救助对象个人“一卡通”账户。

建立4个基本保障线。一是建立基本医疗保障线。对患大病的建档立卡贫困群众，在继续坚持基本医疗保障制度的基础上，全面落实分级诊疗制度，成立健康扶贫办公室，统筹整合民政、人社、卫计、财政等部门资金3600多万元，全面提升救助水平，争创全国健康扶贫示范县。通过群众自愿缴、低保户民政部门拿、联系单位帮等措施，确保参保率100%；坚持一人一档、一人一签约医生，对每个贫困群众都建贫困档案，坚持实行县级医院包当年出列村、乡镇医院包54个贫困村、乡村医生包插花村制度，推进数字化诊疗体系，确保每个贫困群众病情全掌握，享有最基本的医疗服务；继续坚持先看病后付费模式，不收门槛费，确保患病群众得到及时有效治疗；积极推进低保户和贫困人口大病报销政策并轨；进一步做大做响“壹佰基金”品牌，为患大病贫困群众筑牢健康防线。二是建立基本教育保障线。深化英子姐姐网络助学品牌，整合国家政策、助学启智和社会帮扶资金4400万元，根据家庭类型、录取学校和资助条件进行分类资助，分门别类对孤儿、单亲、残疾人、双大学生、大病和因灾致贫等户型的学生，实行政策叠加扶持政策，确保不让一个学生因贫困而失学，不让一个家庭因学生上学而陷入绝对贫困，不让贫困代代相传。三是建立基本住房保障线。认真落实上级危房改造、易地扶贫搬迁、移民搬迁政策，积极向上争取项目，全面完成D级危房改造和易地扶贫搬迁、移民搬迁任务，让贫困群众有安全的房屋住。四是建立基本养老保障线。对无钱缴纳养老保险的贫困户，由帮扶单位按最低标准代缴，确保每个贫困群众老有所养。

建立贫困残疾人极贫重扶保障线。大力推广梓榔坪晨光互助社模式，今年在每个乡镇新建1个试点，对贫困残疾人实行极贫重扶，特困特帮，帮助他们自信自强自立，走出困境，同步脱贫。

三、织密产业“五张网”，打造致富“金饭碗”

没有稳定的产业，就没有稳定的收入。我们坚持把产业发展当作生命线工程来抓，走规模化、标准化、专业化的路子，筑牢资金统筹、龙头企业带动、合作组织互助、示范大户帮扶和实用科技培训五张网，支持贫困群众发展产业不设“天花板”，长短结合、多管齐下，确保短期有收益，迅速见成效，长期有支撑，脱贫奔小康。

璞岭村党支部靠着一心为民的情怀、提供贴心贴肝的服务、拿出最优最好的资源，用三年时间引入5个龙头企业和专业合作社，通过签订帮贫扶困协议和考核兑现协议，建立利益联结、到户帮扶、规范管理和可持续发展机制，引导5个龙头企业竞相发展、竞相扶贫，将217户贫困群众牢牢地拴在产业链上，搭乘上了致富的快车道，被群众形象的称为“五龙治贫”。在璞岭农林药材种植专业合作社，村支部以结对帮扶61个贫困户脱贫为条件，拿出100亩集体林地交给合作社投资，高标准打造重楼种植基地，并给61个贫困户每户划1分地，贫困户每年仅需投3个人工，三年后收益可达到4万元。璞岭大山药材专业合作社带动80个贫困户发展药材，合作社免费提供种子种苗，提供技术服务，贫困户出田、出工、出肥、出药，收益全部归农民所有。永兴生态牧业科技公司为贫困户提供优质仔山羊、仔牛以及技术指导，贫困户免费领回自家后分散养殖，进行1到2年的育肥，到期后公司按保护价格对育肥期间新增的重量进行收购，让贫困户不投本、无风险获得收益。璞岭廪君茶叶专业合作社投资建设大型茶厂，依托祥官农机服务队，与贫困户实行“合作社+服务队+农户+互联网”的合作模式，合作社统一供苗、服务队统一培管、茶厂统一加工、电商统一销售。

面对“穷怕了、穷惯了”的贫困群众，发展产业资金投入哪里来？我县抢抓金融扶贫示范县机遇，大力发展普惠金融，充分发挥金融杠杆作用，设立产业贷款风险补偿金4000万元，为贫困群众发展产业提供资金来源。贫困群众“不愿该账”，县乡就组织基层干部，走村入户，逐一发动贫困群众，鼓励他们“借鸡下蛋”。在璞岭，村干部到贫困户家中一一动员，最多的去了四五次，60岁的贫困户雷林元，经不住村干部反复“游说”，贷款1万元养猪，去年出栏16头生猪，年纯收入2万元，并提前4个月还款。2016年璞岭全村金融扶贫贷款达到152万元，还款率和续贷率达到100%。

璞岭村产业发展正是全县产业扶贫的一个缩影。以前，贫困群众对发展产业是“怕、等、看”，不愿“第一个吃螃蟹”；现在是“闯、抢、争”，想的是“喝头道汤”。去年以来，我们整合资金2亿多元，筑牢“五张网”，大力发展金融扶贫，全县贫困村产业有了翻天覆地的变化。特别是“春季攻势”期间，全县落实到户财政扶贫资金1600万元，户平达到1500元以上；落实2.5万亩茶叶、1万亩魔芋发展计划，新建优质柑橘基地5000亩；55家合作社、2233个贫困户申请和享受扶贫贴息贷款，新增贷款3000万元，总额达到6000万元。

四、靶向施策“六到户”，精准帮扶全覆盖

脱贫攻坚贵在精准，重在实效。要坚持问题导向，找准问题、聚焦问题，调动各方面的积极性，扎实推进“互联网+”、金融扶贫、技术服务、精神文明、法治建设和党员帮扶“六到户”，精准靶向施策，真正帮到关键处、扶到心坎上，让困难群众有更多的获得感。

针对帮扶措施不精准等问题，扎实开展党员帮扶行动。大力开展机关党员“三联一转”和农村党员“一亮三创”工作，全体机关党员和农村党员中心户、党员示范户，结对帮扶1个以上的贫困户。县委常委带头，县乡村三级联动，深入联系乡镇和重点贫困村，帮扶单位到联系点，同驻村工作队、镇村干部一起进村入户，查看扶贫政策是否落实、帮扶承诺是否兑现、痕迹管理是否规范，帮助制定年度帮扶措施。

针对政策宣传不够、群众法律意识不浓等问题，深入开展“春风行动”。过去的璞岭村，致富无门的群众每年放山卖材近800个立方米，今年全村第一次实现了商品材零出售，县委、县政府送给贫困群众的节能炉也受到越来越多群众的欢迎，这不起眼的变化，却预示着只要下功夫做好政策宣传解释工作，群众就会跟党走，感党恩。要加大法律法规、扶贫政策的宣传力度，着力打开思想“疙瘩”，引导群众劳动致富。要全面实行党政领导干部开门接访、带案下访，驻村县直单位及联村乡镇干部深入农户排查矛盾隐患，化解处理纠纷，解决群众困难。

针对贫困群众脱贫致富缺技术等问题，扎实开展创业就业培训工程。“春季攻势”期间，全县开展“就业扶贫、精准帮扶”专题招聘会15场，提供就业岗位7000多个，受到了群众的广泛欢迎。要继续加大对贫困群众创业就业培训力度，在每个村培训3—5个电商带头人，做到全县154个村全覆盖；在每个村聘请一个首席技术负责人，以茶叶、药材、核桃、养殖等为重点开展实用技术培训；对54个重点贫困村有就业能力和就业愿望的贫困户，开办电工、电焊工、缝纫车工等培训班，实行就业扶贫；在每个村聘请一名产业指导员，指导贫困户就近培训，基地培训，因户培训，让每家每户有一个政策、科技和信息方面的明白人，掌握一门发家致富的好技术，实现“培训一人，脱贫一户，带动一方”。

针对少数贫困户内生动力不足等问题，全面开展精神文明进万家行动。思想上的贫困，是最深重的贫困，也是久居深山的大多数长阳贫困群众共同的病根。“饿怕了、穷怕了，不敢东想西想”，与“懒靠要”不同，绝大部分群众的思想之困在于怕，他们想脱贫、盼脱贫，但怕走弯路、受折腾。要按照“扶贫先扶志，从思想上淡化贫困意识”的要求，深入开展文明创建、美丽家园、传承好家风好家训等活动，全面加强乡风文明建设，每个村建立社会事务理事会、“善行义举榜”“乡村贤达榜”“孝道红黑榜”、移风易俗事务公示栏，着力提升贫困群众文明素养，化风成俗，真正让生态环境好起来、腰包鼓起来、脑袋富起来、党员站出来、群众动起来。

决不让贫困群众在全面建成小康社会的进程

中掉队，是党和国家的庄严承诺，也是我们必须完成的政治任务。我们要进一步坚定政治自觉、思想自觉、行动自觉，始终秉承“守望山水，思源行远”的理念，切实担起扶贫攻坚之责、立下脱贫摘帽之志、迈出小康提速之步，坚决打赢脱贫攻坚这场硬仗，与省市一道进入小康社会。

构建大格局　彰显新作为

中共长阳土家族自治县委书记　赵吉雄

习近平总书记强调：“统一战线是做人的工作，搞统一战线是为了壮大共同奋斗的力量。”今年是实施“十三五”规划的重要一年，也是供给侧结构性改革的深化之年，当前长阳正在围绕推进“四个全面”战略布局，深入实施“生态立县、产业强县、开放活县、富民稳县”战略，蓝图已绘就，号角已吹响，在凝聚全县各方共识、汇聚各方力量、实现共同目标的过程中，需要统一战线更好地发挥独特优势，彰显法宝作用。

要在凝聚思想共识上有新作为。统一战线是凝聚共识的重要阵地。在党的十九大即将召开的关键时期，必须加强思想政治引导，及时掌握统一战线成员思想动态，帮助统一战线广大成员明辨是非、站稳立场，为迎接党的十九大胜利召开和推进长阳改革发展画出最大“同心圆”、凝聚最大“公约数”、汇集最大凝聚力。要加强思想政治引导，深化坚持和发展中国特色社会主义学习实践活动，深入组织开展“两学一跟”学习教育，帮助统一战线广大成员了解、理解我们党治国理政的新理念、新思想、新战略，形成广泛共识。对各种政治性、原则性、导向性问题要保持敏锐性，对各种错误思想敢于交锋，对模糊认识及时澄清，引导统一战线广大成员始终在思想上、政治上、行动上与党中央保持高度一致。

要在服务发展大局上有新作为。当前，经济运行面临诸多矛盾和问题，特别是面对市场环境的巨大压力，许多民营企业家缺乏思想准备，民间投资低迷、发展信心不足。要紧紧抓住促进非公有制经济健康发展和非公有制经济人士健康成长这一工作主线，帮助提振发展信心，积极做好对非公有制经济人士的思想政治工作，引导他们准确把握历史方位，正确认识经济缓中趋稳、稳中向好的总特点总趋势。要带头营造良好氛围，广泛宣传我们党关于“两个毫不动摇”“三个没有变”的大政方针，积极推进“亲”“清”新型政商关系建设，坦荡真诚地同非公有制经济人士接触交往，对非公有制经济人士，多关注、多谈心、多服务，帮助解决实际困难和问题。要深入调查研究，及时发现、总结、推介民营企业在转型升级、发展壮大实体经济方面的先进典型，听取非公有制经济人士的意见建议，推动落实促进非公有制经济发展的各项政策措施，形成有利于非公有制经济发展的政策环境、法治环境、市场环境和社会环境。要充分发挥统一战线联系广泛的优势，为引进资金、技术、人才、项目和管理经验做好牵线搭桥工作。

要在抓好脱贫攻坚上有新作为。今年是全县精准扶贫攻坚之年，要抢抓省市统一战线参与长阳精准扶贫精准脱贫工作契机，充分挖掘统战工作资源，全力服务脱贫攻坚这个当前压倒一切的首要任务，争创全省精准扶贫示范县。要加强与省市统战部门、省市直统战成员单位及商会、企业的衔接沟通，进一步对接好“千企帮千村，脱贫奔小康”“百企联百村，脱贫奔小康”项目，争取更多的统战成员单位和企业到我县重点贫困村签约结对、村企共建。对接服务好省直统一战线成员单位到我县开展的调查研究、建言献策、扶贫济困、捐资助学、法律援助、科技咨询、医疗卫生等社会服务活动，积极服务改善民生。在全县深入组织开展“民企联村·精准扶贫”行动，动员县内有意愿有能力的企业结对帮扶重点贫困村，通过产业扶贫、就业扶贫、智力扶贫、捐赠扶贫等多种方式，助推贫困村形成特色产业，共同打赢脱贫攻坚战。

要在促进和谐稳定上有新作为。要主动履责，积极团结凝聚各方面力量，形成工作合力，促进政党关系、民族关系、宗教关系、阶层关系、海内外同胞关系的和谐，协调好各阶层之间的利益关系，最大限度地维护社会和谐稳定，为经济社会发展减少阻力、增添助力、形成合力。要坚决贯彻执行党中央关于民族、宗教工作的方针政策，积极做好“616”工程及武陵山少数民族经济社会发展试验区项目、资金的对接争取工作，大力推进民族团结进步事业，推进全面建成小康社会进程。要强化忧患意识和底线思维，积极破解宗教领域重点难点问题，及时化解矛盾，确保民族团结、宗教和顺、社会和谐。要利用统一战线代表人士在各自联系群众中的特殊影响力，从社会各界中了解民意、沟通感情、协调关系，充分发挥维护和谐稳定的“助手”作用。

要在落实党委主体上有新作为。统一战线事业是全党的事业，统一战线工作是全党的工作，要持续抓好《中国共产党统一战线工作条例（试行）》的贯彻落实，进一步开展统战工作专项督查，逐一拉出清单，逐条对照落实，努力形成全党重视、大家共同来做的大统战工作格局。要着力发现、培养、使用、管理工作，努力建设一支总量适度增长、结构逐步优化、素质不断增强、作用更加突出的党外代表人士队伍。要在新的社会阶层人士中发现、物色、培养一批优秀党外代表人士，重视发挥党外知识分子在长阳转型发展中的重要作用。要大力推进统战部门领导班子和干部队伍建设，努力使统战干部成为党外人士之友、统战部门成为党外人士之家。要关心爱护统战干部，对他们政治上多培养、工作上多支持，加大交流使用力度，让统战干部干事有劲头、事业有奔头。要切实加强乡镇统战工作，进一步推进工作职能、队伍、力量的落实，筑牢统战事业的坚强基石，不断开创全县统一战线工作新局面。

产业发展“五张网”织就致富“金饭碗”

长阳土家族自治县人民政府

（2017年6月9日）

长阳土家族自治县位于鄂西南武陵山区、清江中下游，辖区面积3430平方公里，辖11个乡镇、154个行政村，人口41万人，其中土家族约占65%，是集老、少、山、穷、库于一体的国家扶贫开发工作重点县，2015年年底建档立卡贫困户26622户76259人。自2015年实施精准扶贫以来，我们着力筑牢产业发展“五张网”，对贫困户产业发展不设支持上限，分类施策，因户施策，打造群众脱贫致富“金饭碗”。两年通过发展特色产业脱贫5220户15657人，人均增收4500元。

一、织密项目资金统筹网，加快产业“造血致富”工程

坚持真整合、大整合、创新整合，每年统筹

各类项目资金1亿多元，以蔬菜、茶叶、魔芋、栀果为重点，大力实施特色产业致富工程。在自然资源禀赋好、交通方便、靠近城镇的低山地带，发展乡村旅游及水果产业，在高山地带，建设30万亩高山蔬菜、10万亩中药材、30万亩坚果；在中山地带，建设10万亩魔芋、20万亩茶叶、15万亩栀果木瓜。2016年全县特色产业面积达到106万亩，产值35.97亿元，其中高山蔬菜产业面积50万亩，商品蔬菜产量137万吨，产值25亿元，带动全县7个乡镇5.6万户近18万人从事高山蔬菜生产、加工和销售，成为全县脱贫第一产业。积极推广3个“121”生态养殖到户工程，打造年出栏百万只的全国肉羊生产大县和以肉羊养殖为主的全省畜牧强县。

大力实施贫困户“小额信贷”工程，政府设立扶贫贷款风险担保基金4000万元，由金融部门按1∶10放大贷款规模，对建档立卡贫困户发展种植养殖产业实行无担保、免抵押、贴息贷款2万元；对带动贫困户发展产业的专业合作社最高贷款100万元。全县已落实5000多个贫困户“小额信贷”产业发展贷款超过1亿元，其中直接贷款到贫困户2915户，贷款额5890万元，贷款给经营主体52家，带动贫困户859户，贷款额4178万元。

二、织密龙头企业带动网，开展产业“提升带富”工程

龙头企业是农业产业化的核心，有什么样的特色拳头产品，我们就招什么样的企业、扶持什么企业。我们大力实施“提质进竞、提速进位，抓主体、抓争取”活动，积极培育壮大各类市场主体，通过“企业+基地+贫困户”模式引导农民种植为企业提供原材料产品增收致富，打造了农民持续增收的核心支撑。全县有8家省级龙头企业命名为“扶贫开发龙头企业”。湖北一致魔芋公司成立合作社和种业公司，通过“优良种子预售、技术免费培训、订单收购、集中初加工”等方式与芋农共建魔芋基地7万多亩，带动1万多户芋农人均增收2000元以上；同时公司为10个贫困村100个贫困户免费提供魔芋种、种植指导、高出市场价格回收产品带动脱贫。宜昌清江廪君茶业有限公司带动1063户农民以土地入股，种植标准化茶叶基地3000亩，公司按土地和资金股份比例分红，解决40人常年就业、带动20个贫困户61人，年均收入万元以上。

三、织密合作组织互助网，推动企农“互助帮富”工程

我们着力破解农村产业规模小，产业聚集度低，产生规模效益差的困境，大力发展农民专业合作组织，通过“合作社+基地+贫困户”模式建立紧密的利益联结机制，带动贫困户发展产业脱贫。目前，农民专业合作社达到995家，居全市第一，全省前列，4家获国家级示范社称号。宜昌巴楚蔬菜科技有限公司组建3家蔬菜专业合作社，在3个乡镇7个高山村流转、技术合作和托管土地1000亩，发展“避雨延秋”高效蔬菜栽培，由公司全额出资建好大棚，统一供种（苗）、肥、药，统一收购产品，所有投入从收益中分三年扣除，其中贫困户所用农资全部优惠15%，产品不受市场影响全部回收，公司带动近5000农民增收致富和352个贫困户脱贫。资丘飞鸡禽类养殖专业合作社通过“统一供苗、统一技术、统一回收产品”带动295个贫困户养殖土鸡增收脱贫。

四、织密示范大户帮扶网，助力大户“创业助富”工程

深入开展“示范大户创建创业”活动，全县计划培育创建1000个致富示范领头人，每人联系帮扶3—5个贫困户，让1万多贫困群众脱贫致富。目前，全县已注册家庭农场205家，培育能人大户680多个，带动4000多个贫困户发展主导产业增收脱贫。贺家坪镇农民尹春云创办永兴现代家庭农场，先后在12个重点贫困村流转土地4450亩，发展核桃、魔芋和宜昌白山羊立体养殖，带动1200多贫困户致富。长阳玉锋生态农庄通过带动周边50多户发展优质清江椪柑和伦晚脐橙近千亩，开办农家乐、乡村游和电子商务促销农产品，帮助20个贫困户就业和脱贫致富。

五、织密实用科技培训网，实施农民“扶智富脑”工程

大力开展农村实用技术培训，为每个农户培养一个“明白人”，实现“脑袋”和“口袋”同时富起来。2016年全年组织培训3500场次2万人次；培训新型职业农民361人；培训农村电商13期1500人，当年新增电商120家，全县达到370家，从事电商创业人员3255人，带动全县农产品电商销售增长30%。深入推动农村信息化进村入户和“手机导航种地”应用平台（百家服务站点、千台农业信息化服务电脑平台、万部智能手机终端）为农民提供在线、方便、快捷农业技术服务，切实解决山区农技服务农民的“最后一公里”。

践行“四主”模式聚力脱贫攻坚

——长阳大力推行抓党建促脱贫工作

长阳都镇湾镇峰岩村是革命老苏区，建档立卡贫困户220户641人。脱贫攻坚启动以来，村党支部围绕“抓党建其乐无穷，抓好党建威力无穷”，大力实施“三在”（让党员干部生活在群众中、让群众生活在集体中、让基层阵地筑牢在百姓心中）工程，创造性推行“四主”模式，实现了基层党组织与人民群众生产分不开、生活分不开、感情分不开。峰岩村“抓党建、促脱贫”被《湖北日报》头版头条报道。

一、坚持支部主导，锻造脱贫攻坚之魂

工作好不好，关键在于班子强不强。峰岩村把支部班子建设作为党建的重中之重来抓，确保“拉得出、挺得直、落得实”，班子成员带头一年平均出勤三百多天，做到了“在家带头致富，在村为民服务”的有机结合。坚持集思广益，科学决策，狠抓落实，制定了产业扶贫规划，明确提出种植业向茶叶产业转型，全村茶叶种植达到4000亩，人平2亩茶园；养殖业向规模化、特色化转型，以大户带动，人平出栏2头猪。对制定的规划挂牌落实，年初群众大会报告工作，年终大会上述职测评，广泛接受群众评议监督。坚持带领带头，示范引领，所有党员肖像贴起来、牌子挂起来、党徽戴起来、誓词念起来、党旗飘起来；所有党员按照不同层次评出文明户、中心户、示范户，分村集中授牌；所有党员参加党组织生活时佩戴党徽，重温入党誓词；所有村组织开展活动，只要有党员带动、有党员参加，就把党旗插到田间地头，让党旗随风飘扬。

二、坚持党员主事，筑牢脱贫攻坚之基

党员是个宝，关键要用好。村党员是脱贫攻坚的巨大财富，是脱贫阵地的坚守人，是生产生活主事的带头人。村党支部组建了党员主事先锋队，在精准扶贫、产业发展、公益事业、社会治理等工作起到带领带头作用。一是组建产业发展先锋队，充分发挥党员示范户在产业发展上的优势，带动周边群众特别是建档立卡贫困户发展特色产业。全村开创以党员代表为阵地与贫困户结对子，共有23名党员代表，结对贫困户69户。四组50多岁的党员王朝元带领8户发展了100多亩高标准茶园，今年亩产纯收入达到了1800元。二是组建公益事业先锋队，负责道路维护、供水管护、环境卫生等工作。为解决峰岩村吃水用水难题，村党支部书记张济平带领两名党员和三名群众组成“找水敢死队”，坐着用铁丝绑着的箩筐深入地下50多米寻找水源，历经艰险，终于在地下建成500多立方米的蓄水池，让全村彻底告别了千年吃天水的历史，实现了安全饮水全覆盖。三是组建精神文明先锋队，当好政策宣传员，宣讲党的十九大精神；当好纠纷调解员，帮助化解矛盾，创建邻里和睦示范屋场；当好民风监督员，婚丧嫁娶都到场，引导移风易俗，制止铺张浪费，弘扬文明新风。退休党员吴德峰，义务担任集中安置点管委会常务副主任，不定时带领5名巡查员入户巡查门前三包及室内卫生，负责解决疏导安置点相关矛盾。

三、坚持群众主干，激发脱贫攻坚之源

群众是真正的英雄，群众是脱贫的源泉。只有群众主干，自力更生，脱贫才有后劲。通过广泛宣传发动，全面激发群众主动参与脱贫攻坚的内生动力。一是组织出去看。按照解放思想、开阔眼界、启迪思路的原则，有计划分期分批组织群众特别是建档立卡贫困户、能当家做主的走出去，看产业发展、看村庄环境、看精神风貌，通过他人之口，介绍如何自强不息、脱贫致富？二是召集起来学。按照一年至少两次、户主参会率至少80%的要求，继续坚持分组、分片召开群众会，宣讲中共十九大精神，宣讲精准扶贫政策，宣讲农业生产技术，宣讲党的政策好，还靠自己搞。通过经常性的宣讲、灌输，激发内生动力，主动奋发上进。三是众人帮忙推。按照“精准扶贫、不落一人”的要求，对智障人员实行政府兜底；对不思进取、主动性不强、积极性不高的，实行能人带、党员帮等形式予以重点帮扶。

四、坚持企业主推，汇聚脱贫攻坚之力

村党支部坚持“提供发展环境，不等不靠，苦干加巧干，把事情先做好”的思路，积极引进支持企业主动参与精准扶贫工作。国家电网长阳供电公司第一时间派驻了驻村第一书记，助力发展支柱产业，2017投资70万元进行高标准茶叶改造，投资200万元兴建装机200千瓦的光伏电站一座，现已发电6万千瓦时，破解了村无集体收入难题。支持本地企业发展，引进长阳博远生态养殖专业合作社，第一期投资400万元，占地100亩的野猪池观光“跑跑猪”基地已经建成，并与56个贫困户签订了帮扶计划，在保底分红的基础上，还为他们安排就业岗位。支持本村能人曹传刚成立长阳大水泉茶叶专业合作社，投资250万元兴建了占地3000平方米的茶厂，直接扶持贫困茶农68户，为他们免费提供肥料及技术，仅茶叶当年户平可增收800元。

务实重行勇担当　绿色发展大作为

中共长阳土家族自治县委书记　赵吉雄

省第十一次党代会描绘了未来五年我省经济社会发展的美好蓝图，奏响了带领全省人民坚定信心、务实重行的时代强音。长阳将深入学习贯彻省第十一次党代会精神，大力弘扬工匠精神，勇于担当、严格标准，精益求精、狠抓落实，加快建设都市后花园，书写长阳绿色发展新篇章。

突出一个“新”字抓布局。省党代会报告全面体现了习近平总书记治国理政新理念、新思想、新战略。贯彻落实省党代会精神，必须旗帜鲜明讲政治，牢固树立“四个意识”，始终同以习近平为核心的党中央保持高度一致，坚决维护党中央权威和集中统一领导；必须全面落实省党代会提出的“四个着力”和两大任务析要求，结合长阳实际，坚决打赢脱贫攻坚和全面小康两大攻坚战，与省市同步进入小康社会；必须牢固树立以人民为中心的发展思想，把党的政策宣传到群众心坎上、把为民的措施办到群众心坎上，让群众有更多获得感。

突出一个“真”字抓扶贫。认真贯彻落实习近平总书记扶贫开发战略思想，牢固树立“守望山水，思源行远”的理念，坚持真扶贫、扶真贫，不搞形象工程和面子工程，扎扎实实推进“1156”模式。在基层基础上下真功夫，扎实开展一次“回头看”，积极推进政策到户、措施到户、公开到户、成效到户、督查到户，绝不让一个贫困群众落在卡外、也绝不让一个非贫困群众挤进卡内；在产业扶贫上下真功夫，大力推进产业扶贫，进一步筑牢资金统筹、龙头企业带动、合作组织互助、示范大户帮扶和实用科技培训“五张网”，支持贫困群众发展产业不设“天花板”，长短结合、多管齐下，确保有劳动能力的贫困户100%的发展特色产业，鼓励兜底户通过发展特色产业致富；在扶贫先扶志上下真功夫，通过干部修党性、群众修美德、社会修正气，升腾发展气场，构筑精神高地，切实让生态环境好起来、腰包鼓起来、脑袋富起来、党员站出来、群众动起来。

突出一个“绿”字抓产业。省党代会明确提出“让湖北蓝天长驻、青山常在、碧水长流”。我们要牢固树立“绿水青山就是金山银山”的理念，把生态文明建设贯穿于发展始终，致力追求“绿色GDP”，坚定不移地走绿色发展之路、生态富民之路。突出绿色发展方式。坚决摒弃损害甚至破坏生态环境的发展模式，坚决摒弃以牺牲生态环境换取一时一地经济增长的做法，让长阳的天更蓝、山更绿、水更清、环境更美。突出绿色发展路径。高举生态和产业两面大旗，突破性发展生态文化旅游产业、健康食品加工业、生态养殖业、低碳循环产业和“风光”产业，着力推动产业融合发展、转型发展。突出绿色发展成效。创建全国全域旅游示范区，培育2个国家AAAAA景区，3个AAAA景区，实现“全域旅游、半壁江山”目标；培育100万亩特色农业基地，建设武陵山特色农业发展示范区、畜牧业绿色发展示范县、国家农产品质量安全县；加强清江水环境保护，清江整体水质达到国家Ⅱ类水质标准以上，为宜昌守护明天的水源地。

突出一个“成”字抓落实。省党代会报告提出，“坚持务实重行，真抓实干、埋头苦干，努力创造出经得起实践、人民和历史检验的实绩”。我们将突出“沉、成”二字，把干成事作为检验干部的“金标准”，对干部实行积分制管理考核，让想干事的有机会、能干事的有平台、干成事的有重用。坚持沉下身成事。积极推行“一线工作法”，搭建干事平台，让干部在精准扶贫一线、项目建设一线、维稳一线接受锻炼，大浪淘沙，把干成事的干部选出来。坚持沉下心成事。对“老黄牛”式干部，不计一时一事，多看长远趋势，引导干部树立正确的政绩观，把心事用在发展上。坚持沉入情成事。有情怀才能成就事业。对那些敢于对破坏生态环境说“不”、敢于对违法违纪行为说“不”、敢于对不良社会风气说“不”的“苕”干部，大胆提拔使用，不让老实人吃亏，不让投机钻营者得利。

（县委办提供）

2017年长阳国民经济和社会发展统计公报

2017年，面对错综复杂的经济形势和较大的经济下行压力，在县委、县政府的坚强领导下，全县上下认真贯彻落实党的十九大和中央、省、市重大会议精神，以习近平新时代中国特色社会主义思想为指导，坚持稳中求进工作总基调，坚持新发展理念，扎实做好稳增长、促改革、调结构、惠民生、防风险各项工作，经济运行呈现稳中向好的良好态势，各项社会事业全面进步，人民生活水平进一步提高。

一、综　合

2017年，全年完成地区生产总值135.34亿元，按照可比价计算比上年增长3.7%。其中，第一产业增加值41.32亿元，增长3.7%；第二产业增加值38.64亿元，增长6.7%；第三产业增加值55.39亿元，增长1.2%。三次产业结构由2016年的29.65∶29.13∶41.22调整为30.53∶28.55∶40.92。人均地区生产总值达34882元。

工业生产者出厂价格指数105.6%，建筑安装工程价格指数108.0%，居民消费价格指数101.5%，服务项目价格指数103.9%，商品零售价格指数100.3%。

二、农　业

全年农林牧渔业总产值697974万元，同比增长5.81%。其中：农业产值339516万元，同比增长9.62%；林业产值3787万元，同比增长2.46%；牧业产值282847万元，同比增长3.11%；渔业产值49012万元，同比减少12.36%；农林牧渔服务业产值22812万元，同比增长42.65%。

全年农作物总播种面积72890千公顷，增加1400公顷。粮食种植面积39670公顷，增加520公顷。其中玉米种植面积16030公顷，增加740公顷；水稻种植面积1780公顷，减少100公顷；油料种植面积9490公顷，增加730公顷；蔬菜种植面积22130公顷，增加210公顷；烟叶面积480公顷，减少10公顷。年末果园面积8630公顷，减少200公顷。其中柑橘园面积7220公顷，减少110公顷。年末茶园面积9370公顷，增加1940公顷。

全年粮食总产量103759吨，同比增长1.18%。夏粮产量31400吨，同比减少5.72%。其中小麦产量2252吨，同比减少16.34%。秋粮产量72359吨，同比增长4.5%。其中玉米产量41190吨，同比增长10.08%。水稻产量9077吨，同比减少6.48%。油料总产量14827吨，同比增长6.39%。其中油菜籽12502吨，同比增长7.43%。烟叶产量1391吨，同比减少5.71%。柑橘产量60257吨，同比减少5.43%。茶叶产量2792吨，同比增长24.5%。蔬菜产量659876吨，同比增长1.54%。

全年生猪出栏68.37万头，同比增长1.44%；山羊出栏61.94万只，同比增长3.47%；家禽出笼81万只，同比增长3.85%。全年肉类总产量70598吨，其中猪肉产量53332吨。禽蛋产量1783吨，水产品产量7803吨。

三、工业、建筑业

年末全县规模以上工业企业60家，完成规模以上工业总产值584681万元，同比增长4.0%。其中重工业完成296374万元，占比50.69%；轻工业完成288307万元，占比49.31%。规模以上工业增加值增长4.1%。规模以上工业企业实现工业产品销售收入505071万元，同比下降6.3%；完成利税总额57977万元，增长30.9%。工业产品销售率93.5%。

规模以上工业企业主要产品产量：原煤17.20万吨，减少33.92%；发电量10741万千瓦时，减少2.05%；低压开关面板2622门，增长91.5%；水泥93.50万吨，增长29.7%；铁合金4.95万吨，增长2.1%；钢结构0.44万吨，增长13.8%；精制茶1.42万吨，增长24.5%。

全年建筑业增加值58861万元，按照可比价增长20.6%。

四、固定资产投资

全年完成全社会固定资产投资923053万元，比上年减少1.9%。其中5000万元以上项目投资839735万元，5000万元以上产业项目投资460135万元。从投资项目个数看，本年5000万元以上项目施工个数129个，新开工项目个数

77 个。商品房销售面积 29040 平方米，同比下降 84.79%。

五、国内外贸易和旅游

全年实现社会消费品零售总额 528576 万元，比上年增长 7.6%。按销售地区分：城镇实现零售额 385860 万元，增长 7.8%；乡村实现零售额 142716 万元，增长 7.0%。按结构分：限额以上企业实现消费品零售总额 101133 万元，同比增长 5.1%。其中，批发业销售额 29489 万元，增长 1.1%；零售业销售额 60623 万元，增长 6.5%；住宿业营业额 5222 万元，增长 4.3%；餐饮业营业额 5800 万元，增长 12.8%。限额以下企业实现消费品零售总额 427443 万元，同比增长 44.7%。

突破性发展以旅游为龙头的现代服务业，卓尔旅游、清江画廊转型升级等步伐加快，清江方山索道投入运营并成功创建国家 AAAA 级景区，高家堰镇荣获全省"旅游名镇"，乡村民宿快速发展，香花岭成为全省首批 10 家"金宿级"民宿。全年全县共接待游客 805 万人次，实现旅游总收入 75 亿元，分别增长 14.70% 和 28.69%。

全年外贸出口总额 5072 万美元，同比减少 29.42%。

六、交通运输、邮电通信

加强交通基础设施建设。年末公路通车里程总计 4702 公里，其中国道 146 公里，省道 380 公里，县道 56 公里，乡道 1269 公里，村道 2851 公里。等级公路总计 3155 公里，其中一级公路 23 公里，二级公路 446 公里，三级公路 106 公里，四级公路 2581 公里。全县纳入登记管理的机动车 89159 辆，其中摩托车 51265 辆，汽车 37894 辆（载客 31855 辆、载货 5710 辆、其他 329 辆）。全年客运量 624 万人，同比增长 8.15%，客运周转量 26287 万人公里，同比增长 6.01%；货运量 414 万吨，同比增长 9.33%，货运周转量 53435 万吨公里，同比增长 1.33%。邮（政）电通信业（邮政、电信、移动、联通、广电）完成邮（政）电通信业务总收入 25187 万元，同比提高 10.63 个百分点。年末移动电话用户达 28.31 万户，同比提高 5.91 个百分点。计算机互联网用户达 63713 户，同比提高 23.82 个百分点。

七、财政、金融和保险

全县完成地方财政总收入 94837 万元，同比增长 2.07%。其中上划中央税收收入完成 23533 万元，同比增长 3.83%；地方公共财政预算收入完成 71304 万元，同比增长 1.51%。地方公共财政预算收入中，税收收入完成 43339 万元，同比增长 6.26%，税收占比 60.78%；非税收入完成 27965 万元，同比下降 5.07%。公共财政预算收入分征收部门：国税部门完成 17121 万元，同比增长 1.42%；地税部门完成 27570 万元，同比增长 8.77%；财政部门完成 26613 万元，同比下降 5.01%。全县公共财政预算支出 342966 万元，同比增长 5.57%。

年末全县金融机构各项存款余额 1559463 万元，比年初增加 222099 万元，同比增长 16.61%。其中住户存款 1119973 万元，比年初增加 129622 万元；非金融企业存款 238548 万元，比年初增加 52606 万元；广义政府存款 200938 万元，比年初增加 39873 万元。

年末全县金融机构各项贷款余额 1242381 万元，比年初增加 315827 万元，同比增长 34.09%。其中：住户贷款 260186 万元，比年初增加 47946 万元；非金融企业及机关团体贷款 982195 万元，比年初增加 267881 万元。各项贷款中：短期贷款 520311 万元，比年初增加 248727 万元；中长期贷款 722070 万元，比年初增加 69087 万元。

2017 年全年保费收入总计 55591 万元，比去年同期增加了 1216 万元，同比增长 2.24%。

八、教育和科学技术

坚持教育优先发展，合理配置教育资源。年末全县拥有各级各类学校 85 所。其中：幼儿园 38 所，普通小学 27 所（专任教师 964 人），普通中学18所（专任教师980人），职业高中1所（专任教师199人），特殊学校1所（专任教师16人）。在园儿童数5462人；普通小学在校生14104人，毕业生2322人；普通中学在校生10866人，毕业生3989人；中等职业学校在校生3116人，毕业生955人；特殊教育学校在校生96人。教育“全面改薄”规划扎实推进，新建校舍3.6万平方米；“助学启智”工程累计资助学生10.43万人次；我县高考一本上线670人，再创历史新高。

创新驱动实效不断增强。年末全县完成高新技术产业产值30.98亿元，完成高新技术产业增加值7.75亿元。新增认定高新技术企业2家（友生渔业、夷天科技），新增非高企高新产品2个。巴国汇智创业园认定为国家级“星创天地”，老巴王农业公司获省校企共建工程技术研究中心认定，丰润生物公司获市工程技术中心认定。全县完成专利申请总量259件，其中发明110件；完成专利授权总量87件，其中发明15件。全县发明拥有量达56件，万人发明拥有量达到1.4件。全年完成科技成果转化项目5项，完成技术合同成交额1.02亿元。

年末全县拥有在职在编事业单位专业技术人员4486人，其中高级岗位430人，中级岗位2361人，初级岗位1695人。

九、文化、广播电视、卫生和体育

全县拥有文化馆1个，公共图书馆1个，博物馆1个，体育馆1个，电影放映管理机构1个，广播电台1座，电视台1座。艺术表演团体从业人员60人，国内演出289场，观众累计达26万人次。公共图书馆总藏书量538928册。博物馆文物藏品10080件（套）。

全县拥有专职体育教练6人，各级裁判员378人，参加省级以上体育赛事3次，参赛人数6人，获金牌5枚，银牌1枚，铜牌0枚。向省体校输送运动员1人，向市体校输送运动员2人。

全县共有卫生机构498个，其中医院、卫生院14个，疾病预防控制中心1个，妇幼保健院1个。卫生技术人员1865人，其中执业医师和助理医师757人。注册护士754人。每千人拥有卫生机构床位数5张，每千人拥有卫生技术人员5人。妇幼保健院业务综合楼投入使用，10个乡镇卫生院达到“四化”标准，154个村中心卫生室达到“五化”标准。大病关爱“壹佰基金”资助贫困群众12739人次总计1933万元。

十、人口、人民生活和社会保障

年末全县户籍人口392456人，总户数152358户。其中男性人口205900人，女性人口186556人。总计出生人口3352人，死亡人口5304人。

2017年全体居民人均可支配收入14111元，同比增长8.96%。其中城镇常住居民人均可支配收入26532元，比上年增长8.32%；农村常住居民人均可支配收入9687元，比上年增长9.59%。

年末全县企业养老保险参保人数24290人，比上年减少855人；事业养老保险参保人数6967人，比上年增加4821人；失业保险参保人数19437人，比上年减少513人；职工医疗保险参保人数22738人，比上年减少8987人；居民医疗保险参保人数35382人，比上年减少5769人；工伤保险参保人数22273人，比上年减少947人；生育保险参保人数14615人，比上年减少365人。

全年征收社会保险费合计75128万元，同比增长151.63%。其中企业养老保险费15790万元，同比增长8.85%；机关事业养老保险费38060万元，同比增长1437.78%；职工医疗保险费10036万元，同比下降5.65%。

全年支出社会保险费合计110158万元，同比增长180.84%。其中企业养老保险支出27244万元，同比增长11.44%；机关事业养老保险支出57209万元，同比增长1290.59%；职工医疗保险支出9210万元，同比增长29.52%；城镇居民医疗保险支出14607万元，同比增长710.15%。

全年新增城镇就业人数8939人，城镇失业人员再就业4928人，转移农村劳动力12.15万人。年末城镇登记失业率1.46%。

加大弱势困难群众救助力度，投入500万元对2192名留守儿童、2946名留守老人、930名留守妇女实施关爱保护，进一步提高农村低保、五保标准，民政社会救助资金总量突破亿元关口。扎实推进国家级水库移民避险解困试点，241户918人实施搬迁。棚户区改造开工400套，竣工800套，多形式为2600户住房困难家庭提供实物住房或者货币补贴。

十一、资源环境、安全生产与社会治安

年末全县常用耕地面积33140公顷，其中水田2400公顷，旱地30700公顷。全县有效灌溉面积2800公顷。

全年空气质量总体稳定。空气优良天数282天，优良率82%，可吸入颗粒物（PM10）平均浓度72微克/立方米，细颗粒物（PM2.5）平均浓度41微克/立方米。全年共实施主要污染物总量减排项目3个，其中水减排项目1个，大气减排项目2个。共削减化学需氧量864.29吨、氨氮103.71吨、二氧化硫302.65吨、氮氧化物282.47吨，完成上级下达的年度减排任务。

全年全县共发生各类生产安全事故10起，死亡9人，受伤5人（均为轻伤）。同比事故起数下降23.1%，死亡人数下降10%，受伤人数下降28.6%。其中，道路运输事故5起死亡4人受伤5人，工贸事故3起死亡3人，建筑施工1起死亡1人，机械伤害事故1起死亡1人。煤矿、非煤矿山、危险化学品、社会消防、烟花爆竹、特种设备、旅游、学校安全等重点行业领域未发生死亡事故，未发生较大以上事故。

注：生产总值绝对数按现价计算，增长速度按可比价计算；保险数据由保监会反馈提供；全县人口相关数据由公安局提供，数据截至2017年11月30日。

（县统计局）

文件目录

【中共长阳土家族自治县委员会文件目录】

县委常委会议纪要［2017］

1号　十四届县委第4次常委会议纪要

2号　十四届县委第5次常委会议纪要

3号　十四届县委第6次常委会议纪要

4号　十四届县委第7次常委会议纪要

5号　十四届县委第8次常委会议纪要

6号　十四届县委第9次常委会议纪要

7号　十四届县委第10次常委会议纪要

8号　十四届县委第11次常委会议纪要

9号　十四届县委第12次常委会议纪要

10号　关于扎实抓好2016年度长阳县党政领导班子和领导干部经济社会发展与精准扶贫实绩考核通报问题整改的讨论纪要

11号　十四届县委常委会议纪要

12号　十四届县委第13次常委会议纪要

13号　十四届县委第14次常委会议纪要

14号　十四届县委第15次常委会议纪要

15号　十四届县委第16次常委会议纪要

16号　十四届县委第17次常委会议纪要

17号　十四届县委第18次常委会议纪要

18号　十四届县委第19次常委会议纪要

19号　县委党建和组织工作专题常委会议纪要

20号　十四届县委第20次常委会议纪要

21号　十四届县委第21次常委会议纪要

22号　十四届县委第22次常委会议纪要

23号　十四届县委第23次常委会议纪要

24号　十四届县委第24次常委会议纪要

25号　十四届县委第25次常委会议纪要

26号　县委常委议军会议纪要

27号　十四届县委第26次常委会议纪要

28号　十四届县委第27次常委会议纪要

县委专题会议纪要〔2017〕

1号　关于加快卓尔大溪旅游项目建设的专题办公会议纪要

2号　关于进一步做好新时期民政工作的专题办公会议纪要

3号　关于加快全县交通运输工作发展的专题办公会议纪要

4号　关于维护客运市场秩序专项整治行动稳定工作的专题办公会议纪要

5号　关于加快资丘镇经济社会发展的专题办公会议纪要

6号　关于加快渔峡口镇经济社会发展的专题办公会议纪要

7号　关于加快推进贺家坪镇经济社会发展的专题办公会议纪要

8号　全县脱贫攻坚整改专题办公会议纪要

9号　关于做好全县农村集体“三资”管理工作专题办公会议纪要

10号　关于加快推进百里生态牧旅走廊项目建设的专题办公纪要

11号　关于进一步加快板桥铺安置点项目建设的专题办公纪要

12号　关于加快推进清江生态保护及河岸治理的专题办公会议纪要

13号　关于加快天池河长阳段水环境治理的专题办公会议纪要

14号　关于加快方清路建设的专题办公纪要

15号　关于全县脱贫攻坚市级检查评估问题整改专题会议纪要

16号　关于抓好全县涉军群体稳定工作的专题办公会议纪要

17号　关于不动产统一登记和“两权”登记工作专题办公会议纪要

18号　全县易地扶贫搬迁专题办公会议纪要

19号　关于进一步抓好全县统筹整合使用财政资金实施精准扶贫专题办公会议纪要

长发〔2017〕

1号　中共长阳土家族自治县委员会、中共长阳土家族自治县委常委会议事决策规则

2号　中共长阳土家族自治县委员会关于学习贯彻党的十八届六中全会精神，深入推进全面从严治党的决定

3号　中共长阳土家族自治县委员会、中国共产党长阳土家族自治县第十四届委员会第二次全体（扩大）会议公报

4号　中共长阳土家族自治县委员会、县人民政府、县人民武装部关于进一步做好新时期双拥工作的实施意见

5号　中共长阳土家族自治县委员会、长阳土家族自治县人民政府关于深入推进农业供给侧结构性改革，加快培育农业农村发展新动能的若干意见

6号　中共长阳土家族自治县委员会、县委常委会2017年工作要点

7号　中共长阳土家族自治县委员会、长阳土家族自治县人民政府关于实施全面两孩政策改革计划生育服务管理、完善目标管理责任制的实施意见

8号　中共长阳土家族自治县委员会关于印发《长阳土家族自治县意识形态工作联席会议制度》的通知

9号　中共长阳土家族自治县委员会、长阳土家族自治县人民政府关于印发《长阳土家族自治县贯彻落实中央第三环境保护督察组督察反馈意见整改方案》的通知

10号　中共长阳土家族自治县委员会关于印发《县委巡察工作实施办法（试行）》的通知

11号　中共长阳土家族自治县委员会关于深入学习贯彻省委常委、市委书记周霁在长阳调研讲话精神的通知

12号　中共长阳土家族自治县委员会、长阳土家族自治县人民政府关于印发《长阳土家族

自治县优秀专家选拔管理服务办法（试行）》的通知

13号　中共长阳土家族自治县委员会关于认真学习宣传贯彻省第十一次党代会精神的通知

14号　中共长阳土家族自治县委员会、长阳土家族自治县人民政府关于印发《长阳土家族自治县法治政府建设实施方案（2017—2020年）》的通知

15号　中共长阳土家族自治县委员会、长阳土家族自治县人民政府关于印发《长阳土家族自治县村干部管理办法（试行）》的通知

16号　中共长阳土家族自治县委员会、长阳土家族自治县人民政府关于转发《县委宣传部县司法局关于在全县公民中开展法治宣传教育的第七个五年规划（2016—2020年）》的通知

17号　中共长阳土家族自治县委员会、长阳土家族自治县人民政府关于印发《长阳土家族自治县产业工人队伍建设改革实施方案》的通知

18号　中共长阳土家族自治县委员会关于印发《县委巡察工作实施办法》的通知

19号　中共长阳土家族自治县委员会关于印发《中共长阳土家族自治县委落实党风廉政建设主体责任清单》的通知

20号　中共长阳土家族自治县委员会关于学习峰岩经验进一步深化抓党建促脱贫攻坚工作的通知

长文［2017］

1号　中共长阳土家族自治县委员会关于调整2017年度县委中心学习组成员的通知

2号　中共长阳土家族自治县委员会关于给予李长健开除党籍处分的批复

3号　中共长阳土家族自治县委员会关于给予熊兆安开除党籍处分的批复

4号　中共长阳土家族自治县委员会关于推荐提名党的十八大代表刘发英同志连任党的十九大代表的请示

5号　中共长阳土家族自治县委员会关于2016年下半年意识形态工作情况报告

6号　中共长阳土家族自治县委员会关于2016年度意识形态工作的自查报告

7号　中共长阳土家族自治县委员会关于召开县委常委会2016年度民主生活会的请示

8号　中共长阳土家族自治县委员会批转《县妇联关于召开长阳土家族自治县第七次妇女代表大会的请示》的通知

9号　中共长阳土家族自治县委员会关于批转《县政协常委会2017年工作要点》及《2017年协商与民主监督计划》的通知

10号　中共长阳土家族自治县委员会关于承办湘鄂黔渝边区县（市、区）政协工作联系会第34次会议的请示

11号　中共长阳土家族自治县委员会、长阳土家族自治县人民政府关于长阳榔坪镇沙地村栗树坳安置点山体滑坡的调查处理报告

12号　中共长阳土家族自治县委员会关于批转《县人大常委会2017年工作要点》的通知

13号　中共长阳土家族自治县委员会、长阳土家族自治县人民政府关于请求召开对口支援长阳专题办公会的请示

14号　中共长阳土家族自治县委员会关于聘请县委党风监督员的通知

15号　中共长阳土家族自治县委员会关于县委统战部长杨五一同志率团出访港澳的请示

16号　中共长阳土家族自治县委员会关于2016年度全县基层党建考核结果的通报

17号　中共长阳土家族自治县委员会关于丁家珍信访事项办理情况的审理报告

18号　中共长阳土家族自治县委员会、长阳土家族自治县人民政府关于2016年度计划生育目标管理责任制执行情况的通报

19号　中共长阳土家族自治县委员会、长阳土家族自治县人民政府关于中央环境保护督察反

馈意见整改方案的报告

20号　中共长阳土家族自治县委员会、长阳土家族自治县人民政府关于2016年度全县综合目标管理责任制考核结果及“双评双比”活动满意机关评比结果的通报

21号　中共长阳土家族自治县委员会、长阳土家族自治县人民政府、长阳土家族自治县人民武装部关于成立驻长阳部队全面停止有偿服务工作领导小组的通知

22号　中共长阳土家族自治县委员会、长阳土家族自治县人民政府关于深入学习贯彻市委副书记、代市长张家胜调研长阳重要讲话精神的通知

23号　中共长阳土家族自治县委员会关于全省光伏扶贫工作座谈会精神的报告

24号　中共长阳土家族自治县委员会、长阳土家族自治县人民政府关于2016年度贫困县党委和政府扶贫开发工作成效考核发现问题整改落实情况的报告

25号　中共长阳土家族自治县委员会关于为贫困大学生和老幼妇残等弱势群体提供困难帮扶的请示

26号　中共长阳土家族自治县委员会关于解决光彩福利院建设资金的请示

27号　中共长阳土家族自治县委员会关于将白氏坪村等十二个村卫生室和火烧坪乡卫生院建设纳入海联卫生室（院）项目扶持的请示

28号　中共长阳土家族自治县委员会、长阳土家族自治县人民政府关于召开省“616”工程对口支援长阳现场办公会的请示

29号　中共长阳土家族自治县委员会、长阳土家族自治县人民政府关于请求明确一名市领导带队参加省“616”对口支援长阳专题办公会的请示

30号　中共长阳土家族自治县委员会关于2017年上半年意识形态工作责任制落实情况的报告

31号　中共长阳土家族自治县委员会、长阳土家族自治县人民政府关于2015—2016年度县级精神文明建设先进单位的通报

32号　中共长阳土家族自治县委员会、长阳土家族自治县人民政府关于印发《市委副书记市人民政府市长张家胜在2017年宜昌市对口支援长阳专题办公会上的讲话》的通知

33号　中共长阳土家族自治县委员会、长阳土家族自治县人民政府关于对覃建国等32名同志记三等功和对陈仁全等278名同志进行嘉奖的通报

34号　中共长阳土家族自治县委员会关于2016年度县直单位履职尽责先进单位和先进个人的通报

35号　中共长阳土家族自治县委员会关于省委第七巡视组专项巡视长阳县扶贫领域工作动员会情况的通报

36号　中共长阳土家族自治县委员会关于举办土家发源地·湖北长阳第三届廪君文化旅游节相关情况的报告

37号　中共长阳土家族自治县委员会关于推荐提名刘发英同志为十三届全国人大代表候选人的请示

38号　中共长阳土家族自治县委员会关于田文大等4名同志进行职级套改的请示

39号　中共长阳土家族自治县委员会关于印发《省委常委、宜昌市委书记周霁同志在长阳宣讲党的十九大精神时的重要讲话精神传达提纲》的通知

40号　中共长阳土家族自治县委员会关于认真学习宣传贯彻党的十九大精神的通知

41号　中共长阳土家族自治县委员会关于同意中共长阳土家族自治县旅游局党组更名的批复

42号　中共长阳土家族自治县委员会、长阳土家族自治县人民政府关于2017年度党政领导班子和领导干部精准扶贫实绩考核的自查报告

43号　中共长阳土家族自治县委员会、长阳土家族自治县人民政府2017年精准扶贫精准脱贫工作总结

44号　中共长阳土家族自治县委员会关于贯彻落实省委常委、市委书记周霁同志调研长阳重要指示精神的情况报告

45号　中共长阳土家族自治县委员会关于对马健容同志免职和王婷婷同志诫勉的通报

46号　中共长阳土家族自治县委员会关于2017年工作完成情况的报告

47号　中共长阳土家族自治县委员会关于举办长阳扶贫干部民营企业家和农村致富带头人培训班的请示

48号　中共长阳土家族自治县委员会关于贯彻落实习近平总书记重要指示精神的报告

49号　中共长阳土家族自治县委员会关于成立自治县第九届人民代表大会第三次会议临时党委和各代表团临时党支部的通知

50号　中共长阳土家族自治县委员会关于印发《长阳土家族自治县整改落实省委第七巡视组扶贫领域专项巡视反馈意见工作方案》的通知

51号　中共长阳土家族自治县委员会关于省委第七巡视组向长阳反馈扶贫领域专项巡视情况的通报

长办发［2017］

1号　中共长阳土家族自治县委办公室、长阳土家族自治县人民政府办公室关于开展2017年重点信访问题县级领导包案工作的通知

2号　中共长阳土家族自治县委办公室、长阳土家族自治县人民政府办公室关于印发《全县健全落实社会治安综合治理领导责任制实施办法》的通知

3号　中共长阳土家族自治县委办公室、长阳土家族自治县人民政府办公室关于进一步规范做好县政务大楼信访维稳值班工作的紧急通知

4号　中共长阳土家族自治县委办公室、长阳土家族自治县人民政府办公室关于印发《全县信访维稳攻坚专项行动实施方案》的通知

5号　中共长阳土家族自治县委办公室、长阳土家族自治县人民政府办公室关于扎实做好中央2016年扶贫成效考核迎检工作的紧急通知

6号　中共长阳土家族自治县委办公室、长阳土家族自治县人民政府办公室关于印发《长阳土家族自治县生态环保责任清单》的通知

7号　中共长阳土家族自治县委办公室、长阳土家族自治县人民政府办公室关于印发《关于全面推行河长制的实施意见》的通知

8号　中共长阳土家族自治县委办公室、长阳土家族自治县人民政府办公室关于进一步做好当前农业农村工作的通知

9号　中共长阳土家族自治县委办公室关于加强当前意识形态工作的通知

10号　中共长阳土家族自治县委办公室、长阳土家族自治县人民政府办公室关于实行食品安全责任清单制度的通知

11号　中共长阳土家族自治县委办公室、长阳土家族自治县人民政府办公室关于印发《关于加强和改进领导干部阅信、接访、下访、包案工作的实施方案》的通知

12号　中共长阳土家族自治县委办公室、长阳土家族自治县人民政府办公室关于印发《长阳土家族自治县招商引资目标任务考核办法（试行）》的通知

13号　中共长阳土家族自治县委办公室、长阳土家族自治县人民政府办公室关于印发《长阳土家族自治县首信首访首办责任制实施办法（试行）》的通知

14号　中共长阳土家族自治县委办公室、长阳土家族自治县人民政府办公室关于印发《长阳土家族自治县关于加快构建现代公共文化服务体系的实施意见》的通知

15号　中共长阳土家族自治县委办公室、长

阳土家族自治县人民政府办公室关于印发《长阳土家族自治县党政领导班子和领导干部精准扶贫实绩考核指标体系责任分解》的通知

16号　中共长阳土家族自治县委办公室关于印发县群团改革总体方案和县总工会县妇联县科协县侨联改革实施方案的通知

17号　中共长阳土家族自治县委办公室、长阳土家族自治县人民政府办公室关于印发《长阳土家族自治县法律顾问制度和公职律师公司律师制度实施办法（试行）》的通知

18号　中共长阳土家族自治县委办公室、长阳土家族自治县人民政府办公室关于印发《长阳土家族自治县公务员职务与职级并行制度试点实施方案》的通知

19号　中共长阳土家族自治县委办公室、长阳土家族自治县人民政府办公室关于印发《长阳土家族自治县关于建立健全执行联动协调工作机制的意见》的通知

20号　中共长阳土家族自治县委办公室、长阳土家族自治县人民政府办公室关于印发《全县服务保障党的十九大网络安全工作方案》的通知

21号　中共长阳土家族自治县委办公室、长阳土家族自治县人民政府办公室关于印发《2017年度乡镇考核目标》的通知

22号　中共长阳土家族自治县委办公室、长阳土家族自治县人民政府办公室关于印发《2017年度县直部门考核目标》的通知

23号　中共长阳土家族自治县委办公室、长阳土家族自治县人民政府办公室关于印发《长阳土家族自治县安全生产委员会成员单位安全生产工作职责》的通知

24号　中共长阳土家族自治县委办公室、长阳土家族自治县人民政府办公室关于印发《长阳土家族自治县信访工作责任制实施暂行办法》的通知

25号　中共长阳土家族自治县委办公室、长阳土家族自治县人民政府办公室关于印发《长阳土家族自治县开展“我选湖北爱上宜昌”计划大力促进大学生就业创业工作实施方案》的通知

26号　中共长阳土家族自治县委办公室、长阳土家族自治县人民政府办公室关于印发《长阳土家族自治县文化扶贫工作实施方案（2017—2020年）》的通知

27号　中共长阳土家族自治县委办公室关于印发团县委机关等五个单位主要职责内设机构和人员编制规定的通知

28号　中共长阳土家族自治县委办公室、长阳土家族自治县人民政府办公室关于印发《长阳土家族自治县高标准农田建设资金统筹使用管理办法》的通知

29号　中共长阳土家族自治县委办公室关于印发《长阳土家族自治县公职人员干事创业容错免责办法（试行）》的通知

30号　中共长阳土家族自治县委办公室关于印发《十四届县委巡察工作规划（2017—2021年）》的通知

31号　中共长阳土家族自治县委办公室关于印发《长阳土家族自治县监察体制改革试点实施方案的通知》

32号　中共长阳土家族自治县委办公室关于印发《长阳土家族自治县促进干部履职尽责干事创业的正向激励办法（试行）》的通知

33号　中共长阳土家族自治县委办公室关于印发《长阳土家族自治县党委（党组）理论学习中心组学习办法》的通知

34号　中共长阳土家族自治县委办公室关于印发《党委（党组）网络安全工作责任制实施细则》的通知

35号　中共长阳土家族自治县委办公室关于印发《县委网络和安全信息化领导小组议事规则》的通知

36号　中共长阳土家族自治县委办公室、长

阳土家族自治县人民政府办公室关于印发《长阳土家族自治县综合目标管理考核办法》的通知

37号　中共长阳土家族自治县委办公室关于认真学习贯彻习近平总书记重要指示精神，确保转作风抓落实取得实效的通知

38号　中共长阳土家族自治县委办公室、长阳土家族自治县人民政府办公室关于印发《长阳土家族自治县“七五”普法责任清单》的通知

39号　中共长阳土家族自治县委办公室、长阳土家族自治县人民政府办公室关于印发《落实国家机关“谁执法谁普法”普法责任制实施方案》的通知

长办文［2017］

1号　中共长阳土家族自治县委办公室、长阳土家族自治县人民政府办公室关于印发《2017年春节期间县城区禁止燃放烟花爆竹专项行动工作方案》的通知

2号　中共长阳土家族自治县委办公室、长阳土家族自治县人民政府办公室关于2017年春节期间深入开展拥军优属拥政爱民活动的通知

3号　中共长阳土家族自治县委办公室、长阳土家族自治县人民政府办公室关于县级党政领导干部2017年度定期接待群众来访工作安排的通知

4号　中共长阳土家族自治县委办公室、长阳土家族自治县人民政府办公室关于做好2017年节假日期间值班工作的通知

5号　涉密

6号　中共长阳土家族自治县委办公室、长阳土家族自治县人民政府办公室关于印发《2016年度全县综合目标管理考评工作方案》的通知

7号　中共长阳土家族自治县委办公室、长阳土家族自治县人民政府办公室关于印发《长阳下岗转业志愿兵帮扶解困和转业士官思想疏导工作方案》的通知

8号　中共长阳土家族自治县委办公室、长阳土家族自治县人民政府办公室关于进一步做好2017年春节期间有关重点工作的紧急通知

9号　中共长阳土家族自治县委办公室、长阳土家族自治县人民政府办公室关于进一步深入开展“双提双抓”活动的通知

10号　中共长阳土家族自治县委办公室、长阳土家族自治县人民政府办公室关于做好雨雪冰冻灾害性天气防范应对工作的紧急通知

11号　中共长阳土家族自治县委办公室、长阳土家族自治县人民政府办公室关于调整县扶贫攻坚领导小组等非常设机构组成人员的通知

12号　涉密

13号　中共长阳土家族自治县委办公室、长阳土家族自治县人民政府办公室关于进一步做好对上政策项目争取工作的通知

14号　中共长阳土家族自治县委办公室、长阳土家族自治县人民政府办公室关于成立清江库区长阳水域养殖网箱清理取缔工作指挥部的通知

15号　中共长阳土家族自治县委办公室、长阳土家族自治县人民政府办公室关于狠抓全国“两会”期间维护稳定工作落实的通知

16号　中共长阳土家族自治县委办公室关于印发《长阳土家族自治县妥善处理涉军群众突出信访问题专项工作方案》的通知

17号　中共长阳土家族自治县委办公室、长阳土家族自治县人民政府办公室关于印发《全县2017年信访工作责任目标》的通知

18号　中共长阳土家族自治县委办公室、长阳土家族自治县人民政府办公室关于成立县旅游环境综合整治工作领导小组的通知

19号　中共长阳土家族自治县委办公室关于印发《2017年全县组织工作要点》的通知

20号　中共长阳土家族自治县委办公室关于印发《2017年全县宣传思想文化工作要点》的通知

21号　中共长阳土家族自治县委办公室关于

印发《2017年全县统战工作要点》的通知

22号　中共长阳土家族自治县委办公室、长阳土家族自治县人民政府办公室关于印发《县直党政有关部门与县政协专门委员会对口联系制度》的通知

23号　中共长阳土家族自治县委办公室、长阳土家族自治县人民政府办公室关于调整县“全国旅游示范区”创建工作领导小组等非常设机构组成人员的通知

24号　中共长阳土家族自治县委办公室、长阳土家族自治县人民政府办公室关于切实抓好“贫困地区民族自治县村综合文化服务中心覆盖工程”建设工作的通知

25号　中共长阳土家族自治县委办公室、长阳土家族自治县人民政府办公室关于印发《2017年全县信访工作要点》的通知

26号　中共长阳土家族自治县委办公室、长阳土家族自治县人民政府办公室关于成立全县“路长制”“河长制”推进工作领导小组的通知

27号　中共长阳土家族自治县委办公室、长阳土家族自治县人民政府办公室关于印发《全县1999年以后退役藏兵稳控工作方案》的通知

28号　中共长阳土家族自治县委办公室、长阳土家族自治县人民政府办公室关于印发《全县精准扶贫“精神文明进万家”工作方案》的通知

29号　中共长阳土家族自治县委办公室、长阳土家族自治县人民政府办公室关于合并成立七里湾及大溪重点项目工作指挥部的通知

30号　中共长阳土家族自治县委办公室、长阳土家族自治县人民政府办公室关于调整县防汛抗旱指挥部组成人员的通知

31号　中共长阳土家族自治县委办公室关于深入学习贯彻市委副书记、市委政法委书记吴海涛在长阳调研座谈讲话精神的通知

32号　中共长阳土家族自治县委办公室、长阳土家族自治县人民政府办公室关于成立“雪亮工程”建设领导小组的通知

33号　中共长阳土家族自治县委办公室关于印发《全县第十八个党风廉政建设宣传教育月活动方案》的通知

34号　中共长阳土家族自治县委办公室、长阳土家族自治县人民政府办公室关于成立县健康扶贫工程领导小组的通知

35号　中共长阳土家族自治县委办公室、长阳土家族自治县人民政府办公室关于成立县中央环保督察反馈意见整改工作领导小组的通知

36号　中共长阳土家族自治县委办公室、长阳土家族自治县人民政府办公室关于印发《全县招商引资和重点产业项目建设专项督查考核办法（试行）》的通知

37号　中共长阳土家族自治县委办公室、长阳土家族自治县人民政府办公室关于分解《中共宜昌市委2017年重点工作督查计划》工作任务的通知

38号　中共长阳土家族自治县委办公室、长阳土家族自治县人民政府办公室关于分解市委、市政府下发的《长阳土家族自治县2017年度目标管理综合考评责任书》工作任务的通知

39号　中共长阳土家族自治县委办公室、长阳土家族自治县人民政府办公室关于明确纳入名录河流县级河长的通知

40号　中共长阳土家族自治县委办公室、长阳土家族自治县人民政府办公室关于印发《关于在全县开展运用大数据对精准扶贫政策落实情况进行监督检查的工作方案》的通知

41号　中共长阳土家族自治县委办公室、长阳土家族自治县人民政府办公室关于进一步规范节假日值班工作的通知

42号　中共长阳土家族自治县委办公室、长阳土家族自治县人民政府办公室关于成立和调整部分非常设机构的通知

43号　中共长阳土家族自治县委办公室、长

阳土家族自治县人民政府办公室关于印发《精准扶贫精准脱贫督查工作手册》的通知

44号　中共长阳土家族自治县委办公室、长阳土家族自治县人民政府办公室关于印发《关于全面推行河长制的实施方案》的通知

45号　中共长阳土家族自治县委办公室关于印发《围绕“三在”推进基层党建工作实施方案》的通知

46号　中共长阳土家族自治县委办公室关于印发《全县农村党员“三个培养”工程实施方案》的通知

47号　中共长阳土家族自治县委办公室、长阳土家族自治县人民政府办公室关于抓好当前安全稳定工作的紧急通知

48号　中共长阳土家族自治县委办公室关于认真贯彻执行《宜昌市“两学一做”学习教育常态化制度化重点任务清单》的通知

49号　中共长阳土家族自治县委办公室、长阳土家族自治县人民政府办公室关于调整县国家安全领导小组等非常设机构的通知

50号　中共长阳土家族自治县委办公室、长阳土家族自治县人民政府办公室关于严防极端暴力案事件的紧急通知

51号　中共长阳土家族自治县委办公室、长阳土家族自治县人民政府办公室关于印发《开展“保护生态环境　促进绿色发展”专项法律监督工作实施方案》的通知

52号　中共长阳土家族自治县委办公室、长阳土家族自治县人民政府办公室关于开展纪念建军90周年暨深入开展拥军优属拥政爱民活动的通知

53号　中共长阳土家族自治县委办公室、长阳土家族自治县人民政府办公室关于印发《〈宜昌市环保督察问题整改工作目标责任书〉长阳任务分解清单》的通知

54号　中共长阳土家族自治县委办公室关于认真学习贯彻《中国共产党巡视工作条例》等文件精神的通知

55号　中共长阳土家族自治县委办公室、长阳土家族自治县人民政府办公室关于成立和调整部分非常设机构的通知

56号　中共长阳土家族自治县委办公室、长阳土家族自治县人民政府办公室关于印发《2016年省对宜昌市政绩目标考核反馈问题涉关长阳县整改任务分解方案》的通知

57号　中共长阳土家族自治县委办公室、长阳土家族自治县人民政府办公室关于转发《周霁同志在宜化集团检查安全生产和环境保护工作时的讲话》的通知

58号　中共长阳土家族自治县委办公室、长阳土家族自治县人民政府办公室关于印发《市委第四巡察组对长阳扶贫专项巡察反馈问题整改方案》的通知

59号　中共长阳土家族自治县委办公室、长阳土家族自治县人民政府办公室关于印发《政协提案督办暂行办法》的通知

60号　中共长阳土家族自治县委办公室关于印发《县级党员领导干部联系党外人士名单》的通知

61号　中共长阳土家族自治县委办公室、中共长阳土家族自治县委组织部关于吸收万方力为机要干部的请示

62号　中共长阳土家族自治县委办公室、长阳土家族自治县人民政府办公室关于成立党的十九大期间全县信访安全维稳工作指挥部的通知

63号　中共长阳土家族自治县委办公室、长阳土家族自治县人民政府办公室关于加强党的十九大期间信访安全维稳工作的通知

64号　中共长阳土家族自治县委办公室关于认真学习贯彻《湖北省实施〈中国共产党问责条例〉办法》的通知

65号中共长阳土家族自治县委办公室、长阳

土家族自治县人民政府办公室关于做好党的十九期间值班工作的通知

66号　中共长阳土家族自治县委办公室、长阳土家族自治县人民政府办公室关于开展“大战四季度全年结硬账”工作的通知

67号　中共长阳土家族自治县委办公室、长阳土家族自治县人民政府办公室关于印发县县政府领导班子2017年度政治管理、组织管理、履职管理清单任务分解方案的通知

68号　中共长阳土家族自治县委办公室、长阳土家族自治县人民政府办公室关于成立和调整部分非常设机构的通知

69号　中共长阳土家族自治县委办公室关于传达周霁书记在全市转作风抓落实内网视频会议上的讲话的紧急通知

70号　中共长阳土家族自治县委办公室、长阳土家族自治县人民政府办公室关于深入推进转作风抓落实的通知

71号　中共长阳土家族自治县委办公室、长阳土家族自治县人民政府办公室关于2017年全县干部作风突出问题的督查通报

72号　中共长阳土家族自治县委办公室关于做好2018年度党报党刊发行工作严格规范报刊发行秩序的通知

73号　中共长阳土家族自治县委办公室、长阳土家族自治县人民政府办公室关于调整县扶贫攻坚领导小组内设机构组成人员的通知

74号　中共长阳土家族自治县委办公室、长阳土家族自治县人民政府办公室关于做好2018年元旦春节期间有关工作的通知

75号　中共长阳土家族自治县委办公室、长阳土家族自治县人民政府办公室关于做好“两节”“两会”期间全县保安全护稳定工作的通知

76号　中共长阳土家族自治县委办公室、长阳土家族自治县人民政府办公室关于明确煤矿信访重点人员包案领导、工作专班和有关工作人员的通知

77号　中共长阳土家族自治县委办公室、长阳土家族自治县人民政府办公室关于做好2018年节假日期间值班工作的通知

（县委办公室）

【长阳土家族自治县人民政府文件目录】

长政发〔2017〕

1号　县人民政府关于落实长阳土家族自治县国民经济和社会发展第十三个五年规划纲要主要目标和任务工作分工的通知

2号　县人民政府关于印发长阳土家族自治县统筹使用财政专项资金管理办法的通知

3号　县人民政府关于废止《长阳土家族自治县招标投标管理实施办法（试行）》的决定

4号　县人民政府关于聘请特邀监察员的通知

5号　长阳土家族自治县人民政府关于表彰湖北继昂建设有限公司诚信经营的通报

6号　长阳土家族自治县人民政府关于印发《河长制河流名录》的通知

7号　县人民政府关于落实粮食安全行政首长责任制的实施意见

8号　县人民政府关于撤销覃汉清长政林证字〔2004〕第140003号“林权证”中第420528007008RD01M110940号宗地和李可能长政林证字〔2015〕第000569号“林权证”中第420528007008RD01M1101943号宗地林权登记的决定

9号　县人民政府关于撤销长政林证字〔2007〕第008328号“林权证”的决定

10号　县人民政府关于李书润与林运芹土地权属争议的处理决定

11号　长阳土家族自治县人民政府关于进一步加强防震减灾工作的意见

12号　县人民政府关于印发2017年全县政府系统党风廉政建设重点工作任务分解方案的通知

13号　长阳土家族自治县人民政府关于加强河道采砂禁采管理的通告

14号　县人民政府关于李长江信访事项的复查意见书

15号　长阳土家族自治县人民政府关于印发《长阳土家族自治县农村集体“三资”管理办法（试行）》的通知

16号　县人民政府关于关闭长阳土家族自治县赵姑垭煤炭有限责任公司赵姑垭煤矿等4家煤矿的决定

17号　长阳土家族自治县人民政府关于龚祖海信访事项的复查意见书

18号　长阳土家族自治县人民政府关于张志新等18名原县页岩砖厂职工信访事项的复查意见书

19号　长阳土家族自治县人民政府关于规范政府债务管理防范财政金融风险的通知

20号　县人民政府关于调整县安全生产委员会组成人员和成立二十二个安全生产专业委员会的通知

21号　长阳土家族自治县人民政府关于谭光信信访事项的复查意见书

22号　长阳土家族自治县人民政府关于吴昌清信访事项的复查意见书

23号　长阳土家族自治县人民政府关于进一步做好城镇困难职工解困脱困工作的通知

24号　县人民政府关于聘请刘玉新等同志为督学的通知

25号　县人民政府关于表彰“土家工匠”的决定

26号　县人民政府关于在市场体系建设中建立公平竞争审查制度的通知

27号　县人民政府关于印发《长阳土家族自治县2017年统筹使用专项资金实施精准扶贫年终调整方案》的通知

28号　长阳土家族自治县人民政府关于进一步加快创新驱动发展的实施意见

29号　长阳土家族自治县人民政府关于印发《长阳土家族自治县公共资源交易管理办法》的通知

30号　县人民政府关于印发《长阳土家族自治县2018年统筹使用专项资金实施精准扶贫方案》的通知

31号　县人民政府关于表彰全县扶贫爱心建筑施工企业的通报

32号　长阳土家族自治县人民政府关于印发《关于进一步加强招商引资工作的政策措施》的通知

长政文［2017］

1号　长阳土家族自治县人民政府关于2015年最严格水资源管理制度考核整改落实情况的报告

2号　长阳土家族自治县人民政府关于医疗保险基金审计发现问题整改情况的报告

3号　长阳土家族自治县人民政府关于中国葛洲坝集团股份有限公司对口支援长阳建设项目的报告

4号　长阳土家族自治县人民政府关于粮食安全行政首长责任制落实情况的报告

5号　长阳土家族自治县人民政府关于2016年依法行政工作情况的报告

6号　长阳土家族自治县人民政府关于解决高标准农田新建项目指标的请示

7号　县人民政府关于李章义信访事项的复查意见书

8号　长阳土家族自治县人民政府关于某酒店经理信访事项办理情况的审理报告

9号　长阳土家族自治县人民政府关于彭其海信访事项办理情况的审理报告

10号　自治县人民政府关于刘东等同志免职的议案

11号　长阳土家族自治县人民政府关于支持

宜昌至常德快速铁路项目选线途径（经）长阳并在长阳设站的请示

12 号　长阳土家族自治县人民政府关于转让省划拨补充耕地指标的请示

13 号　长阳土家族自治县人民政府关于将长阳铠榕电解锰有限公司纳入电力直接交易试点企业的请示

14 号　长阳土家族自治县人民政府关于请求对长阳土家族自治县职业教育中心发展予以资金支持的请示

15 号　长阳土家族自治县人民政府关于请求对长阳土家族自治县农村义务教育薄弱学校改造予以资金支持的请示

16 号　长阳土家族自治县人民政府关于请求对长阳土家族自治县青少年学生校外活动中心发展予以资金支持的请示

17 号　长阳土家族自治县人民政府关于请求对长阳土家族自治县教育园区初中部和小学部改扩建予以资金支持的请示

18 号　长阳土家族自治县人民政府关于省级旅游专项资金中对长阳给予重点倾斜的请示

19 号　长阳土家族自治县人民政府关于明确长阳宏发纸业有限公司 1800/120 生产线不属于淘汰落后产能的请示

20 号　长阳土家族自治县人民政府关于给予商务发展专项资金重点支持的请示

21 号　长阳土家族自治县人民政府关于支持新建县人民医院急诊内科医技综合楼的请示

22 号　长阳土家族自治县人民政府关于请求解决湖北省土家族（长阳）歌舞剧团挂牌省级剧团设备购置补助经费的请示

23 号　长阳土家族自治县人民政府关于退役士兵安置和权益保障情况的自查报告

24 号　长阳土家族自治县人民政府关于帮助协调落实隔河岩库区“四无”移民政策的请示

25 号　长阳土家族自治县人民政府关于申报武陵山片区区域发展与扶贫攻坚实施规划的请示

26 号　长阳土家族自治县人民政府关于帮助解决移民安置点建设资金缺口的请示

27 号　长阳土家族自治县人民政府关于《长阳土家族自治县土地利用总体规划（2006—2020年）修改方案》调入地块压盖土地整理项目情况的说明

28 号　自治县人民政府关于姜自民等同志职务任免的议案

29 号　县人民政府关于变更环境空气自动监测点位的请示

30 号　长阳土家族自治县人民政府关于李光平信访事项办理情况的审理报告

31 号　长阳土家族自治县人民政府关于呈报长阳土家族自治县全面改薄项目规划中期调整方案的请示

32 号　长阳土家族自治县人民政府关于长阳榔坪镇沙地村栗树坳安置点山体滑坡的调查处理报告

33 号　长阳土家族自治县人民政府关于将湖北省长阳土家族自治县资丘镇柿贝村三组石板坨滑坡等六个地质灾害治理项目纳入省级财政支持项目的请示

34 号　自治县人民政府关于提请审议批准将龙五一级公路项目政府购买服务支出资金纳入财政中长期支出计划的议案

35 号　长阳土家族自治县人民政府关于 2017 年度第 5 批次（增减挂钩）城市建设用地的请示

36 号　长阳土家族自治县人民政府关于 2016 年度保障性安居工程跟踪审计征求意见的报告

37 号　县人民政府关于调整县安全生产委员会及其专业委员会的通知

38 号　长阳土家族自治县人民政府关于 2017 年度第 7 批次（农民建房）建设用地的请示

39 号　长阳土家族自治县人民政府关于对《长阳 2016 年扶贫政策贯彻落实和扶贫资金管理

使用情况的审计报告》征求意见的报告

40 号 长阳土家族自治县人民政府关于 2016 年度实行最严格水资源管理制度考核自查情况的报告

41 号 长阳土家族自治县人民政府关于申报电子商务进农村综合示范县的请示

42 号 长阳土家族自治县人民政府关于 2017 年度第 6 批次（增减挂钩）城市建设用地的请示

43 号 长阳土家族自治县人民政府关于清明期间文明祭祀森林防火及交通安全工作情况的报告

44 号 长阳土家族自治县人民政府关于清明期间文明祭祀森林防火及交通安全工作情况的报告

45 号 长阳土家族自治县人民政府关于申请将磨市镇“双柳路”项目纳入县乡二级公路改造项目的请示

46 号 长阳土家族自治县人民政府关于 2017 年度第 1 批次城市建设用地的请示

47 号 长阳土家族自治县人民政府关于 2017 年度第 2 批次城市建设用地的请示

48 号 长阳土家族自治县人民政府关于 2017 年度第 3 批次城市建设用地的请示

49 号 长阳土家族自治县人民政府关于 2017 年度第 9 批次城市建设用地的请示

50 号 关于安排政府债券解决清江库区网箱清理取缔及退渔后续产业发展的请示

51 号 长阳土家族自治县人民政府关于申请水利“补短板”项目政府债券的请示

52 号 长阳土家族自治县人民政府关于将长阳华瑞天然气有限公司再次纳入湖北省民族贸易企业的请示

53 号 长阳土家族自治县人民政府关于市纪委六届二次全会反馈意见整改落实情况的报告

54 号 长阳土家族自治县人民政府关于转报《长阳土家族自治县龙舟坪镇土地利用总体规划（2006—2020 年）》调整完善成果的请示

55 号 长阳土家族自治县人民政府关于转报《长阳土家族自治县土地利用总体规划（2006—2020 年）》调整完善成果的请示

56 号 长阳土家族自治县人民政府关于呈报长阳土家族自治县磨市镇等 10 个乡镇土地利用总体规划（2006—2020 年）调整完善成果的请示

57 号 长阳土家族自治县人民政府关于马云峰信访事项办理情况的审理报告

58 号 长阳土家族自治县人民政府关于申报创建湖北省现代农业产业园的请示

59 号 长阳土家族自治县人民政府关于宜常快速铁路等项目相关情况的报告

60 号 长阳土家族自治县人民政府关于增加天然林停伐管护面积的请示

61 号 长阳土家族自治县人民政府关于 2017 年度第 4 批次城市建设用地的请示

62 号 长阳土家族自治县人民政府关于将我县资丘镇桂花街综合开发项目高压线路迁移纳入 2017 年项目实施计划的请示

63 号 长阳土家族自治县人民政府关于自然资源资产审计发现问题整改情况的报告

64 号 长阳土家族自治县人民政府关于 2016 年度保障性安居工程跟踪审计整改落实情况的报告

65 号 长阳土家族自治县人民政府关于长阳乡镇生活污水治理项目申请地方政府债券的请示

66 号 长阳土家族自治县人民政府关于 2017 年度第 12 批次（增减挂钩）城市建设用地的请示

67 号 长阳土家族自治县人民政府关于开展“十小”工业调查摸底工作情况的自查报告

68 号 长阳土家族自治县人民政府关于申请村卫生室建设政府债券的请示

69 号 长阳土家族自治县人民政府关于申报长阳烈士陵园为市级烈士纪念建筑物保护单位的请示

70 号　长阳土家族自治县人民政府关于将落雁山煤矿关闭后产能用于置换杨家湾煤矿机械化扩能改造的请示

71 号　长阳土家族自治县人民政府关于申报畜禽粪污资源化利用试点项目的请示

72 号　长阳土家族自治县人民政府关于国家可持续发展实验区中期检查的请示

73 号　长阳土家族自治县人民政府关于申请安排 2017 年地方政府债券的请示

74 号　长阳土家族自治县人民政府关于 2017 年度第 8 批次（农民建房）建设用地的请示

75 号　长阳土家族自治县人民政府关于申报 2017 年度第一批少数民族发展资金备案项目的报告

76 号　长阳土家族自治县人民政府关于审查《长阳土家族自治县矿产资源总体规划（2016—2020 年）》的请示

77 号　长阳土家族自治县人民政府关于全省光伏扶贫工作座谈会精神的报告

78 号　长阳土家族自治县人民政府关于解决土家族电影《哭嫁》拍摄制作发行经费的请示

79 号　长阳土家族自治县人民政府关于延续华新水泥（长阳）有限公司白氏坪阴坡石灰石矿采矿权的请示

80 号　关于上报《长阳土家族自治县乡镇集中式饮用水水源保护区划分方案》的报告

81 号　长阳土家族自治县人民政府关于请求省水利厅解决榔坪镇八角庙村农村饮水安全工程灾后恢复重建资金的请示

82 号　长阳土家族自治县人民政府关于解决榔坪镇八角庙村优质番茄基地水毁农业设施修复资金的请示

83 号　长阳土家族自治县关于申请适当延期燃煤锅炉淘汰（改造）完成时间的请示

84 号　自治县人民政府关于李靖等同志职务任免的议案

85 号　长阳土家族自治县人民政府关于请求省发改委支持有关事项的报告

86 号　长阳土家族自治县人民政府关于帮助长阳解决深度贫困问题的请示

87 号　长阳土家族自治县人民政府关于湖北省土家族（长阳）歌舞剧团享受省级财政支持政策的请示

88 号　长阳土家族自治县人民政府关于解决县非物质文化遗产展示馆项目经费的请示

89 号　长阳土家族自治县人民政府关于对清江高坝洲库区长阳水域养殖网箱清理取缔工作进行检查验收的请示

90 号　长阳土家族自治县人民政府关于帮助解决落雁山煤矿遗留问题的请示

91 号　长阳土家族自治县人民政府关于支持长江经济带长阳清江流域生态保护和绿色发展的请示

92 号　长阳土家族自治县人民政府关于支持林业发展相关事项的请示

93 号　长阳土家族自治县人民政府关于传达贯彻落实全市易地扶贫搬迁推进会议精神情况的报告

94 号　长阳土家族自治县人民政府关于落实宜环督改办〔2017〕14 号文件精神情况的报告

95 号　长阳土家族自治县人民政府关于调整 2017 年度易地扶贫搬迁实施计划任务的请示

96 号　长阳土家族自治县人民政府关于上半年经济运行情况及下半年工作打算的报告

97 号　长阳土家族自治县人民政府关于举办土家发源地·湖北长阳第三届廪君文化旅游节的请示

98 号　长阳土家族自治县人民政府关于支持解决大型原创民族歌剧《哭嫁》创作排练经费的请示

99 号　长阳土家族自治县人民政府关于申报宜昌白山羊特优区创建项目的请示

100号 长阳土家族自治县人民政府关于申报百里生态牧旅走廊产业融合发展项目的请示

101号 长阳土家族自治县人民政府关于申报2017年湖北省特色农产品（魔芋）优势区创建项目的请示

102号 长阳土家族自治县人民政府关于申报2017年湖北省特色农产品（高山蔬菜）优势区创建项目的请示

103号 长阳土家族自治县人民政府关于申报2017年国家农村一二三产业融合发展项目（农产品产地初加工）的请示

104号 长阳土家族自治县人民政府关于解决县民族体育馆维修及设备购置项目经费的请示

105号 关于向希华反映华新水泥公司污染环境信访问题的审理报告

106号 长阳土家族自治县人民政府关于长阳桃庄煤矿有限责任公司等企业涉稳情况的报告

107号 长阳土家族自治县人民政府关于追加2017年度使用林地定额的请示

108号 县人民政府关于提请审议《长阳土家族自治县第七个五年法治宣传教育工作规划（2016—2020）》的议案

109号 长阳土家族自治县人民政府关于对落后产能煤矿进行分类处置的情况报告

110号 长阳土家族自治县人民政府关于厚丰溪等村申报省级生态村的请示

111号 长阳土家族自治县人民政府关于全伏山村等申报市级生态村的请示

112号 长阳土家族自治县人民政府关于大堰乡申报省级生态乡镇的请示

113号 长阳土家族自治县人民政府关于将“中国湖北·长阳清江画廊全国公开水域游泳挑战赛”纳入湖北省全民健身赛事资助项目的请示

114号 自治县人民政府关于自治县人大常委会对《自治县人民政府关于2016年依法行政工作情况的报告》的审议意见落实情况的报告

115号 长阳土家族自治县人民政府关于审查《长阳土家族自治县森林资源保护条例（草案）》的请示

116号 长阳土家族自治县人民政府关于审查《长阳土家族自治县人口与计划生育条例（草案）》的请示

117号 长阳土家族自治县人民政府关于易地扶贫搬迁工作情况的报告

118号 长阳土家族自治县人民政府关于支持长阳畜禽粪污资源化利用整县推进项目的请示

119号 长阳土家族自治县人民政府关于2016年扶贫审计整改情况的报告

120号 长阳土家族自治县人民政府关于中央环保督察交办群众信访投诉问题整改完成情况的报告

121号 长阳土家族自治县人民政府关于申报2018年新一轮退耕还林还草工程计划的请示

122号 长阳土家族自治县人民政府关于中央环保督察交办群众信访投诉问题整改完成情况的报告

123号 长阳土家族自治县人民政府关于追加2017年度使用林地定额的请示

124号 长阳土家族自治县人民政府关于审定《长阳土家族自治县露天采石场规划设置实施方案》的请示

125号 长阳土家族自治县人民政府关于胡兴容信访事项办理情况的审理报告

126号 长阳土家族自治县人民政府关于杨春枚信访事项办理情况的审理报告

127号 长阳土家族自治县人民政府关于延期完成长阳城区污水处理厂提标改造工程的请示

128号 长阳土家族自治县人民政府关于延期完成华新水泥（长阳）有限公司环境和卫生防护距离内居民搬迁工作的请示

129号 长阳土家族自治县人民政府关于邓开懋信访积案办理情况的审理报告

130号　关于上报《长阳土家族自治县乡镇集中式饮用水水源保护区划分方案》的报告

131号　长阳土家族自治县人民政府关于申报华新水泥（长阳）有限公司1#窑淘汰产能指标转移的请示

132号　长阳土家族自治县人民政府关于李金桥信访事项办理情况的审理报告

133号　长阳土家族自治县人民政府关于解决2017年自然灾害生活救济款物的请示

134号　长阳土家族自治县人民政府关于报送《长阳土家族自治县国土资源节约集约示范省创建工作中期自查报告》的报告

135号　长阳土家族自治县人民政府关于申报2018年新一轮退耕还林还草工程计划的请示

136号　长阳土家族自治县人民政府关于2017年度第13批次城市建设用地的请示

137号　长阳县人民政府关于落实安全生产事故查处情况“回头看”的报告

138号　长阳土家族自治县人民政府关于2017年工作总结及2018年工作安排的报告

139号　长阳土家族自治县人民政府关于帮助解决长阳2017年华西秋汛灾害和倒损房恢复重建救助资金的请示

140号　长阳土家族自治县人民政府关于申报2017年度第二批少数民族发展资金备案项目的报告

141号　自治县人民政府关于毕杰同志任职的议案

142号　长阳土家族自治县人民政府关于将长阳纳入全省生猪屠宰行业转型升级试点县的请示

143号　长阳土家族自治县人民政府关于政府拖欠工程款偿还工作的情况报告

144号　长阳土家族自治县人民政府关于申报林业有害生物补助资金的请示

145号　长阳土家族自治县人民政府关于2017年度第12批次城市建设用地的请示

146号　长阳土家族自治县人民政府关于调整清江湿地公园总体规划红线控制区内的花桥、柏园山码头岸线的请示

147号　长阳土家族自治县人民政府关于帮助解决磨市镇高家岭小学教学楼建设资金的请示

148号　长阳土家族自治县人民政府关于帮助解决龙舟坪镇两河口小学教师周转宿舍楼建设资金的请示

149号　长阳土家族自治县人民政府关于帮助解决庄溪幼儿园配套基础设施建设资金缺口的请示

150号　长阳土家族自治县人民政府关于曾凡清信访事项办理情况的审理报告

151号　长阳土家族自治县人民政府关于国有林场改革工作验收的请示

152号　长阳土家族自治县人民政府关于申报2017年农村环境综合整治项目实施方案的报告

153号　长阳土家族自治县人民政府关于杨晶信访事项办理情况的审理报告

154号　长阳土家族自治县人民政府关于将龙舟坪棚户区（城中村）改造二期项目纳入全省2018年棚户区改造计划的请示

155号　长阳土家族自治县人民政府关于对我县清江流域进行治理的请示

156号　县人民政府关于提请审议将长阳土家族自治县易地扶贫项目（一期）建设方案进行调整的议案

157号　长阳土家族自治县人民政府关于李兴珍信访事项办理情况的审理报告

158号　长阳土家族自治县人民政府关于李双荣信访事项办理情况的审理报告

159号　长阳土家族自治县人民政府关于确认长阳土家族自治县赵姑垭煤炭有限责任公司赵姑垭煤矿等4家矿井关闭退出的报告

160号　长阳土家族自治县人民政府关于中

央环保督察反馈意见整改攻坚重点问题落实情况的报告

161 号　自治县人民政府关于对《自治县人大常委会执法检查组关于检查〈湖北省农村五保供养条例〉贯彻实施情况的报告》审议意见办理情况的报告

162 号　长阳土家族自治县人民政府关于转报省人民政府协调相关方面帮助我县拆除清江库区相关网箱养殖基地的请示

163 号　长阳土家族自治县人民政府关于将中石油西气东输天然气管道穿越集镇线路段搬迁改线的请示

164 号　长阳土家族自治县人民政府关于 2017 年度第 9 批次（都镇湾镇农村综合运输服务站、庄苑公租房、都镇湾镇中心幼儿园综合楼、都镇湾镇农村福利院）城市建设用地的请示

165 号　长阳土家族自治县人民政府关于 2017 年度第 11 批次（农民建房）建设用地的请示

166 号　长阳土家族自治县人民政府关于帮助解决相关工作经费的请示

167 号　长阳土家族自治县人民政府关于清江库区长阳水域养殖网箱清理取缔工作自查验收情况的报告

168 号　长阳土家族自治县人民政府关于呈报《湖北省（长阳）举重学校省校县办方案》的请示

169 号　长阳土家族自治县人民政府关于帮助解决清江库区长阳水域网箱清理取缔工作经费的请示

170 号　长阳土家族自治县人民政府关于帮助解决易地扶贫搬迁工作经费的请示

171 号　长阳土家族自治县人民政府关于长阳青龙重晶石矿非法违法生产案件调查情况的报告

172 号　长阳土家族自治县人民政府关于协调加快宜昌点军联棚至长阳龙舟坪公路新建工程项目使用林地审批事宜的请示

173 号　长阳土家族自治县人民政府关于协调宜昌点军联棚至长阳龙舟坪公路新建工程项目加快建设的请示

174 号　长阳土家族自治县人民政府关于清江库区长阳水域养殖网箱清理取缔工作情况的报告

175 号　长阳土家族自治县人民政府关于请求支持“康农玉”商标维权的请示

长政办发［2017］

1 号　县人民政府办公室关于迅速做好 2017 年向上争取衔接工作的通知

2 号　空缺

3 号　县人民政府办公室关于认真做好 2017 年春运工作的通知

4 号　县人民政府办公室关于印发《长阳土家族自治县清江库区长阳水域养殖网箱救灾及清理取缔专项资金管理办法》的通知

5 号　县人民政府办公室关于印发《长阳土家族自治县创建国家公共文化服务体系示范区实施方案》的通知

6 号　县人民政府办公室关于印发《全面建立困难残疾人生活补贴和重度残疾人护理补贴制度工作方案》的通知

7 号　县人民政府办公室转发省国土资源厅省农业厅关于进一步加强设施农用地管理服务设施农业健康发展的通知

8 号　县人民政府办公室关于印发 2017 年审计工作要点及审计项目计划的通知

9 号　县人民政府办公室关于进一步做好人感染 H7N9 禽流感疫情防控工作的紧急通知

10 号　县人民政府办公室关于认真做好 2017 年易地扶贫搬迁工作的通知

11 号　县人民政府办公室关于印发《长阳土家族自治县“十三五”脱贫攻坚规划》的通知

12号　县人民政府办公室关于印发《长阳土家族自治县54个重点贫困村精准脱贫规划》的通知

13号　县人民政府办公室关于全县广播电视“户户通”和农村智能广播“村村响”工程建设情况的通报

14号　县人民政府办公室关于印发《市纪委六届二次全会反馈意见整改落实方案》的通知

15号　县人民政府办公室关于印发《长阳土家族自治县2017年应急管理工作要点》的通知

16号　县人民政府办公室关于表彰2016年度工业生产先进单位、外贸出口先进单位、支持服务工业企业发展先进单位和先进个人的通报

17号　县人民政府办公室关于印发《长阳土家族自治县畜禽规模养殖禁养区、限养区和适养区划分方案》的通知

18号　县人民政府办公室关于转发《省人民政府办公厅关于推进农村一二三产业融合发展的实施意见》的通知

19号　县人民政府办公室关于认真做好2017年度无偿献血工作的通知

20号　县人民政府办公室关于2016年度优秀人民调解员的通报

21号　县人民政府办公室关于授予田昌陆等同志法律援助贡献奖的决定

22号　县政府办公室关于2016年度全县招商引资信息报送考核结果的通报

23号　县人民政府办公室关于分解落实《政府工作报告》的通知

24号　县人民政府办公室关于2016年度国土资源工作考核情况的通报

25号　县人民政府办公室关于分解落实《2017年度省政府重点督查工作计划》的通知

26号　县人民政府办公室关于印发《2017年全县动物防疫工作方案》的通知

27号　县人民政府办公室关于进一步做好学校卫生防疫和食品安全工作的通知

28号　县人民政府办公室关于进一步加强地质灾害防治工作的通知

29号　县人民政府办公室关于建立全县林地保护工作联动机制的通知

30号　县人民政府办公室关于印发《长阳土家族自治县森林资源保护“春雷行动”方案》的通知

31号　县人民政府办公室关于印发《长阳土家族自治县行政职能部门和单位安全生产监管责任清单》的通知

32号　县人民政府办公室关于2016年度全县安全生产工作责任目标考核结果的通报

33号　县人民政府办公室关于印发《长阳土家族自治县聘请安全生产专家排查事故隐患实施细则》的通知

34号　县人民政府办公室关于印发《长阳土家族自治县公路安全生命防护工程建设实施方案》的通知

35号　县人民政府办公室关于印发《长阳土家族自治县“四好农村路”创建活动实施方案》的通知

36号　县人民政府办公室关于加强松材线虫病防治工作的紧急通知

37号　县人民政府办公室关于印发《进一步推进全县健康促进工作方案》的通知

38号　县人民政府办公室关于印发《长阳土家族自治县“十三五”农村社区建设试点工作方案》的通知

39号　县人民政府办公室关于印发《长阳土家族自治县加强农村留守儿童和困境儿童关爱保护工作实施方案》的通知

40号　县人民政府办公室关于做好2017年政府系统议案、建议和提案办理工作的通知

41号　县人民政府办公室关于启动新一轮突发事件应急预案编制和修订工作的通知

42号　县人民政府办公室关于印发《长阳土家族自治县旅游名镇、名村创建工作实施方案》的通知

43号　县人民政府办公室关于组建县政府法律顾问队伍的通知

44号　县人民政府办公室关于分解市政协六届一次会议委员若干建议的通知

45号　县人民政府办公室关于印发《长阳土家族自治县2017年食品安全工作要点》的通知

46号　县人民政府办公室关于印发长阳土家族自治县全民科学素质行动计划纲要实施方案（2016—2020年）的通知

47号　县人民政府办公室关于兑现2016年度乡镇财税工作目标责任制的通报

48号　县人民政府办公室关于建立县政府领导联系乡镇财税工作制度的通知

49号　县人民政府办公室关于统筹融合安排2017年农业综合开发第一批项目资金的通知

50号　县人民政府办公室关于印发全县重点区域散葬坟墓整治工作方案的通知

51号　县人民政府办公室关于印发《整治"黑导""黑车""黑船""黑旅游服务机构"专项行动方案》的通知

52号　县人民政府办公室关于印发2017年县政府领导领办建议提案工作方案的通知

53号　县人民政府办公室关于开展健康城镇、健康村/居建设工作的通知

54号　县人民政府办公室关于印发《长阳土家族自治县110社会服务联合行动工作实施方案》的通知

55号　县人民政府办公室关于印发《全县2017年度农村危房改造实施方案》的通知

56号　县人民政府办公室关于印发《清江库区长阳水域围栏围网清理取缔实施方案》的通知

57号　县人民政府办公室关于印发长阳土家族自治县学习对接湖北自贸区宜昌片区工作方案的通知

58号　县人民政府办公室关于印发《长阳土家族自治县2017年统筹使用专项资金实施精准扶贫调整方案》的通知

59号　县人民政府办公室关于印发《长阳土家族自治县城乡客运市场秩序专项整治行动方案》的通知

60号　县人民政府办公室关于印发《长阳土家族自治县安全生产"十三五"规划》的通知

61号　关于进一步优化项目企业服务的通知

62号　县人民政府办公室关于印发《长阳土家族自治县危险化学品安全综合治理实施方案》的通知

63号　县人民政府办公室关于成立县农村"三留守"人员和残疾人关爱救助保护工作领导小组和建立联席会议制度的通知

64号　县人民政府办公室关于印发全县开展工作不实弄虚作假专项治理工作方案的通知

65号　县人民政府办公室关于印发《全县电力设施保护工作责任清单》的通知

66号　县人民政府办公室关于印发《长阳土家族自治县2016—2020年精神卫生防治体系建设与发展规划》的通知

67号　县人民政府办公室关于印发《长阳土家族自治县2017年农业支持保护补贴用于耕地地力保护的实施方案》的通知

68号　县人民政府办公室关于印发《长阳土家族自治县农业水价综合改革实施方案》的通知

69号　县人民政府办公室关于贯彻落实《市人民政府办公室转发关于进一步规范机关事业单位工作人员带薪休假制度实施意见的通知》的通知

70号　县人民政府办公室关于印发《长阳土家族自治县成品油市场专项整治行动实施方案》的通知

71号　县人民政府办公室关于印发《长阳土

家族自治县2017年水污染防治工作方案》的通知

72号　县人民政府办公室关于印发《长阳土家族自治县图书馆总分馆制推广实施方案》的通知

73号　县人民政府办公室关于印发《长阳土家族自治县贯彻实施质量发展纲要2017年行动计划》的通知

74号　县人民政府办公室关于印发《长阳土家族自治县贯彻落实〈湖北省国土资源节约集约示范省创建工作方案〉实施细则》的通知

75号　县人民政府办公室关于建立河长制工作联席会议制度的通知

76号　县人民政府办公室关于印发《长阳土家族自治县2017年主要污染物总量减排工作方案》的通知

77号　县人民政府办公室关于印发《长阳土家族自治县村级光伏扶贫电站收益资金分配管理办法（试行）》《长阳土家族自治县村级光伏扶贫电站运维管理办法（试行）》和《长阳土家族自治县村级光伏扶贫电站收益资金操作指南（试行）》的通知

78号　县人民政府办公室关于印发长阳土家族自治县人民政府理论学习制度的通知

79号　县人民政府办公室关于2016年度科学技术奖励的决定

80号　县人民政府办公室关于印发《长阳土家族自治县自然灾害救助应急预案》的通知

81号　县人民政府办公室关于进一步加强道路交通事故预防工作的通知

82号　县人民政府办公室关于印发《全县推进“互联网+放管服”改革实施方案》的通知

83号　县人民政府办公室关于印发《长阳土家族自治县清江创新基金管理办法》的通知

84号　县人民政府办公室关于全县农村公路及公路安全生命防护“455”工程建设情况的通报

85号　县人民政府办公室关于印发《长阳土家族自治县全覆盖排查整治“问题地图”专项行动方案》的通知

86号　县人民政府办公室关于开展“粮食安全隐患大排查快整治严执法”集中行动的通知

87号　县人民政府办公室关于进一步加强“地沟油”治理工作的通知

88号　县人民政府办公室关于印发《长阳小型水电站生态流量泄放工作实施方案》的通知

89号　县人民政府办公室关于建立高效节水灌溉建设联席会议制度的通知

90号　县人民政府办公室关于印发《长阳土家族自治县健康扶贫医疗保障实施办法（试行）》的通知

91号　县人民政府办公室关于印发《长阳土家族自治县生态保护红线划定工作方案》的通知

92号　县人民政府办公室关于印发《长阳土家族自治县金融扶贫工作推进方案》的通知

93号　县人民政府办公室关于印发《长阳土家族自治县2017—2018年秋冬季节大气污染防治工作方案》的通知

94号　县人民政府办公室关于开展第二次污染源普查的通知

95号　县人民政府办公室关于印发《长阳土家族自治县小微企业助保金贷款管理办法》的通知

96号　县人民政府办公室法治宣传教育的第七个五年规划（2016—2020）

97号　县人民政府办公室关于印发《长阳土家族自治县人民政府向社会力量购买公共文化服务工作实施方案》的通知

98号　县人民政府办公室关于印发《长阳土家族自治县文物安全工作联席会议制度》的通知

99号　县人民政府办公室关于印发《长阳土家族自治县2018年国家重点生态功能区县域生态环境质量监测、评价与考核工作实施方案》的通知

100号　县人民政府办公室关于转发《市人民政府办公室〈关于印发宜昌市城乡居民基本医疗保险实施办法〉的通知》的通知

101号　县人民政府办公室关于印发《长阳土家族自治县2018年中央财政农田水利项目资金整合实施方案》的通知

102号　县人民政府办公室关于印发《长阳土家族自治县实施土壤污染防治行动计划工作方案》的通知

103号　县人民政府办公室关于印发《长阳土家族自治县2017—2018年度农田水利基本建设实施方案》的通知

104号　县人民政府办公室关于印发《长阳土家族自治县突出性火灾隐患整改方案》的通知

105号　县人民政府办公室关于印发《农村福利院管理运行经费县乡共担方案》的通知

106号　县人民政府办公室关于开展第五次森林资源普查的通知

107号　县人民政府办公室关于做好松材线虫病除治工作的通知

108号　县人民政府办公室关于印发《长阳土家族自治县机关事务管理局主要职责内设机构和人员编制规定》的通知

109号　县人民政府办公室关于进一步加强全县税收共治工作的通知

110号　县人民政府办公室关于印发《长阳土家族自治县"三救助一兜底"脱贫攻坚三年行动方案》的通知

111号　县人民政府办公室关于印发长阳土家族自治县化工产业整顿治理及转型升级发展方案的通知

112号　县人民政府办公室关于印发《长阳土家族自治县加快推进新型城镇化建设实施方案》的通知

113号　关于印发《全县冬季道路交通安全管理大联动、大整治、大宣传工作方案》的通知

114号　县人民政府办公室关于同意设立光伏扶贫电站资产管理办公室的通知

115号　县人民政府办公室关于深入开展安全生产大排查大整治专项行动的通知

116号　县人民政府办公室关于印发《长阳土家族自治县盐业监管体制改革实施方案》的通知

117号　县人民政府办公室关于印发《长阳土家族自治县税收共治实施方案》的通知

118号　县人民政府办公室关于印发《长阳土家族自治县职业病防治规划（2017—2020年）》的通知

119号　县人民政府办公室关于印发《长阳土家族自治县卫生与健康事业发展"十三五"规划（2016—2020年）》的通知

120号　县人民政府办公室关于印发《加强全县乡村教师队伍建设实施细则（2017—2020年）》的通知

121号　县人民政府办公室关于印发长阳土家自治县深化医药卫生体制改革2017年重点工作任务的通知

122号　县人民政府办公室关于印发《长阳土家族自治县森林火灾应急预案》的通知

123号　县人民政府办公室关于对2017年社会消防工作责任目标进行考核验收的通知

124号　县人民政府办公室关于印发《长阳土家族自治县行政应诉工作规定》的通知

125号　县人民政府办公室关于转发《市人民政府办公室关于印发"多审合一""多评合一""多验合一""多证合一"系列实施方案的通知》的通知

126号　县人民政府办公室关于转发《市人民政府办公室关于印发宜昌市2018年政府集中采购目录及标准》的通知

127号　县人民政府办公室关于印发《长阳土家族自治县水污染防治行动计划实施情况考核办法（试行）》的通知

128号　县人民政府办公室关于印发《全县开展安全生产打非治违专项行动实施方案》的通知

129号　县人民政府办公室关于印发《湖北省长阳土家族自治县"十三五"交通运输发展规划》的通知

130号　县人民政府办公室关于印发《长阳农村物流融合发展规划（2016—2020）》的通知

131号　县人民政府办公室关于印发《长阳土家族自治县统筹使用财政资金管理办法》的通知

132号　县人民政府办公室关于印发《长阳土家族自治县农村饮水安全工程维修养护基金管理办法》的通知

长政办文［2017］

1号　县人民政府办公室关于成立农业信息化进村入户工程领导小组的通知

2号　县人民政府办公室关于成立长阳土家族自治县千年古县调研暨地名文化遗产保护工作领导小组的通知

3号　县人民政府办公室关于成立实施省科技惠民计划项目协调工作领导小组的通知

4号　县人民政府办公室关于成立全县村级光伏扶贫电站建设指挥部的通知

5号　县人民政府办公室关于成立全县村级光伏扶贫电站建设验收委员会的通知

6号　县人民政府办公室关于调整县畜禽定点屠宰监督管理领导小组组成人员的通知

7号　县人民政府办公室关于调整县防治重大动物疫病指挥部组成人员的通知

8号　县人民政府办公室关于建立困难群众基本生活保障工作协调机制的通知

9号　县人民政府办公室关于成立长江经济带生态保护和绿色发展工作领导小组的通知

10号　县人民政府办公室关于调整长阳土家族自治县新一轮退耕还林还草工作领导小组组成人员的通知

11号　县人民政府办公室关于调整长阳土家族自治县森林防火指挥部的通知

12号　县人民政府办公室关于调整长阳土家族自治县食品药品安全委员会的通知

13号　县人民政府办公室关于调整县消防安全委员会成员的通知

14号　县人民政府办公室关于成立全县村级光伏扶贫电站建设指挥部的通知

15号　县人民政府办公室关于成立全县村级光伏扶贫电站建设验收委员会的通知

16号　县人民政府办公室关于成立债券发行工作领导小组的通知

17号　县人民政府办公室关于调整县松材线虫病防治指挥部组成人员的通知

18号　县人民政府办公室关于调整县应对人感染H7N9禽流感疫情联防联控工作领导小组的通知

19号　县人民政府办公室关于调整长阳土家族自治县推进电子商务进农村综合示范县工作领导小组的通知

20号　县人民政府办公室关于调整长阳土家族自治县行政审批制度改革工作领导小组成员的通知

21号　县人民政府办公室关于调整全县政务公开工作领导小组的通知

22号　县人民政府办公室关于调整长阳土家族自治县电子商务工作领导小组的通知

23号　县人民政府办公室关于成立县创建湖北省现代农业产业园工作领导小组的通知

24号　县人民政府关于调整县信访事项复查复核委员会的通知

25号　县人民政府办公室关于成立全县移民避险帮扶解困搬迁工作领导小组的通知

26号　县人民政府办公室关于调整长阳土家族自治县校车安全管理工作领导小组的通知

27号　县人民政府办公室关于调整公共资源交易管理委员会人员的通知

28号　县人民政府办公室关于成立长阳土家族自治县学习对接湖北自贸区宜昌片区工作领导小组的通知

29号　县人民政府办公室关于调整长阳土家族自治县校园安全领导小组的通知

30号　县人民政府办公室关于调整向家坡滑坡应急抢险指挥部人员的通知

31号　县人民政府办公室关于成立县2017年“两考”工作领导小组的通知

32号　县人民政府办公室关于调整县治理清江非法码头工作领导小组的通知

33号　县人民政府办公室关于成立龙五一级公路桥隧工程项目指挥部的通知

34号　县人民政府办公室关于调整长阳县打击和处置非法集资工作领导小组的通知

35号　县人民政府办公室关于调整全县农产品质量安全工作领导小组的通知

36号　县人民政府办公室关于成立全县农村小水电扶贫项目及农村水电增效扩容改造工作领导小组的通知

37号　县人民政府办公室关于调整县社会信用体系建设领导小组的通知

38号　县人民政府办公室关于调整县农村土地承包仲裁委员会组成人员的通知

39号　涉密

40号　县人民政府办公室关于调整长阳土家族自治县电力设施保护工作领导小组成员的通知

41号　县人民政府办公室关于调整长阳土家族自治县爱国卫生运动委员会领导小组成员的通知

42号　县人民政府办公室关于成立长阳土家族自治县盐业体制改革工作领导小组的通知

43号　县人民政府办公室关于成立县创建湖北省特色农产品优势区项目建设领导小组的通知

44号　县人民政府办公室关于成立长阳土家族自治县人民政府投融资工作领导小组的通知

45号　县人民政府办公室关于成立长阳土家族自治县公立医院管理委员会的通知

46号　县人民政府办公室关于成立长阳土家族自治县环境保护督察反馈意见整改攻坚指挥部的通知

47号　县人民政府办公室关于成立全县土地出让价款清缴工作领导小组的通知

48号　县人民政府办公室关于成立清江创新基金管理委员会的通知

49号　县人民政府办公室关于成立长阳土家族自治县文物管理领导小组的通知

50号　县人民政府办公室关于成立长阳土家族自治县进一步加强统计工作领导小组的通知

51号　县人民政府办公室关于成立县电力扶贫工作领导小组的通知

52号　县人民政府办公室关于成立长阳土家族自治县税收共治工作领导小组的通知

（县政府办公室）

索 引

说 明

一、本索引采用主题分析索引法，按汉语拼音字母（同音字按声调）顺序排列，首字音调相同的按照第二音序，依此类推。

二、本索引设条目索引、随文图片索引、大事记索引三个分目。

三、部类、分目标题及其页码用黑体字标明，其余款目和页码用宋体标明，表格、随文图片标题用楷体字标明。索引款目后的阿拉伯数字表示内容所在页码及参见页码。

条目索引

数字首

A

D

Y

Z

随文图片索引

数字首

B

C

D

Y

Z

大事记索引

数字首

A

C

D

T

D

T

W

X

Y

Z